21世纪高等院校经典教材

MARKETING

市场营销学

（第二版）

王海云 柏静 谢巍 吴玉红 编著

经济管理出版社
ECONOMY & MANAGEMENT PUBLISHING HOUSE

图书在版编目（CIP）数据

市场营销学 / 王海云等编著. —2版. —北京：经济管理出版社，2014.6（2018.6重印）
ISBN 978-7-5096-3109-6

Ⅰ. ①市… Ⅱ. ①王… Ⅲ. ①市场营销学 Ⅳ. ①F713.50

中国版本图书馆CIP数据核字(2014)第089774号

组稿编辑：申桂萍
责任编辑：高　娅
责任印制：黄章平
责任校对：陈　颖

出版发行：经济管理出版社
（北京市海淀区北蜂窝8号中雅大厦A座11层 100038）
网　址：www.E-mp.com.cn
电　话：(010)51915602
印　刷：三河市延风印装有限公司
经　销：新华书店
开　本：787mm×1092mm/16
印　张：29.75
字　数：687千字
版　次：2018年6月第2版　2018年6月第1次印刷
书　号：ISBN 978-7-5096-3109-6
定　价：69.00元

目　录

第一章 市场营销概论

学习目标：

了解市场营销学的产生与发展；了解市场营销学的研究对象与方法；理解需要、欲望、需求、产品、顾客价值、顾客满意、交换、交易、关系营销、市场、市场营销者等基本概念。

我国市场经济的快速发展已经证明，现代市场营销理论对企业（公司）的市场营销实践具有极其重要的指导作用。了解市场营销的核心概念、研究对象与研究方法，全面、系统地学习市场营销理论及相关知识，对促进我国企业的发展和培养适应21世纪市场竞争需要的高级营销管理人才是至关重要的。

第一节 市场营销学的产生与发展

市场营销学是由英文“Marketing”一词翻译过来的。关于“Marketing”一词，中文有销售学、行销学、市场营销学、市场经营学、营销学、市场学等多种译法，多数人同意应从静态和动态结合的角度把握“Marketing”的内涵，主张采用“市场营销学”的译法。其实，“Marketing”一词在英语中有两种含义：一是指企业的具体活动或行为；另一个是指一门学科，即研究企业的市场营销活动或行为的学科，可称为市场营销学、营销学、市场学等。在英语中这一词语在不同的场合有不同的含义，因此，译成汉语时应加以区别对待。

一、市场营销学的产生与发展

市场营销学作为一门系统的科学理论，是人类社会工业化和市场化发展的产物。直到20世纪初期，市场营销学才从经济学中分离出来，逐步发展成为一门独立的学科。市场营销学的产生和发展大致经历了以下四个阶段。

1. 形成阶段

19 世纪末 20 世纪初，随着垄断的出现和竞争的加剧，以及生产社会化的进一步发展和科学技术的不断进步，社会政治经济情况发生了很大的变化，市场逐步由卖方市场转为买方市场，生产的增长超过了有支付能力的需求的增长，并且消费者的需求日益多样化和复杂化。在这样的情况下，少数有远见的企业主在经营管理上，开始重视商品推销和刺激需求，并注意研究推销术和广告术。与此同时，一些经济学家根据企业销售实践活动的需要，开始从理论上研究商品销售问题。美国哈佛大学教授赫杰特齐（J. E. Hagertg）通过走访大企业主，调查了解其销售活动，于 1912 年写出了第一本以“Marketing”命名的教科书。这本书的问世，被视为市场营销学作为一门独立学科出现的里程碑。随后，依贝出版了《销售学原理》，美国的一些大学也陆续开设了市场营销学课程。这一时期的上述研究成果与学术活动内容，尽管局限于流通领域，停留在商品销售和广告宣传方面，但是，他们传播和总结了市场营销业务，引导市场营销活动的指导思想从生产转向销售，推动着市场营销学的初步形成。

2. 发展实践阶段

1929~1933 年爆发的世界性经济危机，使许多企业生产严重过剩，产品大量积压，工商企业纷纷倒闭。面对如此严峻的市场形势和危机，企业关心的首要问题不是怎样扩大生产和降低成本，而是如何把产品卖出去，将商品转化为货币，实现再生产。为适应这一需要，营销学者们开始走出院校，为企业如何创造市场需求以摆脱困境而出谋划策。由于这一举措在短期内收到效果，因而市场营销学的实际应用受到了社会的广泛承认和重视，在许多企业和基金组织的资助下，营销专家与企业界人士联手，研究市场营销的团体日渐增多。1929 年美国成立了营销学与广告学教师学会，1937 年成立了美国市场营销协会，参加者既有理论工作者，又有相当多的企业家和从事营销的实际业务工作者。市场营销理论与实践的结合，促进了市场营销学的形成。但此时的研究仍是以商品推销技巧、销售方法及销售渠道为主，还没有超越出流通领域的范围。

3. 市场营销学的“革命”阶段

第二次世界大战以后，特别是 20 世纪 50 年代以来，随着科学技术的发展，西方经济形势相应发生变化，资本的积聚和集中空前扩大，竞争更为激烈，产品生命周期缩短，消费需求呈现多样化，买方市场更加明显，企业的生存和发展与市场营销息息相关，迫切需要新的市场营销理论的指导。为此，一些市场营销学家和企业家纷纷对过去以研究商品推销术为主体的市场营销学提出了批评，并从不同的角度提出了以消费者需求为中心的新的市场营销理论，认为应该把市场作为生产过程的起点，以市场为导向组织企业的经营活动。

这一基本观念的变革，被称之为“市场营销革命”，其意义不亚于 18 世纪 60 年代资本主义的产业革命，将市场营销学的研究推向了一个新的阶段。概括起来，这个时期市场营销学有以下几个特点：

（1）研究范围从流通领域扩展到生产领域，形成了“以需定产”的经营思想。

（2）对市场由静态研究转向动态研究，强调供求之间的信息传递与沟通。

（3）由研究销售职能扩大到研究企业各部门之间的整体协调活动。

20世纪60年代以来，反映这些变革的市场营销理论的一系列优秀著述相继问世，特别是美国市场营销学家尤金·麦卡锡（E. J. McCarthy）1960年出版的《基础市场营销学》和菲利普·科特勒（Philip Kotler）1967年出版的《市场营销管理：分析、计划、执行和控制》，全面地提出了现代市场营销理论，强调了市场营销的管理导向，把市场营销学发展为指导企业经营的决策科学，形成了现代市场营销学的概念、方法和理论体系。菲利普·科特勒在20世纪80年代提出了大市场营销观念，将市场营销从战术营销推向战略营销，被称为市场营销学的第二次革命。

4. 现代市场营销学阶段

20世纪六七十年代是西方资本主义经济高速发展的年代。许多科学技术从理论研究进入应用领域，实现了生产技术现代化，进入20世纪70年代，市场营销学与经济学、心理学、社会学、运筹学、统计学相结合。随着实践的不断深入，进入20世纪90年代以来，市场营销的含义进一步扩大，市场营销学的研究范围也进一步拓宽，相继出现了网络营销、绿色营销、文化营销、整合营销等新的研究领域。今天，人们已普遍认识到，市场营销学既是一门科学，又是一种行为准则，更是一种艺术（Marketing is a science，a behavior and an art.）。

二、市场营销学在我国的引进与发展

长期以来，我国一直搞计划经济，统购统销，导致商品的市场范围狭小，加上许多商品供不应求，企业不愁其产品没有销路，也就没人去研究市场营销问题，这使得市场营销这门学问在我国根本就没有生存条件。1978年，我国开始市场取向的变革，与市场直接联系在一起的市场营销学也就跨入了中国的大门。

1. 引入期（1978~1982年）

1978年，随着改革开放政策的提出，市场营销学开始受到国内一些高校和实务部门的重视，并着手进行引入和研究。其主要形式有两种：一是翻译、整理和出版国外市场营销学书刊、杂志和来华外国学者的讲课手稿，到1982年，国内正式公开出版的市场营销学著作已达10本；二是邀请外国专家来国内讲学和选派学者到国外访问、考察和学习。

2. 传播期（1983~1985年）

从1983年开始，市场营销学开始迅速向大中专院校及企业普及。1984年1月，中国高等财经院校、综合大学市场学教学研究会在长沙成立，这标志着市场营销在中国的正式地位的确立。此后，市场营销学的研究如火如荼，市场营销理论迅速普及。各省市、地区随后也相继成立了市场营销学会，并尽力吸收企业界人士参与，以加强理论与实践的结合。在此基础上，1991年3月，中国市场学会（CCMA）在北京宣告成立。

3. 运用期（1985~1988年）

随着市场营销学在企业的普及和深入，企业营销决策者们越来越认识到，要使自己能在市场竞争中获胜，必须依靠市场营销学的理论与方法。这一时期出现了许多成功地运用市场营销学原理的事例。例如，在开拓国内市场上，“两面针”牙膏和“芳草”牙膏都是依靠市场细分和广告促销手段取得成功的；在占领国际市场方面，我国外贸部门也是运用市场细分原理，成功地将“蜂花”牌檀香皂打进强手如林的香港市场。

4. 扩展期（1988 年以后）

这一时期，学术界在系统地了解和把握国外市场营销学体系和内容的基础上，逐步提出了一系列符合中国市场环境的营销战略和策略，使我国的市场营销学的研究无论在深度还是广度上都有了重大进展。其标志是：市场营销学的著述如同雨后春笋般地涌现出来。迄今为止，大中专院校的市场营销学教材已达 400 种以上，高校校园里的市场营销学研究开始从消费品推向生产资料市场、技术市场、金融市场、劳务市场等。各地市场营销学研究组织对市场营销知识的推广普及工作，由前一时期的师资培训和市场销售原理的一般介绍，转变为会同企业界人士共同研究并向企业提供营销咨询服务为主。与此同时，在发展对外经济过程中，企业重视并致力于国际市场营销理论和策略的运用。

2005 年以来，中国的市场营销呈现如下特点：

(1) 战略营销开始引领中国营销新潮流。联想并购 IBM 的 PC 业务，开展国际营销，将营销提到了战略高度。

(2) 湖南卫视联合蒙牛乳业，网站、电视、短信等各种传播手段齐头并进的整合营销塑造中国营销新模式。

(3) 以“百度”、“海信”为首的本土品牌在竞争中掌握了规则。

此外，品牌营销、精确营销、体验营销、网络营销等开始从探讨到运用并初见成效。

第二节 市场营销学的研究对象与方法

一、市场营销学的研究对象

市场营销学是一门适应现代市场经济发展的需要，建立在经济学、心理学、行为科学、社会学、数学和现代管理理论基础上的综合性的应用学科。菲利普·科特勒指出：“营销学的父亲是经济学，母亲是行为科学；祖父是数学，祖母是哲学。”可见，市场营销学要运用多种学科的理论知识。市场营销学的任务就是通过对市场营销活动的研究，为企业实现经营目标提供有效的策略和方法。从这个意义上讲，市场营销学是市场经济社会中的一门致用之学，即企业的“生意经”。

市场营销学是对企业营销实践经验的科学总结，同时又指导企业的市场营销实践活动。市场营销学的研究对象是企业的营销活动的过程及其规律性，即在特定的市场环境中，企业为满足消费者和用户的需要所实施的以产品、定价、地点、促销（Product，Price，Place，Promotion，4Ps）为主要内容的市场营销活动过程及其客观规律性。

市场营销学主要研究以下三个方面的问题：一是消费者的需要、欲望及其形成、影响因素、满足方式；二是企业如何满足并影响消费者的欲望和购买行为；三是辅助完成交易行为、满足消费者欲望的机构及其活动。

需要强调指出的是，尽管经济学是市场营销学的母学科，但市场营销学的研究对象并不包括市场机制和市场供求关系等内容。市场运行机制、市场体系、市场调控、市场供求关系及其规律等问题，是经济学的研究对象，如果市场营销学也以这些为研究对象，就无法作为一门独立的学科而存在。市场营销学虽然也研究市场，但研究的角度有所不同，其立足点、着眼点是企业，是站在卖方的立场上来研究市场问题的，主要研究企业的营销活动，是一门为企业营销管理服务的学科。当然，现代市场营销管理理论与方法不仅适用于工商企业这种营利性组织，也适用于其他一切非营利性组织（如福利机构、院校等）。这些非营利性组织事实上都有意识或无意识地应用某些市场营销手段如市场调查、广告宣传、促销等。

二、市场营销学的研究方法

在现代市场经济条件下，市场环境复杂多变，竞争日趋激烈，科学技术发展迅速，产品更新换代周期日益缩短，这些决定了市场营销学的研究途径和方法的多样性、系统性。20 世纪 50 年代前，传统市场营销学的研究途径主要是商品途径、机构途径和功能途径。20 世纪 50 年代以后，特别是进入 70 年代以来，市场营销学日益吸收心理学、行为科学、社会科学等学科的研究成果，其研究方法也就带有一定的综合性。

市场营销学的研究方法除了运用唯物辩证法、比较法、定性和定量相结合的方法等基本方法外，还需要运用大量的具体研究方法开展研究，主要有以下几种：

1. 产品研究法

以产品为主体，分别研究各种产品的设计、包装、商标、定价、分销、广告等。其优势在于能够比较详细地分析各类产品在市场营销实践中遇到的具体问题，但缺点是耗资、费时过多，且重复性严重。

2. 机构研究法

研究营销系统中的企业、代理商、批发商、零售商、金融、保险、运输机构等的特征、变革和功能，从而确定其市场营销的重点和战略。

3. 功能研究法

从营销机构在营销过程中所具有的购买、推销、仓储、融资、风险承担以及提供市场信息和服务等所体现的交换、物流、便利三大功能的角度来研究和认识市场营销，以便发现机会、开拓市场。

4. 管理研究法

以企业为主体，从营销管理决策的角度，综合产品研究法、机构研究法和功能研究法的基本要求，分析市场环境变化，寻找市场机会，并满足顾客需要，实现企业目标。

5. 系统研究法

系统研究法是通过企业的内部系统及外部系统来研究市场营销。既研究企业内部各职能部门，如生产、财务、人事、销售部门等如何协调与配合进行营销活动，又研究企业营销部门与外部各种组织系统的关系与协调，从而保证企业营销活动能够顺利进行。这种方法是系统理论的具体运用。

第三节　市场营销的基本概念

市场营销的概念自20世纪初出现在美国以来，经历了一个世纪。人们对其的认识也在不断变化，可谓百年历史、百种定义。

1960年，美国市场营销协会（American Marketing Association，AMA）定义委员会对市场营销做过专门的定义，其表述为："引导商品或劳务从生产者到达消费者（或用户）手中所实行的企业活动。"这就是说，市场营销这一企业活动开始于产品生产活动完结之时，而后经过交换、促销、仓储和运输等业务活动，直至将它送达消费者或用户手中便告结束。这一定义过于狭窄，因为它把市场营销仅仅看作是产品生产出来以后的一种企业活动，即产品的流通运动。而实际上，市场营销活动在产品生产之前已经发生，即企业首先应该在了解消费者需求的基础上才能从事生产活动，否则，其一切活动可能是无效的。因此，这个定义难以为人们特别是我国市场营销理论界所接受。

不过，自1967年菲利普·科特勒的《市场营销管理：分析、计划、执行和控制》一书在许多国家的发行，到2003年10月已出版第11版中译本，大大推动了市场营销在我国的普及。菲利普·科特勒在该书（第11版）提出的关于市场营销的概念也被理论界逐步认同。他指出："市场营销是个人和集体通过创造，提供出售，并同别人自由交换产品和价值，以获得其所需所欲之物的一种社会过程。"不难看出，这个概念包含三层含义：①市场营销是一个商务活动，商品交换作为人类的一种活动，具有社会性和管理性的特征；②交换是一种互利活动，以满足需要为核心；③市场营销活动在形式上看是出售产品，其真正内容是为满足消费需要进行的创造性活动。

2006年9月，该书在我国第12版中译本问世，除原有对市场营销的概念阐述外，书中第6页增加了美国营销协会对营销概念的定义："营销是一项有组织的活动，它包括创造'价值'，将'价值'沟通输送给顾客，以及维系管理公司与顾客间的关系，从而使公司及其相关者受益的一系列过程。"

市场营销的定义是基于下述基本概念之上的，即需要、欲望和需求；产品；效用、价值和满足；交换、交易和关系；市场；市场营销者等。

一、需要、欲望和需求

需要和欲望是市场营销活动的起点。就社会整体状况来说，需要是指为了延续和发展人类自身对物质和精神的基本要求；就个人而言，需要是指尚未得到的物质和精神满足的一种感受状态，包括对衣食住行和安全的物质需要，对亲密忠诚和仁爱的社会需要以及对知识和自我表达的个人需要。这些需要是人类本能的基本组成部分。对企业来说，尽管需要并不依赖其营销活动而存在，但有效的营销活动却能刺激和引导需要。

欲望是需要的一种，当人们的需要趋向某些特定的目标时，需要变成了欲望。欲望是人类需要经由文化和个性塑造后所采取的形式。人都有对食物的需要，这并不因其肤色、地域的不同而有差别。但是，不同文化和社会背景的人，为满足同一种需要所采取的方式和食物种类选择是不同的。市场营销无法创造需要，因为需要存在于营销活动之前。营销者，连同社会上的其他因素，只是影响了人们的欲望。

人们的愿望可能没有穷尽，但资源却是有限的。人们想用有限的金钱选择那些价值和满意程度最大的产品。当有购买力做后盾时，欲望就变成了需求。需求是指有能力购买并且愿意购买某个（种）具体产品的愿望。很多人都想有辆汽车，但对各种档次汽车的需求量在很大程度上取决于其购买力。为此，汽车公司不仅要估计有多少人想要公司的产品，更应了解有多少人真正愿意并且有能力购买。

杰出的营销型企业都不遗余力地去了解并弄懂顾客的需要、欲望和需求，如开展有关消费者好恶的市场调查，分析有关顾客问询、保修和服务方面的数据，训练销售人员随时注意未得到满足的顾客需要，等等。

二、产品

产品一般被定义为“任何提供给市场并能满足人们某种需要和欲望的东西”，分有形产品与无形产品、物质产品与精神产品。

人们用产品来满足其需要和欲望，产品只是获得需求满足的载体。所以，对产品的理解，不能局限于对其实体的占有，而是它们所能带给人们的各种各样的服务和利益。许多销售商过多地关注他们所提供的具体产品，而忽略了这些产品所产生的利益，或者说他们把自己看作是在销售产品而不是在提供满足人们某种需要的解决方法。这些销售商可能患了“营销近视症”。他们如此注重自己的产品，以至于只强调现有的欲望而忽视了潜在的顾客需要。他们不清楚产品只是解决消费者问题的一个工具。当出现一种能更好地满足顾客的需要或价格更便宜的新产品时，这些销售商便会陷入困境。

三、效用、价值和满足

效用是顾客对产品满足其需要的整体功能的评价。消费者的需要是多种多样的，同时，满足某一特定需要的产品也可能是多种多样的，因此，在消费者购买行为发生之前，就存在着一个消费者需要组合与产品选择组合的对应筛选过程。在这个过程中，决定产品选择的基本依据就是效用，即产品满足人们需要的能力。效用为个人的自我心理感受，它来自人的主观评价。

价值是一个复杂而又历史悠久的概念。马克思主义经济学认为，商品是使用价值和价值的对立统一体，价值是凝结在商品中的一般人类劳动，社会必要劳动时间决定商品的价值量。边际效用学派认为，消费者根据不同产品满足其需要的能力来决定这些产品的价值，并据此选购效用最大的产品（在此效用等同于价值）。

市场营销学是站在顾客的角度来定义价值和满意的，认为顾客价值是“顾客从拥有和使用某产品中所获得的价值与为取得该产品所付出的成本之差”。顾客满意则“取决于消费者所理解的一件产品的效用与其期望值进行的比较”。顾客若感到极为满意，便会多次购买产品，对价格也较少注意，并会向他人称赞该公司及其产品。

四、交换、交易和关系

交换是指通过提供某种东西作为回报，从别人那里取得所需物的行为。交换的发生，必须具备以下条件：至少有两方；每一方都有被对方认为有价值的东西；每一方都能沟通信息和传送货物；每一方都可以自由接受或拒绝对方的产品；每一方都认为与另一方进行交易是适当的或称心如意的。具备了上述条件，就有可能发生交换行为。但是，交换能否发生，取决于各方能否找到交换条件，即交换以后各方都比交换以前好，至少不比以前差。

交换是一个过程，当达成交换协议之后，交易就会相应发生。交易是交换活动的基本组成部分，是双方之间的价值交换。一般情况下，一次交易包括几个可以量度的实质内容：至少有两个有价值的事物；买卖双方所同意的条件；协议时间和地点。

与交易有关的市场营销活动，被称为交易营销，与之相对应的概念是关系营销。这个概念最先由巴巴拉·本德·杰克逊于 1985 年提出，她认为，关系营销将使企业获得较其在交易市场营销中所得到的更多。因此，市场营销者要想达成交易，就必须了解交易过程中所涉及的各方面的关系，首先是研究交易对方的实际需要和目的。对于交易的实现，有效的管理者并不总是依靠高质量的产品和服务以及公平的价格，更多的时候则是依靠其与顾客、分销商、经销商和供应商之间的长期信任和互利关系，依靠双方成员之间加强经济的、技术的及社会的联系来实现。

企业的市场营销以前总是试图使每一笔交易都获得最大利润，现在开始逐渐转变为与顾客及其他各方建立互惠互利的关系，强调长期和持续的满意。

五、市场

市场是企业营销活动的舞台，是企业营销活动的出发点和归宿。研究市场营销理论，必须了解市场的含义。

市场是商品生产和商品交换发展的必然产物，其概念伴随着社会分工和商品交换而产生和发展，主要有以下几种观点：

（1）场所论。市场是指一定时间、一定地点条件下进行商品买卖的场所，即商品聚集和交换的场所、交易地点。这种狭义的市场概念比较传统，但现在及将来仍会存在。

（2）关系论。市场是指商品交换所反映的各种经济关系和经济活动现象的总和，此为经济学中广义的市场概念。

（3）机制学说论。该学说认为市场存在于商品生产和商品交换的社会，通过市场信息的反馈，择优生产和等价交换，从而促进生产关系和生产力再生产活动顺利进行，也就是发挥市场机制在资源配置中的基础作用。

(4) 需求论。市场即需求，也就是研究人的需求（包括现实需求和潜在需求）以及企业如何满足消费者需求，并赚取满意利润。

以上四种观点对市场从不同的角度进行了定义，反映了市场在某一侧面的研究重点，但都存在着一定的片面性。

市场营销学是从企业营销活动的角度，并以买方为侧重点来理解和运用“市场”这一概念的。认为：一个市场是由那些具有特定的需要或欲望，而且愿意并能够通过交换来满足这种需要或欲望的全部潜在顾客所组成。市场是所有现实和潜在的购买者集合。

由市场的概念可见，市场规模和容量取决于人口、购买力和购买欲望三个因素：

市场 = 人口 + 购买力 + 购买欲望

这三个因素缺一不可。如某个国家或地区人口众多，但收入很低，购买力有限，则不能成为实质性的大市场；相反，该国家或地区居民收入很高，但人口过少，市场同样也有限。只有人口多，购买力强，才能成为有潜力的大市场。然而，如果产品不适合需要从而不能引起消费者的购买欲望，对营销者来说也不能成为现实的市场。上述三要素中，人口与购买力不是企业可以左右的，但通过市场营销人员的工作和努力，可以激发人们的购买欲望。

另外，从营销者的角度看，卖方构成行业，买方则构成市场。图 1–1 描述了行业和市场的关系。卖方和买方通过四个流程连接起来，内圈表示货币和商品的交换，外圈表示信息的交换。

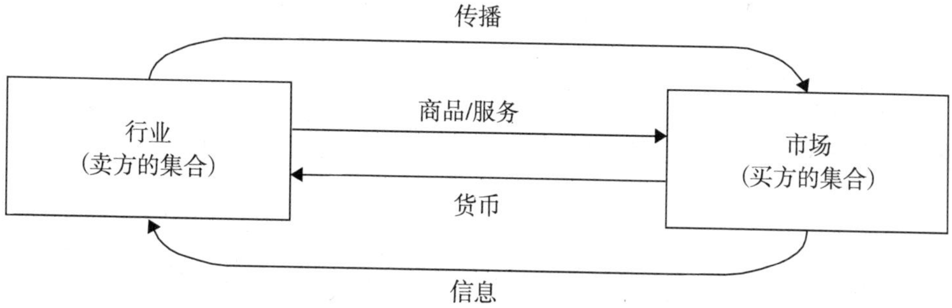

图 1–1　行业与市场的关系

市场营销总是针对某些特定的市场，为了解和掌握各特定市场的需求规律与营销特点，有必要根据不同的标准，对市场进行必要的分类。常用的分类标准有三种：一是按照购买者的身份和购买目的，可将市场划分为消费者市场、生产者市场、中间商（又称转卖者）市场和政府市场。二是按照市场的地理位置或流通区域来划分，可分为国内市场和国际市场。国内市场还可以分为城镇市场和农村市场、本埠市场与外埠市场、沿海地区市场与内陆地区市场以及民族地区市场等。三是按照购买者所购买的对象与购买目的，可分为生产资料市场、生活资料市场、农产品市场、金融市场、房地产市场、旅游市场、劳动就业市场等。前两种分类有利于研究各类市场的特点与购买行为，第三种分类有利于研究各种产品和服务的特点。

六、市场营销者

营销作为与市场有关的人类活动，以满足人类各种需要和欲望为目的，通过市场变潜在交换为现实交换。尽管交换的双方目的相同，都是为了满足自己的需要和欲望，但就某一具体类型的交换来说，双方对于交换的态度、要求、期望等并非一模一样。相对而言，其中一方更想实现交换，而另一交换参与方对于交换的实现就并不一定那么积极。这是因为，对于交换以后自己境况是否得到改善以及在多大程度上得到改善的预料，参与交换的双方是有差异的。例如，对于一个向市场提供产品的生产者来说，如果在市场上无法成交，他可能会因为产品的过期失效而最终一无所有。作为交换另一方的消费者，如果不与这位产品提供者进行交换，他可能想到他还会找到别的同一产品提供者进行交换。这样，对于预期的交换，生产者表现得更为关心和积极，更想交换能够实现；而消费者不一定像生产者那样关心对其产品的交换，也没有生产者那样积极地想实现交换。此时，在交换活动中处于积极主动位置的一方就是市场营销者，另一方则是顾客。或者说，所谓的市场营销者，是指提供某种有价值的物品用以交换的一方。只要是在主动寻求对方反应，不论其是卖方还是买方，均可称之为市场营销者。当双方都积极寻求交换时，应把双方都称为市场营销者，并把这种情况称之为相互市场营销或互惠市场营销。

有了市场营销者的概念，我们就得到了一个重要的营销学结论：由于营销者在交换中处于更想实现交换的地位，所以营销者必须在交换活动开始之前，事先为交换成功创造条件。这样才能使预期交换变为现实交换。

一般情况下，假设企业为营销者，都是面临着卖方竞争的；否则，消费者将成为营销者。因此，我们通常将这类企业称为营销企业，没有竞争的企业不在营销学的研究范围之内，这类企业也就没有营销问题。

● 本章回顾：

本章介绍了市场营销学的产生与发展以及现代市场营销学的一些特点，介绍了市场营销学的研究对象与方法。市场营销学运用多种学科理论，研究企业的营销活动过程及其规律性。市场营销学的研究方法除了运用唯物辩证法、比较法、定性和定量相结合的方法等基本方法外，还运用了产品研究法、机构研究法、功能研究法、管理研究法和系统研究法。

市场营销是个人和集体通过创造、提供出售，并同别人自由交换产品和价值，以获得其所需所欲之物的一种社会过程。市场营销是由六大核心概念支撑的，即需要、欲望和需求；产品；效用、价值和满足；交换、交易和关系；市场；市场营销者。

● 讨论与概念应用题：

1. 有人坚持认为，受各种营销手段刺激而形成的欲望是虚幻的：“饥饿的人根本无须别人告诉他需要食物。”对营销的这种批评是否合理？为什么？

2. 试表述人们对计算机、交通工具可能表现的欲望和需求，对生产商的意义何在？

●【案例 1-1】央视广告从坐商到行商

长期以来，中央电视台作为我国的广告媒介之王，因其资源的独占性，在电视广告市场占有垄断地位。

1994 年，中央电视台黄金时段广告开始实行招标。2000 年的广告招标总额达 19.2 亿元，2001 年为 21.6 亿元，2002 年为 26.26 亿元，2003 年为 33.1465 亿元，一路攀升。但由于秦池、爱多等一批央视“标王”的大起大落和过早凋零，使企业对央视黄金段位的招标又爱又恨，而跨国品牌对黄金时段的观望和冷漠，又使业界对央视“标王”的含金量心存疑虑。同时，央视也面临日益泛滥的资讯和多样化的传播途径的挑战。

2003 年，央视采取栏目末位淘汰制，将众多曾经的名牌栏目的节目淘汰；提高新闻联播内容的含金量，使新闻数量和质量明显提升；打造名牌主持人，加快精品栏目的建设，通过重奖“十佳”主持人来促成主持人的品牌化。通过塑造精品栏目和名牌主持人，促进了节目质量的提高和收视率的上扬。同时，在每晚 20：00 点档和 22：00 点档形成了两个新的收视高峰，黄金时段大大延长，观众忠诚度得到了提升。

另外，央视的广告经营部门开始更加注重客户服务。中标 A 特段的企业，不仅能够在这个收视率极高的段位做 15 秒广告，还享有套播的种种优惠，在包括新闻频道和财经频道（二套）、综艺频道（三套）、中文国际频道（四套）等收视良好频道及时段中都可以安排免费播出。由此，A 特段的黄金含量大大增加。

同时，央视广告部还组成多个专门沟通小组，与重点客户和常年投放客户一对一深度沟通。从 2003 年 9 月下旬开始，央视广告部在全国各地中心城市召开了 11 个说明会，介绍 2004 年招标情况。这些服务保证了重点客户的投标积极性，促进了目标客户广告投放额的增加。

经过多年的发展，到 2013 年，央视黄金资源广告招标预售总额为 158.8134 亿元，比 2012 年增长 16.2377 亿元，增长率为 11.39%，央视广告招标额度逐年稳步上升。2013 年，共有来自全国的 251 家企业参加招标，而排在前三位的行业分别是食品饮料、家用电器、金融，增长较快的行业则有汽车、酒类、旅游等。家电业巨头国美电器成为最大的一匹“黑马”，斥资 4 亿元在央视投放广告，金额是往年的四倍；整点新闻报时六个单元总共竞得 8.71 亿元，其中剑南春获得四标，耗资 6.09 亿元；汇源集团以 3.39 亿元价格夺得暗标首标《星光大道》（超级版）独家冠名。此外，几档全新综艺节目的冠名也受到了多个企业的热捧。

资料来源：①兰茂勋：《营销为王　央视广告从坐商到行商》，《成功营销》2004 年 2 月。②周萌：《央视 2013 年广告招标再创新高标得 159 亿》，综艺新闻腾讯娱乐，2012-11-19，http://ent.qq.com/a/20121119/000032.htm。③中央电视台 2013 年黄金资源广告招标，搜狐财经 2012，http://business.sohu.com/s2012/2013yszb/。

● 思考题：

1. 央视在电视广告市场占有垄断地位，且不乏广告主竞相竞标，还需要营销吗？
2. 针对广告市场，央视提供的“产品”是什么？
3. 一般情况下，广告主的基本需要和利益追求是什么？满足途径有哪些？

第二章 营销理论与营销管理过程

学习目标：

理解并掌握各种营销管理观念的核心思想及其本质区别；掌握各营销理论的基本论点；了解营销对象及体验营销、事件营销、概念营销等的实际应用，了解营销管理的任务与内容。

第一节 营销管理观念的演变

企业的市场营销活动是在特定的指导思想或经营理念指导下进行的。营销管理观念就是企业从事营销活动的指导思想，因此，在研究各项具体的市场营销活动之前，必须对营销管理观念的产生和发展有一定的了解。

营销管理观念的演变反映了生产力的进步、生产力与生产关系矛盾的发展，以及卖方市场向买方市场的转变。随着市场经济的发展以及营销环境的变化，以美国为代表的西方发达国家营销管理观念的演变，大致经历了五个阶段。

一、生产观念

生产观念，又称生产导向，是市场营销学初创时期企业营销的指导思想,也是指导企业的最古老的理念之一。生产观念认为，消费者会喜欢那些随处可以买到的、价格低廉的产品。因此，生产导向型组织的管理部门总是把注意力集中在改进生产和销售效率方面。

20 世纪 20 年代及以前，资本主义经济和技术的发展都集中于制造业，市场需求过旺，多数商品处于供不应求的“卖方市场”环境下，企业只要有较好的产品、合适的价格，就不愁产品没有销路。企业的主要任务是致力于扩大生产，寻找资源，降低成本，生产更多的廉价商品，以生产为中心。生产观念的格言是：“我能生产什么，就卖什么。”美国福特汽车公司创办人——亨利·福特曾说：“不管顾客需要什么颜色，福特的车就是黑的，只要车是黑色的，就等于给人一辆任何颜色的车”，“福特汽车的唯一缺点就是：

制造得还不够快”。他的哲学是使他的T型车的产量达到非常理想的规模，从而能够降低成本使更多的人能支付得起。我国的“东风”汽车曾30年一贯制，市场上销售的自行车很多年都是一个颜色。

生产观念在产品供不应求、产品的成本太高，必须靠提高生产效率来降低成本这两种情况下不失为有效的指导思想。

在这种理念指导下进行运作的企业面临一大风险，即过分狭窄地注重自己的生产经营，而消费者的需求是在不断变化的，不仅要价廉，还要物美。

二、推销观念

20世纪20年代末到50年代前，西方资本主义市场发生了巨大变化，市场商品供应量急剧增加，而消费者具有货币支付能力的需求开始下降，许多商品出现供过于求的“买方市场”，市场竞争加剧，特别是1929~1933年资本主义社会的经济大危机，使产品的变现变得十分困难。在这种背景下，许多企业把主要精力转向了产品的推销，致力于推销技术和广告宣传。20世纪90年代，我国市场上的很多产品开始供过于求，企业产品积压严重，如何卖掉这些产品成为企业经营的核心。

推销观念认为，除非企业组织大规模的推销和促销，对顾客进行说服和诱导，否则他们不会主动购买。推销观念典型地被用于滞销商品和那些购买者通常不会考虑购买的产品，如大百科全书、保险等，对此类产品，必须追踪潜在的购买者，并突出产品的好处进行推销。

绝大多数企业都是在生产能力过剩时采用推销观念，目的是推销他们的产品，而不是生产市场需要的产品；注重的是做成买卖，而不是与顾客建立长期的、可获利的关系，这种营销的风险很高。

三、产品观念

产品观念认为，消费者欢迎那些质量最优、性能最好、有特色的产品。企业因此致力于对产品的不断改进，增加功能和特色，使之日趋完美。在20世纪60年代，日本的制造商持“无缺点制造思想”，大搞质量管理，致力于电冰箱、录像机等耐用品的新颖性、多功能与高档次。

然而，过分地迷恋自己的产品会导致“营销近视症”。如我国铁路管理部门曾经一度亏损，认为使用者需要的是火车而不是运输，因而忽视了来自日益增长的飞机、公共汽车、卡车和小汽车的竞争。正像科特勒的《市场营销教程》中所言，一些制造商相信，如果他们能造出更好的捕鼠器，人们就会纷纷找上门来。但是，购买者很可能要找一种更好的灭鼠方法，而不一定要一个更好的捕鼠器。另外，产品的很多功能、特色只是企业自己“异想天开”，并不是消费者真正需要的。

四、营销观念

营销观念形成于20世纪50年代中期，是对以前观念的一次“革命”，标志着传统市场营销学向现代市场营销学的转变。市场营销观念认为：组织目标的实现有赖于对目标市场的需要和欲望的正确判断，并能以比竞争者更有效的方式去满足消费者的要求。强调：产品生产之前必须深入市场了解顾客的真正需求；要用一系列市场营销策略来满足目标顾客的需要；以需定产、以销定产。

市场营销观念的格言是：“顾客需要什么，我们就生产什么。”在这种观念指导下，企业的一切活动都以消费者的需求为中心，企业的主要任务不再是单纯地追求销售量的短期增长，而是要通过调查研究，了解消费者的现实需求，预测其潜在需求，发现市场机会，以求长期占领市场，获取更大利润。因此，许多企业家喊出了“顾客第一、用户至上”、“顾客就是上帝”的口号。此外，营销观念还有许多生动的说法，如通用电气公司“只有您满意，我们才满意”；潘尼百货公司（JCPenny）以“我们会竭尽所能，使顾客所花的每一美元都能买到十足的价值、质量和满意”为座右铭。许多成功的著名企业都采用了营销观念。如麦当劳在其位于美国以外的几千家快餐店中，仔细研究并根据当地的口味和习惯来制订菜单，在日本供应玉米汤；在罗马有通心粉色拉；在印度卖蔬菜汉堡包而不是牛肉汉堡。肯德基也一样，在我国的分店中推出榨菜肉丝汤、老北京鸡肉卷等。

在营销观念的指导下，企业要从以我为中心转向以消费者为中心，市场从企业经营活动的终点转变为起点。为此，树立真正的市场营销观念是一项十分艰巨的工作。需要彻底改变人们的思维方式和经营哲学，企业组织机构、管理程序与方法等都要做相应的调整。

五、社会营销观念

1. 社会营销观念的提出

按照市场营销观念，市场需要什么，企业就生产什么。但在实际执行中，有可能满足了消费者的一时欲望，却损害了其长期利益。以快餐行业为例，绝大多数人认为，快餐连锁店提供了方便可口的食品，而且价格合理。但许多消费者和环保团体都表达了他们的担心，汉堡包、炸鸡、炸薯条等快餐食品都是高脂肪食品，长期来看不利于顾客的健康；食品采用方便包装，产生了过多的包装废弃物，导致浪费和污染。这些担心导致了社会营销观念的产生。

20世纪70年代，一些发达资本主义国家出现了能源短缺、通货膨胀、失业增加、环境污染严重、消费者保护运动盛行的现象。市场营销学者们提出了一些新的观念，如“人性观念”（The Human Concept）、“明智的消费观念”（The Intelligent Consumption Concept）、“生态强制观念”（Ecological Imperative Concept）等，从不同方面对营销观念提出了修正。社会营销观念认为：纯粹的市场营销观念忽视了消费者短期欲望和消费者长期社会福利之间可能存在的冲突。企业提供的产品和劳务，不仅要满足消费者一时的需要和欲望，而且要符合消费者和社会的最大长期利益，实现企业利益、消费者的需求和欲望、社会利益三者的有机统一。

社会营销观念要求企业在营销活动中处理好企业利润、消费者需求和公共利益三者之间的关系，承担社会与道德责任。企业推行社会营销观念，从宏观上可以保护消费者和企业生存与发展的良好营销环境，符合社会合理、有序发展的要求；从微观上可以提高企业在消费者心中的形象，为企业的持续发展奠定基础。我国某些企业在营销观念上存在认识上的误区，短期行为严重，侵害消费者利益，最终被市场淘汰出局，如南京“冠生园”事件，最终导致企业破产。

2. 绿色营销的兴起

所谓绿色营销是指企业为了实现自身利益、消费者需求和环境的统一，对产品、定价、促销和分销进行策划和实施的过程。企业的营销活动不仅要满足消费者需求并获得利润，而且要符合环境保护的长期要求，正确处理消费者需求、企业利润和环境保护之间的矛盾，做到统筹兼顾、相互协调。

1992 年，联合国环境与发展大会召开，标志着世界进入了一个“保护环境、崇尚自然、促进持续发展”的“绿色时代”。绿色浪潮的兴起，对人类的生产方式、营销方式、消费方式和思维方式都将产生重大影响，企业面临绿色时代的严重挑战。

绿色消费指消费者意识到环境的恶化已经影响到其生活质量和生活方式，要求企业生产及销售对环境无污染的绿色产品，以减轻消费对环境及人体的伤害。目前，绿色消费已成为一些发达国家消费的主要方式。1978 年，联邦德国实施“蓝色天使”计划，对生产和使用过程都符合环保要求，并且对环境及人体均无害的商品授予“蓝色天使”标志；1992 年，“自然服”、“生态服”已成为欧美、日本等地的流行时装；1989 年，我国农业部提出了绿色食品概念，实行绿色食品标志制度，目前全国已批准 200 多种绿色食品的生产与销售。总之，绿色消费已成为一种趋势，它是人类与环境相互协调发展的重大进步。

现代企业的营销活动，必须适应这种消费环境的变化，确立绿色营销观念，力争在 21 世纪的激烈市场竞争中占有一席之地。

企业持不同的营销管理观念，其营销活动的出发点、工作重心、手段和目标有着明显的区别，如表 2–1 所示。

表 2–1　营销管理观念对照

营销管理观念		出发点	工作重心	手　段	目　标
旧观念	生产观念	工厂	生产效率	大批量生产	通过扩大销售增加利润
	推销观念	工厂	现有产品减少库存	广告、推销	通过扩大销售增加利润
	产品观念	工厂	增加产品的花色品种、功能	广告、推销	通过扩大销售增加利润
新观念	营销观念	目标市场	顾客需求、欲望	整体营销	通过满足需求获取利润
	社会营销观念	目标市场	顾客需求社会福利	整体营销	通过满足需求，增进社会福利，获得利润和可持续发展

第二节　发展中的营销理论

现代市场营销学所阐述的市场营销理论是随着经济发展和企业市场营销管理实践经验的积累而不断发展的，在近半个世纪的发展进程中，先后提出和应用着“4P”理论、大市场营销理论、“4C”理论、“4R”理论、“4V”理论及全面营销理论。

一、“4Ps”营销组合论

市场营销组合是现代市场营销学的一个十分重要的概念，也是市场营销策略的枢纽。这一概念由美国哈佛大学尼尔·鲍顿（Neil Borden）教授在 20 世纪 50 年代首先提出。1964 年，杰罗姆·麦卡锡教授将众多影响企业市场营销的可控因素概括为四组变量，即产品（Product）、价格（Price）、营销渠道（Place）和促销（Promotion），简称为“4P 组合”或“4Ps”，如图 2-1 所示。

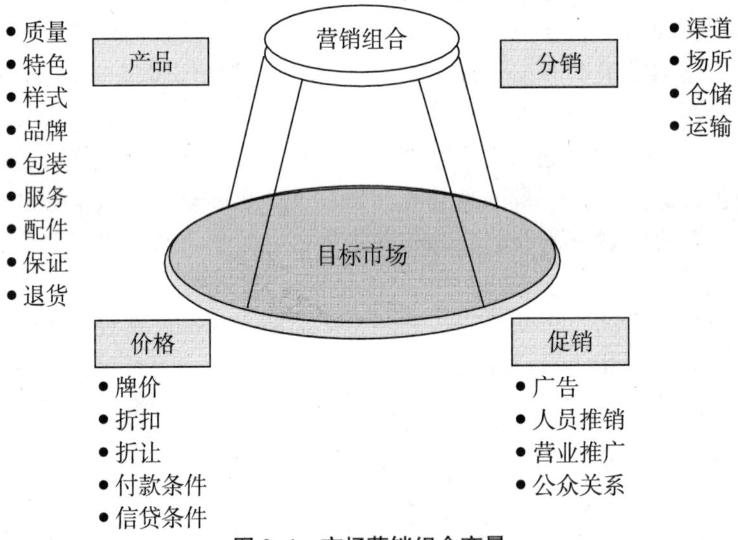

图 2-1　市场营销组合变量

（1）产品策略。开发一种适当的产品是比较复杂的，它涉及产品的规格、外观、功能等是否符合顾客追求的利益、满足顾客的需要。另外，还要考虑安装、信用、售后服务等附加利益。

（2）定价策略。价格是影响消费者行为和市场需求的关键因素之一。产品价格的制定是一项重要又有风险的工作，既要考虑成本、利润等企业利益，又要考虑消费者对价格的理解和接受能力。所以，适当的价格有两个含义：一是这一价格要满足企业获利的要求，起码也要能够补偿成本支出，不致发生亏损；二是这一价格要使顾客满意（未必价格越低越好），否则顾客就会去寻找别的卖主。

（3）促销策略。促销就是要设法向顾客提供产品的性能、质量、价格等信息，激起顾客的购买兴趣，促使其购买。促销手段很多，有效地综合利用，可以建立消费者偏好，树立良好的企业形象，增加销售，提高市场占有率。

（4）销售渠道策略（亦称分销策略）。大多数制造商都不是直接出售其产品给最终使用者，而是借助于各种营销中间机构，包括代理商、批发商、零售商、实体分销机构及各种商业服务机构。分销策略就是选择适当的渠道，用最高的效率、最少的时间和费用，把产品送到顾客手中，涉及中间商的选择、管理与实体分配。

营销组合是一个动态组合。每一个组合因素都是不断变化的，是一个变数，同时又是互相影响的。在四个大的变数中，又包含着若干小的变数，每一个变数的变动，都会引起整个营销组合的变化，形成一个新的组合。企业要系统地综合运用可以控制的上述因素，寻求最优化的组合，以取得最佳的经济效益。

二、大市场营销理论

美国西北大学教授菲利普·科特勒于 1984 年提出了“大市场营销”理论，即在 4P 的基础上，另外加上两个 P——政治权力（Power）和公共关系（Public Relations）。他指出，在新形势下，企业不仅仅必须服从和适应外部环境，满足目标顾客的需要，而且应当采取适当措施影响外部环境，创造或改变目标顾客的需要。

大市场营销理论的提出主要基于两个原因：第一，20 世纪 80 年代，发达国家生产过剩、市场有限，国际市场上竞争日益激烈，世界上许多国家实行贸易保护主义和加强政府干预。这样就使得企业的某种产品适销对路，同时这种产品的定价、分销和促销也都适合目标顾客的需要，但却未必能卖得出去。在这种情况下，企业就不能仅仅顺从和适应外部环境，而要主动去影响外部环境。第二，随着科学技术日新月异，必然有日益增加的广大消费者和用户不了解或不知道的新的科研成果、新的技术和新的产品出现。因此，企业不能只消极地适应消费者和用户的需要，而必须积极主动地创造或改变目标顾客的需要，只有这样，才能实现潜在交换，扩大销售。

大市场营销理论的提出对企业的营销实践有着积极的意义，主要表现在以下几个方面：

（1）发展了市场营销组合理论。大市场营销理论在对传统营销组合理论给予肯定的同时，又充实和扩展了市场营销组合理论，即由“4Ps”发展为“6Ps”，从而给企业的市场营销人员及决策者以新的启示，开拓了新的视野，为企业产品进入新的市场打开了一条通道。

（2）突破了不可控因素与可控因素的分界线。传统的营销观念认为，环境力量对企业是不可控的，企业只能顺应它、适应它，不能改变它。而大市场营销认为，企业可以对一个国家或地区的政治、法律、文化、思想、风俗习惯等因素施加影响，使其朝着有利于企业营销的方向发展。企业要同政府部门、立法部门、公共利益团体、宗教机构等处理好关系，借助政治力量促进企业营销。

(3) 消费者和用户的需要是可以创造或改变的。传统营销以消费者为中心，生产适销对路的产品，并运用“4P”组合策略，使消费者需求得到满足。大市场营销在此基础上，强调企业不能只消极地适应消费者和用户的需要，而必须积极主动地创造或改变目标顾客的需要。

三、“4C”理论

罗伯特·劳特伯恩（Robert Lauterborn）于1990年发表了一篇题为“4P退休，4C登场”的论文，提出了“4C”理论，即顾客（Customer）、顾客愿付出的花费（Cost）、顾客购买的方便性（Convenience）以及与顾客的沟通（Communication）。

“4C”理论强调，要从顾客的角度来考虑企业营销的所有问题，并明确提出：忘掉产品策略，多去研究消费者的需求和欲望；忘掉价格策略，多去研究消费者愿意为其需求付出的代价，而不是一味地使自己盈利；忘掉渠道，多去研究如何让消费者购买更方便；忘掉促销，多去考虑如何与消费者进行有效的沟通。

“4C”理论提出了一个顾客满意的问题，并成为顾客满意管理的理论基础。

四、“4R”理论

“4R”理论是由美国学者舒尔茨（Don. E. Schultz）提出的，即关联（Relativity）、反应（Reaction）、关系（Relationship）和回报（Retribution），阐述了一个全新的营销四要素并强调：

(1) 与顾客建立关联。在竞争性市场中，顾客具有动态性。顾客忠诚度是变化的，他们会转移到其他企业。要提高顾客的忠诚度，赢得长期而稳定的市场，重要的营销策略是通过某些有效的方式在业务、需求等方面与顾客建立关联，形成一种互助、互求、互需的关系，把顾客与企业联系在一起，这样就大大减少了顾客流失的可能性。

(2) 提高市场反应速度。当代先进企业已从过去推测性商业模式，转变成高度回应需求的商业模式。面对迅速变化的市场，要满足顾客的需求，建立关联关系，企业必须建立快速反应机制，提高反应速度和回应力。这样可以最大限度地减少抱怨，稳定顾客群，减少客户转移的概率。

(3) 关系营销越来越重要。在企业与客户的关系发生了本质性变化的市场环境中，抢占市场的关键已转变为与顾客建立长期而稳固的关系，从交易变成责任，从顾客变成用户，从管理营销组合变成管理和顾客的互动关系。

(4) 回报是营销的源泉。对企业来说，市场营销的真正价值在于其为企业带来收入和利润的能力。一方面，追求回报是营销发展的动力；另一方面，回报是维持市场关系的必要条件。企业要满足客户的需求，为客户提供价值，但不能做“仆人”。因此，营销目标必须注重产出，注重企业在营销活动中的回报。一切营销活动都必须以为顾客及股东创造价值为目的。

五、“4V”理论

进入21世纪，随着高科技产业的迅速崛起，营销观念、方式也不断丰富与发展，并形成独特风格的新型理念，“4V”理论由此产生。所谓“4V”是指差异化（Variation）、功能化（Versatility）、附加价值（Value）、共鸣（Vibration）。“4V”理论强调以下几个方面：

（1）顾客是千差万别的，在个性化时代，这种差异更加显著。从某种意义上说，创造顾客就是创造差异。有差异才能有市场，才能在强手如林的同行业竞争中立于不败之地。差异化营销一般分为产品差异化、市场差异化和形象差异化三个方面。

（2）功能弹性化。根据消费者消费要求的不同，提供不同功能的系列化产品供给，增加一些功能就变成豪华奢侈品（或高档品），减掉一些功能就变成中、低档消费品。消费者根据自己的习惯与承受能力选择其具有相应功能的产品。20世纪80~90年代，日本许多企业盲目追求多功能或全功能，造成功能虚设，缺乏弹性，从而导致营销失败就是典型。

（3）附加价值化。目前，在世界顶尖企业之间的产品竞争已不仅仅局限于核心产品与形式产品，竞争优势已明显地保持在产品的第三个层次——附加产品，即更强调产品的高附加价值。因而，当代营销新理论的重心在“附加价值化”。

（4）共鸣。共鸣是企业持续占领市场并保持竞争力的价值创新，在使消费者或顾客“价值最大化”的同时，使企业“利润最大化”。强调将企业的创新能力与消费者所珍视的价值联系起来，通过为消费者提供价值创新使其获得最大程度的满足。

20世纪70年代以来，理论界和企业界不断地探求顺应形势变化的市场营销新方法，从最初的“以产品为中心”单纯注重产品质量，到“以顾客为导向”争取顾客的满意与忠诚，直到20世纪90年代顾客价值概念的提出，将营销理念推向了一个全新的高度。价值创新的着眼点就是将企业的经营理念直接定位于消费者的“价值最大化”，通过强调“尊重顾客”和建立“顾客导向”，为目标市场上的消费者提供高附加值的产品和效用组合，以此实现向顾客让渡价值。

六、全面营销理论

在菲利普·科特勒与凯文·莱恩·凯勒合著的《营销管理》（第12版）中首次提出全面营销。全面营销理论认为，营销应贯穿于“事情的各个方面”，而且要有广阔的、统一的视野。全面营销涉及四个方面：关系营销、整合营销、内部营销和社会责任营销，如图2-2所示。该理论试图认识和协调市场活动的宽广度与复杂性。

关系营销旨在与关系群体——顾客、员工、营销合伙人（渠道、供应商、分销商、经销商）、金融领域成员（股东、投资者、分析者）——建立令人满意的长期相互关系。关系营销的最终结果是为公司建立独特的关系网络。与利益相关者建立有效的关系网络，利润才能随之而来。发展牢固的关系需要了解不同群体的能力和资源，针对不同的顾客形成不同的价格、服务和信息，通过获取高的顾客忠诚度和关注顾客价值来赢得更大的

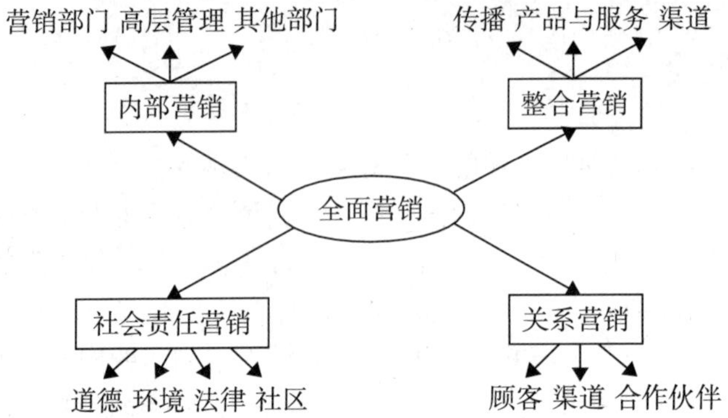

图 2–2 全面营销维度

顾客消费量，从而提高收益。

营销者的任务是设计营销活动和整合全部营销计划，为消费者创造、传播和传递价值。营销计划中包括大量的通过营销活动而增值的决策，设计与执行营销计划时要全盘考虑需求、资源、网络。

在公司员工没有准备好提供优质服务之前，向顾客的承诺是毫无意义的。内部营销的任务是雇用、培养、激励那些能服务好顾客的员工。内部营销，一方面需要各个不同的营销职能协调工作；另一方面，需要其他部门的支持，它们也必须"考虑顾客"，从市场的角度考虑问题。

社会责任营销实际上是社会营销观念的体现，要求营销者在营销活动中考虑社会与道德问题，兼顾公司利润、消费者需要的满足和公共利益三者的关系，承担社会责任可以作为改善其社团名声、提高品牌知名度、增加顾客忠诚、建立销售额的一个机会。

第三节 不断深化的营销对象

营销对象即营销什么、针对什么营销。随着市场经济的快速发展和营销观念逐步深入人心，营销对象也在不断深化和多样化。

1. 商品

有形商品在许多国家构成了生产和销售的主要对象。例如，我国 2006 年生产了 43888 万吨的钢铁，超过 49000 万吨的粮食，12.1 亿吨的水泥，以及形形色色的家用电器、各式各样的服装等生活必需品。

2. 服务

随着社会经济的快速发展，经济活动将越来越多地集中于服务业。今天，美国的服务业职位已占到 79%，产值占到 74%。在我国，服务与有形商品之比也已达到 4:6。从事服务业的公司与人员在不断扩大，主要有航空、旅馆、旅游、理发、维修、餐饮、医疗、汽车出租以及在公司内或为公司服务的专业人士，如会计师、律师、电脑软件程序设计员、企业管理顾问等。另外，有形商品的营销时常伴随着服务的提供，如餐饮。

3. 事件

利用某一事件来进行营销策划，已经应用得非常普遍。因为可利用这些事件的影响力或魅力来为企业、机构等树立声誉或推荐产品。常被用来营销的事件如奥林匹克运动会、亚洲运动会，各种博览会、商展会、洽谈会、专题社会公益活动等，并被提升为“体育营销”、“会展营销”。这些事件的主办单位可就其操办事件的赞助权、参展权、专用产品冠名权、特殊标志使用权等，向社会招标拍卖，而获得相应的收入及财政支持。例如，2008 年北京奥运会的会徽就可以成为最有开发价值的资产。因为会徽产生后，将会以纪念品、宣传册等形式，广泛应用到奥运会的筹办过程中。另外，举办奥运会期间，城市的景观、比赛场馆周边的景观布置等，都要大量使用会徽，向世人传达奥林匹克精神。正因为如此，它可以成为商业促销宣传极有影响力的载体。

4. 人物

将人物作为营销对象，实际是利用名人效应。众所周知，明星形象在现代人心里占有非常重要的位置，于是企业开始蓄意将明星与商品缚在一起，企图借“爱屋及乌”的常理将世人对明星的崇拜延伸到对商品的崇拜。利用广告的“形象文化”，各企业不惜重金，精心挑选并隆重推出自己产品或品牌的形象代言人，于是，歌星、影星、笑星、篮坛巨星等纷纷在广告中登台亮相。此外，各种艺术家、音乐家、首席执行官、律师等，都成了名人营销的受益者。连商店也为一些服务人员创立品牌，如“购××找××”等之类的品牌形象广告。名人营销除主要包括有酬为某企业或产品做形象代言人外，还包括向某些机构或工商企业出让自己的肖像权或冠名权等。

5. 地点

利用地点做营销，主要根据各个城市、地区、地方的环境特色、文化古迹、地理位置、经济发达状况、逸闻趣事等开展各种宣传促销活动，积极争取、吸引国内外旅游者、工厂、公司等前来旅游、投资、建厂。近年来，国内外许多城市和地区的政府官员参与此种促销的风气也愈演愈烈。为顺利、有效地执行这种促销活动，各地政府都设有开发局、旅游局、出口贸易局之类的机构，分别负责引进投资、招揽旅游者及出口。具体的地点营销者包括各种经济发展专家、不动产代理商、商业银行、地方工商协会、广告和公共关系公司等。

地点营销（Place Marketing）包括一系列旨在引发、维持或是改变对特定地点的态度和行为的活动。马来西亚称自己为“真正的亚洲”；中国香港是“亚洲的国际都市”。经常被中国其他省份的人视为傲慢和精明的上海开展了一场“做一个可爱的上海人”的运动，因为上海非常在意其负面形象，希望能够举办 2010 年的世博会，估计届时会有 7000 万的到访者。

6. 组织

组织作为营销对象不是指把哪一个组织作为买卖的对象，而是指组织努力为自己在社会公众心目中树立起良好的形象，积极把自己推销出去，得到公众的认可、认同和支持。组织常常通过举办活动来“销售”自己。组织营销（Organization Marketing）包括一系列旨在引发、维持或是改变目标顾客对组织的态度和行为的活动。营利性组织和非营利性组织都在进行组织营销。例如，麦当劳的“黄色双拱形门”的视觉标识，奥运会组织的“五环”标识等。很多大学、博物馆、艺术表演团体都在积极拟订提高自身形象的计划，纷纷设计识别标志，争取更成功地获得生源、观众及基金资助。

7. 信息

信息是一种资源，早已是人所共识。信息可以像产品一样生产和销售。各类院校、研究机构、政府、企业等都在生产信息产品。如教科书、百科全书、非小说类文学作品等在销售信息，各类专业杂志提供大量相关信息，人们购买 CD 和用计算机上网也是为了获得信息。此外，还有大量的市场调查公司、咨询公司、剪报公司在采集、提供信息。信息的生产、包装和分销已成为一个重要的社会行业。

8. 观念

每个市场供应物的核心都是一个基本的观念。例如，生产化妆品的企业是在帮助人们实现美的愿望；生产计算机软、硬件的企业核心是提高应用者的办公效率。产品和服务只是一个传递观念或利益的平台。社会营销学家在忙于促销这些观念，如“不要吸毒”、“珍惜每一滴水”、“天天锻炼”等。

9. 财产权

财产权是指对所拥有财产的无形权利，包括真实财产（如房地产产权）或金融资产（股票、债券）。财产权的买卖一般通过代理机构或经纪人进行，如投资公司、银行、房地产中介公司等。

10. 体验

体验的含义是通过实践来认识周围的事物，亲身经历，是人们对事件进行直接观察或参与之后的一种主观心理感受。随着个性化需求的增加，情感因素越发重要，消费者更加注重接受产品时的感受，通过参与产品的设计制造，把消费过程变为一种体验过程。体验营销能够通过向顾客提供全面体验，创造更多的顾客价值，令顾客在更高层次上获得满意，并形成高度的顾客忠诚，适应了新时代消费者的特征。

体验在娱乐、餐饮、零售业中尤为重要，迪斯尼长期以来通过电影和主题公园带给人们美好的回忆；餐馆、书店等提供优雅的就餐、购物环境；一些大型的购物广场宣称“购物娱乐”，提供交互式的展示、可参与的活动以及在一种刺激的购买环境中进行促销等。总之，通过消费者的眼、耳、手以及大脑……所有感官达到前所未有的非凡体验。

第四节　营销管理的任务与过程

营销管理（Marketing Management），指为实现组织目标而对旨在建立、加深和维持与目标购买者之间有益的交换关系的设计方案所做的分析、计划、实施及控制。

一、营销管理的任务

营销管理涉及需求管理与管理需求。

1. 需求管理

需求管理即营销管理部门寻找办法去影响需求水平、需求时机和需求构成。

企业对其产品总是希望达到某种预期的理想需求水平。但是，随时都有可能出现没有需求、充分需求或过量需求等情况，因此营销管理部门必须找到解决这些不同需求状况的方法，不但要负责寻找和增加需求，而且还要负责改变、延缓、转移甚至减少需求。一般情况下，市场上经常存在着如下几种需求状态：

（1）潜在需求。很多顾客对现有产品在满足其需求方面感到不满足，强烈希望有更好的产品来满足其需要。如无害香烟、对人体无害的鲜饮料、既安全又具有高热效率的锅炉等。市场营销的任务就是测定这种潜在需求的规模，并开发有效的产品和提供有效的服务。

（2）负需求。如果市场上多数顾客对某种产品或服务非常反感或讨厌，甚至愿意花钱来回避，这种产品市场就处于负需求状态。如企业在工人招聘过程中对经常酗酒者，儿童对各种接种预防疫苗等都属于负需求。营销的任务就是分析顾客厌恶这些产品的原因，探讨是否可以通过重新设计产品或降低价格、采用更积极的促销活动来改变顾客的想法和态度。

（3）没有需求。目标市场就是企业预计为之服务（提供产品或服务）的市场。如果目标市场对产品不在意或不感兴趣，就认为顾客对该产品没有需求，如早期人们对保险、微波炉等不感兴趣或不在意。营销的任务就是寻找能够把产品销售同顾客需求与兴趣结合起来的方法，如进行深入宣传等，以促使顾客对产品注意并感兴趣，进而购买。

（4）下降的需求。任何一个企业早晚都会遭遇到市场对其产品需求的下降。例如，收录机的购买数量逐渐减少；高压阀门的订货量逐年下降。营销管理者应该分析造成需求下降的原因，确定是否可以通过寻找新的市场、改变产品的特性或进行更有效的促销活动来重新激起顾客的需求。营销的任务就是通过有效的、有创新的营销活动来转变这种下降的需求。

（5）不规则的需求。对于有些产品，顾客的需求是呈不规则形态的，这很容易造成厂家在有些时候生产能力过剩，而有些时候生产能力却不足的现象。例如，节假日的铁路客运超负荷，周末影院爆满等。营销的任务就是通过弹性价格（变化的价格）、促销活动等来改变这种需求方式。

（6）充分的需求。如果企业对其产品的销量感到很满意或满足，则认为这种产品的市场需求是充分的需求。营销的任务就是保证产品的质量，时刻了解顾客对产品的满意程度，使其产品能够随着顾客消费倾向的改变和市场竞争的变化保持需求水平。

（7）过分的需求。顾客如果对企业的某种产品的需求超过了企业所希望的水平以致企业无法满足，这种需求就是过分的需求。例如，游览故宫和长城的游客数量太大，以致加快了古迹的损害。这时，营销的任务不是保持或刺激顾客的需求，而是寻求降低需求的方法或途径，比如提高价格、减少促销活动或减少服务。但是，降低需求并不是取消顾客的需求，而是把顾客的需求控制在一定范围之内。

（8）不健康的需求。有些需求尽管存在，但是不健康。例如，对武器、毒品，有些顾客存在一定的需要。对这类需求，营销的任务是促使这些顾客放弃这种需求，即可以通过限销、渠道控制或制定无法接受的价格甚至通过法律等形式来阻止这种需求。

总之，市场存在着多种需求形态，营销的任务并不是一味地满足这些需求，而是针对具体不同的需求，采用相应的策略来处理或实施营销活动。

2. 管理需求

管理需求即管理顾客。企业的需求来自两组顾客：新顾客和回头客。传统的营销理论和实践强调招徕新顾客和创造营销业绩，但是今天的市场营销重心正在转移：除了设计战略招徕新顾客，企业正全力以赴地保住现有顾客和建立持久的顾客关系。

强调留住现有顾客的第一个主要原因是招徕新顾客越来越难。过去，面对不断扩张的经济和快速成长的市场，企业可以采用"漏斗"式营销。市场的成长意味着大量新顾客的补充，企业可以不停地用新顾客来填满市场营销这个漏斗，而不必担心从漏斗的底孔流失掉过多的老顾客。但是，如今企业正面临着一些新的营销现实，如许多行业中生产过剩、竞争者更加精明老练、经济缓慢增长等，所有这些因素都意味着周围的新顾客越来越少，招徕新顾客的成本正在上升，甚至招徕一个新顾客的成本已达到使一个现有顾客继续感到满意的成本的五倍。第二个主要原因是企业已认识到，失去一位顾客远不止失去一笔买卖，而是该顾客在其购物生命期内可能发生的整个购物量。因此，努力保住顾客，会产生良好的经济效益，尽管企业可能会在某笔交易上赔钱。

当然，招徕新顾客仍然是营销管理部门的一项重要任务，与此同时，企业还必须注重保持现有顾客并与他们建立可获利的长期关系。

二、营销管理过程

营销管理过程是识别、分析和选择市场机会，与最佳的市场机会相适应的过程。这个过程包括以下四个步骤：研究和分析内外部环境，寻找市场机会；选择目标市场，进行市场定位；确定市场营销组合策略；制订市场营销计划，组织实施并加以控制，如图 2-3 所示。

1. 研究和分析内外部环境，寻找市场机会

营销环境是能够影响企业建立并保持与目标顾客良好关系的能力的各种因素和力量，包括供应商、销售渠道、顾客、竞争对手、社会公众等特定环境因素以及人口、经济、自然环境、政治、法律、文化、技术等一般环境因素。

企业的营销环境是复杂而又多变的，时常会给企业带来机会或威胁，企业的市场营销活动受其影响与制约，为此，搞市场营销首先要弄清楚并时刻观察所面临的环境及其变化。尽管企业所有的管理者都应该了解外部环境，但用系统、科学的方法收集营销环境信息，识别环境的重要变化与发展趋势则主要由公司的营销部门负责。营销人员一般可以通过营销信息系统（包括营销情报、营销调研等）收集市场信息，用 SWOT（Strength/Weakness & Opportunity/Threat Analysis，SWOT）分析法进行环境分析，从而准确、客观地为企业寻找市场机会。

2. 选择目标市场，进行市场定位

经过分析和评估，选定了符合企业目标和资源的营销机会以后，还要对这一行业的

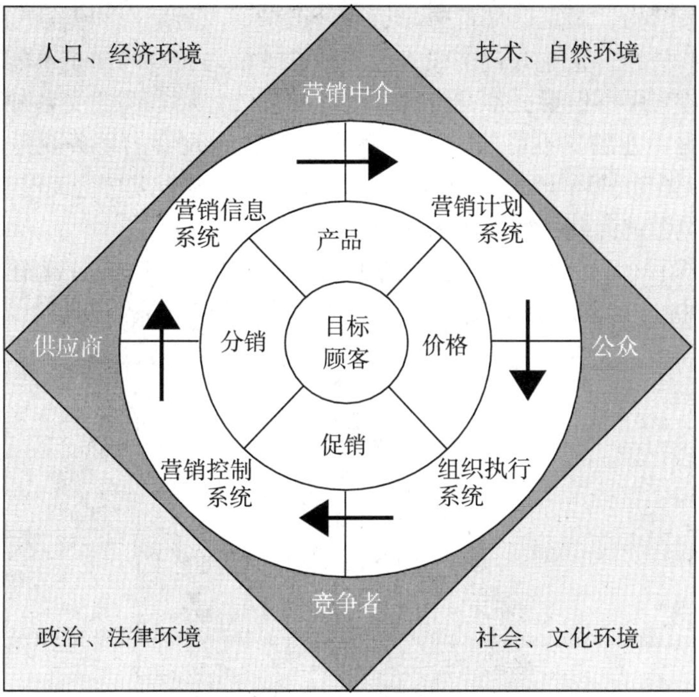

图 2–3 环境因素与营销管理过程

市场容量和市场结构做进一步的分析，以便缩小选择范围。因为一个企业不可能满足所有地区、所有行业、所有顾客的需要。对此，企业可以按照一定的标准把市场分割为若干具有相似欲望和需要的购买者群体，即市场细分。然后，从中选择企业拟投其所好或为其服务的、有颇为相似需要的顾客群，并作为目标市场。针对目标市场中的主要竞争对手，确定本企业产品或服务在目标顾客心目中的形象与地位，即市场定位。市场定位是制定市场营销组合策略的基础。上述过程被称为 STP（Segmentation 细分，Targeting 目标，Positioning 定位）战略。

3. 确定市场营销组合策略

在选择了目标市场和进行市场定位以后，营销管理过程的下一个步骤是确定营销组合策略。营销组合是现代营销学理论的一个重要概念，自 20 世纪 50 年代美国哈佛大学鲍顿教授提出来以后，受到学术界和企业界的普遍重视和广泛运用。

营销组合是企业的综合营销方案，即企业针对目标市场的需要对自己可控制的各种营销因素（产品质量、包装、服务、价格、渠道、广告等）的优化组合和综合运用，使之协调配合，扬长避短、发挥优势，以便更好地实现营销目标。企业可控制的营销因素很多，可分成几大类，最常用的一种分类方法是麦卡锡提出的，即把各种营销因素归纳为四大类：产品（Product）、价格（Price）、分销（Place）和促销（Promotion），简称“4Ps”。此时的营销组合，也就是这四个“P”的适当组合，它体现着现代市场营销观念下的整体营销思想。

营销组合中的因素对企业来说都是“可控因素”，即企业根据目标市场的需要，可以决定自己的产品结构，制定产品价格，选择分销渠道（地点）和促销方法等，对这些营销手段的运用和搭配，企业有自主权，但这种自主权是相对的，是不能随心所欲的，因为企业在营销过程中不但要受本身资源和目标的制约，而且还要受各种环境因素的影响和制约，这些是企业的“不可控因素”。因此，营销管理者的任务就是适当安排营销组合，使之与不可控制的环境因素相适应，这是企业营销能否成功的关键。

4. 制订市场营销计划，组织实施并加以控制

为实现组织目标，需要将上述营销组合策略转变为可执行的营销计划，并组织实施和监控。分析、计划、执行与控制是营销管理的四项基本职能，它们之间的关系如图 2–4 所示。

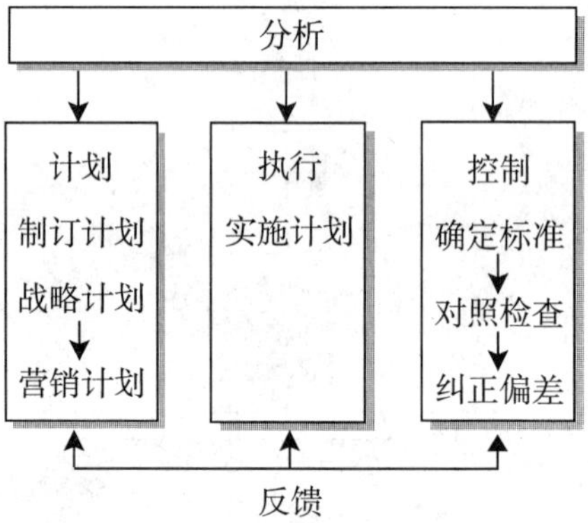

图 2–4 营销管理职能及其相互关系

营销计划是关于一项业务、产品和品牌所有营销活动的具体安排和行动方案。计划报上级管理部门审核批准后，就成为协调各项活动（生产、营销、财务、人事等）的依据。营销计划的组织执行涉及协调所有营销人员并同其他职能部门密切合作，而在执行过程中，可能会出现一定的偏差，为保证计划的顺利完成，实现企业的总体目标，需要加强控制与反馈。

● 本章回顾：

营销管理观念是企业从事营销活动的指导思想。随着市场经济的发展以及营销环境的变化，以美国为代表的西方发达国家营销管理观念的演变，大致经历了生产观念、推销概念、产品概念、营销概念和社会营销观念五个阶段。

现代市场营销学所阐述的市场营销理论是随着经济发展和企业市场营销管理实践经验的积累而不断发展的，在近半个世纪的发展进程中，先后提出和应用着“4P”理论、大市场营销理论、“4C”理论、“4R”理论、“4V”理论及全面营销理论。营销的对象涉及有形商品、服务、事件、体验、人物、地点、财产权、机构、信息和观念。

营销管理指为实现组织目标而对旨在建立、加深和维持与目标购买者之间有益的交换关系的设计方案所做的分析、计划、实施及控制。营销管理涉及需求管理与管理需求。营销管理过程包括四个步骤：研究和分析内外部环境，寻找市场机会；选择目标市场，进行市场定位；确定市场营销组合策略；制订市场营销计划，组织实施并加以控制。

● 讨论与概念应用题：

1. 通过网络等途径收集资料，分组讨论你感兴趣的公司（企业）的伦理与社会责任，如海尔集团、中国红十字会、红塔山卷烟集团等。

2. 在强调顾客价值、顾客满意的年代，“4P”最好表达为“4C”，请对此做出评价。

3. 营销观念是否意味着：市场营销者应只限于满足顾客所说的他们需要满足的那些欲望和需求呢？

4. 是否所有的企业、公司都需要实行营销观念呢？你能列举出不需要这种导向的公司吗？哪些公司最需要实行营销观念？

5. 针对下面的两种提法准备两分钟的发言：①推销他们所制造的产品；②制造他们能销售的产品。

●【案例 2–1】星巴克童话和麦当劳传奇

1986 年，霍华德·舒尔茨购买并改造星巴克。15 年后，星巴克已经成为全球最大的咖啡零售商、咖啡加工厂及著名咖啡品牌。目前，该公司已从西雅图的一个小公司发展成为一个在全球四大洲拥有 5000 多家零售店的大型企业。星巴克给品牌市场营销的传统理念带来的冲击如同星巴克的高速扩张一样引人注目。在各种产品与服务风起云涌的时代，星巴克公司却把一种世界上最古老的商品发展成为与众不同的、持久的、高附加值的品牌。然而，星巴克并没有使用其他品牌战略中的传统手段，如铺天盖地的广告宣传和巨额的促销预算。在过去的 20 年中，星巴克在广告上的支出大约为 2000 万美元，平均每年 100 万美元。与星巴克的实际收益相比，这是一个低得不能再低的数字。

置身于任何一家星巴克咖啡馆，你都会体验到一种新的生活形态。它能在众多的文明古国风靡一时，很大程度上就在于体验营销发挥了真正的作用。我们来看一看它是如何获取成功体验的：首先，它是多样的，咖啡的种类繁多，顾客的选择性较大，你可以喝到任何一种咖啡。其次，它是新鲜的，你能在哪里找到充满活力地为你煮咖啡、不厌其烦地教你喝咖啡的人呢？只有星巴克！它为顾客提供了“星巴克体验”的主要动力。最后，它是可触摸的，你看到的是很国际化的装潢壁饰、吧台、调理柜，握着杯子你一定会有很多的联想，你会想到你现在置身在美国的纽约，或者旧金山、上海、北京，但无论你怎么想，总能体验到这一杯咖啡是如此之香，常常勾起我们许多美好的回忆。难怪美国《财富》杂志曾说：“星巴克改变了一切——从美国人喝咖啡的习惯、日常用语，到繁忙的大街。”该品牌在上市 10 年中，销量每年都以 20%的速度增长。在全球经济不景气的背景下，其增长的势头无疑是一个童话故事。

星巴克是体验营销的童话，但同样的一个餐饮企业——麦当劳，其体验营销成就的是一个传奇帝国。

跨入 21 世纪，麦当劳就力推“欢乐欢笑每一刻”的品牌形象，一改过去的“欢乐美味在麦当劳”、“百分之百顾客满意”以及后来使用的“麦当劳都是为你”等口号，并以“完全用餐经验”重新定位，期望征服顾客的心，在不同的时段，针对不同的顾客群，提供“对口”服务，从而创造一种互动的欢乐气氛，让顾客觉得好玩、有情趣，用体验来达到顾客满意，进而增加顾客重复购买率，这也是促使国内外许多小朋友对它情有独钟、忠诚度极高的原因之一。

在麦当劳后来推出的广告中，体验营销更是精彩纷呈，可以说将体验式营销发挥到了极致。我们不妨一起来看看，麦当劳推出的这一系列的平面广告：

第一则，在地铁的车门旁，一左一右有两幅广告一模一样，都是一个大的汉堡包，口语化的广告语很特别："张口闭口都是麦当劳"，整张广告简洁明朗，一目了然，卖点很是突出，让人不由得去联想。

第二则，在地铁车里的进口处位置，也有一则广告，广告语也很特别："想吃只需多走几步"，似乎人人往车内走都是想吃麦当劳。试想，车门一开，谁不往里走呢？

第三则，在地铁车内的对门位置，一包薯条放在广告的一侧，仍是配以醒目的广告语："站台人多不要紧，薯条越多越开心！"没错，就连我们在车上挤来挤去这种滋味它都知道！

第四则，有一幅贴在车窗上的广告："越看它越像麦辣鸡翅？一定是你饿了！"画面上有一块麦辣鸡翅烤得黄澄澄的，很是诱人。看看，这则体验广告可谓是替顾客把体验都说出来了。

第五则，在地铁座位的上方，原先有一块各站点的指示牌，也被取代成麦当劳的指示牌了，广告语："站着都想吃。"每一个"站台"都是麦当劳在中国推出的产品，逐个相继标出，并用连线串起，"巨无霸、薯条、麦辣鸡翅、麦乐鸡、麦香鸡柳、板烧鸡腿、圆筒冰淇淋、麦辣鸡腿汉堡、开心乐园餐"。

麦当劳一改以往的传播手法，这些在地铁里的广告，放到哪里，就说哪里的话，给消费者留下深刻的印象，以致产生强烈共鸣。

各地地铁里的列车贴满了麦当劳的广告，让人似乎感到是"麦当劳专号"，其每一则麦当劳广告都是经过精心设计、周密策划的，包括广告张贴的位置以及广告语的创意，无论哪一幅都做到了把握消费者的体验，传达感受，牢牢地抓住"眼球"，提供人们更多值得回味的情境和感觉。

资料来源：郑方华：《营销策划技能案例训练手册》，机械工业出版社，2007年4月。

● 思考题：

1. 星巴克、麦当劳的体验营销给了我们什么启示？

2. 回想一下，你在哪儿消费有过美好的体验？这些美好的体验是否构成继续消费的诱因？

第三章　战略规划及战略营销

学习目标：

通过本章学习，明确企业战略规划的概念及其在营销管理中的重要意义，了解战略规划的基本内容与制定步骤，掌握业务组合的评价方法及各种发展战略的概念与区别；了解战略营销的概念、特点及其应用时机。

第一节　企业战略规划

企业战略规划的概念和制定方法源于20世纪70年代，是一系列经济震荡波动的产物，诸如能源危机、两位数的通货膨胀、经济停滞、竞争加剧、国家干预减少等，这些都对很多产业造成了一定的打击。企业不可能再依靠简单的产品、推销和利润增长计划来取得成功，而应当针对动态变化的市场，对外部环境做出积极正确的反应，将企业与环境最恰当、完美地结合在一起，将常规的长远计划提升到战略高度，制定战略规划。

一、战略规划的概念及其重要性

战略最初是一个军事术语，是指有关指导战争全局的谋略。所以，战略泛指重大的、带有全局性的或决定全局的计谋。在企业管理中，战略是指企业为了实现预定目标所做的全盘考虑和统筹安排。因此，战略关注的不是短期的经营结果和成败得失，而是着眼于未来和长远；战略研究的不是局部的个别问题，也不可能包罗万象、详尽无遗，而是研究企业的总体目标和带有全局性的活动，是在分析环境，预测机会与风险、优势与劣势的基础上形成的指导企业全部活动的总纲领。

战略规划是一个管理过程，是在企业的目标、资源和不断变化的市场营销环境与机会之间，发展和保持某种战略适应性的过程。在动态的环境中，战略规划不断调整和指明企业发展方向。

许多企业在经营时没有正式的规划。新建企业，经理们没时间制订规划；小企业，经理们认为只有大企业才需要正式规划；成熟的企业，经理们认为没有规划他们也做得很好；快速发展中的企业，经理们有的异想天开，有的认为计划没有变化大、走到哪算到哪。这些企业没有真正认识到战略规划对一个企业的生存和发展所具有的决定性的指导作用。但是，市场是无情的，特别是在市场环境复杂多变的情况下，市场竞争的过程就是一个不断筛选、不断淘汰的过程。按照“适者生存”的法则，谁能更好地适应环境，谁就能生存和发展；反之，则将被淘汰。例如，20 世纪 70 年代西方石油危机时期，美国的三大汽车公司都陷于困境，出现亏损，尤其是克莱斯勒公司，到 1980 年亏损额累计达到 14.7 亿美元，濒临破产。究其原因，主要是战略决策的失误。这些美国公司长期以生产大型、豪华、舒适的轿车为目标，没有考虑能源问题，结果，当能源危机来临时，无力与日本汽车公司竞争，有的公司几乎遭到灭顶之灾。

然而，认真对待战略规划的企业，确实从中得到了许多益处，促使管理阶层系统化的超前思维，及时抓住机遇，帮助企业对环境变化进行预测和快速反应，为突发事件做出更好的准备。

当大多数软件公司集中精力提高某个特定应用产品的性能时，SAP 将目标定位在大多数购买者。它们提出了新的集成思想：过于量身定做的个性化软件模块丧失了集成系统的效率和信息优势，而真正高效的集成系统应该允许在公司内部进行数据的实时交换。公司 1979 年推出了 R/2——为大型计算机设计的实时集成商务应用软件；1992 年，又推出了 R/3——为客户服务器市场设计的一系列软件。购买者体验了系统在精确度和效率上的卓越性能，摆脱了追加维修成本的尴尬，享受着被改善的信息传输系统给日常工作带来的轻松和便捷。SAP 的增长和利润已经超越整个行业的水平。

由此可见，战略规划是一切企业的生命线，企业的一切工作和一切业务活动都必须服从于战略规划，以战略规划所规定的任务和目标为转移。

市场导向的战略规划在市场营销管理中的重要意义主要表现在以下几方面：

（1）企业战略规划能够促使企业对不断变化的宏观与微观环境予以高度重视，分析研究市场动向、环境变化趋势，从而提高企业市场营销工作的可预见性、针对性和整体有效性，强化企业在市场上的竞争力和应变能力。

（2）战略规划促使最高决策者从全局出发，高瞻远瞩地考虑问题，从而使企业的资源配置，生产、销售过程得到统筹管理，使企业的人、财、物得到最合理、最有效的运用。

（3）企业战略规划是协调企业内部各种管理功能的基本手段。企业各部门、各层次横向、纵向信息沟通得以加强，企业内部可能出现的冲突减至最低限度，使企业内部管理产生理想的效率。

二、企业战略规划的层次与内容

大部分大型企业的战略规划有四个组织机构层次：企业整体层次、部门层次、业务层次和产品层次，如图 3-1 所示。公司领导层负责设计公司战略规划，确定公司使命，以引导整个企业实现既定目标。他要做出的决定包括向每个部门分配多少资源以及要开展或者取消哪些业务。每个部门要建立自己的部门规划，在部门范围内向每个单位分配资源。进而每个业务单位要制定自己的业务单位战略规划，以引导该业务创造利润。最后，每个业务单位内的每个产品层次（产品线、品牌）为了达到该产品的销售目标，也要制定营销规划。这样，这些规划将在不同机构的不同层次分别执行，同时对执行结果进行检查、评估，并采取适当的改正措施。

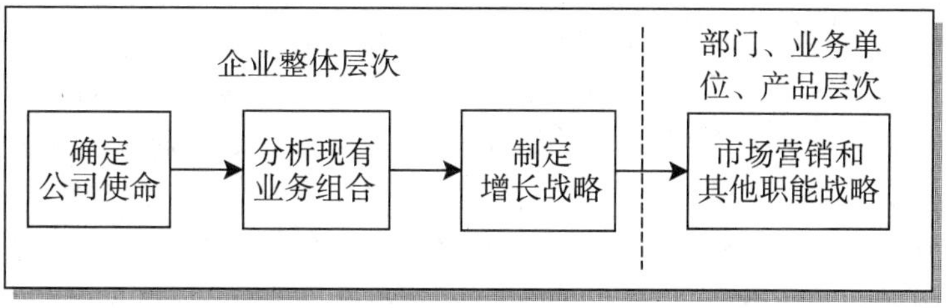

图 3–1　企业战略规划的层次、内容与步骤

企业最高管理层必须在企业整体层次上着手做以下规划：

（1）确定公司使命和目标。

（2）确定战略业务单位，评估现有战略业务单位，并做出发展、缩减、维持、放弃的决定。

（3）制定增长战略、规划新业务。

三、企业整体层次战略规划的制定

（一）确定企业任务和目标

1. 企业任务或使命

一个组织的建立总是为了执行某一使命或做某项业务，如生产汽车、销售家用电器、提供住宿等。开始时，其任务或目的是明确的，但随着时间的推移，由于组织的发展、新产品和新市场的开发或者环境中出现了一些新情况，其任务就会变得模糊，工作盲目。此时，管理部门应对使命或业务重新加以确认，需要提出并回答以下类似问题：我们的业务是什么？谁是我们的顾客？本公司能为顾客提供什么价值？我们的业务将是什么？我们的业务应该是什么？这些听上去很简单的问题正是公司时时必须做出明确答复的最大难题。成功的公司经常向自己提出这类问题，并慎重而全面地做出解答。

公司使命或任务受五个关键性因素的影响：①该公司的历史。每个公司都有自己的目标、政策和成就的历史。在重新调整任务、目标时，必须尊重自己的历史。例如，把清华大学改变成为一所进修学校，即使这一转变会有发展的机会，也是丢了西瓜捡芝麻，毫无意义。②所有者和管理当局目前的偏好。联想公司的现任经理对家电市场非常热衷，势必会对公司的任务产生影响。③市场环境。世纪之交的网络环境欠缺之时，我国兴起的许多网络公司在经历了一个短暂的繁荣后，纷纷陷入经营困境，不得不重新做出调整。④该组织的资源决定了什么任务是可行的。如果一个名不见经传的三类学院把自己的任务定为成为世界一流大学，那就是自欺欺人。⑤组织对于目标的选择应建立在其特有的实力上。丰田公司也许能跻身太阳能行业，但这将无法利用其主要优势——为广大顾客提供高效、可靠的汽车。

组织对其远大目标的陈述通常用“使命书”、“任务说明书”的形式体现。“使命书”能够使管理者、职员以及在多数情况下使顾客和其他公众能产生一种共同使命感，使公司职员对公司宗旨、发展方向和机会形成一种共识。公司的使命书充当着一只“看不见的手”，引导着广大而又分散的职员独立地但一致地朝着既定目标而努力。然而，要写好一份公司使命书并非易事。有些组织仅仅为了写一份令人满意的公司目标说明书，就要花一两年的时间。在这一过程中，这些组织常会从自己身上发现许多东西，发现大量潜在机会。

好的任务说明书或使命陈述应具备如下特征：

(1) 要集中在有限的目标上。像“我们要生产最优质的产品；提供最佳服务；建立最广泛的分销网；售价最低”这类的陈述就有些高谈阔论，目标分散，难以执行。

(2) 应明确指出公司要参与的主要竞争领域。主要包括：①行业范围。有些公司只在一个行业内经营；有些公司只限于经营一些相关的行业；还有一些公司什么行业都涉足，显然涉足的行业越广，资源越分散，经营难度越大。②产品和应用范围。一家钢铁制造厂可能把它的产品限定在建筑行业上。③能力范围。日本 NEC 公司在计算机、通信及其元件上建立起了核心竞争力，这些竞争力有力地支持了其高档计算机、电视机、手提式电话机等产品的生产。④市场细分范围。有些公司只为高档市场服务，如资生堂公司生产昂贵的化妆产品；与此同时，花王公司主要迎合那些低档市场。⑤一体化范围。福特公司曾一度拥有自己的橡胶种植园、绵羊畜牧场、玻璃制造厂以及钢铁铸造厂。⑥地理范围。一个极端是只在一个特定城市或者一个省份经营的公司；另一个极端是像麦当劳那样的跨国公司，在全球 150 多个国家都设有分店。

(3) 应具有激励性。要使职员感到自己的工作重要，对人们生活有益。请比较 IBM 公司和苹果计算机公司的任务报告书：当 IBM 公司的销售额达到 50 亿美元时，其总裁约翰·艾克斯说，IBM 公司的目标是要在 20 世纪末实现 100 亿美元的销售额。而与此同时，苹果计算机公司的长远目标是要让每个人都能掌握计算机的威力。苹果公司的任务报告书远远比 IBM 公司的任务报告书具有激励性。一个公司的任务报告书不能陈述为获取更多的销售额和利润，利润只是对那种投身于一种有益活动的冒险者的一种回报。有远景规划的任务是最好的企业任务，这种远景规划几乎是一种“不可实现的梦”。索尼公司的前任总裁盛田昭夫要求每个员工研究“个人可移动的声音”，结果他的公司发明了随身听。香港《明报》集团前主席余鹏辉，想在一个小文摘里增添一点日常生活的色彩和娱乐，结果诞生了《今日香港》。

(4) 应强调公司想要实施的主要政策。政策是指员工如何对待顾客、供应商、分销商、竞争者以及其他重要群体。政策缩小了个人自立的范围，从而使员工在重大问题上保持行为的一贯性。

公司任务报告书应提出公司未来 10 年或 20 年的远景和发展方向。同时，如果原定任务已不再与目前形势要求相符，或者不能再为公司确定最优的发展道路时，公司就要重新修订其任务。

2. 企业的战略目标

企业使命或任务需要转化为企业各管理层次的具体目标，形成一套完整的目标体系。企业的营销战略目标如图 3–2 所示。

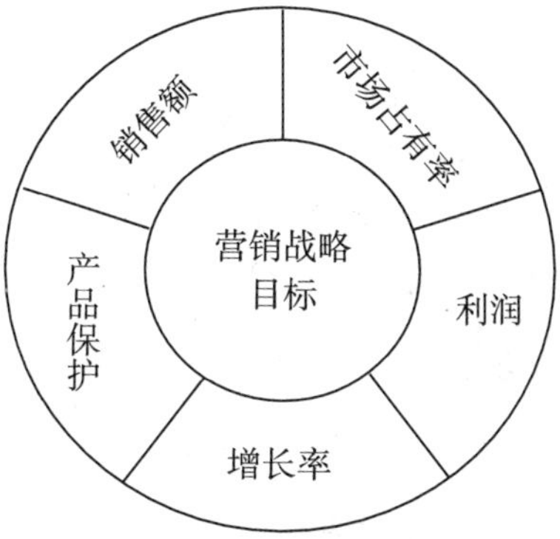

图 3–2　营销战略目标

（1）利润。利润是企业最重要的目标，它是企业的风险报酬。无论企业投资于新的行业、开发新产品或是到国外投资办厂等都存在风险。如果企业不能获得合理的利润，则无法维持继续经营或扩大再生产，也无法向社会提供满足需要的产品和就业机会。利润目标通常的表示方式为：利润总额、税后净利润、净资产收益率、销售利润率等。

（2）市场占有率。市场占有率是指：某企业的特定产品，在特定时间、特定市场销售量（或销售额）占该产品同期销售总量（或销售额）的百分比。

$$\text{市场占有率} = \frac{\text{本企业某种产品销售量（额）}}{\text{该产品市场销售总量（额）}} \times 100\%$$

$$\text{相对市场占有率} = \frac{\text{本企业某种产品的市场占有率}}{\text{行业中该产品最大竞争者的市场占有率}} \times 100\%$$

在一般情况下，若企业的市场占有率上升，则表明企业的营销效益提高；反之，则为下降。据美国一份调查资料表明，当企业产品的市场占有率低于 10%时，企业的平均投资收益率为 9%；当超过 40%时，其平均投资收益率达 30%。因此，企业要提高经济效益，就应该努力扩大企业产品的市场占有率。但是，企业在提高市场占有率时要注意，追加的费用一定要能够被市场占有率的提高所增加的利润所补偿，否则就是不划算的。同时，要注意防止在竞争中两败俱伤。

（3）销售额。销售额或销售收入是企业营销活动中的一般战略目标，表示企业实际的营销规模和水平，反映了企业对社会需求的满足程度以及为顾客服务的程度。

（4）增长率。增长率可用销售额、利润、资产、市场占有率、净值收益率等的增长百分数表示。它是一种相对数，这种相对数的表现形式有时更容易表现企业市场营销的绩效。

（5）产品保护。产品保护是指一种产品能顶住竞争对手欲削弱其市场地位的一种保护手段。它可通过企业采取促销措施后产品市场销售量的变化来进行分析，这种分析叫保护分析法，即通过信誉分析观察长期购买本企业产品的顾客。要实现产品保护的目标，就必须进行产品创新，不断开发新产品，树立企业的良好形象，稳固地占领市场，增强其竞争能力。产品保护可通过下述指标观察判断：①设甲产品价格降低 30%，而另一种竞争产品乙的销量仍然保持稳定或降低幅度很小，如 5%，那么乙产品就处于保护地位。②观察长期购买某品牌产品的人数，长期买主越多，则该品牌产品信誉越高，可以认为该产品已处于保护地位。③观察市场占有率。如果某产品的市场占有率保持稳定或不断增长，也可说明该产品已处于保护地位。

基本上所有企业都制定自己的战略目标，但并非所有的目标都制定得合适。良好的目标一般要符合这样的要求：目标是可以达到的，目标要与企业资源相结合，目标要具体化、数量化，并且目标要协调一致。

（二）分析现有业务组合

任何企业的资源都是有限的，对于从事多种经营业务的企业，在制定战略规划时，必须对各主要业务进行分析、评价，以确定其是发展、维持，还是缩减、淘汰，其目的是确定企业的竞争优势，从而有效地利用市场机会。

企业的现有业务组合分析分两个步骤：

第一步，鉴定企业的关键业务——战略业务单位（Strategic Business Unit，SBU）。

一个典型的 SBU 具有下列特征：①一项单独的业务，具有特定的任务和目标；②掌握一定资源，有自己的竞争对手；③有专人负责，单独制订计划，与其他业务没有牵连；④能从战略规划中得到好处。

一个战略业务单位可以是企业的一个部门、一个产品系列、一种产品或品牌。

第二步，战略业务单位的评估与分析。

评估分析的目的是为资源配置决策服务，即决定企业的哪些业务单位（产品）应当发展、维持、减少、淘汰。两种最著名的投资组合评估模式是波士顿咨询集团模式和通用电气公司模式。

1. 波士顿咨询集团模式

波士顿咨询集团是美国一家著名的管理咨询公司。该公司 1970 年首创建议企业用“市场增长率—市场占有率矩阵”来分类和评估各战略业务单位，如图 3–3 所示。

矩阵图 3–3 中的纵坐标代表“市场增长率”，表示公司各“战略业务单位”的市场增长情况。假设以 10%为分界线，10%以上为高增长率，10%以下为低增长率。

矩阵图 3–3 中的横坐标代表“相对市场占有率”，表示公司各战略业务单位的市场占有率与同行业中最大竞争者的市场占有率之比。一般以 1~1.5 为分界线，假设以 1.5 为分界线，1.5 以上为高相对占有率，1.5 以下为低相对占有率。如果相对市场占有率为 0.2，则表示本公司战略业务单位的市场份额为最大竞争对手市场份额的 20%；相对市场占有率为 10，则表示本公司战略业务单位的市场份额为最大竞争对手市场份额的 10 倍。

矩阵图 3–3 中的 8 个圆圈代表公司的 8 个“战略业务单位”，这些圆圈的位置由其市场增长率和相对市场占有率确定，每个圆圈的面积大小则表示各“战略业务单位”的销售额多少，或其销售额占企业总销售额的比重。

我们把企业的所有战略业务单位都计算一下市场增长率和相对市场占有率，并据此

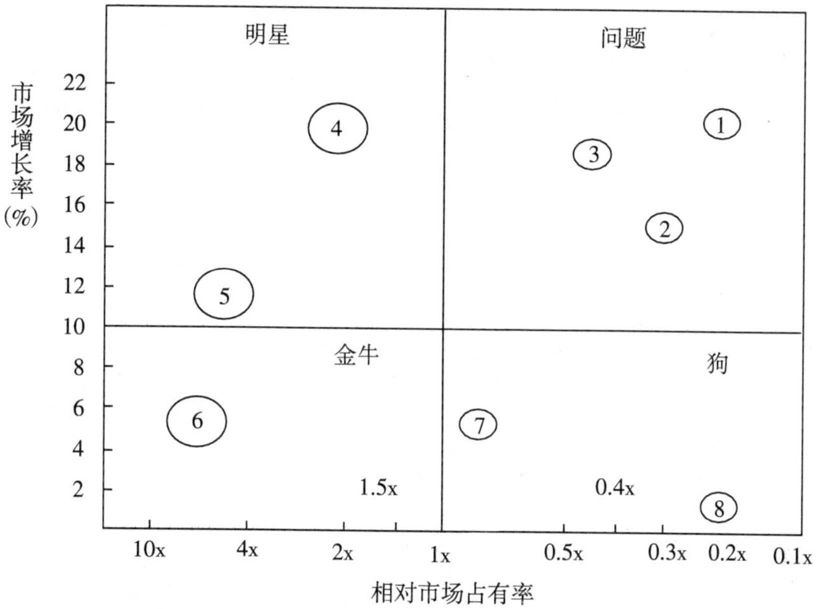

图 3-3 波士顿矩阵

列入四个象限，这样就形成了 A、B、C、D 四类业务。这四类业务分别被形象地描述为：问题类（Question Child Or Question Mark）、明星类（Star）、金牛类（Cash Cow）和狗类（Dog）。

（1）问题业务。问题业务是指高市场增长率、低相对市场占有率的业务。大多数业务都是从问题业务开始的，即公司力图进入一个已有市场领先者占据的、高速增长的市场。由于公司必须增加工厂、设备和人员，以跟上迅速发展的市场，另外还想超过对手，因此问题业务需要大量资金。“问题业务”这个词用得非常贴切，因为这类业务的市场需要比较大，在不断增长，但本企业未占主要地位，需要认真考虑是否继续向该业务投资。一般情况下，对有发展前途、能够挽救的这类业务，可采用发展战略，即投入较多的资金，增强推销力量，以提高产品的市场占有率，促使其转化为 B 类业务；对于没有发展前途的这类业务，应采取放弃战略，即产品下马，回收资金，做战略转移。

（2）明星业务。如果问题业务成功了，它就变成了一项明星业务。明星业务是高速增长市场中的市场领导者。这并不必然意味着明星业务一定会给公司带来滚滚财源。公司必须花费大量资金以跟上高速增长的市场，并击退竞争者。明星业务常常是有利可图的，并且是公司未来的金牛业务。在图 3-3 中，公司有两项明星业务。如果公司没有明星业务，那就需要留意了。

（3）金牛业务。当市场的年增长率下降到 10%以下，且企业继续保持较大的市场占有率，前面的明星业务就成了金牛业务。说明市场渐渐稳定、饱和，而且已被本企业所控制。因为对这类产品不需花本钱就可获利，一般企业都把这类业务看成是摇钱树，作为目前现金收入的主要来源，采取维持战略，以保持高的市场占有率和现金收入多的优势地位。

（4）狗类业务。狗类业务是指市场增长率低缓、市场占有率也低的公司业务。一般来说，这类业务利润很低，甚至会出现亏损。图 3–3 中的这类业务显得多了些，公司必须考虑这些狗类业务的存在是否有足够理由，例如市场增长率会回升，或者有新的机会成为市场领先者，或者是出于某种情感上的缘故。狗类业务因占用企业资源，可能得不偿失，需要进一步收缩或者淘汰。

在对业务单位分析评估的基础上，公司应制订业务投资组合计划。可供选择的投资战略主要有以下四种：

（1）拓展战略。目标是提高产品的相对市场占有率，必要时放弃短期利益。适用于问题类业务，采取有效的促销组合，促使其迅速转化为明星类业务。

（2）维持战略。目标是保持战略业务单位的现有相对市场占有率。适用于金牛类业务，因为这类业务是处于“成熟期”、为企业提供大量现金收入的业务，维持的目的是使其继续为企业提供大量现金。

（3）收割战略。目标是追求短期收益。特别适用于处境不佳的金牛类业务，因为其前景暗淡，收割可使其在短期内为公司提供较多现金。它也适合于计划放弃的问题类业务。常采用的方法主要有减少投资、减少促销费用、提高价格等。

（4）放弃战略。这种战略的目标是变卖或处理某些业务单位，促使公司资源向能够盈利的业务单位转移，实现资源的合理配置。此战略主要适用于给企业带来亏损负担的狗类和问题类业务。

战略业务单位在波士顿矩阵中的位置随着时间的变化而变化。成功的战略业务单位有一个生命周期，它们从问题业务开始，继而成为明星业务，然后成为金牛业务，最后变成狗类业务而至生命周期的终点。正因为如此，公司不仅要考察各项业务在矩阵中的现有位置（如同摄影中的快照），还要观察其动态位置（如同电影）。要监视每项业务过去的情况，还要观察其未来可能的发展趋向。因此，波士顿矩阵就成为公司战略规划人员制定规划的基础。

2. 通用电气公司模式

通用电气公司模式是 20 世纪 60 年代中期美国通用电气公司为摆脱企业萧条而使用的经营管理模式。推行这种模式的目的是：在生产的低潮时期，把有限的资源进行有效分配，以获取最大限度的利润。

这种方法从市场引力、企业实力两个角度出发，分别评价每种业务或产品线的市场引力和企业实力，并编入 3×3 矩阵的九个象限，采取不同的策略，平衡企业的业务或产品系列，使之接近企业营销总目标。

图 3–4 中标出了某公司的五项业务。这里，圆圈的大小表示市场规模，圆圈的阴影部分代表公司业务的市场份额。如该公司的油泵业务是在中等规模的市场上经营，大约占 10%的市场份额。

用于业务单位评估的两个变量——市场引力和企业实力相辅相成，缺一不可。如果公司进入一个富有吸引力的市场，并拥有在这个市场中获胜所需要的各种业务实力，成功的可能性就大。缺少其中一个条件，就很难收到显著的效果。试想，一个实力雄厚的公司不可能在一个夕阳行业中大展宏图；同样，一个孱弱的企业也不可能在一个朝阳行业中大有作为。

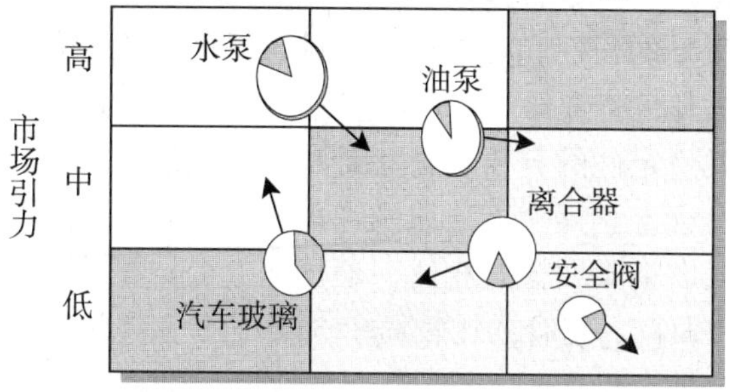

图 3–4 3×3 矩阵

市场引力指市场对企业的吸引力，可用市场容量（规模），竞争企业多少、是否强大，利润率等指标衡量。企业实力指企业满足市场需求的能力，可用市场占有率、技术开发能力、质量状况、生产能力、销售能力等指标衡量。

在对每项业务的市场占有率和企业实力进行打分后，我们可以根据所给出的分数，主观地划分等级并将各项业务填入 3×3 矩阵的 9 个象限中。显然，每个象限中的业务都具有相应的特点，而应采取不同的策略。

左上角的 3 个象限表示强大的战略业务单位，公司应向其投资，促使其增长。沿对角线排列的 3 个象限表示中度吸引力与企业实力的战略业务单位，公司应采取有选择地发展策略。右下方的 3 个象限表示吸引力低、企业实力弱的战略业务单位，公司应认真考虑予以收缩或放弃。例如，安全阀业务，代表一个缺乏市场引力而公司竞争实力又很弱的战略业务单位，是应收缩或放弃的对象。表 3–1 为每个象限中的业务可能做出的战略选择。每项业务的战略选择必须经过讨论，其目的是使业务和企业管理人员就有关业务的目标及达到目标所需的资金等问题达成共识。

表 3–1 市场引力—企业实力组合策略

企业实力 市场引力	强	中	弱
大	保持优势 ①以最快、可行的速度投资发展 ②集中努力保持力量	巩固投资 ①向市场先驱挑战 ②选择性地加强实力 ③强化薄弱环节	有选择发展 ①集中有限力量 ②努力克服缺陷 ③如无明显增长就放弃
中	选择发展 ①在最有吸引力的细分市场重点投资 ②巩固竞争力 ③提高获利能力	选择或管理现有收入 ①维持现有计划 ②在获利能力强、风险相对低的细分市场集中投资	有限发展或缩减 寻找风险小的发展途径，否则尽量减少投资，合理经营
小	巩固与调整 ①设法保持现有收入 ②集中力量于有吸引力的细分市场 ③保存力量	设法保持现有收入 ①在大部分获利细分市场保持优势 ②产品线升级 ③降低投资	放弃 ①在赚钱机会最大时出售 ②降低固定成本并避免投资

对战略业务单位的评估还需要考虑今后三五年的发展变化情况，可根据各项业务生命周期所处阶段以及预期的竞争者战略、技术发展、国家方针政策变动等因素进行综合考虑。在图 3–4 中，矢量的长度和方向表示这种预测的结果。例如，汽车玻璃业务的市场引力预计将大幅度上升；离合器业务企业实力会增强，但市场引力有下降趋势。

通用电气公司模式将定性的分析定量化，从某种角度讲，是一种思想，在具体应用上灵活性很大，如打分标准、评分方法以及考虑因素、各象限所采取的策略等都要据实际情况而定。与波士顿咨询集团模式相比，通用电气公司模式考虑得更加全面，是一种评价企业战略业务单位及产品组合的比较简单、实用的科学方法。

（三）制定增长战略

公司对现有业务的评估与规划，可能意味着要撤销一些业务。为此，需要发展一些新业务来弥补销售与利润目标缺口。企业一般可以通过以下三种途径寻求机会：①在公司现有业务中寻找进一步发展的机会；②建立或取得与公司现有业务相关的业务；③增加那些与公司现有业务无关但有吸引力的业务，如图 3–5 所示。企业增长战略如表 3–2 所示。

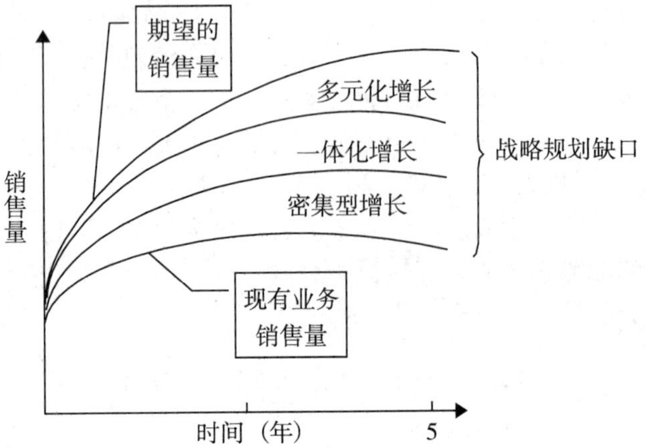

图 3–5　达到战略目标的主要途径

表 3–2　企业增长战略的主要类型

密集型增长	一体化增长	多元化增长
市场渗透	后向一体化	同心多元化
市场开发	前向一体化	水平多元化
产品开发	水平一体化	混合多元化

1. 密集型增长战略

公司管理者首先应检查是否还有机会提高现有业务的绩效。为寻找新的密集型增长机会，安索夫（Ansoff）提出了一个有用的分析方法，即产品/市场扩展矩阵，如图 3–6 所示。管理机构首先考虑在其现有市场上，能否用现有产品扩大市场占有率（市场渗透战略）；其次考虑能否为现有产品找到或开发新市场（市场开发战略）；再次考虑能否开发对现有市场具有潜在利益的新产品（产品开发战略）；最后还要再检查是否有机会为新市场开发新产品（多元化战略）。

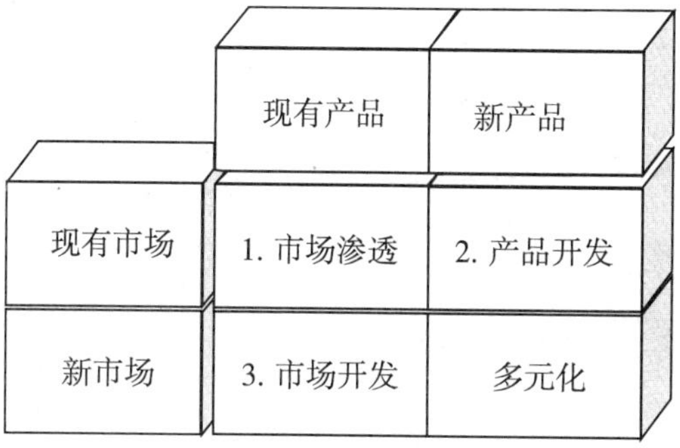

图 3-6　Ánsoff 产品/市场扩展方格

（1）市场渗透战略。市场渗透战略指管理者设法在现有市场扩大现有产品的市场占有率，主要方法有三种：首先，鼓励和说服当前顾客增加对本企业产品的使用量。例如，生产工业润滑油的企业可以说服顾客增加设备维修次数以延长设备寿命；牙膏制造企业鼓励消费者由一天刷一次牙增加到两次或三次，以减少牙病的发生，这样就会增加产品在现有市场中的销量。其次，努力吸引竞争企业产品的顾客转向本企业，使其成为本企业的顾客。企业可以通过提高产品的主要性能、降低价格、加强广告宣传等，尤其是突出本企业产品与竞争企业产品相比较具有的优点。例如，同样价格水平的冰箱，但某企业的冰箱却具有自动除霜功能，由此提高本企业产品的性价比，吸引消费者。最后，公司可设法鼓励未使用者使用本企业产品。如果市场中尚有很多顾客还未使用这一产品，则可考虑加大宣传力度，强调本产品能够给他们带来的利益，从而吸引潜在购买者购买。

（2）市场开发战略。管理者还要寻找现有产品可满足其需求的新市场。有许多产品，在一些市场中虽然已经饱和，但在另外一些市场中却尚有需求。企业如果把这些产品推广到需求尚未满足的市场中，仍将会有大的销售量。例如，把营养食品向婴儿销售，同时也向老年人推销；强调某化妆品也适合男性；把在某些地区或国家已饱和的产品向另外一些地区或国家进行销售；等等。市场开发战略有一个很大的优点，就是企业不用花巨额投资开发新产品。但是，要开发新市场，则要求企业对新市场有足够的调查分析，以确保该产品确实能满足新市场的需要。

（3）产品开发战略。即考虑向现有市场投放新产品的可能性。企业可以对原有产品进行改进，以满足现有市场的需要，扩大销量。例如，针对家庭用户开发系列厨具，从高压锅到电饭锅、电动高压锅，产品不断更新换代等。如果新产品与现有产品有明显差异，更符合顾客需要，则采用这种战略会带来很好的效果。

2. 一体化增长战略

一体化增长战略即生产企业、供应商、销售商实行一定程度的联合，融供、产、销于一体，以提高企业的发展和应变能力。当企业的业务很有发展前途，而且在订货、促销、服务等方面实行一体化能提高效率、加强控制、扩大销售、增加利润的情况下，可采用一体化发展战略，以发挥各自的优势，促进企业发展。一体化增长战略主要有三种，如图 3–7 所示。

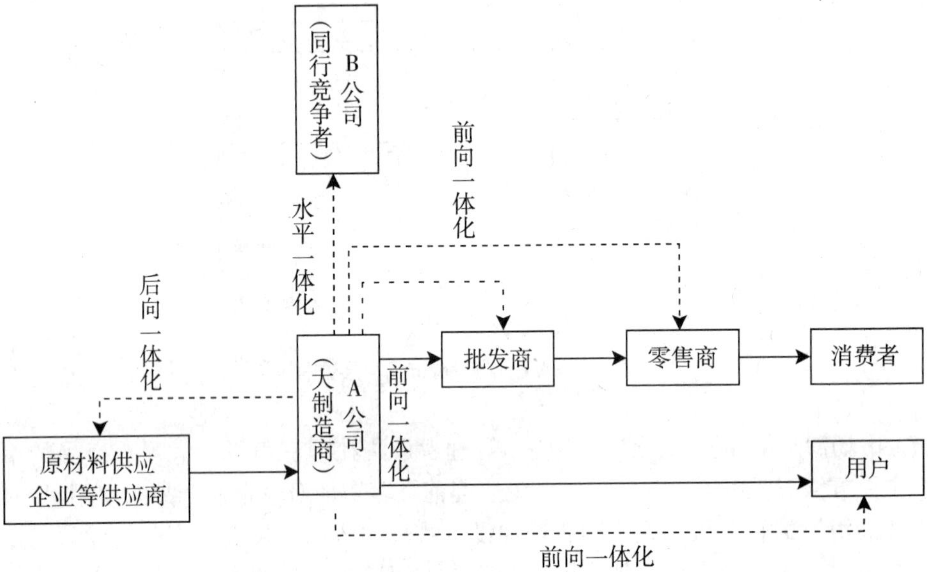

图 3–7　一体化增长战略

(1) 前向一体化战略。指生产企业通过收买或兼并若干商业企业，建立自己的分销系统，实行产销一体化，自产自销。同时，企业如用自己的材料、物品生产其他产品，也叫作“前向一体化”，如木材公司生产家具、批发企业开设零售商店等。

(2) 后向一体化战略。指企业通过收购或兼并若干原材料供应企业，控制原材料的生产或销售，实行供产一体化。例如，某汽车制造厂，以前是向轮胎公司采购轮胎，现在则自己建厂生产轮胎，就是一种“后向一体化”战略。

(3) 水平一体化战略。指企业收购或兼并若干个竞争者同类型企业，组成联合企业或企业集团，以扩大生产经营规模，中外合资经营企业也属于水平一体化。

近年来，一体化经营作为一种新的方式被我国企业界广泛采用，出现了工业自销、工商联营、工贸联营等多种经营方式。

3. 多元化增长战略

多元化（多角化或多样化）增长战略是指企业尽量增加经营品种和产品种类，跨行业经营多种产品或业务，扩大企业的生产经营范围，使企业优势充分发挥，企业的人力、财力、物力资源得到充分利用，从而提高经济效益，以保证企业的生存与发展。

一些国外大公司大都从事多元化经营，从“鸡蛋到导弹”无所不包。近年来，经营范围更加广泛，而且更加注重开发尖端技术的新产品。近年来，我国企业多元化经营已成为一种趋势。多元化战略可以抓住新的市场机会，但也会分散企业的有限资源，出现管理漏洞，导致企业陷入困境，如健力宝集团等。

多元化增长战略主要有以下三种：

(1) 同心多元化。利用现有技术和设备，进入新行业、面对不同的顾客群。就像从圆心出发，向外扩大企业的经营范围。这种战略投资少、风险小，容易获得成功，如图3-8 所示。

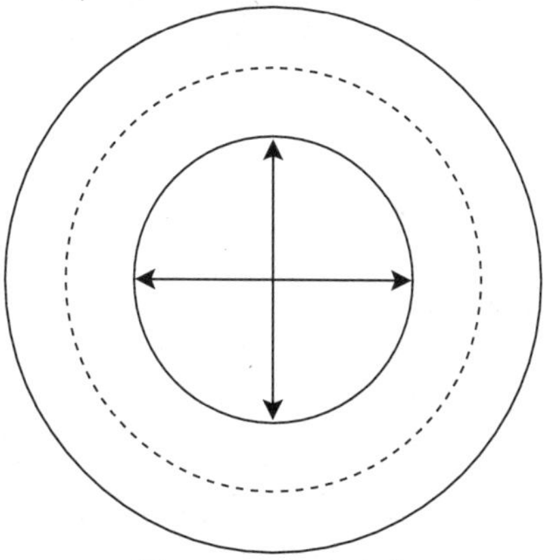

图 3-8　同心多元化

（2）水平多元化。指企业针对现有顾客群，提供与现有产品、技术不同的产品或服务，如某收割机公司，面向农村市场，开发经营农药、化肥等化工产品，就是水平多元化。

（3）混合多元化。指企业发展和开拓与本公司现有产品、技术、市场均无关系的业务。通过收购、兼并其他行业的企业，或者在其他行业投资，组建企业集团，开发新产品，开拓新业务，以发挥综合优势。例如，某钢铁公司经营金融业、旅馆、餐饮、证券、房地产等。实施这种战略的企业，一般都是财力雄厚、人才济济、技术先进的大公司。

总之，为达到战略规划目标，企业可以在现有业务组合评价的基础上，寻找各种新的业务发展机会。首先围绕现有业务寻找扩大业务的途径，其次考虑与当前业务有关的后向、前向和水平一体化战略，最后可在当前业务之外的领域中寻觅适当机会。

第二节　战略营销

战略营销是 20 世纪 80 年代以来市场营销学科中的一个重要研究领域。罗杰·A.凯琳、罗伯特·A.彼得森、维瑟拉·R.拉奥等学者为战略营销的发展做出了杰出贡献，并提出：与传统的战术性营销相比，战略营销更注重营销活动的整体性和全局性以及长期效果，注重经营环境分析和竞争导向，强调营销组合要素的整合。

我国对于战略营销的认识开始于 20 世纪 90 年代。在我国，从事战略营销研究较早的是中国人民大学的包政教授，他就战略营销与中国企业的实际相结合进行了较为深入的研究。

战略营销的出现并不是偶然的，是适应企业外部环境变化的结果。资源稀缺日益明显，重大环境污染时有所闻；计算机与网络使信息沟通进入前所未有的新阶段，大大改变了人类的生产与生活方式；老龄问题日趋严重，人们的价值观念也在发生变化；市场竞争不断加剧，流通网点越来越密；消费者的自我保护意识加强，购买商品更加挑剔；等等。所有这些变化，使得市场更具有不确定性，要求企业以战略的目光、以长远的计划、用科学的方法和手段来解决所遇到的新问题。

一、战略营销概述

（一）战略营销概念的界定

战略营销是从战略高度，寻求企业的生存领域和长久的竞争优势的营销理念和方法，其本质是在动态的市场和企业环境中做出明确的营销决策，在特定的时间和限定的资源范围内，通过系统的程序使企业获得生存、成长和可持续发展的竞争优势。

战略营销一般包括五个复杂但相互联系的分析过程：①确定组织的业务、使命和目标；②识别和分析组织环境；③制定产品市场战略；④营销、生产和财务预算；⑤制定调整性和恢复性战略。

从研究内容看，战略营销并没有超越市场营销范畴，但与通常的营销活动不同。后者由企业的营销部门负责，而战略营销则是由企业最高决策者主导的企业营销活动。企业遇到重大变革需要转型，或是企业创业初期，或企业进入全新的领域，会导致企业文化、信念、目标、业务领域、内部流程等都发生一系列变革。此时，传统的“4Ps”已远远不能适应变化的市场竞争的需要，需要把营销建立在一个新的高度，通过发掘、积聚、集中企业的价值和资源，使企业获得生存经营权并建立长久的竞争优势。

战略营销的主要目的是在满足消费者需要的前提下，寻找企业的生存空间。传统的市场营销活动强调满足消费者的当前利益，然而由于需求的不确定性以及竞争者的干扰，往往使企业陷入困境。但反过来，把竞争绝对化，一切只从竞争的需要出发，否认消费者需求，或者忽略社会需要，则同样是不可取的。战略营销是要通过企业本身价值的创造、资源的积累、合作关系的建立而赢得长久的竞争优势。

战略营销的原则是以企业的业务分析为基础，以市场细分、目标市场选择、市场定位为核心，以资源配置为重点。即首先了解市场需求是什么；其次是企业应该提供什么样的产品和服务；最后是如何提供给消费者，并且在此过程中企业是否有能力超越竞争者。

战略营销作为一种站在企业战略的制高点上创造需求、创造市场的营销理念，是对市场营销的发展和创新。按照战略营销理念，从企业没有生产出产品之前，所考虑的“生产什么样的产品”、“如何设计产品”，到生产出产品之后“如何开展促销活动”以及产品售出之后的“如何服务”等，即企业营销活动全过程都必须以竞争为基准。战略营销使企业的营销活动有了最高的目标，即争夺市场、争夺顾客，阻止竞争者抢占企业的市场份额，从而确保企业在绝对市场竞争环境中迅速扩张和成长。日本的诸多产业在20世纪末迅速崛起，在欧美市场上屡屡把竞争对手逼入困境，其根本原因就是以竞争为动力，瞄准超一流的企业强手，干他们不能干的事，干他们不屑干的事，干他们忽略干的事。

战略营销是以满足消费者需求为前提，以竞争为核心展开的全局性谋划，这对企业的生存与发展至关重要。在日新月异的技术条件下，商品生产成为相对容易的事情，而为实现交换所作的谋划则成为企业发展的“瓶颈”。因此，战略营销的特有概念是市场交换与竞争，在此基础上形成相关的核心概念体系，如图 3-9 所示。

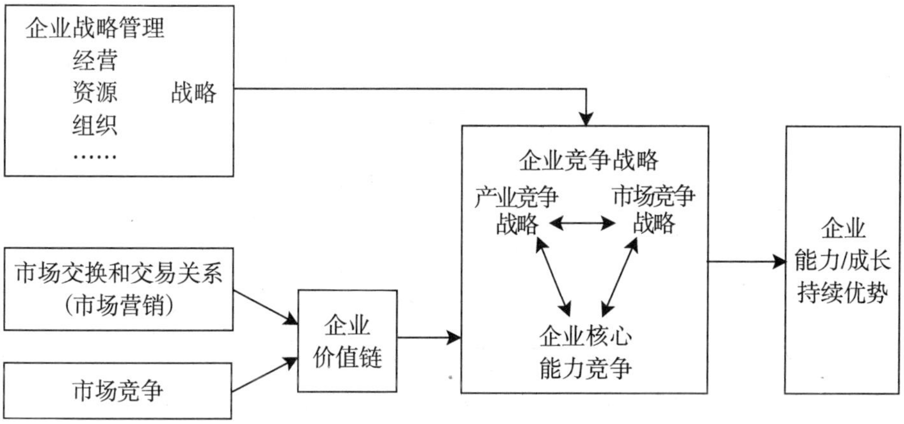

图 3-9　战略营销核心概念体系

（二）战略营销的理论流派

经济学、管理学、营销学和战略管理理论的研究和应用，促使战略营销理论的初步形成。战略营销是为企业经理层制定企业市场经营战略服务的，它是多门综合性学科相互渗透结合的产物，有着广泛而坚实的理论基础。

战略营销的理论体系尚在形成与完善之中，在不同的理论基础指导与渗透下，形成了资源要素派、产业分工派和核心能力派，其理论依据和战略竞争的侧重点各不相同（见表 3-3）。

表 3-3　战略营销理论流派及其特点

派别	资源要素派	产业分工派	核心能力派
理论特征	产品/市场资源要素的最佳组合	产业/市场演变优势	企业核心能力优势
理论依据	科斯：市场交易费用理论；新古典经济学：利润最大化；安索夫：《企业战略》	亚当·斯密：分工理论；波特：《竞争战略》、《竞争优势》	从经济和社会的内涵来研究核心能力的思想；潘汉尔德与哈默：《公司核心能力》
主要观点	商品交易费用水平是生产方式和交易方式发展变化的原动力；产品/市场优势资源导向；企业成长的基础是资源组合优势	立足于产业环境的竞争战略；建立进入/退出壁垒是战略竞争的主要手段；重视产品/市场短期经营战略；把企业内部资源和能力视为“企业黑匣”	企业核心能力是企业持续竞争优势的源泉；把企业的特殊资源作为企业竞争优势源泉；产业和市场竞争优势以创造未来为主
应对环境	重视与企业外部环境的适应性； 把企业内部资源作为“黑箱”进行静态操作		企业内部资源优势主导；企业核心能力由外部显示和决定

续表

派别		资源要素派	产业分工派	核心能力派
战略营销	侧重点	市场力量导向		企业核心能力在市场竞争中的决定性作用
		产品/市场要素的机会成本	产品/产业的市场竞争优势	
	内容	产业总成本领先、标新立异、目标集聚战略		
		产品/市场资源的差异优势	产业进入/退出壁垒战略	建立企业核心能力、体系的动态机制，形成竞争优势
	应用	中期、短期战略营销		长期战略营销
		产品/市场资源组合	产业/市场组合	企业能力/产业市场资源优势组合
局限性		忽视企业资源和能力的动态适应性		企业持续竞争优势与企业内在成长理论尚未有机结合；企业能力/市场资源组合尚待规范

从表 3–3 中可以看出，战略营销各派的理论特征虽有不同，但它们都是围绕市场竞争而展开的，从产品/市场资源要素最佳组合向产业/市场优势演变，并向企业核心能力优势发展；在企业与外部环境的关系上，战略营销从对外部环境的适应性为主向以企业内部资源（核心能力）为主变化。因此，对于战略营销理论流派，不应看成相互取代的关系，它们之间的不同恰恰是理论深度和应用范围等方面的相互补充和发展。企业在实施战略营销时，应当全面分析，充分应用相关理论制定对策，保证企业具有持续竞争优势。

（三）战略营销的基本特征

随着环境的变化和市场竞争的加剧，企业对市场营销的重视程度和应用范围逐步提升。从一般的营销活动，到营销战略、战略营销的系列概念的出现可以看到这一点。这些概念既有区别又有联系，表 3–4、表 3–5 做了简单归纳。

表 3–4 基础营销与战略营销的异同点

		基础营销	战略营销
共同点		适应顾客的需求，制定竞争性战略和组合策略，实现市场交换	
不同点	时间跨度	短期的、日常的	长期的
	决策过程	主要为自下而上	主要为自上而下
	组织行为	注重单个的业务单位的利益	各横向、纵向部门相互协调
	领导风格	要求领导具有反应性的理念	要求领导具有预见性的理念
	工作性质	成熟、经验和控制导向	高度的创造性和前瞻性
	使命	处理已定的业务如何经营的问题	解决哪些业务，予以重点强调的问题
	目标	以满足市场（顾客）需求为主要目标	以在产业市场竞争中保持持续竞争优势为目标
	内容	以顾客为核心的目标市场和营销组合策略	以获取竞争优势为核心的产业/市场/企业优势战略
	方法	以顾客差异化分析为基础的特性营销战略	以竞争优势为基础的市场交换的全局性规划
	环境	以外部环境为主的适应性营销	以产业市场竞争为中心的外部环境/内部条件协调发展战略

表 3-5　战略营销和营销战略的区别与联系

		战略营销	营销战略
概念		整个企业活动的核心理念	实现核心理念的基本方法和谋略
联系		战略营销是营销战略的先导，营销战略是战略营销的结果	
特点		鲜明的竞争导向	高度的原则性、指导性和全局性
		创造市场的观念	强烈的竞争对抗性
		整体营销的观念	切实的可行性
		战略决策的观念	相对的稳定性
区别	性质	倾向于一种经营哲学与营销理念	倾向于一种具体谋略
	价值	选择价值	采取谋略以实现价值
	决策	企业高层管理者决策	企业中层管理者决策
	参与度	经营全过程，涉及各个部门、全体人员	营销过程，营销部门经理及相关人员
	导向性	创造新的市场需求	市场驱动
	风险性	从变化的市场中寻求机会	追求一定的稳定性

一般意义上的营销实际上指的是职能营销，与企业的营销部门相对应。职能营销强调的是分析、计划、执行和控制四大管理职能，其核心可以概括为 STP（市场细分、目标市场选择、产品定位）、“4Ps”（产品策略、定位策略、渠道策略、促销策略）和 CRM（顾客关系管理）。战略营销是 20 世纪 90 年代乃至 21 世纪初期营销的基本潮流。通过战略营销，把营销战略推广至整个企业，以其生存和发展为最高目标，并以竞争为基准，协同一致对付环境变化。

与一般意义上的营销或营销战略相比，战略营销有以下一些基本特征：

（1）鲜明的竞争导向。战略营销是要击败对手，满足竞争的需要。企业的一切营销活动都围绕着追求市场份额、扩大势力范围和生存空间。竞争是压倒一切的，是企业的核心理念，这种导向约束了企业全体员工按照一个统一的方向行动，不断地超越自我，超越对手，并带来了组织结构、工作程序和营销策略的一系列变化。

（2）创造市场的观念。战略营销的主要目的是要寻找企业的生存领域，创造新的市场需求。以企业的长远目标和根本利益为出发点，在满足消费者需要的前提下，通过企业自身价值的创造和综合实力的增强，充分利用企业各方面的资源，不断地开拓新的市场需求，去争取企业长久的竞争优势。

（3）整体营销观念。战略营销强调，按照企业生存竞争的要求，确立基本理念和企业的总体方针、政策，把整个企业的营销置于一个大系统中，这个系统包括了企业本身、营销渠道、市场竞争者、公众以及客观环境等。

（4）战略决策观念。战略营销把营销决策提到决定企业生死存亡的战略高度来认识。比如开发什么样的新产品，选择什么样的细分市场，如何进行营销等，企业所采取的一系列重大决策都必须根据营销环境的动态变化和企业自身的条件，进行周密的策划，制订有效的战略计划，使企业的目标和资源与企业的外部环境之间保持一种切实可行的战略适应。

由此可见，战略营销是市场营销发展的一个新的高度，几乎所有的企业，无论经营规模大小，也无论其经营范围如何，都可以从战略营销的理念和方法中获得新的启发和益处。虽然战略营销的理念和原则并非都是新的，许多理论和方法都有其渊源和演化过程，然而，也正是从市场营销的发展中我们认识到了战略营销理念的存在价值和现实意义。

（四）企业战略营销的应用时机

企业在以下三种情况时需要进行战略营销：

（1）创业之初。这时企业还没有发育健全的营销职能，如何把企业的产品和企业本身推向市场乃是企业经营者首先考虑的问题。这时企业既要营销产品，又要营销概念（如发展模式）和未来（市场空间和盈利空间），还要营销企业本身（经营团队、经营理念），这是一个复杂的营销过程，这一角色只能是企业家本身，在某种程度上可以说创业者就是典型的战略营销家。

（2）企业进入全新的业务领域或推出具有战略意义的全新产品和服务时。这种情况下，战略营销一方面在企业内部进行，即通过内部营销获得决策支持和关键资源；另一方面则面向外部，与创业之初的战略营销有类似之处。由于传统企业的营销部门本身具有基于利益的惰性和惯性，倾向于少冒风险，重视短期业绩，往往缺乏突破性的创新精神。因此，企业如果要推出全新的产品和服务，就需要建立相对独立机构来进行，这就需要战略营销。这样成功的机会更大一些，失败了也不至于对正常的营销职能产生不利的影响。DELL 开发网上直销就是由与原来的营销部门不相关的一个小组实现的，直到网上直销成功之后才与原来的体系融合。

（3）企业进行大规模整合之时。这种整合性导致企业文化、信念、目标、业务领域、外部形象、内部流程等都发生一系列变革，而这种变革必然导致内部利益结构、权力结构、信息沟通和士气的变化。要成功地进行这样的变革，就必须寻找能引导内部变革和外部发展方向的理念、事件来加以营销。

二、企业实施战略营销的整体构架

尽管战略营销也要利用职能营销的工具如选择目标顾客、定位、广告、促销等，但其内在的运作模式却更为复杂，如图 3-10 所示。

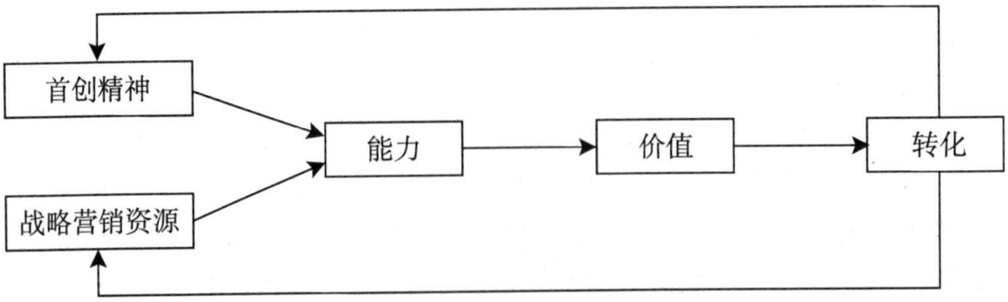

图 3-10　企业战略营销内在运作模式

在上述模式中，战略营销资源（Resources）是指企业能够实施战略或形成竞争优势的资源要素和企业获取这些资源要素的渠道，具体是指企业和企业家可以利用的各种资源，主要可分为“资产资源”和“人力资源”两大部分。资产资源是指企业所拥有的或可控制的要素的存量，并可进一步分为“有形资源”和“无形资源”两类。人力资源是指企业配置资源的能力，也可进一步分为“企业组织能力”和“企业员工能力”两部分。从表 3-6 中可以清楚地看出企业战略营销资源的内涵和分类。

表 3-6　企业战略营销资源的内涵和分类

企业战略营销资源	资产资源	有形资源	实物资源	土地、厂房和机器设备等的数量和生产能力，完成状态等
			财物资源	资金的活力、资金管理，对债权债务的控制与银行的关系等
		无形资源	知识、品牌、商标、著作权、专利权、商誉、市场占有率、执照、信息网络等	
	人力资源	组织能力	良好的业务能力；强劲的技术创新能力 融洽、团结的团队能力；持之以恒的学习能力	
		员工能力	专业技术能力；人际关系能力；营销管理能力	

首创精神（Initiatives）主要是指企业家的价值导向、目标、动力和行动的创造性所构成的整体。它是一种突破环境和资源局限创造市场和顾客价值的冲动和激情。它往往由企业家或由企业家倡导和发动，并渗透到企业和团队的内部。韦尔奇刚当 GE 公司的 CEO 时，他带给 GE 的就是一种首创精神。这种首创精神是企业和企业的产品具有独特性的关键，也是战略营销存在的前提。如果没有首创精神，企业就可以按部就班地运作，或跟在别人的后面亦步亦趋、随波逐流，谈不上战略营销。

首创精神和资源的成功结合，就构成了企业为顾客创造价值（Value）的能力。能力有两种：一种是创造一般价值的能力（Capacity）；一种是创造差异化价值的能力（Competence）。一般价值主要是指产品的基本功能和使用价值，差异化价值主要是指相对于市场平均水平而言，企业为顾客提供的与众不同的利益，如更高的品质、更好的服务、更新的技术、更低的成本等。差异化能力是企业追求的目标，因为只有差异化能力才是企业长期竞争优势的来源。但由于差异化能力是逐步形成的，而且往往会被对手赶超，因此企业在许多情况下形成的只是一般能力。一般能力在市场供不应求时也能为企业带来利润，但在市场供过于求尤其是能力过剩时，不仅不能为企业带来利润，有时还会成为沉重的包袱。由于目前大多数产业中都出现了能力过剩现象，因此差异化能力就显得尤为重要。无论哪一种能力，都是一种活动的或行动的概念。厂房、设备、人员并不是能力，而只是资源，只有实际上的生产经营活动才是能力。明确这一点非常重要，因为有许多企业只有厂房、设备，却无生产能力；有大量的管理人员，却无经营能力；有大量的科技人员，却无开发能力。

价值的转化（Leverage）是上述模式的核心。因为许多企业具有为顾客创造价值的能力，但却不能有效地将价值转化为销售收入和利润，结果还是难以持久。价值的转化分为四个方面：一是转化为销售和持续的现金流；二是转化为利润；三是转化为可进一步利用的资源；四是转化为进一步发展的动力。现金流是基础，利润是关键，资源和动力是长期发展的保障。企业只有顺利实现上述几个方面的价值转化，才可能不断提升自己的竞争优势。但是，在现实中，有些企业可以将价值转化为现金流，如雅虎和亚马逊，但却不能转化为稳定的利润，这样企业仍会处于被动地位。有些企业可以将价值转化为利润但却不能转化为资源和进一步发展的动力，因而不能形成良性循环。我国有些企业由于对市场过度开发破坏了市场资源，从而使企业失去生存的基础；有些则是由于追求高速发展和短期利润，没有形成差异化能力，在市场上能力过剩时，企业为顾客创造的一般价值就迅速贬值，过去获得的利润迅速蒸发，从而使企业失去将价值转化为资源的机会和进一步发展的动力。

由于市场环境和供求关系的影响，有时创造一般价值的能力也能为企业带来竞争优势和超额利润。而另一些时候即使企业拥有创造差异化价值的能力，也不能有效地转化为利润和资源，如最近两年的朗讯、北电网络和爱立信等。它们的能力都没有问题，也能为顾客创造差异化的价值，但由于市场结构性的变革，这些企业面临大规模整合的挑战，此时企业最需要的则是内部的首创精神。

战略营销的实施应该以竞争为导向、以资源分配为重点、以核心优势为基础，突出STP的作用，并遵循如图3–11所示的内容进行运作。

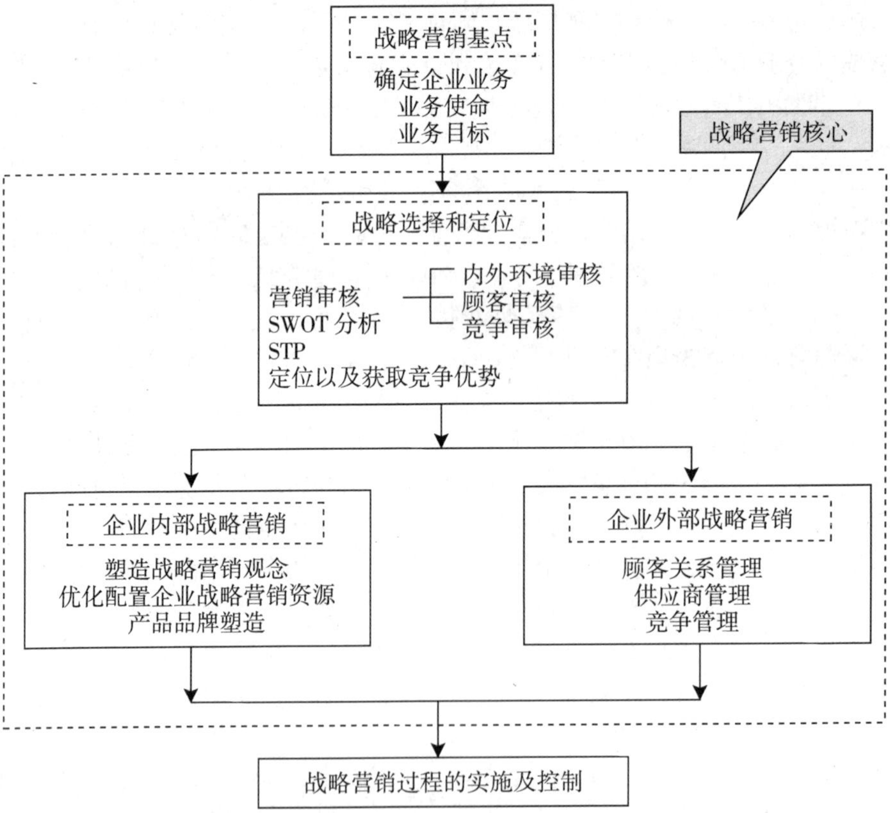

图3–11 战略营销整体构架

● 本章回顾：

战略规划是一个管理过程，是在企业的目标、资源和不断变化的市场营销环境与机会之间发展和保持某种战略适应性的过程。在动态的环境中，战略规划不断调整和指明企业发展方向。企业最高管理层必须在企业整体层次确定公司使命和目标；确定战略业务单位，评估现有战略业务单位，并做出发展、缩减、维持、放弃的决定；制定增长战略、规划新业务。

企业创业初期、遇到重大变革需要转型或进入全新的领域时，会导致企业文化、信念、目标、业务领域、内部流程等发生一系列变革，此时，需要把营销建立在一个新的高度，发掘、积聚、集中企业的价值和资源。战略营销是从战略高度，寻求企业的生存领域和长久的竞争优势的营销理念和方法，其本质是在动态的市场和企业环境中做出明确的营销决策，使企业获得生存、成长和可持续发展的竞争优势。

● 讨论与概念应用题：

1. 试评价以下三个公司的使命：

A 公司：为了赚取利润；

B 公司：为了创造顾客；

C 公司：为了同世界上的饥饿做斗争。

2. 某公司从其所属的一家分厂取得生产所需的元件。这家分厂生产的元件也对外销售。与竞争者相比，这家分厂规模小、效益差。在过去的五年里，分厂的销售增长率已落后于同行业平均水平。请问这个战略业务单位属于波士顿矩阵中的哪种类型？其母公司应如何处理这一战略业务单位？

3. 某设备公司有五个战略业务单位，试用波士顿咨询集团模式，判断该公司是否处于健全的营运状态？并对其资源配置提出你的建议。

战略业务单位	销售额（万元）	竞争者数目	行业前 3 名厂家销售额（万元）	市场增长率（%）
A	50	8	70，70，50	15
B	160	22	160，160，100	18
C	180	14	180，120，100	7
D	320	5	320，80，70	4
E	50	10	250，180，170	4

●【案例 3–1】联想与蓝色巨人 IBM

（一）IBM 的兴衰与业务/使命变迁

20 世纪 80 年代以前，IBM 一直是大企业的一站式信息服务商，承诺提供有效、优质的技术和卓越的整套服务支持，并通过与顾客保持紧密的联系成为顾客不可缺少的“信息、办公”的顾问和伙伴。1980 年其销售额达到 400 亿美元，其年销售增长率一直在 10%以上。

20 世纪 80~90 年代初，受 PC 市场的诱惑和过分膨胀的生产能力的压力，IBM 忘记了自己的使命，错误地认为，IBM 与顾客的关系基础是 IBM 的产品，是机器，而不是系统服务，走上了“销售产品”之路，顾客很快发现其他公司提供的产品更物美价廉而离开了 IBM。90 年代初，公司首次巨额亏损达 50 多亿美元、裁员近 20 万人。

20 世纪 90 年代，IBM 重新致力于成为全方位服务供应商，重视为顾客解决问题，而不仅仅是销售机器；致力于带领大企业进入网络世界，在咨询、系统集成、网络服务、教育培训等方面为顾客提供服务。1996 年销售收入 760 亿美元，增长率 9%。2005 年，IBM 将其 PC 业务卖给了联想，IBM 由此甩掉了“包袱”，专注于软件和服务。

（二）联想的业务与使命

联想经营三大业务群：①核心业务——信息产品业务群，包括 PC、笔记本、服务器、外设等；②成长型业务——移动通信业务群，包括手机、掌上设备等移动通信设备等；③增值业务——IT 服务业务群，包括 IT 服务、网络产品、软件外包等新兴业务。

21 世纪初的头三年，杨元庆一直试图改变联想在大众眼中 PC 厂商的角色，取而代之以全方位的 IT 服务提供商。为此，联想把许多销售、研发等方面的资源给了手机、IT 服务等新兴业务，PC 业务只是在原有模式上继续发展，为种子业务提供资源保证。但很快，联想认识到“集团实际上对多元化业务拓展的经验及管理能力不足”，于是，PC 业务再次成为联想的重中之重，IT 服务被划为第三类业务，资源分配与核心业务相比微不足道。

2005 年 5 月，联想收购 IBM 个人电脑事业部，打造全球 PC 领导企业。此次并购意味着联想的个人电脑年出货量将达 1190 万台，销售额将达 120 亿美元，从而使联想在目前个人电脑业务规模基础上增长 4 倍。收购后的联想将把 IBM 的笔记本业务、联想的品牌知名度整合在中国这一全球增长最快的电子信息市场上，从而形成遍及全球 160 个国家和地区的庞大分销、销售网络和广泛的全球知名度，增加了“对垒”戴尔、惠普等品牌的实力。

（三）对“并购”的相关评论

IBM 个人系统集团总经理史蒂芬-沃德：“美国市场增长不快，或者说是严重饱和，而我们所在的中国市场没有饱和，正疯狂增长。”“联想在亚洲极为强大，尤其是中国零售（他们有 4000 家商店）和小企业领域。”新联想公司最初将同时使用两大品牌——联想和 IBM。“我们唯一产生品牌冲突的地方是中国，联想不在美国等市场销售，因此我们将继续销售 IBM，我们将继续销售 ThinkPad，毫无改变。IBM 和 ThinkPad 将定位于高端企业市场，联想将定位于中小企业。”“毫无疑问，联想未来将成为重要的 PC 品牌。”“我们在美国消费市场已经很强大，我们在高端笔记本电脑市场的零售很出色，通过CDW、PC Connection 等企业和 IBM.com 网站销售，我认为联想产品进入个人市场有很好的机会。”“我们在 PC 方面的目标是提高劳动生产率。”

硅谷科技人士多半肯定这笔交易对两家公司所带来的双赢局面，不但可以让联想百分之百专注于联想电脑获得进军全球的渠道，也让 IBM 摆脱个人电脑业务的赔钱梦魇。

有人批评 IBM 此举将自毁前程，多年经营的个人电脑品牌拱手让人，让忠诚的爱好者大失所望，转向其他电脑品牌。

龙脉创投公司董事长赵光斗认为，经营品牌的最终目的是赚钱，IBM 撑着赔钱的个人电脑品牌已经太久了。他说，IBM 卖掉个人电脑业务不仅可以让损益表的亏损减少，还可以换来一家将有更高成长的个人电脑公司之部分持股，怎么不是个好投资呢！

美洲中国工程师学会旧金山分会方玉山解读说，IBM 的个人电脑销售业务需要放弃，应集中精力于对企业界提供软件技术服务与服务器业务上。联想是中国最大的个人电脑生产商，接掌 IBM 的个人电脑业务可以发挥专长，有利于联想进入世界市场，此交易对双方都有好处。

设计电子付费系统的北京通融通科技公司市场行销副总裁余晨表示，相信 5~10 年内，联想会成为全球性品牌，就像日本的 SONY 与韩国的 SamSung 成为国际品牌一样。

一些评论家指出，联想并购 IBM 个人电脑业务将带来经营方面的挑战，首先，发展中国家的企业购买发达国家的企业业务，将不可避免地增加营运成本。其次，两家公司迥然不同的文化如何让这起“婚姻”圆满合一。还有，IBM 个人电脑业务的主要客户为企业，联想的个人电脑业务有六到七成为个人消费者，联想是否能顺利接收 IBM 的企业主客户？

很多反对此并购的原因是，质疑联想是否有能力做到 IBM 广受赞誉的顶尖售后服务，美国的客户会愿意打电话到中国找客户服务吗？

余晨说，现在的客户服务都是采用 800 免付费号码，而且外包到印度去做，总部在中国并不影响全球客户服务的品质。

在文化差异方面，余晨说，联想近来已经慢慢变化，逐渐与国际接轨，企业文化国际化不是一件难事，需要的只是时间。至于联想的客户群与 IBM 的客户群不一样，余晨认为，联想今后须妥善地联系 IBM 现有的企业客户，维系好关系。

（四）联想的发展现状

根据全球两大权威调查机构互联网数据中心（IDC）和高德纳咨询公司（Gartner）于 2013 年 7 月 11 日分别发布的最新行业数据，联想 2013 年第二季度市场份额达 16.7%，首次跃居个人电脑市场份额全球第一。分析指出，个人电脑市场尽管面临挑战，但仍是一个高达 2000 亿美元的巨大市场。在 2012~2013 财年，全球个人电脑市场同比下降 13.3%，联想个人电脑全球市场份额连续 16 个季度超行业整体增速。2013 年第二季度联想已超过惠普，成为全球最大的 PC 厂商；联想盈利能力创下历史新高，净利润同比增长 34%。联想集团董事长兼 CEO 杨元庆表示，联想的长远目标是：成为包括平板电脑、智能手机、个人电脑等智能设备在内的市场领导者。

对于最新的 PC 厂商排名，联想董事长兼 CEO 杨元庆表示：“即使是在有史以来最严峻的 PC 市场中，联想不仅实现了份额增长，也逐渐提升了盈利能力，在每一个市场领域推出了更具创新性的产品。对 PC 市场领先者的竞争毫无疑问将继续加剧，但我很有信心，全球 PC 市场仍有足够空间，以支撑可盈利的增长和突破性的创新。”外界此前一直批评，联想牺牲盈利能力以换取市场份额增长，或者说愿意接受极为微薄的利润率，导致竞争对手的生存非常困难。尽管 PC 永远不会彻底消亡，但市场关注重点已转向平板电脑。2013 年 5 月，IDC 预计 2013 年全球平板电脑销量将同比增长 59%，而苹果公司在这一市场处于领先。

资料来源：①汪若菡：《21 世纪经济报道》，2004-02-27。②《联想未来 CEO：整合很简单，不走商品化路线》，中国营销咨询网，www.51cmc.com，2006-03-21。③联想市场份额首次跃居全球个人电脑市场首位，第一营销网，2013-07-12， http://www.cmmo.cn/article-155759-1.html。④联想超惠普成最大 PC 厂商 行业连续滑坡，第一营销网，2013-07-11，http://www.cmmo.cn/article-155737-1.html。

● 思考题：

1. 试比较联想与 IBM 的业务界定及其变迁。
2. 结合案例，分析联想的增长战略。
3. 结合案例并进一步收集相关资料，分析联想的业务规划及相应的资源分配。
4. 结合个人电脑的市场需求及发展趋势，就联想的发展状况谈谈你的看法。

第四章　市场营销环境分析

学习目标：

了解市场营销环境的概念、特点与分类；明确宏观环境、微观环境的构成因素及对企业营销的影响；掌握SWOT分析方法在实际工作中的应用。

任何企业的营销活动都是在一定市场环境下进行的，企业的营销活动既要受到自身条件的制约，又要受到外部环境的限制。制约和影响企业营销活动的外部力量和因素也就构成了企业的市场营销环境。

市场营销环境是复杂多变的，各种环境因素变化既能为企业提供市场机会，也能给企业带来风险，企业只有通过有效的市场分析，全面把握市场营销环境，才能发现并把握各种市场机会，避开可能出现的风险，制定有效的市场营销战略，实现市场营销目标。因此，营销环境研究是企业开展市场营销活动的一项重要基础工作。

第一节　市场营销环境概述

一、市场营销环境的概念

人们对市场营销环境的认识是逐步完善起来的。在20世纪初，人们认为营销环境就是销售市场。到了30年代，政府、工会、竞争者等与企业有利害关系的因素才被看做营销环境。在60年代，市场营销环境的外延进一步扩大，科学技术、自然生态、社会文化被纳入重要的环境要素。进入70年代，随着政府对经济的干预力度的加强，人们开始重视对政治、法律环境的研究。现代的市场营销环境变得更加深远、广阔和复杂，如市场的全球化、经济的一体化以及贸易壁垒等。

市场营销环境是指与企业营销活动有潜在关系，直接或间接影响企业营销活动的外部力量和相关因素的集合。市场营销环境是客观的，企业很难改变环境，但可以积极努力去影响环境，规避环境威胁，使环境有利于企业的生存与发展。

如图 4–1 所示，企业市场营销的外部环境一般涉及三个层次：市场营销的宏观环境，即政治法律、经济等因素；中观环境，即行业竞争的结构和要素；微观环境，即公司的运营环境所涉及的主体及其行为方式。

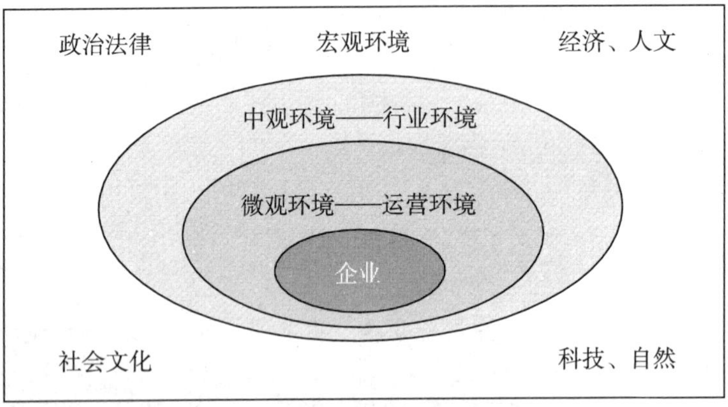

图 4–1 市场营销环境的层次结构

二、市场营销环境的分类

影响和制约市场营销环境的因素对营销活动各个方面的影响和制约不尽相同。根据不同的依据可以将市场营销环境分为不同的类型，如根据企业营销活动受制于营销环境的紧密程度来分，市场营销环境可以分为微观环境和宏观环境；如以企业为边界，可将环境分为企业内部环境和外部环境等。

1. 市场营销的宏观环境与微观环境

将市场营销环境划分为宏观环境和微观环境是常用的分类方式。市场营销的宏观环境是指影响企业经营活动的社会性力量和因素，包括人口、经济、政治法律、社会文化、自然物质和科学技术等。例如，人口的老龄化为老年用品的生产提供了广阔的市场。通常来讲，宏观环境对企业市场营销活动的影响带有强制性和不可控性，而且宏观环境对企业市场营销活动的影响又有间接作用（以微观营销环境为媒介），因此也可以把这些因素概括为间接营销环境或一般环境要素。

市场营销的微观环境是指与企业营销活动直接发生关系的组织与行为者，包括供应商、营销中介、顾客、公众、竞争对手、企业内部各部门等。通常来讲，微观环境是由那些与企业有着密切联系、直接影响企业为目标市场服务能力与成效的力量所组成（见图 4–2）。微观环境是企业营销的运营环境，是企业赖以生存和发展的特殊空间，相对于间接的宏观环境而言，它也被称为直接环境或特定环境因素。

行业竞争环境是影响企业市场营销活动的重要环境。如 20 世纪 80 年代我国彩电行业残酷和频繁的价格战，使彩电企业仅能获得不足 5%的毛利，核心技术的研发、品牌形象等均受到严重影响。但习惯上，竞争被当做微观环境的要素之一，而没有被当做一个单独的环境层次——中观环境来研究。

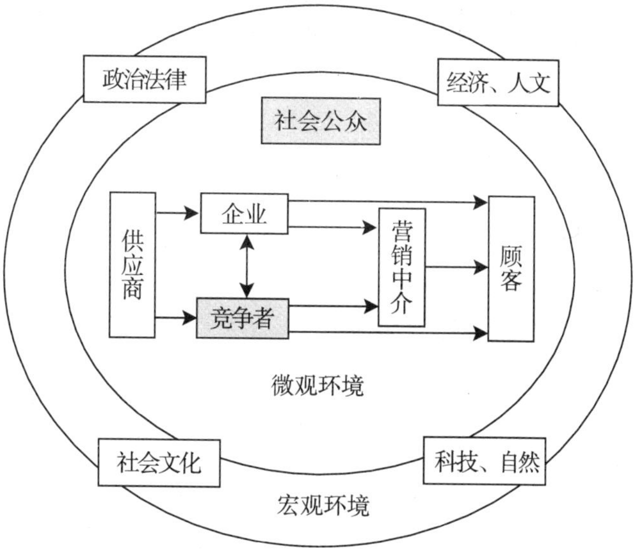

图 4-2 市场营销环境要素

2. 市场营销的外部环境和内部环境

若以企业为边界，可以将市场营销环境分为外部环境和内部环境。凡是企业以外的所有对企业营销活动有影响的因素和力量，均被称为企业的外部营销环境。而市场营销的内部环境则是指企业内部所有能够影响市场营销活动及其绩效的要素、力量和资源。外部营销环境对某个企业来讲一般是不可控的，因为没有哪个企业强大到足以引起外部环境发生重大的变化（除非该企业是行业垄断者或占据绝对的市场领导地位），所以营销者的基本任务就是监测、适应、影响外部营销环境。内部营销环境因素则是该公司所能控制的。

不可控因素是指那些影响组织绩效，但又不能完全为组织和营销者操纵的外部环境因素。其类别繁多而复杂，也因缺乏充分信息而难以预知其变化。需要特别关注和研究的不可控因素包括顾客、竞争对手、供应商和中间商等微观环境要素以及宏观环境中的政府、法律、经济、技术、人口和自由媒体等因素。

可控因素是指那些能够由企业或营销者所决定、调整的因素，如表 4-1 所示。它由两部分组成：一是由最高管理层调控的因素；二是由营销职能决定的因素。通常，企业的最高管理层制定经营方针和企业战略决策，营销职能将在此约束条件下制订营销计划，而营销计划必须符合企业目标的总体要求。显然，即使是内部营销环境的可控性也是和管理者的决策权限和决策程序相关的。

可控与不可控具有相对性。一般而言，外部环境的变化不受单一企业行为的影响和控制，但也不能绝对而论，因为众多的环境因素其可影响的程度是不同的，如大公司可以影响政府的政策走向，影响法律或法规的制定。巨型垄断企业或寡头垄断企业的共同行动甚至能够影响和改变某些环境。例如，微软通过在 Windows 操作系统上捆绑 Internet Explore，而将网景公司置于绝境，改变了浏览器市场的竞争格局；个别企业的技术创新也会彻底改变整个产业市场的竞争格局，如英特尔公司在 CPU 行业按照摩尔定律的持续

表 4–1 营销环境中的可控因素和不可控因素

不可控因素	可控因素	
	企业最高管理层可控因素	营销职能可控因素
微观环境因素	业务范围	目标市场选择
顾客	企业使命、愿景	市场定位
竞争对手	企业文化	市场营销任务
供应商和中间商等	企业目标	营销部门的组织结构
宏观环境因素	组织架构	营销组合要素
政治、法律	企业战略决策	分销渠道
经济、人口	营销职能的地位	广告媒体
科技、社会文化	其他业务职能的地位	绩效评估
自由媒体等	……	……

创新，掀起了 PC 市场一波又一波的技术更新浪潮。

三、市场营销环境的特点

1. 客观性

环境作为企业营销部门外在的不以营销者意志为转移的因素，对企业营销活动的影响具有强制性和不可控的特点。一般来说，营销部门无法摆脱和控制营销环境，尤其是宏观环境，但企业可以主动适应环境的变化和要求，制定并不断调整市场营销策略。环境是客观存在的，有的企业善于适应环境就能生存与发展，有的企业不能适应环境的变化，就难免被淘汰。

2. 差异性

不同国家和地区之间，宏观环境存在着广泛的差异；不同的企业，微观环境也千差万别。正因为营销环境的差异性，企业为适应不同的环境及其变化，必须采用各自的、有针对性的营销策略。环境的差异性还体现在同一营销环境对不同企业的影响是不同的。尤其是宏观环境的变化，对一些行业的企业来说是机遇，而对另一些行业的企业来说则是挑战与威胁。即使在同一行业内的企业也存在很大的差异，这主要取决于企业各自的实际情况。

3. 多变性与相对稳定性

营销环境中的任何一个要素都是在不断变化之中，只是变化的快慢、强弱不同。例如，人口、社会与自然因素的变化一般比较缓慢，对企业营销活动的影响则相对稳定；而科技与经济环境因素则变化一般较快，对企业营销活动的影响时间短且跳跃性大，尤其以科技环境因素为甚。

然而，市场营销环境中诸因素在一定的时期内总是有某种相对稳定性，即使是变化最快的科技因素也不例外。这种相对稳定性为企业预测其变化并采取相应的对策提供了可能性。

4. 关联性

构成企业营销环境的各要素之间存在一定的关联性，即营销环境因素是相互影响的。一个环境因素的变化会导致其他因素的相应变化，尤其是宏观环境的变化会对身处其中的任何企业产生影响，包括企业营销环境的直接环境，这样就使企业的营销环境变得异常复杂。例如，国家宏观经济政策的变化会对与其相关的所有企业产生影响。企业不仅要分析这种变化会对企业本身带来的影响，还要分析对供应商、中间商、顾客、竞争者及财务机构等直接环境中的每个个体产生的影响，并进而影响企业自身。

四、市场营销环境与企业营销

1. 市场营销环境对企业营销的双重影响

市场营销环境对企业的生存和发展至关重要，其重要性在于该环境是企业营销赖以生存和发展的空间。市场营销环境对企业营销的影响是双重的，企业必须注重对环境的分析。

（1）环境给企业营销带来的威胁。营销环境中会出现许多不利于企业营销活动的情况，由此形成挑战。如果企业不采取相应的规避措施，会导致企业销售受挫，甚至会威胁企业的生存。为保证企业营销活动的正常运行，企业应注重对环境进行分析，及时预见环境威胁，将威胁带来的损失减少到最低限度。

（2）环境给企业营销带来的机会。营销环境也会滋生出对企业具有吸引力的领域，带来新的营销机会。对企业来讲，环境机会是开拓新局面的重要基础。为此，企业须加强对环境的分析，当环境机会出现时，要善于捕捉和把握，以求得企业的发展。

2. 市场营销环境是企业营销活动的资源基础

企业营销活动所需要的各种资源，如资金、信息、人才等都是由环境来提供的。企业生产经营的产品或服务需要哪些资源、多少资源、从哪里获取资源，必须分析研究市场营销环境因素，以获取最优的营销资源满足企业经营的需要，实现营销目标。

3. 市场营销环境是企业制定营销策略的依据

企业营销活动受制于客观环境要素，必须与所处的营销环境相适应，通过制定相应的战略决策和营销策略，把握机遇，避开威胁，同时发挥主观能动性，通过制定有效的营销策略去影响环境，使自己在市场竞争中处于主动。菲利普·科特勒在 20 世纪 80 年代提出的“大市场营销”策略，就是指导企业以正确的策略去影响营销环境，争取主动权。

第二节　微观营销环境分析

微观环境是指参与和影响企业营销活动并具有不同性质的利益相关者。微观环境涉及的主体如图 4–2 所示，除本企业外，还包括供应商、营销中介、竞争者、顾客及社会公众，构成了企业市场营销微观环境链条。微观环境是直接影响和制约企业营销活动的力量和因素，分析微观环境的目的在于更好地协调企业与这些相关群体的关系，促进企业营销目标的实现。

一、企业内部环境

企业的营销活动必须与企业的其他职能部门，包括企业高层管理者、财务部门、研发部门、人力资源部门、原材料供应部门、生产部门等相互配合。各职能部门的合理分工、密切配合和相互协作是成功开展市场营销活动的关键。

（1）人力。人力是企业的劳动力资源，包括企业的职工与领导者。人是企业营销活动、市场竞争中的主体因素，因而企业各个层次的人员对企业市场营销活动所持的态度、企业职员的各方面素质以及企业高层的经营哲学、管理水平等，对企业正确制定各种战略决策及营销策略有着十分重要的影响。

（2）物力。指各种劳动资料、劳动工具和劳动条件，也就是企业从事市场营销活动的物质基础。一般来说，在其他条件相同的情况下，谁的设备先进、原料充足、能源供应有保障，谁的营销竞争能力就强。

（3）财力。指企业自有资金的多少以及资金筹措与运用能力。强有力的财力支持有利于企业抓住市场机会，取得规模经济，降低成本，提高竞争力。

（4）研发能力。指企业所掌握和开发的产品技术、生产技术以及劳动者运用先进技术的能力。越来越多的企业认识到技术是企业生存和发展的重要条件之一。对科学技术的掌握以及对其发展趋势的认识是企业研发能力的重要体现。"研发一代，储备一代，生产一代，销售一代"的技术梯队战略越来越成为众多企业的重要选择。

（5）管理能力。企业的竞争能力不仅仅表现为企业内部的一系列的"硬件条件"，如资金、物质资源等，还表现为企业的"软"实力，如管理能力。管理能力是企业有效地组织、控制和协调企业内外各种经营资源，进行低耗高效生产经营的能力。管理能力的强弱越来越成为企业在市场竞争中胜出的关键，尤其是在企业高速成长的过程中，企业的管理能力如不能跟上企业快速发展的步伐，就会成为制约企业生存与发展的重要因素。

总之，不论是营销活动，还是其他经营活动，企业不仅要"向外看"，还要"向内看"，重视"内功"的训练与提升，只有这样才能更好地利用市场提供的机会和规避市场风险。

二、供应商

供应商是指为企业进行生产所需而提供特定的原材料、辅助材料、设备、能源、劳务、资金等资源的供货单位。这些资源的变化直接影响到企业产品的产量、质量以及利润，进而影响企业营销计划和营销目标的完成。供应商对企业营销活动的影响主要表现在以下几个方面：

（1）供应的及时性和稳定性。原材料、零部件、能源及机器设备等货源的保证供应，是企业营销活动顺利进行的前提。供应不及时，可能导致企业生产停工待料，不能按时交货，从而导致顾客不满。为此，企业必须和供应商保持良好的关系，及时了解和掌握供应商的情况，分析市场状况和变化。

（2）供应的货物价格变化。供应商提高原材料价格，必然会带来企业产品成本上升，企业如提高产品价格，会影响市场价格竞争力和销路；若维持价格不变，又会减少企业利润。为此，企业必须密切关注和分析供应商的货物价格变动趋势，使企业早做准备，积极应对。

（3）供货的质量保证。供应商能否供应质量有保证的生产资料直接影响到企业产品的质量，进一步会影响到销售量、利润及企业信誉。为此，企业必须对供应商进行严格的质量监控，这是保证企业产品质量和形象定位的重要一步。

三、营销中介

企业的营销活动都需要一些营销中间环节的协助。营销中介是指直接或间接协助企业产品销售涉及的所有的公司、组织和个人，可分为四类：中间商、实体分配机构、营销服务机构、金融机构。企业与营销中介的关系在企业的经营中具有举足轻重的作用。

（1）中间商。可分为商人中间商和代理中间商。商人中间商从事商品的购销活动，对商品拥有所有权，如批发商和零售商。代理中间商推销产品、协助达成交易，对产品不享有所有权，如经纪人和制造商代表等。中间商对企业营销具有极其重要的影响，它能帮助企业寻找目标顾客，为产品打开销路，为顾客创造地点效用、时间效用和持有效用。企业需要选择适合自己营销的合格中间商，与他们建立良好的合作关系，了解和分析其经营活动，并采取一些激励性措施来推动其业务活动的开展。

（2）实体分配机构。指为商品交换和物流提供便利，并不直接经营商品的组织或机构，如物流公司、仓储公司等。实体分配机构的主要任务是协助企业将产品实体运往销售目的地，完成产品空间位置的移动。待售期间，还有保管和储存问题。这些机构是否安全、便利、经济，直接影响企业营销和顾客满意。因此，在企业经营活动中，必须了解和研究实体分配机构及其业务的变化动态。

（3）营销服务机构。指提供信息、策划、设计和执行的组织或个人，如广告公司、媒体组织、市场营销调研公司等。企业可以通过外购这些机构的专业服务而获得高水平的广告策划、制作和发布服务、市场调研报告，获取制定营销决策所需的信息。

（4）金融机构。指企业营销活动中进行资金融通的机构，包括银行、信托公司、保险公司等。它们的主要功能是为企业营销活动提供融资及保险服务。金融机构业务活动的变化会影响企业的营销活动，比如银行贷款利率上升，会使企业成本增加；信贷资金来源受到限制，会使企业经营陷入困境。为此，企业应与这些公司保持良好的关系，以保证融资及信贷业务的稳定和渠道的畅通。

四、顾客

顾客是指使用最终产品或劳务的消费者和生产者，也是企业营销活动的目标市场。

顾客是企业最重要的环境因素，是企业所服务的目标市场和营销活动的对象。一般说来，顾客来自于五种不同的市场：

（1）消费者市场。指为满足个人或家庭消费需求而购买产品或服务的个人和家庭。

（2）生产者市场。指为生产其他产品或服务，以赚取利润而购买产品或服务的组织。他们购买是为了把所购买的物品投入生产过程或为组织的运营而使用，最终通过销售自己所生产的产品来获取利润。

（3）中间商市场。指购买产品或服务以转售，从中盈利的组织。

（4）非营利组织市场。由政府机构、社会团体组成，他们的购买是为了履行某种职能或职责，以保障组织的运行。

（5）国际市场。指购买产品或服务的国外个人及组织，包括外国消费者、生产商、中间商及非营利组织等。

各类市场的购买目的不同，需求存在差异且经常变化，并对所需的产品和服务提出了新的要求。因此，企业要深入地研究目标市场，要针对顾客的特点，提供合适的产品。

五、竞争者

在市场经济条件下，任何企业在目标市场进行营销活动时，不可避免地会遇到竞争对手的挑战。由于竞争者往往是和企业竞争同样的顾客，因此竞争者的一举一动都影响着企业的命运。从竞争者竞争的层次来看，竞争者一般可以分四种类型：

（1）愿望竞争者。指来自不同行业的供应商向同一消费者群体提供不同的产品和服务，以满足不同需求的竞争者。例如，生产彩电、洗衣机、冰箱的家电企业之间的竞争就是愿望竞争者。对于生产彩电的企业来说，如何说服顾客首先购买彩电而不是其他家电，就是它的竞争力的来源之一。实质上，愿望竞争者是在争夺消费者钱包的投向。

（2）形式竞争者。指向同一消费者群体提供能够满足同一种需求但产品形式不同的竞争者。例如，电影、电视和影碟机都能满足影视娱乐的需要，自行车、摩托车、汽车等都可以用作家庭交通工具，但它们是可以相互替代的，因而构成竞争关系。

（3）行业竞争者。指制造同样或同类产品的不同公司，它们以同类但不同品种、不同规格的产品，争夺有着相同需求的消费者。例如，影碟机行业的 VCD、DVD、EVD（Enhanced Versatile Disc，增强的多用途磁盘）的制造商纷纷向消费者推销自己的产品，而形成激烈的竞争局面。

（4）品牌竞争者。指以相近的价格向相同的顾客群提供不同品牌的相同产品和服务的竞争者。这些竞争者之间展开直接的竞争，如步步高、新科、夏新、万利达等 DVD 制造商之间展开了激烈的品牌竞争。

企业竞争对手的状况将直接影响企业营销活动。最为明显的是竞争对手的产品价格、广告宣传、促销手段的变化以及产品的开发、销售服务的加强，都将直接对本企业造成威胁。为此，企业在制定营销策略前必须充分了解主要竞争对手，做到知己知彼，有效地开展营销活动。

一般来说，企业在营销活动中需要对竞争对手了解、分析的情况有：①竞争企业的数量有多少；②竞争企业的规模大小和能力的强弱；③竞争企业对竞争性产品的依赖程度；④竞争企业所采取的营销策略及其对其他企业策略的反应程度；⑤竞争企业能够获取优势的特殊材料来源及供应渠道等。

六、社会公众

社会公众是与企业营销活动发生关系的各种群体的总称。公众对企业的态度会对其营销活动产生巨大的影响，这种态度可能有助于树立企业良好的形象，也可能妨碍企业的形象。所以企业必须处理好与主要公众的关系，争取公众的支持，为企业营造和谐、宽松的社会环境。企业所面临的公众主要有以下六类：

（1）金融公众。主要包括银行、投资公司、证券公司、股东等，它们对企业的融资能力有重要影响。

（2）媒介公众。主要包括报纸、杂志、广播电台、电视台等传播媒介，传媒工具有着广泛的社会联系，能直接影响社会舆论对企业的认识和评价。

（3）政府公众。主要指与企业营销活动有关的各级政府机构部门，它们所制定的方针、政策，对企业营销活动或是限制，或是机遇。

（4）社会团体。主要指与企业营销活动有关的非政府机构，如消费者组织、环境保护组织以及其他群众团体。企业的营销活动涉及社会各方面的利益，来自这些社团公众的意见、建议，往往对企业营销决策有着十分重要的影响。

（5）社区公众。主要指企业所在地附近的居民和社区团体。社区是企业的邻里，企业保持好与社区的良好关系，为社区发展做贡献，会受到社区居民的好评，他们的口碑能帮助企业在社会上树立良好的形象。

（6）内部公众。指企业内部的管理人员及一般员工，企业的营销活动离不开内部公众的支持。应该处理好与广大员工的关系，调动他们开展市场营销活动的积极性与创造性。

第三节　宏观营销环境分析

宏观环境是间接影响和制约企业营销活动的社会性力量和因素。企业所处的宏观环境不仅直接为企业的市场营销活动提供机会和威胁，还通过影响企业的微观环境而间接地影响企业的经营活动。所以，企业在市场营销活动中要密切关注企业的宏观环境，判断其发展变化趋势，努力做到适应宏观环境的变化，并且善于利用其中的机会，规避其中的威胁。影响企业市场营销活动的宏观环境因素主要有政治法律环境、经济环境、社会文化、人口环境、科技环境、自然环境。每一个因素又由若干要素构成，如表 4-2 所示。

表 4-2　宏观环境要素

因　素	要　素
人口环境	规模及增长、结构、分布等
经济环境	宏观经济环境、消费者收入水平、消费模式、储蓄和信贷等
自然环境	地理、资源、气候等
科技环境	产品创新、知识的运用、新兴技术的出现等
政治法律环境	国家的方针政策、经济措施、法令法规等
社会文化环境	宗教信仰、价值观念、消费习俗等

一、人口环境

人口是市场的第一要素。人口数量直接决定市场规模和潜在容量，人口的性别、年龄、民族、婚姻状况、职业、居住分布等也对市场格局产生深刻影响，从而影响着企业的营销活动。因此，企业应重视对人口环境的研究，密切关注人口特征及其发展动向，及时调整营销策略以适应人口环境的变化。

1. 人口规模及增长

人口规模是表明市场潜力的基本指标。一般来说，人口规模越大，市场潜力也越大，但并不等于现实市场也大，这还要看人口的购买力等其他要素。此外，从动态发展的角度来看，还要关注人口的增长变化趋势，这会影响人口未来的规模状况。

人口的数量和变化趋势是决定市场规模的基本要素，尤其是生活必需品。

2. 人口结构

人口结构主要包括人口的年龄结构、性别结构、教育和职业结构、家庭结构、社会结构以及民族结构等。研究人口结构有助于企业根据自身优势，选择目标市场。

（1）年龄结构。不同年龄的消费者对商品和服务的需求是不一样的。一般来讲，人口按年龄可分为六个年龄组：学龄前、学龄儿童、青少年、年轻人（25~40 岁）、中年人（40~65 岁）、老年人（65 岁以上）。对营销者来说，各年龄组的人口数量构成了具有年龄特色的细分市场。目前，我国人口年龄结构的趋势是向上的，即趋向老年化，势必扩大老年人市场，应引起企业的足够重视。企业了解不同年龄结构所具有的需求特点，就可以决定企业产品投向，寻找目标市场。

（2）性别结构。性别差异会给人们的消费需求带来显著的差别，反映到市场上就会出现男性用品市场和女性用品市场。两个市场的需求不同，购买习惯也不同，一般来说，女性市场需求旺盛，女性服装、化妆品等成了女性市场的重要商品。女性还担负着抚育儿女的重任，儿童商品在某种程度上也可纳入女性市场，企业可针对不同性别的不同需求，生产适销对路的产品，制定有效的营销策略，开发更大的市场。

（3）教育与职业结构。人口的教育程度与职业不同，对市场需求也会表现出不同的倾向。一般来说，教育程度高的职业消费者，购买商品追求高雅、美观、时尚；而教育程度相对低的职业消费者，购买商品则讲究廉价、实用。在我国，随着高等教育规模的扩大，人口受教育程度普遍提高，收入水平也逐步增加。企业应关注人们对相应商品的需求的变化。

(4) 家庭结构。家庭是商品购买和消费的基本单位。一个国家或地区的家庭单位的多少以及家庭平均人数的多少，直接影响到某些消费品的需求数量。同时，不同类型的家庭往往有不同的消费需求。

家庭结构主要有以下几种类型：独身家庭（未婚，离异无子女，丧偶无子女）；同居家庭（未婚）；夫妻家庭（未生育，空巢）；核心家庭（夫妇，子女）；主干家庭（完整，残缺）；单亲家庭（离婚有子女，未婚有子女）。

传统家庭通常是三代同堂、人口众多的大家庭。今天，这类传统大家庭已经越来越少了，而核心家庭是由丈夫、妻子和孩子（或包括祖父母、外祖父母）组成的家庭。各类家庭群体都有自己的需求和购买习惯。营销者还应考虑非传统家庭的特殊需要，因为非传统家庭住户数量的增长速度远远快于传统家庭的增长数量。自 20 世纪 80 年代开始，中国家庭呈“小型化趋势”。企业应关注家庭户数的增长对房地产市场的需求量、家用电器需求量的增加以及对适合小家庭产品的需求等。

(5) 社会结构。我国绝大部分人口是农业人口，农业人口约占总人口的 80%。这样的社会结构要求企业营销应充分考虑到农村这个大市场，尤其是一些中小企业，更应注意开发价廉物美的商品以满足农民的需要。

(6) 民族结构。我国是一个多民族的国家。民族不同，其文化传统、生活习性也不同，具体表现在饮食、居住、服饰、礼仪等方面的消费需求各有特点，以及不同的风俗习惯。这些不同的消费需求与风俗习惯会影响他们的消费特征和购买行为，形成了独特的民族市场。企业营销要重视民族市场的特点，开发适合民族特性、受其欢迎的商品。

3. 人口分布、流动与迁移

人口在不同地区密集程度是不同的。各地人口的密度不同，则市场大小不同，消费需求特征也不同。人口分布、密度等因素对企业营销的影响主要体现为分销渠道、服务项目和成本。通常，人口密度低则交通不发达，电力等生产生活基础设施差。由于缺乏物流规模，产品运输成本较高导致分销成本较高；由于缺乏销售规模，产品售后服务成本高且服务质量差。当然，不能仅仅看平均密度，还要看集中度，当人口在一定地区形成了一定规模的集中，上述问题就能在一定程度上得到缓解。

当前，我国有一个突出的现象就是农村人口向城市或工矿地区流动，内地人口向沿海经济开放地区流动。企业营销应关注这些地区消费需求不仅在量上的增加，在消费结构上也发生了相应的变化，应该提供更多适销对路的产品，满足这些流动人口的需求，这是潜力很大的市场。

二、经济环境

经济环境是指企业开展市场营销活动所处的外部经济条件，它是影响企业营销活动的主要环境因素，包括宏观经济环境、消费者收入水平及分配模式、消费者支出模式和消费结构、消费者储蓄和信贷等。

1. 宏观经济环境

宏观经济环境的基本要素主要包括经济体制、经济结构、经济形势和经济政策等。

（1）经济体制。主要涉及政府管理经济的方式。

（2）经济结构。涉及产业、技术、分配、消费结构、经济发展阶段等。

（3）经济形势。涉及经济增长率、通货膨胀率、社会购买力等。国际经济对中国经济有着显著的影响，例如，1997年的亚洲金融危机给中国经济带来了许多负面影响，波及众多行业企业的生产经营。

（4）经济政策。主要表现为货币、利率、汇率、金融、贸易、税收、储蓄及信贷、产业政策等。例如，利率的提高一方面可能对投资需求产生抑制作用，另一方面却可吸引部分居民的存款，缓解银行资金状况，但这样也可能抑制居民的消费需求。

2. 消费者收入水平及分配模式

收入因素是构成市场的重要因素，收入水平及其分配模式不仅影响人们的购买能力，而且还影响着人们的消费模式，收入的变化不仅影响着市场需求的规模，而且还影响着需求的结构。

（1）国民生产总值与人均国民收入。国民生产总值、人均国民收入等指标反映了一个国家的经济发展水平。从国民生产总值的增长幅度，可以了解一个国家经济发展的状况和速度。国民生产总值增长越快，对商品的需求和购买力就越大。人均国民收入反映一个国家人民生活水平的高低，在一定程度上决定了商品需求的构成。

（2）个人可支配收入及可任意支配收入。人均收入、个人可支配收入、个人可任意支配收入可以用来衡量当地消费者市场的容量和购买力水平。个人可支配收入是指在个人收入中扣除消费者个人缴纳的各种税款和相应非商业性开支后剩余的部分，这是可用于消费和储蓄的那部分个人收入，它构成实际的购买力。可任意支配收入是指在可支配收入中减去消费者用于购买生活必需品的费用开支（如房租、水电、食物、服装等开支）后剩余的部分。这部分收入是消费需求中最活跃的因素，也是企业开展营销活动时所要考虑的主要对象。这部分收入一般用于购买高档耐用消费品、娱乐、教育、旅游等，它是影响非生活必需品或服务销售的主要因素。

3. 消费者支出模式及消费结构

市场需求不仅取决于人口的收入水平，还受消费者支出模式的影响。消费结构是指在消费过程中人们所消耗的各种消费品及服务的构成，即各种消费支出占总支出的比例关系。德国统计学家恩斯特·恩格尔于1857年提出了消费者收入与支出模式，即消费结构变化之间的规律性，通常用恩格尔系数表示：

$$恩格尔系数=\frac{食品支出金额}{家庭消费支出总金额}$$

恩格尔系数越小，食品支出所占比重越小，表明生活富裕，生活质量高。一般来说，随着家庭收入的上升，食品支出比重（恩格尔系数）会下降，家庭日常费用开支的比重基本不变，房屋、汽车、旅游娱乐支出比重会增加。

在我国，随着社会经济的发展，恩格尔系数逐年下降，消费结构发生了很大的变化。近年来，人们在食品消费上讲究“营养”已成为一个大趋势，衣着消费也趋于高档、漂亮、时尚。企业应该特别关注这些市场消费变化的特点，从而正确制定自己的营销策略。

4. 消费者储蓄和信贷

对于一个消费者来说，其收入通常分为两部分：一部分立即作为支付手段使用，形成现实的社会购买力；另一部分暂不支出，作为储蓄。当收入一定时，储蓄数量越大，现实支出数量就会减少，从而影响需求；反之，储蓄数量越小，现实支出数量就越大，社会购买力就越旺盛，就能为企业销售提供有力的销售机会。

消费者信贷对购买力的影响也很大。消费者信贷，也称信用消费，是指消费者凭信用先取得商品的使用权，然后按期归还贷款，完成商品购买的一种方式。信用消费允许人们购买超过自己现实购买力的商品，创造了更多的消费需求。随着我国商品经济日益发达，人们的消费观念大为改变，信贷消费方式在我国逐步流行起来。如各大商业银行推出的购买住宅分期付款的商品房按揭贷款业务，大大推动了中国房地产市场的发展。当然，我国现阶段的信用消费还停留在初级阶段，信贷商品基本上局限于住房、汽车等，还有待于完善和发展。总之，信用消费的这种新动向、新趋势对企业的营销活动将产生重大的影响，值得企业去关注与研究。

三、自然环境

自然环境是指自然界提供给人类的各种形式的物质资料，如空气、阳光、水、森林、土地等。随着人类社会的进步和科学技术的发展，世界各国都加速了工业化进程，这一方面创造了丰富的物质财富，满足了人们日益增长的需求；另一方面，产生了资源短缺、环境污染等问题。从 20 世纪 60 年代起，世界各国开始关注经济发展对自然环境的影响，许多环境保护组织纷纷成立，促使各国政府加强环境保护的立法。这些问题都对企业营销形成了严峻的挑战。营销管理者应该关注自然环境变化的趋势，并从中分析企业营销的机会和威胁，制定相应的对策。

1. 自然资源日益短缺

自然资源可以分为两类：一类是可再生资源，如森林、农作物等，这类资源可以被再次生产出来，但必须防止过度采伐森林和侵占土地；另一类资源是不可再生资源，如石油、煤炭、银、锡、铀等，这类资源蕴藏量有限，随着人类的大量开采，有的矿产已近乎枯竭的边缘。自然资源的短缺使许多企业将面临原材料价格大涨、生产成本大幅度上升的威胁，但也迫使企业研究合理利用资源的方法，开发新的资源和代用品，这些又为企业提供了新的资源和营销机会。

2. 环境污染日趋严重

工业化、城镇化的发展对自然资源造成了很大的影响，尤其是环境污染问题日趋严重，许多地区的污染已经严重到影响人们的身体健康和自然生态平衡。环境污染问题已经引起了各国政府的密切关注，这对企业的发展是一种压力和约束，要求企业为治理环境污染付出一定的代价，但同时也为企业提供了新的营销机会，促使企业研究控制污染技术、兴建绿色工程、生产绿色产品、开发环保材料等。

3. 政府干预不断加强

自然资源短缺和环境污染加重的问题，使各国政府加强了对环境保护的干预，颁布了一系列有关环境保护的政策法规，这将制约一些企业的营销活动。但企业必须以大局为重，对社会负责，对子孙后代负责，加强环保意识，在营销过程中自觉遵守环保法令，担负起环境保护的社会责任。同时，企业也要制定有效的营销策略，既要消化环境保护所支付的必要成本，还要在营销活动中挖掘潜力，保证营销目标的实现。

四、科技环境

科学技术的发展极大地影响着企业的市场营销活动，因为任何一种先进的科学技术应用于实践，都会给一些企业提供新的营销机会，或产生新的行业，同时也会给一些企业造成环境威胁，带来经营困难，甚至破产倒闭。所以西方有的市场学专家认为，新技术是一种“创造性的毁灭力量”。

对于科技环境的关注，可从国家的科学技术水平和技术政策，部门间、地区间技术结构的变化，资源综合利用的技术水平等方面考虑。科学技术是推动社会经济发展的动力，也是市场环境变化多端、周期性发展的根本原因。同时，科学技术的进步也为市场营销提供了更加丰富的手段。

1. 技术发展与产品生命周期

技术进步的加快使产品生命周期不断缩短。因此，一种新技术的出现并非对所有的企业都是福音，反而会使许多企业受到冲击。在这种情况下，企业必须更为谨慎地把握产品进入和退出市场的时机、采用新技术或者调整产品结构的时机以及调整营销方案的时机。

2. 新技术与新需求、新产品

新技术、新产品在不断改变着人们的满足状态，刺激人们产生新的需求。人类总是在不断地追求更高的生活质量，尝试新的东西，对新奇的事物赋予更多的关注并且愿意付出更高的代价。

新技术的应用要么大大提高了生产效率，要么就是创造出新的产品或服务。实际上，每一种新技术都是一种“创造性破坏”因素，比如，电话、移动电话及互联网的普及，使邮局的信件邮递业务大大降低；VCD、DVD 的出现使人们减少了去电影院的次数；等等。

3. 新技术与营销

新技术的发展也为营销提供了越来越多的手段和工具，使企业能够以更有感染力的方式向消费者介绍自己的企业和产品，为企业的营销活动带来了巨大的变化。新产品的不断开发，为适应不断变化的市场需求提供了可能；超级市场、廉价商店、自动售货机以及网上购物的迅速发展，使得实体分配由传统的以工厂为出发点变为以市场为出发点；先进技术的应用、产品成本的降低，使价格策略更加灵活；多样化的广告媒体，计算机、电视、互联网的综合应用使企业与顾客直接沟通更为直观和有效。

实践证明，“科学技术是第一生产力”，是促进国家经济发展和企业营销成功的有力武器，谁认识到技术进步的重要性，关注技术革新，并且能够不断向市场推出新产品，谁就能取得营销的成功。

五、政治法律环境

政治法律环境是指一个国家从本国的社会制度出发，为发展本国经济而制定的一系列经济政策及立法，它构成了企业在国内市场上从事营销活动的基本行为准则。政治法律环境包括如下内容：

（1）国家的方针政策及其变化。国家的方针政策直接影响社会购买力及其投资方向。例如，通货膨胀期间，压缩基本建设投资规模，则市场对生产资料的需求会明显下降；信贷政策的变化，提高或降低存贷款利率，就会直接影响居民的购买力，对企业的营销产生一定的影响。

（2）国家的重大政治、经济措施。这主要是指深化改革、扩大开放、发展社会主义市场经济，外贸体制改革，税收改革，建立现代企业制度，企业转换经营机制等。

（3）政府的法律、法规。法律、法规对市场营销有较强的保护、限制和调节作用。对企业营销活动有直接影响的法律主要有：《广告法》、《商标法》、《专利法》、《食品卫生法》、《环境保护法》、《药品管理法》、《反不正当竞争法》、《维护消费者权益法》、《公司法》、《产品质量法》等。

任何企业都必须重视政治和法律环境的变化，并根据这些变化，及时调整自己的营销目标和营销措施。只有这样，才能争取营销主动。对于从事进出口业务的企业，还应重视分析研究国际政治、法律环境的变化。

六、社会文化环境

社会文化是指在一种社会形态下已经形成的价值观念、宗教信仰、风俗习惯、道德规范等的总和。任何一个企业都处于一定的社会文化环境中，企业营销活动必然受到所在社会文化环境的影响和制约。为此，企业应了解和分析社会文化环境，针对不同的文化环境制定不同的营销策略。企业营销对社会文化的研究一般从以下几方面入手：

1. 宗教信仰

宗教是构成社会文化的重要因素，很大程度上影响着人的思想观念、消费需求和购买行为。不同的宗教有自己独特的节日礼仪、风俗习惯和禁忌。某些宗教组织甚至在教徒购买决策中有决定性的影响。为此，企业可以把影响大的宗教组织作为自己的重要公关对象，同时在营销活动中也要注意尊重不同的宗教信仰，以避免由于矛盾与冲突给企业营销活动带来损失。

2. 价值观念

价值观念是指人们对社会生活中各种事物的态度和看法。不同文化背景下，人们的价值观念往往有着很大的差异，消费者对商品的色彩、标志、式样以及促销方式都有自己褒贬不同的意见和态度。企业营销必须根据消费者不同的价值观念设计产品，提供服务。

3. 消费习俗

消费习俗是指人们在长期经济与社会活动中形成的一种消费方式和习惯。研究消费习俗，不但有利于组织好消费品的生产与销售，而且有利于正确、主动地引导健康消费。了解目标市场消费者的习俗、习惯、避讳等是企业进行市场营销的重要前提。

在研究社会文化环境时，还要重视亚文化群体对消费者需求的影响。每一种社会文化都包括若干亚文化群体。因此，企业市场营销人员在进行营销环境分析时，应充分考虑到各亚文化群体的传统观念和购买习惯，把亚文化群体作为一个细分市场来研究，使营销活动获得较好的效果。

第四节　环境分析方法及企业对策

企业的生存与发展既与其生存的市场环境密切相关，又取决于企业对市场环境因素及其影响所持的态度和相应对策。市场环境的客观性、多变性、复杂性决定了企业不可能去创造、改变营销环境，而只能主动地适应环境、利用环境。为此，企业应该运用科学的分析方法，加强对营销环境的监测与分析，随时掌握其发展趋势，从中发现市场机会和威胁，有针对性地制定和调整自己的战略和策略，不失时机地利用营销机会，尽可能减少威胁带来的损失。

一、环境分析法——SWOT 分析法

在对环境的分析中，较多运用一种简便易行的“SWOT”分析法。SWOT 分析法是将宏观环境、市场需求、竞争状况、企业营销条件进行综合分析，分析出与企业营销活动相关的优势、劣势、机会和威胁。

（1）优势（Strengths）是企业较之竞争对手在哪些方面具有不可匹敌、无法模仿的独特能力。

（2）劣势（Weakness）是企业较之竞争对手在哪些方面存在的缺点与不足。

（3）机会（Opportunities）是外部环境变化趋势中对本企业营销有吸引力的、积极的、正向的影响因素。

（4）威胁（Threats）是外部环境变化趋势中对本企业营销不利的、负面的影响因素。

一般来说，运用 SWOT 分析法研究企业营销决策时，强调寻找四个方面中与企业营销决策密切相关的主要因素，而不是把所有关于企业能力、薄弱点、外部机会与威胁逐项列出和汇集。营销环境分析的重点是市场机会和威胁的分析，即可能涉足新的市场机会，或对企业营销造成威胁。

（一）营销环境威胁的分析

营销环境威胁意味着环境的变化可能形成对企业现有营销的冲击和挑战。其中，有些冲击和影响是共性的，任何企业都身处其中，如能源危机、金融危机等。有些环境因素的变化可能对不同的产业影响程度不同，如政府颁布的出版法，对出版业有较大的影响，但对纺织业影响微乎其微。即使是同处一个行业、同一营销环境中，由于不同企业的抗风险能力的差异，所受的影响程度也不尽一致。

研究市场营销环境对企业的威胁一般从两方面进行，即威胁对企业影响的严重性和威胁出现的可能性。可用矩阵分析法进行分析，如图 4–3 所示。

威胁严重性 \ 出现的概率	高	低
高	A	B
低	C	D

图 4–3　威胁分析矩阵

A 象限的环境威胁严重性高，出现的概率也高，表明企业面临着严重的环境危机，企业应处于高度戒备状态，积极采取相应的对策，避免威胁造成的损失。

B 象限的环境威胁严重性高，但出现的概率低，企业不可忽视，必须密切注意其发展方向，也应制定相应的措施准备面对，力争避免威胁的危害。

C 象限的环境威胁严重性低，但出现的概率高，虽然企业面临的威胁不大，但是由于出现的可能性大，企业也应加以关注。

D 象限的环境威胁严重性低，出现的概率也低，在这种情况下，企业不必担心，但应该注意其发展动向。

（二）营销环境机会的分析

环境变化可能形成对企业营销富有吸引力的领域，即营销环境机会。抓住这样的机会，可以大大促进企业的快速发展。

研究营销环境机会应从潜在的吸引力和成功的可能性两方面进行分析。分析矩阵如图 4–4 所示。

A 象限的营销机会潜在吸引力和成功可能性都很大，对企业发展有利，企业也有能力利用营销机会，应采取积极的态度，牢牢把握。

B 象限的营销机会潜在吸引力很大，但成功可能性很小，说明机会可能不会到来，企业暂时还不具备利用这些机会的条件，应当关注发展动向。

C 象限的营销机会潜在吸引力很小，而成功可能性大，说明这样的情况多半会发生，企业也拥有利用机会的优势，但不值得企业去开拓。

机会潜在吸引力 \ 成功的概率	大	小
大	A	B
小	C	D

图 4-4 机会分析矩阵

D 象限的营销机会潜在吸引力很小，成功可能性也小，企业应当主动放弃。

（三）威胁—机会综合分析

营销环境带来的对企业的威胁和机会是并存的，威胁中有机会，机会中也有挑战。在一定条件下，两者可相互转化，从而增加了环境分析的复杂性。企业运用威胁—机会矩阵加以综合分析和评价，能更清楚认识企业在环境中的营销状况，如图 4-5 所示。

机会水平 \ 威胁水平	高	低
高	A	B
低	C	D

图 4-5 威胁—机会综合分析

A 象限为冒险营销。营销机会水平和威胁水平均高，也就是说在环境中机会与挑战并存，成功与风险同在。冒险营销对企业有较大的吸引力，企业应抓住机会充分利用，同时制定避免风险的对策。

B 象限为理想营销。营销机会水平高，威胁水平低，说明企业有着非常好的发展前景，理想营销对企业最为有利，但这样的情况是很少的。

C 象限为艰难营销。营销面临较大的环境威胁，而营销机会也很少，这种营销如果不能减少环境的威胁，企业将陷入经营困境。

D 象限为保险营销。营销机会和威胁水平均低，说明企业发展的机会很少，自身发展潜力也很低，保险营销能够维持企业的运营。但企业应研究环境营造的新机会，进一步开拓，否则将影响企业的生存。

二、企业应对环境影响的对策

在对市场机会和环境威胁进行评价的基础上，企业就可以有的放矢地制定相应的营销对策。

（一）应对市场机会的营销对策

面对客观的市场机会，企业应该给予足够的重视，制定适当的对策。企业常采用的策略有三种。

1. 及时利用策略

当市场机会与企业的营销目标一致，企业又具备利用市场机会的资源条件，并享有竞争中的差别利益时，企业应抓住时机，及时调整自己的营销策略，充分利用市场机会，求得更大的发展。

2. 待机利用策略

有些市场机会相对稳定，在短时间内不会发生变化，而企业暂时又不具备利用市场机会的必要条件，可以积极准备，创造条件，等待时机成熟时再加以利用。

3. 果断放弃策略

市场机会十分具有吸引力，但企业缺乏必要的条件，无法加以利用，此时企业应做出决策果断放弃。因为任何犹豫和拖延都可能导致错过利用其他机会的时机，从而一事无成。

（二）应对环境威胁的营销对策

环境变化对企业的影响是客观存在的，企业必须给予足够的重视和制定适当的对策。面对环境对企业可能造成的威胁，企业常用的对策有三种。

1. 转移策略

当企业面临环境威胁时，通过改变自己受到威胁的产品现有市场，或将投资方向转移来避免环境变化对企业的威胁。该策略包括三种转移：①产品转移，即将受到威胁的产品转移到其他产品上去。②市场转移，即将企业的营销活动转移到新的细分市场上去。③行业转移，即将企业的资源转移到更有利的新行业中去。

2. 减轻策略

当企业面临环境威胁时，力图通过调整、改变自己的营销组合策略，尽量降低环境威胁对企业的负面影响。例如，环境的变化导致企业某些原材料价格大幅度上涨，致使本企业的产品成本增加，在企业无条件或不准备放弃目前主要产品的经营时，可以通过加强管理、提高效率、降低成本以消化原材料涨价带来的威胁。

3. 对抗策略

对抗策略通常被称为是积极、主动的策略。当企业面临环境威胁时，试图通过自己的努力限制或扭转环境中不利因素的发展。企业可以通过各种方式，利用政府通过的某种法律或与有关权威组织达成某种协议，以抵消不利因素的影响。如我国贵州茅台酒厂发现市场上有许多厂家盗用和仿冒茅台酒商标，致使该厂的经营受到威胁，它们毅然拿起法律武器，捍卫自己的合法权益，消除了营销环境中对自己的不利影响。

● 本章回顾：

一般说来，市场营销环境是指影响企业营销活动与成效的所有因素和力量的集合。

外部营销环境的变化不以营销者的意志为转移，它对企业营销活动的影响具有强制性和不可控性，可分为微观环境和宏观环境，微观环境必然要受宏观环境的影响和制约。市场营销的微观环境是由供应商、本企业、竞争者、营销中介、顾客、社会公众等构成的，是企业赖以生存和发展的特殊空间。市场营销的宏观环境是指各类企业生存和发展的共同空间，是由一些大范围的社会约束力量构成的，可归纳为政治、法律、经济、人口、社会文化、科技、自然等。SWOT 分析法是进行营销环境分析的有效工具。对企业内部环境的分析，用以了解企业能力和资源的优势和劣势；对外部环境的分析，用以发现环境中的机会和威胁。在 SWOT 分析的基础上，最终营销者要明确当前企业所面临的关键问题、可利用的主要成长机会。

● 讨论与概念应用题：

1. 一般企业对外部环境尤其是宏观环境是不可控制的，但可以在一定程度上施加影响，试举例说明。

2. 归纳总结当前有哪些法律对企业市场营销活动具有直接的约束。

3. 消费品生产与销售企业的市场营销人员对其目标市场的家庭数量与组成都很关心。试问家庭的组成以什么方式影响市场营销者？

4. 试对你熟悉的公司（企业）进行 SWOT 分析。

5. 对生活方式的研究显示，人们对“应以最少的时间来准备餐点”的观点有认同态度，试问此态度将如何影响冷冻食品和净菜的销售？

6. 20 世纪五六十年代生育高峰期出生的一代正在变老，请列举出与这一代人相应的营销机会和问题。

7. 人们越来越关心环境，这一趋势会如何影响销售快餐盒、塑料包装袋的公司呢？这类公司应该如何有效地对这一趋势做出反应？

8. 近几年（20 世纪末至 21 世纪初），来自英国的“疯牛病”、口蹄疫，几乎席卷整个欧洲，打击了蹄类肉食及奶制品的销售。厂家及经销商可采取什么行动来减少类似的环境灾难事件所带来的威胁？2004 年以来在亚洲等地区发生了较为严重的禽流感，假如你是肯德基连锁店的老板，你打算怎么办？

●【案例 4–1】20 世纪 80 年代末期福特汽车公司的营销环境

（一）福特汽车公司的内部环境

20 世纪 90 年代以前，福特（Ford）汽车公司取得了令人瞩目的成功。它在所有汽车生产厂商中一直保持着最高的盈利地位和高于行业的边际利润率，并且其销售额也保持了持续的增长。1988 年福特公司销售额为 822 亿美元，比 1987 年增长 14%。公司的边际净利润率为 5.7%，高于行业平均值 4.5%。与每股收益 4.19 美元的行业水平相比，福特公司达到了前所未有的每股收益 9.53 美元。股东获得了 26%的投资回报。

1989 年第一季度，福特公司的市场份额为 23.4%，比前一季度增加了 1.6 个百分点。其余的市场份额分别为：占据领导地位的通用汽车公司（GM）占 37%市场份额；日本公司占有 26%；克莱斯勒公司占有 10%；其余的 4%属于其他公司。

福特汽车公司的流动资产情况要低于行业平均水平。但通过较低数量的存货和准时生产运作，确保了福特公司的生产每年能持续增长。

在市场营销能力方面，诸如广告、促销、推销、分销等这些基本营销手段，福特和美国其他大的汽车公司远远落后于它们的国外竞争对手。在过去的九年里，只有两次美国汽车电视广告挤入观众调查的前25位之内。这两次分别在1986年和1987年，“雪佛兰”的“美国的心跳”广告运动分别排名第11位和第15位。

为了解决这一问题，福特与美国国内的一些公司已经开始求助于广告代理商以及诸如General Mill这样的日用消费品生产公司以增强市场营销能力，与像丰田、日产公司做的那些时髦的、惹人注意并给人留下深刻印象的广告进行竞争。日本公司取得如此成功的一个原因就在于它们长期的一致性。丰田公司自从1976年以来仅对其广告主题改变了两次。

一个随之而来的困境就是有奖销售或折扣的应用似乎失去了它的光彩。在过去的五个季度里，消费者对折扣的反应逐渐冷淡。除此之外，这种方法对于生产厂家来说也是要花费很大费用的。尽管自从1978年以来福特公司拥有较强的销售队伍和最大的市场份额，但在1989年第一季度，福特公司的利润下降了5.5%。

福特公司开始转向利用一些其他手段来提高其市场影响力。当时的超级经销商，在许多分店销售多种汽车，目的就是要使品牌形象变得模糊。而且，这些经销商通常不愿意经销新的品牌，而更愿意支持那些经受住考验并被证明是好的汽车。只有通过更具创造性的营销和更具影响力的宣传，福特公司才有希望促使经销商支持它的新式样和新设计。

日本的汽车生产厂家一直投资于生产设施以保持其竞争力，福特公司同样如此。比较说来，福特公司与通用汽车公司设施的平均生产寿命约为10年；克莱斯勒公司平均为12年。为保持竞争力，福特公司1990年以后不断增加生产设施的投资。

这样，福特公司的生产设施只需较少的人员就能生产更多的汽车。1987年，福特公司世界范围生产能力增加了11.3%。然而，仍然需要做更多的改进。福特公司必须做出更大的努力来降低其总的生产成本，举例来说，福特公司销售每辆汽车的人工成本约占总成本的20%，在其竞争对手中居第五位：克莱斯勒17%、本田8%、日产18%、丰田18%、福特20%、通用22%，为克服这种低效率，福特公司计划以更低的库存和更准时化的生产来利用其设施及设备。除此之外，福特公司还计划应用计算机控制的机器人，配合使用以精确检测为目的的红外线和超声波技术来辅助生产过程。

（二）福特汽车公司的外部环境

（1）竞争状况。20世纪80年代，汽车行业竞争的主要力量是三家主要的美国大公司福特、通用、克莱斯勒以及三家主要的日本公司本田、丰田、日产。

与美国三大汽车公司相比较，日本的汽车公司使用高技术控制了成本。然而，美国三大汽车公司却在生产系统的现代化方面进行了大量投资，并与外国公司合作以使公司变得更有效率。例如，福特与马自达合资生产Probe；克莱斯勒与法国雷诺公司合资生产微型车；克莱斯勒与现代公司生产一种新型的中型车。

美国公司正采取措施收购以国外为基地的小公司，以使产品线更加多样化，并且利用小公司的独立精神和创造力。日本公司正在大量投资美国工厂以避开进口限制；欧洲的公司也在做类似的事情。

由于汽车工业增长较为缓慢，各公司普遍采用折扣和其他的优惠政策以刺激消费增长，而且日本公司更是以质优价廉的产品吸引了许多美国顾客。

这个时期，规模经济限制了任何竞争者加入汽车工业，而且汽车生产的资金要求大幅增长，使得新进入市场的可能性越来越小。机器人和其他自动化技术的发展有望控制成本。然而，开发和实施这些自动化技术，需要巨大的研究和开发成本以及高精尖的技术人才。

在政府方面，对尾气排放及油耗的政策将进一步限制新加入者进入市场，1990 年美国车的平均经济油耗为 27.5 英里/加仑。

（2）供应商。日本、美国和欧洲的主要汽车零部件供应商纷纷开始在其他国家建厂；与供应商订立长期合同变得越来越普遍：通用汽车公司和它的两个主要设备供应商签订了无限期的长期协议；克莱斯勒公司和几家主要的工具生产公司已经订立了五年的合同。

（3）客户。激烈的竞争、滞销和随之而来的较高存货水平，使得各公司与客户间经常出现以下情况：①为了吸引客户，各厂商竞相降价并给予折扣。②客户在相当程度上可以对售价、担保及其他服务项目进行讨价还价。③公司管理者逐渐采用服务等级来衡量销售绩效，这些等级常常用来决定经销授权的机会、获得广告基金和其他经济优惠的标准。

（4）替代产品或服务。主要的大公司不能像小的专业汽车公司那样提供一个合适的细分市场。大城市居民面对日益增长的购车、保险、停车和维修费用等，纷纷转向使用公共交通工具。

（三）政治、经济及社会环境

（1）政治环境。对汽车制造商们来说，20 世纪 90 年代，政府管制和环境压力日益增加，促使他们提高燃料效率、安全标准和污染控制水平。净化空气的要求、全球变暖及新油耗标准的出台都将给福特公司的新产品计划蒙上阴影。

在欧洲和澳大利亚，福特公司有着巨大的市场潜力，销售网遍布两大陆，并且在英国、德国、比利时和西班牙都有组装厂。为准备在欧洲 1992 年以后的发展，公司在 20 世纪 90 年代初收购了英国的美洲豹股份有限公司，并有意在瑞典的 Saab 汽车公司中获得一部分股份。

福特公司还拥有日本马自达汽车公司 25%的股份。随着汽车工业变成真正的国际行业，福特公司还将在国外寻求合资伙伴。

东欧政治上的变化可能打开了一个巨大的、未开发的汽车市场，劳动力市场也很有利，贸易、投资和销售的机会将会增加。然而，仍有极少一部分人认为事情不会发展那么快，因为政治局势还不稳定，而且基础设施不完善和缺少硬通货也是问题。但美国、欧洲和日本的公司已在筹划和东欧及苏联的官员谈判，意图分享市场份额。

在中国，汽车工业发展的前景不是很明朗，福特公司在中国尚未采取任何明显的行动。通用汽车公司放弃了其在中国建立合资企业的计划。多数分析家始终认为，中国市场中很多行业是有利可图的，但由于中国经济还不够发达，所以汽车工业的获利可能会更慢些。

（2）经济环境。影响汽车工业和福特汽车公司成长的几个经济因素有利率、汽车价格、美元的价值和美国总体的经济大环境。

为了预测经济的变化，福特公司的经济学家和其他的经济分析人士分析了许多经济变量或“主要的指标”，其中一些指标包括批发和消费价格指数、耐用品订货量、消费者负债量、GNP 增长、利率。通常这些变量在复杂的经济预测模型中作因变量来预测经济趋势。

福特公司主要的几个经济学家预测 1990 年经济以 1.5%的速度缓慢增长，头半年的状况是通货膨胀和失业率上升，利率下降，美元相对疲软。从长期看，汽油价格预计将持续上涨，生产费用将用于保证安全性、控制污染和油耗上。

在北美装配的日本轿车的数量将很快达到每年 200 万辆，出现供大于求，这可能威胁美国汽车市场的价格结构并且给美国市场上各商家的收益带来负面影响。

(3) 社会环境。20 世纪 90 年代的社会和经济趋势研究表明，汽车总会有大量的购买者，他们有购买的倾向，并有购买新车的财力，其中三种人群对汽车工业来说具有特殊的意义，他们分别是人口快速增长时期出生的人群、妇女和老人。

第一类群体会有更多的自由收入来购买汽车，而且有相当一部分人会购买豪华车或跑车。他们和老人对娱乐型车的需求也将有所增加，而对货车和微型货车的需求有所减少，因为他们的家庭已经成熟。然而，第一类群体中的蓝领阶层细分市场更喜爱美国车和微型货车。

将有越来越多的妇女购买新车，并有望在汽车市场上表现出与男士相同的购买力。20 世纪 90 年代，汽车市场的成功将在于向这类妇女做广告。

最后一个显著的群体是 55 岁以上的老年人，他们占新车消费者的 25%，并且这个比例还将升高。老年购买者倾向于驾驶的安全和方便，包括警告欲睡司机的电子系统、不刺眼的表盘和简化的电子控制设备。

(4) 技术环境。未来的汽车将变得更加容易操作，并装有智能系统：快速敏捷的计算机会使发动机和传送系统的运转更加高效；电子悬浮系统、雷达障碍扫描系统会帮助司机避免车祸；导向系统在荧屏上显示各种可选择的路线，以帮助司机避免交通堵塞；自动变色玻璃和红外系统可提高夜间的可视度，安全气囊和牵引控制系统将会标准化。

塑料的使用将会增加，因为其重量轻，相对钢材价格便宜，并且不会腐蚀。通过运用计算机来设计模型和样车，将会成为未来的趋势。并且在未来的五年内，将会有 10000 辆电动车在南卡罗来纳投入使用。

在生产中，机器人技术的使用将会更加广泛。20 世纪 90 年代的汽车生产商将会开发出使用替代燃料的汽车。

资料来源：彭于寿：《市场营销案例分析教程》，北京大学出版社，2007 年 9 月。

● 思考题：

1. 根据案例所给的资料，运用 SWOT 方法分析 20 世纪 80 年代福特汽车所具备的优劣势及其面临的机会与威胁。

2. 以你熟知的汽车制造厂商或品牌为例，分析其目前所处的市场营销环境。

第五章 消费者市场分析

学习目标：

了解消费品市场特征、消费品分类以及消费者购买行为的特征和类型；明确影响消费者购买行为的主要因素；掌握消费者购买决策过程及各阶段的特点。

消费者市场是一个最终市场，即产品一旦被购买即退出社会再生产过程，意味着产品价值和使用价值的最终实现，它是现代市场营销理论研究的主要对象。本章所探讨的消费者市场的特点、影响消费者购买行为的因素及消费者的购买决策过程等，是消费品生产者制订营销计划的前提和依据。

第一节 消费者市场特点及消费品分类

一、消费者市场的概念和特点

消费者市场（也称生活资料市场）是指为了生存或享受的需要，而购买或准备购买消费类产品或服务的个人和家庭。

市场营销学中所谓的消费者市场或产业市场，是以购买目的和动机为依据来划分的，而不是以所购产品的自然属性来划分，因为许多产品在上述两个市场中都可以被消费，例如，煤炭既可以出售给个人消费者，也可以出售给生产者，很难根据产品本身来断定它是属于哪一种市场。

消费者市场的研究对象主要是消费者，如消费者为何购买、何时何处购买、如何购买等。为了更好地研究上述问题，有必要对消费者市场特性进行分析。一般来讲，消费者市场有如下特点：

1. 购买者多而分散

每个人、每个家庭都是消费者，相对于产业市场，消费者市场购买人数众多，而且由于消费者所处的地理位置不同，闲暇时间不一致，造成购买地点和时间的分散性。

2. 少量购买，多次重复购买

消费者购买是以个人和家庭为购买和消费单位的，由于受到消费人数、需要量、购买力、储藏空间、商品保质期等诸多因素的影响，消费者为了保证自身的消费需要，往往每次购买批量小，重复频繁购买。

3. 购买的差异性大

因受消费者年龄、性别、职业、收入、文化程度、民族、宗教、消费习惯等方面的影响，其消费需求有很大的差异性，对商品的要求也各不相同，而且随着社会经济的发展，消费者的消费习惯、消费观念、消费心理不断发生变化，从而导致消费者购买差异性大。

4. 大多属于非专家购买

绝大多数消费者在购买商品时缺乏相应的专业知识，尤其是对某些技术性较强、操作比较复杂的商品，更是如此。而且在多数情况下，消费者很容易受广告宣传、商品包装以及其他促销方式的影响，从而产生冲动购买。

5. 购买的流动性大

由于购买力相对有限，消费者对所需要的某些产品会慎重选择，在市场经济比较发达的今天，商品和服务的选择余地越来越大，加之人口在地区间的流动，导致消费者的购买能力经常在不同产品、不同地区及不同企业之间流动。

6. 购买的周期性

从消费者对商品的需求来看，有些商品消费者需要常年购买、均衡消费，如食品、副食品、牛奶、蔬菜等生活必需品；有些商品消费者需要季节购买或节日购买，如一些时令服装、节日消费品；有些商品消费者需要等商品的使用价值基本消费完毕才重新购买，如家用电器等。由此可见，消费者购买有一定的周期性可循，从而使消费者市场呈现一定的周期性。

7. 购买的时代特征

消费者购买不仅受到消费者内在因素的影响和制约，还常常受到时代精神、社会风俗习惯的影响，从而产生一些新的需求。如上海的 APEC 会议以后，唐装成为时代的风尚而流行起来；又如社会对知识的重视，对人才的需求量增加，从而使人们对书籍、文化用品的需求明显增加。这些显示出消费者购买的时代特征。

8. 购买的发展性

消费者购买是在不断变化的，随着社会的发展和人们消费水平、生活质量的提高，消费需求也在不断向前推进。过去只要能买到商品就行了，现在要追求名牌；过去不敢问津的高档商品，如汽车等，现在消费者众多；过去自己承担的劳务现在由劳务从业人员承担等。这种新的需求不断产生，而且是永无止境的，从而使消费者购买具有发展性特点。

对企业来说，认清消费者市场的特点（或消费者购买的特点）有助于企业根据消费者购买特征来制定营销策略，规划企业的生产经营活动，为市场提供消费者满意的商品或劳务，更好地开展市场营销活动。

二、消费品的分类

消费品是供最终消费者用于家庭或个人消费使用的，产品种类繁多，且有不同的性质和用途，需要按照一定的标准进行归类研究，以便企业制定不同的营销策略。

按照消费品的用途及购买行为，消费品可大致划分为四类。

1. 日用品

日用品是指那些广大消费者需要经常购买的日常生活用品，这些产品消费者一般都较熟悉，并具有一定的商品知识，所以在购买时不大愿意或不需花更多时间去比较它们的价格和品质，多是就近购买，且愿意接受其他替代品，没有强烈的偏好。

日用品的范围很广，如糖果、香皂、调料等。由于消费者在需要这些日用品时往往希望立即购买到，所以出售这些商品的商店多数设在住宅区，或由综合商店经营，或设货摊、货亭经营，而且为了便于购买，百货商店、超级市场等也都有经营。

2. 选购品

选购品是指消费者在购买过程中要特别比较其适用性、质量、价格、式样等的产品，也就是说，消费者在购买此类产品时，往往会跑多家商店去比较其品质、价格或式样。时装、手表、家具及家电等耐用消费品均为此类商品。

一般来说，选购品的价格较高，购买间隔时间较长，消费者产生需求时，并不像对日用品那样希望立刻买到，而且对于何种品牌或商店并无确定的概念。根据选购品的这一购买特点，对它们的经营应适当集中，做专业化经营，以使经营的花色品种比较齐全，给消费者更多的挑选机会。

选购品又可区分为同质品和异质品。同质品是在消费者心目中质量一样、但价格有显著差异、值得花些时间和精力去选购的产品。例如，各种品牌的冰箱质量差不多时，消费者会货比三家、认真选购。异质品是同一类产品，质量差异很大，对消费者来说，产品的质量因素远比价格重要，如家具、服装等。

3. 特殊品

特殊品是指那些具有独特的品质、风格、造型、工艺等特性，或品牌为消费者特别偏爱，消费者习惯上愿意多花时间与精力去购买的商品。因此，消费者在前去购买某一特殊品时，对于所要购买的商品已有充分的了解，这一点与日用品很相似。但消费者只愿意购买某一特定品牌的商品，并不轻易接受其他替代品。当然，有些特殊品也是相对而言的，尤其是消费者对某一品牌特别偏爱，一般生产企业也都努力创造自己的品牌，以便吸引顾客坚持购买自己的产品，但由于价格、时尚、新产品开发、质量变动以及广告宣传等原因，消费者很少会把某一品牌固定作为特殊品。当然这方面最重要的影响因素还是质量和式样，一个企业要使自己的产品成为特殊品而长盛不衰，就必须确保产品质量和特色，并不断创新，以迎合新的消费潮流。

4. 非谋求品

非谋求品是指消费者目前尚不知道，或者知道而通常不打算购买的产品，例如微型DVD 机、某些特效新药在尚未大做广告之前，或有关顾客未看到这些广告之前并不知道这种产品时，就属于非谋求品。至于已经知道而一般情况下不打算购买的产品，最典型的例子是人寿保险、墓地、墓碑等，由于这些产品非常特殊，所以要求通过广告及人员推销这些方式做出大量的市场营销努力。

第二节　影响消费者购买行为的主要因素

消费者需求及其购买行为研究是市场营销学的基础。影响消费者行为的因素多种多样，但可以概括为两大类，即内在因素和外在因素。消费者的购买行为是内在因素和外在因素共同作用下产生的。

一、影响消费者购买行为的内在因素

影响消费者购买行为的内在因素很多，主要有消费者个体因素和心理因素。购买者的年龄、性别、经济收入、受教育程度等因素会在很大程度上影响消费者的购买行为，属个体因素；消费心理是消费者在满足需要的活动中的思想意识，它支配着消费者的购买行为。

（一）个体因素

1. 年龄与生命周期阶段

显而易见，人们购买产品或对服务的需求会随着年龄的增长而变化。儿童食品与中老年食品有很大区别；服饰同年龄的关系更为密切，不同的生命周期阶段，其购买种类、行为等均有所不同。

2. 性别、职业、受教育程度

由于生理和心理上的差异，不同性别的消费者的欲望、消费构成和购买习惯也有所不同；而不同职业的消费者由于生活、工作条件的不同，其消费构成和购买习惯也有很大的差异；此外受教育程度的不同，其消费构成和购买习惯也会呈现出不同的特点。

3. 经济状况

经济状况决定了个人的购买能力，同时制约着个人的购买行为。消费者一般在可自由支配收入范围内考虑以最合理的方式安排支出，以便更有效地满足自己的需求。中低收入者往往比高收入者有更高的价格敏感性。如果企业经营具有价格敏感性的产品，就应对居民收入、储蓄和利率给予更多的关注。

4. 生活方式

生活方式是指一个人在生活方面所体现出的兴趣、爱好、观念等，它反映出个人的社会阶层或个性所无法单独表现出来的事物。不同生活方式的人，有着不同的消费需求和购买行为，如“艺术家型”的消费者和“嬉皮士型”的消费者对产品的需求有着明显的不同。而人们的生活方式发生变化，也会产生新的需求。传统的、按部就班的生活方

式与现代的、浪漫的生活方式，其产品需求、购买行为相差较大。

（二）心理因素

影响消费者行为的心理因素有动机、知觉、态度、学习等。

1. 动机

动机是激发个体行为以达到一定目的的内在驱动力。动机和行为有着直接的因果关系。消费者购买行为由购买动机支配，而购买动机又由需要引起。因此，要研究消费者购买动机，必须研究消费者的需要。需要是购买动机的基础，是购买行为的起点。

需要是人们对于某种事物的要求或欲望。就消费者而言，需要表现为各种物质需要和精神需要。对需要与动机的分析，许多行为学者、心理学家曾提出多种分析方法，其中马斯洛的“需要层次”理论对消费者购买行为分析有着重要的参考价值。

马斯洛将人类的需要分成五个层次：生理需要、安全需要、社会需要、尊重需要和自我实现的需要。其中前两个层次的需要属于生理和物质方面的需要，后三个层次的需要是心理和精神方面的需要，它们是根据由低到高的层次排列的。

需要产生动机，但并非所有的需要都必然产生动机。一种需要必须被激发到足够强烈时才能发展成为动机。而且，动机的强弱除了受内在刺激驱使外，还与外界的刺激有关。可见，消费者的购买动机是消费者内在需要与外界刺激相结合使主体产生一种动力而形成的。

动机是为了使个人需要得到满足的一种驱动和冲动。消费者购买动机是指消费者为了满足某种需要而产生的购买商品的欲望和意念。由于消费者需要的复杂多样性，在此基础上产生的消费者购买动机也是多样化的，购买动机大体上可概括为两大类。

第一类，生理性购买动机，是指人们因生理需要而产生的购买动机，如饥思食、渴思饮、寒思衣，所以又称本能动机。生理动机具体包括：维持生命动机，主要指对衣、食等商品的购买动机；保护生命动机，如为了休息、治病而购买居住设施、药物等动机；延续和发展生命的动机，指由于人们组织家庭、生育、赡养父母、抚养子女、提高生活水平等需要而产生的购买动机。

生理动机是以人们基本的生理本能需要为基础的，因此具有经常性、习惯性和稳定性的特点。当社会经济发展到一定水平时，心理动机在消费行为中占更重要的地位。

第二类，心理性购买动机，是指人们由于心理需要而产生的购买动机。消费者的心理需要十分复杂，因而产生了各种各样的心理性购买动机。根据人们对心理活动的认识，以及对情感、意志等心理活动过程的研究，可将心理动机归纳为三种。

（1）感情动机，是指由于个人的情绪和情感因素而引起的购买动机。消费者的情绪和情感是千差万别的，从而表现出不同的购买动机，如：求新心理，追求所购买商品的时尚和新颖，其核心是“时髦”和“奇特”，服装讲究款式新颖，摆设要别出心裁，食品要应时尝新等；求美心理，以追求所购商品的艺术价值和欣赏价值为主要目标的购买动机，其核心是“美化”、“装饰”，购买商品时较少考虑价格和使用，多注重商品的造型、色彩、表现力和整体上的协调美、旋律美；求荣心理，以追求所购商品的荣耀感为主要目标的购买动机，其核心是“炫耀”、“显名”，足以显示购买者富裕程度、地位的商品往往是这类顾客追求的对象。

（2）理智动机，是指建立在对商品客观认识的基础上，经过充分的分析比较后产生的购买动机。理智动机具有客观性、周密性的特点，在具体购买活动中表现为这些消费心理倾向，如求实心理，以追求所购商品的实用价值为主要目标，其核心是“有效”、“实用”，消费者购买商品时注重商品的实际效用，不追求外观形象和象征意义；求廉心理，以追求商品的物美价廉为主要目标，消费者购买商品时注重商品的价格，而对商品的包装、款式、色彩则不大挑剔。

（3）惠顾动机，是指消费者由于对特定的商品或特定的商店产生特殊的信任和偏好而形成的习惯重复光顾的购买动机。这种动机具有经常性和习惯性特点，这类消费者的购买活动往往是定型化的，对某种品牌商品表现为青睐、偏爱和忠实，甚至有的消费者到了非此商品不消费的程度。

需要引发动机、动机影响购买行为，营销人员要深入细致地分析消费者的各种需要和动机，针对不同的需要层次和购买动机设计不同的产品和服务，制定有效的营销策略，激发其动机，满足其需要。

2. 知觉

消费者一旦有了购买动机，多数会采取行动。但是如何行动还要看他对外界刺激物或情境的反应。这就是感觉和知觉对消费者购买行为的影响。

所谓感觉，就是人们通过看、听、嗅、触等感官对外界的刺激物或情境的反应或印象。随着感觉的深入，各种感觉到的信息在头脑中被联系起来进行初步的分析综合，使人们形成对刺激物或情境的整体反应，就是知觉。知觉对消费者的购买决策、购买行为影响较大。在刺激物或情境相同的情况下，不同的消费者有着不同的知觉，他们的购买决策、购买行为截然不同。消费者的知觉是一个有选择的心理过程，一个人在特定范围内不可能对所有的刺激物都感受得到。具体说来有三种情况。

（1）选择性注意。消费者时时刻刻都在面对不同的刺激物，但他们不可能注意到所有的，而只能有选择地注意某些刺激物，即只注意那些与自己的主观需要有关的和期望的事物。如某顾客想要购买冰箱，他只注意看冰箱而不会注意别的家电商品。

（2）选择性理解。消费者即使注意到刺激物，但未必能客观地理解客观事物，往往按照个人的先入之见来理解客观事物，在对所接受信息的加工处理过程中，不自觉地加进个人的看法。例如，甲品牌冰箱的质量客观上很好，但某消费者主观认为国产冰箱中只有乙品牌质量好，其他牌子都不行。

（3）选择性记忆。消费者所获得的信息绝大部分都会忘记，只记住那些和自己的意见、观点一致的信息。如消费者只记得自己喜欢的乙品牌冰箱的优点，而忘记了也在经常宣传的甲品牌冰箱的优点。

感觉或知觉是消费者购买的重要影响因素。尽管不同的消费者对同样的客观事物有不同的知觉，但外界刺激物本身有助于决定人的感觉和知觉，所以应该看到外界刺激物的作用所在。另外，还应该看到消费者个人因素也影响其知觉，如个人理解信息的能力、心情、记忆力、经验和价值观等，都会影响对外界信息的接受，从而形成自己的知觉。

3. 态度

态度通常是指个人对事物所持有的喜欢与否的评价、情感上的感受和行动倾向。消费者态度对消费者的购买行为有着很大的影响。企业营销人员应该注重对消费者态度的研究。

社会心理学家认为态度是情境、他人倾向以及本人性格特点相互作用的结果。消费者对某一商品的态度来源于：消费者本身与商品的直接接触；受其他消费者如亲友、同事等的直接、间接的影响；家庭教育与本人的生活经历。

消费者的态度包括信念、情感和意向，它们对购买行为都有各自的影响作用。

（1）信念，指人们确信真实的事物。一般来说，信念来自知识、见解，也来自信任。在实际生活中，消费者不是根据知识，而常常是根据见解和信任作为他们购买的依据。如消费者之所以选择甲品牌商品而不买乙品牌商品，其原因在于他相信前者而不相信后者。该消费者的信任往往产生于甲品牌的商品质量有保证、企业信誉好、服务优质、价格公道等。

（2）情感，指商品和服务在消费者情绪上的反应，如对商品、广告喜欢或厌恶。甲、乙两个品牌的商品可能质量、价格等没什么区别，但某些消费者就是喜欢甲，对甲品牌显示出自己的正面情感。情感往往受消费者本身的心理特征与社会规范的影响。

（3）意向，即意图、目的，具体指消费者采取购买行动的倾向，消费者的态度最终落实在购买的意向上。

研究消费者态度的目的在于使企业充分利用营销策略手段，让消费者了解企业的产品，帮助消费者建立对本企业的正确信念，培养对企业产品和服务的情感，让本企业产品和服务尽可能适应消费者的意向，使消费者的态度向着有利于企业的方面转变。在20世纪80年代，温州的产品一直被认为是劣质假冒产品的代名词，经过市场经济的锤炼，企业改变营销观念，注重产品质量，强化广告宣传，从而改变了人们对温州产品的信念和态度。现在温州的鞋类产品已经以新的形象行销全国，并开拓了国际市场。

4. 学习

学习是指由于经验引起的个人行为的改变。即消费者在购买和使用商品的实践过程中，逐步获得和积累经验，并根据经验调整自己购买行为的过程。一个人的学习是通过驱使力、刺激物、提示物（或诱因）、反应和强化的相互影响、相互作用而进行的，如图5-1所示。

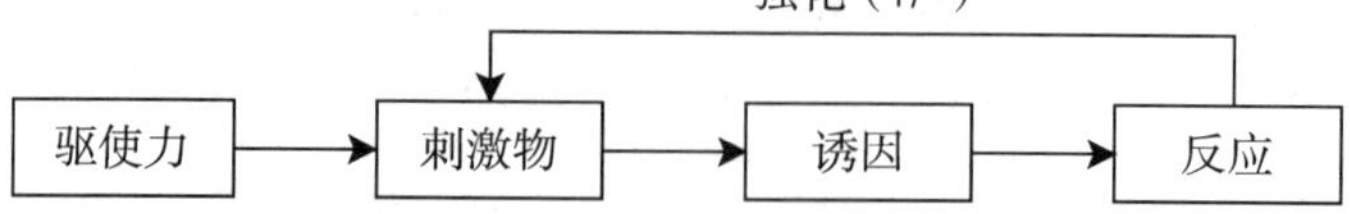

图5-1 学习模式五种因素关联

“驱使力”是诱发人们行动的内在刺激力量。例如，某消费者重视身份地位，这种尊重的需要就是一种驱使力。这种驱使力被引向某种刺激物——高级名牌西服时，驱使力就变为动机。在此动机支配下，这位消费者有购买名牌西服的行为意向。但他在何时何地做出何种反应，往往取决于周围的一些“提示物”的刺激，如看了有关的电视广告、商品陈列等。在他购买了这套名牌西服后，如果穿得很满意的话，他对这一商品的反应就会加强，以后如果遇到相同的诱因，就会产生相同的反应，即采取购买行为。如果反应被反复强化，久而久之就成为购买习惯了。这就是消费者的学习过程。

从上述分析可以看到，消费者一方面从广告中学习，获取知识；另一方面从个人或周围人的购买经验中学习。为此，企业在营销过程中要注重消费者购买行为中“学习”这一因素的作用，要通过各种途径给消费者提供信息，如重复广告，目的是达到加强诱因、激发驱使力，将人们的驱使力激发到马上行动的地步。同时，企业对商品和提供的服务要始终保持优良的品质，这样消费者才有可能通过学习建立起对企业品牌的偏爱，形成购买本企业商品的习惯。

二、影响消费者购买行为的外在因素

消费者必然受到他所处的环境中某些因素直接或间接的影响，这就是消费者购买行为的外在影响因素。消费者行为是外在因素和内在因素共同作用而产生的结果。影响消费者行为的外在因素主要包括文化因素、社会阶层、家庭状况、相关群体、情境因素等。

（一）文化因素

1. 文化

文化是指在一个社会群体中影响人们行为的态度、信念、价值观、风俗和习惯等的总和。

每个人都处于一定的文化环境中，接受不同的价值观念、道德规范、风俗习惯等，从而形成群体间的文化差异。文化差异往往导致消费行为的差异，具体表现在服饰、饮食、婚丧、节日、礼仪等方面。企业在营销活动中应高度重视不同文化之间的差异性，做到“入乡随俗，入境问禁”，根据消费者的文化差异投其所好。

2. 亚文化

亚文化是指某一文化群体所属次级群体中的成员所共有的独特信念、价值观和生活习惯等。每一种亚文化都会坚持其所在的更大群体中大多数主要的文化信念、价值观和行为模式，同时，每一种文化都包含着许多较小的亚文化。亚文化有多种不同的类型，其中影响购买行为最为显著的有四种。

（1）民族亚文化。不同的国家，除了各自具有相对统一的某种文化外，都还存在着许多以民族传统为基础的亚文化，如美国便有华裔、西班牙裔、波兰裔、意大利裔美国人等。这些人，特别是他们中的第一代和第二代，在食品、服饰、家具和文娱要求方面，仍然保留着他们民族的许多传统情趣和爱好。

（2）宗教亚文化。世界上存在着许多宗教和宗教团体，甚至不同的宗教和宗教团体存在于一国之内。我国就同时存在着伊斯兰教、佛教、天主教、基督教等宗教，其特有的信仰、偏好和禁忌也形成了一种亚文化，从而在购买种类和购买行为上表现出许多不同的特征。

（3）种族亚文化。如黑人和白人，他们有不同的文化形态和态度。

（4）地理亚文化。例如，我国华南地区与西北地区，沿海地区与内地偏远地区，都有不同的生活方式和时尚，从而对商品的购买也有很大的不同。

总之，一个消费者对品牌的偏好，对食物、衣着的选择等，显然受到其所属民族、宗教、种族和地理背景的影响。

（二）社会阶层

社会阶层是指在某一社会中根据社会地位或受尊重程度而划分出来的社会等级。决定一个人所处社会阶层的因素既有经济因素，也有政治和社会因素。职业、收入、财富、权力、声望、社会联系等多种因素相互作用而共同决定一个人的社会阶层。社会阶层是影响消费者购买行为的重要因素之一。

社会阶层的概念为营销者对市场进行细分和制定营销组合决策提供了依据和基础。不同社会阶层的人，他们的经济状况、价值观念、兴趣爱好、生活方式、消费特点、闲暇活动、接受的大众传播媒体等各不相同。这些都会直接影响他们对商品、品牌、商店、购买习惯和购买方式的选择。企业营销要关注消费者的社会阶层划分情况，针对不同社会阶层的不同需求，通过适当的信息传播方式，在适当的地点，运用适当的销售方式，提供适当的产品和服务。

（三）家庭状况

家庭是以婚姻、血缘和收养关系为纽带结成的共同生活的社会基本单位，也是最基本的消费单位。研究家庭因素对购买行为的影响，一般从以下三个方面的问题着手：

1. 家庭对家庭成员购买行为的影响

一个家庭就是一个小社会，每个家庭成员都受到这个家庭的熏陶和影响，形成相应的生活情趣、生活方式、爱好和习惯等，且常常体现在对产品的偏好、评价和购买习惯等方面。尽管这种影响多数情况下是无意识的，但其影响却是长久的。一般从孩提时代即开始，并维持许多年。

2. 家庭中不同购买角色的作用

在购买行为中，不同的家庭成员可能充当不同的角色，从而会对购买发表不同的意见，起着不同的作用。通常在购买行为中，家庭有五种不同的角色，即购买发起者、重大影响者、商品使用者、实际购买者和购买决策者。对于不同的商品，家庭成员充当的购买角色是不同的，如购买家用电器时，男主人往往充当购买决策者和实际购买者；而购置家具时，充当购买决策者的则是女主人居多。

在分析消费者行为时，要注意分析购买商品过程中不同家庭成员所起的作用，以便采用不同的策略引起购买发起者的注意，诱发主要决策者的兴趣，使他们了解商品，解除顾虑，建立购买信心，并最终购买。

3. 家庭生命周期的影响

一个家庭从产生到子女独立的发展过程称为家庭生命周期。根据购买年龄、婚姻和子女等状况，购买者家庭生命周期大体可以划分为七个阶段：①“未婚”——年轻、单身；②“新婚”——年轻夫妇，没有子女；③“满巢Ⅰ”——年轻夫妇，有6岁以下的幼儿；④“满巢Ⅱ”——年轻夫妇，有6岁以上的孩子；⑤“满巢Ⅲ”——年纪较大的夫妇，有未独立的孩子；⑥“空巢”——年纪较大的夫妇，与子女已分开居住；⑦“独居”——年老、单身，即失去配偶后，只剩下一位老人的家庭。

消费者处于不同的家庭生命周期阶段会有不同的爱好与需要。如新婚夫妇需要购买家具、家电等耐用消费品；“满巢Ⅰ”阶段需要购买婴儿食品、玩具等；“满巢Ⅲ”阶段需要购买青少年用的图书杂志、体育用品、服装等商品。由此可见，购买者的家庭生命周期也会影响消费者的购买行为。

不同的家庭生命周期阶段有着不同的购买重点。企业应据此进行恰当的定位，采取相应的营销策略。

（四）相关群体

相关群体是指那些影响人们的看法、意见、兴趣和观念的个人或集体。既包括有直接互动关系的家庭、亲朋好友等群体，也包括与个体没有直接接触但对其行为产生显著影响的个人和群体，如影视明星、体育明星等名人或公众人物。研究消费者行为可以把相关群体分为两类：参与群体与非所属群体。

1. 参与群体

参与群体是指消费者置身于其中的群体，按其作用又可分为主要群体和次要群体。主要群体是指个人经常性受其影响的非正式群体，如家庭、亲密朋友、同事、邻居等，这样的群体影响着一个人的情趣和爱好，这种影响往往是潜移默化的。次要群体是指个人并不经常受到其影响的正式群体，如工会、职业协会等，这样的群体尽管其影响不如主要群体，但同样在情趣、爱好方面有所影响，从而影响消费者的购买行为。

2. 非所属群体

非所属群体是指消费者置身其外，但对购买行为有影响作用的群体。非所属群体有两种情况，一种是期望群体，另一种是游离群体。期望群体是个人希望成为其中一员或与其交往的群体，如一些球迷以其崇拜的球队为期望群体。反之，则属于游离群体，即价值观、行为遭到个人拒绝或抵制、极力划清界限的群体。

相关群体对消费者购买行为的影响主要有以下方面：①向消费者展示新的生活方式和消费模式；②影响人们的态度，帮助消费者在社会群体中认识消费方面的“自我”；③相关群体的“模仿”作用，使某群体内人员的消费行为趋于一致化；④相关群体的“意见领袖”，有时其消费示范作用是难以估计的。

企业营销应该重视相关群体对消费者购买行为的影响作用，关注本企业目标市场的消费者受不同相关群体的影响程度，并运用不同的策略满足不同的需求。如经营化妆用品的企业请著名歌星、影星做产品形象代言人，做广告宣传，就是利用期望群体的影响。

企业在利用相关群体的影响开展营销活动时，还要注意不同的商品受相关群体影响的程度不同。商品能见度越强，受相关群体影响越大，如一辆自行车与一双袜子相比，购买自行车受相关群体的影响要大得多。商品越特殊、购买频率越低，受相关群体影响越大。消费者对某商品越缺乏认识，受相关群体影响越大。

（五）情境因素

情境是指购买或消费活动发生时个体所面临的、短暂的环境因素，如购物时的气氛、购物场所的拥挤程度、消费者的心情等，是对消费者现时的行为具有显著影响的因素。

情境由五个变量或因素构成。它们不仅各自单独影响消费者，而且彼此还相互作用，共同影响消费者。

（1）物质环境，是指有形的物质因素，如位置（商品在商场中及货架上的位置）、温度、湿度、颜色、气味、音乐、灯光、天气、商品周围的物质等，以及其他消费者的情绪和感受。

（2）社会环境，通常涉及购物或消费活动中其他人对消费者的影响，如是否有别人在场，彼此间如何互动。一个人单独购物和接受服务与有伙伴或朋友在场时相比，行为会发生变化；独自收看电视节目与几个朋友一起收看电视节目会有明显差别。

（3）时间，是指事件或活动发生的时机和消费者可支配时间的充裕程度。时间影响消费者的购买决策，如信息收集、备选品牌和商店的选择。

（4）任务，是指消费者购物的具体理由、目的或产品的使用场合，如是为自用还是为送礼而购买。

（5）先行状态，是指消费者带入购买和消费情境中的暂时性的心情、情绪（如兴奋、高兴、焦虑等）或状态（疲劳、备有现金）。先行状态会导致消费者对问题的认识，并通过改变消费者的情感来影响其行为。

第三节 消费者购买行为模式

一、消费者购买行为的概念及类型

（一）消费者购买行为的概念

消费者购买行为是指消费者为获取、使用、处置消费商品或服务所采取的各种行动，包括选用和决定这些行动的决策过程。营销者研究消费者购买行为是为了与消费者建立和发展长期的交换关系。因此，不仅需要了解消费者在获取产品和服务之前搜寻信息、评价、选择和实际购买的行动，还要重视在获取商品后的使用、保养、维修、处置等活动。消费者购买行为是一个整体，是一个过程。

消费者购买行为是动态的，这意味着消费者个体和消费者群体与整个社会随着时间的推移都在不断地改变和发展着。因此，不能期望某一营销策略在所有时期对全部的产品、市场和产业都适用。

消费者购买行为是复杂多样的，不仅表现在不同的消费者在需求、偏好以及选择产品的方式等方面各有侧重、互不相同，而且同一消费者在不同时期、不同情境、不同产品的选择行为上也具有差异性。消费者购买行为受内部和外部因素的影响，这些因素的影响有的是直接的，有的是间接的，有的是单独的，有的是交叉和互动的。

尽管如此，消费者购买行为并非完全不可捉摸。它虽然具有多样性，但在这些千差万别的行为背后，存在着一些共同的特征。原因在于任何消费者的购买行为都受人类的需要所支配，而人类的需要最终可以从生理、心理、社会等方面找到终极的源头。因此，通过精心的调研，消费者购买行为是可以理解和把握的。

此外，消费者行为还是可以影响和引导的。营销者可以通过提供合适的营销组合来激发消费者的需要。当然，企业影响消费者购买行为要以其提供的产品或服务能够满足消费者的某种现实或潜在的需要、能够给消费者带来某种利益为前提。

营销者通常借助于调研来获取有关信息，以制定关于市场的重要决策。消费者购买行为研究可以采用“7Os”的框架，如表 5-1 所示。

表 5-1　研究消费者行为的“7Os”框架

何人购买？Who	购买者 Occupants
购买什么？What	购买对象 Objects
为何购买？Why	购买目的 Objectives
谁参与购买？Who	购买组织 Organizations
怎样购买？How	购买方式 Operations
何时购买？When	购买时间 Occasions
何处购买？Where	购买地点 Outlets

（二）消费者购买行为的类型

消费者购买行为受诸多因素的影响，其中最重要的因素是购买介入程度和品牌差异的大小。据此可将消费者购买行为划分为四类，如表 5-2 所示。其中，购买者介入程度是指消费者对购买活动的关注程度和感觉到的购买风险的大小。对不同产品的购买或对同一产品在不同情形下的购买，消费者的介入程度是不同的。

表 5-2　消费者购买行为类型

介入程度 / 品牌差异	高度介入	低度介入
品牌差异大	复杂性购买行为	多样性购买行为
品牌差异小	减少失调性购买行为	习惯性购买行为

1. 习惯性购买行为

对于价格低廉、经常购买、品牌差异小的产品，消费者不需要花费时间进行选择，也不需要经过搜索信息、评价产品特点等复杂过程，因而，其购买行为最简单。消费者只是被动地接受信息，出于熟悉而购买，也不一定进行购后评价。这类产品的市场营销者可以用价格优惠、电视广告、独特包装、销售促进等方式鼓励消费者试用、购买和重复购买。

2. 多样性购买行为

有些产品品牌差异明显，但消费者并不愿意花时间选择和评估，经常不断变换所购产品的品牌。这样做并不是因为对产品不满意，而是为了寻求多样化。针对这种购买行为类型，市场营销者可采用销售促进和占据有利货架位置等办法，保证供应，提供更多的被注意的机会。

3. 减少失调购买行为

有些产品品牌差异不大，消费者不经常购买，而购买时又有一定的风险，所以消费者一般对价格等进行比较。购买以后，消费者也许会感到有些不协调和不够满意，在使用过程中会了解更多的情况，并寻求种种理由来减轻、化解这种不协调，以证明自己的购买决定是正确的。经过由不协调到协调的过程，消费者会有一系列的心理变化。针对这种购买行为类型，市场营销者应注意运用价格策略、人员推销策略，选择最佳的销售地点，并向消费者提供有关产品评价的信息，使其在购买后相信自己做了正确的决定。

4. 复杂性购买行为

当消费者购买一件贵重的、不常买的、有风险的而且又非常有意义的产品时，由于产品品牌差异大，消费者对产品缺乏了解，因而需要有一个学习过程，以广泛了解产品性能、特点，从而对产品产生某种看法，最后决定购买。对于这种复杂性购买行为，市场营销者应及时有效地提供消费者所关心的产品信息，介绍产品优势及其给购买者带来的利益，从而影响购买者的最终选择。

二、消费者购买行为模式

消费者购买行为模式是对消费者购买行为过程中涉及的全部或局部变量之间因果关系的理论描述。为使读者较全面地认识消费者购买行为，在此介绍几种有较大影响和代表性的理论模式，包括刺激反应模式、维布雷宁模式、哈华德—希思模式及霍金斯的消费者心理与行为模式。

1. 刺激反应模式

刺激反应（S–R）模式是建立在黑箱理论基础上，用以分析消费者购买行为的具有重要影响的一种理论模式。如图 5–2 所示，处在中间的模块被看作是一个黑箱。营销刺

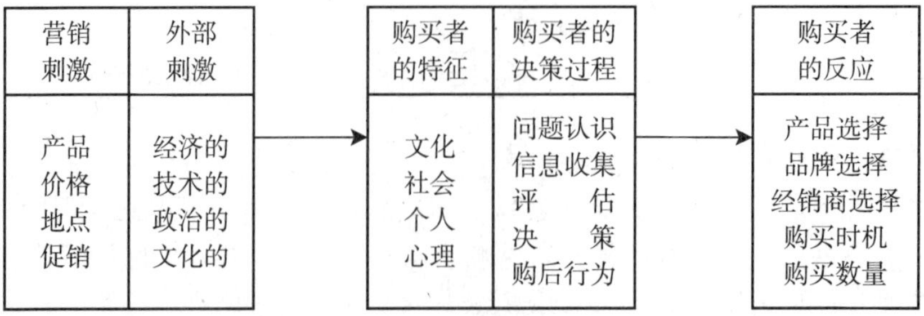

图 5–2 消费者购买行为的刺激反应模式

激因素和外部环境的刺激因素作用于消费者的意识。购买者的特征和决策过程导致了选购某种商品的决定。营销者的任务是要了解在外部刺激和购买者决策之间购买者的意识发生什么样的变化。

2. 维布雷宁模式

维布雷宁模式是一种社会心理模式。该模式是基于这样一种假设而建立起来的，即人是一种社会动物，其需求和购买行为通常受到社会文化和亚文化的影响，并遵从所处的相关群体、社会阶层和家庭等的特定行为规范。这些社会因素往往直接影响和改变人们的价值观、审美观和生活方式，进而在很大程度上决定着消费者的购买行为。

文化和亚文化对消费者行为的影响是总体的和带有方向性的，而相关群体的影响则更加具体和明确。相关群体既包括家庭、朋友、同事和邻居，也包括与消费者有关的各种组织，如职业团体、艺术组织等，还包括消费者希望加入或作为参照的个人或组织，如影视明星、体育明星、商界或政界名流等。相关群体影响消费者对某种产品或品牌的态度，界定了消费的内容和消费方式。

3. 哈华德—希思模式

哈华德—希思模式主要考虑四个变量，即投入因素（刺激因素）、内在因素、外在因素和产出因素。这四类因素的综合作用将会导致消费者购买行为的产生和变化（见图 5–3）。

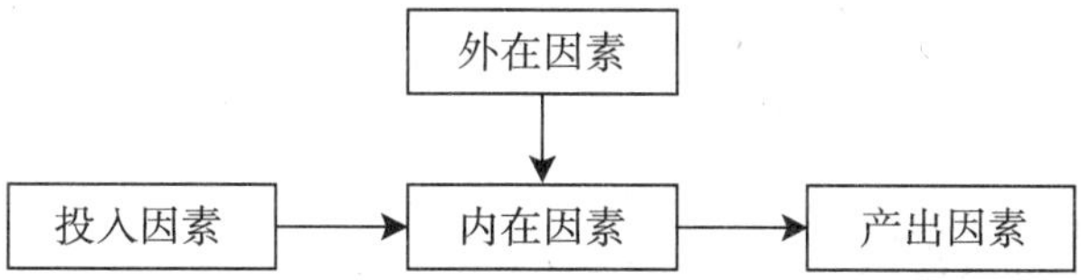

图 5–3 哈华德—希思模式

投入因素是指引起消费者产生购买行为的刺激因素，包括产品刺激因子、符号刺激因子和社会刺激因子。产品刺激因子是指与产品相关的各种因素，如产品质量、品种、价格、功能和服务等；符号刺激因子是指和媒体传播的商业信息有关的因素，如广告及各种宣传信息等；社会刺激因子是指来自社会环境的因素，诸如家庭、相关群体等产生的影响。

内在因素主要用来说明投入因素和外在因素如何通过内在力量作用于消费者，并最终引发某种消费者购买行为。消费者内心接受投入因素的程度，受需求动机和信息反应敏感度的影响，而后者又决定了消费者购买欲望的强度和“学习”效果。消费者的偏好选择受内心“决策仲裁规则”制约。“决策仲裁规则”是指消费者根据动机强度、需求紧迫程度、预期效果和过去的学习等，把各种消费对象排出顺序、按序消费的心理倾向。

外在因素是指相关群体、社会阶层、文化、亚文化、时间压力和产品的选择性等因素。

产出因素是指在投入因素的刺激下，通过内在和外在因素的交互影响，最后形成的产出或反应。它会以不同的形式和内容体现出来，如注意、了解、态度、消费意图和消费行为等。

4. 霍金斯的消费者心理与行为模式

该模式认为，消费者在内外因素影响下形成自我概念（形象）和生活方式，并由此产生一定的需要和欲望，这些需要和欲望大部分要求以消费行为（获得产品）的满足与体验来实现。同时，它们会影响今后的消费心理与行为，特别是对自我概念和生活方式的调节。如图 5–4 所示。

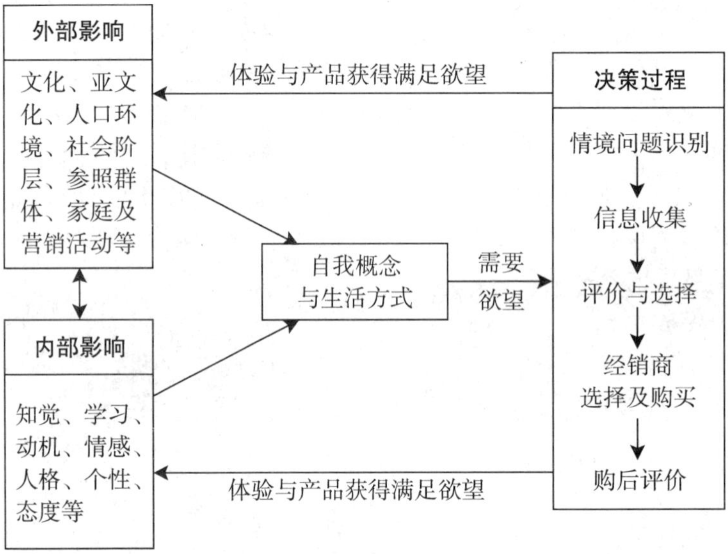

图 5–4 霍金斯的消费者心理与行为模式

自我概念和生活方式是近年来消费者心理研究的热点。一般认为，消费者在内部或外部因素的影响下，首先形成自我概念或自我形象，而后，自我概念又将通过生活方式反映出来。实际上，自我概念是个体关于自身的所有想法和情感的综合体，生活方式则是指人们如何生活。后者涉及消费者所使用的产品，即如何使用这些产品以及消费者对这些产品的评价和感觉。必须注意，生活方式是自我观念的折射。

无论是家庭还是个体消费者，均呈现出各自独特的生活方式。一个人的生活方式是由已经意识到的和尚未意识到的各种选择或决策所决定的。通常，我们能够意识到我们的选择对自己生活方式所产生的影响，而不太可能意识到我们现在的和欲求的生活方式也会对我们所做的消费决策产生影响。

第四节　消费者购买决策过程

消费者除购买价格低廉的日用品外，其他购买情况多为较复杂的决策过程。消费者的购买决策在实地购买前就已经开始，且延伸到实地购买之后。因此，企业不要只关注消费者的实际购买行动，更重要的是，要调查研究和了解消费者购买过程的各个阶段。

消费者购买决策过程是由一系列相关联的活动构成的，营销者可以针对每一决策步骤中消费者的心理与行为，采取相应的营销策略。通常来讲，消费者购买决策过程包含五个步骤，如图 5–5 所示。

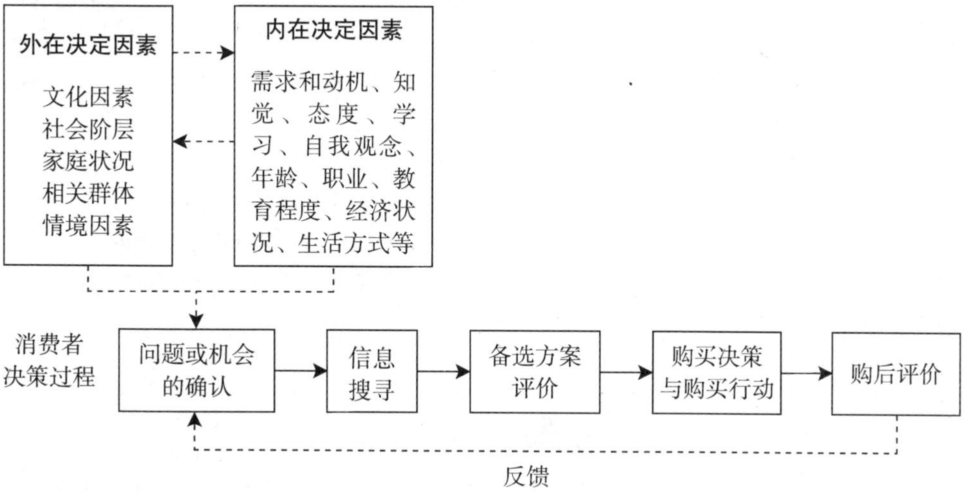

图 5–5　消费者购买决策过程

（一）问题或机会的确认

消费者购买决策过程是从确认自己面临的消费问题或需要开始的。消费问题或需要是由内在刺激和外在刺激唤起的。在现实生活中，虽然消费者的问题形形色色，但从营销角度可将消费者问题分为主动型与被动型两类。主动型问题是指在正常情况下消费者会意识到的问题，如家里的食品或洗涤剂用完了，自然会想到要购买。被动型问题是指消费者尚未意识到或需要别人提醒之后才能意识到的问题，营销者必须善于唤起消费者对被动型问题的认知。

确认需要是消费者购买活动的起点，当消费者意识到对某种商品有需要时，购买过程就开始了。在这一阶段，企业必须通过市场调查，确定促使消费者认识到需要的具体因素，因此营销活动应致力于做好以下两项工作：

（1）发掘消费驱使力。如女青年绝大多数爱美，爱美的需要就是一种驱使力。企业在开发年轻人使用的产品系列中就应该考虑“爱美”驱使力。

（2）规划刺激、强化需要。驱使力只有与某些刺激相联系时，才能使人形成强烈的购买欲望。企业不但需要生产适销对路的产品，还要善于规划刺激，尤其是运用数量众多、形式各异的各类提示物，强化刺激，引发和深化消费者对需要的认识。

（二）信息搜寻

消费者一旦意识到某个需求问题的存在，并且感到有必要采取行动来解决这一问题，便会有意识地搜索相关信息。信息收集可能会导致更低的价格、更满意的式样、更优的质量或对选择更加充满信心。消费者花多大力气搜集信息，收集哪些信息，从何处和如何收集信息，对企业营销十分重要。消费者的信息来源有四种途径：①经验来源，指消费者通过自身操作、实验、使用产品而得到的信息；②个人来源，指消费者家庭成员、朋友、邻居、同事和其他熟人所提供的信息；③公共来源，指社会公众传播的信息，如消费者权益组织、政府部门、新闻媒介、消费者和大众传播的信息等；④商业来源，指消费者从广告、经销商、商店售货员、商品陈列、商品包装等途径得来的信息。

一般来说，消费者经由商业渠道得到的信息最多，其次为公共来源和个人来源，最后是经验来源。但是，从消费者对信息的信任程度来看，经验来源和个人来源最高，其次为公共来源，最后是商业来源。有关的研究认为，商业来源的信息在影响消费者购买决定时只起“告知”的作用，而“个人来源”则起评价作用。如消费者购买空调，往往从广告中得知有哪些品牌，而在评价不同品牌的优劣时，多通过向朋友和熟人打听。营销者应通过市场调查了解消费者的信息来源、何种来源的信息对消费者购买决策起关键作用以及如何影响这种信息来源。

（三）备选方案评价

消费者通过信息收集，初步了解到市场上销售的各种品牌产品的基本性能，形成了购买决策的选择范围和初步方案，然后对各种方案进行分析评估，最后做出选择。研究消费者的评估选择时要注意以下几个方面：①产品性能是消费者所要考虑的首要问题；②消费者对各种性能的重视程度不同；③消费者心目中的品牌信念与实际商品有差距；④消费者对某产品的每一属性都有一个效用函数；⑤多数购买者评估是将实际商品与自己心目中的“理想商品”进行比较。

依据上述消费评估的特点，企业营销人员应千方百计调查了解大多数消费者心目中的理想产品所具有的各种属性，设计并提供最接近其理想的实际产品，并采取促销策略获得消费者的认同。

（四）购买决策与购买行动

这是消费者是否购买的决策与行动阶段。在评价阶段，消费者选择了最接近理想的产品品牌，形成了“购买意向”，在采取购买行动前，还必须做出多项决策，包括购买何种商品、何种品牌、何种款式、数量多少、何处购买、何时购买、以何价格购买、以何方式付款等。

消费者对上述问题进行决策时，还受两方面因素的影响。

（1）他人的态度。任何一个消费者都生活在一个特定的环境中，其购买决策往往受其家庭成员、朋友、同事或权威人士等的影响，和其关系越密切，影响程度就越大。例如，某人准备买摩托车，但其妻子持反对意见，从而影响其购买意图。

（2）意外事件。消费者原本做出了购买决策，但可能会因涨价、失业、收支状况等的变化而发生改变。消费者修改、推迟或取消某个购买决定，往往是受已察觉风险的影响。“察觉风险”的大小，由购买金额大小、产品性能优劣程度以及购买者自信心的强弱决定。企业应尽可能设法减少这种风险，以推动消费者购买。

在消费者的购买决策与行动阶段，企业一方面要向消费者提供更多的有关商品的宣传情报信息，便于消费者比较商品的优缺点；另一方面应通过各种优质的服务，提供消费者购买使用的便利条件，加深消费者对企业及商品的良好印象，减少消费者的购买风险，促使消费者做出购买本企业商品的决策并付诸行动。

（五）购后评价

消费者的决策过程并不是随着购买过程的结束而终结。消费者购买产品后，往往会通过使用或家庭成员与亲友的评价，对自己的购买选择进行检验和反思，重新考虑购买这种产品是否明智、是否合算、是否理想等，这就形成了购后评价。在使用过程中，消费者将产品的实际表现水平同期望水平进行比较，得出满意或不满意的结论。购后评价是一种重要的反馈功能，它会影响消费者今后的购买行为。

1. 消费者满意与不满意的形成过程

满意度是消费者在获取和使用产品之后，对其付出成本能否得到足够回报的一种认知状态。它是消费者对产品或服务的期望水平与认知到的实际水平的主观比较。如果感受到的效用达到或超过购前期望，就会感到满意，超出越多满意感就越强烈；如果感受到的效用未达到期望，就会感到不满意，差距越大不满意感就越强烈。

2. 消费者满意及其反应

消费者使用产品后的满意度会影响其以后的购买行为。积极和满意的体验使消费者很可能再次购买该产品或光顾该商店，成为重复购买者甚至成为品牌忠诚者。重复购买可分为习惯型重复购买和品牌忠诚型重复购买。

习惯型重复购买者较忠诚型重复购买者，更容易受有奖销售、折扣等促销的影响，也更容易转换品牌，但比偶然型或随机型购买者能给企业带来更多的利润。品牌忠诚型顾客对企业具有特殊的重要性，一是品牌忠诚型顾客不为竞争品牌所动，无形中减轻了竞争压力；二是品牌忠诚型顾客在购买产品时通常不太注意竞争者的产品或广告，价格敏感性较低。

3. 消费者不满意及其反应

不满意一般是指消费者由于对交易结果的预期与实际情况存在较大出入而引起的情绪上和行为上的反应。不同的消费者或同一消费者在不同的购买问题上，不满情绪的表达方式可能存在差异。消费者使用产品后不满意时，会采取以下一种或几种表达方式：①自认倒霉，以后再也不买该品牌的产品。不采取外显的抱怨行为的原因可能是认为“抱怨无济于事”，而且需要花费时间、精力，所得的结果往往不足以补偿其付出。②负面宣传，劝阻他人购买该产品。③直接对商家或厂家提出抱怨，要求退货、调换、维修、补偿或补救。④向大众传媒和消费者协会投诉。⑤向政府部门、法院提出起诉，力求依靠政府和法律补偿损失。

消费者抱怨基于两方面的考虑：获得经济上的补偿，重建自尊或维护自尊。

大多数的企业（公司）对自己的产品是否令消费者满意并未进行系统的调查和了解，而以消费者为导向的公司如宝洁公司、可口可乐公司在跟踪消费者的购后反应上确实做出了特别的努力。企业应该经常对顾客的满意程度进行衡量，最好建立一个系统，能及时跟踪和调查消费者对本企业产品的反应，及时处理消费者意见和不满，形成一种应对和处理消费者投诉和抱怨的内部机制。事实证明，与消费者进行购后沟通可减少退货和取消订货情况的发生，而如果让消费者的不满发展到向有关部门投诉或抵制产品的程度，企业将遭受更大的损失。

● 本章回顾：

消费者市场是指个人或家庭为了消费者个人的使用而购买产品或服务所形成的市场。消费者市场的研究对象主要是消费者，要研究与消费者购买消费品有关的各方面问题，如研究消费者为何购买、何时何处购买、如何购买等。消费者需求及其购买行为研究是市场营销学的基础内容。影响消费者行为的因素多种多样，但可概括为两大类，即内在因素和外在因素。消费者的购买行为是在内在因素和外在因素共同作用下产生的。其中，内在因素包括年龄、性别、职业、教育程度、经济状况、生活方式、心理特征（动机、知觉、态度、学习）等；外部因素包括文化因素、社会阶层、家庭状况、相关群体、情境因素等。

消费者购买行为是指消费者为获取、使用、处置消费商品或服务所采取的各种行动，包括选用和决定这些行动的决策过程。按照消费者介入程度和品牌差异大小可区分出习惯性购买行为、复杂性购买行为、减少失调购买行为和多样性购买行为。研究消费者购买行为的代表模式有刺激反应模式、维布雷宁模式、哈华德—希思模式和霍金斯的消费者心理与行为模式。消费者购买决策过程主要包括问题或机会的确认、信息搜寻、备选方案评价、购买决策与购买行动、购后评价。

● 讨论与概念应用题：

1. 刺激反应模式说明的是什么？什么是“购买者黑箱”？与市场营销有何关系？

2. 经理、总裁们买书并非都是为了阅读，是什么因素促使他们买书装满办公室书柜？如何针对这些顾客制定市场营销策略？

3. “信念与态度”如何影响人们的购买行为？能否通过营销策略改变人们的信念与态度呢？举例说明。

4. 你是否遇到过购后不满意的情况？你是如何处理的？心理感受如何？

5. 分别列举出在你看来属于不同购买行为类型的购买经历并加以说明。

6. 虽然先进技术导致家庭音响设备“音响效果好且价格低廉”，但发展最快的细分市场是“尖端”的，即价格最昂贵的音响设备，怎样理解这种现象。

7. 运用“7Os”框架描述公文包、女士皮包的消费者市场。

①谁构成该市场	购买者（　）
②他们购买什么东西	购买对象（　）
③他们为何购买	购买目的（　）
④谁参与购买	购买组织（　）
⑤他们如何购买	购买行动（　）
⑥他们什么时间购买	购买时间（　）
⑦他们在什么地方购买	购买地点（　）

●【案例 5-1】中国消费者的汽车购买行为

20 世纪 90 年代以来，我国汽车产量实现三次突破，第一次是 1992 年突破百万辆大关。但是从 1993 年下半年开始，国家为控制通货膨胀进行宏观调控，GDP 增长速度持续递减，汽车市场也进入稳定增长阶段，年增长率最高不过 7.3%，最低仅为 2.1%。到了 1999 年和 2000 年，汽车产量的增长率分别达到 12.3%和 13%，出现第二次突破，即 2000 年跨过 200 万辆。第三次突破是 2005 年以来，国家继续实施稳健的财政政策和稳健的货币政策，2006 年 GDP 增长 10.7%。与此同时，城乡居民收入继续保持较快增长，中等收入阶层消费能力明显提高，2006 年中国汽车产量为 728 万辆，比上年增长 27.6%，已超过德国，仅次于美国、日本，居世界第三位。

据《广州日报》报道，中国机械工业联合会透露，2006 年全年的汽车产量中轿车产量为 387 万辆，增长 39.7%。与此同时，新增汽车产量为 157 万辆，其中轿车为 110 万辆，年度增幅之高，为世界各国所罕见。值得注意的是，轿车在汽车中的比重不断提高，2005 年为 48.49%，2006 年为 53.15%，比上一年提高了 4.66%，在总量中的比重已经过半。同时，小排量轿车在轿车总产量中的比重也迅速提高。

国内乘用车产销连续大幅增长令汽车企业信心倍增，这从新车接连上市、产量不断扩大就能看出端倪。然而，当轿车以前所未有的速度进入普通家庭，很多消费者亲身体验了选车、买车、修车甚至卖车的全过程，老百姓对汽车消费有了真实体验和理解后，汽车消费理念也在潜移默化中转变。于是，降价不再是撬动消费者购买力的唯一动力，两厢车、多功能车等开始动摇三厢车在消费者心中的地位，自主品牌轿车销量猛增冲击洋品牌“霸主”地位。2004 年的车市“冰封期”至今还让许多汽车企业和经销商心有余悸，但更让人记忆犹新的是，当年年底多个品牌集体跳水降价的“壮举”：全国几乎每天都有数款车降价或优惠超过万元。然而，这一“壮举”并未点燃消费者的购车热情。从那时起，一场在消费者与汽车厂商间的价格拉锯战悄然打响。“越是降越说明还有空间，还是不能买。”消费者学会了持币待购。于是，车市出现了对持币待购的“饥饿销售”对策。这一招儿在一段时间内确实起了作用，不少消费者以为是热销造成断货，于是争相购买，车市也在 2005 年有了起色。但消费者很快发现，没有现车并非全是热销所致，于是再次持币待购。

从 2005 年开始，两厢车在国内市场的热销如同它的上市速度一样，让人猝不及防。两厢飞度的持续热销使三厢飞度不得不停产，骐达的风头则盖过同门的天籁、阳光成为东风日产销售高速增长的头号功臣……不胜枚举的例子说明：如今，中国消费者的购车心态已经大大改变。看看现在大街上跑着多少两厢车、多功能车，就能知道消费者在观念上的进步有多大。

数据显示，2001 年以来，两厢车的市场投放量占每年新车投放量的 30%以上，近两年更是接近半数。由此不难看出，消费者正在抛弃“三厢才是车”的传统观念。消费观念进步是市场变革的主要动力。也许正是看到了这种消费趋势的变化，近两年各大汽车厂商投放市场的两厢车品质、价位不断升级。现在的两厢车不再是“小排量”、“低档”、“经济”的代名词。而品质的升级反过来也进一步强化了消费者对两厢车的认同与追捧。

2006年，自主品牌奇瑞汽车以30万辆销量跻身国内汽车销售排行榜前四名。与此同时，国内自主品牌轿车市场份额上升至26%。有业内专家指出，正是消费者对自主品牌的热烈追捧，不再只认洋品牌，才使市场格局发生如此变化。

华晨骏捷上市8个月销售35807辆，足以显示消费者对自主品牌的信心，华晨也凭借20万辆总销量成为自主品牌的主力军。此外，海马汽车福美来二代上市后，每月平均8000辆以上的销售成绩也一定让马自达大跌眼镜，换了自主车标还能卖这么火，可见消费者品牌取舍观念的转变。

随着对选车、购车、养车、修车全过程亲身体验的加深，消费者对服务的重要性有了越来越深刻的理解。如果企业还只想通过卖车赚钱，忽略服务，势必会遭到消费者冷落。

目前，上海通用、广州本田、上汽汽车等国内主流汽车企业都推出了自己的服务品牌，而且大都涉及销售、售后、金融及二手车等方面，这说明服务品质已经在消费者选车、购车中起着越来越重要的作用，也促使汽车企业将竞争从车辆本身拓展到配套服务领域。

2006年是中国“十一五”规划的第一年，经济保持稳定增长，国家继续“鼓励汽车进入家庭”。扩大内需是中国经济发展的长期战略方针和基本立足点，2006年实施“稳房促车”的消费政策，以拉动内需。但是，一些因素的变化使得家用汽车市场充满了变数。

首先是油价不断上涨，为微型车和小型车的生产厂家及经销商带来了新的春天。有数字表明，夏利、奇瑞QQ、奥拓这三款车的销量不断增加。和SUV（Sports Utility Vehicle，即“运动型多功能车”）等相对费油的车型相比，微型和小型轿车在油耗方面明显占有优势。

其次是央行在未来会有几次加息。加息之后对低迷的汽车产业将产生什么样的影响呢？对整个汽车产业来讲，虽然加息对汽车生产企业、消费者等有一些影响，加息后预计汽车行业的恢复时间会推迟，但短期内影响不大，而在长期将促进汽车产业结构调整。

加息后，潜在消费者的消费行为会更加谨慎，一些人的消费可能会延迟。加息后，过热的经济形势得到控制，通货膨胀率会下降，居民银行储蓄增加，消费支出增速减缓，尤其对购房和买车等大宗消费可能有一定的影响。特别是前面所说的，此次加息可能是一连串货币紧缩政策的开始，这个预期对消费者的影响会更大，一些潜在的消费者可能会因此延迟购车行为而处于观望阶段。

对通过消费信贷购车的消费者来说，在贷款成本增加的同时，还对自身的资质和诚信提出了更高的要求。总体看，加息会对汽车产业发展带来影响，客观上会抑制消费，但其影响应是间接和辐射性的，抑制作用不是很大。首先，对于汽车产业来讲，其行业本身有自身的发展规律，即使不能出现前几年“井喷”式的增长速度，也会出现一个适度增长的势头，这与我国国民经济稳步发展、居民收入增长及消费结构升级是分不开的，外部势力很难扭转这个趋势。其次，我国通过汽车信贷买车在购车者中的比例并不是很大，大约是10%，而且对那些真正想购车的用户，每个月增加10多元，影响也不会很大。因此，加息短期内对汽车产业总体影响不大，但会促使汽车产业结构调整，企业的竞争将转为技术创新能力、车型换代能力的竞争。

另外，在政府的干预下，各地又开始采取新的限制政策，如新的环保要求、提高停车费标准等。一些地方酝酿征收城市拥堵费。新消费税，2.0L以下没有影响，2.0~2.5L增加1%，2.5L以上增加较多。对SUV、进口汽车影响较大。收入增加是汽车消费增长的根本原因。轿车市场向二级、三级市场发展，一级市场主要指北京、上海，其特点是高基数，增长速度减慢；二级市场是江苏、浙江、山东、广东四个省，人均GDP3000美元以上，特点是高基数、高增长；三级市场又分为两个部分：一部分是河北、河南、福建、四川、辽宁、天津等省、市，人均GDP 1000美元以上，低基数、快增长，另一部分是内蒙古自治区、江西省、安徽省、广西壮族自治区等，人均GDP低于1000美元，增长速度还不算快；还有部分省区如西藏自治区、新疆维吾尔自治区、甘肃省等，汽车市场还没有启动起来。2006年轿车增长孤军深入，乘用车增长速度超过44%，而商用车的增长只有6%。汽车消费条件恶化：道路拥堵，停车困难，越来越多的限制性收费，一些城市的领导不支持发展家用汽车，油价上涨，供应缺乏安全保障（油荒），汽车消费者权益保护法规迟迟未出台，汽车金融发展迟缓等。汽车金融发展滞后，影响了汽车市场的发展，国外消费信贷购车方式占70%~80%，国内不足10%，银行业认为中国缺乏信用体系是做不好汽车消费信贷的原因，因此银行对汽车贷款进行过严的控制。

2011年之后，出现了汽车团购的购买方式。汽车团购是指公司、单位和个人同时购买多辆同一品牌或同一品牌同一型号的汽车，经销商给予一定的折扣优惠。汽车团购作为时下流行的一种汽车购买方式，在其他行业早已屡见不鲜，但对于汽车这种大宗高价产品来说，团购并不简单。

到2013年，在很多城市，如北京、天津、郑州、沈阳、上海、广州、杭州、宁波、厦门、福州等，大量出现了汽车团购这种购车模式，“团车”已逐渐发展成一种新型的汽车消费模式。经过精心周密的策划组织，有更多的人通过团购的方式来买车，汽车厂家和经销商也会更加支持这种新的消费模式。

选择汽车团购这种购车方式的消费者以白领居多，年龄在28~45岁，有不少是大学毕业仅几年的城市新锐消费力量，追求时尚、崇尚速度、敢于尝试新鲜事物是这些年轻消费者的共同特质。由于收入的限制，25岁左右的汽车购买者多为按揭还款，35岁以上的消费者则以一次性付款居多。当然不同的付款方式还是主要取决于各自的职业。汽车团购者中的很多人是车族玩家，已不是第一次买车，他们中的很多人非常了解各种品牌车的性能和特有气质。

资料来源：①彭于寿：《市场营销案例分析教程》，北京大学出版社，2007年9月。②《汽车团购对消费者有哪些好处》，中国二手车城网，http://news.cn2che.com/html/2013/0815/news_51618.html。

● 思考题：

1. 消费者购买汽车的动机有哪些？
2. 影响消费者汽车购买行为的因素有哪些？
3. 结合实际，讨论中国汽车生产和经销企业应如何有效地诱导和刺激消费者的需求。

第六章　产业市场分析

学习目标：

了解产业市场购买行为的特点及其与消费者市场的差别；明确产业市场的分类；了解产业市场购买决策的影响因素；掌握产业市场购买决策过程。

产业市场与消费者市场是整体商品市场的两大领域，虽然两者受营销环境的制约，制定营销计划、策略的根据和指导思想有许多相似之处，但两者在营销对象及购买行为等方面有较大的不同。因此，有必要在研究消费者市场之后，在比较的基础上进一步对产业市场做全面具体的探讨。

第一节　产业市场及其购买行为

一、产业市场的概念及类型

产业市场，也称组织市场，是指为了从事生产、销售、出租以获取利润，或为了实现特定的组织目标而购买产品或服务的组织。简言之，产业市场就是以某种组织为购买和消费主体的市场。相对于消费者市场而言，产业市场表现为一定的组织机构的购买行为，而不是消费者市场的个人购买行为。因此，产业市场在实际中更多地称为组织市场。

产业市场（组织市场）的购买主体通常是生产企业、中间商、政府、学校等企事业单位与机构。按照是否以营利为目的，组织市场的购买主体可以分为营利性组织和非营利性组织，其中政府、学校、教会和其他社会机构等属于非营利组织，而生产企业和中间商则属于营利组织。按具体的购买目的，组织市场可以划分为以下四种类型：

1. 生产者市场

生产者市场是由一切购买商品和服务并将它们用于生产其他商品或服务，以供销售、出租或供应给他人的组织所组成。生产者市场可以存在于多个行业中，如制造业、农产品加工业、餐饮业、采矿业、金融业、通信业、IT 业等。联想、TCL、清华同方等公司组成的电脑零部件市场就是生产者市场。

2. 中间商市场

中间商市场是由以营利为目的、为转售而购买的组织构成，包括批发商、零售商。批发商从生产制造企业或上级批发商大批量购进产品或服务，并转售给下级批发商或零售商；零售商则从批发商或厂家购进产品或服务，直接销售给最终消费者并获取利润，如国美、苏宁等大型家电零售终端。

3. 政府市场

政府市场是由为了行政管理职能的正常运行而购买、租赁产品或服务的各级政府机构组成。政府市场是非营利性组织市场的重要组成部分，无论国内还是国外，各级政府的办公用品需求都形成了一个巨大的政府采购市场。

4. 其他非营利性组织市场

不以营利为目的的、除政府部门之外的组织构成的市场。这些组织为了实现组织目标、维持正常运行，也需要采购相关的产品或服务，因而也形成了一个较大的组织市场，如公立学校、教会、环保协会、社会救济等团体。

二、产业市场的特点

与消费者市场的个人购买相比，产业市场的组织购买表现出不同的特点。产业市场购买行为的特征如下：

1. 购买者数量少，但购买量大

由于购买目的是满足组织而非个人的特定需求，所以组织市场的购买者数量较少，但单次购买数量较大。单次购买数量大这一特征符合采购的规模经济，有利于降低组织的采购成本和费用。

2. 购买者的地理位置相对集中

与消费者市场覆盖面大、消费者分布广且分散不同，组织市场购买者的地理分布相对集中，甚至集中在特定的区域。这一现象出现的原因是产业集聚效应，在这一效应的作用下，生产企业倾向于向特定地区集中，并带动相关供应企业向该地区集中，从而可以获得很多优势，例如信息及人才的交流和共享、协作的加强、成本费用的降低等。

3. 属于行业衍生需求，受最终产品市场的影响

组织对特定产品或服务的需求是由对最终消费品的需求衍生而来。例如，彩电企业对显像管、包装箱的需求，乃至包装箱生产企业对机器设备、原材料的需求都源于最终消费者对彩电产品的需求。正是出于这种衍生关系，不直接生产、销售最终消费品的企业也应关注消费者市场的需求和趋势。

4. 需求缺乏弹性

由于组织需求通常属于衍生需求，其对需求品的需求量由最终消费品的市场需求决定，而对特定时期组织需求品的价格并不敏感。在多数情况下，需求品的价格波动都可以转移到最终消费品中去，因此，组织市场表现为需求缺乏弹性。

5. 行业需求波动大

当消费品市场或其他组织市场（如政府购买市场）的需求数量发生微小波动时，生产者市场在对波动预期的影响下，将以更高的比例增加或减少相关设备和原材料的投入；或生产企业为了满足顾客需求的一个较小比例的增加，可能需要建立成套的生产线和车间、人员等，因而将以较高的比例增加投资及相应的需求。上述两种情形都使组织市场的波动比消费者市场的波动更大一些。

6. 专业人员采购

组织市场与消费者市场不同，其产品、服务的使用需要更多更复杂的技术和技能，这就要求买卖双方从技术的角度进行沟通、达成购买协议，因此组织市场的采购多由经过专业教育和培训、具有较强专业技术和技能的人员来完成。

7. 多为直接购买，供需双方关系密切

组织购买多为批量购买，总价较高，且一般有技术等要求，因此多为直接购买，供需双方的长期接触往往可以建立起稳定的业务关系。此外，组织市场的购买者也会出于自身的个性化需求，介入到生产者的产品设计、生产中，甚至结成更加紧密的联盟关系，共同参与对其他企业的竞争，从而使得供需双方的关系更加密切。

三、产业市场购买品分类

产业市场购买品是指由组织购买者为用于发展公共服务、研究开发、生产制造与销售等目的而购买的产品或服务。根据购买品的用途，可将产业市场购买品细分为六类。

1. 原材料

原材料（Materials）是被投入生产制造过程，用于生产产品或服务的原料、燃料等。根据原材料是否被加工过，又可将原材料分为初级原材料和二级原材料。初级原材料是未被加工过，在自然状态下被出售的产品，例如煤炭、原油、天然气等；二级原材料是在形成最终产品前被加工过的产品，如钢铁、皮革等。

2. 辅助材料

辅助材料（Supplies）即易耗品，或用于维修、修理，或生产、制作新产品过程中的辅助性产品，如复印纸、润滑剂等。辅助材料的特点有：一是易耗性；二是成本低廉；三是采购频率通常比较高。

3. 零部件

零部件（Components & Parts）作为整体产品的一部分，可以直接装入主体产品或略作加工后与主体产品装配在一起使用，如汽车的大灯、音响，计算机的 CPU、散热风扇等。零部件的特点是易损耗，且有些零部件技术含量较高。

4. 设备

设备（Equipment）一般作为固定资产，为生产或执行管理职能服务的产品，如机床、电脑、汽车等，其使用期限较长，单价较高。

5. 系统

系统（System）是指由两个及两个以上的设备通过网络连接所构成的一种高度复杂、

多功能型的生产资源，如企业信息系统所使用的软件和硬件。

6. 服务

服务（Services）是一种特殊的组织购买品，它既可以单独出售，也可以与产品捆绑出售。企业购买的服务可以是技术、管理咨询服务，员工培训服务，大型设备的售后维修和培训服务等。

四、产业市场购买行为类型

按照供应商和所购产品的不同，可将产业市场购买行为分为三类，如图 6-1 所示。

产品 \ 供应商	原有供应商	新供应商
原有产品	直接重购	修正重购
新产品	修正重购	全新购买

图 6-1 产业市场购买行为类型

1. 直接重购

直接重购是指在所购产品和服务、购买数量、供货条件等变化不大的情况下，组织购买者按照既定的产品订货目录和交易条件向原有供应商继续订货。直接重购是最简单的组织购买行为类型。发生直接重购的原因在于，交易双方对以前的交易比较满意，并且交易条件没有变化或者发生较小的变化，双方都不需要付出过多的人力、财力、物力和时间成本就可以再次确认购买。直接重购由于维持了原有的交易关系，避免了更换供应商的接触、谈判沟通过程，因此可以节省双方的交易成本。

2. 修正重购

修正重购是指组织购买者所需要的产品或服务、交易条件或供应商发生重大改变时，对所购产品或服务、数量与规格及其他交易条件重新修正后再进行购买。修正重购有可能是与原有供应商就产品规格、数量、价格等交货条件重新谈判后继续交易，也可能是就原有产品规格、数量、价格等交货条件与新的供应商达成交易。发生修正重购的原因在于，组织购买者对产品或服务的需求、数量和规格、价格和交货等交易条件的要求发生变化，因而需要重新修订交易条件；组织购买者对于原有供应商的交易条件不满意，需要调整供应商；出现能够提供更好交易条件的供应商。

3. 全新购买

全新购买是指组织购买者首次购买某种产品或服务。由于没有类似产品或服务采购的经验可以作为参照和指导，组织购买者需要在不断探索中完成围绕该产品或服务采购的全套工作，例如，购买之前的准备工作，购买过程中的谈判工作等。从这个角度来说，全新购买是组织购买类型中工作量最大、也最为复杂的一种。

产业市场购买行为的上述三种类型在信息收集程度、先前经验水平、采购频率以及觉察风险数量方面都有不同的特点，如表 6–1 所示。

表 6–1　不同类型产业市场购买行为比较

比较项目 / 采购行为	信息收集程度	先前经验水平	采购频率	觉察风险数量
直接重购	很低	很高	很高	很低
修正重购	中等	中等	中等	中等
全新购买	很高	很低	很低	很高

第二节　影响产业市场购买决策的因素

一、产业市场购买决策的参与者

产业市场采购的一个重要特点是集体行为，即多人参与购买决策，所有参与采购决策过程的个人和团体，都成为购买决策中心或采购中心。

企业特定采购项目的采购中心一般由生产、技术、财务、供应等多个部门的人员组成。一般来说，采购中心包括以下一些决策角色。

（1）发起者，是指提出和要求购买的人，他们可能是组织内部的使用者或其他人员。

（2）使用者，是指组织内部使用所购产品或服务的成员，他们往往是采购过程的发起者，在很多情况下由他们提出技术上的要求。如果产品使用后达不到预定的标准，使用者所受损失也最大。因此，在采购中心中他们被赋予一定的行政权力，并受到其他采购中心成员的尊重。尤其是当他们拒绝接受或使用某一供应商所供应的某些具体原料或产品时，一般会尊重他们的意见。

（3）影响者，是指直接或间接参与购买过程并在采购中心行使一定行政权力的人员。他们从本部门的角度评估采购项目，并提出对采购项目的评价意见，从而影响购买决策。组织中，财务部门、技术部门、产品设计和研发部门等都可能成为采购中心的影响者。

（4）决策者，是指机构中具有正式和非正式权力做出最后决策的人员，他对采购中心的其他成员具有否决权。在采购中心各个成员提供决策信息的基础上，决策者能够最终确定产品标准和供应商选择。作为供应者，很有必要查明谁是项目采购的决策者，以便以决策者的需要为目标，有效达成交易。一般来说，技术主管、车间主任、办公室主任、销售或市场营销经理和采购部门主管，都可能成为决策者。在具体的采购项目中，应该特别关注项目的负责人，他很可能就是决策者。

（5）批准者，是指有权批准决策者做出的购买决策的人。虽然只是一个程序问题，但在有些情况下，批准者也会行使自身的否决权力，影响产品标准和供应商选择。

（6）购买者，是指执行具体的采购谈判、执行购买任务并管理与供应商的关系的人。购买者通常和供应商频繁接触，对其实力、信誉等信息比较了解，因此有可能参与供应商的选择，和选定的供应商谈判具体的产品规格、数量、时间等交易条件，并具体执行购买任务，因而他能够影响组织的购买决策。特别是在同时选择多个供应商的情况下，购买者对供应商而言就非常重要。在之后的交易执行过程中，购买者向组织反馈的关于供应商的信息，也影响着供应商与组织继续交易的可能性。

（7）控制者，是指有权阻止销售员或信息相关人员与采购中心成员接触的人。例如，采购代理人、接待员和电话连线员可以阻止销售员与用户或决策者的接触。此外，如果采购中心其他成员侵犯采购经理的职权或越过采购程序时，采购经理常常起到这种作用，它可以拒绝或阻止某些推销商或某些价格信息与采购中心成员接触。

以上是采购中心一般所包括的各种成员，但并不是说任何产品的采购都必然是这几种成员参与。实际上任何机构的采购中心，其大小和组成都因产品的不同而不同。例如，购买计算机就比购买打印纸需要更多的决策参与者。因此，产品营销人员必须弄清楚下列几个问题：谁是主要的决策参与者？他们所能影响的决策有哪些？他们的影响程度如何？每一决策参与者所使用的评估标准如何？

二、产业市场购买行为模式

对于产业市场购买者行为的研究，关键之处在于研究环境刺激与组织购买者反应之间的关系。这种研究是以图 6–2 所示的产业市场购买者行为模式为起点的。

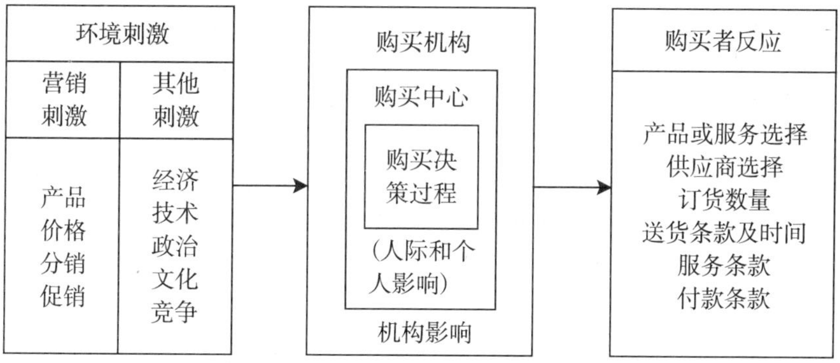

图 6–2 产业市场购买者行为模式

在这个模式中，营销刺激和其他刺激是影响购买机构并产生某些购买者反应的环境因素。与消费者的购买一样，对产业购买者的营销刺激也包括产品、价格、分销及促销；其他刺激则包括营销环境中的五种主要力量：经济、技术、政治、文化及竞争。这些外部刺激进入机构并转变为购买者反应：产品或服务选择、供应商选择、订货数量、送货条款及时间、服务条款和付款条款。为了制定有效的市场营销组合策略，营销者必须了解机构在把刺激转变为反应的过程中到底发生了什么事情。

在购买机构中，购买活动包括两大部分：由所有参与购买决策的人员组成的购买中心及购买决策过程。图 6-2 表明，购买中心和购买决策过程要受到内部机构、人际和个人因素以及外部环境因素的影响。

图 6-2 的模式还涉及产业市场购买者行为的四个问题：①产业市场购买者要做出什么购买决策？②谁参与购买过程？③影响产业购买者的主要因素是什么？④产业购买者如何做出他们的购买决策？

三、产业市场购买决策的影响因素

由于产业市场需求是一种派生需求，购买是一种理性的购买行为，因而最重要的决定因素是经济因素，企业通常会选择价格较低、质量最好、服务最周到的供应商。所以，产业市场的供应商应尽可能向购买者提供诱人的经济利益。但是，企业采购者毕竟不可能是完全意义上的经济人，何况在许多情况下，完全理性的决策事实上是不可能的，仍然会受个人主观因素的影响。因此，产业市场购买行为实际上受经济和个人双重因素的影响，或者说产业市场购买行为是在组织行为和个人行为影响下完成的。通常来说，影响产业市场购买决策的因素主要有环境因素、组织因素、人际因素和个人因素四类，如图 6-3 所示。

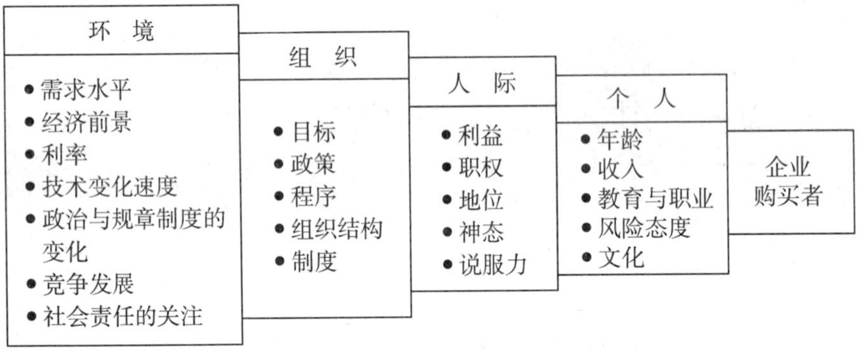

图 6-3 影响产业市场购买决策的主要因素

1. 环境因素

环境因素中的宏观和微观因素都会对组织的购买行为产生影响。首先，政治的稳定性、世界经济发展前景、国家和地区经济发展前景，以及在经济发展前景下的需求水平都能影响组织的投资需求和购买能力。现时和预期的经济因素，如生产水平、投资额度、消费支出等都会对产业购买者形成重大影响。在经济衰退期，产业购买者会减少对厂房、设备和存货的投资。在这种环境下，产业营销者很难刺激总需求，只能争取增加或维持需求的份额。其次，利率和汇率影响着组织通过贷款引进新项目的可能。低利率会刺激组织提高贷款额增加购买量，低汇率也会刺激组织增加进口。再次，技术的发展变化最终会影响消费需求和组织的竞争力等要素，因此对组织购买也产生重要的影响。最后，通过购买新设备、技术、原材料等手段，组织可以提升其在规模、技术水平和产品质量等方面的优势，因此组织间的竞争状况也影响了组织的购买需要。

当前，一个越来越重要的环境因素就是重要原料的短缺，因此现在许多公司都愿意购买和掌握大量稀缺原料的存货，以保证有充分的供应。产业营销者必须注意上述这些因素，研究它们如何影响产业购买者，从而制定适当的营销策略。

2. 组织因素

组织因素是指与组织购买者本身相关的因素，例如企业的规模及结构、经营管理导向、采购目标和政策、采购程序等。每一个组织都有自己特定的目标、政策、程序、组织结构和制度，这些因素决定了一个组织的购买行为、原则和程序。

组织因素中对采购行为影响最大的是购买决策权的分散或集中情况，它取决于以下几方面：①采购部门在企业中的地位，即采购部门是一个承担采购任务的专业职能部门，还是仅仅是一个负责收集市场信息、向生产及技术部门提供建议的部门或执行采购的参谋部门。②采购部门在组织中的级别，是和生产、技术部门同级还是作为它们的下级。③采购是各子公司独立进行还是总公司统一采购。④具体的采购规章制度决定了供应部门的权限和程序。

对于产业市场营销者，必须尽量了解尽可能多的组织因素，如多少人参与购买决策、他们是谁、其评价标准是什么、公司对采购人员实行哪些政策与限制等。

3. 人际因素

人际因素是指参与购买的各类人员在特定角色下的私人关系、部门关系、职位高低、组织中的地位以及自身利益等因素。在组织购买中，组织购买中心的各种角色分别具有不同的职位、地位、部门背景，这些因素会渗透到组织购买决策中，形成复杂的人际关系背景，并对购买决策产生相应的影响，从而使不同角色人员具有了不同的决策影响力。

一般来说，采购中心通常包括一些有着不同利益、地位、职权和说服力而互相影响的参与者。正因如此，在共同决策中难免会发生冲突，作为产业市场营销人员来说，不仅要了解采购中心各成员间产生冲突的内容，更要了解他们解决冲突的办法。因为不同采购中心所产生的冲突往往是非常具体而不同的，所以很难总结出规律，而在解决冲突方面却可以找出一些通用的解决办法。产业营销者了解产业市场购买者解决冲突的办法，可更具针对性地做好产业营销工作。

4. 个人因素

组织购买中心的每位成员除了在购买中心扮演特定的职能角色外，他的需求和动机、个性和偏好、价值观、专业等也会影响到购买决策。通常，产业购买者进行采购时，除了理智的需要，即满足机构的需要外，还要满足他自己的需要，即个人感情上的需要，如心理需要、回避风险、身份和回报、友谊等。

（1）心理需要。某些采购者时常感到有必要使自己从暴戾的老板、不受尊重、较低的薪酬以及有时卑微的自我观念等不愉快的重负中解脱出来。他们希望自己显得重要、被人赏识、具有权力、受到尊重以及获得愿意倾听他们倾诉的听众的注意。如果供应者愿意建立持久的伙伴关系，他们常常会表现出这种倾听的意愿，并向这些采购员表示关切和亲近，为他们额外多做些事。

（2）回避风险。采购人员在做出某些采购决策时，常常会考虑这项决策会付出多大代价，企业是否为此付出这样的代价、自己做出这项购买决策会不会受到申诉、自己能否承受被责罚的重压。上述这些问题是采购人员与一个不熟悉的销售代表、不熟悉的产品或公司打交道时经常遇到的问题。

（3）身份和回报。采购人员一般会认为，采购工作对自己来说意味着有前途和得到同辈的称赞，是可敬的人。机灵的供应商也领会到了采购人员的双重需要，从而去迎合他们对称赞、承认、归属感及尊重的需要。

（4）友谊。很多业务关系是建立在依赖和尊敬的真诚关系上的，而这些业务关系历经多年后又往往形成一种友谊。这种友谊一旦形成，对推销业务一般会有很大的促进作用，因为作为社会人的购买人员，他们会经常凭印象来做出决策，向那些自己认为较亲近的公司采购。因此，明智的供应商通常会力争与自己客户的采购人员结成长期的友谊关系。

第三节　产业市场购买决策过程

与消费者购买决策过程相似，组织采购也需要经过一系列的活动。图 6-4 展示了复杂的组织采购过程，共有八个步骤。虽然每一次采购过程并非严格遵循这些步骤，但是这一模式却是对一般采购过程的概述。

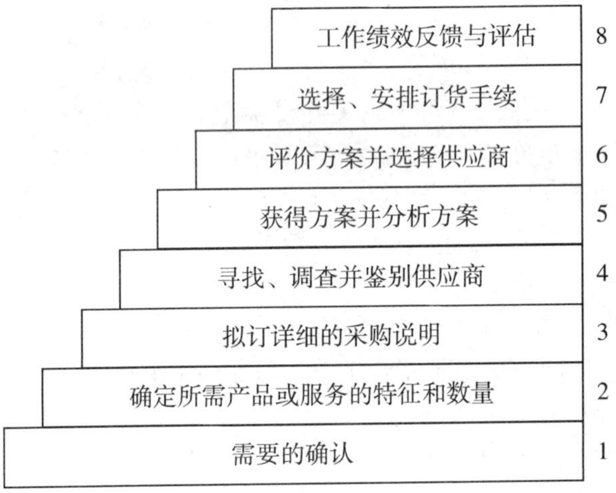

图 6-4　产业市场购买决策过程与步骤

1. 需要的确认

需要的确认是组织购买决策过程的起点。需要的提出，既可以由组织内部的刺激引起，也可以由组织外部的刺激引起。来自组织内部的刺激有：生产新产品对新设备和原材料的需要；存货水平下降时购进生产资料的需要；发现过去采购的原材料质量不好，需要更换供应者等。来自组织外部的刺激有商品广告、营销人员的上门推销等。组织内外部刺激都使相关人员认识到对特定采购的需求。

2. 确定所需产品或服务的特征和数量

在认识到需要后，组织购买者会拟订一份需求说明书，确定所需产品或服务的主要情况，具体包括需求成立与否、所需产品或服务的种类、质量水平、基本标准、数量等。对于标准品即按要求采购；至于复杂品，采购人员要和使用者、工程师等共同研究确定所购产品的特征和数量。供应商的营销人员在这一阶段应积极提供相应的产品信息。

3. 拟订详细的采购说明

在确定了所需产品的特征和数量后，采购方必须对这些内容进行详细说明，这是后期采购行为执行的依据所在。详细的采购说明规定了所购产品的详细技术规格，它是对第二步的进一步细致描述。

根据采购种类的不同，企业的技术人员在采购过程初期可能会起着重要作用。例如，质量控制工程师也许会为产品制定一些规格，这些规格可能只有少数供应商能够满足。这种决定对供应商的最终评价和选择将产生重大影响。

4. 寻找、调查并鉴别供应商

为了选购满意的产品，采购人员凭经验并通过各种途径物色服务周到、产品质量高、声誉好的供应商。在选择原材料、标准件及外协件的供应者时，采购中心必须做出深入的调查、了解、分析和比较后才能确定。对原材料、标准件供应商，主要从产品的质量、价格、信誉及售后服务等方面进行分析比较。对大批量外协件供应商的了解内容除以上几个方面外，还必须深入到提供外协件的企业内部，调查了解该企业的生产技术水平、质量管理水平及企业管理能力，在分析比较后确定合格的备选供应商。

5. 获得方案并分析方案

对已物色的多个候选供应商，购买者发出购买意向及相应的采购说明，请候选供应商提供建议书（征求供应商的建议），尤其是对价格昂贵的产品，还应要求它们写出详细的说明。这样，就可以获得相应的供应商资料分析。倘若买方是政府或公共机构，采购过程的这一阶段将涉及竞争性竞标。在此过程中，每一位营销者必须制作一份包括报价的标书。尽管在企业采购过程中竞争性竞标不那么普及，但是企业在采购非标准材料、复杂的产品或定制的产品时，也可以采用竞标的方式。

6. 评价方案并选择供应商

对已物色的多个候选供应商，组织购买者应当根据供应商的报价条件和相关资质状况对供应商进行评估。在此基础上，根据交货快慢、产品质量、服务质量、付款结算方式等方面的评估筛选出一个或多个供应商，从而一方面保证组织购买者在采购中的主动性和灵活性；另一方面也可通过供应商之间的竞争，促使其改进服务质量。经过上述对供应商的不同方案进行比较，可选择出最适合自己需要的供应商。

7. 选择、安排订货手续

一旦选定了供应商，买卖双方必须协商好用什么方法处理将来的买卖。不同企业的订货手续有着很大的不同，不过大多数订单都包括产品说明、数量、价格、交货条款和支付条款等。

目前，许多企业在签订合同时，更倾向于采用“一揽子合同”方式，即通过协议购买和与某一供应商建立长期的供货关系，该协议认可只要购买者需要购买相应产品，供应商就会按原定的价格条件及时供货。这种“一揽子合同”给供求双方都带来了方便。对采购者而言，不但减少了多次购买签约的麻烦和由此增加的费用，也减轻了库存压力，相当于购买者将存货放在了供应商的仓库里。如果需要进货，只需打个电话给供应商。因此，“一揽子合同”又称为“无库存采购计划”。就供应商而言，其产品有了固定的销路，也减轻了竞争的压力。

8. 工作绩效反馈与评估

产品购进后，采购者会及时向产品的使用者了解其对产品的评价，考察各个供应商的履约情况，并根据考察的结果，决定今后是否继续采购某供应商的产品。有时，这种评估会包括对每一家供应商的产品质量、交货表现、技术支持以及对客户需求的总体应对情况进行正式评估，有时则仅仅根据供应商是否降低了客户的成本或者减轻了员工的工作负荷来进行衡量。因此，供应商在产品销售出去以后，还要加强追踪调查和售后服务，以赢得采购者的信任，保持长久的供求关系。

上述采购决策过程是比较完整的过程，主要是用于组织的全新购买，而对于修正重购和直接重购的决策过程可作为参考，如表 6–2 所示。

表 6–2 产业市场购买行为类型与决策

类型 决策	全新购买	修正重购	直接重购
1. 需要的确认	需要	可能需要	不必
2. 确定所需产品或服务的特征和数量	需要	可能需要	不必
3. 拟订详细的采购说明	需要	需要	需要
4. 寻找、调查并鉴别供应商	需要	可能需要	不必
5. 获得方案并分析方案	需要	可能需要	不必
6. 评价方案并选择供应商	需要	可能需要	不必
7. 选择、安排订货手续	需要	可能需要	不必
8. 工作绩效反馈与评估	需要	需要	需要

从表 6–2 可知，全新购买的购买决策过程最复杂，要经过八个阶段；直接重购经过的购买决策过程最少；在修正重购的情况下，购买决策过程阶段介于全新购买和直接重购之间。因此，产业市场的营销是一个富有挑战性的领域。营销者应分析研究用户的需求及其采购决策过程各阶段的特点，拟订有效的营销计划。

● 本章回顾：

产业市场就是以某种组织为购买和消费主体的市场。相对于消费者市场而言，产业市场表现为一定的组织机构的购买行为，而不是消费者市场的个人购买行为。与消费者市场的个人购买相比，产业市场购买表现出不同的特点：①购买者数量少，但购买量大；②购买者的地理位置相对集中；③属于行业衍生需求，受最终产品市场的影响；④需求缺乏弹性；⑤行业需求波动大；⑥专业人员采购；⑦多为直接购买，供需双方关系密切。

产业市场的购买行为主要有直接重购、修正重购、全新购买三种类型。组织购买类型不同，则购买决策过程不同，参与购买决策过程的人员也不同。一般来说，采购中心包括发起者、使用者、影响者、决策者、批准者、购买者和控制者。产业市场的购买行为受到组织内外一系列因素的影响，主要包括环境因素、组织因素、人际因素、个人因素。

● 讨论与概念应用题：

1. 了解购买者的“购买决策中心”目的何在？
2. 大学和超市对购买计算机系统的决策可能有所不同，讨论它们的购买决策过程。
3. 一家家庭装修服务公司计划购买一部油漆搅拌机，现有四种搅拌机可供选择：

机器编号	价格（元）	变速档次	容量（盎司）	噪声等级
1	300	10	32	3
2	280	7	30	4
3	250	5	48	5
4	220	5	30	4

注：分数为5时表示噪声最小。

如果以下列决策方式来考虑，该公司应该购买什么样的机器？

（1）以下列标准为限进行全面考虑的模式：

a. 价格不超过280元　　b. 变速最少有5个档次

c. 容量为32盎司　　d. 噪声等级至少为4或4以上

（2）以下列标准为基础进行分别考虑的模式：

a. 变速最少有8个档次　　b. 容量不少于48盎司

（3）按照重要性次序考虑的模式：

即按照价格、容量、变速档次和噪声等级的次序来考虑的模式。

●【案例6-1】华为公司竞标铁通本地网建设

华为技术有限公司（以下简称“华为”或“华为公司”）成立于1988年，是由员工持股的高科技民营企业。华为从事通信网络技术与产品的研究、开发、生产与销售，专门为电信运营商提供光纤网络、固定网、移动网和增值业务领域的网络解决方案，是中国电信市场的主要供应商之一，并已成功进入全球电信市场。

华为诞生之初，就面临着激烈的竞争，其对手均为声名显赫的通信业巨头。例如，在程控交换机市场上，国际巨头有阿尔卡特、思科等，国内竞争对手有中兴、巨龙、长虹等企业。这些巨头创业已经几十年，甚至上百年。它们有成百亿美元的资本；有上千人甚至上万人的高素质员工；有响当当的金字招牌；有一系列自主知识产权、核心技术和技术标准；有一整套建立在现代经营管理理念上的经营管理制度；有遍布全球的市场营销网络；有自己独特的企业文化和经营理念。华为刚成立时，外国公司早已纷纷抢滩中国市场，市场格局已基本瓜分完毕，华为的竞争对手都是那些世界级的巨头。创业之初，华为几乎一无所有，没有技术、没有资金、没有市场、没有客户、没有人才……一个企业所应具备的基本资源几乎都不具备，可谓一无所有，一穷二白。

华为决定走“技术立企”的道路。尽管这条道路十分艰难，但用在华为工作过6年、曾担任任正非行政助理的吴建国先生的话说，是“人人都知道从北坡登顶珠穆朗玛峰最艰难，但人人也都知道从北坡登顶获得的价值最大”——与此相关的一个鲜为人知的事实是，华为的营销部门直到2002年才宣告成立。

很多人同样不知道的是，华为在研发新产品之前，常常抽调10%的研发人员到客户中去，与客户沟通，了解和引导客户的需求。

下面就是华为竞标铁通J省本地网建设的过程：

2001年3月初，中国第五大电信运营商中国铁通（简称“铁通”）挂牌成立。铁通要想参与其他电信运营商竞争，就必须进行电信本地网的建设，而铁通在这方面的基础完全是空白。所以，铁通本地网建设项目“铁通一号工程”成为铁通成立后的第一个重大项目。由于电信行业的特点，对设备供应商来讲，这不只是一个单纯的销售项目，而且直接影响到其将来市场战略格局的划分，因此各个厂家无不倍加重视。

“铁通一号工程”分两期进行。一期项目是各个省会城市本地网建设，作为一个城市的本地网，一般情况下只可能使用一种机型，而且省会城市的设备选型情况会直接影响到以后其他城市的设备选型，所以一期项目的重要性非同寻常。华为公司为此组建了项目组，专门负责J省“铁通一号工程”项目，内容包括客户关系平台的建立和项目协调、相关的技术推广工作。

“铁通一号工程”由铁通总部对国内三个知名厂家进行招标，但各省分公司有权自己选择机型。参与投标的除了华为公司外，还有另外两个厂家B公司及Z公司。

华为公司接到任务后即进行了深入的调查研究：一方面了解J省铁通内部的组织结构和决策链以及关键人物的个人背景与彼此之间的关系；另一方面了解相关各厂家与J省铁通交往的历史和现有设备使用情况，并根据了解的情况对项目进行了SWOT分析。

根据了解，以前华为公司的设备在J省铁通只有少量的应用，客户的反映一般。优势在于设备功能比较强，有一定的品牌优势；劣势在于价格相对较贵，而且客户关系十分薄弱，平时与客户几乎没有交往，甚至不知道客户的工作地点在哪里。而B公司在J省铁通已有8000门的交换机在网上使用，设备比较陈旧，功能较差而且运行不稳定。但该公司与J省铁通有长期的交往，关系密切，而且当时铁道部持有B公司的股份，所以B公司有来自铁通上层的支持，在与客户关系上占有明显的优势。Z公司设备性能与华为公司不相上下，优势在于其设备价格低、市场策略灵活，但该公司产品在J省铁通从没有应用过，同样没有客户关系基础。综合以上情况，华为公司认为，相比之下B公司的威胁更大，是主要竞争对手。

当时，铁通的市场人员都是技术维护出身，没有丝毫的市场经验和意识。华为的营销人员在与客户交往的过程中，就特别注意设身处地地为客户着想，在为客户提出任何意见和建议时，除了告诉客户这样的好处以外，还和他们探讨铁通未来如何经营，主动为他们上销售技巧课，并且以他们的客户经理的名义，为他们拓展重要的客户，使客户非常高兴和满意。在客户要进行网络规划设计时，华为的项目组人员就主动和他们一起连续几天干到深夜。当发现他们的建设思路存在问题的时候，就主动为他们写了一篇铁通市场分析报告，为客户做市场的SWOT分析并提醒他们在电信网建设中应注意的问题，等等。华为的项目人员不仅做到了铁通期望厂家要做的工作，而且还做了许多超出客户期望值的事情，而华为的竞争对手却没做到。

“铁通一号工程”一期项目时间非常紧迫，从开始运作到最后的投标日期只有不到三个月的时间。华为项目组人员抓住客户的主要需求，迅速切入。通过与客户的初次交往，他们发现客户有强烈的危机感：铁通初建，他们不仅是没有设备，没有市场，更没有电信运营的经验，对未来的发展感到困惑和茫然。在这种情况下，华为项目组人员发挥十几年在电信行业工作的经验、对电信的建设和运营有比较深入了解的优势，和客户畅谈电信运营商的建设和经营之道，而不是一味地去宣传公司的产品优越性。

华为公司渐渐地和客户建立了良好的关系，但在产品问题上并没有得到客户的完全认可。铁通长期使用B公司的交换设备，对此设备的操作和维护都比较熟悉和了解，虽不是十分满意，但也并不打算引进新的机型。客户对华为公司设备的认识也仅仅是对公司品牌的认可和对原来使用的少量设备形成的印象而已。所以客户再三表示说：“听说你们公司交换机的模块功能比较强，所以这部分我们想用你们公司的，但汇接局我们还是要用B公司的，因为我们原来就用他们的设备，比较了解。”这对华为来说是个非常严重的问题——了解电信行业的人都十分清楚，如果在电信本地网中不能占据汇接局这一战略制高点的话，就只能充当一个配角，随时都有可能被挤出本地网。但在这种情况下，靠强力的推销是不起作用的。

于是，华为项目组人员有意识地询问客户B公司设备的使用情况，终于在客户陈述的情况中发现了机会。铁通说他们使用的B公司8000门交换设备不具备局间计费功能(事实上B公司的新设备未必存在此问题)，所以与中国电信间的结算只能完全由中国电信说了算，估计每个月损失十几万元。于是华为人员进一步询问客户：“如果8000门的交换机一个月损失十几万的话，那么将来铁通发展到几十万门、几百万门的时候将会怎么样呢?”一句话顿时使客户感到了问题的严重性。同时，华为在技术交流当中除介绍本公司交换设备的一般功能外，还着重介绍了它的局间计费功能和由此能为客户带来的经济利益。这样就使客户完全动摇了对B公司交换设备的信心，而完全信赖了华为公司的交换设备。最终，一期项目的37000门交换设备被华为公司尽收囊中，并为下一步拓展市场打下了良好的基础。

一期项目刚刚尘埃落定，二期项目——J省内五个城市本地网交换设备建设项目随之而来。省会城市由于一期项目被华为全部得到，所以二期扩容已非华为公司莫属。J省经济发达，市场潜力很大。但由于客户在当时看不到未来的市场空间，对市场前景缺乏信心，所以另外四个城市的交换机建设总量只有26500门。这样小的建设量不仅根本不能满足客户的市场发展需要，而且不足以使华为公司的交换设备占据市场的主导地位。同时，将价格昂贵的主控设备分摊到这么少的用户线上，会使平均价格变得极高，客户不可能接受。这种情况下必须想办法扩大客户的建设量。恰好此时，为了帮助其他办事处建立市场关系，华为为S市铁通进行过一次市场培训。华为借机把S市铁通在本地网建设上的大胆做法“介绍”给客户，从侧面对客户施加影响。同时华为亲自为客户拓展了几个重要顾客，树立起客户对市场前景的信心。此时铁通总部也对J省铁通提出了扩大建设量的要求。在内外因素的共同影响下，客户把建设量逐步扩大到了三十几万门，一跃成为全国铁通各分公司建设量之首，使华为有了更大的市场空间。

B公司和Z公司在一期项目失利后，在二期项目中都加强了市场工作的力度，使市场竞争更加白热化。各个公司的产品都有其特点，为客户提出的解决方案都最大限度地发挥了自身优势。厂家中：B公司的本地网设计为汇接局下带若干个需要有人值守的端局，华为公司的设计则是汇接局下带若干个不需要人员值守的模块。如何把客户的思路引导到华为的轨道上来呢?在与客户的交流中，项目组人员从电信经营的角度与客户探讨如何才能减员增效；如何才能及时灵活地拓展市场。这些问题都引起了客户的共鸣，而这些也正是能够充分发挥华为公司设备优势的地方。客户接受了华为的经营思想，其建设思路也就纳入了华为公司的轨道，并且由华为帮助客户做本地网设计，这样客户的购买意向也就倾向于华为公司的产品了。

虽然客户对华为公司的交换设备有了高度的认可，但华为公司的交换设备价格在三个厂家中是最高的。如果客户全部选用的话，要多花四五百万元，对资金十分紧张的客户来说是个不可忽视的问题。而且竞争对手为了争夺市场，纷纷向客户许诺给予更多的优惠条件，使客户在给予华为公司多大的市场份额问题上产生疑虑。在此情况下，项目组人员在交流中充分阐述华为公司交换设备的优势所在，强调产品功能为客户带来的长期利益，帮助客户从投入产出的角度算一笔账，使客户明白，虽然前期投入大一些，但得到的回报则是长期的，这样的投入是值得的。通过此方法，克服了华为公司在价格方面的缺点，客户表示愿意尽可能多地选用华为公司的交换设备。随着投标的日期一天天临近，厂家间的竞争更加激烈。竞争对手不仅各自抛出更优惠的条件，而且通过高层关系向客户施加影响，而这正是华为的劣势所在。在此情况下，要想百分之百地占有市场是不可能的。为了尽可能多地占有市场，华为公司适时提出了优惠条件：如果客户购买华为公司交换设备超过24万门的话，华为公司将免费赠送8000门的交换机设备。其中华为还特别声明，这8000门的交换设备是可以等价转换成华为公司的其他通信产品的。此时，华为考虑的不仅是二期项目的市场占有率问题，而且为下一步传输设备进入J省铁通打下基础。因为，华为估计到客户订购的三十几万门的交换设备大概需要两年才能消化掉，额外的再多8000门的交换设备对客户并不十分重要。但可以预见的是，交换设备间的传输问题将马上成为客户的迫切问题。由于华为提供了这样的优惠承诺，使客户更加坚定了使用华为公司交换设备的决心。在二期项目招标中，客户顶住了来自各方面的压力，订购华为公司交换机设备近29万门，金额约1亿元人民币，更重要的是几个本地网的汇接局全部使用了华为公司的128套设备，而B公司和Z公司只各自得到一个县的端局。

“铁通一号工程”由此结束，华为公司交换设备在J省铁通本地网上占据了绝对的主导地位。

在争取“铁通一号工程”项目过程中，华为没有为了展示公司的“实力”而把公司的各种产品统统介绍一番，只是重点针对客户当时最关心的交换设备进行交流和介绍。而在得知“铁通一号工程”二期项目被拿下，客户马上面临传输问题的时候，华为则提前一步提醒客户该考虑传输设备问题了，才开始对传输产品进行介绍。此时客户已经拓展了一些用户，对传输设备的需要已经迫在眉睫，但由于铁通百业待兴，资金非常紧张，再拿出一笔钱来购买传输设备是很困难的。于是华为不失时机地向客户建议，把原来向客户承诺赠送的8000门交换设备等价转换成传输设备，客户非常高兴地接受了这个建议。紧接着华为又从提高客户经济收益的角度出发，向客户推荐华为的智能网产品。不久，传输设备顺利地"送"进了客户的本地网址，抢占了市场先机，智能网项目也已经提上了客户的日程。

资料来源：彭于寿：《市场营销案例分析教程》，北京大学出版社，2007年9月。

● 思考题：

1. 分析本案例中华为的项目组人员是如何结合产业市场的购买行为特点展开营销活动的？

2. 华为营销人员的这种做法对你有什么启迪？

第七章　顾客价值与顾客满意

学习目标：

理解并掌握顾客价值、顾客满意的概念；了解影响满意度的因素和补救不满意的主要途径；学会应用全面质量营销促使高价值顾客利润最大化。

第一节　顾客价值

目前，企业界已认识到创建、维持和提高顾客满意的特殊重要性。一些企业建立了顾客满意跟踪系统，希望借此和顾客构建一种良好的互动关系，在不损害本企业根本利益的前提下，给顾客以最大程度的满意，而使顾客满意的根本条件，是从理解顾客期望出发，给顾客以最大的价值享受。

顾客价值是指顾客从产品或服务中获得的利益，这种利益既可以是物质的也可以是精神的，或二者兼而有之。顾客购买、使用产品或服务的目的是为了获得某种利益，因而顾客总是选择其认为能够提供较大利益，并能从这种利益中得到满足的品牌。所以创造并提高顾客价值是企业达到顾客满意的关键，顾客价值的大小可用顾客让渡价值来衡量。

一般认为，顾客都是理性消费者，在一定的搜寻成本、有限的知识、灵活性和收入等因素的限定下，顾客是价值最大化的追求者，他们形成一种价值期望，并根据它做出行动反应。谁更好地做到了这一点，谁就赢得了顾客。

顾客让渡价值是一个系统，如图 7–1 所示。整体顾客成本是指顾客为得到某一产品的所有付出。整体顾客价值是指顾客从产品或服务中得到的所有利益。整体顾客价值与整体顾客成本之间的差额称为顾客让渡价值。

一般来说，顾客在选购产品时总是希望把有关成本——包括货币、时间、体力和精力等降到最低限度，而同时又希望从中获得更多的实际利益，以使自己的需要得到最大限度的满足。因此，顾客选购产品时，往往从价值与成本两个方面进行比较分析，从中选出价值最高、成本最低，即“顾客让渡价值”最大的产品作为优先选购的对象。但不同的顾客群对产品价值的期望与评价标准是不同的，对各项成本的重视程度也不同，因

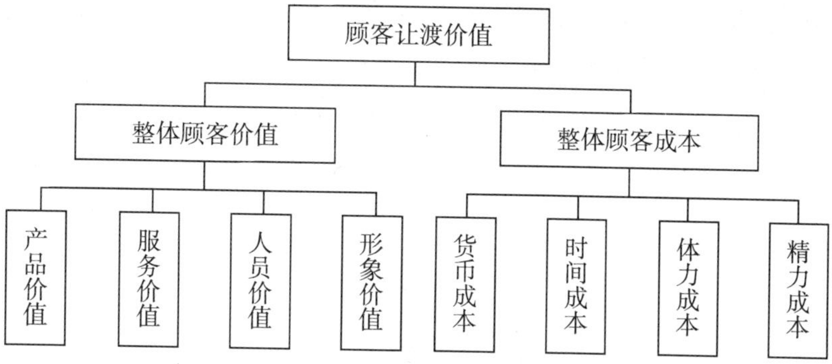

图 7–1　顾客让渡价值

此影响顾客让渡价值的因素很多，只有针对不同的产品具体分析，找出能提升整体顾客价值和减少整体顾客成本的各种因素，顾客让渡价值才能增大。

企业为了争取更多的潜在顾客，战胜竞争对手，巩固或提高企业产品的市场占有率，往往采取“顾客让渡价值”最大化策略。为此，企业可以从两方面改进自己的工作：一是通过改进产品、服务、人员与形象，提高产品的整体顾客价值；二是通过降低生产与销售成本，减少顾客购买产品的时间、精力与体力的消耗，降低货币与非货币成本，从而降低整体顾客成本。

（一）整体顾客价值

整体顾客价值是顾客在购买某一产品或服务时所获得的一组利益，包括产品价值、服务价值、人员价值和形象价值。

1. 产品价值

产品价值本质上是指顾客对产品各方面特征的总体评价，主要取决于产品的功能、品质和款式。它是满足顾客需求的基本手段，因而是顾客选购产品的首要因素，也是决定整体顾客价值的主要因素。产品价值的大小并不是恒定的，而是由顾客的需求决定的，同种产品在不同的需求和条件下有不同的价值。

在经济发展的不同时期，顾客对产品的需求不同，构成产品价值的要素以及各种要素的相对重要程度也会有所不同。在产品短缺的情况下，人们把获得产品看得比产品是否拥有某种特色更为重要，在选购产品时更看重产品的效率、耐用性、可靠性、安全性等性能方面的质量，而对产品的花色、式样、特色等却较少考虑。在产品成熟期，也就是性能稳定、品质趋同、数量丰富的条件下，顾客则往往更为重视产品的特色和款式，如要求功能齐备、式样新颖等。

产品价值还取决于品牌方面的比较，信誉好、知名度高的品牌对顾客来说通常具有更高的价值。

2. 服务价值

服务价值是伴随产品实体的出售，企业向顾客提供的各种附加服务，包括产品介绍、送货、安装、调试、维修、技术培训、产品保证等所产生的价值。

随着现代科学技术的发展和应用，产品技术含量越来越高、越来越复杂，消费者正确选择和使用产品所需要接受的教育越来越多。所以，企业向顾客提供的附加服务越完备，产品的附加价值越大，顾客从中获得的实际利益就越大，从而购买的总价值也越大；反之则越小。

3. 人员价值

指顾客直接从与之接触或为之服务的企业员工身上感受到的价值，其观念、水平等直接影响顾客对产品的感受，从而产生顾客价值。员工在与顾客面对面的交流中扮演着宣传企业品牌的角色，高素质的、充满活力和竞争力的员工队伍比良好的硬件设施更能创造顾客满意，进而创造优异的业绩。企业的员工只有出于对顾客的信任与尊重，永远真诚地视顾客为朋友，给顾客以“可靠的关怀”和“贴心的帮助”，才是面对顾客唯一正确的心态，才能赢得顾客。

4. 形象价值

形象价值是指企业及其品牌在社会公众中的总体形象所产生的价值。包括三方面：①企业产品质量、技术、包装、商标、工作场所等所构成的有形形象价值；②企业及其员工的经营行为、服务态度和作风等行为形象所产生的价值；③企业的价值观、管理哲学、社会责任等观念形象所产生的价值。

形象价值与产品价值、服务价值、人员价值密切相关，在很大程度上是上述三方面价值的综合反映和结果。形象对于企业来说是宝贵的无形资产，良好的企业形象会对企业的产品产生巨大的支持作用，带给顾客精神上和心理上的满足感、信任感，使顾客的需要获得更高层次和更大限度的满足，赋予产品较高的价值，从而增加顾客购买的总价值。因此，企业应高度重视自身形象塑造，为企业、也为顾客带来更大的价值。一般来说，形象价值集中反映在企业品牌和公共关系上。

（二）整体顾客成本

顾客在接受产品和服务时，也要相应地付出一些代价。整体顾客成本是顾客为了购买和使用一个产品所付出的全部代价，表现为货币成本、时间成本、体力成本和精力成本。这些成本并不仅仅指消费者在购买过程中所发生的支出，也包括购买前、使用中所发生的一切相关支出。

1. 货币成本

货币成本是顾客购买产品时的货币支出。一般来说，货币成本是构成顾客总成本大小的主要和基本因素，产品的功能、品质相同时，顾客总是希望价格越便宜越好。同时，货币成本在顾客选择中的重要性还在于相对于其他成本要素，货币成本是显性的，是可以衡量和比较的。

2. 时间成本

时间成本是顾客在产品购买和使用过程中的时间耗费。随着社会生活节奏的不断加快，顾客的耐心越来越有限，如果有一家企业能使顾客在购物时节省时间，那么它将更易赢得顾客的“满意”和“忠诚”。例如，超市添置电子设备通过条形码扫描的方式记账并找零，可节省消费者大量的时间，并且也可靠得多。

3. 体力成本

体力成本是指顾客购买和使用产品过程中的体力消耗，如搬运、摆放以及顾客寻找、对比产品过程中在消耗时间成本的同时也有体力成本的耗费。随着技术的进步和服务的友善，顾客为购买和使用产品的体力支出将逐步下降。

4. 精力成本

精力成本指顾客在购买和使用产品过程中的精神耗费，如学习、评判、冲突、困扰等。顾客购买和使用产品是一个从产生需求、寻找信息、判断选择、决定购买到购后感受的全过程，这一过程的每一阶段，顾客均需付出一定的精力。因为现代科技的新产品层出不穷，为了避免出现不愉快，顾客不得不花费大量的精力学习和评判，保障自身利益。精力成本的衡量较之其他三项成本的衡量是最困难和不确定的，因为在产品选择过程中，精力的耗费很难分清哪一部分发生在某一个品牌上，如果获得较好的产品体验，则这一过程是愉悦的，从而不是精神支出而是精神享受。

第二节 顾客满意与顾客忠诚

创造顾客价值的目的在于使顾客满意，进而达到顾客忠诚。只有忠诚的顾客才会重复购买和使用本企业的产品，并不断获得满意和提高对企业及其产品的忠诚度，企业则可降低推销成本，把更多的精力投入到对顾客需求的研究中，以推出更好的产品和服务。顾客忠诚是一道无形的壁垒，可以避免无效率的同质竞争、价格竞争，迫使竞争对手和新进入者必须以新产品加入竞争，才能以创新为基础和主体，唯有这种竞争才是良性的，才能推动行业不断发展、社会不断进步。

一、顾客满意和顾客满意度的基本概念

对顾客满意的定义，不同的学者有不同的见解。

菲利普·科特勒（Philip Kotler）认为，顾客满意是指一个人通过对一种产品的可感知效果（或结果）与其期望值相比较后，所形成的愉悦或失望的感觉状态。根据美国营销协会的定义，顾客满意（Customer Satisfaction，CS）是指向顾客提供的服务超过了顾客的期望。美国著名营销学者奥立佛（Richard L. Oliver）提出，顾客满意感是顾客需要得到满足后的一种心理反应，是顾客对产品和服务的特征或产品和服务本身满足自身需要的程度的一种判断。尽管上述定义有一定的差异，但内涵基本是一致的，都是采用了期望—实效说来定义的。

顾客满意是相对的而不是绝对的，企业对自身服务、服务态度、产品质量、价格等指标是否优秀的判断，必须与顾客的期望、要求进行比较。对企业来说，顾客满意是一个以“顾客满意”为导向的管理过程。

通常，顾客抱怨是满意程度低的最常见的一种表达方式，但没有抱怨并不一定表明

顾客很满意。然而，在一些交易场合中，即使顾客的要求是适宜的并得到了满足，也不一定能确保顾客很满意。

菲利普·科特勒指出，满意水平是可感知效果（Perceived Performance）和期望值（Expectations）之间的差异函数。综合多数学者的观点，顾客满意度即是将顾客满意量化为企业的经营指标。顾客满意度是一个动态的指标，随着消费者需求层次的变化，其对产品/服务的满意度也在不断变化。另外对于一个具体组织来说，只研究其自身顾客满意度是不够的，还要研究其竞争者的顾客满意度，这样才有研究价值。

二、顾客满意度衡量模型

学者们提出了众多顾客满意度模型，本节只介绍两个典型的模型。

（一）奥立佛的顾客满意度模型

奥立佛在不断完善客户满意度定义的基础上，于2000年提出了如图7-2所示的顾客满意度模型。奥立佛认为，在消费过程中或消费之后，顾客会根据自己的期望、需要、理想的实绩、公平性以及其他可能的实绩标准，评估产品/服务的实绩。顾客对实绩的评估结果及对评估结果的归因都会影响顾客的感情，而顾客的感情会直接影响其满意度。

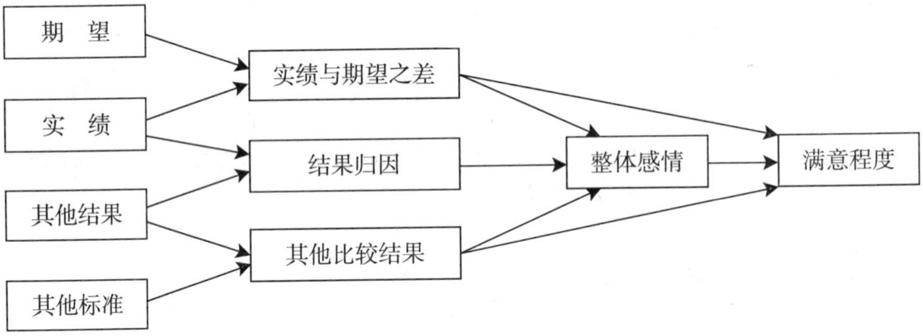

图7-2 奥立佛的顾客满意度模型

（二）韩小芸、汪纯孝的顾客满意度模型

韩小芸、汪纯孝在对包括移动通信公司在内的六类服务性企业进行调研的基础上，提出了如图7-3所示的顾客满意度模型。根据他们的调查分析，得出了以下结论：

（1）服务公平性（DJ、PJ、IJ）对顾客感觉中的服务质量（Q）、顾客与服务人员之间的商业友谊（F）及顾客信任感（T）有直接的正向影响；服务公平性对顾客满意感（S）有直接的正向影响。

（2）服务质量（Q）对顾客信任感（T）、商业友谊（F）有直接的正向影响；服务质量对顾客满意感（S）有直接的正向影响。

（3）在包括移动通信公司在内的三类样本中，商业友谊（F）对顾客满意感（S）有直接的正向影响。

(4) 顾客信任感 (T) 对顾客满意感 (S) 有直接的正向影响。

(5) 顾客满意感 (S) 对顾客归属感 (AC、CC) 有直接的正向影响。

(6) 情感性归属感 (AC)、持续性归属感 (CC) 分别对情感性忠诚感 (AL)、认知性忠诚感 (CL) 有直接的正向影响；认知性忠诚感 (CL)、情感性忠诚感 (AL)、意向性忠诚感 (IL)、行为性忠诚感 (BL) 依次具有直接的正向影响。

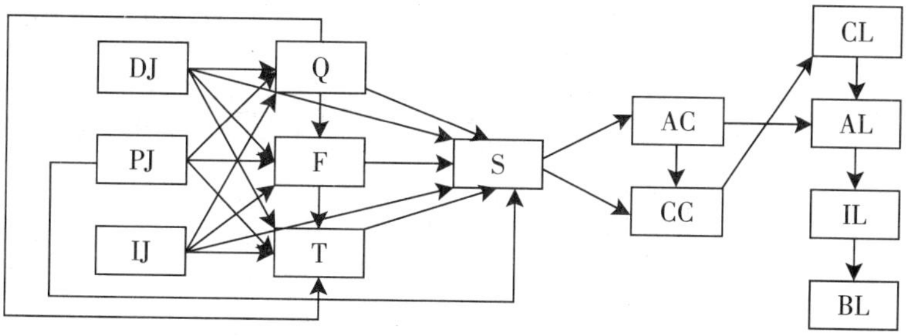

图 7-3　韩小芸、汪纯孝的顾客满意度模型

说明：DJ——结果公平性；PJ——程序公平性；IJ——交往公平性；Q——服务质量；F——商业友谊；T——顾客信任感；S——顾客满意感；AC——情感性归属感；CC——持续性归属感；CL——认知性忠诚感；AL——情感性忠诚感；IL——意向性忠诚感；BL——行为性忠诚感。

三、顾客服务满意度的驱动因素分析

（一）顾客的服务期望

顾客服务期望是指顾客预期的产品或服务绩效。

瓦拉瑞尔·A.泽丝曼尔（Valarie A. Zeithaml）和玛丽·比特纳（Mary Jo Bitner）关于服务期望的模型，如图 7-4 中间部分所示。顾客对服务有不同水平的期望，理想服务是顾客想得到的服务水平，适当服务是顾客可接受的服务水平，是可接受服务绩效的最低水平。理想服务和适当服务是顾客服务期望的上限和下限。上限和下限之间的区域是容忍阈，是顾客承认并愿意接受该（服务）差异的范围。容忍阈的产生是由于服务具有异质性，不同的服务提供商，同一服务提供商的不同服务人员，甚至相同服务人员的不同服务时间，服务绩效都会产生差异。如果顾客感受到的服务超过了理想水平，顾客会感到非常高兴并可能非常吃惊；如果服务降到了适当服务水平之下，顾客会感到受到挫折并对公司的满意程度降低；服务在容忍阈的范围内，顾客对服务绩效并不特别注意。

费显政、刘熠认为，营销沟通水平和企业形象也是影响顾客对服务质量期望的因素。泽丝曼尔和比特纳认为，各因素具体影响的服务期望层次是不一样的，部分因素影响理想服务水平，部分因素影响适当服务水平，部分因素会对两种服务水平均产生影响，如图 7-4 所示。

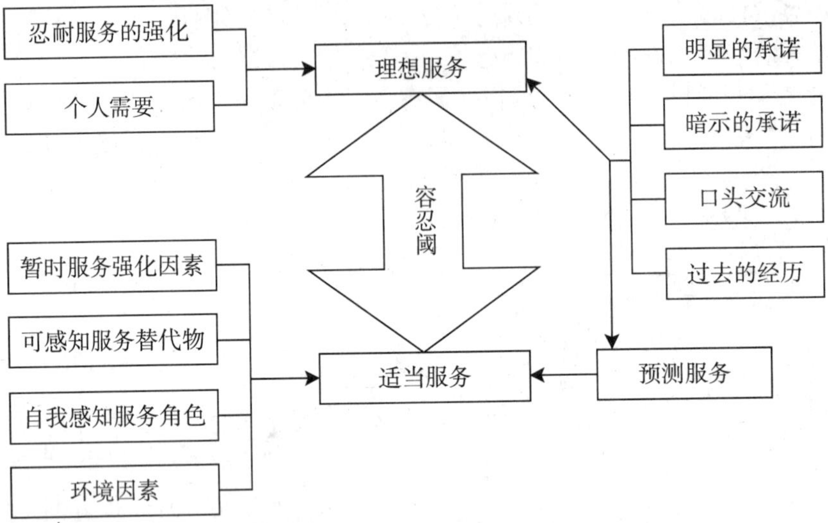

图 7-4　服务期望模型

（二）服务期望的管理

在影响顾客服务期望的因素中，有些是企业无法控制的因素，如持久的服务加强因素、个人需要等，有些是企业可以施加影响的因素，如自我感知的角色服务、过去的经历，有些是企业可以管理和控制的因素，如明确的服务承诺、营销沟通水平等。对顾客的服务期望进行管理主要是对企业能够控制和实施影响的因素进行管理。

1. 服务承诺的管理

由于服务具有无形性，服务承诺可以降低顾客选择的风险，增加对组织的信任。实践中，许多服务性企业正在做出服务承诺。有效的承诺应当具备如图 7-5 所示的特性。

无条件
⇨承诺应该是无条件的——没有附加条件
有意义
⇨要承诺的是那些对顾客十分重要的服务元素
⇨赔偿应该抵消顾客的全部不满
易于理解和沟通
⇨顾客需要知道能期待什么
⇨员工需要知道该做什么
易于援用和赔付
⇨在承诺的援用和赔付过程中不应该有许多的阻力

图 7-5　有效的承诺应具备的特性

在做出承诺前，有许多重要问题需要考虑，通常包括：①承诺的成本是否超过利润；②承诺内容应该是顾客感觉到的风险，这可以减轻服务的不确定性，提高承诺的效果；③承诺内容应该是顾客感觉出的与竞争者的差异，这往往会使企业脱颖而出；④对承诺的质量能够实施影响和控制。

2. 服务营销沟通的管理

传统营销沟通组合包括广告、促销、公共关系、直销和人员推销五个方面。在服务性企业中，还包括服务人员与顾客之间进行的服务信息的传递渠道。如图 7-6 所示，顾客是交互营销和外部营销沟通的目标。对服务营销沟通的管理主要包括：①整合服务营销沟通（ISMC），管理好内部沟通渠道，使交互营销和外部营销沟通向顾客传达一致的信息。②营销沟通的内容必须与企业的服务能力相适应。由于管理的放松和竞争的加剧，许多服务企业在促销、广告中往往过度承诺，将顾客期望提高到不现实的水平，尽管初期增加了业务量，但往往孕育了顾客的失望，减少了顾客的重复购买。

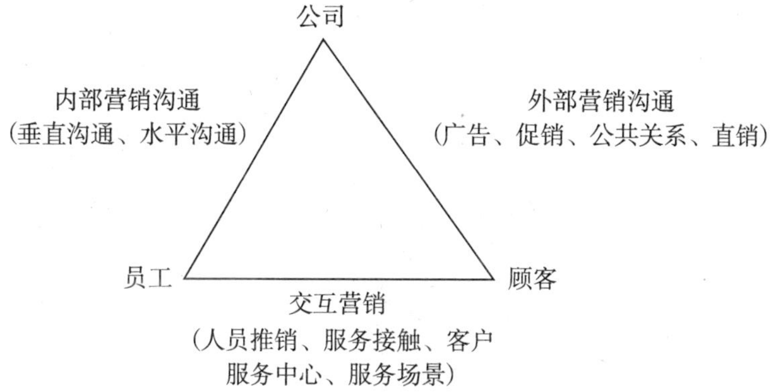

图 7-6　服务营销“三角形”

3. 顾客自我感知服务角色的管理

对于服务性企业而言，对顾客服务的过程就是顾客与企业或员工接触的过程，是顾客实际参与的过程，因此顾客对自己角色的认识和定位能够影响服务质量。TARP（技术协助调查程序）的研究表明，1/3 的顾客抱怨与顾客本身有关。即使服务中的一些错误或问题是顾客造成的，仍会导致顾客不满。这就要求企业承担教育顾客的责任。

（三）顾客的感知服务质量

无论是有形产品还是无形服务，其质量都是由顾客决定的，并取决于顾客对产品质量的感知程度。顾客感知服务质量是测评顾客在购买和使用产品/服务以后对其质量的实际感受，感知质量既有客观性的一面，又有主观性的一面。感知服务质量的内涵至少包括以下四个方面：①服务质量是顾客感知的对象；②服务质量有客观方法加以制定和衡量，但更多地要按顾客主观的认识加以衡量和检验；③服务质量发生在服务生产和交易过程之中；④服务质量是在服务企业与顾客接触的真实瞬间实现的。

由于服务具有无形性、生产和消费的同时性，组织一般无法直接控制结果质量。对结果质量的控制主要是通过对过程质量和有形环境质量的控制来实现的。过程质量和有形环境质量都是顾客在与组织的接触中产生的，因此服务接触或“真实瞬间”是顾客感知服务质量的建立区。

（四）其他影响顾客满意度的因素

（1）员工对工作的满意度会影响顾客满意度。员工的服务行为对顾客满意度会产生重大影响，员工满意是顾客满意的基石，当然二者之间并不一定呈线性因果关系，但相互影响是必然的。所以企业应积极做好内部工作，以提高员工对企业的满意度。

（2）商业友谊影响满意度。商业友谊指顾客在消费过程中与服务人员建立起来的朋友关系。商业友谊属于关系营销的范畴，代表了一种典型的营销转变——由以交易/获取为中心到以保留/关系为中心的转变。这种转变的基础在于保留一名老顾客比吸引一名新顾客能够获得更多价值。普赖斯等美国学者的实证研究表明，顾客与服务人员之间的密切关系与顾客的满意度存在显著的正相关关系。韩小芸、汪纯孝根据实证研究认为，商业友谊更可能影响顾客的累积性满意感，而并不一定会影响顾客对某一次消费经历的满意程度。

（3）服务公平性对顾客满意度的影响。服务公平性主要体现在平等地满足同类顾客的相同需求，顾客的投入与收益应当配比，承诺要严格落实。

（4）顾客信任对顾客满意度的影响。顾客信任感对顾客满意度有直接的正向影响，顾客的重复购买行为往往建立在经验和信任的基础上。

四、顾客忠诚

顾客满意并非企业的终极目标。通过顾客满意，企业希望达到的是顾客忠诚，也就是顾客持续地、排他性地购买本企业产品。

（一）顾客满意与顾客忠诚的关系

顾客满意是顾客的期望被满足的感知。顾客购买产品都有一种心理预期，如果达到这种预期，就会觉得满意，如果超越这个预期，就会感到惊喜。如果某一次的产品和服务不够完善，顾客对该企业就可能不满意。所以，顾客满意是一个基于心理感受的感性评价指标。

顾客忠诚是指顾客对某一企业、某一品牌的产品或服务的认同和信赖，它是顾客满意不断强化的结果。顾客忠诚所表现出来的是购买行为，并且是有目的性的，是在理性分析基础上的肯定、认同和信赖，具有一定的抗干扰性。顾客忠诚依其程度深浅可分为四个层次，如图 7-7 所示。

顾客认知性忠诚是基于产品和服务而形成的最浅层次的忠诚，是顾客的一种认可，有可能因兴趣、环境等因素而转移。

顾客情感性忠诚是使用产品和服务后，获得持续满意的顾客形成的对产品和服务的偏爱，这种偏爱使顾客较少地关注竞争对手的产品，从而使企业在竞争中处于有利地位。

顾客意向性忠诚是指顾客在下次选购产品时，对具有情感性忠诚的品牌会优先考虑。

顾客行为性忠诚是顾客忠诚的最高层次，顾客愿意克服种种障碍实现对特定品牌的产品购买。只有在企业提供的产品和服务成为顾客不可或缺的需要和享受时，行为性忠

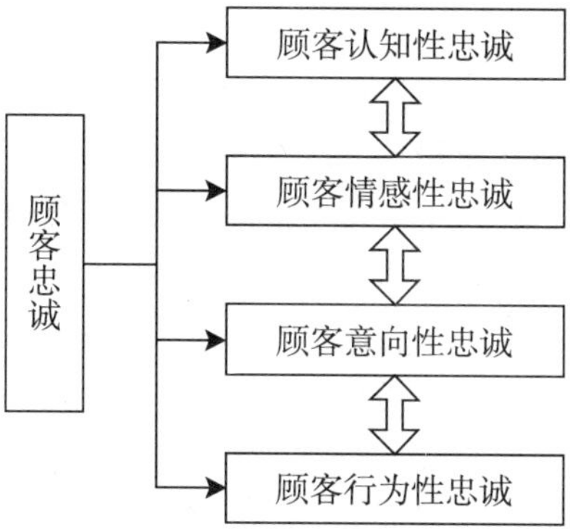

图 7-7　顾客忠诚的层次

诚才会成为现实。

（二）顾客不满意的行为表现及服务补救

顾客满意和顾客忠诚是企业的工作目标，任何企业的顾客满意度都很难达到 100%，总会存在这样或那样的问题而导致顾客的消极情绪和反应，如图 7-8 所示。

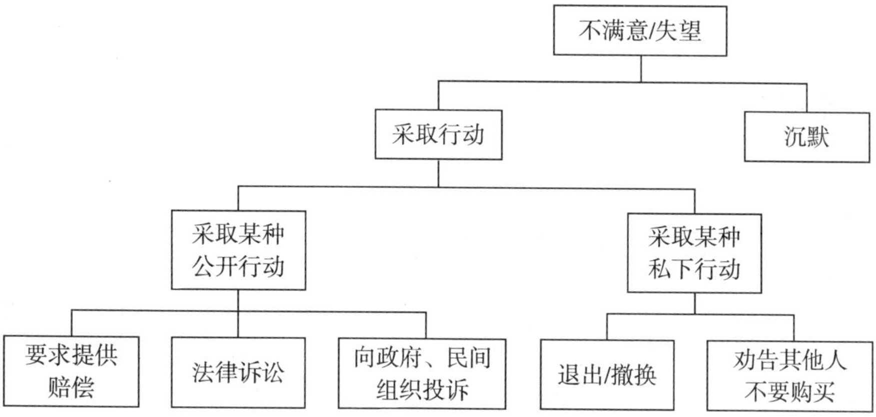

图 7-8　顾客不满意后的反应

在所有的不满意顾客中，只有少数顾客向组织投诉，而每一次投诉都应该看成是企业顾客满意战略失误的一个表现，应立即加以补救。

有抱怨的顾客在提出抱怨时往往有期望，这为企业重新获取顾客的信任和满意提供了机会。因此，企业应积极做好补救工作，并做好以下几件事：

（1）与其进行服务补救，不如第一次把事情做对。尽管服务补救使组织获取了重新赢得顾客的机会，但是，只有在高水平的服务补救和成本支出的前提下，才会取得顾客的满意。此外，还存在大量的未投诉顾客，组织对这些顾客失去了补救的机会。根据美国全国消费者统计调查，在受到较大损失的顾客中，不满意但还会继续购买产品或接受服务的情况为：不投诉的顾客中有 9%；投诉但没有得到解决的顾客中有 19%；投诉被解决的顾客中有 54%；投诉被快速得到解决的顾客中有 82%。因此，组织应该信守“第一次把事情做对”的质量管理理念。

（2）勇于承认错误。美国学者坦明发现，一般投诉中，员工责任往往只占15%~20%，其余为程序上、管理上的原因甚至顾客自身原因造成的。面对这种情况，许多组织或员工急于寻找错误的根源，去分清责任，而不是去快速处理问题。这些做法是十分有害的，只会造成顾客的转移和损害组织形象的传播。组织对顾客投诉应该更具有容纳力，要有勇于承担责任的勇气，才能赢得顾客的尊重。

（3）快速行动，解决抱怨。顾客投诉得到快速解决的，82%会继续留在本企业，这说明了快速处理顾客投诉的重要性。组织要快速处理投诉必须做到：①一线员工关心顾客的抱怨和投诉；②对员工授权，赋予员工立即解决一定程度的问题的权力；③组织建立高效的投诉处理机制。在投诉处理过程中，必须公平地对待顾客，这是服务补救中不可缺少的因素。

第三节　顾客维系与全面质量营销

顾客忠诚是顾客价值连续积累的结果，来自顾客不断从产品或服务的消费中所获得的高度满意。在此过程中，新顾客成为老顾客，老顾客成为忠诚顾客。然而，即使忠诚的顾客也仍然需要企业不断地加以维护，不断地挖掘其价值。明确顾客对企业的价值和明确企业需要为顾客创造什么价值一样重要。

一、维系顾客的意义

顾客可分为老顾客和新顾客，新顾客是指第一次购买本品牌产品的顾客，其余都是老顾客。现实中，老顾客不断离去，新顾客不断到来，也就是说，企业总是在接待新顾客，这种情况称之为顾客交叉状态。顾客交叉程度越高，企业经营的不稳定性越高。企业只有保持老顾客，同时不断地吸引新顾客，才能获得稳定持续的发展。维系老顾客对企业有重大的意义。

从营销成本看，通常吸引新顾客的成本是保持现有顾客成本的五倍，进攻性营销明显比防御性营销成本高得多。为吸引新顾客，企业必须完成使顾客从不了解到了解、不信任到信任、不熟悉到熟悉和无偏好到有偏好的整个营销过程，而维系老顾客所要做的只是经常性提醒，加深品牌在顾客心中的印象，两者相比，成本高低是显而易见的。所以重要的不再是把尽量多的产品卖给尽量多的顾客（市场占有率模式），而是说服一个已有的客户更多地购买本公司的产品。

老顾客不断离去说明顾客对产品不满意，这种不满意可能来自产品本身的缺陷，也可能来自对产品的误解或服务发生了问题，在不知道顾客为何离去或根本没有做出什么改变的条件下，很难使新的顾客成为老顾客。作为一种资源，顾客是稀缺的，寻找新顾客的过程只能越来越困难。另外，不满意通过口碑途径传播，会对企业造成负面影响，阻止部分目标顾客成为现实顾客。这一负面影响的初始效应并不明显，但经过一段时间后，目标顾客将急剧减少，顾客离去的趋势如不能有效遏制，企业在此目标市场上将难以为继。

二、顾客关系评估

（一）建立顾客满意指标评估体系

顾客满意指标评估体系的建立是为了解顾客的想法，发现顾客的潜在需求，明确为达到顾客的满意企业今后应该做什么；核查企业的期望，以达到顾客满意和提高顾客满意度；有利于制定新的质量或服务改进措施，以增强企业的市场竞争能力和企业盈利能力。

建立顾客满意指标评估体系，必须是顾客认为重要的，而且测评指标必须是可测量的、能够控制的，还要考虑到与竞争对手的比较以及竞争对手的特性。

在调查研究的基础上，企业可根据自身特点制定评估指标。一般评估指标分为三类。

1. 基础指标

基础指标反映顾客的总体满意度。按照四级指标细分，如表 7–1 所示。

表 7–1　顾客满意度指标

一级指标	二级指标	三级指标	四级指标
顾客满意度指数	产品价值评价	产品质量评价	产品使用评价，可维护性，价格接受程度，产品的使用安全情况
		服务质量评价	服务人员态度，服务水平及专业知识，服务的及时性
		形象价值评价	企业信誉评价，员工仪容仪表，员工精神面貌，品牌形象评价
		附加价值评价	投诉处理情况，退、换货情况，意见、建议管理

2. 辅助指标

辅助指标包括下列内容：

（1）不满意比例指标：不可能百分之百的顾客对企业满意，而且企业的资源是有限的，对资源的配置也不要求全部的顾客满意，但是顾客的不满意必须要控制在一定的比例之内。

（2）关键因素满意度：关键因素满意度至关重要，但对关键因素的区分有一定的难度，而且不同的顾客对产品的认识程度是不同的，因此，不同顾客的关键因素也有所不同。

（3）顾客忠诚度、重复购买率和推荐率：这些指标和顾客满意度是成正比关系的，也是企业考评顾客满意度的重要指标。特别是顾客重复购买率，它是一个量化的指标。

3. 相对指标

相对指标主要是横向差距指标，即对比竞争对手或行业领导者的差距。

顾客满意指标评估体系会随着市场及顾客的变化而变化，今天顾客不在意的因素有可能成为顾客明天关注的“焦点问题”。因此，对顾客的期望和要求应做连续跟踪研究，从而了解顾客期望和要求的变化趋势，以便对满意指标评估体系做出及时调整和采取应对措施。

（二）顾客关系过程管理

随着市场竞争的加剧、新顾客的有限和开发费用过高，对老顾客的维系和服务就显得很重要。很多企业对老顾客越来越重视，顾客关系管理的重要功能偏向于顾客维系和服务，其过程管理如图 7–9 所示。

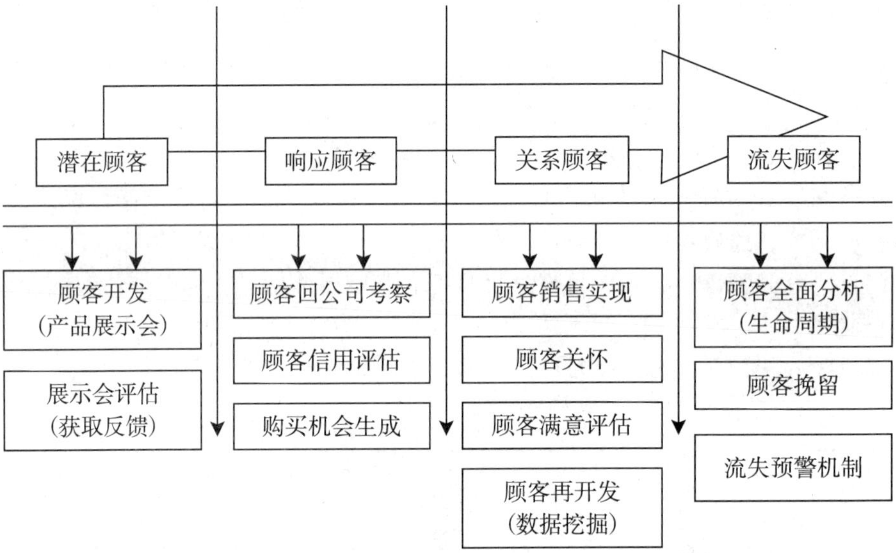

图 7–9 顾客关系过程管理

1. 对顾客进行资质分类

为了给顾客提供个性化的服务，需要对顾客进行识别，将共性的顾客归为一类进行系统的分层管理。顾客分类的方法很多，按照顾客对企业利润的贡献分为铂金层级、黄金层级、钢铁层级、重铅层级；按顾客的购买行为可分为当前顾客（大顾客、一般顾客、小顾客）和潜在顾客等。表 7–2 是某机械行业的企业对客户资质级别的分类。

表 7–2 客户资质级别分类

等级	客户类型
钻石客户	①与企业有良好的合作记录，无贷款拖欠和其他纠纷 ②行业和区域内有影响的标杆企业（注册资本 1 亿元以上，设备年购买量在 1000 万元以上） ③直辖市以及广东、福建、浙江、江苏、山东等沿海省份注册资本 1000 万元以上的搅拌站 ④国家级企业：中铁系统处级以上单位，中建系统二级公司以上，水电系统，路桥集团，航务局，国家一级资质建设单位，直辖市以及沿海省份建工、城建、住宅系统建设单位 ⑤部队等国防工程客户
金质客户	①地方级以及除直辖市、沿海省份以外的省级建筑单位 ②除直辖市以及沿海省份以外地区的搅拌站 ③二级资质的施工企业 ④挂靠钻石客户下的项目部 ⑤与公司往来过程中有较为严重的拖欠行为，但没有导致诉讼行为

续表

等级	客户类型
银质客户	①有严重拖欠记录，并导致诉讼行为 ②没有从业经验或新入行业的个体经营者，个人资产在 100 万元以下 ③与公司未发生过业务往来，但在行业内口碑不良 ④挂靠金质客户下的项目部 ⑤县市级施工企业

注：资信级别每季度根据客户的合同履约情况、购买量的变化等因素进行调整；达到一项条件即可认定等级。

从企业角度出发，对顾客分类的目的主要是对不同的顾客采用不同的处理方式，进行不同的管理。

2. 潜在顾客的开发与价值挖掘

谁是我们的潜在顾客，企业要根据自身的产品特点和市场定位去寻找，把属于企业的潜在顾客开发出来。可以通过产品展示会介绍企业的产品，提高其美誉度以获取社会公众的好评并吸引潜在顾客，还可以通过主要领导到各地巡视，召开潜在顾客座谈会，对企业进行全方位介绍，消除顾客购买时的顾虑等。个人能力较强的营销人员，由于他们在市场第一线，有很强的观察能力和分析能力，可以通过上门拜访而发现潜在顾客。

需要说明的是，企业对潜在顾客的投资是值得的，但应关注顾客三方面的问题：①关注顾客的终身价值，终身价值是企业长远发展的保障；②关注认可企业文化、有合作精神的顾客，因为合作性较强的顾客会为企业带来改进的意见，节约企业的研发费用；③关注市场影响力较大的顾客，因为能给企业带来强烈的正面影响也是一种盈利。

3. 顾客关怀

对顾客关怀能缩短企业同顾客之间的距离，促进企业同顾客之间的沟通，提高顾客满意度。企业关怀应从以下三方面去做，如表 7–3 所示。

表 7–3　顾客关怀的方式

亲情关怀	亲情关怀主要是对顾客进行特定时间的关怀行动。如特定节假日（端午节、中秋节、春节等）走访；顾客中重要人物的生日、身体健康及企业能够帮助解决的问题
业务关怀	业务关怀是建立相应的顾客关怀。如为顾客免费提供的设计方案、培训、咨询、试用等
产品关怀	产品关怀是针对产品进行的顾客关怀行动。如新产品的上市对老顾客提供优惠的价格；顾客产品使用情况的关怀，定期检修、免费换件等

通过顾客关怀，不但能留住老顾客，为企业进行免费的广告宣传，而且会给销售带来新的商机。

（三）顾客流失管理

顾客流失是难免的，但要对流失的情况进行分析，而且在顾客流失之前就应有所了解，相应地采取策略。

1. 顾客生命周期分析

企业应分析每一个顾客对企业的贡献和价值，针对不同的顾客，企业应有不同的政策去维护，从而提高顾客对企业的满意度。图 7–10 是顾客生命周期顺序。

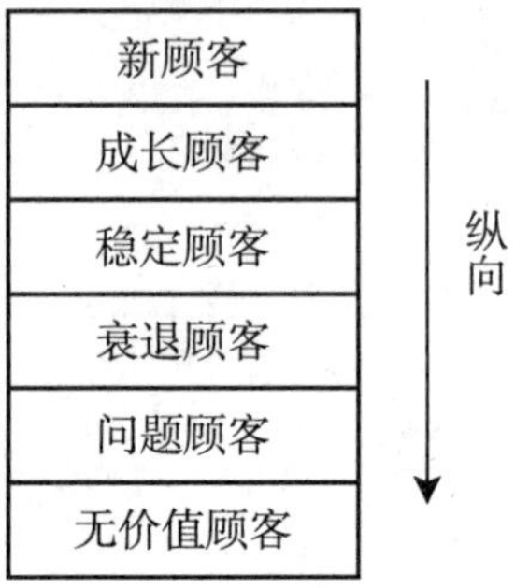

图 7–10 顾客生命周期顺序

（1）新顾客：当顾客第一次购买企业的产品服务时，其就成为了企业的新顾客。该阶段的顾客一般很不稳定，也难以衡量其价值以及转移倾向，所以需要通过各种手段了解与关注，并预测其流失的可能性。

（2）成长顾客：此时的顾客正在不断地增加对企业产品和服务的使用，他们给企业带来的收入处于高速增长期。此时对于企业而言，应尽量保持其增长势头，但需要了解该阶段顾客的转移特性。

（3）稳定顾客：稳定顾客是企业最主要的收入来源，也是对企业忠诚度和满意度最高的顾客群。对于该阶段的顾客，企业需要采取措施提高顾客利润率、保持顾客逗留周期。而交叉销售、升级销售和强力的技术支持则是非常有效的策略。如何控制这个阶段的顾客向流失顾客转移是整个顾客流失管理的核心。

（4）衰退顾客：随着顾客与企业联系次数的不断下降，预示着顾客向着流失阶段走去。企业需要认真地了解顾客衰退的原因，这将为企业应对未来顾客的流失和转移提供解决方案。

（5）问题顾客：这些顾客是异常顾客，他们在某一段时间内拖欠产品货款和服务费用。对于这些顾客企业需要采取相应措施，例如催交拖欠款项、取消对其服务等。企业需要了解哪些顾客会转移到此类顾客，以便采取应对措施。

（6）无价值顾客：这一部分顾客是企业最不应该保留的顾客。他们产生的价值不但非常低，甚至会消耗企业的既得利润。所以知道哪些顾客是没有价值的，对于企业提高利润率有非常重要的意义。

分析每一位顾客对企业的贡献度和价值的意义在于，企业可以对不同层次的顾客采取不同的营销和服务支持手段，来保证以最小的付出，得到尽可能大的顾客价值回报率。

2. 顾客挽留

顾客资源是有限的，企业对顾客不应该轻易放弃。顾客挽留是企业管理的重要一环。从顾客生命周期来说，顾客挽留工作应从稳定顾客开始，不要等到顾客衰退，出现问题成为无价值顾客。在这个时期，企业应对顾客终身价值进行分析或结合顾客的潜在价值进行分析。

3. 建立顾客流失预警机制

顾客流失前会有一些相应的表现：

(1) 拒绝付款。顾客在购买时付款方式较多（分期付款、银行按揭、全款和信用卡等)，如果顾客在应收款到期时拒绝付款，则顾客会流失。

(2) 拒绝沟通。产品在使用时，企业营销代表和售后服务人员会经常不定期地拜访顾客，如果顾客拒绝接待或根本就不和公司人员进行沟通，则顾客很可能会流失。

(3) 在同行中抱怨企业的产品和服务。如果顾客在同行中经常抱怨企业的产品质量和服务，则不仅这个顾客可能会流失，而且会对市场造成不良的影响。对这一类顾客，企业应特别重视。

三、顾客盈利分析与全面质量营销

（一）顾客盈利能力

不要孤立看待顾客的某一次购买。事实上，顾客的前一次购买经历必然影响后一次购买经历，以前的购买经历是顾客下一次购买时的重要参考依据，品牌偏好是在一次次购买和使用过程中建立起来的。所以要准确地理解“做生意总是赚钱的”这句话，它不是指每次都要赚钱，而是指有赚有赔，但总体上要赚钱。为一次购买得罪或失去一位顾客是极为不明智的。

在日趋激烈的竞争环境中，越来越多的企业追逐顾客满意度的提升。但是，有些企业追逐的效果并不尽如人意，单纯追求顾客满意度往往并不能解决最终的问题，因为很多时候，企业的顾客满意度提高了，并不意味着企业的利润就立刻获得了改善。只有为企业贡献“利润”的顾客才是直接的价值顾客，而且价值顾客对企业的利润贡献亦有高低之分。因此，企业应该对稀缺的经营资源进行优化配置，集中力量提升高价值顾客的满意度；与此同时，也应该关注一下潜在的高价值顾客，渐进式提高他们的满意度。从全部顾客满意，到价值顾客满意，再到高价值顾客满意，最后到高价值顾客关键因素满意，这是企业提升“顾客满意度价值回报”的“流程”。

对企业来说，顾客价值表现为以下三方面：

(1) 销售收入的增加。包括顾客短期的或一次性的购买，也包括顾客终身的重复购买。除此之外还可分为直接的销售收入和间接的销售收入，直接的销售收入是顾客自己的购买，间接的销售收入是由于忠诚顾客的口碑传播所带来的其他顾客的购买。

(2) 营销费用的降低。吸引新顾客的成本是保持现有顾客成本的五倍，毫无疑问，忠诚的顾客为企业节约了大量的营销成本。

(3) 推动企业不断创新。挑剔的顾客能够为企业提供建立优势和开拓新市场的机会。迈克尔·波特在其《国家竞争优势》中指出，挑剔型顾客既能维持厂家的竞争优势，更是创造竞争优势的动力。所以说容易满足的顾客使企业懈怠，挑剔的顾客使企业精益求精。

（二）全面质量营销

实践证明，在产品与服务质量、顾客满意和企业盈利之间有一种密切的联系。较高的质量导致顾客较大的满意，同时也支撑了较高的价格和较低的成本。

什么是质量？不同的专家对质量有许多不同的定义，诸如“适合使用”、“符合要求”等。美国质量学会所下的定义是：质量是一个产品或服务的特色和品质的总和，这些品质特色将影响产品满足各种明显的或隐含的需要的能力。显然，这是一个顾客导向的质量定义。可以这样说，当所售的产品和服务符合或超越顾客的期望时，销售人员就提供了质量。

全面质量是创造价值和顾客满意的关键。全面质量将企业每个人的工作都包括在内。质量管理的内容涉及企业方方面面，从设计、生产、储运到企业内部人员的工作态度和协作精神，同时质量管理涉及的人是“全体的”，不存在独立于质量管理之外的特殊人群。

营销经理在一个以质量为中心的企业有两项责任：第一，营销经理必须参与制定旨在帮助企业通过全面质量营销获胜的战略和政策。第二，他们必须在生产质量之外传递营销质量，每项活动（营销调研、销售人员培训、广告、顾客服务等）都必须执行高标准。

营销人员在帮助企业向目标顾客确定和提高产品质量与服务水平时，发挥一些重要作用：①营销者在正确识别顾客的需要和要求时承担着重要的责任；②营销者必须确保顾客的要求正确地传达给产品设计者；③营销者必须确保顾客的订货能正确而及时地得到满足；④营销者必须检查顾客在有关如何使用产品方面是否得到了适当的指导、培训和技术性帮助；⑤营销者在售后还必须与顾客保持接触，以确保他们的满足能持续下去；⑥营销者应该收集顾客有关改进产品、服务方面的意见，将其反映到企业有关部门。

当营销者做了上述一切后，他们就对全面质量管理和顾客满意，以及对顾客和企业的利益做出了自己的贡献，做到了全面质量营销。

● 本章回顾：

本章讲述了三大问题：顾客价值、顾客满意和顾客维系。

在顾客价值一节中介绍了顾客价值和顾客让渡价值的含义，顾客让渡价值是整体顾客价值与整体顾客成本之差，创造顾客价值的目的在于使顾客满意，进而达到顾客忠诚。衡量顾客是否满意可以通过建立满意度模型加以检验。顾客忠诚有不同的层次，即认知层、情感层、意向层、行为层。研究顾客不满意的表现，企业可及时进行补救，使其重新获得顾客信任。所以对企业来说，要不断地去维系顾客，使新顾客成为老顾客，老顾客成为忠诚顾客。即使是忠诚顾客也要不断地维护，不断地挖掘其价值。

从营销成本看，通常吸引新顾客的成本是保持现有顾客成本的五倍，所以企业要留住顾客。企业要建立顾客满意指标评估体系，对顾客资质进行分类，对钻石顾客、铂金顾客等对企业利润贡献大的顾客要全过程重点管理。

本章最后提出了全面质量营销的概念，全面质量是创造价值和顾客满意的关键。营销经理和营销人员都必须参与到全面质量工作中去。

● 讨论与概念应用题：

1. 企业应该如何识别和处理不具获利性的顾客？

2. 请分析制造业和零售业保留老顾客的意义，并提出你的方法和建议。

3. 企业维系顾客的方法有哪些？你有何好的建议？

4. 某零售店每平方米销售额非常高，但由此也造成了许多问题：通道堵塞、库存不足、结账排队等。对此，零售店老板感到极大的不安。试从顾客价值、顾客满意角度揭示其中缘由。

5. 汉普顿酒店（Hampton Inns）有一项大胆的计划，即酒店保证将使顾客“完全满意”，否则顾客将不承担住宿费用。无须经理同意，雇员将被允许履行这一承诺。然而，尽管这一提议将显示酒店对其服务质量有很大的信心，并使汉普顿酒店处于竞争的有利地位，但大多数酒店经理还是反对这一计划。为什么他们不想保证使顾客满意？顾客对这一保证的可能反应是什么？应采取什么控制措施来减少顾客对这一保证的滥用？我国的酒店会接受“完全满意”的理念吗？为什么？

资料来源：菲利普·科特勒：《营销管理》第十版，中国人民大学出版社，2001年。

●【案例7-1】参展商的“顾客让渡价值”

近几年，会展业在我国正以几何倍数增长。然而，这种快速增长的背后却隐藏着市场秩序的极不规范：重复办展、多头审批、削价竞争，降低参展门槛，参展商和观众利益难以得到保证。会展业属于服务行业，会展的存在以参展商的存在为前提，参展商的存在以专业观众的存在为条件。因此，科学地分析参展商的参展价值和参展成本，正确计算他们的让渡价值，对会展品牌的树立和参展商参展利益的保障有着积极的意义。

“顾客让渡价值”的研究兴起于20世纪90年代，美国学者菲利普·科特勒在《市场营销管理》（亚洲版）中提出：顾客让渡价值是指整体顾客价值与整体顾客成本之间的差额，而整体顾客价值是指顾客从给定产品和服务中所期望得到的所有利益，包括产品价值、服务价值、人员价值和形象价值。整体顾客成本所涵盖的内容远不止货币成本，还包括购买者预期的时间成本、精神成本和体力成本。

参展商数量和质量是会展举办成功与否的关键，决定着展会举办者利益的高低。而参展商参展价值的高低又决定着参展商是否参加某个展会，参展商参展价值越高，满意度越高，再次参展的可能性也越大。根据顾客让渡价值理论，参展商的参展价值是指参展商参展所期望获得的一组利益，包括功能价值、服务价值、人员价值、形象价值、情感价值和心理感觉价值。

功能价值是指参展商购买会展服务所带来参展目标的实现程度。参展商希望有更多专业观众来到展会现场，希望签订更多的购销合同，希望引进更多资金和项目，希望销售更多产品，希望为新产品做好调查和市场推广工作，希望成功地开拓新的市场，希望通过参展有助于公司形象和产品形象的宣传，希望通过参展加强与现有和潜在客户的沟通，还有就是他们希望通过参展获取更多的有关竞争对手实力、行业发展情况、公司市场占有情况和顾客需求变化等情况的信息。成功的展会能很好地满足参展商所期望的一部分或全部的功能价值。功能价值是参展商参展价值的核心内容，也是参展商决定是否参加展会的关键因素。不同参展商的参展功能价值不同，实力强的参展商的主要参展功能价值集中于国外新市场的推广、形象的宣传与巩固、购销与投资合同的签订。小参展商的参展功能价值主要是产品的销售。因此，展会应根据自身优势，集中打造某一个或某几个方面的功能优势，并结合不同参展商的参展功能价值进行招展和组展工作，以最大限度地满足参展商的参展功能期望。

服务价值是指在展会前、展会中和展会后，展会组织者为参展商提供的各种服务。包括展前的咨询、参展设计和策划、展位的设计与搭建、运输方案的设计以及住宿、餐饮、交通与金融等的安排与组织；展中观众的组织、交易和观众信息的统计，安全次序的管理和参展商人员的生活、娱乐等服务；展后信息的汇总、剩余展品的运输和人员的交通与旅游协助以及与参展观众和其他参展商的进一步合作的帮助。

人员价值是指展会服务人员的知识水平、服务能力、工作态度与应变能力，服务人员的素质直接决定着服务的质量和参展商参展总价值的大小。

形象价值是指展会在社会公众中形成的总体形象所产生的价值，包括有形形象所产生的价值和无形形象所产生的价值。有形形象包括展会场馆的外形、面积、结构和装修状况，展会设施及展会技术构成，展会举办质量，历届展会观众数量与专业观众和国外观众比例，历届展会参展商数量和国外参展商比例，历届展会现金成交额和合同成交额，举办企业名称、商标、注册资本、员工数量和素质，协办单位名称、性质及影响度，以及举办城市的交通、宾馆、餐饮、通信、旅游和产业发展情况、市场消费情况等。无形形象包括会展企业价值观念、管理哲学及其员工的职业道德、经营行为、服务态度、作风，展会信誉度、影响力、品牌形象以及举办城市文化，消费者价值观念等。

情感价值是指参展商通过参展所获得的情感上的满足。比如，服务人员对参展商人员犹如亲人般的关心和帮助使之感到温暖，展会开幕式精彩的表演使之感受到的愉悦，享受当地丰富多彩的文化和娱乐所带来的精神上和情感上的满足，参观当地旅游胜地所带来的心情舒畅等都属于参展商情感价值，是参展商参展总价值的重要组成部分。

心理感觉价值是指某些参展商内心所感觉到的参展所带来的价值，这种价值可能存在也有可能不存在。比如，有些参展商认为会展营销比其他传统营销更有效，有些参展商认为甲展会比乙展会更成功，专业观众更多，有些参展商认为能参加某展会对公司来说是一种荣耀，公司因某展会竞争力提高了等，所有的这些存在于参展商心中的感觉价值，会对其参展行为产生一定的积极影响。

参展商在获得参展价值的同时，必定要付出一定的参展成本。参展商参展成本不仅包括货币成本，而且还包括时间成本、精神成本、体力成本和机会成本等非货币成本。

参展商在参展之前，必须要支付展位及展出设施的租赁费、展品运输费、展台搭建的有关费用，人员的交通、通信、住宿、餐饮费用和广告费，展中要支付聘请宣传人员的工资、平面广告和文字广告的维护费，展后要支付除交通、运输等费用之外，可能还有一系列的中介等其他费用，这些费用构成了参展商的参展货币成本，它是构成参展商参展总成本的主要部分，在货币成本不变的情况下，参展商还要考虑因参展所花费的时间、精神、体力和机会成本等。

时间成本包括参展商从筹备到与举办方沟通、参展以及处理其他相关事项所花费的所有时间的总和。在参展总价值与其他成本一定的情况下，时间成本越低，参展商参展的“顾客让渡价值”越大，再次参展的可能性就越大。影响参展商参展时间成本的因素主要有参展商所在地距离展会举办地的远近、交通状况、展会组织管理情况、参展商参展效率的高低。

精神成本是指参展商在参展前、参展中和参展后，在精神方面的耗费与支出，比如：由于展会组织管理方面的问题，参展商与展会组织者在展会前的沟通存在问题，展会现场噪声过大，展会结束后参展商与观众、展会组织者、物流公司和其他服务者之间的矛盾使得参展商心情不愉悦，从而导致参展商在精神方面的耗费增大、参展精神成本提高、参展满意度降低。

体力成本是指参展商与参展有关的体力方面的耗费。精神与体力成本越小，顾客为购买产品所支出的总成本就越低，从而“顾客让渡价值”越大。

由于参展商参加某个展会需要耗费许多的成本，从而不能参加其他展会或者不能从事其他活动，带来间接的损失，这些间接损失构成了参展商参展的机会成本。所有这些成本构成了参展商的参展总成本，在参展价值一定的条件下，参展总成本越高，参展商参展满意度越低，再次参展的可能性就越小。

参展商“顾客让渡价值”= 参展商价值 – 参展商成本。因此，会展组织者可以采用下面三种方案，提高参展商对展会的忠诚度和满意度：一是在提高参展商的参展总价值的同时降低参展总成本；二是在参展总成本不变的条件下提高参展商的参展总价值；三是在参展总价值不变的条件下降低参展商的参展总成本。

资料来源：龚荷英：《浅议参展商的“顾客让渡价值”》，《经济研究导刊》2007 年第 5 期。

● 思考题：

1. 你参加过展会吗？感觉如何？

2. 结合参展商的“顾客让渡价值”，分析“买 200 返 80”等商场促销活动的顾客让渡价值，商场的这一活动会有效吗？其有效性会持续吗？

●【案例7–2】时尚业的“个性定制风”

习近平主席夫人彭丽媛的国际首秀，服装、皮包、首饰均为国产民族品牌，激励了国内时尚定制业。根据对广州多家服装、珠宝定制设计公司的调查，2013 年春以来，服装定制企业接单量同比增长三至四成，其中个人礼服、西装等单品定制量有明显提升；一些珠宝定制品牌则把眼光转向白领工薪阶层，推出相对平价的个性定制业务。广东省服装服饰行业协会常务副会长丁宁表示，在彭丽媛公开大力支持国货的背景下，国内服饰高级定制品牌有望脱颖而出，未来 3~5 年有望发展成与服装企业外包设计定制平分秋色的局面。

高级定制，“Haute Couture”，译为“至高无上的定制”、“顶级定制服装”，它之所以能以一针一线叫板工业化的成衣体系，法宝就是在世界上找不出第二套与它完全一模一样的衣服。定制设计师会与顾客进行双向沟通，了解他们的个人生活、职业特点、着装环境，提供专业建议，不仅面料有上千种选择，顾客还可自行选择款式、领型、口袋等。高级成衣定制的魅力来自注重尺度和细节，正如 Miuccia Prada 所说，真正的高贵发自内心，而非炫耀。

（一）穗服企业个人定制业务占比小

在广州做了 11 年服装定制设计业务的广州市珈钰服装设计有限公司 CEO 林姿含认为，相对于北京和上海，广州的个人高级定制属于起步阶段，这可能跟广州的消费习惯有关。受彭丽媛国际首秀穿定制国货的影响，2013 年春季，个人定制方面确实有所增长，幅度达三成左右。但是，与品牌服装外包设计定制业务相比，个人定制数量还是较小，仅靠个人定制业务，企业的业务量还远远不够。有许多设计公司既接个人定制业务，也接服装企业外包定制设计业务，品牌服装定制需要根据品牌定位风格。珈钰服装设计有限公司服务近 30 个品牌，每季需要设计近万个定制款，2013 年春季接单业务量同比增长近四成。

广州市心水服装服饰设计公司设计总监邓兆萍表示，个人定制业务只占其总业务的 10%~15%，个人定制的服装只适合个人口味和尺码，由于不能批量生产，没有量的保证，利润就比较薄。例如，在 2013 年，一件礼服起定价是 4000 元，套装是 2500 元，如果价格贵了，消费者宁愿去国外购买大牌服装。个人定制需要了解消费者职业、爱好、穿着场合，再结合设计师理念进行量身定制，有些面料还要到国外预订，因此定制制作要一个月时间，所以制作几千元一件的定制服装，企业几乎没有利润。不过，随着消费者对服装新的体会和感受，以及此次彭丽媛国际首秀事件的影响，更多人开始关注个人定制服务，个人定制的量或利润也许会有一个新突破。

（二）万元以内中级定制需求旺盛

近几年，我国的服装高级定制需求已如雨后春笋般出现。于 2013 年 3 月底在北京闭幕的中国国际时装周上，高级定制发布会增多是一个明显的信号。

某外资企业华南地区市场总监李女士表示，由于工作关系，自己经常要出席各种派对和谈判场合，但随着年龄增长，身材也发胖不少，在百货商场很难买到合适的衣服，于是这几年以定制服装为主。李女士认为，服装定制的成本虽然比几年前涨了不少，但和商场同等品质的时装相比，还是相对实惠。例如，一件羊绒大衣的手工费约 800 元，加上面料成本，总价 2000 多元，但一件相似面料的时装在商场也卖到数千元。在定制市场中，价格在 4000~10000 元的中级礼服需求比较大。在定制过程中，消费者可以全程参与，从面料选择到款式定稿，裁缝师傅都会参考你的意见，最重要的是永远不怕会撞衫。

事实上，国外大牌早已着手抢滩服装定制这一巨大市场。Dunhill 和 Hermes 已经在中国开展男装定制服务，Burberry 也宣布了类似计划。此外，Giorgio Armani、Jean Paul Gaultier 等品牌也在京沪举办了高级定制服装秀，以提高中国市场对品牌的认知度。另外，国内高端服装品牌同样不甘示弱，纷纷以开设高端会所的方式试水定制服务。

（三）珠宝个性定制受白领青睐

周大福、周生生等传统珠宝商以及钻石小鸟、珂兰等钻石电商，均效仿国外品牌涉足钻石定制业务。不少消费者表示，价格合适的话会考虑，毕竟定制珠宝可以从材质选购、样式构想、设计出图、专属制作方面全程参与，享受“专属性”带来的心理满足，而且最关键的是可以拥有个性化符号。

当然，也有一些消费者认为，只有在结婚的时候才会买钻石戒指和黄金首饰，听到“珠宝定制”，感觉其价位一定很高，不是一般人能够承受得起的。而钻石世家品牌总监宁振国认为，高级定制听来让人感觉到价格高昂，实际上定制也有中低端价位的，个性定制不再小众。自 2007 年起，个性定制服务逐渐起步，且发展迅猛，至 2012 年呈现几何倍数增长，且受众人群趋向更为年轻化的白领。

而且，个性定制款珠宝不一定比成品珠宝贵。所有的高档宝石加工都要经过设计、制版、倒模等环节，这些费用被总体放入成品价格里，而定制是将这部分钱分拨出来另行支付而已。但是，私人定制在于能制作很多日常销售中不常见或不出售的个性款式，形成了专有的艺术品，其价值对个人而言难以衡量。

从趋势来看，珠宝定制有望成为珠宝商今后的竞争力，但由于该模式仍是新兴事物，从各家珠宝商的业务情况来看，消费者还不够多。

资料来源：《广州时尚业刮起“个性定制风”需求旺盛》，第一营销网（原载于信息时报），2013-04-15，http://www.cmmo.cn/article-137896-1.html，有所修改。

● 思考题：

1. 个性定制产品与顾客满意之间有没有关联？如何体现出来？
2. 在定制产品购买和使用的过程中，顾客价值体现在哪些方面？
3. 请讨论个性定制企业应如何有效地提升顾客价值。

第八章 竞争者分析与市场竞争战略

学习目标：

了解市场竞争的主要形式及类型；掌握竞争者分析的思路及方法；熟悉基本的市场竞争战略；识别并判断竞争者的战略、目标、优劣势、反应模式。

市场经济的基本特征就是竞争。在市场经济中，任何企业都无法回避竞争，优胜劣汰是市场的法则。企业营销要获得成功，仅仅分析消费者或用户是不够的，还必须研究竞争对手，知己知彼，才能取得竞争优势；必须制定正确的竞争战略，才能在市场竞争中获胜。

第一节 市场竞争概述

市场经济条件下，一个企业不可能垄断整个目标市场，即使在某个市场上只有一个企业在提供产品或服务，没有“现在”的对手，也很难断定在这个市场上没有潜在的竞争企业。所以，任何企业在目标市场中进行营销活动时，不可避免地会遇到竞争对手的挑战。

一、市场竞争的主要形式

竞争首先表现为价格竞争。但随着竞争的日趋激烈，非价格竞争优势更加明显。

（一）价格竞争

价格竞争是指生产经营同种商品的企业为扩大市场份额，采取降价促销的竞争形式。企业价格竞争的条件是成本的降低。如果不能降低成本，就会造成企业利润下降，从而损害企业的利益。为此，降低生产和经营成本是企业价格竞争优势的关键，或者说，企业的价格竞争优势，实际上就是企业的成本竞争优势。因此，企业经营管理的重要任务是提高生产效率和降低生产经营成本，只有以低成本作为价格竞争的基础，企业才能占领最大化的市场份额。

当然，价格竞争也可能引发企业所不愿意接受的结果，即轮番降价造成的价格战。虽然从一般意义上讲，价格竞争可以迫使企业提高劳动生产率，不断改进产品和生产经营，从而促进社会生产的发展，最终使消费者从中受益。但是，恶性的价格战往往使竞争双方两败俱伤，使企业正常的生产经营难以为继，更谈不上研究与新产品开发。为了应对价格战的恶性竞争，企业一方面大幅度降价，另一方面千方百计降低成本，必然会导致产品质量难以保障，消费者也可能成为受害者之一。为了避免恶性价格竞争可能带来的负作用，越来越多的企业开始利用非价格竞争手段。

（二）非价格竞争

非价格竞争是通过产品差异化进行的竞争，它一般是在不改变产品价格的情况下，通过改变产品的某些属性，形成本企业产品与竞争对手产品之间的某些差异，以吸引更多的消费者购买。与价格竞争相比，非价格竞争较为隐晦、间接，因而相对不容易招致竞争企业的报复，能够收到更好的市场竞争效果。因此，在不忽视价格竞争的同时，许多企业将非价格竞争作为常规的竞争手段。

非价格竞争的具体形式有很多，只要不属于价格竞争的竞争手段，都可纳入非价格竞争的范畴。比如，产品质量的提高、产品特性的改进、品牌的提升、包装的改善、销售渠道的调整、促销手段的强化、广告的攻势、服务的改进等，都是有效的非价格竞争手段。实施非价格竞争手段，使企业产品在消费者心目中产生差异。无论这种差异是真实的，或仅仅是观念上的，只要消费者认同，能够促进消费者购买，也就达到了非价格竞争的目的。

二、行业竞争

行业是提供相同产品或有密切替代关系的相互竞争的企业总和。密切替代产品是指具有高度需求交叉弹性的产品。如果一种产品的价格上升并引起对另一种产品的需求明显增加，那么，这两种产品就是密切替代品。产业经济学认为，一个行业的竞争强度主要是由行业结构决定的。

（一）决定行业结构的因素

1. 销售商数量及产品差异化程度

产品差异化是企业针对提供给顾客的产品，通过各种方法造成足以引起顾客偏好的特殊性，使顾客能有效地区分不同企业提供的同类产品。销售商较多以及产品同质化程度高，行业竞争必然激烈；而销售商数量较少且产品高度差异化，行业竞争强度降低或存在垄断倾向。

2. 进入壁垒

进入壁垒是指企业在进入某一行业时所遇到的阻碍。主要包括规模经济、产品差异化、资本需求量、转换成本、销售渠道开拓、政府行为与政策、不受规模支配的成本因素（如商业秘密、产供销关系、学习与经验曲线效应等）、自然资源、地理环境等。进入壁垒较高时，新企业进入难度大，行业内企业间竞争强度就相对较低。

3. 退出壁垒

退出壁垒是指企业在退出某一行业时所遇到的阻碍。构成退出壁垒的主要因素包括资产的专用性、解雇费用、战略上的相互牵制、情绪上的难以接受、政府和社会的各种限制。如果退出行业的成本高昂，企业只好支持下去，继续“惨淡经营”，加剧了行业竞争。同时，退出壁垒的高低也会影响企业进入行业的决策，高退出壁垒会削弱企业进入的动机。

在上述因素中，进入壁垒与退出壁垒在很大程度上影响着行业利润，进而影响一个行业的竞争程度，如图 8–1 所示。

进入壁垒＼退出壁垒	低	高
低	低且稳定的回报	低且有风险的回报
高	高且稳定的回报	高且有风险的回报

图 8–1　壁垒与盈利能力

进入壁垒和退出壁垒都比较低的行业，新公司很容易打入，退出轻而易举，因此行业内竞争企业比较多，企业只能获得低且稳定的回报。进入壁垒低而退出壁垒高的行业，会有很多的竞争者，竞争激烈致使回报低，同时风险大，因为企业经营不善想撤退不是件容易的事，企业进入该行业须慎重。进入壁垒和退出壁垒都很高的行业，对企业的综合能力要求很高，从行业利润的观点来看，最有吸引力的就是进入壁垒高、退出壁垒低的行业，因为新的公司很难进入，行业内的竞争压力相对较小，即使企业经营不善又可安然撤退。

（二）行业竞争力模型

市场中不同竞争力量的态势，对企业产生的竞争压力是不同的。迈克尔·波特提出了决定行业竞争状况的五种竞争力量模型，如图 8–2 所示。

1. 行业内的竞争者

同行业内现有企业间的竞争是最直接、最明显的竞争。这种竞争往往是因为争取改善自身的市场地位而引发的，一般通过价格、新产品开发、广告及服务等手段表现。如果某个行业中存在众多强大或竞争意识强烈的竞争对手，其竞争行为会加剧该行业的竞争强度。同时，市场发展速度也会影响行业的竞争强度。如果市场处于稳定期或衰退期，生产能力不断大幅度扩大，固定成本高、退出壁垒高，通常会导致包括价格战、广告战等在内的激烈竞争。另外，行业中生产一般产品的企业比生产专用产品的企业面临更大的竞争压力。

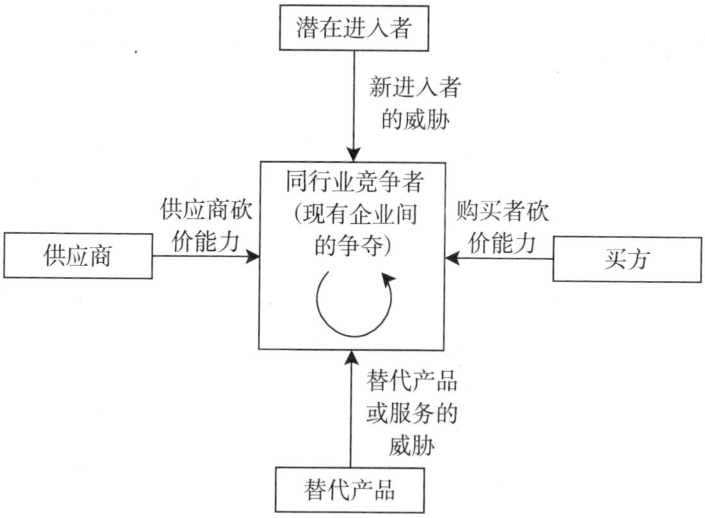

图 8-2 驱动行业竞争的五种力量

2. 潜在进入者的威胁

潜在进入者的威胁是指产业内现有企业的利润被潜在进入者侵蚀的可能性。潜在进入者是决定一个行业长期利润的基本力量之一，每一个产业都可能会有新的进入者参与竞争，新进入企业的到来导致现有产业更加激烈的竞争。潜在进入者之所以会进入这个产业，是因为它们觉察到了增长机会和超出进入成本的获利机会。

3. 替代产品的威胁

替代产品是指功能上能部分或全部代替某一产品的产品。当行业中的产品存在替代品时，替代品便对产品的生产企业形成威胁。替代品限制了现有产品的价格，从而限制了本产业的潜在收益。替代品的性能价格比越具有吸引力，对本产业的利润压力就越大。为了减小替代品对企业的威胁，企业也会设法扩大产品的差异化程度，强调替代品所不能发生作用的方面。

4. 供应商的砍价能力

企业营销目标的实现，必然要依赖于某些特定的原材料、设备、能源等的供应。如果没有供货的保障，企业也就无法正常地进行经营活动。供货者可以提价或降低其所提供货物的质量，或从供货稳定性和及时性等方面显示讨价还价的能力。如果企业面临的是实力强大的供货者，那么供货者通常在价格、质量和交易条件等方面具有相当大的主动权。为了减轻供货商对企业的威胁，应该保证在供货相对稳定的基础上，尽可能使自己的供货者多样化，以便促进供货者之间的竞争，使企业处于相对有利的竞争地位。

5. 购买者的砍价能力

购买者的讨价还价能力强弱直接影响着企业的利润，若购买者讨价还价能力强，往往意味着企业要付出让利的代价。购买者通过压低价格、追求更好的产品质量、寻求更全面的服务项目等，从竞争企业彼此对立的状态中获得好处。因此，购买者的讨价还价能力情况也是对行业内企业的威胁之一。

三、市场竞争层次

竞争者是一些力求满足相同顾客需要的企业。例如，文字处理软件商通常把其他文字处理软件商看作竞争对手。顾客真正需要的是文字处理的“书写能力”，对于这种需求，铅笔、钢笔、计算机等也可以予以满足。这些不同类别的产品通过满足相同的需求，构成实质性的威胁。

狭义上的竞争者是指同类产品的竞争者。广义上的竞争者不但包括来自相似产品当前的、直接的竞争者，还来自不同类别的潜在的、间接的竞争者。在此，可以把竞争者划分为愿望竞争者、形式竞争者、行业竞争者和品牌竞争者四类（见第四章）。由此，市场竞争就可以划分为四个层次，图 8–3 以 DVD 制造商为例解释如下：

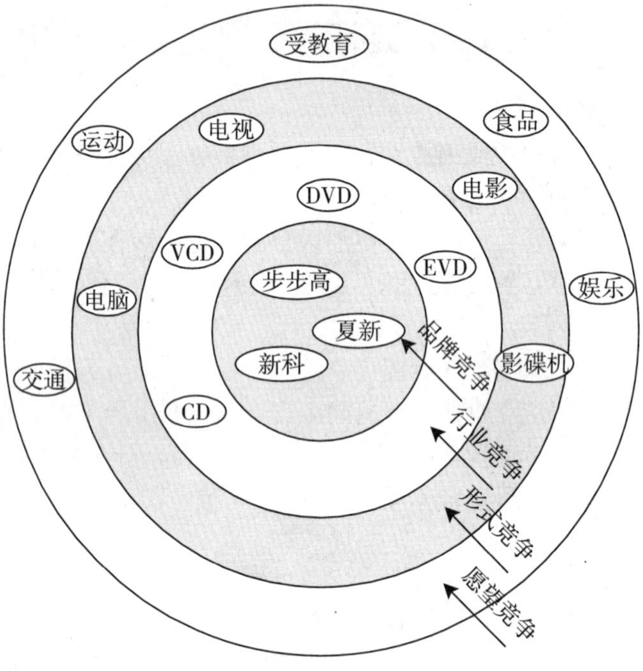

图 8–3　市场竞争的层次

市场竞争可以分为四个层次：第一个层次是最狭义的竞争，称之为品牌竞争。品牌竞争者以相近的价格向相同的顾客群提供不同品牌的相同产品和服务。这些品牌属于同类产品，具有相同的产品特征，面对同样的细分市场。例如，在图 8–3 中，步步高、新科、夏新等 DVD 制造商之间展开的激烈竞争，就属于品牌竞争。品牌竞争只关注竞争对手当前提供了什么，而不考虑未来可能会发生什么变化。该层次是最狭义的竞争层次，但也是竞争最为激烈的层次。

市场竞争的第二个层次就是行业竞争，是指具有类似特征的产品或服务之间的竞争，表现为制造同样或同类产品的不同企业，它们以同类但不同品种、不同规格的产品，争夺有相同需求消费者的竞争。例如，在影碟机制造行业中，VCD、DVD、EVD 等的制造商们纷纷向消费者推销自己的产品，因此而形成的市场竞争就属于行业竞争层次。较之于品牌竞争层次，行业竞争层次的范围更广些。如果不考虑目标市场的话，所有的影碟机制造商都可以相互视为竞争对手，而不仅仅局限于 DVD 制造商中的不同品牌的生产企业。在界定竞争对手时，企业应该重点考虑这一层次的竞争对手。

市场竞争的第三个层次是形式竞争，是指向同一类消费群体提供能够满足同一种需求但产品形式不同的竞争。例如，电影、电视、影碟机和电脑等都能满足消费者的影视娱乐需要。形式竞争以更长的时间跨度为导向，着重于可替代产品的分类，是满足同一顾客需求的产品或服务之间的竞争。形式竞争的范围比行业竞争更广，为避免竞争中的潜在威胁和发现新的市场机会，企业在参与市场竞争时，应兼顾考虑形式竞争层次的竞争。

市场竞争的第四个层次是愿望竞争，是指来自不同行业的提供商向同一消费者群体提供不同的产品或服务，以满足不同需求的竞争，是最广泛的竞争。例如，在图 8-3 中，消费者有食品、娱乐、受教育、运动、交通等方面的需要，食品提供商、娱乐设备提供商和高等教育提供者等之间为争夺满足消费者不同需求而展开的竞争，就属于愿望竞争。这个层面上的竞争考虑了市场上争夺同一个消费者钱包份额的所有产品和服务。

由此可见，市场竞争的四个层次开阔了企业的视野，使其看到还存在着更多实际的和潜在的竞争者，并激励其制订出更长远的战略计划。

第二节 竞争者分析

一、界定竞争对手

竞争是市场经济的客观存在，但企业通常不能轻易地发现自己所有的竞争对手。一般来说，企业能够直接感受到现实的竞争对手的存在，却往往不能够准确地把握哪些企业是自己的潜在竞争对手。在市场竞争中，潜在竞争对手也许要比现实竞争对手更可怕。许多企业不是被现实竞争对手所打败，而是在市场竞争中被潜在竞争对手所淘汰。因此，企业需要全方位发现自己的竞争对手，特别是那些潜在的竞争对手。对于竞争对手界定的方法，主要有以下几种：

1. 根据已有的分类方法界定竞争对手

界定竞争对手的最简单方法是采用现成的分类方法。目前，企业广泛采用的是 AC 尼尔森公司、国际资源公司或标准行业分类码所做的频繁购买商品分类。这些方法对于界定企业的产品品牌竞争非常有用。例如，在标准行业分类码中，用 2 位数（如 34 表示制造金属）、3 位数（如 342 表示餐具和手工工具）、4 位数（如 3423 表示手工和绝缘工具）和 5 位数或更多位数来划分产品的不同类别。因此，借助标准行业分类码可以做出判断，从事相同分类码产品生产的企业是构成相互威胁的竞争对手。

2. 根据产品的可替代性界定竞争对手

该方法通过评估其他产品是否具有同本企业产品一样的功能，找出自己的潜在竞争对手，从而对这些对手的产品和顾客引起足够的重视。

3. 根据管理者的判断界定竞争对手

管理者可以根据自己的经验、销售报告、分销商或其他渠道来判断企业当前和未来的竞争对手。例如，运用图表辅助管理者进行判别，如表 8-1 所示。

表 8-1 根据管理者判断界定竞争对手

市场	产品或服务	
	相同	不同
相同	A	B
不同	C	D

在表 8-1 中，情况 A 表示产品的品牌竞争，即产品和服务基本相同，追求相同顾客群体的企业之间的竞争。情况 C 表示针对不同顾客群体的产品品牌竞争。情况 B 代表了潜在的未来竞争对手，这些竞争对手向相同市场提供不同的产品和服务，但已经具备了与企业争夺现有顾客的能力。情况 D 比较复杂，暂时难以明确判断。

4. 根据顾客购买信息界定竞争对手

根据顾客的购买信息，可以对竞争对手进行界定。常用的方法有品牌转换法和需求的交叉弹性法。

（1）品牌转换。顾客在某段时间内购买品牌 A 产品，而在另一时期内不再重复购买品牌 A 产品，转而购买品牌 B 产品，这就是顾客购买的品牌转换行为。目前，从 AC 尼尔森公司、信息资源公司和数字媒体测评公司等大型市场研究机构可以获得大量耐用消费品的品牌转换数据。品牌转换的可能性已经被作为衡量顾客感知品牌相似性和替代性的工具。高品牌转换率意味着高的竞争，借助品牌转换数据可以界定竞争对手。例如，在某时期内，品牌 A 的顾客中有 50%继续购买本品牌产品，其余的顾客有 30%转向购买品牌 B，15%转向品牌 C 等，从而判断出 A、B、C 是构成相互竞争的竞争对手。

（2）需求的交叉弹性。是指一个品牌销售量变化百分比与另一个品牌价格的百分比的比值。如果价格的交叉弹性是正的，即一个品牌的价格下降时，另一个品牌的销售量也会下降，那么这两个品牌或产品被认为是竞争产品。由此，可借助需求的交叉弹性来界定竞争对手。

5. 根据顾客意见界定竞争对手

根据顾客意见界定竞争对手有四种判断性测量方法：整体相似、部分相似、产品删除和使用替代。尽管这些判断方式并不是基于真实的顾客行为，它们仍有助于企业深入了解未来的市场竞争情况和更宽泛地界定现有竞争对手。

（1）整体相似。产品或品牌之间的相似性测量常用坐标图来表示，称之为感知图。图中的坐标点代表产品或品牌，各象限代表顾客在做相似性判断时所比较的产品属性。如果品牌在图上所处的位置很接近，说明品牌具有相似的属性，其相互之间的竞争就越激烈。这样，借助感知图就可以对竞争对手进行界定。

（2）部分相似。给顾客列出大量的产品或品牌名称，要求顾客对这些名称进行分组，分出的每组产品是可以相互替代的。此外，还可以让顾客判断各组产品的相似性，通过累加顾客的相似性判断，可以绘出一张感知图。因此，这种方法在某种程度上与前一种很类似，只是在找出需考虑的竞争对手之后来收集相似性判断结果。

（3）产品删除。可按照顾客对产品无效性的反应来界定市场。假设一组产品或品牌是可以替代的，并构成一个市场。当一个产品从备选方案中被删除后，顾客更可能会从剩余产品中购买，而不是在该范围之外做出选择。例如，对于一组产品或品牌（A、B、C、D、E），顾客可能会选择哪些品牌；如果顾客选择的某一个品牌被从备选中删除（假如告知顾客，他选择的品牌缺货，要求再次选择），此时顾客又会选择哪些品牌，这时就可以看出，被选择的品牌和被删除的品牌在某种程度上构成竞争威胁。

（4）使用替代。让顾客列出指定品牌所具有的全部功能，然后再让他们列举出具有相似功能或好处的其他产品或品牌，由此可以列举出许多产品或品牌。在此基础上，再让每位顾客对他们所列举的功能品牌进行打分。这样，根据顾客的打分评判结果就可以界定竞争对手。

对于上述界定竞争对手的方法，平时接触较少，在此介绍也比较简单，对此感兴趣的读者可以参阅竞争对手分析方面的专业资料。上述方法，可用来界定市场竞争中的不同层次的竞争者，其情况见表 8–2。

表 8–2　界定竞争对手的方法

方　法	竞争层次				典型数据来源	
	品牌竞争	行业竞争	形式竞争	愿望竞争	原始资料	二手资料
根据已有分类方法界定	√	√				√
根据产品的可替代性界定	√	√	√		√	
根据管理者的判断界定	√	√			√	√
根据顾客购买信息界定：						
品牌转换	√	√				√
需求交叉弹性	√	√	√			√
根据顾客意见界定：						
整体相似	√	√	√		√	
部分相似	√	√	√	√	√	
产品删除	√	√	√		√	
使用替代	√	√	√		√	

注：“√”表示这种方法可以用来界定该层次的竞争对手或使用该类型的数据。

二、竞争对手的选择

企业在市场中有许多竞争者存在，企业不可能同时进攻和消灭所有的竞争对手，即使企业有这个实力，也应根据企业战略重点来确定相应行动。进行市场竞争层次划分的第二个意义就是把竞争对手集中起来进行比较，找到企业的真正竞争对手。企业的资源是有限的，对市场中每个竞争对手都进行分析和采取对策是不现实的。所以，竞争对手的选择就是要求企业区分其不同的类型，明确企业应该进攻还是回避。

选择竞争对手的简单方法是考察以下三方面因素：

（1）营销计划的时间跨度，是短期计划还是长期计划。对于时间跨度为一年的营销计划，可以选择在能够反映短期竞争态势的品牌竞争和行业竞争层面来界定竞争对手。例如，短期内，“步步高”DVD的主要竞争对手是其他品牌的DVD或其他类型的影碟机（如VCD、EVD）。另外，对于长期计划而言，可能更强调形式竞争层次，通过形式竞争层次的竞争可识别重要的竞争威胁，尤其是来自新技术的威胁。

（2）产品所处的生命周期阶段。在产品成长阶段早期，尤其是对新技术产品来说，竞争的范围应更宽些，因为大量的营销任务是使顾客相信用新产品替代已有产品能够满足顾客的需求。在成熟市场中，企业应该把重点放在品牌竞争对手和行业竞争对手上。

（3）技术更新速度。在技术更新速度飞快的行业中也应该尽可能宽泛地考虑竞争对手，如文字处理器、家用电脑、手机、传真机、电视机和卫星定位等产品。相反，在技术发展比较缓慢的行业中（如食品行业）狭义地选择竞争就足够了。

在确定恰当的竞争层次后，企业应该把目光转移到其中的竞争对手上，开始对具体竞争对手进行分析，即进入到企业层面的竞争分析——竞争对手行为分析。

三、判断竞争对手的当前目标及策略

竞争对手分析的第一步是判定主要竞争对手的当前目标及策略。

（一）判定竞争对手的当前目标

判定竞争对手的当前目标可以为企业提供有关竞争对手意图的有价值信息，同时，也为竞争对手能力的评估准备背景资料。

企业要明确三个基本的品牌或产品目标：

（1）成长性目标。通常指品牌在战略业务单位中的成长或品牌市场份额的增加。在这样的目标下，利润是辅助性指标。

（2）保持性目标。市场份额正在减少的企业应该考虑采用这样的目标。企业在市场萎缩的情况下，能够扭转局面的有效方法是采取有力措施减缓市场份额的下降，逐渐挽回市场。

（3）收获性目标。在该目标指导下，利润是最重要的参数。此外，具体的目标有获利能力、市场占有率、现金流量、成本降低、技术领先、服务领先等，每个企业有不同的侧重点和目标组合。

在产品层面，目标主要是用市场份额或利润来表达；在企业层面，目标与投资回报或其他的综合统计有关。目标在很大程度上决定了企业应该采取什么样的策略和市场会采取什么样的行动，例如，竞争对手的产品是以牺牲短期利润来提升市场地位的话，就可能会出现如下现象：产品升级、价格降低、广告投入增大、对消费者和中间商的促销活动更加频繁或者是分销投入增多。换句话说，希望扩大品牌市场份额的企业将会很活跃地在相关市场活动上投入资金或降低价格。这样的活动很容易被产品经理、广告代理和其他评估竞争品牌的相关部门所掌握。又如，以收获利润为目标的品牌则会以相反的方式出现在市场上。竞争对手提高价格、减少营销预算等行为可以理解为从活跃的市场竞争中退出，也许只是暂时的退出。

通过密切观察和分析竞争对手的目标及其行为变化，可以为企业的竞争决策提供方向。例如，当发现竞争对手开辟了一个新的细分市场时，也就意味着可以产生一个新的市场机会；当发现竞争对手试图打入自己的市场时，就意味着发生了新的市场威胁，需认真对待。

竞争对手的市场目标可能存在着差异，从而影响到企业的经营模式。例如，竞争者是寻求长期业绩还是寻求短期业绩？是寻求当前企业利润最大化，还是寻求企业股票市场价值的最大化？这一目标的差异将影响到竞争对手在利润与收入增长之间的权衡，也会影响到其在增长与定期分红决策之间的权衡。竞争对手的这些目标差异对企业制定营销战略将产生重要影响。

（二）识别竞争对手的当前策略

市场策略的两个关键要素是企业所诉求的细分市场和其核心能力。细分市场关系到企业为谁服务的问题，这对于企业避免激烈的竞争和确定目标很重要，企业往往可以从中发现市场机会。核心能力关系到企业拿什么参与竞争，即企业的差异化优势何在。这一点对制定营销策略非常重要，它往往形成了基本的销售提案。

对于工业用品来说，这两个要素可以很容易地通过检验三个信息来源确定：企业的销售手册、销售队伍和商业广告。销售手册提供了企业的核心信息，通常会详细地介绍企业产品与竞争对手产品的不同之处。即使销售手册并没有有意进行品牌比较，也会突出说明自身品牌的主要优势。销售队伍可以提供关于企业目标或行为的资料。这些资料可能来源于合同、展销会等渠道。最后，从商业广告中可以发现竞争企业的细分市场和差异化优势。

对于消费类商品，探询竞争对手广告就会找到几乎所有有用信息。从电视广告信息内容中可以了解产品细分市场的差异化优势，而印刷广告要比电视广告包含更多的信息。

四、评估竞争对手的竞争力

竞争对手的目标和策略可能预示其对市场竞争做出何种反应，但反应的现实性和强度则取决于竞争对手的资源和能力。对竞争对手能力实事求是地评估是竞争对手分析的关键。竞争对手能力评估主要涉及的内容见表 8-3。

为了进行有效的竞争，企业必须弄清谁是自己的竞争对手以及竞争对手的实力如何。唯有如此，企业才能有的放矢、避实击虚、克敌制胜，才能有效地获取并维持竞争优势。

表 8–3 竞争对手能力评估

1. 产品	产品在市场上的地位、产品的适销性以及产品组合的宽度与深度等
2. 销售渠道	销售渠道的模式、效率、服务能力等
3. 市场营销组合	市场调研，销售人员的技能培训，广告与促销的投入及力度等
4. 生产能力	设施与设备的技术先进性，专利与专有技术，生产能力的扩展性，质量控制，成本水平与成本控制，区位优势，员工状况，原材料的来源等
5. 研发能力	在产品、工艺、基础研究、仿制等方面所具有的研究与开发能力，研究与开发人员的创造性、素质与技能等
6. 资金实力	企业的资金结构、筹资能力、现金流量、资信度、财务比率、财务管理能力等
7. 组织	员工价值观的一致性与目标的明确性，组织结构与企业策略的一致性，组织结构与信息传递的有效性，组织对环境因素变化的适应性与反应速度，员工的素质等
8. 管理能力	管理者的领导素质与激励能力、协调能力，管理者的专业知识，管理决策的灵活性、前瞻性等

五、预测竞争对手的未来策略

在市场竞争中，绝大多数竞争对手都会面对放弃或继续竞争的选择。这就需要对竞争对手继续参与竞争的可能性进行评估与分析判断：

（1）参与竞争的产品对企业有重要性。产品的销售量和利润占的比重越大，该产品线的员工人数越多以及给企业的战略冲击越大或策略要点越重要，企业就会全力以赴发展该产品。此时，竞争对手会表现出强烈的反应。

（2）企业对市场的认同程度如何。如果企业非常看好参与竞争的市场，且高层管理者对此非常认同的话，则企业参与竞争的反应会表现得相对激烈；反之，则表现相对缓和。

（3）企业员工和经理的素质、进取心如何。企业的员工特别是领导层的进取心程度也会影响竞争企业的反应。好胜心强，会积极参与竞争，但好胜的行为结果可能适得其反，甚至背离企业的目标。

此外，企业还需要对竞争对手的经营哲学、内在文化、主导信念、心理状态、过去的竞争行为进行深入了解，才能预测其对各种竞争行为的反应。在市场竞争中，竞争对手常见的反应类型有以下四种：

（1）从容型。从容的竞争者对某些特定的攻击行为没有迅速反应或强烈反应。可能认为顾客忠诚度高，不会转移购买；或认为该行为不会产生实质性的效果；也可能缺乏做出反应所必需的资金条件等。

（2）选择型。只对某些类型的攻击做出反应，而对其他类型的攻击无动于衷。比如，对降价行为做出针锋相对的回击，而对增加广告费用则不作反应。了解竞争者会在哪些方面做出反应，有利于企业选择最为可行的应对策略。

（3）凶狠型。指对所有的攻击行为都做出迅速而强烈的反应，这类竞争者意在警告其他企业最好停止任何攻击。

（4）随机型。这类竞争者对竞争攻击的反应具有随机性，有无反应和反应强弱无法根据其以往的情况加以预测。

经过上述分析，企业可以掌握主要竞争对手希望从当前的市场中获得什么回报；对竞争对手当前的策略有了一个总体认识；把握竞争对手的资源、能力情况和可能的反应，可以对竞争对手的行为做出初步的估计。当然，要对竞争对手做出准确分析与判断，还需要建立一套完整的竞争信息收集机制——竞争情报系统。

第三节 竞争情报系统

营销竞争情报系统是指将反映企业营销环境（包括企业自身、竞争对手和企业外部环境）的时间状态和变化的数据、信息及情报进行收集、存储、处理及分析，并以适当的方式发布给企业有关战略营销决策人员的人工和计算机集成应用系统。营销竞争情报系统是由人工系统和计算机系统交互集成的，是一种人机结合型的系统。具体来讲，是企业的 CIO（Chief Information Officer）、信息收集人员、情报分析人员、计算机及网络技术人员等利用各种信息渠道，借助计算机、网络环境和信息技术支持而构建的一种竞争情报系统。

从系统的结构上来讲，营销竞争情报系统由竞争情报收集子系统、竞争情报处理与分析子系统和竞争情报服务子系统三大部分组成，其结构如图 8-4 所示。

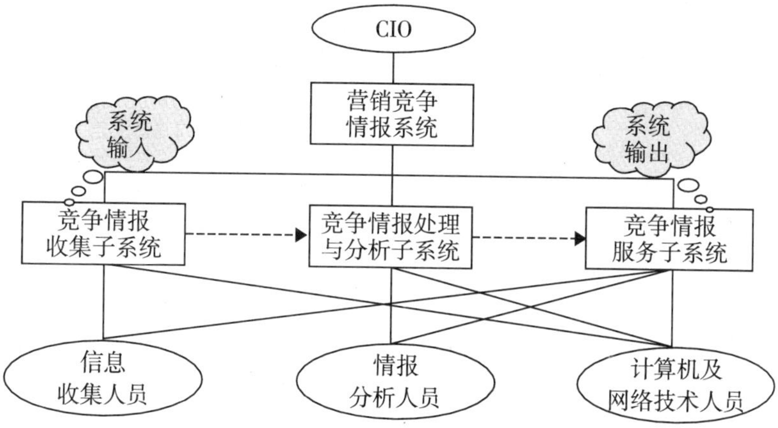

图 8-4 营销竞争情报系统整体结构

其中，竞争情报处理与分析子系统是整个系统的核心，收集子系统实现数据信息的输入功能，并传递给处理与分析子系统。处理与分析子系统对原始数据信息进行加工处理，将分析结果传递给服务子系统。服务子系统向最终用户提供各种竞争信息报告，该子系统实现整个系统的输出功能。CIO 负责整个营销竞争情报系统的管理；信息收集人员按照服务子系统信息的要求，负责信息的收集、录入；情报分析人员按照用户的要求，对信息数据进行分析处理；计算机及网络技术人员负责整个系统的维护以及提供相关技术支持。

一、竞争情报收集子系统

竞争情报收集子系统主要负责营销决策中需要的竞争情报的收集，它是整个竞争情报系统的输入。营销中的竞争情报收集子系统主要针对竞争环境信息、竞争对手信息、市场信息和企业自身信息进行捕获。该子系统可以细分为内部信息收集模块和外部信息收集模块两部分，其中，内部信息收集模块主要功能是采集企业自身内部各种信息，外部信息收集模块主要通过各种途径获取相关市场信息、竞争环境信息和竞争对手信息等。营销中的竞争情报收集子系统如图 8-5 所示。

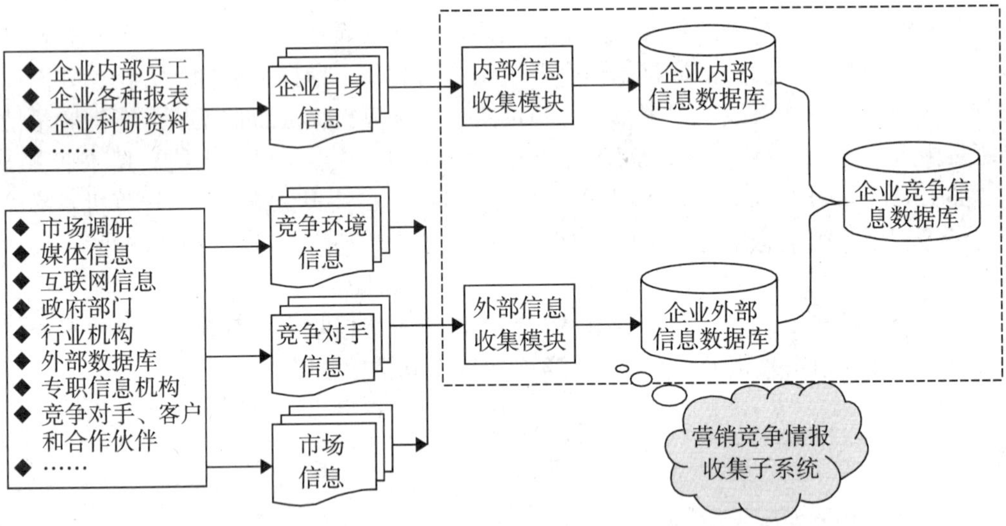

图 8-5 竞争情报收集子系统

通过企业内部员工、各种报表资料、内部会晤等途径，内部信息收集模块可以收集企业自身信息，并存入内部信息数据库。通过市场调研、媒体信息、互联网信息、政府部门及行业机构、外部数据库、专职信息机构等途径，外部信息收集模块可以采集关于竞争环境、竞争对手等方面的企业外部信息，并存入外部信息数据库。综合企业内部信息数据库和外部信息数据库，初步形成企业的竞争信息原始数据库，实现整个竞争情报系统的数据输入。形成的竞争信息原始数据库，是后续处理与分析子系统的基础。

二、竞争情报处理与分析子系统

竞争情报处理与分析子系统是整个系统的核心，主要功能是整理分析信息，并将原始信息数据库中的数据有序化、系统化、层次化，由此形成适合营销决策的竞争情报报告。该子系统首先对竞争情报收集子系统提供的原始信息数据进行初级处理，得到竞争情报数据库，然后按照一定的标准和方法对信息进行筛选、整理和分析，最终得出竞争情报报告供决策参考，如图 8-6 所示。

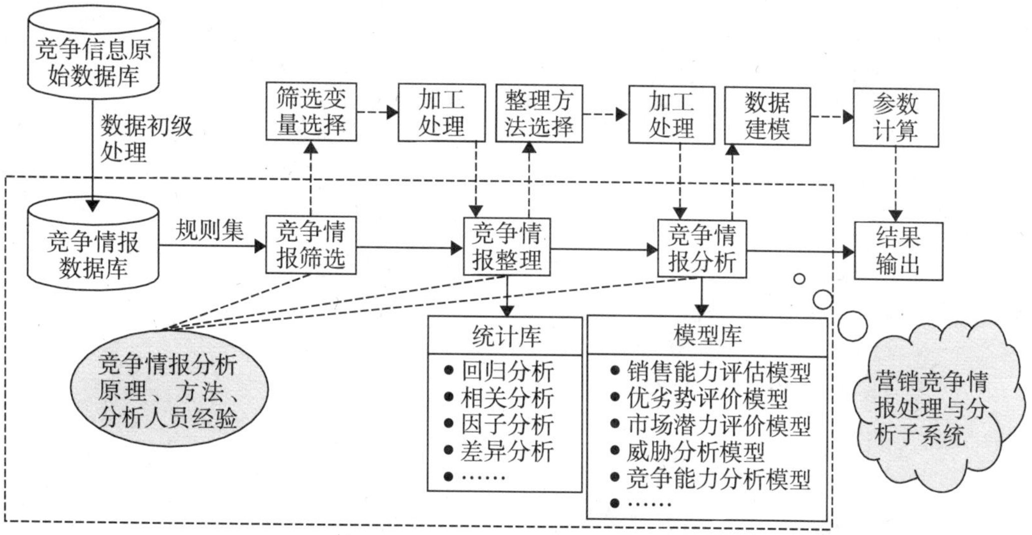

图 8-6 竞争情报处理与分析子系统

在竞争情报处理与分析子系统中，常用的处理技术有数据挖掘技术、OLAP 技术、信息融合技术、基于案例的推理技术等，常用的分析方法有定标比超方法、SWOT 分析法、专利分析法、财务分析方法等。在竞争情报整理中，通过统计程序可以帮助了解、分析各组数据彼此的相关程度和统计的可靠性；利用模型库中的对应模型对信息数据进行建模分析，有助于管理者做出科学的决策。

三、竞争情报服务子系统

竞争情报服务子系统主要将处理与分析子系统得出的结果，在适当的时机提供给用户，供营销决策参考。该子系统主要通过计算机检索系统和人工系统的情报报告两种形式为最终用户提供服务，如图 8-7 所示。

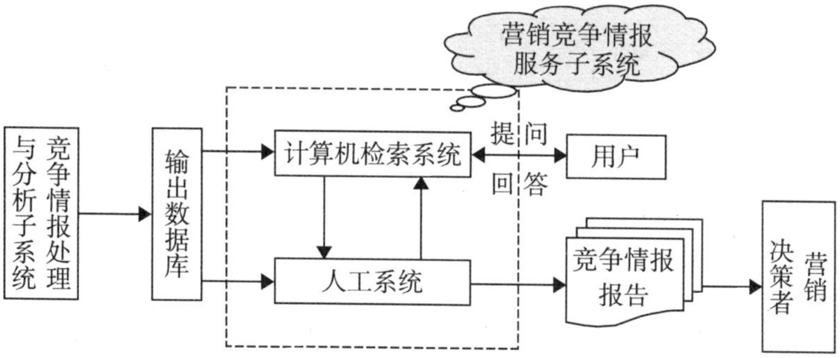

图 8-7 竞争情报服务子系统

通过服务子系统，一方面，用户可以直接利用其中的计算机检索系统，按照要求查询相关竞争信息情报；另一方面，人工系统可以在计算机检索系统的基础上，形成各种综述报告、动态情报报告、结论等为企业的营销决策者提供具体信息支持。

第四节 市场竞争战略

在对市场上的竞争者全面分析的基础上，企业制定竞争战略首先考虑的是市场竞争的基本战略，即成本领先战略、差异化竞争战略和集中化竞争战略；再考虑市场竞争的具体战略，即市场领先者战略、市场挑战者战略、市场跟随者战略以及市场补缺者战略。

一、市场竞争的基本战略

任何企业要在市场竞争中站稳脚跟，得以发展，必须针对企业的竞争对手，根据自身的市场地位和实力状况来制定竞争战略。市场竞争的基本战略有成本领先战略、差异化竞争战略和集中化竞争战略。

（一）成本领先战略

即企业不断降低产品和运营成本，使自己的总成本低于同行的竞争者，并以较低价格取得竞争优势，争取最大的市场份额。实施成本领先战略的企业必须做到：

(1) 提高管理水平。企业在采购、生产、资金占用、人力和营销等方面都能精打细算，厉行节约，从而降低成本水平。

(2) 规模经营。一般来说，在一定的时间、数量范围内，分摊到单位产品上的固定成本与生产销售数量成反比，为此，经营规模越大，单位成本就越低。

(3) 提高市场占有率。在市场中占有绝对的市场份额，能够提高企业在市场中的影响力，企业在促销、分销等方面会占有主动地位，成本得以较好的控制。

(4) 不断提高技术水平。对企业进行技术改造，在扩大生产的同时，大大提高效率，通过技术领先降低成本，同样可以达到低价竞争优势。

（二）差异化竞争战略

差异化竞争战略是指企业应发挥差别优势，创造出个性突出的产品或服务，比同行竞争者更有效地满足目标顾客的需求。实行差异化竞争战略必须具备：

(1) 独特性。企业比竞争者拥有独特的、明显的有利条件。无论是产品特色、营销战略、服务水平、技术水平都是竞争者暂时不具备的，保持这种有利地位，从而使企业在竞争中能暂时独占鳌头。

(2) 创新能力。企业在硬技术和软技术开发上具有很强的创新能力。硬技术的创新使企业产品不断推陈出新，以技术领先，保证企业的差异化。软技术的开发和运用，保证企业高效运营，也是竞争者难以模仿和比拟的，如麦德龙、沃尔玛的管理系统，同行是难以抗衡的。

(3) 营销能力。企业的营销战略、策略和方法手段别具一格。与竞争者相比，有独到的创意，对市场的适应能力和应变能力强，也是保持企业差异化的重要方面。

（三）集中化竞争战略

集中化竞争战略是指企业将目标市场锁定在某一个或几个较小的细分市场，实行专业化经营，走小而精、小而专的道路。实行集中化竞争战略，关键在于企业拥有的产品或技术是某一特定目标市场必需的，企业在这一特定细分市场上有能力占有较大的市场份额。但是，集中化竞争战略风险也比较大，一旦市场发生变化，对企业的威胁也很大。

二、市场领先者竞争战略

市场领先者是指其产品在行业同类产品中占有率最高的企业。一般而言，在绝大多数行业中都有一个被公认的市场领先者。例如，电子计算机软件市场的微软公司、摄像胶片市场的柯达公司、软饮料市场的可口可乐公司、快餐市场的麦当劳等。

领先者的市场行为在行业市场中有举足轻重的作用，其价格变动、新产品开发、营销渠道覆盖以及促销的力度，都处于主导地位。领先者通常显示的优势有：拥有众多的品牌忠诚者，且忠诚度高；拥有合理设置的广泛高效的营销渠道，反应敏锐且善于引导消费需求的促销经验等。市场领先者是行业中的一个“标尺”，当领先者的地位确定后，才能清楚地辨识行业中的市场挑战者、市场跟随者、市场补缺者的不同竞争地位。

市场领先者的地位是在市场竞争中自然形成的。领先者的市场竞争地位虽然具有相对稳定性，但并非固定不变。绝大多数领先企业是不享有合法垄断权的，因此市场领先者都面临着同行业竞争对手的挑战，稍有不慎其领先地位就会失去。例如，美国福特公司因产品不能适应市场需求，从“龙头老大”的位置上跌落下来就是一个很好的教训。为此，市场领先者必须保持高度的警惕性，实施正确的竞争战略来保持行业第一的优势，维护自己的主动地位。市场领先者通常选择的总体战略有三种：扩大市场需求量、保持现有市场份额、扩大市场份额。

（一）扩大市场需求量

市场领导者占有的市场份额最大，在市场总需求扩大时受益也最多，所以促进产品总需求量不断扩大是市场领导者维护竞争优势的积极措施。扩大市场需求总量的主要途径是开发产品的新用户、寻找产品的新用途和增加顾客使用量。

1. 开发新用户

开发新用户的途径有：①市场渗透——转变未使用者，即说服那些尚未使用本行业产品的人使用，把潜在顾客转变为现实顾客。②市场开发——进入新的细分市场，在原细分市场需求饱和后设法进入新细分市场，扩大原有产品的适用范围，说服新细分市场的顾客使用本产品。③地理扩张，寻找尚未使用本产品的地区。

2. 寻找新用途

通过开辟产品的新用途来扩大市场需求量。领先者往往有能力根据市场需求动态，为自己的产品寻找和开辟新的用途。例如，美国杜邦公司不断开发尼龙产品的新用途就是一个公认的成功范例，该公司几十年来在不同的市场上，不断地开发尼龙产品的新用途，形成众多具有竞争力的产品。

3. 增加顾客使用量

主要包括：①提高使用频率。企业设法使顾客更频繁地使用产品。例如，“高露洁”运用高效广告和促销手段，宣传护牙知识，要求每日用牙膏清洁口腔 2~3 次，该品牌产品在我国牙膏市场的销售量大幅增长，处于行业市场的领先者地位。②增加每次使用量。宝洁公司曾提醒顾客，每次洗发时，使用两遍比只用一次效果更好。③增加使用场所。彩电生产企业宣传有条件的家庭在客厅和卧室分别设置彩电可方便观看，避免家庭成员之间的收看冲突。

（二）保持现有市场份额

市场领先者在努力扩大市场规模的同时，还必须防备竞争对手的进攻和挑战，保护企业的现有市场阵地。领先者必然是众多竞争对手攻击的主要目标，尤其是面临市场挑战者的威胁。面对进攻和挑战，市场领导者如何保持自己领先的市场份额？最佳的战略方案是不断创新，以壮大自己的实力。领先者企业绝不能满足现状，应当在新产品开发、服务水平的提高、销售渠道的高效畅通以及降低产品成本等方面不断努力，在行业内成为名副其实的领先者。市场领先者在增强自己营销实力的基础上，还应抓住竞争对手的弱点主动出击。事实说明，进攻是最有效的防御，这是营销战略的一条基本原则。

当市场领先者不准备或不具备条件组织或发起进攻时，至少也应做到严守阵地，不能暴露自己的薄弱环节，要及时堵塞市场漏洞。为此，市场领先者必须审慎地考虑，善于准确判断哪些是自己必须不惜代价去固守的“防御阵地”。一个处于市场领先地位的企业，可以选择采用六种营销防御战略。

1. 阵地防御

是指围绕企业目前的主要产品和业务建立牢固的防线。根据竞争对手在产品、价格、渠道和促销方面可能采取的进攻战略制定自己的预防性营销战略，并在竞争者发起攻击时坚守原有的产品和业务阵地。主要措施有：差别营销；培养顾客忠诚度；封锁销售渠道入口；提高买主的转换成本；延伸产品线；占领技术制高点等。阵地防御是防御的基本形式，是静态的防御，在许多情况下是有效的、必要的，但是单纯依赖这种防御会患“营销近视症”。当年亨利·福特固守 T 型车的阵地就惨遭失败，使得年盈利 10 亿美元的公司险些破产。企业更重要的任务是技术更新、新产品开发和扩展业务领域。

2. 侧翼防御

是指企业在自己主阵地的侧翼建立辅助阵地以保卫自己的周边和前沿，并在必要时作为反攻的基地。企业努力填充相关产品或服务的空白点，不让进攻者从侧面有机可乘。例如，百事可乐预料到七喜公司在 1982 年对“无咖啡因”可乐的大肆宣传，会对百事可乐在美国软饮料市场的地位造成巨大影响。因此，百事可乐迅速完成了 99%的“无咖啡因”配方研制，配合 1 亿美元的广告宣传，成功地推出针对挑战者的产品，抵御了七喜的侧翼挑战，保卫了其市场领先地位。

3. 以攻为守

是指在竞争对手尚未构成严重威胁或在竞争对手向本企业采取进攻行动前抢先发起攻击以削弱或挫败竞争对手。这是一种先发制人的防御，公司应该正确地判断何时发起进攻效果最佳，以免贻误战机。具体的做法是当某一竞争者的市场占有率达到对本企业可能形成威胁的某一危险高度时，主动出击，必要时采取连续不断的正面攻击，以挫败竞争对手向本企业进攻的锐气，迫使其放弃进攻的意图或推迟其发动进攻的时间。例如，克莱斯勒汽车公司在美国汽车市场上排行第三，当该公司的市场占有率从12%上升到18%时，通用公司就认为，如果克莱斯勒公司的市场份额达到20%，就会对自己造成威胁。在这种形势下，必须采取主动出击战略，以巩固自己的市场领先地位。

4. 反攻防御

是指市场领先者受到竞争者攻击后采取的反击措施。大多数市场领导者受到攻击后，必须向对手做出反击以示回应。但要注意选择反击的时机，可以迅速反击，也可以延迟反击。如果竞争的攻击行动并未造成本公司市场份额迅速下降，可采取延迟反击，弄清竞争者发起攻击的意图、战略、效果和其薄弱环节后再实施反击。反击防御战略选择可以是正面反击，采取与对手相同的竞争措施，迎击对方的进攻；或者攻击侧翼，选择对手的薄弱环节加以攻击；或者同时实施正面攻击或侧翼攻击；等等。

5. 运动防御

是指市场领导者不仅要固守现有的产品和业务，还要扩展到一些有潜力的新领域，以作为将来防守和进攻的中心。扩展到新领域的方法是市场拓宽和多元化。市场拓宽要求企业将注意焦点从现行产品转移到主要的基本需要和对该需要相关联的整套技术的研究开发上。多元化是企业进入不相关的行业，以多元化增长战略进行积极防御。

6. 收缩防御

是指企业根据市场变化，从实力较弱的领域撤出，将力量集中在实力较强的领域。当企业无法坚守所有的市场领域，并且由于力量过于分散而降低资源效益的时候，可采取这种战略。其优点是在关键领域集中优势力量，增强竞争力。

（三）扩大市场份额

扩大市场份额，即提高市场占有率，是市场领先者增加收益的一个重要途径。市场领先者实施这一战略是设法通过提高企业的市场占有率来增加收益、保持自身成长和市场主导地位。一般而言，如果单位产品价格不降低且经营成本不增加，企业利润会随着市场份额的扩大而提高。但是，切不可认为市场份额的提高会自动增加利润，这主要取决于企业提高市场份额所采取的战略。企业在追求提高市场份额时，还应考虑以下三个因素：

1. 经营成本

实证研究表明，在一定时间、数量范围内，企业利润会随着市场份额的提高而提高；当市场份额超过某一限度仍然继续增加时，经营成本的增加速度会大于利润的增加速度，企业利润会随着市场份额的提高而降低，主要原因是用于提高市场份额的费用大幅度增加。

2. 营销组合

如果企业实施了错误的营销组合，比如过分地降低商品价格，过高地支出公关费用、广告费、渠道拓展费、销售员和营业员奖励费等促销费用，承诺过多的服务项目导致服务费大量增加等，则市场份额的提高反而会造成利润下降。

3. 反垄断法

为了保护自由竞争，防止出现市场垄断，许多国家的法律规定，当某一公司的市场份额超出一定限度时，就要受到制裁甚至肢解。这种风险的上升会削弱企业追求市场份额获利的吸引力。

总之，处于主导地位的市场领先者必须全面掌握各项战略。既要善于从扩大市场需求总量入手，保卫自己的市场阵地，防御挑战者的进攻，又要善于在保证收益增加的前提下，通过提高市场占有率使企业长期占据市场领先地位。

三、市场挑战者竞争战略

市场挑战者指在行业中占据第二位及以后位次，有能力对市场领导者和其他竞争者采取攻击行动，希望夺取市场领导者地位的公司。在技术或市场发生变化时，名列前茅的公司未能继续保持行业领先地位是常见现象。例如，美国固特异和凡世通公司很晚才进入子午线轮胎市场却处于领先地位；佳能取代了施乐公司，在小型复印机市场独占鳌头；等等。

处于市场挑战者地位的企业一般都具有相当的规模和实力，在竞争策略上有相当大的主动性，它们随时可以向市场领先者或其他企业发动进攻。然而作为市场挑战者，盲目进攻是愚蠢的甚至是有害的。要使自己的挑战获得成功，必须明确企业的营销目标和要挑战的对象，然后选择合适的进攻策略。

（一）确定挑战对象

明确企业的竞争对手和主攻方向，是市场挑战者企业成功与否的关键。大多数市场挑战者的目标是增加自己的市场份额和利润，减少对手的市场份额。挑战目标与所要进攻的竞争对手直接相关。进攻者可选择以下三类公司作为进攻对象：

1. 攻击市场领先者

意在夺取市场领先者的市场份额和产品优势。这一战略风险大，潜在利益也大。当市场领先者在其目标市场的服务效果较差而令顾客不满，或对某个较大的细分市场未能给予足够关注的时候，采用这一战略带来的利益更为显著。施乐公司从3M公司那里夺走了复印机市场；佳能公司开发了台式复印机，又从施乐公司那里夺走了大片市场。

2. 攻击与自身实力相当的企业

市场挑战者可以抓住时机，向那些势均力敌的企业发起进攻，把竞争对手的顾客吸引过来，壮大自己的市场。相对于攻击市场领先者来说，这种战略风险小。公司应当仔细调查攻击对象是否满足了消费者需求，是否具有产品创新能力，如果在这些方面有缺陷，选择其作为攻击对象的成功几率就较大。

3. 攻击实力较弱的企业

在某些中小企业出现经营管理和收支方面的困难时，处于市场挑战者地位的企业可以通过兼并、收购等方式，夺取这些企业的市场份额，以壮大自身的实力和扩大市场占有率。例如，我国现在的电冰箱生产厂，也是采用这一策略成长起来的，通过适时地吞进这些市场上的“小鱼”或“小虾”，将小规模的同行驱逐出市场，提高自己的市场地位。

（二）选择进攻策略

明确了策略目标和进攻对象之后，挑战者需要考虑的是采取什么进攻战略，即如何对竞争对手进行攻击。有五种进攻战略可供选择：

1. 正面进攻

就是集中全力向对手主要市场阵地发动攻击的策略。进攻的是对手的强项而不是弱项，比如以更好的产品、更低的价格、更大规模的广告攻击对手的拳头产品。决定正面进攻胜负的是“实力原则”，即享有较大资源（人力、财力和物力）的一方将取得胜利。当进攻者比对手拥有更大的实力和持久力时才能采用这种战略。降低价格是一种有效的正面进攻战略，如果让顾客相信进攻者的产品同竞争对手相同但价格更低，这种进攻就会取得成功。要使降价竞争得以持久并且不伤自己的元气，需大量投资于降低生产成本的研究。如果防守者具有某些防守优势，比如在某市场上有较高的声誉、广泛的销售网络、牢固的客户关系等，则实力原则不一定奏效，资源上略占优势的一方不一定能取得胜利。

2. 侧翼进攻

是指市场挑战者集中优势力量攻击竞争对手的弱点，其思想在于强大的竞争对手总有相对薄弱的防线。因此，进攻者可以采取“声东击西”的做法，佯攻正面，实际攻击侧面或背面，使竞争对手措手不及。具体可采取两种策略：①地理性侧翼进攻。即选择对手忽略或绩效较差的产品和地理区域市场作为攻击点和突破口。比如，一些大公司易于忽略的中小城市和乡村，进攻者可在那里发展业务。②细分性侧翼进攻。即寻找还未被领先企业重视或覆盖的细分市场作为攻占的目标。例如，通用公司生产大型号的轿车，大众汽车公司对其发动侧翼进攻，生产小型轿车，并取得成功。

3. 包抄进攻

是指在多个领域同时发动进攻以夺取对手的市场。比如，向市场提供竞争对手所能提供的一切产品和服务，并且更加质优价廉，配合大规模促销，使对手分散力量，不能全方位进行防御。主要包括产品包抄和地理包抄，其适用条件是：通过市场细分未能发现对手忽视或尚未覆盖的细分市场，补缺空当不存在，无法采取侧翼进攻；与对手相比拥有绝对的资源优势，制定了周密可行的作战方案，相信包抄进攻能够摧毁对手的防线和抵抗意志。例如，日本精工公司对美国手表市场的进攻就是采用包抄进攻成功的范例。经过多年的营销努力，精工公司无论在产品质量、功能款式、分销渠道、价格竞争及广告促销等方面都具有压倒竞争对手、征服消费者的明显优势。

4. 迂回进攻

如果竞争对手的实力较强，市场挑战者可以避开对手的现有业务领域和现有市场，进攻对手尚未涉足的业务领域和市场，以壮大自己的实力。比如，选择竞争对手忽略的细分市场进攻，或者选择竞争对手产品销售薄弱的地区、服务较差的地区进攻。这是集中自己的优势力量攻击对手弱点的策略，成功的可能性更大。实行这种战略主要有三种方法：①多元化地经营那些与竞争对手现有业务无关联的产品；②用现有产品进入新的地区市场；③用竞争对手尚未涉足的高新技术制造的产品取代现有产品。

5. 游击进攻

如果挑战者企业规模暂时较小，力量较弱的话，可采取游击进攻策略。游击进攻的目的在于以小型的、间断性的进攻干扰对方，使竞争对手的士气衰落，不断削弱其力量。因为小企业无力发起正面进攻或有效的侧翼进攻，只有向较大竞争对手市场的某些角落发动游击式的促销或价格攻势，才能逐渐削弱对手的实力。但是，游击战也是需要投入的，持续不断的游击进攻需要大量的投资。游击进攻战略的特点是不能依仗个别战役的结果决出战局的最终胜负，如果想要击败竞争对手，还需发动更强大、更猛烈的攻势。

上述市场挑战者的进攻战略是多样的。一个挑战者不可能同时运用所有的战略，但也很难单靠采取一种战略来取得成功。通常是设计并实施一套战略组合即整体战略，以实现企业营销目标，在市场竞争中处于主动地位。

四、市场跟随者竞争战略

市场跟随者指那些在产品、技术、价格、渠道和促销等大多数营销策略上模仿或跟随市场领导者的企业。市场跟随者一般倾向于跟随市场领先者，而不是向其挑战，他们的哲学是，市场领导者会对任何威胁做出强烈反应。如果一个企业不能在产品创新或分销方面取得重大突破，从而不能对市场领先者形成致命打击，那么它最好承认任何试图向市场领先者地位挑战的行动，获胜需要付出极大的代价。

在很多情况下，跟随者可让市场领先者、挑战者承担新产品开发、信息收集和市场开发所需的大量经费，自己坐享其成，从事产品仿造或改良，减少支出和风险，并避免向市场领先者挑战可能带来的重大损失。虽然跟随者未必能超过领先者，但他获得的利润仍相当可观。跟随者应当制定有利于自身发展而不会引起竞争者报复的战略，可分为以下三类：

（1）紧密跟随。是指在各个细分市场和产品、价格、广告等营销组合方面尽可能模仿市场领先者，以借助市场领先者的优势打开市场，并跟着获得一定的份额。这种战略的突出特点是“仿效”和“低调”。虽然他们尽可能仿效领先者以至于有时会使人感到这种跟随者好像是挑战者，但是它从不激进地冒犯领先者的领地，在刺激市场方面保持“低调”，避免与领先者发生直接冲突。有些甚至被看成依赖市场领先者而生存的寄生者。

（2）距离跟随。是指在基本方面模仿领先者，但在包装、广告和价格上又与其保持一定差距。这种战略的突出特点是保持合适的距离，对领先者不构成威胁。采取距离跟随策略的企业，可以通过兼并同行业的一些小企业发展自己的实力。

（3）选择跟随。是指根据自身的具体条件，在一些方面紧跟市场领先者，在另一些方面又自行其是，坚持独创。这种战略的突出特点是选择跟随和创新并举。这类企业不是盲目跟随，而是择优跟随，在对自己有明显利益时跟随领先者，在跟随的同时还不断地发挥自己的创造性，但一般不与领先者进行直接竞争。

尽管市场跟随不冒风险，但是也存在明显缺陷。研究表明，市场跟随者在投资回报率方面低于市场份额高的企业。

五、市场补缺者竞争战略

市场补缺者是指专门为规模较小或大公司不感兴趣的细分市场提供产品或服务的企业。市场补缺者的竞争实力不强，但并不追随市场主流趋势，而是利用自身特长寻找市场上大多数企业所忽视或不愿进入的市场作为自己的目标市场。市场补缺者的作用是见缝插针，虽然在整体市场上仅占很小的份额，但是比其他公司更充分地了解和满足某一细分市场的需求，能够通过提供高附加值而获得较高的利润和快速增长。

市场补缺不仅是小企业常常选择的战略，而且对某些大企业中的相对独立的部门也有意义。在现实营销活动中，大企业中的这些部门也常常在努力寻找对自身来说既安全又有利润的补缺基点。一个理想的市场空缺应具备以下条件：①对主要的市场竞争者不具有吸引力，或者是大部分市场竞争者不屑一顾；②具有足够的规模和购买力，使企业能够盈利；③具备一定发展潜力；④企业具备向这一市场提供优质产品和服务的资源和能力；⑤企业在顾客中已有的信誉能够抵御竞争者的入侵。

市场补缺者的主要战略是实施专业化、精细化市场营销。补缺者的活动范围和利润空间在有些大企业看来似乎是微不足道的，但事实上许多盈利的企业是在稳定的、低速成长的市场上发展的。尽管各个不同的补缺者有不同的补缺基点，但成功的关键在于实施专业化生产和经营。市场补缺企业往往从自己的优势和擅长出发，根据不同的分类进行专业化营销。最常见的有以下几个方面：

（1）根据顾客分类进行专业化营销，如根据顾客的规模、行业、性质、地域等标志分类进行专业化营销。

（2）根据产品分类进行专业化营销，如根据产品档次、质量、价位、产品线及产品项目特色等分类进行专业化营销。

（3）根据服务项目、配送渠道，乃至根据顾客的订单进行专业化营销。

实施市场补缺战略，企业的首要任务是要善于发现和尽快占领自己的补缺市场，并不断扩大和保护自己的补缺市场。在一定意义上，发现补缺市场的过程就是一个创造市场的过程。市场补缺者所承担的风险是该市场消费需求的转移或新的竞争者进入，既补缺基点的枯竭或遭受攻击。避免这一状况的主要做法是，确定多个补缺基点，发展营销实力，从而增加企业的抗风险能力和生存机会。

总之，市场补缺战略强调小企业的发展在于小市场的专业化营销，而不是与大企业在市场上盲目拼搏。他们只要找到对自己有利的市场空缺，就完全可能在激烈的行业竞争中获得理想的收益。

● 本章回顾：

竞争是市场经济的基本特征，任何企业及产品都要经受市场竞争的考验，参与市场竞争是企业的主要营销行为。在现实市场中，竞争主要有价格竞争和非价格竞争两类表现形式。市场竞争可以划分为四个层次，对应于四类竞争者为愿望竞争者、形式竞争者、行业竞争者和品牌竞争者。

参与市场竞争必须要认真分析自己的竞争对手，界定哪些是企业的竞争者，并遵循“知己知彼”的竞争原则。通过各种途径了解竞争对手的战略、目标、策略、竞争能力等方面情况，并对竞争对手未来的竞争策略做出估计。从参与市场竞争的角度来说，企业非常有必要建立一套完整的竞争信息收集机制——竞争情报系统。营销竞争情报系统是指将反映企业营销环境（包括企业自身、竞争对手和企业外部环境）的时间状态和变化的数据、信息及情报进行收集、存储、处理及分析，并以适当的方式发布给企业有关战略营销决策人员的人工和计算机集成应用系统。

在对市场上的竞争者全面分析的基础上，企业制定竞争战略首先考虑的是市场竞争的基本战略，即成本领先战略、差异化战略和集中化战略；再考虑市场竞争的具体战略，即市场领先者战略、市场挑战者战略、市场跟随者战略以及市场补缺者战略。

● 讨论与概念应用题：

选择一个你所了解的行业，识别其中的市场领先者、挑战者、追随者与补缺者，并分析他们各自的竞争战略。

●【案例 8-1】格兰仕微波炉的竞争战略

素有“价格屠夫”之称的格兰仕，1992 年宣布进军微波炉，以低价策略快速抢占微波炉市场，并将微波炉价格降至千元以下；1995 年实现微波炉销量中国第一，1998 年拿到了全球销售冠军。2000 年以后，受中国市场的诱惑，许多国内外企业加入到微波炉战团，包括美的、三星、松下等知名品牌，价格战从此成为国内微波炉市场的主旋律。几轮降价下来，三星、惠而浦、三洋等众多品牌选择退出，形成格兰仕、美的、LG 三足鼎立格局。2005 年，格兰仕全球微波炉销量达到 2000 万台，占了国内市场的七成，国际市场的五成，成为微波炉的代名词。2006 年，格兰仕已经连续 12 年蝉联中国微波炉市场销量及占有率的双“冠军”！

由于格兰仕的价格挤压，近几年微波炉的利润空间降到了低谷，甚至出现个别韩国品牌售价低于 300 元的情况，堪称世界微波炉最低价格。2006 年 6 月，由于在中国市场连年亏损严重，LG 决定全面收缩战线，国内微波炉市场变成格兰仕绝对领先，美的、海尔等少数几个品牌追随的格局。

2006 年，身为微波炉“新掌门”的韩伟透露：竞争对手常年被我们压制在亏本状态，格兰仕两到三年就会消灭或击退一个竞争对手。格兰仕将开始新一轮战略转型。这是否意味着格兰仕又会举起“价格屠夫”惯用的价格“屠刀”呢？对此，韩伟明确予以否认，并表示格兰仕将严控特价机比例，不断研发推出技术含量高的新品，达到价格力和产品力的最佳结合点，“以前格兰仕是一卡车一卡车地卖货，现在考虑的是如何把一件件产品卖出去，在提升销量的同时更要赚钱。目前，格兰仕要把市场耕深做透，以服务顾客为核心，从锁定机会到锁定顾客”。

确实，以格兰仕微波炉惊人的市场占有率，抢夺对手市场份额的意义已经不大，要增加市场销售只能自己做大市场蛋糕。那么如何做大？格兰仕实行“蓝海战略”，在产品价值创新、服务顾客方面做出了许多的成功尝试。另据韩伟透露，格兰仕下一步将进一步细分市场，实行小区域代理制下的渠道扁平化，把重点转向三、四级市场。

资料来源：《格兰仕微波炉：市场战略转向以盈利为主》，http://info.coovee.net/48/381/news36013.html，2006-4-10。

● 思考题：

1. 试分析格兰仕微波炉面临的战略环境。
2. 评价格兰仕微波炉的竞争战略及其特点。
3. 请为格兰仕微波炉制定恰当的市场营销组合策略。

第九章　营销调研与需求预测

学习目标：

了解市场信息的概念、类型与特征；了解市场营销信息系统的构成与企业信息的主要来源；掌握市场营销调研的程序、方法和主要工具；能够根据调研目标设计相应的市场调查问卷、问卷统计分析；了解市场需求预测的内容、程序和方法，并能运用相应方法进行需求的预测。

现代营销观念把市场看作营销活动的起点，要求企业在产品开发或项目上马之前，必须及时收集、分析、利用市场信息。市场信息是营销决策的基础，为保证市场信息的准确性、及时性，企业必须建立一个规范、完善的现代市场营销信息系统。市场营销信息系统离不开市场营销调研和预测的支持，需要运用科学的营销调研与预测方法进行市场需求分析，把握市场需求的变化趋势。

第一节　市场营销信息系统

在现代社会，信息是主要战略资源，及时掌握市场信息是一切营销活动的第一要务。目前，我国许多企业在经营过程中还只注重资金、原料、机器和人力，而忽视了重要的无形资源——信息；很多企业经常抱怨正确的市场信息不足，错误或失真的信息太多；有些重要的市场信息因传输不及时而失效。为此，企业营销一定要重视市场信息工作，重视市场营销信息系统的建立。

一、市场信息概述

（一）市场信息的概念及类型

市场信息是指有关市场经济活动实况及特征的客观描述和真实反映，是从事市场营销管理所必需的消息、情报、数据、知识、报告等的总称。在营销管理中，市场调查的基本目的就是获取影响企业营销决策的市场信息，这些信息包括市场环境、市场需求、顾客行为、营销策略和竞争者信息等（见表 9–1）。

表 9–1　市场信息体系列举

市场环境	社会文化	居民的受教育程度、文化水平、职业构成、民族分布、宗教信仰、风俗习惯、审美观点、家庭规模等
	经济环境	人口及其增长趋势，国民生产总值和国民收入、可自由支配收入，居民存款、消费水平和结构，物价水平和物价指数，能源和资源状况等
	政治环境	法律、法规、政策及管理体制等
市场需求		市场潜量、需求变化、市场份额分布等
顾客行为	顾客类型	产业客户、中间商、消费者、政府、社会团体等
	购买力	消费者收入水平、可自由支配收入等
	购买动机	基本需求、情感需求、盈利性、便利性等
	购买习惯	品牌偏好、渠道偏好、时机偏好、理性（专家性）、决策过程等
营销策略	产品	用途、品牌、差异化、生命周期、售后服务、相关产品、顾客评价、使用领域、包装、服务态度和服务方式、协作单位状况等
	价格	产品效用、产品成本、相关产品价格、总支出效应等
	分销	渠道类型，物流支持，技术支持，中间商（类型、销售能力、销售量、盈利能力、信誉等）
	沟通	沟通方式、沟通媒介、沟通主题、沟通成本等
竞争者		竞争者数量，主要竞争对手，竞争对手的市场占有率，竞争对手的生产能力、产品、成本、价格、服务、销售渠道、所处地区、交通条件等

市场信息非常复杂，根据市场信息的内容和特征，有以下几种分类：

（1）按信息加工的程度，可分为原始信息和加工后的信息。原始信息是指从信息源发出的最初的直接反映市场经济活动现象及特征的信息。这是最广泛、最基本、最经常、最大量的信息资料，是经过实地收集或实验所得的原始资料。对这些原始资料进行科学加工、分类、整理、汇总等，就成为加工后的市场信息，这是企业经营决策的直接依据。

（2）按市场信息存在的状态，可分为静态信息、动态信息和预测信息。静态市场信息通常是反映历史情况的，即用数字、文字资料描述和反映已经发生的市场经济活动过程，以便进行分析和评价。动态市场信息是反映现实情况的，即反映市场经济活动变动的信息，它具有较强的时效性。预测信息是运用科学方法对上述两种市场信息进行综合分析，反映市场经济活动发展趋势的信息。

（3）按市场信息的性质，可分为常规性信息和偶然性信息。常规性信息是反映正常市场经济活动的信息。这些信息往往按照一定程序，用一定格式，定期地、经常不断地进行收集和处理。偶然性信息是指反映市场经济活动中突然发生的偶然事件的信息。对这类信息通常要进行特殊紧急处理，不能按常规办事，否则就会贻误时机。

（4）按信息传递的渠道，可分为正式渠道传递的市场信息和非正式渠道传递的市场信息。正式渠道信息是指按制度和规定渠道获得的市场信息，例如，正式文件、定期报告、统计报表等正式取得的信息。非正式渠道信息是指通过个别调查、报刊资料、社交活动等渠道获得的市场信息。这些信息以特有的灵活性和时效性成为正式渠道信息的补充。

（5）按信息来源的不同，可分为企业内部信息和企业外部信息。企业内部信息是指反映企业内部生产经营活动的市场信息。企业外部信息是指反映企业外部环境变化的市场信息。企业经营目标的确定和实现，不仅取决于企业内部的人、财、物等可控因素，而且涉及市场供求变化和竞争等外部不可控因素。因此，一个企业不能只了解本身的情况，还必须取得企业外部市场环境变化的信息。

（二）市场信息的特征

营销管理者必须了解市场信息的特征，把握市场信息的运行规律，做好市场信息的管理工作。市场信息主要具有以下特征：

（1）时效性。任何信息所表明的都是一定时间内所发生的事情。市场环境瞬息万变，有效的市场信息必须及时、迅速，信息一旦过时，就没有利用价值，甚至会有负作用。因此，信息的利用必须讲究时间效应，谁能最早掌握某种信息，谁就有可能取得经营上的成功。

（2）分散性。市场信息来源广泛而庞杂。需要企业广泛开辟信息渠道，建立相应的信息系统，借助科学的手段，从各类信息中筛选出对自己有用的信息并进行综合分析。

（3）可加工性。信息可被人们根据各种特定的需要，进行收集、筛选、整理、概括和加工，并可建立相应的信息系统对大量的信息进行多次加工，形成更有用的信息。

（4）可存储性。信息可以被存储起来，待以后调用。例如，通过人的大脑的记忆功能存储信息；通过各种文字性的、音响性的、编码性的载体把信息存储起来。信息的积累对趋势分析非常重要。

（5）系统性。杂乱无章的信息会降低其可用性，只有系统的、全面的信息才能为企业经营决策提供可靠依据。企业必须连续、多方面地收集、加工有关信息，分析它们之间的内在联系，提高其有序化程度和可用性。

二、市场营销信息工作的基本程序

企业获取信息并非轻而易举，通常要经过一系列复杂的工作程序，包括信息的收集、整理、存储、使用和反馈等基本环节，如图 9-1 所示。

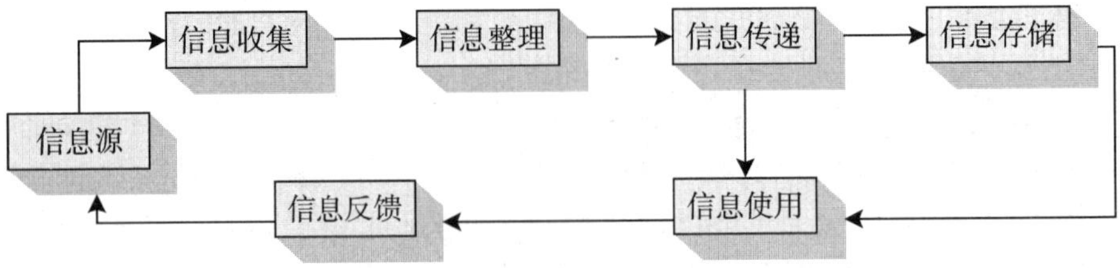

图 9-1 企业信息工作程序

1. 信息收集

在信息工作过程中，信息的收集是第一步，也是最基本的一步。为了收集企业内部生产经营活动的市场营销信息，必须建立健全各种原始记录、台账和统计资料。企业除了收集内部生产经营活动的信息，还要收集企业外部信息，为经营决策提供可靠依据。

2. 信息整理

信息整理是对收集到的各种数据和资料进行审查、筛选、分组、归纳、运算、汇总等工作，使信息能真正反映经济活动的本质特征。信息审查主要是检查信息的真实性、完整性和时效性，以便发现问题，及时纠正。信息筛选是对信息进行鉴别，去伪存真。信息分组是按照一定的标准，将信息分为若干类别，便于加工处理。信息归纳、运算和汇总是对某种类型的信息按一定的方式和方法进行计算和总合。

3. 信息传递

将经过整理的市场信息，按其适用范围采用不同的传递方法，或报送上级主管部门，或下达基层单位，或在同级机关中做横向交流，或采用公布的方式传递到需要信息的单位或个人。

4. 信息存储

经过整理的各种市场信息，有的并非立即就用，有的虽然立即使用，使用后还需保留下来以备将来参考。信息存储的作用就是保证信息在时间上的传递，并进行信息积累，便于对经济活动进行动态的、系统的、全面的研究。其基本要求是便于存取、保证安全，以及节省存储空间。

5. 信息使用

收集、整理、存储信息的目的是为了使用信息。企业经营活动错综复杂，其各种因素相互依存、相互制约。因此，在使用信息时，必须实事求是、全面综合地运用所得到的信息。使用信息的目的是及时发现企业经营活动中的新情况、新问题，从中掌握经济活动的内在联系及规律性，促使企业不断提高管理水平和经济效益。

6. 信息反馈

信息反馈是指市场营销决策的信息输出以后将其结果返送回来，从而为控制和调整市场经营活动服务。利用信息反馈，建立高度灵敏的信息反馈系统，可以不断提高经营决策和计划编制的水平，同时在执行中采取强有力的调控措施，推动企业经营活动向既定目标发展。

三、市场营销信息系统

企业必须建立能够运转良好的营销信息系统，这是参与市场竞争必不可少的基础。市场营销信息系统（Marketing Information System，MKIS）由人、机器和程序组成，通过评估信息需求、收集所需信息并及时传递给信息使用者，为营销决策服务。

市场营销信息系统是现代企业的中枢神经，它使企业与外界保持紧密的联系，并综合各种内外信息，监督、协调企业各部门的计划和执行。营销信息系统的构成如图 9-2 所示。

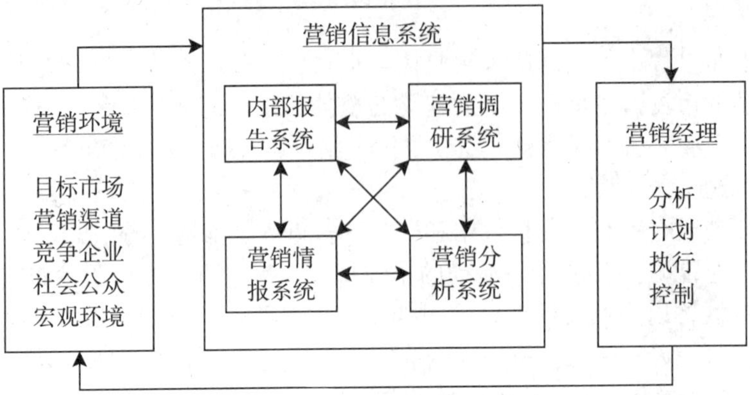

图 9–2　市场营销信息系统

图 9–2 中左边的方框表示市场营销人员必须注意观察营销环境的变化情况；中间方框表示市场营销信息系统的组成要素；右边的方框表示从信息系统获得的信息流向营销经理，以帮助其对营销活动进行分析、计划、执行和控制，然后将决策再反馈到外部环境中去。

企业市场营销信息系统由内部报告系统、营销情报系统、营销调研系统和营销分析系统组成。

1. 内部报告系统

内部报告系统是企业营销管理人员最初使用的信息系统，是最基本的信息子系统，有些企业称其为内部会计系统或订货处理系统。该系统通常提供有关订货、销售成本、库存水平、现金流量、应收账款等最新数据资料。企业营销管理人员通过分析这些信息资料，比较各项指标的计划和实施情况，可发现营销中存在的问题。

营销人员经常需要和使用的企业内部信息有：①各期销售额与回款数据；②存货有关的信息和生产进度安排等；③与产品相关的信息，如各种产品的成本数据、出厂价，各类产品或销售区域的销售利润表、销售费用统计等。

2. 营销情报系统

营销情报是关于营销环境日常发展、变化情况的信息。灵敏的营销情报系统可以向营销决策者提供外部环境发展变化的最新情报信息。与内部报告系统相比，情报系统主要提供外部环境变化的信息资料，而不是企业内部的销售、库存、财务等信息。

营销情报系统的信息主要来源于：①阅读书籍、报纸、贸易类刊物，或与顾客、供应商、经销商和其他外界人士交谈，或与公司中的其他主管、职工交谈；②外部购买，如咨询公司、市场调研机构等的数据、报告等；③训练并鼓励公司的销售人员和经销商发现和报告新情况；④培养专门的情报人员以掌握竞争对手的情况；等等。

3. 营销调研系统

营销调研指系统地设计、收集、分析和报告与公司面临的特定营销问题（定价、顾客满意度、广告效果、包装、颜色等）有关的各种数据和资料。如产品偏好调查报告、广告效果调查报告、销售预测报告等。与前两个信息管理系统不同，营销调研系统一般围绕特定问题展开，针对性较强。另外，公司可通过自己的调研部门进行营销调研，也可以借助有关的专业公司。

4. 营销分析系统

营销分析系统是分析营销数据的统计模型和统计数据，即用特定的技术和方法分析市场营销信息，以便更好地进行营销决策。营销分析系统的两个重要组成部分是统计库和模型库，前者为企业收集情报资料、分析资料，后者在研究分析的基础上进行决策。营销分析系统实质上是一个决策支持系统，其中统计库统计分析来自内部报告系统、营销情报系统和营销调研系统的数据；模型库建立了各种营销分析模型和方法，并借助相应的软件进行分析，提供有效的决策支持信息。

第二节　市场营销调研

一、营销调研的概念、原则

营销调研是系统地设计、收集、分析与公司所面临的特定营销状况有关的数据及发现的调查研究结果。换言之，市场营销调研就是企业运用科学的方法和手段，对企业的营销环境及其发展趋势进行有目的、有计划的调查研究，为市场预测和企业营销决策提供依据。

为了获取良好信息，营销调研必须遵循以下原则：

1. 客观性原则

营销调研者必须以客观中立的立场、以实事求是的态度开展营销调研，不能带有任何主观偏见或成见，更不能歪曲事实或虚构数据资料。营销者也必须提高辨识能力，避免主观偏见。

2. 科学性原则

在营销调研的每一个环节中，如界定调研问题、确定调研总体、运用抽样技术、收集和分析资料等，都必须持科学态度，采用科学方法，切不可凭主观意愿随意决定。

3. 及时性原则

信息具有一定的时效性，只有最新的、反映市场现况的信息才是有价值的，因此调研一定要及时，调研时间跨度不宜太长。

4. 相关性原则

营销调研收集的信息必须与决策问题相关联，这是良好信息的最重要特征。获取的信息即使再准确无误，倘若与决策问题不相关，也是毫无价值的。

5. 经济性原则

营销调研是要花费一定成本的，营销调研的成本取决于所选择的调查方法、样本量、调查区域等诸多因素。获取决策所需信息的最佳途径取决于管理者对信息的要求、可投入的资金、时间限制以及对信息可用性的评价。在制订营销调研计划时应进行成本效益分析，并在执行中尽可能节省经费。事实表明，高昂的调查成本并不一定能保证调研结果的绝对准确。

二、营销调研的类型与内容

（一）营销调研类型

根据调研的目的不同，可将市场调研分为三种基本类型：探索性调研、描述性调研和因果性调研，见表 9–2。

表 9–2 营销调研的三种基本类型

	探索性调研	描述性调研	因果性调研
目的	认识所面临的问题及性质	描述市场的状态和特征	确定并解释变量的因果关系
特征	调研方式灵活多样 为整个调研设计的起点	正式调研和结构化调研 使用有代表性的大样本 数据的定量分析	确定调研问题的假设 收集数据，检验假设是否成立 解释自变量和因变量关系
方法	专家访谈，先导性探索调研，二手资料，定性访谈	一手资料收集，问卷调查，观察表格，二手数据	实验法
本质	了解有什么	知道是什么	认识为什么

1. 探索性调研

探索性调研是指企业对需要调研的问题尚不清楚，无法确定应调查哪些内容，因此只能收集一些有关资料分析其症结所在，再做进一步调研。它是一种非正式的小样本调研，收集资料的方法灵活多样。其目的是认识当前面临的问题，了解问题的背景，确切掌握问题的本质。探索性调研一般无须对调研问题作精准的定义，调研过程灵活，不涉及结构式问卷及抽样。

通常采用探索性调研的目标是：掌握与市场调研活动相关的问题和概念；了解委托人开展此项市场调研的真正意图、决策问题和调研问题；确定市场调研的真正对象；为选择合适的调研方式、方法提供依据；获得修改问卷或观察、实验方案的依据。

2. 描述性调研

描述性调研是规范正式的调研，侧重对调研问题的描述，而不涉及或不深究现象的本质原因。通常以探索性调研为先导，在对调研问题、内容、对象、范围有明确认识的基础上，选择大规模有代表性的样本进行数据收集，并对数据进行量化分析。其结论可以用来检验假设，制定营销决策，所以描述性调研也称为结论性调研。

描述性调研的目标是：描述相关群体，如潜在购买者的收入分布特征；估计在特定群体中具有某一行为的人所占比例，如对购买最新型手机感兴趣的消费者的频率；判断对产品特征的感知，如了解消费者购买手机时的评价因素；确定与营销变量的相关程度，如确定看到本品牌的广告和购买本品牌产品之间的相关性；进行某种预测，如新产品的首次购买比例等。

描述性调研和探索性调研的主要区别在于：描述性调研要将调研目标表述为特定的假设，清晰定义所需要的信息；制订规范的调研计划；明确信息来源和收集数据的方法及工具。

3. 因果性调研

因果性调研是正式的定量化调研，为了弄清原因和结果之间关系的调研，常采用实验法。描述性调研虽然能够确定变量之间的关联程度，但不适用于检验因果关系。因为要验证因果关系需要在相对可控的环境中，对自变量进行控制和操纵。因果性调研通常把调研目标表述为某种假设，即关于两个及以上变量间关系的推测性表述。假设的因果关系一般是营销者要做的某项决策的依据，这些假设尚未被证实，因此需要通过收集数据来检验因果关系的有效性。

（二）营销调研的内容

通常来讲，市场营销调研的内容主要有以下几方面：

1. 市场调研

目的是为了解市场状况，发现企业的潜在市场，为今后制定营销策略提供可靠的资料。主要包括以下内容：经济形势和货币稳定情况，市场潜在容量、市场供应量、进出口量及其发展趋势等。

2. 消费者调研

消费需求是企业营销活动的中心和出发点，消费者调研的主要内容有：消费者数量、地区分布，购买动机及购买行为，品牌偏好，购买数量，对本企业产品的设计、性能、包装有哪些改革要求等。

3. 产品调研

目的是能够按照消费者的需要不断推出新产品。调研内容有：产品设计、产品功能及用途、产品品牌或商标、产品包装、产品的生命周期、产品销售服务及产品开发等。

4. 价格调研

目的是为了制定正确的定价策略，调研内容有：影响企业定价的因素、产品需求弹性、不同的价格策略对产品销售的影响及新产品价格策略。

5. 销售渠道调研

企业需要了解中间商情况，建立合理的销售渠道来完成企业营销目标。调研内容是中间商的信誉及实力，中间商的类型，需要的中间商的数量等。

6. 促销手段调研

为制定最佳的促销策略需对广告及其他促销手段进行调研，内容一般包括广告媒体、广告效果、广告费用、推销人员分配情况及如何选择推销方式等。

7. 竞争状况调研

企业要保持和扩大市场占有率，必须对市场竞争情况进行调查，包括竞争对手的市场占有率、竞争对手的产品特点及服务特色等。

8. 宏观环境调研

社会的经济、政治、文化环境对企业营销具有不同程度的影响，因而也是营销调研的重要内容。包括国家经济发展状况对市场的影响；政府的有关方针、政策和法令对市场的影响；世界政治环境对国内市场的影响；本地区民族构成、宗教信仰、教育程度、文化水平等状况对消费的影响等。

三、营销调研程序

营销调研的全过程大致可以分为四个阶段，即界定问题、制订调研计划、现场实施和分析报告，其详细的作业流程如图 9–3 所示。其中，涉及五个关键步骤，可概括为：确定调研问题与目标、制订调研计划、数据信息收集、数据整理与分析、提出调研结论，如图 9–4 所示。对于调研的程序，将围绕这五个关键步骤展开阐述。

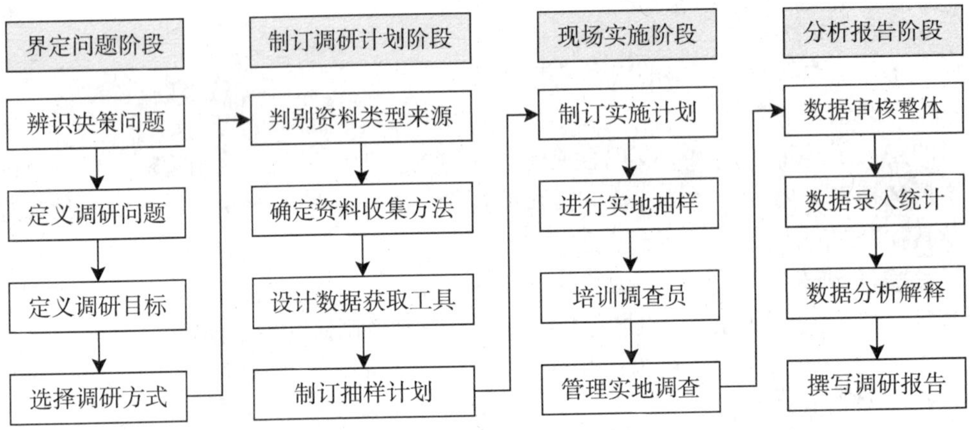

图 9–3 营销调研的详细作业流程

图 9–4 营销调研的主要步骤

1. 确定调研问题与目标

确定问题和调研目标往往是整个调研过程中最困难、最关键的一步，确定准确，可以节省用于调查的时间及费用。但经常是：经理们知道出了问题，却不知道确切的原因在哪里。为此，可以先组织探索性的调研，以便更好地确定问题所在，明确调研目标。

2. 制订调研计划

调研计划是关于如何深入分析有关问题，达到调研目标的活动安排，是营销调研的行动纲领。调研计划的主要内容见表 9–3。

3. 数据信息收集

数据收集即调研人员到现场开展调研工作，如进行入户访问、行人拦截面访、商场计算机辅助访问，或通过电话、邮寄或电子邮件开展调研。营销调研过程中的数据收集阶段是花费最多、最容易出错的阶段，为此，应该加强调研作业管理，包括安排调查日

表 9–3　营销调研计划的主要内容

1. 定义所需信息	简要阐明所识别出的管理决策问题；详细描述具体的营销调研目标；明确营销调研的特定问题
2. 确定资料来源	先收集二手资料；再制订收集一手资料的计划
3. 选择一手资料的数据收集方法	确定调研类型：探索性调研、描述性调研、因果性调研 确定调研方法：询问法、观察法、实验法 选择接触方式：邮寄、电话、面谈或网上调查
4. 准备调研工具	设计调查提纲、调查表或问卷；准备仪器设备
5. 制订抽样计划	定义目标总体；选择抽样方法；实施抽样
6. 制订数据分析计划	定性分析和定量分析；制作数据表格；制定数据分析方法
7. 制订调研实施计划	时间和进度计划；预算及分配；人员选择与培训

程及执行、调研质量控制等。执行中应避免由于调查者的错误导致被调查者不合作、提供不诚实或有偏见的答案；调查者不负责任、走捷径等。

4. 数据整理与分析

数据整理包括数据的审核、分类和分组、汇总。审核一般分实地审核和系统审核。实地审核是在收集数据的现场进行的审核，一般由调研员、实地调研督导承担；系统审核是对回收的问卷进行全面的审核，通常由调研项目主持人负责。通过各级审核，及时处理问卷中存在的问题。对数据进行分类和分组一般是先选择分类标准，确定分类界限，编制变量数列。数据汇总目前都采用计算机汇总，包括编码、录入与核查。核查是对录入电脑数据库中的数据进行检查，以便发现录入错误。

数据分析是从资料和数据中，提炼有用的调查结果，解释所收集的大量数据并提出结论的过程。统计分析是精确地描述和认识市场现象的重要手段。调研者开始可能只做简单的频次统计分析，对某些关键数据可能需要使用复杂的多元分析技术。绘制统计图和统计表能够很好地表述数据分析结果。除统计分析外，还需要进行理论分析和定性分析。

5. 提出调研结论

营销调研的最后步骤是对营销调研结果做出解释、得出结论，撰写调研报告。调研报告是对问题的集中分析和总结，也是调研成果的反映。常用的调研报告结构与内容见表 9–4。

四、营销调研方法

营销调研方法是指营销调研人员在实施调研过程中收集各种信息资料所采用的具体方法。调研方法是否得当对调研结果有很大的影响。为此，合理选用调研方法是营销调研的重要环节。营销调研的信息资料可以分为一手资料和二手资料，据此调研方法可分为实地调查法和资料调查法两种类型。

表 9–4　营销调研报告的结构与主要内容

封面	报告题目、作者、执行单位、委托单位、日期
目录	内容目录、表目录、图目录、附加目录
执行总结	1. 主要结果；2. 结论；3. 建议
正文	1. 调研问题：背景，问题的陈述 2. 调研方法 3. 调研设计：调研设计类型，信息要求，二手数据收集，原始数据收集，量表技术，问卷设计和测试，抽样技术，样本设计，现场实施控制 4. 数据分析：数据分析方法，数据分析方案 5. 调研结果 6. 调研局限 7. 结论和建议
附件	问卷和图表，统计分析结果，清单

（一）一手资料调研方法——实地调查法

实地调查法是针对第一手资料，即直接取自调研对象的原始资料收集方法。相对于调研者而言，这些资料没有经过他人整理分析过，其特点是针对性、真实性和实用性强。一手资料的来源是调研者已知并可以控制的，但收集一手资料的成本较高，时间也较长。收集一手资料的基本方法有定性法、询问法、观察法、实验法，见表 9–5。

表 9–5　收集一手资料的方法

定性调研法	询问调研法	观察调研法	实验调研法
焦点小组访谈	入户访谈	人员观察	实验室试验
深度访谈	拦截访谈	机器观察	实地试验
投射调查法	电话询问	痕迹观察	试销试验
	邮寄调查	零售审核	
	网上调查	内容分析	

1. 定性调研法

（1）焦点小组访谈，也称专题小组讨论。焦点小组一般由 8~12 人组成，参与者在主持人的引导下就某一主题进行讨论。通过对主题的充分和详尽讨论，了解受访者对某种产品、观念、创意或假设的想法和具体原因。该方法适用于：概念测试，如新产品、新包装、广告创意等；了解人们如何使用产品以及产品对他们来说究竟意味着什么；探索营销中存在的问题或人们的抱怨及解决途径；了解人们对品牌、广告、包装等的看法；了解在问卷调查中须关注的提问。

（2）深度访谈，即在访问者与受访者之间就拟订的主题所进行的非结构化的询问调查，以鼓励受访者说出真实的想法，或发掘受访者在接受某一刺激后反射出的心理感受。深度访谈可用来了解和衡量消费者购买和使用某种产品的习惯，测量品牌形象，帮助调研者认识和定义调研问题，设计调研方案和问卷。

（3）投射调查法，就是让被调查者画图，讲故事，完成句子，或者把公司与动物、地点、不同风格的音乐进行匹配，以便了解他们内心对产品、品牌的潜在态度。一般要对每个受试者进行单独调查，并邀请有经验的心理学家做出分析解释。

2. 询问调研法

询问调研法是通过语言或书面问卷方式向被调查者询问有关情况、收集资料的方法，有多种形式，若按调查者与被调查者之间的接触方式不同，可概括为以下几种类型：

（1）入户访谈，指访问员进入住户家中与受访者进行当面访问，是一种最佳的访谈方式。因为受访者在熟悉的环境中，私下面对面的访谈容易沟通，能够直接得到反馈，可以对复杂问题进行解释，对受访者进行启发，可使用问卷获得结构化数据。

（2）拦截访谈，通常在商场等被调查者经常出入的公共场合拦截购物者，请他们在访谈室接受访谈调查。拦截访谈通常采用配额抽样获得样本，一般要使用问卷进行调研。

（3）电话询问，由调研员通过电话向被调查者进行询问和了解情况。可以迅速取得询问发生时的情况，节省时间和调查费用，降低被调查者接受调查的心理压力等，但是受调查时间、调查样本（仅限于电话用户）等方面限制。

（4）邮寄调查，调研者将所拟订的调查表通过邮局寄给被调查者，要求被调查者填妥后寄回。此种调查方法调查范围广，被调查者考虑时间充分，但是回收率低，时间花费长，实际的答卷者不易控制。

（5）网上调查，在此主要指网上问卷调查，有两种主要方式：一是站点法，把调查问卷做成网页放在网站上，访问该网页的用户可自愿参与调查；二是用 E-mail 将问卷发送给被调查者，感兴趣者可填写问卷，点击“提交”将填答结果发送到指定邮箱。网上调研回收速度快、费用低且可即时统计结果，但是要注意目前上网人群相对企业调查总体样本的代表性、样本无限制等方面的问题。

3. 观察调研法

观察调研法主要是利用眼、耳等感觉器官或其他工具（但不涉及提问），有目的地对研究对象进行观察，以取得研究所需资料的调查方法。使用观察调研法须注意：调研问题应该能够观察或推断出来；要观察的事物或行为具有重复性、稳定性，而不是偶然的；观察结果必须是客观的、能够被检验的；观察所需时间相对较短。

可采用观察调研法的情况有：人体的行动和痕迹，如消费者的购买行为或观看电视的行为；语言行为，如销售员与购买者之间的对话内容；表达行为，如消费者看到商品或广告时的面部表情；特殊关系和位置，如交通路口的车辆来往的频率、购买者经常光顾的商店等；时间数据，如消费者购物过程所需要的时间；语言用词记录，如广告内容、产品包装特点等。

观察调研法通常采用反复观察，经常借助相机、摄像机等设备将情况记录下来。观察调研法还可以采用其他收集资料的方法对观察结果加以对照和检验。

4. 实验调研法

实验调研法是指调研人员把调研对象置于一定的条件下进行小规模的实验，通过观察分析，了解其发展趋势的一种调研方法。该方法是从自然科学的实验室试验法借鉴来的，用于在给定的试验条件下、在一定范围内观察经济现象中的自变量与因变量之间的变动关系，并做出相应的分析，为企业预测和经营决策提供依据。实验调研法可当场用来测量新产品、新广告、新包装、价格调整、促销方案等对销售效果的影响。

（二）二手资料调研方法——资料调查法

二手资料是指已存在的为其他目的而收集、记录、整理所形成的各种资料和数据。由于二手资料是已经存在的且来源广泛，故收集成本低。二手资料的主要来源见表 9–6。

表 9–6 二手资料的主要来源

1. 内部资料	公司的销售数据、损益表、资产负债表、销售访问报告、订单、存货等
2. 政府出版物	政府报告、统计年鉴、人口普查数据、法律文件、政策法规等
3. 报纸和杂志	《人民日报》、《经济参考》等
4. 商业资料	零点调查、央视调查等调查报告
5. 网上资料	中国市场营销网、中国人口信息网等提供的网络资料
6. 营销数据库	工商企业名录、零售扫描数据库、媒体接触数据库、专业机构发表的统计数据等

调研者应对收集的二手资料进行评估。因为二手资料具有滞后性，其准确性难以确认，针对性和适用性也较差，甚至有些数据是相互矛盾的。另外，由于信息泛滥，二手资料中充斥着大量良莠不齐的数据。对二手资料不进行评估就加以使用，很可能会出现导向错误。

五、抽样设计

一般来说，市场调查多采用抽样调查的方式，根据样本推断总体。为此，在实施调查之前，需要明确调查对象、样本规模和抽样方法。

1. 调查对象

调查对象即从哪些人那里获得所需要的信息，男士、女士、小学生家长还是某类零售商等，涉及地理区域和人员范围的确定。

2. 样本规模

样本是指从总体中挑选出并能代表总体的一部分元素。样本规模就是打算向多少人进行调查，或按多大的比例提取样本。大样本比小样本更能产生可靠的结果，但大样本的成本比较高。确定样本规模，一般应考虑精确度要求、总体性质、抽样方法、人力财力等因素的制约。

3. 抽样方法

按照抽样的随机性，分随机抽样和非随机抽样。随机抽样即按照随机性原则抽取样本，总体中的每个人都有被抽取的机会，可信度较高且可计算，但成本也高、费时。非随机抽样可以按照调查人员主观设立的某个标准抽选样本，可操作性强。虽然无法估计误差，但只要样本选取得当，也能很好地说明总体，因此在多数情况下采用非随机抽样。抽样方法的具体类型见表 9–7。

表 9–7　抽样方法

类型	方法	描　述
随机抽样	简单随机抽样	在总体中随机抽取若干个体作为样本，每个样本被抽到的几率相同
	分层随机抽样	总体被分成互不相关的组别（如年龄组：儿童、青年、中年、老年），从每一组中抽取随机样本
	分群随机抽样	总体被分成互不相关的组别（如街区、城区或住宅小区），然后调查者从中选一个组别作为样本进行研究
非随机抽样	便利抽样法	调查者选取最便利的对象（如就近）去获得信息
	判断抽样法	调查者利用自己的判断来选择从哪些人那里最可能获得准确信息
	配额抽样法	总体被分成互不相关的组别，并规定各组别的样本配额，然后由调查人员按照每一组别的配额，用判断抽样的原则决定具体样本

六、调查问卷设计

营销调研本质上是一种信息沟通，而调查问卷是营销调研最常用、最有效的调查工具。通过调查问卷可获得调查者所需要的信息资料。

（一）问卷的构成及要素

调研问卷在形式上是一份由提问和备选回答项目构成的调查表，通常由被调查者项目、调查项目和调查者项目三部分构成，其关键要素见表 9–8。

表 9–8　调查问卷包含的要素

1. 标题	问卷要有一个标题，以表明这份问卷的调查主旨是什么
2. 封面信	是给受访者的一个短信，用以说明调研者的身份、调查意图或意义，并请求支持配合。当然要强调为被调查者保密，不会花太多时间。如有礼品也要在此说明
3. 指导语	用来指导访问员的调查作业，或指导被调查者如何填写问卷。调查作业指导语的目的在于规范访问员的调查工作
4. 基本信息	是指与营销调研问题相关的调查项目，按确定的调查目标设计。在问卷中，调查项目是用一系列的提问和备选答案组成的
5. 分类信息	也称调查对象的背景资料。当以个人为调查对象时，分类信息涉及性别、年龄、民族、文化程度、职业、收入、所在地等项目。当以家庭为调查对象时，分类信息包括家庭人口数量、收入、家庭成员组成及其关系等项目。分类信息主要用来从总体上了解研究对象的基本情况和分布，并通过分类分组、频数分布、交叉分析等，提供市场细分数据
6. 致谢	在调查完成之后，不要忘记感谢被调查者的友好配合与帮助
7. 调查作业记载	涉及调查、审核、录入等环节的作业记载是为了明确责任，对调查进程的各环节加以控制而专门设计的
8. 编码	编码是将问卷中的调查项目赋予代码的过程，即给每个提问和每个备选回答项目赋予一个代码，使用代码能够方便地录入数据。编码能够在问卷和数据库之间起到“翻译”的作用

（二）问题类型及答案设计

问卷的问题一般有封闭性问题和开放性问题两种类型。

开放性问题是指所提出的问题没有备选答案，由被调查者自由回答。开放性问题的回答一般更接近真实，但结果难以作定量分析，统计的工作量大，在对其做定量分析时要归类。开放性问题在探索研究阶段特别有效。

封闭性问题是指事先已设计好了各种可能答案的问题，被调查者只能从中选定一个或几个现成的答案。封闭性问题由于答案标准化，不仅方便回答，而且易于进行各种统计处理和分析，但回答者只能在规定的范围内被迫回答。

对于封闭性问题和开放性问题的答案设计有多种，见表 9–9。

表 9–9 问卷答案形式

问题类型	答案形式	说明	举例
封闭式答案的设计	二项选择法	问题有两种答案可供选择	问题：您搭乘过美国航空公司的班机吗？ 答案：是（ ）、否（ ）
	多项选择法	问题有两个以上答案可供选择	问题：您和谁一起乘飞机旅行？ 答案：无（ ）、孩子（ ）、配偶（ ）、同事/朋友/亲戚（ ）、旅行团（ ）
	顺位法	列举若干项目，由回答者按重要性给出先后顺序	问题：请对以下几家航空公司的服务水平由高到低进行排序。 答案：A 公司（ ）、B 公司（ ）、C 公司（ ）
	量表法	测量被调查者对一个问题赞成、反对的观点或统一的程度	问题：飞机上的电话服务对您来说______。 回答：非常重要（ ）、重要（ ）、无所谓（ ）、不太重要（ ）、很不重要（ ）
	两两比较法	运用两两比较的筛选方式确定顺序	问题：以下公司两两相比，哪家公司的服务更好？ 答案：A 与 B（ ）、A 与 C（ ）、B 与 C（ ）
开放式答案的设计	自由回答	回答问题不受任何限制，完全自由回答	您对美国航空公司服务的看法？
	回想法	通过回忆了解被调查者对特定事物印象的强度	请列举您知道的西式快餐的名称______。
	再确认法	通过向被调查者提示某种线索，如文字、照片、图画等，令其回想确认	______、______一曲歌来一片情。

（三）问卷设计程序

问卷设计须进行一系列深入细致的工作，其难点在于缺乏理论指导，尚没有能够保证设计出一份理想或最优问卷的具体理论或原理。通常情况下，问卷设计的程序如图 9–5 所示。

问卷设计实际上是一门通过经验积累才能获得的技巧，应该多了解一些问卷设计的原则和常用的量表，这样才能帮助提高问卷设计的技能，避免一些低级错误。至于详细

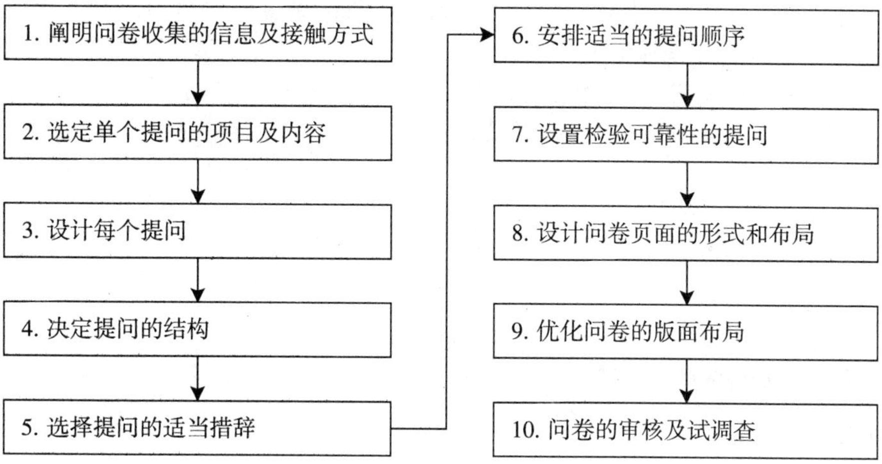

图 9–5　问卷设计程序

的设计过程及相应注意事项，在此不做过多介绍，详细信息可参照市场营销调研方面的专业书籍。

第三节　市场需求预测

一、市场需求预测概述

（一）基本概念

1. 市场需求测定与市场需求预测

需求测定是企业营销分析活动中的重要一环，是对市场需求量的定性估计。从本质上讲，需求测定是一种评估性工作，面临一系列不确定因素。在企业实际运作中，需求测定更多地表现为对市场需求的预测。所谓市场需求预测，是在市场营销调研的基础上，运用科学的方法和手段，测算未来一定时期内市场的需求变化及其发展趋势，从而为企业正确决策提供依据。

2. 市场需求

所谓产品的市场需求通常是指在一定的市场营销方案下，在特定地区、特定时间、特定营销环境中的特定消费者群的购买总量。市场需求的定义包括产品、总量、购买、消费者群、地理区域、时间期限、营销环境和营销方案等要素（见表 9–10）。

市场需求是一个函数——市场需求函数或市场反应函数，如图 9–6 所示。

表 9–10　市场需求定义包含的要素

1. 产品	由于产品的范围是广泛的，而同一种产品在实际需求上往往存在多种差异（如产品规格、功能、档次等），因而企业进行需求测定时，应明确规定产品的范围
2. 总量	表明需求的规模。市场需求总量可以用实物数量、销售金额或两者兼用来测定。此外，市场需求也可用相对数表示，如某国对某产品的市场需求占世界总需求量的百分比
3. 购买	在测定市场需求量时，必须界定购买的含义，显而易见，市场需求必须通过消费者的购买行为才能表现出来，所以正确理解购买行为十分重要
4. 消费者群	市场细分原理揭示了消费者需求的差异性，因而对市场需求加以测定时，要注意分别对不同细分市场的需求加以确定，而不仅仅是测定整个市场的总需求
5. 地理区域	市场需求的测定应有一定地理上的界限。不同的国家或区域客观上存在着差异，消费者需求因地理差异而不同，因此在进行市场需求测定时必须以明确的地理区域为基础
6. 时间期限	市场需求的测定需要明确的时间段。企业的营销计划一般有长期、中期及短期之分，需求测定期限应与之相适应
7. 营销环境	市场需求受不可控因素的影响，因此每一次市场需求预测都应明确列出有关环境因素的假设，注意对有关环境因素的相关分析
8. 营销方案	企业的市场营销方案对市场需求影响很大，所以预测市场需求时，必须设定有关未来企业定价方式及营销策略的假设，考虑企业自身营销方案对市场需求变动的可能影响

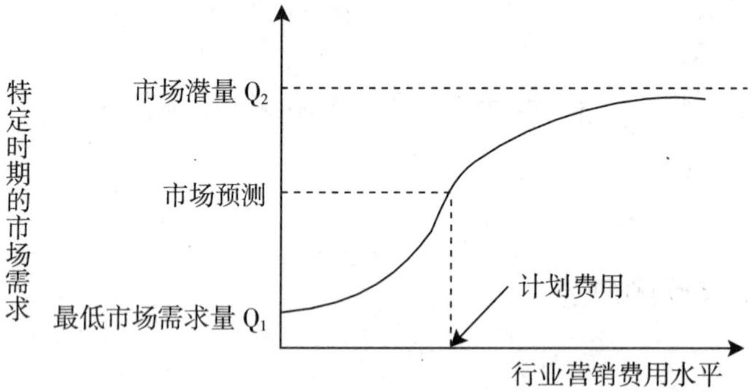

图 9–6　市场需求函数

图 9–6 表明在特定的营销环境下，市场需求是营销费用的函数。在不支出任何营销费用时，需求表现为一个基础值（最低市场需求量 Q_1）。随着营销费用增加，需求量将出现递增；但当营销费用达到一定水平后，再增加营销费用也不会刺激需求的进一步上升，此时，市场需求已达到某一上限（市场潜量 Q_2）。

需要指出的是，市场需求函数并不是一个随时间变化而变化的曲线，即无法说明时间对市场需求的影响，而是与市场营销费用息息相关的市场需求预测。市场需求曲线只是表明目前营销费用水平与当期需求预测的关系。

3. 市场潜量

市场潜量是指在某种特定的营销环境下，随着行业市场营销活动的强化及不懈努力，市场需求所能达到的最大极限。换言之，市场潜量是指理想状态下市场得以充分开拓可能达到的销售总量。

在此，“特定环境”这一点十分重要，因为它最终决定着市场潜量。例如，在经济繁荣时期与经济萧条时期这两种不同环境下，市场需求的差异是极其明显的。

4. 企业需求

企业需求是指某企业在市场需求中所占的份额。用数学公式表示为：

$Q_i = S_i \times Q$

其中：Q_i——企业需求量；

S_i——企业的市场占有率；

Q——市场需求总量。

与市场需求一样，企业需求也是一个函数而不是一个单一的数量，将其称为企业需求函数或销售量反应函数。可见，企业需求量的大小不仅要受市场需求总量的影响，而且还要受企业市场占有率的影响。通常情况下，影响企业市场占有率的主要因素有市场营销费用、营销组合策略等。

5. 企业潜量

企业潜量是指当企业的市场营销费用超过竞争者时企业销售所能达到的极限。当然，企业需求的最高限度就是市场潜量。也就是说，如果某企业完全垄断了市场，其销售潜量与市场潜量必然相等。在通常情况下，即使企业的营销费用远远超过竞争者，企业销售潜量还是低于市场潜量。原因在于每个竞争者几乎都拥有一批忠诚的购买者，其他公司无法利用市场营销努力来改变他们的购买偏好。

（二）需求预测类型

需求预测有许多不同的层次，可以在产品层次、市场空间层次和时间层次三个维度上分层次展开，如图 9-7 所示。图中从六个不同产品层次、五个不同空间层次和四个不同时间层次展示了需求测定的 120 种类别。

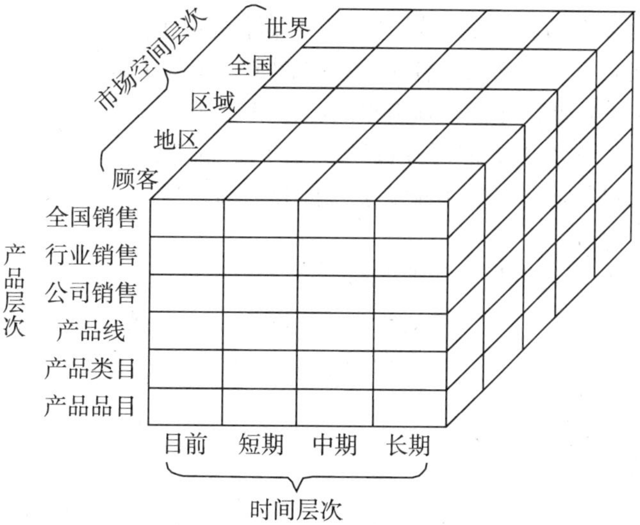

图 9-7　需求预测类型

(1) 按预测范围的不同，有宏观市场需求预测、行业市场需求预测和企业需求预测。

宏观市场需求预测是从全社会商品销售或社会消费品零售的角度，对未来一定时期的市场需求总量的预测。从宏观上看，市场需求总量是国民经济发展的结果，也是国民经济发展的标志。宏观市场需求总量表现为全社会总的购买力，因而是全社会商品价值可能达到的最高实现水平。

行业需求预测是指对一定市场上某类商品（行业产品）总需求水平的预测。例如，今后十年内国内市场对电冰箱的需求总量的预测，就是对整个电冰箱制造行业而言的。行业需求预测可以说明产品需求总量及产品生命周期变化。

企业需求预测是指企业从合理组织商品生产和经营的角度出发，对未来一定时期内具体市场对企业某类或某种商品的购买量的推测和估计。行业需求预测是针对市场上某类产品而言的，企业需求预测是针对企业具体产品在特定时期内、特定市场范围内的需求估计。行业需求预测和企业需求预测都属于微观预测。微观市场需求预测主要是在认真分析消费者的消费需求或用户的生产经营需要的基础上进行的。

（2）按照预测时间的长短分，有长期预测、中期预测和短期预测。

长期预测是指对五年以上的市场环境变化及其对市场需求影响预测，有的可能包括整个产品生命周期或者更长时间。在企业制定长期发展规划，或者开发新产品、做出重大技术改造投资决策之前，通常需要进行长期预测，以便准确地把握较长远的市场需求变动趋势。

中期预测是有关一年以上、五年以内的市场需求变动趋势和可能的市场形势的预测。例如，推测新产品是否进入成长期或成熟期，在产品生命周期中某个阶段销售增长态势、可能达到的销售水平。它是企业在制定战略性经营发展规划、市场营销计划时，为掌握市场需求变动速度、幅度、方向和性质，必须进行的市场需求预测。

短期预测是指一年以内的市场需求预测，如季节需求预测，通常适用于那些季节变动强的商品。这类预测活动能够保证企业适应市场需求的季节性变化或短期波动，在变动之前及时采取合适对策，避免市场需求变化带来的冲击。这种预测也适用于对市场促销活动的效果预测和审计，为市场营销管理者制定合理的决策提供效益分析依据。

（3）按预测方式的差异分，有判断预测和计量预测。

判断预测是指预测者主要依据自身经验、直觉或有关的知识，对未来一定时期内市场需求变动趋势所进行的估计。由于缺乏数据分析和计算，因而预测值的准确度不够高，一般称之为定性预测。

计量预测是依据已知的各种数据资料，利用预测模型，通过计算获得对未来一定时期需求水平预测值的预测方式，一般称之为定量预测。只要拥有充分的数据和选用符合市场需求变化规律的预测模型，计量预测的结果就会具有相当高的准确度。

二、市场需求预测步骤

进行市场需求预测，通常要经过明确任务、选择方法、收集资料、参数估计、推测和评价等环节，其步骤如图 9-8 所示。

1. 确定预测对象和任务

因为需求预测可以不同的产品层次、空间层次和时间层次等为对象，并且在具体的

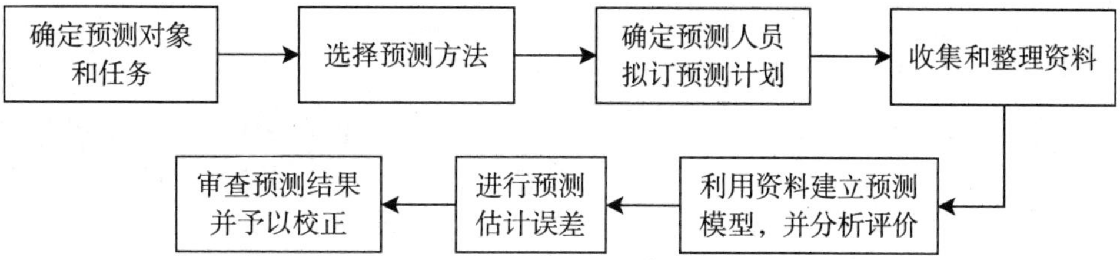

图 9-8　市场需求预测步骤

市场背景下能够获得的数据资料、能够参与的预测人员和可运用的知识与技术手段有其特定的规定性，所以在进行市场预测时，首先要明确需求预测的对象是什么，任务是什么，可利用什么条件和途径来完成预测任务。

2. 选择预测方法

由于对有关对象的了解程度和可获得的数据资料可能有较理想和不太理想的差异，需求预测的任务也有难易之分，因而采用何种方法来进行市场需求预测，要视可利用的条件而定。在预测任务相对简单、预测人员对有关对象比较熟悉、缺乏历史资料的场合，组织经验丰富的专业销售人员、市场营销经理或有关方面的专家，进行定性预测可能是合适的选择。而在另一些场合，预测任务可能相对复杂或拥有较多历史资料和有关影响因素的变动资料，就可以进行定量预测。

3. 确定预测人员，拟订预测计划

科学的预测不仅要求预测者具有较高的文化水平，而且要求熟悉有关预测对象和预测方法。与此同时，通常要安排预测活动计划，以便井然有序地做好各项工作。预测活动计划应详细列出预测过程中所需要做的工作内容，安排具体执行人员和责任人，保证工作之间的合理衔接和交叉作业，以便提高效率，缩短预测活动周期。

4. 收集和整理资料

一般来说，市场需求预测所要利用的数据资料可以有历史资料和横截面资料两类。历史资料反映有关预测对象过去和现在的状态，通过分析这些资料，可以认识预测对象的发展变化规律；横截面资料是和预测对象有联系的资料，通过分析预测对象与其他因素之间的联系和类似性，可以发现预测对象受到的影响力度和变动趋势。资料收集的范围应根据预测任务来确定，范围过宽会分散精力，范围过窄又不能满足预测要求，因而要适当。

5. 利用资料建立预测模型，并进行分析评价

收集资料是为了利用有关信息，构建一个有关预测对象的分析、预测模型。所谓模型是用来表明已知现象与未知现象之间、原因与结果之间的相互作用、相互影响的功能性框架或数学函数。有许多常见的预测模型，在实际应用中必须认真选择和评价，以便选用最贴近预测对象特征的预测模型。尤其是在进行定量预测时，要特别注意预测模型的选择和评价。

6. 进行预测，估计误差

预测结果通常以预测报告的形式呈报。由于预测只是对未来的市场需求进行推测和估计，因而不可能百分之百的准确，不能完全排除误差。为有效指导决策，避免决策失误，预测者还要准确估计预测的准确度如何，即误差有多大，在多大程度上是可行的，以便市场营销经理或其他管理人员在运用预测值时，能够更加全面地设计和评价行动方案。

7. 审查预测结果并予以校正

在有多个预测人员背对背地做出预测的情况下，不同的人做出的预测值可能不同。利用预测结果的管理人员必须对预测结果进行审查，认真分析和评价不同预测值的可信度，有时可能需要组织有关预测人员一起讨论，校正误差，提高预测结果的可信度水平，最后获得理想的预测值。

科学的预测需要在实践中检验预测方法的可靠性、预测模型的完备性，并通过经验和知识积累，不断改进，为今后的市场需求预测创造更加完善的条件。

三、市场需求预测方法

市场需求预测的方法多种多样，有的是对市场需求进行的粗略估计，有的是比较精确的计算，这些预测方法可以概括为定性预测和定量预测两大类。下面介绍几种最基本、最常用的方法。

（一）定性预测法

所谓定性预测，是指预测人员凭借自己的经验和分析能力，通过对影响市场变化的各种因素的分析、判断和推理来预测市场需求的未来变动趋势。这种方法的优点是速度快、费用低、简单易行，不需要进行复杂的运算就可以得出预测结果。其不足之处在于容易受预测人员主观因素的影响，往往带有一定的片面性。定性预测主要有以下几种方法：

1. 经验判断法

主要是依靠预测人员的经验和判断能力做出预测。经验判断法包括：①经理人员判断法，是指企业负责人在计划、调研、财务、销售等有关部门提供的信息资料的基础上，根据市场变化规律和企业营销状况，凭借个人主观经验，对市场需求变化趋势及所经营的商品销售做出判断和评估。②业务人员判断法，是指企业销售负责人，在综合推销员、售货员、送货员等对市场状况的看法基础上，对商品销售做出的预测。③综合判断法，是指企业根据经理人员和业务人员的预测意见，经过综合分析后，对市场需求变动趋势做出的预测结论。其做法是先分别征询经理人员和业务人员的预测数值，然后采用简单平均或加权平均法计算出综合的预测值。

2. 专家意见法

又称德尔菲法，主要是利用有关方面专家的专业知识和对市场变化的敏感洞察力，在对过去发生的事件和历史信息资料进行综合分析的基础上得出预测结论。按照这种方法的程序，需请有关专家以匿名的方式对预测项目做出答复，然后把这些答案综合整理，再反馈给这些专家，将所得的意见再次整理、反馈，如此反复多次，直到得出趋于一致的结论，以代表多数专家的意见。此方法的优点是专家们以匿名的方式无约束地发表意见，能够避免别人尤其是权威人士意见的影响，反映各位专家的真实看法，得出较为可靠的预测值。其缺点是该方法要经过多次的征询与反馈，程序繁杂，时间较长，不利于及时做出预测。

3. 购买者意见调查法

对购买者进行周期性的意向调查，从中获得信息并预测消费者的购买意向的主要变动趋势。一般而言，用购买者意向调查法来预测未来需求，其准确性用于工业品较高，用于耐用消费品次之，用于一般消费品最低。

4. 类推法

根据个人的直觉，在对当前市场做进一步观察的基础上，运用较为合乎逻辑的推理判断，对未来市场的变化做出预测。类推法可分为相关类推和对比类推两种。前者是从已知相关的各种市场因素之间的变化来推断预测目标的变化趋势；后者是把预测目标同其他事物加以对比分析来推断其未来的发展趋势。

5. 主观概率法

指企业有关业务人员在缺乏充分的市场资料的情况下，根据自己的经验和判断能力，对未来市场可能的变化趋势做出自己认为合理的概率估计。这种方法是带有某种定量成分的定性分析预测方法，简便易行、成本较低，但往往与实际误差较大，适宜于在时间紧张的情况下对市场行情做出预测。

（二）定量预测法

所谓定量预测，是指根据已掌握的大量信息资料，运用统计方法或数学模型，进行定量分析或图解，对未来市场需求趋势做出预测。这类方法的优点是相对客观、可靠，用途较广。不足之处在于对市场上某些经济活动的动向或政治因素较难进行有效的预测，需要较详细地占有资料数据，需要预测者具备一定的数学、统计知识。在此，介绍几种简单的方法。

1. 简单平均法、移动平均法、加权平均法

简单平均法又称算术平均法，是将过去各个时期的观察值进行算术平均，所得平均值作为下一期的预测值。其计算公式为：

$$\bar{X} = \frac{X_1 + X_2 + X_3 + \cdots + X_n}{n} = \frac{\sum_{i=1}^{n} X_i}{n} \tag{9-1}$$

其中：$\bar{X}$——平均值，即预测值；

X_i——第 i 期的观察值（i = 1，2，…，n）；

n——时期数。

简单平均法的优点是简单快捷，但是，这种方法对于数值采用了简单平均的方法，得到的结果不够准确，特别是对有明显季节变动和长期增长趋势变动的预测，其精确度较低。

移动平均法又称算术移动平均法，是将预测期以前的若干时期的观察数据相加，求其平均值，在时间上往后移，作为对下一期的预测。其计算公式为：

$$M_t = \frac{X_i + X_{i-1} + X_{i-2} + \cdots + X_{i-n+1}}{n} \tag{9-2}$$

其中：M_t——t 时期的移动平均数；

X_i——i 时期的观察值；

n——移动期数。

加权平均法是指将各个时期的观察资料，按其近期和远期的影响程度，分别给予不同的权数，进行加权求出的平均值。一般说来，近期因素比远期因素更接近于未来，因此，由远而近，逐期增大权数，以加强近期的影响程度。其计算公式为：

$$W = \frac{f_1X_1 + f_2X_2 + \cdots + f_nX_n}{f_1 + f_2 + \cdots + f_n} = \frac{\sum_{i=1}^{n} f_iX_i}{\sum_{i=1}^{n} f_i} \tag{9-3}$$

其中：W——预测值（加权平均值）；

X_i——第 i 期的观察值（i = 1，2，…，n）；

f_i——第 i 期的对应权数（i = 1，2，…，n）。

这种方法较之简单平均法有所进步，能够准确地反映实际销售量，但由于权数是有关人员主观决定的，难免带有偏见。

2. 季节系数法

在实际生活中，许多产品的销量是随着季节发生变化的。反映在时间序列资料上，统计数据呈现明显有规律的季节变化。季节系数法就是根据这一事实进行预测的一种方法。这种方法可以建立在移动平均法之上，即用季节系数对移动平均法得出的预测值加以修正。只是这种方法需要收集三年以上各月或各季度的时间序列资料，用来确定季节系数。季节系数可用下面的公式计算：

$$月度或季度的季节系数 = \frac{同月或同季度实际销售量的算术平均值}{资料中所有月份或季度实际销售量的算术平均值} \tag{9-4}$$

然后，在移动平均法预测值的基础上考虑季节变动因素，即可得修正后的预测值：

$$修正后的预测值 = 移动平均预测值 \times (1 + 月度或季度的季节系数) \tag{9-5}$$

3. 指数平滑法

又称滑动平均法，是根据历史资料和数据，用指数加权的办法来进行移动平均的。实质上是一种加权移动平均法，由于加权数是以指数形式进行的，所以取名指数平滑法。其中，所取指数 α（即平滑系数），在 0~1。α 值的大小，一般应根据实际情况和经验来确定，如近期状况对未来的影响大，则指数 α 可取值大些。其计算公式如下：

$$y_t = \alpha x_{t-1} + (1 - \alpha)y_{t-1} \tag{9-6}$$

其中：y_t——本期预测值；

α——指数，即平滑系数；

x_{t-1}——上期实际观察值；

y_{t-1}——上期预测值。

4. 回归分析预测法

回归法，是通过研究已知数据资料，从中找出这些数据资料演变规律的一种数量统计方法。回归预测法根据变量的多少，可分为一元线性回归法、多元线性回归法和非线性回归法三种。一元线性回归是处理两个变量之间线性关系的一种预测方法，简单易行，用途较广。多元线性回归是进行多因素分析的重要方法。非线性回归是当资料数据呈现曲线形状而不是直线时所采用的预测方法。下面主要介绍一元线性回归法。

一元线性回归预测模型为：

$$y = \alpha + \beta x \tag{9-7}$$

其中：y——预测值（因变量）；

x——影响因素（自变量）；

α、β——回归系数。

在求解过程中，建立联立方程组：

$$\begin{cases} \sum y = n\alpha + \beta \sum x \\ \sum xy = \alpha \sum x + \beta \sum x^2 \end{cases}$$

则求解系数得：

$$\beta = \frac{\sum xy - \bar{x}\sum y}{\sum x^2 - \bar{x}\sum x}$$

$$\alpha = \bar{y} - \beta\bar{x}$$

根据上述公式，就可以求出一元回归预测模型的系数，并进行预测。

以上介绍的仅是市场需求预测中的一些简单常用的方法。在实际运用中，要想取得较为符合实际的预测结果，往往把各种有效的预测方法结合起来运用。

● 本章回顾：

市场信息是指有关市场经济活动实况及特征的客观描述和真实反映，是从事市场营销管理所必需的消息、情报、数据、知识、报告等的总称。企业必须建立能够运转良好的营销信息系统，这是参与市场竞争必不可少的基础。市场营销信息系统能够为营销决策者及时准确地收集整理、分析评估并传递所需要的信息，由内部报告系统、营销情报系统、营销调研系统和营销分析系统组成。

营销调研指系统地设计、收集、分析与公司面临的特定营销问题（定价、顾客满意度、广告效果、包装、颜色等）有关的各种数据和资料。换言之，市场营销调研就是企业运用科学的方法和手段，对企业的营销环境及其发展趋势进行有目的、有计划的调查研究，为市场预测和企业营销决策提供依据。根据调研的目的不同，可将市场调研分为探索性调研、描述性调研和因果性调研。营销调研步骤为：确定调研问题与目标、制订调研计划、数据信息收集、数据整理与分析、提出调研结论。

市场需求预测是在市场营销调研的基础上，运用科学的方法和手段，测算未来一定时期内市场的需求变化及其发展趋势，从而为企业正确决策提供依据。进行市场需求预测，通常要经过明确任务、选择方法、收集资料、参数估计、推测和评价等环节，常用的预测方法可分为定性预测和定量预测两大类。

● 讨论与概念应用题：

1. 假设你是一位市场营销经理，你的老板想知道有多少商店经销你公司的豆奶食品。由于你公司的产品由食品代理商销售，你也不知道答案，他要你在两天内回答，你该怎么办?

2. 下列问题的调查适合用哪种方法?

(1) 某食品公司想调查儿童的偏好对其父母选择早餐食品的影响。

(2) 校园里的书店希望了解学生对店内商品、价格和服务的评价。

(3) 某快餐连锁店正考虑在快速发展的郊区的某个位置设立新的分店。

3. 下面是一组有问题的“问卷”，请对每一问题进行评价并提出你的看法。

(1) 你的收入是多少？请尽量详细至元。

(2) 你是偶然还是经常乘飞机?

(3) 去年 6 月份你在电视上看过多少航空公司的广告？今年 6 月份呢?

(4) 在你对航空公司进行评价时，什么是最突出、最决定性的属性?

计算题：

1. 某企业本年 8~12 月产品销售额的五期移动平均数为 50 万元，销售额每月以 2 万元的趋势增加，要求预测来年 1 月份的产品销售额。

2. 某企业近四年的平均每月销量为 100 件，近四年 6 月份的平均实际销量为 250 件，通过移动平均法预测的次年 6 月份的销售量为 650 件，要求用季度系数法对移动平均的预测值进行修正。

3. 某企业本年度实际销售额为 500 万元，本年度销售额的预测值为 400 万元，若平滑系数为 0.3，要求预测次年的销售额。

●【案例 9-1】新可乐的沉浮：问题出在哪儿?

在 20 世纪 80 年代早期，尽管可口可乐仍是软饮料中的领先者，但其市场份额却正慢慢地被“百事”占领。多年来，“百事”成功地发动了“百事挑战”，一个系列电视口感测试表明消费者更喜欢甜一点儿的百事可乐。到 1983 年初，尽管可口可乐仍在整体市场上占领领先地位，但百事却在超市销售份额中领先了 2%（听起来似乎没多少，但巨大的软饮料市场的 2%的零售额达 10 亿美元!）。可口可乐公司不得不采取行动停止市场份额的流失，而解决之道看起来就是改变可口可乐的味道。

为确定新配方，可口可乐公司花了两年多的时间和 400 万美元来进行调查，其中包括大约 20 万次口感测验，仅最终配方就进行了 3 万次。在无商标测验中，60%的消费者认为新可乐比原来的好，52%的人认为新可乐比百事好。调查表明新可乐一定会赢。

1985 年，可口可乐公司放弃了成功经营 99 年之久的原始配方可乐，取而代之的是有更甜、更柔和的味道的“新可乐”。起初，由于铺天盖地的广告及促销，新可乐销路不错。但销售很快下降，公众的反应令人吃惊。每天可乐公司都会收到来自愤怒的消费者的成袋信件和 1500 多个电话。一个叫作“旧可乐饮用者”的组织发起各种抗议活动，分发 T 恤衫，并威胁要进行集体起诉，除非可口可乐公司重新使用旧配方。许多营销专家预测“新可乐”将成为“80年代的爱泽尔”(Edsel——福特公司耗巨资生产的一种滞销汽车)。仅仅三个月之后，可口可乐公司就重新提供可乐，并将旧可乐称为“经典可乐”，与“新可乐”一起在货架上销售。公司称“新可乐”仍将作为其产品的“旗舰”，但消费者并不这么认为。到了1985年底，“经典可乐”的销售大大超过了“新可乐”，比例为2:1。

公司迅速的反应使其避免了更大的灾难。该公司增强了对“经典可乐”的宣传，并将“新可乐”作为辅助性产品。“经典可乐”重新成为公司的主要品牌——也是美国软饮料的领先品牌。“新可乐”成为公司的“进攻性品牌”——对手是“百事”——广告中明确地比较了“新可乐”与“百事可乐”的味道区别。即使这样，“新可乐”也只占据了2%的市场份额。在1990年的春天，公司重新包装了“新可乐”，并将其作为一个延伸品牌，以“可乐Ⅱ”的新名字重新推向市场。几年后，“经典可乐”占据了美国软饮料市场的20%以上；而“可乐Ⅱ”只占据了微不足道的0.1%。

资料来源：菲利普·科特勒等：《科特勒市场营销教程》(第四版)，华夏出版社，2000年1月。

● 思考题：

1. 可口可乐公司为什么要推出“新可乐”?
2. 消费者为什么不认可“新可乐”? 而且反应如此强烈?
3. 哪里出了问题? 营销调研设定的问题及其结果不可信吗?
4. 如果让你来设计此项调研，你打算从哪儿入手?

第十章　市场细分与目标市场选择

学习目标：

了解市场细分的概念、细分变量与细分原则；掌握市场细分的一般步骤及细分方法；理解消费者市场和产业市场细分的区别与联系；掌握目标市场战略。

在经济日趋国际化的今天，企业面临的市场是一个非常广阔而又多变的市场，任何企业，无论规模大小，都不可能以自己的产品或服务满足市场上所有消费者（或企业客户）的需求，而只能满足某一类或某几类消费者（或客户）群体的需求。因此，企业必须善于选择适合自己并能充分发挥自身资源优势的目标顾客群，展开目标市场营销，确立企业在大市场中的位置，这是企业营销管理中的战略决策问题。这个战略决策过程由市场细分（Segmentation）、目标市场选择（Targeting）和市场定位（Position）三个环节组成，亦称为STP战略。其中，市场细分是目标市场营销的起点、依据和核心。本章主要讲述市场细分和目标市场选择的相关知识。

第一节　市场细分的基本理论

一、市场细分的概念及细分战略演变

（一）市场细分的概念

市场细分是美国市场营销学家温德尔·史密斯（Wendell R. Smith）于1956年在总结西方企业市场营销实践经验的基础上提出的。所谓市场细分，是指根据消费需求的差异性，把某一产品（或服务）的整体市场划分为在需求上大体相似的若干个市场部分，形成不同的细分市场（子市场），从而有利于企业选择目标市场和制定营销策略的企业活动的总称。

对于市场细分概念的理解，可以从以下几方面把握：

1. 市场细分的目的

市场细分是为了更深入地研究消费需求，更好地适应消费需求，使企业所提供的产品和服务更好地满足目标顾客的需要。

2. 市场细分的必要性

在现代市场中，一方面，随着社会经济的飞速发展和人们收入的不断提高，消费者对商品和服务的需求日趋多样化；另一方面，企业资源是有限的，不可能以自己的产品或服务满足市场上所有消费者的需要。因此，市场需求的“多样性”与企业营销资源的“有限性”决定了目标市场营销概念的产生，从而使得目标市场营销决策的前提——市场细分成为必要。

3. 市场细分的依据

市场细分主要依据需求的差异性。需求差异是客观存在的，消费者因其所处的地理环境、社会环境及自身的教育、心理等因素的不同，对产品的价格、质量、款式、服务等要求也不尽相同。任何企业在决定自身目标市场之前，基础性的工作就是进行消费需求差异性分析，并由此进行市场细分。

（二）市场细分战略的演变

市场细分不单纯是一个理论概念，而且具有极强的实战性。市场细分理论和实践的发展主要经历了以下几个阶段：

1. 大量营销阶段（Mass Marketing）

早在 19 世纪末 20 世纪初，即资本主义工业革命阶段，整个社会经济发展的重心和特点是强调速度和规模，市场以卖方为主导。在卖方市场条件下，企业市场营销的基本方式是大量营销，即大批量生产品种、规格单一的产品，并且通过广泛、通常的分销渠道销售产品。大量营销使企业降低了产品成本和价格，获得了丰厚的利润。因此，在大量营销阶段企业对市场需求差异的关注较少。

2. 产品差异化营销阶段（Product Different Marketing）

20 世纪 30 年代发生了震惊世界的资本主义经济危机，生产严重过剩，迫使企业转变经营观念，营销方式开始从大量营销向产品差异化营销转变，即向市场推出了与竞争者产品具有不同质量、外观、性能的产品。产品差异化营销与大量营销相比是一种进步，但企业仅局限于考虑自己现有的设计、技术能力，没有重视对顾客消费需求的研究，缺乏明确的目标市场，因此企业产品试销成功率不高。

3. 目标市场营销阶段（Target Marketing）

20 世纪 50 年代以后，在科学技术革命的推动下，生产力水平大幅提高，产品日新月异，生产与消费的矛盾日益尖锐，以产品差异化为中心的营销方式已远远不能解决企业所面临的市场问题。于是，市场迫使企业再次转变经营观念和经营方式，由产品差异化营销转向以市场需求为导向的目标市场营销，即企业在研究市场和细分市场的基础上，结合自身的资源和优势，选择其中最有吸引力和最有效地为之提供产品和服务的细分市场作为目标市场，设计与目标市场需求特点相匹配的营销组合。因此，市场细分战略应运而生。

市场细分理论的产生使传统营销观念发生了根本的变革，被西方理论家称为“市场营销革命”。市场细分理论产生之后经过了不断完善的过程。最初，人们认为把市场划分得越细，越能适应顾客需求。但是，20 世纪 70 年代以来，能源危机和整个经济的不景气使不同阶层消费者的可支配收入出现了不同程度的下降。人们在购买商品时，更多地注重价值、价格和效用。显然，过度细分市场必然会导致企业的营销成本上升。于是，“反细分化”理论应运而生。营销学者和企业家认为，应该从成本和收益的比较出发，对市场进行适度的细分，这是对过度细分的反思和矫正，它赋予了市场细分理论的内涵，使其不断地发展和完善，对指导企业市场营销具有更强的可操作性。

二、市场细分的理论依据及作用

（一）市场细分的理论依据

消费需求的多元异质性理论为市场细分提供了理论根据。由于消费者受其所处的地理环境、社会环境、受教育程度及自身的心理、购买行为等因素的影响，表现出不同的消费需求，产生了差异化的购买特点。消费者对不同产品在需求和购买行为等诸多方面的差异性通常表现为两方面：差异性程度和差异性分布。在产品购买中，产品属性是影响顾客购买行为的重要因素，顾客对不同属性的重视程度存在差异，这种差异性的程度和分布体现了顾客的不同偏好模式，构建了市场细分的客观依据。从差异性的分布来说，消费者对不同产品特性的偏好分布有三种类型：同质偏好、分散偏好和集群偏好（以某公司生产的奶粉产品为例），如图 10–1 所示。

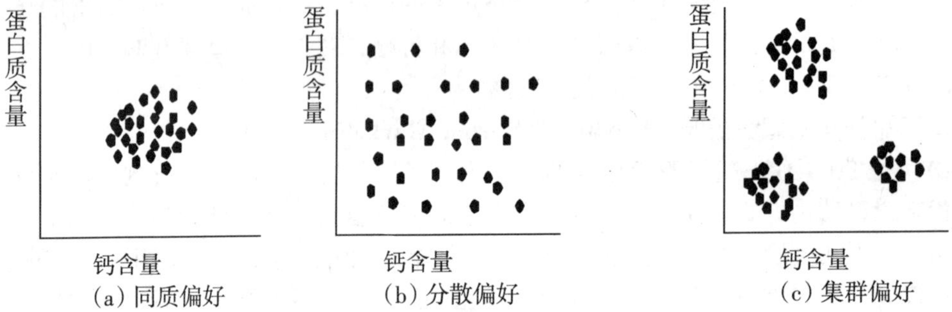

图 10–1　市场偏好的基本类型

1. 同质偏好

如图 10–1（a）所示，市场上所有的顾客对产品属性有大致相同的偏好，且相对集中于中央位置，即顾客对奶粉的钙含量和蛋白质含量的需求相似。在这样的条件下，各品牌的产品特性必然比较集中，主要针对图中顾客需求和偏好分布的中心。

2. 分散偏好

如图 10–1（b）所示，分散偏好是指市场上所有顾客对产品属性都有着不同的偏好，这些偏好高度分散在整个市场空间，且分布极其分散，即不同的消费者对产品属性的要求存在较大差异。进入市场的第一个品牌很可能定位于中央位置，以最大限度地迎合数量最多的顾客，因为定位于中央位置的品牌显然可以将所有顾客的总体不满足感降到最低水平。进入市场的第二个品牌可以定位于第一个品牌附近，与其争夺份额，也可远离第一个品牌，形成鲜明特征的定位以吸引对第一个品牌不满的消费者群体。如果市场中有好几个品牌，它们可能定位于整个空间的各处以显示相互之间的差异，迎合不同消费者偏好的差异。

3. 集群偏好

如图 10–1（c）所示，集群偏好是指市场中存在具有独特偏好的密集群体，这些密集群体形成了不同的细分市场。在这种情况下，进入市场的企业有三种不同的选择：它可以将产品定位于中心，以迎合所有的消费群体（无差异营销）；也可以将产品定位在最大的细分市场内（集中营销）；还可以推出好几个品牌，分别定位于不同的细分市场（差异营销）。

（二）市场细分的作用

企业将市场细分作为从事市场营销的重要手段，其在市场营销实践中的重要作用体现在如下几方面：

1. 有助于企业发现新的营销机会

通过市场细分，企业可以把握各个不同购买群体的需求及其满足程度，发现未被满足的消费需求，寻找到市场的空白点，这些空白点可能成为企业的营销机会。如果企业能够满足这些消费需求，就可以把它作为自己的目标市场。

例如，日本钟表企业在美国市场上发现营销机会就是通过市场细分而获得的。通过对美国钟表市场的细分发现，高档手表市场已被瑞士的名牌手表所占领，且竞争激烈；而中低档市场的顾客需求并未得到很好的满足，于是决定开发中低档手表，满足这一层次顾客的需要。实践证明，这一决策是正确的。

2. 有利于企业有效地利用现有资源，增强企业的竞争能力

企业的营销资源是有限的，特别是中小企业，受资源约束比较大。如何优化企业资源，制定合理的营销策略成为中小企业发展的重要问题。通过市场细分，可以抓住市场空缺，集中企业营销资源，选择适合自己的细分市场，不仅可以减少竞争对手，而且可以充分发挥企业自身的优势和特色，从而在激烈的市场竞争中得以发展。

例如，日本的铃木汽车公司，相对于丰田、日产、本田这样的汽车巨头来说，实力稍逊一筹，如果也像那些大公司一样，选择较多的细分市场作为目标市场的话，很难与那些大公司竞争。因此，它根据自己的资源积累状况，把经营资源集中在较少的细分市场上，主要从事那些大公司较少生产的、排量在 1000CC 以下的小型车的生产制造，这样既避免了与大公司的竞争，又充分发挥了自己的优势，同样获得了成功。

3. 有利于企业了解细分市场的特点，正确地制定营销战略和策略

市场细分是企业制定营销策略的前提条件。企业通过市场细分，可以把握不同细分市场的需求特点，正确选择目标市场并在此基础上制定或调整企业的营销策略，使企业的产品、价格、分销渠道、促销策略等更好地适应市场需求。

例如，海尔公司针对农村市场，开发出了物美价廉的“会洗萝卜的洗衣机”，就是考虑了农民的支付能力，同时又顾及了农民洗衣、洗萝卜等农作物的需求。如果忽视了各细分市场的异质性，推出千篇一律的营销组合策略，如把这种洗衣机产品推向城市市场，其结果是不言而喻的。

4. 有利于企业巩固现有市场

通过市场细分，企业可以了解现有市场中各类顾客的不同消费需求和变化趋势，可以有针对性地开展营销活动，最大限度地满足市场需求，从而达到让现有顾客满意、巩固现有市场的效果。

例如，美国宝洁公司通过市场细分发现顾客对于洗发水的不同需求，进而开发了去头屑的“海飞丝”、使头发柔顺的“飘柔”、营养发质的“潘婷”、超乎寻常呵护的“沙宣”，可以供不同顾客选择，使得公司一直保持洗发水市场的领先地位。

三、市场细分变量

市场细分是建立在市场需求差异的基础上的，因此形成需求差异的各种因素均可作为市场细分变量（或细分依据），对此，消费者市场与产业市场是有所区别的。

（一）消费者市场细分变量

可以用来分割消费者市场的细分变量有许多，这些细分变量一般分为两大类：一类是消费者特征变量（有关消费者基本特征的要素），主要包括人口统计特征、地理区域特征和心理特征；另一类是消费者对产品使用、效益、品牌等方面的反应特征（与产品相关的行为因素）。表 10–1 概括了消费者市场的主要细分变量。

表 10–1　消费者市场的主要细分变量

变量类型	主要变量列举
地理因素	区域，城市或农村、人口密度、气候、地形地貌等
人口因素	年龄、收入、职业、教育程度、宗教、种族、国籍、社会阶层、家庭规模、家庭生命周期等
心理因素	生活方式、个性、购买动机、购买态度等
行为因素	购买时机、追求的利益、使用者状况、使用率、品牌忠诚等

1. 地理因素

按照消费者所在的地理区域以及其他地理条件为标准来细分消费者。常用的地理因素标准有：

（1）地理或行政区域。如沿海地区、西部地区，国家、省、市、区县、乡村等。区域不同，人们的收入水平、消费观念、生活习惯等有很大差别，市场规模也就不同。

（2）地形。如平原、山区等。不同的地形位置可能需要不同的产品，对同一种产品也可能有不同的要求。

（3）气候。我国南北气候相差很大，不同的气候有着不同的消费需求。

通常来说，处于不同地理条件下的消费者，他们的需求有一定的差异性，对企业的产品、价格、分销、促销等营销措施也会产生不同的反应。例如：农村市场比较偏爱坚固耐用、能负重的自行车，而城市市场则倾向于购买轻便、新颖的自行车；绿茶主要在南方各省市畅销，红茶则在华北、东北较为畅销；北方人选择棉衣注重的是保暖性能，南方人选择棉衣注重的是款式；而在饮食上，历来就有“南甜、北咸、东酸、西辣”之说。

利用地理因素作为市场细分标准有一定的好处，如这种划分标准比较稳定，简单易操作。但是，随着经济的快速发展和人口的流动，某一地理或行政区域的人口构成会发生很大变化，消费者需求、偏好与其居住地的关系不再像以前那样密切，会呈现出明显的差异。

2. 人口因素

以描述人口一般特征的人口统计变量作为市场细分的标准，常用的有年龄、性别、收入、职业、教育、宗教、民族、国籍等。

（1）年龄。消费者在不同的年龄阶段，对消费品的需求表现出明显的差异。例如，对服装的款式、规格、质量等的要求，儿童、青年人、中年人、老年人是不同的。根据消费者年龄标准，可以把服装市场划分为儿童市场、青年市场、中年市场和老年市场。

（2）性别。不同性别具有不同的消费需求，其购买动机、购买行为、购买角色等也有很大差别。女士是服装、化妆品、家庭用具、小包装食品等市场的主要顾客；男士则是香烟、饮料、体育运动用品等的主要购买者。

（3）收入。消费者的收入直接影响他们的购买力，并对消费需求的数量、结构和趋向有决定性影响。消费者收入水平的不同，不仅决定其购买商品的性质，而且还影响其购买行为和购买习惯。汽车、服装、化妆品、理财服务、住宅和旅游等行业早就依据消费者的收入水平来划分市场。

（4）民族。世界上大部分国家都拥有多种民族，我国更是一个多民族的国家。各民族都有自己的传统习俗、生活方式，呈现出各种不同的商品需求。

（5）职业及教育状况。职业不同，生活方式、收入、着装偏好等有一定的差别；不同的受教育程度，也会导致消费者在其兴趣、生活方式、文化素养、价值观念等方面的差异，进而影响其消费需求。

消费者的欲望、偏好等经常与上述人口统计变量有着密切的联系，使用人口特征作为细分标准，相对来说比较容易，其适用范围也比较广泛。

3. 心理因素

人口因素完全相同的两个人，其购买行为可能仍然存在很大差异，主要是心理因素在起作用。心理因素主要有消费者的生活方式、个性、动机、态度等心理变量。

（1）生活方式。生活方式即一个人每天如何生活，或者说是其生活和花费时间及金钱的模式。它是消费者个性心理特征的综合，同时也会受到其他因素的影响，如家庭、工作、社会活动和文化等。

例如，深居简出者，他们大多在家里度过闲暇时间，是以家庭为中心的人；时髦人物大都热衷于社交活动；事业心强的人常以工作单位为家；等等。上述人士对服装、交通工具等需求可能存在很大区别。

（2）消费者个性。消费者个性对其需求和购买动机有不同程度的影响。而消费者个性千差万别，加之收入水平的普遍提高，需求个性化趋势越来越明显。面对大量追求个性的消费者，企业应给自己的产品赋予品牌个性，以符合相应的消费性格。例如，真维斯牛仔服适合追求刚中带柔个性的人，而威鹏牛仔服则比较符合个性刚强高傲的消费者的口味。

（3）购买动机。购买动机是驱使消费者实现个人消费目标的一种内在力量，可分为求实动机、求名动机、求廉动机、求美动机、求新动机等。企业可以把这些不同的购买动机作为市场细分的依据，把整个市场划分为若干个细分市场，如廉价市场、便利市场、时尚市场、炫耀市场等。

（4）购买态度。购买态度通常指个人对所购产品持有的喜欢与否的评价、情感上的感受和行动倾向。一般可分为热爱、肯定、冷淡、拒绝和敌意五类。企业可根据消费者对公司及其产品的态度对市场进行分类，并针对不同态度的细分市场采取相应的营销措施。例如，对持有中间态度的消费者（“我曾听说过某品牌，但我并不真正了解它”），应大力开展资料丰富的、有说服力的促销活动；对态度积极的消费者（“某品牌是市场上最好的产品”），应利用连接发出的广告与消费者签订合同的方法加以巩固；对持消极态度的消费者（“某品牌比另外某品牌低劣得多”），要改变其态度是困难的，应加强广告宣传，并改进产品质量，提高公司形象。一般来说，公司放弃这一细分市场是合适的，因为公司进行市场细分，并不是要利用一种营销努力来满足所有消费群体的要求。

消费者的心理因素是很难衡量的变数，运用起来比较困难，但它们对企业却具有重要意义。随着生活水平的提高，心理因素对购买者的影响将日益突出，尤其是非生活必需品。因此，企业需要对市场做大量细致的调研工作，注意研究消费者的心理特征及变化趋势。

4. 行为因素

行为因素标准是指消费者购买或使用某种产品的时机、使用频率、品牌忠诚度等。行为变量是进行有效市场细分的最佳选择，根据不同的行为标准可以对市场进行划分。

（1）购买时机。时机是指消费者购买和消费产品的目的、动机和时间，如日常消费、节假日消费或聚会消费等。根据消费者产生购买意图的时机、实际购买的时机和使用产品的时机，可以把消费者划分为不同的群体。我国企业现在很重视利用节假日开展营销活动，不仅重视国庆节、春节、中秋节等这些传统节日消费，对圣诞节、情人节、母亲节等西方节日消费也越来越重视，设法抓住有利时机开展营销活动，促进产品销售。

（2）追求利益。消费者购买和消费某种产品，都是追求一定的利益的。按照消费者对产品追求的不同利益，可以将其划分为不同的群体。按照追求利益的不同来细分，要求找出消费者购买产品时所追求的几种主要利益，追求每种利益的人群特点，以及能够提供这一利益的主要品牌。以消费者追求利益为标准进行细分，主要强调人们从产品和服务中所寻找的属性以及人们期待从产品和服务中多获得的利益。如消费者对牙膏的选择，有的是为了经济实惠，有的是为了防治牙病，有的是为了洁齿美容，有的是为了口味清爽，等等；对酷爱星巴克极品咖啡的消费者而言，他们寻求的不只是一杯咖啡，他们愿意多付钱，是为了得到一种被精心呵护和欣赏的快乐享受。

（3）使用者状况。使用者状况是指消费者对产品消费的状况，据此，可将消费者分为非使用者、曾使用者、潜在使用者、首次使用者和经常使用者。具有高市场占有率的企业特别重视将潜在使用者变为实际使用者；而较小的企业则设法保住经常使用者，同时把竞争对手品牌的使用者引向购买自己的品牌。

（4）使用频率。消费者对产品的使用率是不同的，根据消费者的使用率可将顾客细分为少量使用者、中度使用者和大量使用者几个群体。大量使用者的人数相对较少，但占商品消费总量的比重却很大。通常，相对于若干个小用户，营销人员更愿意为一个大客户提供产品和服务。例如，啤酒的大量使用者为中青年人，化妆品的大量使用者为成年妇女，保健品的大量使用者为中老年人，时装的大量使用者为年轻女性，玩具的大量使用者为儿童等。针对不同使用率的消费者，可乐饮料提供 600 毫升、1.25 升和 2.25 升的不同包装。

（5）忠诚度。忠诚通常是指一个购买者购买某一品牌商品的一种持续信仰和约束。根据消费者对产品或品牌的忠诚度，可将消费者分为坚定忠诚者、一般忠诚者、喜新厌旧者、无固定偏好者等。有些消费者绝对忠诚——一辈子只用一个品牌；有些是中度忠诚，对于特定的产品忠于两三个品牌，或者喜欢某一个品牌但偶尔也会选择别的品牌；也有一些用户对任何品牌都没有什么忠诚度，要么每次都选择不同的品牌，要么是什么促销就买什么。

上述四大类细分变量及其具体依据是一般企业常用的细分标准，但这并不意味着适用于任何消费品，也不表示所有细分只限于上述依据。企业应根据具体情况，选择其中与消费者购买行为关联性最强的变量作为市场细分标准。此外，在现代市场细分研究中，营销人员已不仅仅局限于用一个或几个变量来进行细分。在研究更小范围、更确定的目标群体时，越来越多的营销人员开始应用多种细分变量。

（二）产业市场细分变量

细分消费者市场的标准，有些也同样适用于产业市场，如地理因素、行为因素等。但是，产业市场有着与消费者市场不同的特点，因此产业市场也有着其独特的细分标准。美国学者博纳玛（Bonoma）和夏皮罗（Shapiro）两位学者，提出了一个产业市场的主要细分变量表（见表 10–2），比较系统地列举了细分产业市场的主要变量。

表 10–2 所列的主要问题，是产业市场营销者在决定他们将要为客户服务时所必须自问的。公司通过追求细分市场而不是整个市场，就有向客户递送价值的极好机会，并由于能密切注意客户的需求而获得最大限度的回报。

细分产业市场的变量很多，以下是几种常用变量：

1. 用户所处行业

行业不同，对同一种产品的性能、质量等要求不同。飞机制造商与农用拖拉机制造商对轮胎性能、安全标准的要求大不一样。

2. 用户规模与购买力

一般来说，企业比较重视购买量大、有实力的用户。与用户规模相联系的变量有年销售额、资产总额、职工人数和场所的数目等。

表 10–2 产业市场的主要细分变量

统计因素	行业：购买这种产品的哪些行业是我们的重点？ 公司规模：我们的重点是多大规模的公司？ 地理位置：我们应把重点放在哪些区域？
经营因素	技术：哪些顾客重视的技术是我们的重点？ 使用者/非使用者情况：我们应该把重点放在大量、中度还是少量使用者上？ 顾客能力：我们的重点是需要多种服务的顾客，还是很少几种服务的顾客？
采购方式	采购职能组织：我们的重点是采购高度集中的公司，还是高度分散的公司？ 权力结构：我们的重点是技术人员占主导地位的公司，还是财务人员或营销人员占主导地位的公司？ 现有客户关系的性质：我们应该把重点放在那些已经建立了良好客户关系的公司，还是去追逐那些最具吸引力的客户？ 总采购政策：我们的重点是什么样的客户，是喜欢租赁、服务合同的，还是喜欢系统采购的，或是喜欢招/投标的？ 采购标准：我们的重点是重视质量的公司，还是重视服务的，或是重视价格的？
情境因素	紧急程度：是否应把重点放在那些交货要求/提供服务需求非常紧迫的公司上？ 特别用途：我们是否应把重点放在本公司产品的某些应用上，而不是全部应用？ 订单大小：我们的重点是大宗订单，还是小额订单？
个性特征	购买双方的相似性：我们是否应把重点放在那些其人员与价值观和本公司相似的公司？ 对待风险的态度：我们应把重点放在敢于冒风险的顾客，还是风险规避型的顾客？ 忠诚度：我们是否应把重点放在那些对供应商非常忠诚的公司？

3. 地理位置

地理位置不同，用户需求与购买行为会存在很大差异。产业用户在选址时，一般考虑该地区资源与劳动力状况，及其产业政策等因素。为此，一些产业市场的客户往往集中在某一地理区域内。从企业的角度考虑，也应该将目标市场选择在用户相对集中的地区，以便加强沟通、降低成本。

4. 采购中心的特点

产业用户的购买行为一般取决于用户采购中心及中心各成员的特征。有些企业属程序性购买，对质量、价格、服务等没有特殊要求；有些企业则善于讨价还价，拖欠购货款；有些企业有相对固定的供应商，对某一厂家或品牌忠诚程度较高。这些不同的购买行为与特征，将影响企业的利润率、回款率与市场占有率。企业应仔细分类、选择并采取相应的措施。

产业市场的购买决策通常是由多个参与者共同协商决定的，根据决策参与者的特点来进行细分并采取相应的策略，有助于企业营销工作的展开。此外，产业市场也可根据决策参与人员所追求的不同利益，如安全、质量、服务能力、价格、能源成本、使用成本等来进行细分。

没有一个单独的变量能使营销人员成功地细分产业市场，所以对产业市场的细分通常采用相互关联的多个变量。在细分方法上，可分步骤、阶段进行，如在第一步宏观细分的基础上，进行微观细分，或者在前一阶段细分的基础上，再进一步深入细分。

四、市场细分的有效性原则

市场细分的变量较多，企业可以根据单一因素对市场进行细分，同时也可根据多种因素进行市场细分。使用的细分变量越多，相应的细分市场数目就越多。在营销实践中，并非所有的细分都有意义。为寻求适当的细分变量对市场进行有效的细分，应把握以下几个原则：

1. 可衡量性

可衡量性是指细分市场的规模、购买力和分布可以衡量，即得出的细分市场有较清晰的边界，其市场特征是可以识别、表达或推断的。要达到可衡量的要求，一方面要合理地选择细分变量，尽可能回避那些难以准确定义和度量的要素；另一方面要求市场细分方法要科学。例如，若按照心理变量进行细分时，对测算具有“依赖心理”的青年人的数量就会显得相当困难，以此为依据的细分市场就不一定有意义。

2. 可进入性

可进入性或称为可接近性，指细分得出的子市场应该是企业通过营销努力可以有效进入并为之服务的市场。一方面，有关的产品信息能够通过一定的媒体顺利地传递给市场中的消费者；另一方面，企业在一定时期内有可能将产品通过一定的分销渠道销售给该市场。有些产品有很强的地方保护，很难按地理细分打入其他国家、地区或城市，这些产品按地理细分就没有意义。

3. 可盈利性

可盈利性是指细分出来的市场要有足够的市场容量，规模要大到足以盈利的程度。一个可盈利的细分市场应该是值得企业为之设计一套营销规划方案的尽可能大的同质市场。企业的经营目标是为顾客提供最大价值并同时获取利润，如果市场规模过小，市场容量有限，则产品的销量和盈利会受到限制，显然这样的细分是没有价值的。因此，在进行市场细分时，企业必须考虑细分市场中顾客的数量、购买力和购买频率等因素。例如，波音 747 飞机的整个市场是按商用与军用、货机与客机加以细分的，而私人定制 747 飞机的市场极小，如果按照私人定制的需求特征去细分市场，几乎没有实际价值。

4. 差异性

进行市场细分的假定前提是不同细分市场的需求存在明显的差异，而同一细分市场的需求则是相同或相似的。如果对于同一营销组合方案，各细分市场的反应是相同的，那么这样的市场细分本身就无任何意义。

例如，我国在 20 世纪 80 年代以前，由于当时人们收入有限，自行车主要是成年人作为交通工具使用，需要能够载人或载物，城乡没有什么区别，也无须根据年龄细分市场。但随着城乡居民收入的提高，人们购买自行车的动机发生了较大的变化，需求差异凸显，这时就有必要和可能将自行车市场细分为儿童车、载重车、轻便车、山地车以及比赛用自行车等。

第二节　市场细分步骤及方法

一、市场细分的步骤

市场细分主要包括六个步骤，如图 10–2 所示。

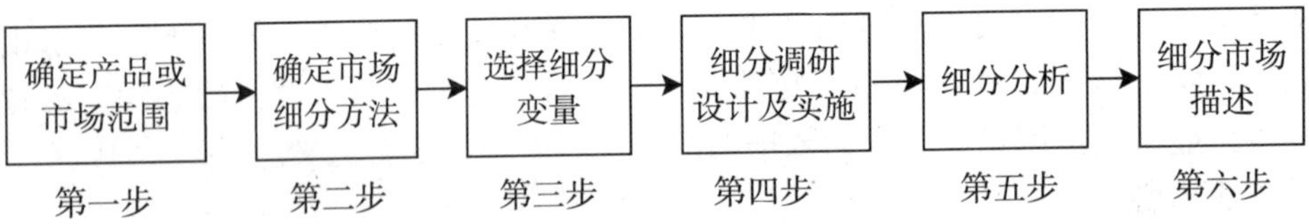

图 10–2　市场细分过程

（1）确定产品或市场范围。市场细分应与企业任务、目标、发展战略相联系，只有在明确进入的行业、生产的产品的基础上开展市场细分，才是有现实意义的。在此阶段，企业要对市场进行界定，明确行业的市场概况、特征等。市场范围的确定应以顾客需求为基准，而不是按照产品本身的特点来确定。

（2）确定市场细分方法。一般来说，市场细分方法分为事前细分和事后细分两大类，营销研究人员可根据产品特征、市场情况及自身经验，选择适当的市场细分方法。

（3）选择细分变量。合理的细分变量选择是成功细分的前提。因为细分变量的选择受细分方法的制约，所以要在细分方法确定的基础上挑选合适的细分变量并确定细分变量的数量。

（4）细分调研设计及实施。细分调研设计需要明确收集哪些信息，据此设计调查问卷。获得准确的市场信息数据是细分成功的保障。

（5）细分分析。对细分调研收集来的数据进行处理与分析，通过相应的市场细分方法，分出各细分市场。

（6）细分市场描述。根据调研结果对各细分市场进行客观描述，说明各细分市场的特征、规模大小、竞争状况和变化趋势等情况，为选择目标市场提供依据。

二、市场细分方法

随着市场细分研究的深入，市场细分变量从早期的自然地理、人口统计变量，演变到消费者心理、行为等变量。市场细分方法也开始从前期以自然地理、人口统计变量为基础的定性分析，逐步向综合人口统计、消费心理、购买行为等多变量的定性与定量相结合的分析方法转变。

20 世纪 90 年代，美国学者詹姆斯·迈尔斯（Jams H. Myers）对市场细分方法研究时提出了事前细分法和事后细分法。同时指出，事前的市场细分方法是根据预先所知或推测的与企业产品或服务消费相关的一些影响因子划分顾客群（如人口统计特征、购买量、地理区域等）；事后市场细分是以问卷调查进行之后得到的顾客反应情况为基础划分顾客群体（如顾客的价值取向、需求、使用量和使用模式、态度和感知度等）。

（一）事前细分法

1. 事前细分的概念

事前细分是指在细分研究之前已选定了细分标准的细分方法，即在市场细分时，先选择细分依据或标准，然后根据这些选定的标准对顾客进行分群。事前细分是一种经验性的判断，主要靠研究人员的直觉、以往的营销经验、对二手资料的分析、对内部消费者数据库的分析或者其他方法将消费者划分为不同的细分市场。通常情况下，用在确定了细分标准后，这种方法就可预计出可能的细分结果。

事前细分方法主要通过对消费者行为模式的定性分析得出细分结果。在细分时先选择细分标准，意味着存在相应的假设，例如选择自然地理、人口统计等变量为标准，其实质是假设居住在同一区域、同一年龄或收入段的人具有相似的消费需求。

2. 事前细分的常用方法

以事前细分为主的传统细分方法，通常事先选择细分标准，再按细分标准对整体市场进行划分。在细分过程中，按照选择细分标准（依据）的数量多少，可以分为单因素细分、双因素细分、多因素细分等，如图 10-3 所示。

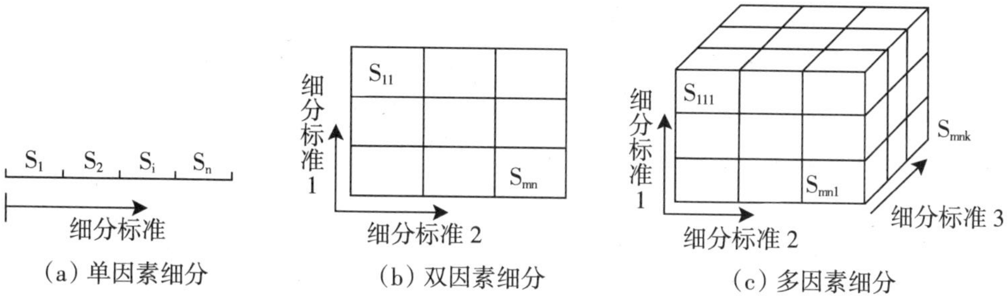

图 10-3　常见的事前细分方法

单因素细分，即根据影响消费者需求的某一重要因素对整个市场进行细分，例如，按年龄对服装市场进行细分，可分为童装、少年装、青年装、中年装、老年装等细分市场。根据影响消费者需求的两个或多个因素进行细分，就是双因素或多因素细分，如按照年龄、性别对服装市场进行细分，或按照性别、收入水平、生活方式等多个标准对服装市场进行细分。

（二）事后细分法

1. 事后细分的概念

事后细分是指不事先确定细分标准，而是通过利用相应的统计技术对消费者调研结果进行分析，得出细分结果。常使用消费者态度、生活方式等心理描述特征以及人口地理、产品使用行为特征作为混合细分变量，利用聚类等多元统计方法得到细分类群结果。

事后细分方法以统计学为理论依据，势必存在这样的理论假设，即对消费者在某一时空的统计结果可以反映他们的稳定心理和行为特征，从而可以用过去的消费统计结果来推测消费者未来的购买行为。现实中常用的事后细分方法以聚类分析法为主，先选择综合消费者心理、行为、人口统计特征等方面的混合变量对消费者进行调查，再测度个体之间的相似度并以此为依据进行聚类，最后得出最终的细分类群。

事后细分是一种探索性的方法，在事后细分的统计分析中，有时会出现由于方法不适用导致的错误，且难以检验出来。研究人员由于知识和经验的局限，很难自己意识到问题的存在，这将会造成错误的市场细分。所以，一个成功的市场细分常要求事前细分和事后细分的适当结合。

2. 事后细分的常用方法

事后细分的常用方法以多元统计中的聚类分析为代表。聚类分析是一种将研究对象分为相对同质的群组的现代统计分析技术，该方法认为，所研究的样品或指标（变量）之间存在着程度不同的相似性。于是，根据一批样品的多个观测指标，具体找出一些能够度量样品或指标之间相似程度的统计量，以这些统计量为划分类型的依据，把一些相似程度较大的样品（或指标）聚合为一类，把另外一些彼此之间相似程度较大的样品（或指标）又聚合为另一类……由此，相似性较大的聚合到一个小的分类单位，相似性较小的聚合到一个大的分类单位，直到所有的样品（或指标）都聚合完毕，把不同的类型一一划分出来，形成了一个由小到大的分类系统。

聚类分析的主要目的就是按照个体或样本的特征分类，使同一类别中的个体具有尽可能高的同质性，而各个不同类别之间应具有尽可能高的异质性。市场细分的实质就是将消费者进行分类，把需求相似性较大的聚合在一个细分市场中，因此，聚类分析就能够较好地实现消费者类群的划分。

聚类分析一般包含两种最主要的方法：一种是“系统聚类法”（Hierarchical Cluster Analysis）；另一种是“快速聚类法”（K-means Cluster Analysis）。这两种方法各有不同的适用情况，当个体数量超过 1000 或更多时，系统聚类很困难，更常用的是快速聚类法。

按聚类的对象可分为对样品分类的 Q 型聚类分析和对变量分类的 R 型聚类分析，在市场细分中，对顾客进行分类可使用 Q 型聚类分析法。聚类分析有多种方法，其中系统聚类法较适合应用于市场细分。

市场细分中聚类分析模型的具体步骤如下：

(1) 设计问卷，组织市场调查，获得顾客信息数据。得到的顾客信息矩阵如下：

样品　　变量

$$
\begin{array}{cc}
 & X_1 \quad X_2 \quad \cdots \quad X_p \\
\begin{array}{c} 1 \\ 2 \\ \vdots \\ n \end{array} &
\begin{bmatrix}
x_{11} & x_{12} & \cdots & x_{1p} \\
x_{21} & x_{22} & \cdots & x_{2p} \\
\vdots & \vdots & \cdots & \vdots \\
x_{n1} & x_{n2} & \cdots & x_{np}
\end{bmatrix}
\end{array}
$$

（2）选择适当的相似性统计量，计算 n 个样品两两间的距离 $\{d_{ij}\}$，记为 $D=\{d_{ij}\}$。如采用欧氏距离，计算公式为 $d_{ij}=\left[\sum_{k=1}^{p}(x_{ik}-x_{jk})^2\right]^{\frac{1}{2}}$。

（3）选择聚类方法。如采用系统聚类中的平均距离法来进行类与类之间的聚合，计算公式为 $D^2(K,r)=\frac{1}{n_k n_r}\sum_{i\in G_k}\sum_{j\in G_r}d_{ij}^2=\frac{1}{n_k n_r}\left(\sum_{i\in G_k}\sum_{j\in G_p}d_{ij}^2+\sum_{i\in G_k}\sum_{j\in G_q}d_{ij}^2\right)$。

（4）构造 n 个类，每个类只包含一个样品。

（5）合并距离最近的两类为一新类。

（6）计算新类与当前各类的距离，若类的个数等于 1，转到步骤（7），否则回到步骤（5）。

（7）画聚类图，并决定类的个数和类，即决定细分市场数目并描述各细分市场状况。

在使用聚类分析法进行市场细分时，还要注意以下问题：

首先，对于数据的简化处理。在很多关于市场细分的研究中，研究者们收集了大量有关消费者态度和需求方面的信息，在调查中可能会出现多个指标衡量的都是相似或相关的消费者特征，那么随后的分析就会得到一些误导性的结论。出现这种情况时，通常可采用因子分析先对数据进行简化处理，然后使用处理后的数据再进行分析，细分结果的可靠性会大大提高。通常情况下，当细分变量较少时，可直接进行聚类；当细分变量较多时，可采用因子分析先对数据进行简化，再进行聚类分析。

其次，细分市场数目的确定。确定细分类群数目是细分研究中的一个重要问题，对此没有固定的规律可循，但有一些原则可供参考。例如，根据决策者的要求，在聚类时可事先确定类群数目再聚类；在分层聚类时，各类群合并时的距离可作为确定类群数目的标准，规定距离超过一定值时，聚类过程结束；在非分层聚类时，可将群内总方差与群间方差的比值和相应的群数制图，折点处就是合适的群数，群数超过这一点后通常是不值得的；还可以借助判别分析来辅助类群数目的确定；此外，要注意群的相对大小应当合适。

最后，数据运算的实现。对于庞大的数据矩阵，靠人工运算效率是非常低的，而且容易出错，应借助专业软件 SPSS、SAS 等中的相应程序模块来实现。

3. 事后细分应用举例

为说明如何利用聚类分析来进行市场细分，此处以牙膏市场细分为例讲述市场细分过程。

（1）细分研究设计及数据获取。通过商场拦截对消费者购买牙膏追求的主要利益进行访谈调查，获得了一个包含 30 人的样本数据（见表 10–3），以此为据进行市场细分。访谈调查主要通过 7 级量表询问他们对以下陈述的认同程度（1 表示非常不同意，7 表示非常同意）。

以某顾客对问题 V_1 的调查为例，来说明数据的获取。通过下列量表进行调查：

Q：请您在右侧表中划出对下列陈述内容的认同程度？　　非常不同意　　　　非常同意

V_1：购买预防蛀牙的牙膏是重要的。　　1　　　4　　　7

由此，在右侧量表中可反映出顾客对相应陈述的赞同情况，顾客越认同，则其对应的得数就越接近 7（非常同意）。这样，就可通过调查获得表 10–3 中的消费者评价数据。

当然，在现实牙膏市场细分操作中，并不仅仅是从以上依据展开的，而且调查样本要大得多，此处只是为了说明问题，故对细分基础数据的获取做出了以上限制或假设。通过访谈获得的包含 30 人的调查样本数据如表 10–3 所示。

表 10–3　消费者对牙膏属性的评分

编号	V_1	V_2	V_3	V_4	V_5	V_6	编号	V_1	V_2	V_3	V_4	V_5	V_6
1	7.00	3.00	6.00	4.00	2.00	4.00	16	6.00	4.00	6.00	3.00	3.00	4.00
2	1.00	3.00	2.00	4.00	5.00	4.00	17	5.00	3.00	6.00	3.00	3.00	4.00
3	6.00	2.00	7.00	4.00	1.00	3.00	18	7.00	3.00	7.00	4.00	1.00	4.00
4	4.00	5.00	4.00	6.00	2.00	5.00	19	2.00	4.00	3.00	3.00	6.00	3.00
5	1.00	2.00	2.00	3.00	6.00	2.00	20	3.00	5.00	3.00	6.00	4.00	6.00
6	6.00	3.00	6.00	4.00	2.00	4.00	21	1.00	3.00	2.00	3.00	5.00	3.00
7	5.00	3.00	6.00	3.00	4.00	3.00	22	5.00	4.00	5.00	4.00	2.00	4.00
8	6.00	4.00	7.00	4.00	1.00	4.00	23	2.00	2.00	1.00	5.00	4.00	4.00
9	3.00	4.00	2.00	3.00	6.00	3.00	24	4.00	6.00	4.00	6.00	4.00	7.00
10	2.00	6.00	2.00	6.00	7.00	6.00	25	6.00	5.00	4.00	2.00	1.00	4.00
11	6.00	4.00	7.00	3.00	2.00	3.00	26	3.00	5.00	4.00	6.00	4.00	7.00
12	2.00	3.00	1.00	4.00	5.00	4.00	27	4.00	4.00	7.00	2.00	2.00	5.00
13	7.00	2.00	6.00	4.00	1.00	3.00	28	3.00	7.00	2.00	6.00	4.00	3.00
14	4.00	6.00	4.00	5.00	3.00	6.00	29	4.00	6.00	3.00	7.00	2.00	7.00
15	1.00	3.00	2.00	2.00	6.00	4.00	30	2.00	3.00	2.00	4.00	7.00	2.00

注：V_1：购买预防蛀牙的牙膏是重要的。
V_2：我喜欢使牙齿亮泽的牙膏。
V_3：牙膏应当保护牙龈。
V_4：预防蛀牙不是牙膏提供的一项重要利益。
V_5：我喜欢使口气清新的牙膏。
V_6：购买牙膏时最重要的考虑是富有魅力的牙齿。

（2）细分分析。现通过聚类分析，对表 10–3 中的数据进行聚类分析。借助于 SPSS 中的聚类分析模块，采用系统聚类分析法，可以得出聚类树形图，如图 10–4 所示。

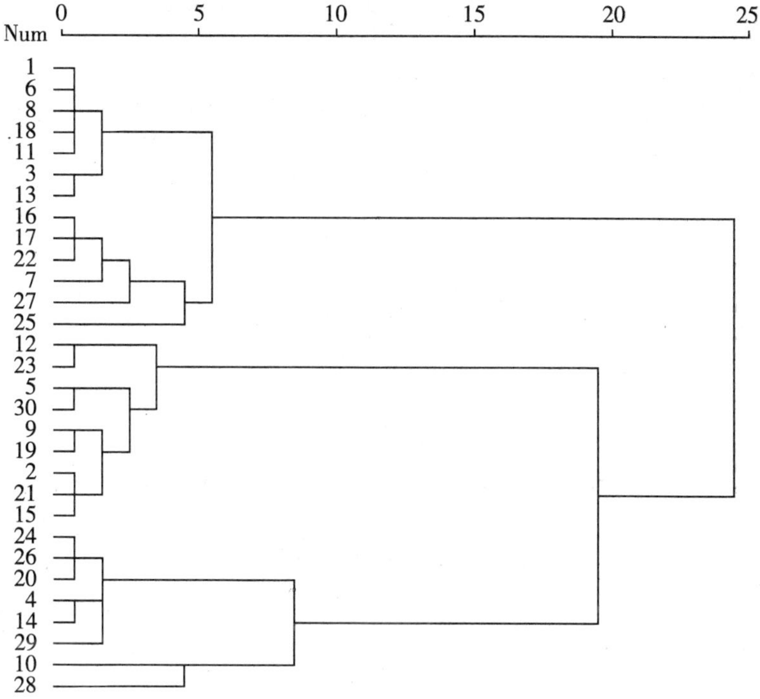

图 10-4　聚类树形图

在此，可以结合聚类图中标准化后的群间距离和群的相对大小来确定组群数目。从图 10-4 中可以看出，后两步合并时的标准化群间距离很大，由此可见，分为三类似乎比较合适。再者，在利用软件进行聚类时，规定分群数目分别为二、三、四，来观察各种情况下的类群大小情况。分类结果如表 10-4 所示。

表 10-4　按二、三、四类整理的聚类结果

分类		包含样本情况	频数	频率（%）
分两类	第一类	1、3、6、7、8、11、13、16、17、18、22、25、27	13	43.3
	第二类	2、4、5、9、10、12、14、15、19、20、21、23、24、26、28、29、30	19	56.7
分三类	第一类	1、3、6、7、8、11、13、16、17、18、22、25、27	13	43.3
	第二类	2、5、9、12、15、19、21、23、30	9	30
	第三类	4、10、14、20、24、26、28、29	8	26.7
分四类	第一类	1、3、6、7、8、11、13、16、17、18、22、25、27	13	43.3
	第二类	2、5、9、12、15、19、21、23、30	9	30
	第三类	4、14、20、24、26、29	6	20
	第四类	10、28	2	6.7

结合表 10-4 和图 10-4 可以得出，无论是从标准化群间距离来看，还是从类群的大小情况来看，组群数目确定为 3 最为合适。也就是说，将市场细分为三个子市场，见表 10-5。

表 10–5 市场细分结果的类群基本情况

类群编号	包含样本	频数	频率（%）
类群 1	1、3、6、7、8、11、13、16、17、18、22、25、27	13	43.3
类群 2	2、5、9、12、15、19、21、23、30	9	30
类群 3	4、10、14、20、24、26、28、29	8	26.7
合计		30	100

（3）细分市场描述。通过以上分析可知，可将整个市场细分为三个子市场，其子市场的相对规模分别为 43.3%、30%和 26.7%。对于各个子市场的进一步描述可借助于细分类群的群重心来分析（见表 10–6）。

表 10–6 细分类群的重心

群编号	变量均值					
	V_1	V_2	V_3	V_4	V_5	V_6
细分类群 1	5.85	3.38	6.15	3.38	1.92	3.77
细分类群 2	1.67	3.00	1.89	3.44	5.56	3.22
细分类群 3	3.38	5.75	3.25	6.00	3.75	5.88

从表 10–6 中可以看出，细分市场 1 的变量 V_1（购买预防蛀牙的牙膏是重要的）和 V_3（牙膏应当保护牙龈）的值相对较大，而变量 V_5（我喜欢使口气清新的牙膏）的值小。此细分市场内的消费者最注重牙膏防蛀牙和保护牙龈的功效。

细分市场 2 的变量 V_5（我喜欢使口气清新的牙膏）的值相对较大，而变量 V_1（购买预防蛀牙的牙膏是重要的）和 V_3（牙膏应当保护牙龈）的值小。此细分市场的消费者看重的是牙膏能消除口腔异味，保持口气清新作用。

细分市场 3 的变量 V_2（我喜欢使牙齿亮泽的牙膏）、V_4（预防蛀牙不是牙膏提供的一项重要利益）和 V_6（购买牙膏时最重要的考虑是富有魅力的牙齿）的值相对较大。此细分市场中的消费者，追求牙膏不仅能防蛀牙，而且能使牙齿健康美白，可以说是追求牙膏多功效的消费群体。

第三节 目标市场选择理论

企业进行市场细分的最终目的是为了有效地选择并进入目标市场。所谓目标市场（Target Market），是指企业要进入的那个市场部分，即企业决定为之服务、具有相同需求或特征的购买者群体。

任何企业应该在市场细分的基础上，通过评估各个细分市场，根据自身的营销目标和资源条件选择和确定一个或几个最有利于企业经营、最能发挥企业资源优势的细分市场作为自己的目标市场，然后根据目标市场的特点，实施企业的营销战略与策略，这就是目标市场选择。

一、目标市场选择的依据

为了准确地选择目标市场，企业必须对各个细分市场进行全面的评估和分析，在综合比较、分析的基础上，选择出最优的目标市场。常用的细分市场评估标准如表 10–7 所示。一般来说，对细分市场进行评估时，可以从细分市场的规模与增长潜力、细分市场的结构性特点、企业目标和资源等几大方面着手评价。

表 10–7 常用的细分市场评估标准

标准		举例
规模与增长潜力	规模	市场潜力、目前的市场渗透程度
	增长	发展前景、过去的增长、对技术变化的预测
结构性特点	竞争	进入壁垒、退出壁垒、竞争者的地位和报复能力
	市场饱和	市场的空白
	保护性	产品受专利的保护、进入壁垒
	环境风险	经济变化、政治变化和技术变化
产品与市场的匹配	匹配程度	与企业的优势和形象相吻合
	与其他细分市场的关系	协同作用、成本互动、形象转移以及产品线的内部竞争
	利润水平	预期进入成本和利润水平、投资收益率

（一）市场规模与增长潜力

这项评估主要是分析细分市场是否具有适当的规模和增长潜力。细分市场的预计规模是决定该细分市场是否值得进入的主要因素，规模达不到一定程度，难以保证企业的利润水平。这里的规模是一个相对概念，是相对于企业自身的实力而言的。大企业可能偏好购买量巨大的细分市场，而对较小的细分市场不感兴趣；小企业会有意避开较大规模的细分市场，选择购买量小的细分市场，因为规模大的市场对于小企业来说，因缺乏资源和能力而无法进入，即使进入，也难以与市场中的大企业相抗衡。

细分市场的增长潜力也是一个重要的评估因素，规模反映了市场的静态状况，而增长潜力则反映了细分市场的动态趋势。若目标市场的增长潜力巨大，则能保证企业的销售和利润有良好的增长趋势，确保企业经营目标的顺利实现。但同时，增长潜力巨大的市场也常是竞争者争夺的目标，会导致竞争的加剧，进而削弱企业获利的能力。

（二）细分市场的结构性特点

市场的结构性特点，在很大程度上影响着细分市场的吸引力，是评估细分市场的又一重要因素。一般来讲，市场的结构性特点主要反映在市场内的竞争、细分市场的饱和、市场的保护性、市场的环境风险等方面。

（1）市场竞争。市场竞争的激烈程度严重影响企业开展营销工作的难易以及获取的利润水平。如果细分市场中的竞争对手较少，竞争不是很激烈，已有的竞争对手实力较差，那么就这个细分市场而言，企业具有相对优势。决定一个细分市场竞争状态或竞争强度的主要因素是卖方密度和均衡性（现实和潜在竞争者的数量及相互实力比较）、产品差异性、转换成本、替代产品等。

（2）市场饱和程度。市场饱和程度反映了细分市场内所有企业对市场的占有状况，在一个市场饱和程度低的细分市场中，企业更容易开拓与占领市场。

（3）市场保护程度。在有些市场中，某些产品受专利、法律、国家政策等方面的保护，进入该细分市场的壁垒很高，增大了企业开拓市场的难度。

（4）市场环境风险。经济变化、政治变化、技术革新等多方面的市场环境因素，都会影响细分市场的获利性，进而影响细分市场的吸引力。

（三）企业目标与资源

细分市场的评估还需要分析企业自身的目标和资源状况。往往某些细分市场具有一定的规模和发展潜力，并且吸引力较大，但如果与企业的长期目标不相适应，或企业不具备在该市场营销获胜所必备的能力和资源，这样的细分市场对企业是不合适的，应该放弃。

二、目标市场选择模式

在评估不同的细分市场之后，企业可以着手进行目标市场选择，目标市场选择的本质是不同细分市场和企业资源之间的匹配，即为企业选择一个既有发展前景，又是企业资源所能支撑的细分市场作为企业的目标市场，使企业有能力向这一细分（目标）市场提供最优秀的产品和服务，取得竞争优势。

值得注意的是，选择目标市场要尽量避免“多数谬误”，即总是以最大和最容易进入的细分市场作为目标市场，竞争者也按同一逻辑行事，结果大家共同争夺同一顾客群，而其他一些小细分市场却得不到应有的重视。企业在做出具体选择时，应切记自身资源能力与细分市场相匹配，选择与企业资源、优势与能力相吻合的细分市场作为目标市场，如图 10–5 所示。

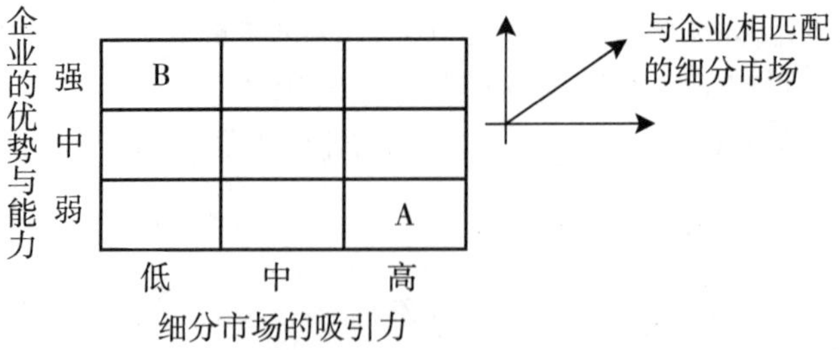

图 10–5　选择与企业能力相匹配的目标市场

一个资源、优势与能力有限的企业，不太可能有实力覆盖整个市场，即使是大企业也应该做出细分市场选择。此外，在选择过程中，那些最具吸引力的细分市场未必是企业最佳的目标市场，需酌情而定。例如，处于图 10–5 中情形 A（细分市场吸引力高、企业的优势与能力弱）时，由于细分市场吸引力高，势必会引起众多企业的注意，此细分市场中的竞争会较激烈，但综合实力较弱的企业很难在此细分市场中获得竞争优势，倘若进入该细分市场，势必会把企业带入困境。又如，处于图 10–5 中情形 B（细分市场吸引力低、企业的优势与能力强）时，若企业进入该评估结果不理想的细分市场，因其能力没有充分发挥而导致企业资源的严重浪费，投入产出会严重不成比例，其无法取得良好的经济效益。由此可见，选择与企业实力相匹配的细分市场作为企业的目标市场，应是企业目标市场选择阶段需把握的原则之一。

通常，目标市场选择有五种基本的模式：市场集中化、市场专业化、产品专业化、选择专业化和市场全面化，如图 10–6 所示。

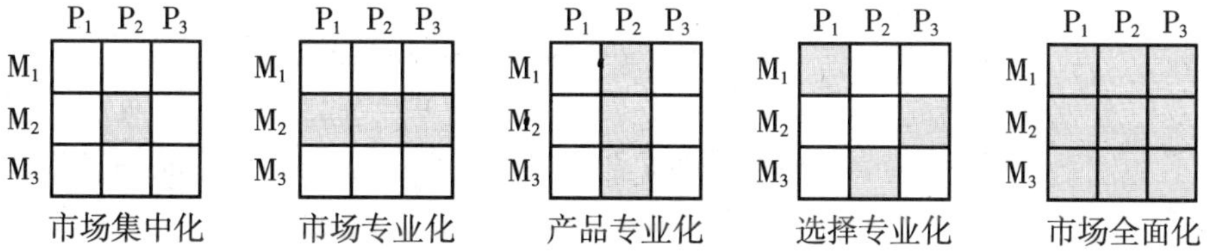

图 10–6 目标市场选择模式

说明：P_1、P_2、P_3 表示企业向市场提供的不同产品；M_1、M_2、M_3 表示企业所服务的不同细分市场。

（一）市场集中化

市场集中化是指企业只选择一个细分市场，只生产一类产品，供应给一类顾客群，进行集中营销，也称密集单一市场。

通常情况下，企业选择市场集中化的模式，基于以下考虑：①企业具备在此细分市场获胜的基本条件；②企业资金能力有限，只能在一个细分市场中经营；③该细分市场中可能没有竞争对手；④这个细分市场有可能成为企业继续发展的起点。

该模式通过集中市场营销，可以比较深入地了解该市场的需求，提供专业化的产品与服务，在市场中树立特别的声誉，赢得较高的形象与商誉。此外，通过生产、销售和促销的专业化分工，也可以获得相当的经济效益。这种目标市场选择模式，比较适合中小企业，对于他们来说，与其把有限的资源与能力投向不同的细分市场“广种薄收”，还不如集中于一个最有利的细分市场“精耕细作”以获高产。但是，市场集中化有着较高的市场风险，一旦出现消费倾向或消费观念的变化，企业将面临销售下降的风险，甚至导致经营失败。毕竟市场过于狭小，长此以往，企业很难获得大规模发展。所以，这是一种好的进入市场的方式，但不是一种长期的发展模式。

例如，童鞋厂只生产儿童鞋，满足小孩穿鞋的需求；娃哈哈、乐百氏在企业初创时专一生产软饮料，而且只面向儿童市场；三联书店专一面向知识界出版高质量的社会科学著作；等等。

（二）市场专业化

市场专业化是指企业专门为满足某一类顾客群体的需要，专门生产这类消费者需要的各类产品。

这种方式的好处是企业专门为某一顾客群服务，可以充分、准确地理解这类顾客的需求和行为，从而更有效地为这些顾客服务，在这一顾客群中建立相当的信誉和知名度。此外，市场专业化由于经营的产品类型众多，能有效地分散经营风险。但由于集中于某一类顾客，当这类顾客由于某种原因需求下降时，企业的收益也会下降，其带来的风险是不确定的。因此，企业很难规避这种由于市场波动而带来的风险。

例如，某工程机械公司专门向建筑用户供应推土机、打桩机、起重机、水泥搅拌机等建筑工程中所需要的机械设备；实验设备生产商专门为实验室生产包括显微镜、示波器、拉力器、化学烧瓶等在内的一系列实验用具产品。

（三）产品专业化

产品专业化是指企业集中生产一类产品，并向各类顾客销售这类产品。

产品专业化模式的优点是企业专注于某一种或某一类产品的生产，有利于形成生产和技术上的优势，在该专业化产品领域树立形象。其局限性是当该产品领域被一种全新的技术所代替时，该产品的销售量有大幅度下降的危险。当然，这种全新的替代技术并不是经常出现，因此该市场的顾客类型较多，营销风险较市场集中化模式的风险要小得多。

例如，计算机生产商只生产计算机产品，可同时向家庭、机关、学校、银行、企业等各类用户销售；一家显微镜生产商向大学实验室、政府实验室和企业实验室销售显微镜，即公司准备向不同的顾客群体销售不同种类的显微镜，而不去生产这些实验室可能需要的其他仪器。

（四）选择专业化

选择专业化是指企业选取若干个具有良好盈利潜力和结构吸引力，且符合企业目标和资源的细分市场作为目标市场。

公司选择若干个细分市场，其中每个细分市场都有吸引力并符合公司要求。各个细分市场之间较少或基本不存在联系，然而每个细分市场都有可能盈利。这种模式的优点是可以有效地分散经营风险，即使某个细分市场盈利不佳，企业仍可在其他细分市场中获取盈利。采用这种模式的企业，应具有较强的资源和营销实力，一般不适合小企业。

例如，一家制鞋厂可选择青年胶鞋、中年皮鞋、老年布鞋等来生产，不过其前提应是这些不同的细分市场对上述各种具体的鞋类是最有前景和效益的市场，而其企业具备生产与销售上述不同鞋类的资源与能力。

（五）市场全面化

市场全面化是指企业生产各式各样的产品以满足各类顾客的需要。这种模式能够增强企业经营的弹性，减少经营风险，充分发挥企业的潜力。但这要求企业有充分的资源，只有实力雄厚、产品研发能力强的企业才可采用这种目标市场选择模式。

例如，丰田汽车公司在全球汽车市场和索尼公司在全球电子产品市场上，均采取市场全面化的模式。

一般而言，随着企业的成长，其目标市场的选择模式遵循从集中到专业化、再到多元化，最后全面化的道路。对于一般的企业来说，选择专业化应该是比较理想的模式，一方面可以避免四面出击，另一方面也有利于分散经营风险，这一点对于国内实力较弱的企业来说尤为重要。

例如，国内企业的发展证明了选择合适的目标市场模式至关重要。海尔以冰箱起家、长虹以彩电立足、春兰的发展得益于空调，通信设备至今被华为占据绝对地位。这些成功企业在初创之时，很注重目标市场选择模式。海尔专心做冰箱整整七年，长虹公司直到 1996 年以后才向彩电以外的项目发展。

三、目标市场战略

企业对目标市场的选择还要考虑其市场战略问题，即决定采取何种市场营销战略进入目标市场，直至占领该目标市场。通常来说，目标营销可以在几个不同层次上去执行。公司可以把目标定得很广泛（无差异营销），或者很狭窄（微观营销），或者在两者之间（差异营销或集中性营销），如图 10–7 所示。

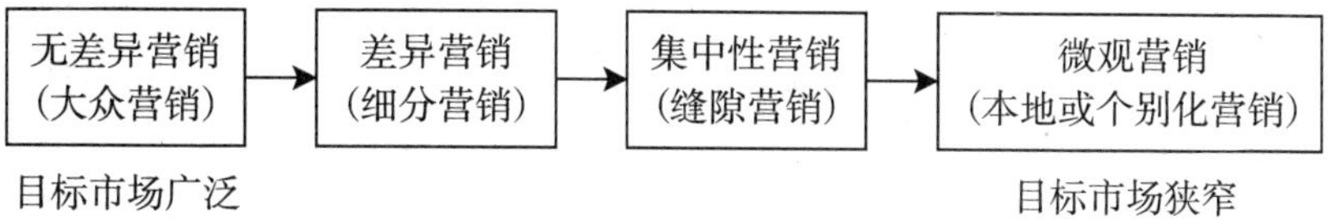

图 10–7　目标营销战略

在企业的经营过程中，无差异营销、差异营销和集中性营销是三种常用的目标市场战略，如图 10–8 所示。

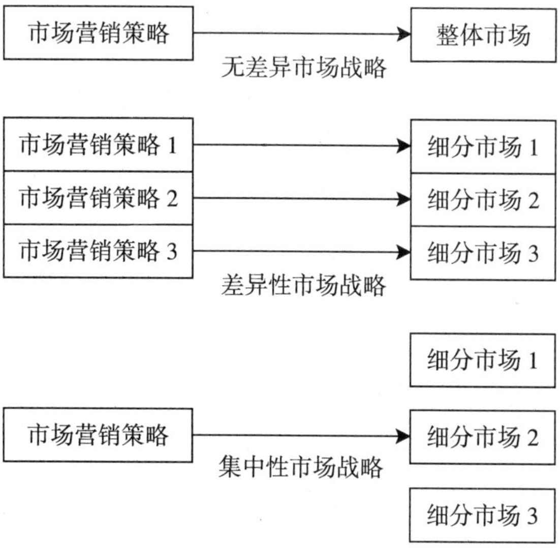

图 10–8　三种目标市场战略

（一）无差异营销

采用无差异营销（Undifferentiated Marketing）或大众营销（Mass Marketing）战略，公司不考虑细分市场间的区别，仅推出一种产品来服务整个市场。实行无差异市场战略的企业，面对整个市场，不需要进行市场细分，无须关注市场内需求的差异性，只注重需求的共性，试图提供一种产品，采用统一的营销策略吸引所有的顾客。

例如，福特的T型汽车，就是无差异营销战略的典型。20世纪60年代以前，美国可口可乐公司也一直奉行典型的无差异营销战略，以单一的品种、统一的价格、标准的瓶装和相同的广告主题“真正可乐”面向所有顾客，长期占领世界非酒精类饮料市场。

无差异营销战略的最大优点是经济性。大批量生产必然降低单位产品成本，大量销售能节省大量营销调研、产品开发、广告宣传、管理等费用，从而取得较佳的经济效益。

无差异营销战略的缺点也是非常明显的，就是产品的市场适应性较差。市场环境是在变化的，随着消费者经济收入的提高，一种产品能长时间被所有消费者接受是极少的。同样，一个企业也不可能独占市场，当许多大企业都采用这一战略进入市场时，就会造成异常激烈的竞争，企业盈利会受到制约。

（二）差异营销

采用差异营销（Differentiated Marketing）或细分营销（Segmented Marketing）战略，公司决定同时为几个细分市场服务，并为每个市场设计不同的产品。实行差异性市场战略的企业，首先对整个市场进行细分，根据自身的资源与营销实力，选择不同数目的细分市场作为自己的目标市场，并为所选择的各目标市场设计不同的产品，采用不同的营销组合策略，满足不同目标顾客的需要。

例如，耐克为十多种项目生产运动鞋，从跑步、击剑、高尔夫球、有氧运动，到骑自行车、打垒球等；国内的酒类生产厂家根据不同消费者的需求特点，生产不同档次、不同包装、不同价格、不同酒精度的产品，采用不同的营销策略，取得了良好的经济效益。

差异性市场战略的最大优点是市场适应性强，可以有针对性地满足具有不同特征的顾客群的需求，增加公司的销售量。同时，由于企业在多个细分市场上经营，在一定程度上可以分散经营风险。另外，企业一旦在多个细分市场上获得成功，就会增强消费者对企业的信任感，提升企业的形象并提高市场占有率。

当然，差异性市场战略也有其不足：增加企业的成本，如由于产品品种、销售渠道、广告宣传的扩大与多样化，导致企业的产品研制费用、分销费用、广告宣传费用、储存费用、管理费用等大幅度增加；该战略有可能使得企业资源过度分散，甚至出现内部相互争夺资源的现象，不利于核心竞争力的形成；各细分市场间可能会出现“互斥”和替代效应，新产品的推出会削弱企业现有产品的销量。

所以，企业在目标市场选择时并非数目越多越好，企业要根据自己的客观条件，权衡得失做出决策。

（三）集中性营销

当公司资源有限时，采取集中性营销（Concentrated Marketing）或缝隙营销（Niche Marketing）较为合适。集中性营销通常不去追求一个大市场的小份额，而是去追求一个或几个小细分市场或缝隙市场的大份额。集中性营销采取的是集中性市场战略，在市场细分的基础上，选择一个或少数几个细分市场作为企业的目标市场，经营一类产品，实施一套营销策略，集中企业的资源和实力为之服务，争取更大的市场份额。这种战略一般适合于资源较薄弱的小企业或者初次进入市场的大型企业。

例如，李锦记在我国的酱油和调味品市场上是家喻户晓的，在全球的中国餐馆中被广泛使用；德国的奔驰汽车公司就选择了汽车市场中的高档汽车市场作为目标市场，而日本的铃木汽车公司则选择了廉价的轻型汽车市场作为目标市场，都取得了成功。

集中性市场战略的优势在于，能够发挥企业资源优势，集中资源在小市场获得营销成功；由于目标市场集中，能更深入地了解目标市场的需求，生产出更加适销对路的产品；能促进专业化经营，有利于树立企业形象和品牌形象；能节省生产成本和营销费用，增加盈利。

集中性市场战略的最大不足是经营风险较大。如果目标市场过于集中，把企业的命运押在一个较小的市场上，一旦这个市场发生突变，如消费者偏好突然改变，强大的竞争者进入该市场等，均会使企业措手不及，陷入困境。因而，实行这种战略要做好应变准备，加强风险意识。

（四）微观营销

微观营销（Micromarketing）是指定制产品和营销方案，使之迎合每个个体和地区的需要。微观营销比集中性营销更为专注，差异性营销和集中性营销通过量身定做产品和营销方案，来迎合不同细分市场和缝隙市场上的消费者需求，然而它们不需要针对每个消费者定制不同的产品。随着计算机技术及互联网的普及与发展，使得微观营销成为可能，在营销数据库的基础上，企业可以进行“一对一营销”、“定制营销”、“个体营销”等，有效地把握和满足个性化的顾客需求。

第四节　目标市场选择的步骤与方法

一、目标市场选择的步骤

在市场细分之后，需要做出目标市场选择的决策。一般来说，目标市场选择分为四个步骤，如图 10-9 所示。

（1）确定评价细分市场的标准。市场细分之后，企业得到数个细分市场，究竟哪个

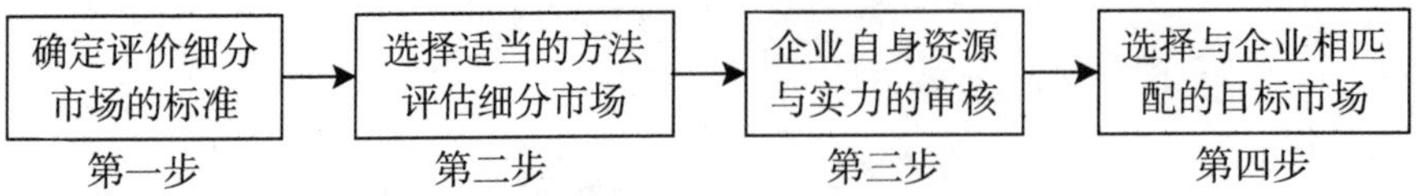

图 10–9　目标市场选择步骤

或哪几个细分市场适合企业？在企业做出具体目标市场选择之前，首先要确定评价标准，也就是企业目标市场选择的依据。对此，可使用前文提供的具体标准，也可以根据企业实际情况，制定相应的参照标准。此外，还要注意，在评价依据确定之后，还要确定各个评价依据的相对重要性，也就是指标权重。因为各个标准对于企业评价细分市场的影响作用是有差异的，需要反映在对应的权重上。

（2）选择适当的方法评估细分市场。根据细分市场评估标准，对各个细分市场进行评价，看哪些细分市场表现出来的综合吸引力大，哪些细分市场看好等。企业根据具体情况，选择适当的评价方法，从简单的专家评分法，到现代综合评判方法，都可以用于细分市场的评价中。常用的现代综合评判法有层次分析法、模糊综合评判法、灰色综合评价法等。

（3）企业自身资源与实力的审核。目标市场的选择应根据企业的实际能力来决定，因此在对细分市场做出客观评价之后还要审核企业自身的实力状况，主要从财力、物力、人力、技术等方面，综合考察企业的整体能力，在能力范围内选择恰当的目标市场，才是有效的目标市场决策。

（4）选择与企业相匹配的目标市场。在对各个细分市场进行客观评估之后，结合企业自身实力审核结果，选择与企业资源、实力相匹配的细分市场作为目标市场。

在实际应用过程中，企业可以将自身实力评价因素加入对细分市场吸引力评价标准中，评价得出的结果就是相对于本企业而言的细分市场吸引力状况，此时即可按照评价结果直接进行选择，将评估得出的最好细分市场作为目标市场。

二、目标市场选择的方法

目标市场选择中的一个重点就是利用现代综合方法对细分市场进行排序与选择。可用于目标市场选择的现代综合评价方法有很多，在此主要介绍相对简单的层次分析法。

（一）层次分析法

1. 核心思想

层次分析法（The Analytic Hierarchy Process，AHP）是美国运筹学家 T.L. Satty 等人在 20 世纪 70 年代提出的一种定性与定量分析相结合的多准则决策方法，是将决策问题的有关元素分解成目标、准则、方法等层次，在此基础上进行定性分析和定量分析的一种决策方法。

AHP 的核心思想是，将被评价对象的各种错综复杂的因素按照相互作用、影响及隶属关系划分成有序的梯阶层次结构，通过上下层次因素的两两比较，进行主观判断，然后经过数学计算及检验，获得最低层相对于最高层的相对重要性权数，并进行排序，再进行总体层次的分析与决策。

2. 方法与步骤

层次分析法的计算步骤如下：

（1）构建层次分析结构。根据细分市场吸引力的评估标准，建立层次分析结构图。以表 10–7 所示标准为例，建立的层次分析结构如图 10–10 所示。

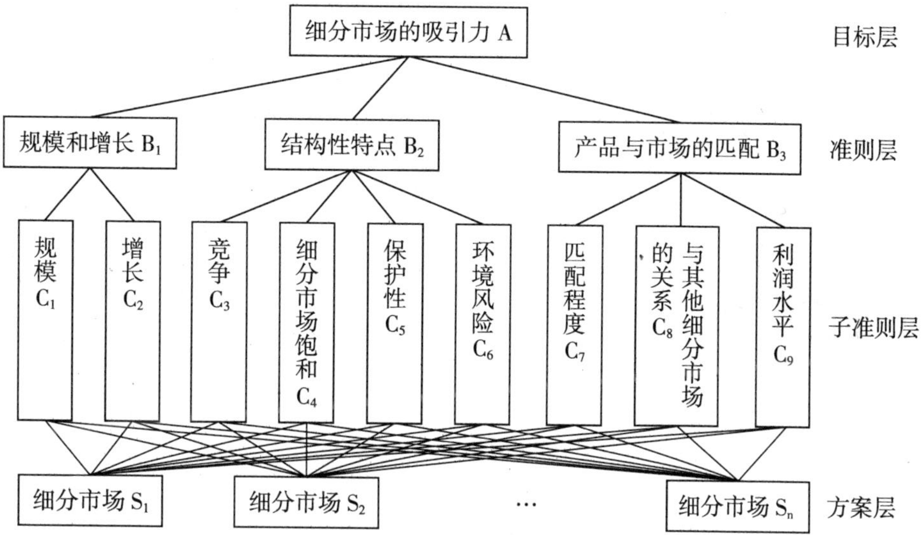

图 10–10 评估细分市场吸引力的层次分析结构

（2）构造判断矩阵。建立层次分析结构后，就可在各层元素中进行两两比较，构造判断矩阵。判断矩阵表示针对上一层次因素，本层次与之有关因素之间相对重要性的比较。判断矩阵是层次分析法的基本信息，也是进行相对重要度计算的依据。

假定以上一层次元素 C_k 作为准则，对下一层元素 S_1，S_2，…，S_n 有支配关系，现要在准则 C_k 下按它们的相对重要性赋予 S_1，S_2，…，S_n 相应权重。在此，针对准则 C_k，判断两个元素 S_i 和 S_j 哪个更重要。对于 n 个元素来说，得两两比较判断矩阵 $S=(S_{ij})_{n\times n}$。判断矩阵的一般形式如下：

$$
\begin{array}{cc}
C_k & \begin{array}{cccc} S_1 & S_2 & \cdots & S_n \end{array} \\
\begin{array}{c} S_1 \\ S_2 \\ \vdots \\ S_n \end{array} & \begin{bmatrix} S_{11} & S_{12} & \cdots & S_{1n} \\ S_{21} & S_{22} & \cdots & S_{2n} \\ \vdots & \vdots & \cdots & \vdots \\ S_{n1} & S_{n2} & \cdots & S_{nn} \end{bmatrix}
\end{array}
$$

其中：S_{ij}——因素 i 和因素 j 相对于目标的重要值。

S_{ij} 的取值，常根据 1–9 标度法来确定，见表 10–8 所示。

由此可以构造出各层级的判断矩阵，它们是计算与决策的基础。

（3）判断矩阵的一致性检验。判断矩阵的一致性是指专家或决策者在判断因素重要性时，各判断之间协调一致，不致出现相互矛盾的结果。在矩阵的构造过程中，受决策者主观判断的影响，在多阶判断情况下不一致性极易发生，而只有一致性的矩阵信息才

表 10-8 判断矩阵标度及其含义

S_{ij} 标度值	表示重要性等级	S_{ij} 标度值	表示重要性等级
1	i，j 两个因素同等重要	1/3	i 因素比 j 因素稍不重要
3	i 因素比 j 因素稍重要	1/5	i 因素比 j 因素明显不重要
5	i 因素比 j 因素明显重要	1/7	i 因素比 j 因素强烈不重要
7	i 因素比 j 因素强烈重要	1/9	i 因素比 j 因素极端不重要
9	i 因素比 j 因素极端重要	1/2，1/4，1/6，1/8	判断重要性结果介于上述相邻判断
2，4，6，8	判断重要性结果介于上述相邻判断		

资料来源：杜栋、庞庆华：《现代综合评价方法与案例精选》，清华大学出版社，第 13 页。

能为决策提供依据，所以有必要进行矩阵的一致性检验。一般情况下，要求一致性指标 CI 与 RI 达到一定标准。

$$CI = \frac{\lambda_{max} - n}{n - 1},\quad CR = CI/RI$$

其中：n——判断矩阵的阶数；

λ_{max}——判断矩阵的最大特征根；

RI——平均随机一致性指标，RI 的值如表 10-9 所示。

表 10-9 平均随机一致性指标值

矩阵阶数	1	2	3	4	5	6	7	8	9	10
RI	0.00	0.00	0.58	0.89	1.12	1.26	1.36	1.41	1.46	1.49

当 $CR < 0.1$ 时，认为判断矩阵具有满意的一致性；否则就需要调整判断矩阵，使之具有满意的一致性。

（4）层次单排序。层次单排序是指根据判断矩阵计算对于上一层某元素而言本层次与之有联系的元素重要性次序的权值。常用的方法有求和法、求根法等，与此同时，可根据判断矩阵求出 λ_{max}。

（5）层次总排序与决策。依次沿梯阶层次结构由上而下逐层计算，即可计算出最低因素相对于最高层（总目标）的相对重要性或相对优劣的排序值，以此作为最终决策的依据。

（二）层次分析法应用举例

假设通过市场细分将整个市场划分为三个细分市场，企业对细分市场的评估主要从细分市场的规模与增长、细分市场的结构性特点、产品与市场的匹配状况三个标准来判断并进行目标市场选择（当然现实评价所使用的指标要复杂得多，为说明该方法的使用，做了以上假设）。

1. 构建层次分析结构

根据细分结果以及目标市场选择的依据建立如图 10-11 所示的层次分析结构。其中，三个细分市场分别记为 C_1、C_2、C_3，评价依据分别记为 B_1、B_2、B_3。

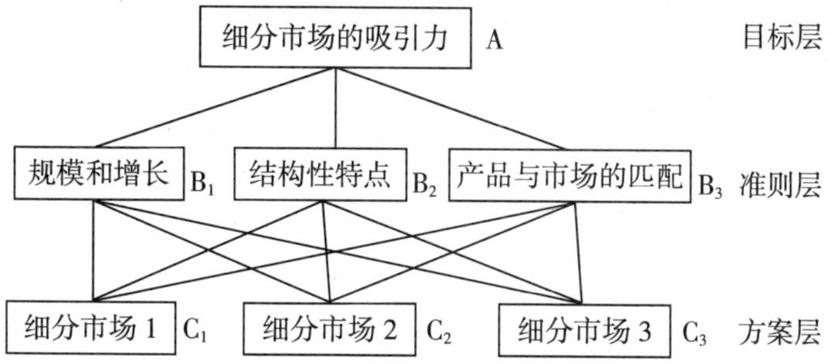

图 10–11　层次分析结构

2. 构造判断矩阵并进行一致性检验

组织企业相关营销决策者，构建目标市场选择的判断矩阵如下（矩阵中给出的判断数据都是相对于本企业实际情况而得出的）：

例如，按照"规模和增长"标准比较细分市场 1 和细分市场 2，发现在规模和增长方面，细分市场 2 相比细分市场 1 的状况介于"明显"理想和"稍"理想之间，因此，根据判断矩阵标度含义表 10–8 可得，在判断矩阵中 C_2 和 C_1 的比较结果为 4；反过来，C_1 和 C_2 的比较结果为 1/4，权重 $W_1 = 0.7937/4.3653 = 0.1818$，以此类推即可得出所有判断矩阵及相关数据（见表 10–10、表 10–11）。

表 10–10　方案层对准则层的判断矩阵、单层次排序及一致性检验

B_1	C_1	C_2	C_3			
C_1	1	1/4	2	$V_1 = 0.7937$	$W_1 = 0.1818$	$\lambda_{max} = 3.008$
C_2	4	1	8	$V_2 = 3.1748$	$W_2 = 0.7272$	$CI = 0.004$
C_3	1/2	1/8	1	$V_3 = 0.3968$	$W_3 = 0.0910$	$RI = 0.58$
				$\sum V = 4.3653$		$CR < 0.1$
B_2	C_1	C_2	C_3			
C_1	1	4	1/3	$V_1 = 1.1006$	$W_1 = 0.2559$	$\lambda_{max} = 3.01929$
C_2	1/4	1	1/8	$V_2 = 0.3152$	$W_2 = 0.0733$	$CI = 0.00964$
C_3	3	8	1	$V_3 = 2.8845$	$W_3 = 0.6708$	$RI = 0.58$
				$\sum V = 4.2001$		$CR < 0.1$
B_3	C_1	C_2	C_3			
C_1	1	1	1/3	$V_1 = 0.6934$	$W_1 = 0.1851$	$\lambda_{max} = 3.02907$
C_2	1	1	1/5	$V_2 = 0.5848$	$W_2 = 0.1562$	$CI = 0.01453$
C_3	3	5	1	$V_3 = 2.4662$	$W_3 = 0.6587$	$RI = 0.58$
				$\sum V = 3.7444$		$CR < 0.1$

表 10–11　准则层对目标层的判断矩阵、单层次排序及一致性检验

A	B_1	B_2	B_3			
B_1	1	5	3	$V_1 = 2.4662$	$W_1 = 0.637$	$\lambda_{max} = 3.03851$
B_2	1/5	1	1/3	$V_2 = 0.4055$	$W_2 = 0.105$	$CI = 0.01926$
B_3	1/3	3	1	$V_3 = 1$	$W_3 = 0.258$	$RI = 0.58$
				$\sum V = 3.8717$		$CR < 0.1$

3. 层次总排序与决策

根据层次排序结果，进行层次总排序，得出表10–12。

表10–12 细分市场总排序结果

标准 / 方案	B_1	B_2	B_3	总排序结果
	0.637	0.105	0.258	
C_1	0.1818	0.2559	0.1851	0.1904
C_2	0.7272	0.0733	0.1562	0.5112
C_3	0.0910	0.6708	0.6587	0.2984

通过总排序结果可以看出，相对于本企业的实际情况而言，细分市场2最适合作目标市场，按照优劣顺序可得出如下排序结果：细分市场2、细分市场3、细分市场1。企业根据自己的目标市场战略，再确定究竟选择几个细分市场作为目标市场（即在获知优劣顺序的情况下，确定选择的个数）。

● 本章回顾：

市场细分是美国市场营销学家温德尔·史密斯于1956年在总结西方企业市场营销实践经验的基础上提出的。市场细分是指根据消费需求的差异性，把某一产品（或服务）的整体市场划分为在需求上大体相似的若干个市场部分，形成不同的细分市场（即子市场），从而有利于企业选择目标市场和制定营销策略的企业活动的总称。消费需求的多元异质性理论为市场细分提供了理论根据，由于消费者受其所处的地理环境、社会环境、受教育程度及自身的心理、购买行为等因素影响的不同，表现出不同的消费需求，因此产生了差异化的购买特点。用来分割消费者市场的细分变量有许多，这些细分变量一般分为两大类：一类是消费者特征变量（有关顾客基本特点的要素），主要包括人口统计特征、地理区域特征和心理特征；另一类是消费者对产品使用、效益、品牌等方面的反应特征（与产品相关的行为因素）。随着市场细分研究的深入，市场细分依据变量也在不断变化，从早期的自然地理、人口统计变量，演变到消费者心理、行为变量等。市场细分方法也开始从前期以自然地理、人口统计变量为基础的定性分析，逐步向综合人口统计、消费心理、购买行为等多变量的定性与定量相结合的分析方法转变。20世纪90年代，美国学者詹姆斯·迈尔斯对市场细分方法研究时提出了事前细分法和事后细分法。

企业进行市场细分的最终目的是为了有效选择并进入目标市场。目标市场是指企业要进入的那个市场部分，即企业决定为之服务、具有相同需求或特征的购买者群体。通常，目标市场选择有五种基本的模式：市场集中化、市场专业化、产品专业化、选择专业化和市场全面化。在企业经营过程中，无差异营销、差异营销和集中性营销是三种常用的目标市场战略。

● 讨论与概念应用题：

1. 试用人口统计、地理、消费心理、行为等细分变量对彩电、服装、食品等市场进行细分。

2. 许多城市不再给摩托车上牌照，加之老龄化、汽车降价、收入增加等原因，导致摩托车销量下降。请你对摩托车市场进行细分，并选择目标市场。

●【案例 10–1】《新财经》细分市场选择

《新财经》于 2000 年 9 月创刊，是我国第一家以股份制公司为体制的财经媒体。该杂志全部彩色印刷，图文并茂，每月 1 日出版，全国发行。《新财经》定位于“一本面向资本家和投资机构的杂志”，专注于对财经重大事件全面、深入的报道，并对投资者、经营者提供可操作的知识。创刊三年来，成为国内比较畅销的财经杂志之一，在政府有关部门、金融界、企业界、投资机构和经济学界有着较广泛的影响。

财经类媒体在传媒市场上的表现一直非常令人瞩目。从老牌的《中国经营报》、《中国证券报》、《财经时报》，到新兴的《21 世纪经济报道》、《经济观察报》、《新财富》、《智囊》，加上外资的《财富》、《世界经理人文摘》等，数十家财经媒体构成了传媒界的“财经军团”。《新财经》要想从中脱颖而出，必须细分市场，有针对性地选择自己的差异化目标市场。

细分市场首先要选择细分变量，就财经类杂志来说，主要是读者的需求与行为。有的读者可能对财经知识并没有什么兴趣，购买财经杂志只是为了掌握大体的财经信息；有的可能只对市场营销感兴趣，希望通过阅读杂志学习销售技巧，提高营销水平；有的可能只关注证券行情和上市公司，希望阅读证券分析和炒股技巧，从股市获得回报；还有的读者可能是中小企业主，更关心企业管理之道和商情商机……《新财经》不可能满足所有人对财经新闻的全部兴趣，因此，只能择其一二加以满足。

细分需求的过程也是细分读者的过程。选择读者的某个需求，自然也就将财经类杂志的读者进行了细分。一般来说，财经类杂志的读者群描述比较类似：男性、教育程度高、收入高、购买力强等。实际上，有许多杂志在争夺这一群体，尽管上述描述不够清晰。

《新财经》选择细分市场，不求囊括财经类媒体的宽泛意义上的“高端读者”，而是将其目标受众从宽泛的财经传媒杂志中剥离出来，锁定了“上市公司、投资机构、证券公司和基金管理公司”。这个读者群的确立，没有面面俱到地考虑到政府部门、研究机构、国企、民企等，而是聚焦“资本市场的核心”。

精准的定位，对应的自然是“窄众”。《新财经》“资本市场的核心”主要包括：1216 家上市公司，2000 多家投资银行、信托、基金、银行与并购咨询公司，5000 家控股或参股上述公司的公司，100 多家海外上市公司和近万家投资机构。这部分直接参与资本市场运作的群体，就是杂志力图吸引和把握的受众。

瞄准这个细分子市场，《新财经》可以有的放矢地制作内容，明确清晰地把握定位，并通过有效发行来影响这个群体，再把对这个群体的影响力卖给广告商。

什么样的目标读者决定办什么样的杂志。细分读者市场就是帮助杂志找到独特的市场定位。目前，市场上的财经杂志主要包括两大类：综合财经类杂志与专业财经类杂志。综合财经类杂志比较关注宏观层面，制度、行业、时事、管理等几乎无所不包。不同的综合财经类杂志之间又有所区别：《财经》比较纯粹，《南风窗》突出“政经”特色，《销售与市场》侧重营销实战。专业财经类杂志则更侧重微观层面，对财经市场作进一步细分，选择某个领域进行深入报道，如《理财周刊》专注实用理财信息。

《新财经》显然属于后者，这是一本专业化的财经杂志。事实上，《新财经》在找到“资本市场的核心”这个目标读者之前，曾经走过不少弯路。创刊初始，定位于“理财”，对应的目标读者是一个泛众的概念，而且偏向于中、低端；后改成“时政财经”，关注宏观层面，虽然读者层次提高到中高端，但仍然是泛众媒体；最后，才锁定资本圈的读者群，把定位稳固在“资本财经”上。

《新财经》得出“关注中国资本市场微观层面”的定位，这可从三个方面加以解读：①地域范围以中国为主，坚持本土化的报道对象；②经济领域限定于资本市场（包括上市公司、投资银行、证券公司、基金管理公司等），提供专业化的杂志内容；③视线紧盯微观层面，注重深入具体的分析和探求，揭示方法和策略，不求宏观性、学术性、理论性和研究性。

针对“资本圈”读者，《新财经》杂志的内容必然要体现出鲜明的“资本”特色，满足这个窄众读者群的阅读需求。比如，《新财经》的“封面文章”，旨在报道公司及财经人物，讲述其背后的故事及兴衰；“资本市场”关注资本市场的热点，重点揭示上市公司的基本面；“投资”和“投资大师”分别关注投资商机、策略和理念以及投资人物的故事……这些内容都集中专注于“资本”以及与资本相关的信息。

据悉，为保证《新财经》杂志的文章质量和专业色彩，其新闻采编机制比较特别。在内容生产上采取“1+1”模式，即每篇报道都是由“一个财经记者＋一个专业研究员”共同完成。杂志社要求记者具有专业的教育背景，以便将来可以培养成学者型记者；同时借用外力，请证券分析师或投资银行研究人员对报道对象作深度、理性的分析点评。这样，既可以发挥记者敏锐的新闻捕捉能力和快速的采访报道能力，又可以发挥研究员扎实的理论功底和深刻的分析能力。因而，文章中不仅有记者的感性认识，还有专业人士的理性认识，两者叠加构成杂志的质量控制体系。

正是因为《新财经》将财经杂志读者市场再次细分，选取准确的子市场作为目标市场，才有了其将资本市场作为关注点的“资本财经”这一“产品定位”。

资料来源：郑方华：《营销策划技能案例训练手册》，机械工业出版社，2007年4月。

● 思考题：

1.《新财经》杂志在进行市场细分时采用了哪些细分标准？

2.《新财经》服务的目标市场有哪些特征？该杂志的栏目设置与内容组织是否符合该目标市场的读者需求？

第十一章　市场定位

学习目标：

理解市场定位的含义、定位主体及影响因素；了解市场定位方式；掌握市场定位决策流程；能够根据市场信息数据进行定位图的绘制；对某特定企业当前市场定位进行分析。

企业在选择了目标市场之后，为了能顺利进入该市场，使消费者认识并购买本企业产品，就必须设法使消费者认识本企业产品的特色、利益，并努力将其吸引过来。这种努力就是产品的市场定位。

第一节　市场定位的基本理论

“定位”（Positioning）的概念最初是由美国学者艾·里斯（Al Ries）和杰克·特劳特（Jack Trout）在1972年提出并加以推广和应用的。1981年，两人合著《定位》一书，在营销史上具有划时代的意义，该书将定位上升为系统的定位理论，标志着定位论的正式诞生。他们认为：定位是针对现有产品创造性的思维活动，针对潜在顾客的心理采取行动，将产品定位在顾客的心目中。

一、市场定位的含义

（一）市场定位的概念

“定位”最初是指广告宣传中的产品和品牌定位，后来由于定位对企业经营的独特价值，被广泛应用于整个营销组合及企业市场竞争。随着营销学的不断发展，定位的意义不再局限于产品，在现代营销中，定位还可以针对整个产业、某个组织或产品组合等。

一般情况下，市场定位通常是指产品定位，因此，市场定位也被称为产品定位或竞争定位，是指针对竞争者现有产品在市场上所处的位置，根据消费者对产品某一属性或特征的重视程度，为产品设计和塑造一定的个性或形象，并通过一系列营销努力把这种个性或形象强有力地传递给顾客，从而适当地确定该产品在市场上的竞争地位。其中，“位置”是指某个产品或品牌与竞争产品或品牌相比在消费者心目中所占据的地位。简言之，定位就是对企业的产品或形象进行设计，从而使其能在目标顾客心目中占据一个独特位置的一种行动。或者说，定位是制定一套特定的营销组合来影响潜在顾客对某个产品、品牌或组织的总体感觉的过程。

对市场定位的理解，应该把握以下几点：

(1) 市场定位的基点是竞争。市场定位是一种帮助企业确认竞争地位、寻找竞争战略的方法。通过定位，企业可以进一步明确竞争对手和竞争目标，发现竞争双方各自的优势与劣势。

(2) 市场定位的目的在于吸引更多的目标顾客。消费者的偏好和追求都与他们的价值取向和认同标准有关，企业要想在目标市场上取得竞争优势和更大效益，就必须在了解购买者和竞争者两方面情况的基础上，确定本企业的市场位置，进一步明确企业的服务对象。企业在市场定位的基础上，才能为其确立形象，为产品赋予特色，以特色吸引目标消费者，这是当代企业的经营之道。例如，同仁堂以百年老店、货真价实来定位；金利来以高档男士服饰用品来定位；海尔冰箱以产品质优服务更优来定位；美菱冰箱以“中国人的生活，中国人的美菱”来定位，强调其中国特色；奥妮洗发香波则以“长城永不倒，国货当自强”为口号，把企业定位在“以振兴民族工业为己任”，与进口产品相抗衡这一位置上。定位可使企业的形象更为鲜明，产品特色更为明确，从而吸引相应的顾客群。

(3) 市场定位的本质是设计和塑造产品特色或个性。产品的特色和个性可有多种表现：可以通过产品实体本身来表现，如功能、结构、成分、款式、颜色等；可以从消费者对产品的心理感受来表现，如产品可能使顾客感到豪华、朴素、时髦、典雅、别致、通俗、活泼、庄重等；可以通过价格、质量、服务、促销方式等形式来表现。可见，产品不同，产品个性或特色的表现形式也会有所不同。

（二）市场定位的层次

科特勒在市场定位层次论中所描述的市场定位是一个涵盖产品、品牌和企业的三位一体的经营活动，因此，现代营销的定位包含三个相互关联的层次：产品定位、品牌定位和企业定位。产品定位是所有定位的基础，没有产品在消费者头脑中的鲜明形象，就没有品牌及企业在顾客头脑中的鲜明形象，三者之间的关系如图 11-1 所示。

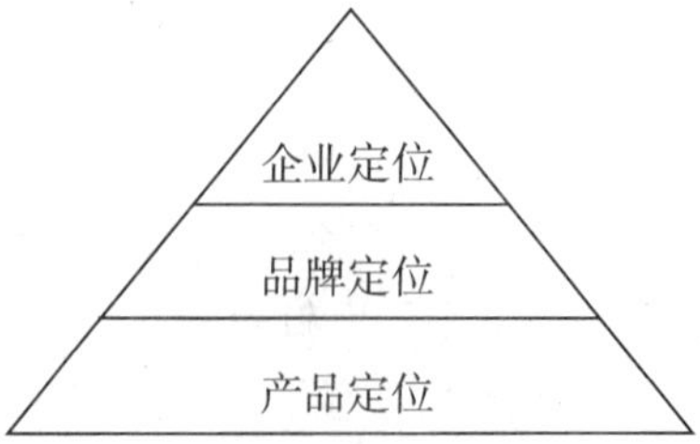

图 11-1 市场定位的层次

产品定位是所有定位的基础，是将具体产品定位在消费者心目中，当消费者产生类似需求时，马上就会联想到这种商标的产品。产品定位往往从产品的五个层次入手，使本企业的产品与市场上其他同类产品区别开来。品牌定位是指建立或塑造一个与目标市场有关的品牌形象的过程与结果。换言之，就是为某个特定品牌确定一个适当的市场位置，使商品在顾客的心中占据一个有利的地位，某种需求一旦产生，人们会首先想到某一品牌。当一种品牌下只有一种产品时，产品定位与品牌定位没有区别；当一种品牌下有众多产品时，产品定位与品牌定位就不同。品牌定位必须以产品定位为基础，通过产品定位来实现。企业定位则更多地体现在企业形象的塑造上，只有在企业的成功产品与品牌定位的基础上，才能在公众心目中树立良好的形象。由此可见，产品定位是品牌定位的基础，而产品定位与品牌定位又是企业定位的基础。另外，三者之间又存在一定的指导作用，即企业定位对于品牌定位、产品定位具有一定的指导作用。换句话说，低层次的产品定位、品牌定位受高层次企业定位的制约，企业的产品或品牌定位应与企业定位相适应或吻合。

在实际应用中，人们习惯上称的“市场定位”往往更多的是指“产品定位”，但两者之间是有区别的，应加以注意。

（三）市场定位的实质

若从产品定位的角度出发，市场定位可以描述为：企业根据目标市场上同类产品的竞争状况，针对顾客对该类产品某些特征或属性的重视程度，为本企业产品塑造强有力的、与众不同的鲜明个性，并将其形象生动地传递给顾客，求得顾客认同。换句话说，就是使本企业与其他企业严格区分开来，使顾客明显感觉和认识到这种差别，从而在顾客心目中占有特殊位置。

由此可见，市场定位包括三个要素主体：目标顾客、竞争对手和本企业（如图 11-2 所示），其本质就是企业通过市场定位在目标顾客心目中形成其认可的、鲜明区别于竞争对手的认知或形象，以求影响目标顾客在购买产品时的决策行为。

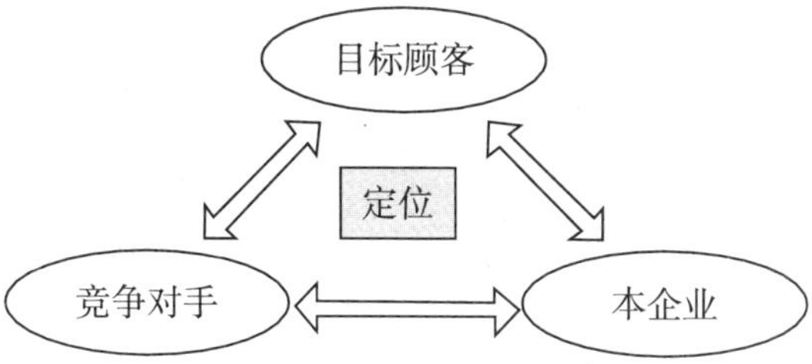

图 11-2　市场定位示意图

通过市场定位分析，企业不光要确定其在市场中的地位，更重要的是明确竞争对手的优势和其在目标顾客心目中的位置，了解影响顾客对企业产品评价的决定性属性所在。这些也是企业进行战略性产品决策的基础，只有获知影响顾客评价的关键性产品属性，才能设计出满足顾客需求的产品。

（四）定位理论的演进

营销的发展史经历了20世纪50年代前的产品主导、60年代以后的形象主导、70年代的定位主导三个历史时期，这三个过程充分反映了定位理论产生的必然性及其形成背景。

20世纪50年代以前，受生产发展水平的限制，产品的市场供求关系处于供不应求的卖方市场状态。消费者注重实效，企业只要能生产出高质量、有特色的产品，便可有效地占领市场。当时的代表理论是美国学者R.雷斯提出的USP（Unique Selling Proposition）理论，即“独特销售主张”理论。

20世纪60年代以后，随着生产力的发展，产品市场出现了供过于求的状态，开始由卖方市场向买方市场转变。同时，产品的同质化程度越来越严重，仅凭产品的质量、品质等因素已难以体现出独特的竞争优势。这时，广告大师大卫·奥格威（Davil Ogilvy）提出了品牌形象理论，认为：广告的主要目标是树立品牌形象，描绘品牌的形象比强调产品的具体功能更重要。

20世纪70年代，由于科技和管理手段的发展，企业和产品的数量迅猛增长，市场竞争加剧，产品形象广告铺天盖地，使得消费者无所适从。艾·里斯和杰克·特劳特依据长期观察与实践，提出了如何在信息滋蔓的市场中脱颖而出的定位理论，且先后出版了《定位》与《新定位》，强调基于消费者角度的定位。

二、影响市场定位的因素

市场定位包含目标顾客、竞争对手和企业自身三个要素主体，因此影响定位的因素主要来自这三个要素，它们分别是目标顾客的心智模式、竞争对手的定位以及企业自身的资源和技能。

（一）顾客的心智模式

顾客的心智模式是指顾客在市场购买决策过程中依据自身的经验，对相关企业、产品、环境等信息收集、处理、理解并做出判断的系统思考过程。顾客的心智模式不同，顾客对企业及产品的感觉、态度、观念也不同，从而顾客对企业及产品做出的判断不同。而市场定位的最终结果是，将企业或产品在顾客心目中形成一定的印象或占据一定的位置，所以市场定位首先受顾客的心智模式的影响。

知觉图（Perceptional Mapping）是企业或产品在顾客心目中的位置的最生动表达形式，所以在市场定位研究中，营销决策者才借助于知觉图（或定位图）来进行市场定位分析，辅助最终的定位决策。所谓知觉图是指顾客对企业、产品、品牌等在两个或多个维度上认知的形象描绘。

知觉图在市场定位研究、品牌形象研究等方面有着非常广泛的应用。如图11-3所示，将顾客对几个企业的同类产品的评价在知觉图上表示出来，其中X轴表示服务质量；Y轴表示对应产品提供的价值。假设对于各个企业而言，产品的价值和服务是目标顾客看重的两大要素，并以此评判该产品。从图 11–3 中可以看出，产品 A 处于最佳的市场位置上，而产品 C 则处于劣势。

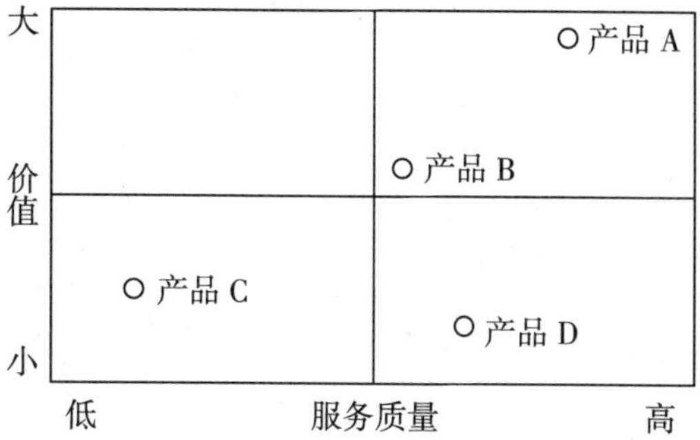

图 11–3　顾客对某产品市场地位的知觉（示意图）

（二）竞争对手的定位

企业的市场定位还要受到竞争对手市场定位的影响。顾客往往在对同类企业或产品进行对比后，才在心目中形成一定的判断，因此，对竞争对手的判断，特别是对竞争对手市场定位的认知，是影响本企业市场定位的又一因素所在。

从某种程度上来讲，市场定位分析是一种竞争分析。从作为竞争手段的意义上看，市场细分、目标市场选择和产品定位有着本质性的差别。市场细分、目标市场选择的目的通常在于，通过选择和竞争者不同的细分市场作为目标市场，以试图在一定程度上回避或削弱竞争，减少对抗。但事实上，几乎没有一个细分市场只为一个企业所关注，越是大的细分市场越是如此，因而目标市场选择并不能代替产品定位。从这个意义上说，产品定位是和竞争者展开正面竞争，争夺同一细分市场的顾客，是比较谁的定位能更好地把握顾客的需求和行为。由此可见，在进行市场定位时，竞争对手的定位是必须要考虑的重要因素。

（三）企业自身的资源和技能

市场定位还受企业自身能力的制约，资源和技能是企业实施市场定位的保障。对于资源与技能缺乏的企业，在面对较强的竞争对手时，即使市场再看好，由于能力限制也会显得无能为力。无论企业确定了何种市场定位优势和价值，只有通过创立支持市场定位实施的组织环境，具备实施市场定位的资源和技能，才能将定位优势依托技术、质量、成本、品牌转化为现实价值。

第二节 市场定位的方式与依据

一、市场定位的方式

市场定位作为一种竞争战略，显示了一种产品或一家企业同类产品或企业之间的竞争关系。定位方式不同，竞争态势也不同。

1. 树立领导者地位，加强和巩固这一地位

树立领导者地位，也就是领先定位，即发现、建立一个新的领域或者产业，并且第一个进入。建立领先地位的根本方法是抢先于竞争对手进入消费者的头脑。在消费者心目中处于第一品牌会有很多好处。知名度越高，消费者越熟悉，同时也认为第一必然有很多优势，进而会信任并持续购买其产品，销售商也会因为好卖而积极进货。众多公司拼命争夺第一也缘于此，而第一之外的品牌则会想方设法在另类中创造出新的第一。

例如，当年七喜汽水就创造出非可乐的定位；海尔创造出家电制造业的五星级服务的定位而居第一；美国第三大汽车公司克莱斯勒无法超越通用汽车和福特汽车的地位，通过采用高级俱乐部战略，想方设法创造出三大公司构成高级俱乐部的概念，其含义是俱乐部的成员都是“最佳的”。

2. 创新式定位，即寻找一个未被占据的空间

一个市场通常只有一个“领导者”，这就使其他“后来者”处在次要的位置。因为购买者经常只会想到并购买第一品牌的产品，即使其他品牌的产品也很好。后进者若想在市场上站住脚，就应当寻找一个未被占领的领地——空隙位置。企业把产品定位于目标市场上的空白处，可以避开竞争，迅速在市场上站稳脚跟，并能在消费者或用户心目中迅速树立一种形象。这是一种避强定位，这种定位方式风险小，成功率较高，常常为多数企业所采用。

例如，美国可乐饮料市场的各品牌市场占有率为：可口可乐：百事可乐：荣冠可乐＝10：4：1。可口可乐公司占据着几乎难以动摇的垄断地位。如果将七喜“柠檬汽水”定位在清凉饮料的商品分类中，那就根本无法和几个强势品牌可乐相抗衡。于是他们决定开展“非可乐”运动，并配合当时美国社会中抵制含咖啡因饮料的潮流，在一年内七喜的销售额增长了10%。七喜非可乐的崭新定位，使其成为非可乐饮料的领导品牌，成为能和两可乐相抗衡的品牌。

3. 对抗性定位

在高速成长的市场中寻求定位的空隙会比较容易。而在一个稳定饱和的市场上，去寻找一个空隙则十分困难。对抗定位是指企业要从市场上强大的竞争对手手中抢夺市场份额，改变消费者原有的认识，挤占对手原有的位置，自己取而代之。企业选择这种定位方式有一定的基础条件：①与企业条件相符合的市场已被竞争者占领，而且这个市场需求不够大，不存在与之并存的可能；②实力比竞争者雄厚，想成为市场的领先者，企业有把握赢得对方。采用这种定位方式的风险相对比较大，成功了，企业可以独占鳌头；但是一旦失败，企业会陷入惨痛境地或者是两败俱伤。

4. 重新定位

重新定位，也称再定位，是指打破事物在消费者心目中多年保持的原有位置与结构，使事物按照新的观念在消费者心目中重新排序。随着企业的发展、技术的进步、市场环境的变化，迫切需要企业对过去的定位作修正，此时需进行重新定位。一般来说，企业产品在市场上的初次定位即使很恰当，当出现下列情况时也需考虑重新定位。

（1）企业的经营战略和营销目标发生了变化。企业扩张战略的需要，如实施多元化、品牌延伸等战略需要再定位，以防止消费者对产品的印象越来越模糊。例如，当娃哈哈从一个儿童饮料品牌发展成为全系列的、涉及多个年龄阶层的品牌时，其市场定位就需要进行延伸乃至重塑。

（2）企业面临激烈的市场竞争。本企业产品定位的附近出现了强大的竞争者，侵占了本企业品牌的部分市场，导致本企业产品市场萎缩和产品的目标市场占有率下降。企业此时可能需要通过再定位来重塑竞争优势。例如，可口可乐公司，由于近年来竞争加剧，特别是百事可乐和七喜的异军突起，可口可乐独霸市场的局面被打破，不得不开始改变其原来的产品定位，突破传统可乐型饮料，增加芬达、雪碧等新产品，满足各种顾客的需要，避开了与竞争对手在狭窄市场领域的激烈冲突，并使公司获得了更多的发展机会和空间。

（3）企业为适应目标顾客的新需求。消费需求是不断发展变化的，而企业的市场定位往往具有一定的稳定性，这样当消费需求不断变化时，企业的市场定位就需要根据需求的变化而不断调整。例如，消费者偏好发生了变化，从喜爱本企业品牌转移到喜爱竞争者的品牌，如果确是本企业的定位已经不符合变化的情况，则当然需要再定位。

二、定位依据

差异化（例如，产品差别化战略、服务差别化战略、人员差别化战略、形象差别化等）是进行市场定位的有效工具，通过差异化手段，企业可以塑造产品或品牌的独特市场地位。在具体的定位过程中，营销者可以使用各种依据为产品或品牌进行定位，这些定位的依据来自于产品、市场（购买者或使用者）、竞争者和企业自身有关的因素。

1. 属性和特色定位

这种定位是把产品属性和顾客利益联系起来，根据产品所满足的需要以及产品所提供的利益对产品进行的一种定位。如汽车可以强调其节能和可靠性；空调强调其静音和环保等。产品属性很多，用什么属性定位呢？一种有效的方法是：用竞争者忽略的但对目标顾客来讲是很感兴趣的属性来定位。但是，定位不要强调太多的属性：一是很困难，很难做到；二是容易给人留下模糊、含混不清的印象。

2. 用途或使用场合定位

强调用途或使用场合是设计产品定位的一种有效手段。这种定位是将产品或品牌与其用途、适用性相联系的定位方法。例如，盖天力白加黑感冒药的诉求是“白天服白片，不瞌睡。晚上服黑片，睡得香”。“洁银”牙膏一出来就突出是对口腔疾病有疗效的药物牙膏；“冷酸灵”则强调其是防止消费者对冷、热、酸、甜过敏的有效工具。

3. 价格和质量定位

这种定位是将产品或品牌与其价格和质量相联系的定位方法。有些产品更多地在服务、特性或性能方面下功夫，并以较高的价格给顾客留下高质量的印象；而有些产品则强调价格与价值，即以物美价廉为目标。沃尔玛强调其“天天平价”的定位；惠普公司有意将惠普电脑的价格定得低于康柏和 IBM，以便在购买者心目中传递一种物有所值的定位。

4. 利益定位

这种定位是将产品与顾客所追求的某种利益相联系的定位方法。顾客所追求的利益有三种主要类型：功能利益、情感利益和自我表现利益。那些能够给目标市场提供价值的品牌能产生功能性、情感性和自我表现的利益，品牌的价值主张就是其利益说明。例如，耐克品牌所传递的利益定位信息可概括为：①功能性利益——舒适而且技术含量高。②情感性利益——运动表现杰出的快感、参与感、活跃感和健康感；因欣赏职业运动员和大学生运动员脚穿“你的品牌”参加运动而产生的欣慰感，如果他们赢了，你也觉得自己赢了。③自我表现利益——使用体育明星推荐的品牌可表现自身实力。

5. 使用者定位

这种定位方法是将产品或品牌与其使用者或使用者阶层联系在一起，并可能涉及使用者的身份、地位、个性或类型等。例如，万宝路香烟从轻度使用者的女士烟定位转换到重度使用者的男士烟后，李奥·贝纳广告公司又用万宝路牛仔形象来传递其定位信息。

6. 竞争或竞争者定位

这种定位是将产品或品牌与竞争产品或竞争对手相联系的定位方法。例如，Avis 经营汽车租赁业务亏损多年，新的总经理上任伊始就决定通过广告宣传诉求“因为我们是第二，所以我们更努力”，以比领先者更积极、更优质的服务来吸引顾客，取得了良好的效果。

第三节　市场定位的步骤与方法

一、市场定位的步骤

（一）理论导向的定位决策流程

市场定位是继企业目标市场决策之后，营销决策中的又一重点。从理论上讲，市场定位需要权衡竞争对手和目标顾客的需要，通过识别潜在竞争优势、企业核心竞争优势和制定发挥核心竞争优势的战略等阶段来实现。如图 11-4 所示。

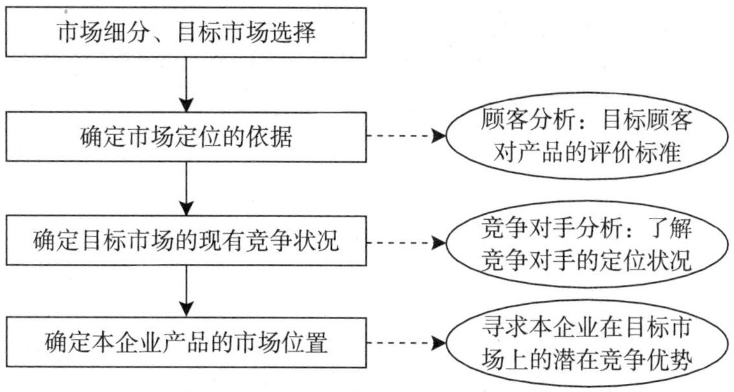

图 11–4　理论导向的市场定位决策流程

（1）确定市场定位的依据。主要是对目标顾客进行分析，了解他们对所要购买产品的最大愿望和偏好，以及他们评价产品优劣的标准是什么。企业应把目标顾客最为关心的问题作为定位决策的依据，偏离顾客的定位，势必会失败。

（2）确定目标市场的现有竞争状况。通过竞争对手分析，了解竞争者产品的市场定位，产品特色，及其在顾客心目中的形象，竞争者在市场中的竞争优势等问题。以此为基础，分析市场的竞争格局，各个竞争对手在市场上的相对位置及特色等，为寻求本企业产品差异化的市场定位奠定基础。

（3）确定本企业产品的市场位置。在了解竞争对手的竞争优势后，企业要确定自己在目标市场上的潜在竞争优势是什么。基于现有的市场竞争状况，企业便可对竞争者的产品、成本、促销、服务等进行对比，根据本企业的条件来判断企业的竞争优势，选择合适的定位战略，进行正确的市场定位。

上述理论导向的定位决策流程，涵盖了市场定位决策中的所有要素，但只停留在理论分析层面。例如，如何确定目标市场的现有竞争状况，如何分析并寻求符合本企业的市场位置等。由此，国内企业在市场定位决策时，常常通过定性的描述来给出最后的定位结果。定位概念模糊，定位主体不明确，导致定位成为企业喊出的空洞口号。因此，非常有必要从实际应用的角度，对市场定位决策流程进一步细化和改进。

（二）应用导向的定位决策流程

在实际应用中，无论是在顾客心目中为一个新产品进行定位还是为已有的产品进行再定位，都包含一系列的步骤。而且，这些步骤是较为详细的可供直接参考的操作步骤，并非是理论导向决策流程所反映出来的概括性的步骤，如图 11–5 所示。同样，市场定位是建立在市场细分与目标市场选择的基础上，在企业完成目标市场决策之后，就进入市场定位决策过程。

市场定位分析在许多层次上都是有用的，如公司、业务单位、产品大类、个别产品以及品牌等。但无论在哪个层次的市场定位决策，其核心的操作流程都是一致的，在此以产品层次的市场定位为例来阐述定位决策流程。

（1）确定目标市场中的竞争性产品。市场定位是由于市场竞争的加剧而提出的，要

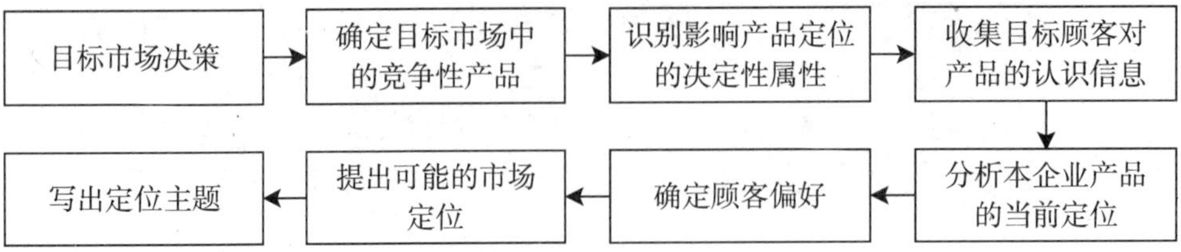

图 11–5　应用导向的市场定位决策流程

在竞争中脱颖而出就必须有特色，由此，定位的实质就可表述为寻求“差异化”。在寻求差异化之前，必须明确哪些产品对本企业的产品构成竞争威胁，即要确定竞争性产品。在此，竞争性产品既包括同类产品还包括替代品，总之，能为顾客提供相似核心利益的产品就属于竞争性产品。

（2）识别影响产品定位的决定性属性。产品可以看成是众多属性的集合，而这些属性又是消费者判断产品优劣的标准。但是，在消费者心目中并不是所有的属性都是同等重要，例如，在选择银行存款时，安全性是服务的一个重要属性，但目前其已不成为影响消费者决策的因素，因为此要素已成为所有银行提供服务时必须满足的要求（而且所有银行在这方面都已做得很好）。研究发现，只有个别属性对消费者的最终决策有决定性影响，因此在市场定位时应识别出那些影响消费者决策的决定性产品属性，它们是定位决策的重要依据。

（3）收集目标顾客在决定性属性上对产品的认知数据。定位是消费者心目中的判断与认知，因此必须获取他们对产品在决定性属性上的认知数据，以此为据来判断企业产品在消费者心目中的实际位置如何。通过设计相关态度量表进行市场调研，企业可以获得目标顾客在各产品维度上对市场中竞争性产品的评价数据。

（4）分析在竞争性产品空间中本企业产品的当前定位。（4）和（5）是相对于企业进行再定位而言的，如企业产品首次进行市场定位，可参考（7）。无论是新产品定位还是原有产品的再定位，对当前市场中竞争性产品各自定位状况都必须有个清醒的认识。对于市场的竞争格局或竞争性产品的定位现状分析，有一些比较好的方法可以应用，如绘制定位坐标图（知觉定位图、偏好定位图）、价值曲线、因子分析、对应分析等，它们可以有效辅助定位决策。通过（3）收集的相关顾客认知或态度数据，可以完成相应图表的绘制和分析。

（5）结合产品属性分析顾客偏好，审核企业当前定位是否恰当。对于原有产品的再定位，通过（4）的分析可获知企业在顾客心目中的位置是否与企业原本的定位相吻合；或者审核企业产品的定位是否与竞争对手的定位有效区分开来；企业定位若与竞争对手有较大的雷同，可识别出与哪些竞争对手表现出相似的市场定位；通过定位坐标图可以发现，图中哪些空间还没有企业进行定位，哪些地方的竞争相对不太激烈等。

（6）考虑与顾客偏好、市场吸引力相吻合的市场定位。若为新产品的首次市场定位，可以根据（4）的分析结果，结合企业顾客偏好、企业实力及目标市场的具体状况，选择合适的市场位置进行定位。如果是原有产品的再定位，在审核原有定位不恰当时，可进行再次决策。

（7）写出定位主题或有价值的提议为市场战略开发提供指导。一旦企业期望的定位确定后，应该提出相应的市场定位主题，此主题使人明白企业如何以鲜明的差异化推出产品。一个市场定位主题就是一句对产品服务的目标市场以及产品提供的独特利益的简明陈述。市场定位主题的提出并非易事，尽管企业已经有了明确的市场定位。对于市场定位主题的确定，可按照提出、筛选、确定的过程来操作。市场定位决策人员可以使用头脑风暴法提出多个相关市场定位主题，然后进行筛选确定出最有价值的定位主题。筛选时考虑的标准有：是否符合顾客认同的价值和看重的利益；是否区别于竞争对手且难以被竞争对手超越；是否具有战略意义，有益于企业实现长期战略市场目标；企业的资源和能力是否能长期支持该种市场定位；等等。

二、市场定位图的绘制方法

在企业的实际定位操作过程中，更多的是偏向于定性分析与描述的定位决策方法。企业决策人员往往根据其对市场竞争格局的分析，在对竞争对手进行描述的基础上，运用差异化方法定性叙述企业的定位决策。企业如此操作决策人员的能力、决策需要的信息、调研的成本与周期等的影响。但是，这样进行定位的决策，其客观性与科学性难以保证。

通过定性描述分析，通常情况下难以将复杂的市场竞争格局分析透彻，进而无法进行有效的市场定位决策。市场定位决策是企业战略决策内容之一，也是关系到企业发展方向性问题的决策，对企业影响重大。所以，十分有必要探讨和引入更加科学的定位决策方法来指导企业的实际运作。

在市场定位过程中，通常借助于定位图来进行决策，因为通过定位图分析，可运用差异化原理来进行定位决策，因此，定位图的绘制是成功定位的基础。由此可见，如何绘制客观、科学的定位图直接影响着定位决策结果，所以在此主要研究和总结规范的定位图绘制方法。对于市场定位图的绘制方法，在此主要介绍基于因子分析的绘制法。

（一）基于因子分析的市场定位图法

1. 因子分析的基本思想

因子分析的基本思想是将观测变量进行分类，将相关性较高，即联系比较紧密的分在同一类中，而不同类变量之间的相似性则较低，那么每一类变量实际上就代表了一个基本结构，即公共因子。对于所研究的问题就是试图用最少个数的不可观测的所谓公共因子的线性函数与特殊因子之和来描述原来观测的每一个分量。可从研究相关矩阵内部的依赖关系出发，把一些具有错综复杂关系的变量归结为少数几个综合因子。根据因子得分值，在因子轴所构成的空间中把变量或样品点画出来，达到形象直观的分类目的。由此，可利用因子得分值及因子轴构成的空间图来进行市场定位决策。

2. 因子分析的数学模型

设有 n 个样品，每个样品观测 p 个指标，这 p 个指标之间有较强的相关性。把原始变量及标准化后的变量向量均用 X 表示，用 F_1，F_2，…，F_m（$m<p$）表示标准化后的公

共因子，如果有：

Ⅰ. $X = (X_1, X_2, \cdots, X_p)$ 是可观测随机向量，且均值向量 $E(X) = 0$，协方差矩阵 $cov(X) = \Sigma$，且 Σ 与相关矩阵 R 相等；

Ⅱ. $F = (F_1, F_2, \cdots, F_m)(m < p)$ 是不可观测的变量，其均值向量 $E(F) = 0$，协方差矩阵 $cov(F) = I$，即向量 F 的各分量是相互独立的；

Ⅲ. $\varepsilon = (\varepsilon_1, \varepsilon_2, \cdots, \varepsilon_p)$ 与 F 相互独立，且 $E(\varepsilon) = 0$，ε 的协方差矩阵 Σ_ε 是对角方阵，即 ε 各分量之间也是相互独立的。

则模型：

$$\begin{cases} X_1 = a_{11}F_1 + a_{12}F_2 + \cdots + a_{1m}F_m + \varepsilon_1 \\ X_2 = a_{21}F_1 + a_{22}F_2 + \cdots + a_{2m}F_m + \varepsilon_2 \\ \qquad \vdots \\ X_p = a_{p1}F_1 + a_{p2}F_2 + \cdots + a_{pm}F_m + \varepsilon_p \end{cases}$$

称为因子模型。式中，a_{ij} 为第 i 个变量对第 j 个公共因子的标准多元回归系数，$A = (a_{ij})$ 称为因子载荷矩阵；$F_1, F_2, \cdots, F_m$ 称为公共因子，$\varepsilon_1, \varepsilon_2, \cdots, \varepsilon_p$ 称为特殊因子。

将因子载荷矩阵 A 的第 j 列的各元素的平方和记为 g_j^2，称为公共因子 F_j 对 X 的方差贡献。

$$\begin{cases} g_1^2 = a_{11}^2 + a_{21}^2 + \cdots + a_{p1}^2 \\ g_2^2 = a_{12}^2 + a_{22}^2 + \cdots + a_{p2}^2 \\ \qquad \vdots \\ g_m^2 = a_{1m}^2 + a_{2m}^2 + \cdots + a_{pm}^2 \end{cases}$$

其中，g_j^2 是衡量公共因子相对重要性的指标，g_j^2 越大，表明公共因子 F_j 对 X 的贡献越大，或者说影响和作用越大。将所有 g_j^2 计算出来并排序，即可获得最有影响力的公共因子。

3. 分析步骤

基于因子分析的市场定位决策方法主要通过顾客对产品属性的感知数据的处理，以产品定位为例，其核心步骤如下：

（1）确定产品以及所要评价的产品属性。属性的选择，取决于研究的目的，例如对于战略定位研究，应选择概括性的属性；而战术性定位研究，则选择具有操作性的具体属性等。

（2）获取用于绘制定位图的顾客数据。市场定位图的相关数据一般来自于抽样调查问卷。因为定位是针对企业目标市场而言的，所以在数据获取过程中应注意，调查问卷的发放对象应是企业目标市场范围内的消费者。设有 n 个消费者回答了问卷，每份问卷设计了 p 个相关问题，由此可获得消费者在预先设定属性上的感觉数据矩阵，记为：

$$X = \begin{Bmatrix} x_{11} & x_{12} & \cdots & x_{1p} \\ x_{21} & x_{22} & \cdots & x_{2p} \\ \vdots & \vdots & \cdots & \vdots \\ x_{n1} & x_{n2} & \cdots & x_{np} \end{Bmatrix}$$

(3) 利用因子分析来处理数据，并绘制知觉图。在分析计算过程中，涉及的计算步骤主要有：

①对原始数据进行标准化处理，并求其相关阵，分析变量之间的相关性。

②求相关阵的特征值及特征向量，求解初始公共因子及因子载荷矩阵。

③计算方差贡献率与累计方差贡献率，确定因子。一般情况下，对方差贡献率进行排序后，若前 m 个因子的累积方差贡献率不低于 80%，即可取前 m 个公共因子来反映全部信息。

④进行因子旋转，计算因子得分值。

⑤绘制定位图。利用得到的因子得分值及能代表全部信息的主要因子作为坐标轴，即可绘制定位图。通常情况下，可绘制二维或三维的知觉图。

(4) 解释因子分析的结果，并进行定位决策。利用因子负载来推断定位图的每个轴的含义，根据产品在定位图中的相对位置分析市场竞争状况，并对本企业产品的最终定位做出决策。

4. 因子分析的计算机实现

通过软件 SPSS 或 SAS 中的 Factor Analysis 分析模块可实现数据的因子分析运算。

（二）应用举例

假设：表 11-1 为某年底一项调查消费者对日产 G20 看法的结果。调查抽样框架是无限车的目标受众，即 25~35 岁、收入在 50000~100000 美元的人（在这次调查时，凌志 LS250 的名气还不大，所以未考虑）。日产公司把目标受众分为三个细分市场，并从 Clar-

表 11-1 认知和偏好平均得分结果

（1~9 尺度）

	无限 G20	福特雷鸟	奥迪 90	丰田 Supra	飞鹰 Talon	本田序曲	绅宝 900	庞迪克火鸟	宝马 318i	水星 Capri
引人注目	5.6	4.0	4.6	5.6	4.0	5.2	5.3	3.9	5.7	3.9
噪声小	6.3	3.6	5.2	4.2	3.5	5.4	4.8	2.8	5.0	3.3
不安全	2.9	4.2	3.7	2.0	4.3	3.2	3.7	3.9	2.3	4.0
落后	1.6	4.2	2.6	2.1	4.3	2.8	2.8	4.4	1.8	4.3
兴趣	3.6	5.0	4.0	4.3	3.9	3.4	3.4	5.4	3.3	3.9
动感	4.1	4.9	3.8	6.2	4.9	5.1	4.3	5.7	4.1	5.2
不舒适	2.4	4.0	2.4	3.7	4.0	3.3	2.8	4.3	3.5	4.4
宽敞	5.6	3.9	5.3	3.5	3.6	3.9	5.1	3.3	4.3	3.6
服务方便	4.6	4.9	3.5	4.9	4.6	5.0	3.8	4.7	4.1	4.6
声望高	5.4	3.5	5.6	5.3	2.8	4.7	5.7	3.8	6.4	3.3
大众	3.5	3.6	3.4	2.9	4.3	3.9	1.9	4.3	2.8	3.9
经济	3.6	3.7	3.6	3.2	4.9	5.0	4.3	3.1	4.3	4.6
成功	5.3	4.2	5.0	5.5	3.7	5.6	5.3	4.4	5.9	3.9
前卫	4.3	3.6	3.6	4.9	4.4	3.9	4.7	4.1	3.7	4.5
物非所值	3.4	4.3	4.3	3.5	3.6	2.6	2.9	4.3	3.3	3.8

itas 公司数据库里检索到这些细分市场的人口统计信息和区分细分市场的心理信息。

为便于分析操作，将被评价对象（汽车）和评价维度（依据或标准）进行编号（见表 11-2、表 11-3）。

表 11-2 评价对象编号

品牌汽车	无限 G20	福特雷鸟	奥迪 90	丰田 Supra	飞鹰 Talon	本田序曲	绅宝 900	庞迪克火鸟	宝马 318i	水星 Capri
编号	A	B	C	D	E	F	G	H	I	J

表 11-3 评价依据编号

编号	标准	编号	标准	编号	标准	编号	标准	编号	标准
V1	引人注目	V4	落后	V7	不舒适	V10	声望高	V13	成功
V2	噪声小	V5	兴趣	V8	宽敞	V11	大众	V14	前卫
V3	不安全	V6	动感	V9	服务方便	V12	经济	V15	物非所值

1. 数据处理

根据表 11-1 所示的数据，利用 SPSS 分析软件中的因子分析，提炼顾客对各种品牌汽车评价的公共因子，即主要的评价依据或标准，分析可得表 11-4 的分析结果。

表 11-4 因子分析结果

Component	Initial Eigenvalues			Extraction Sums of Squared Loadings		
	Total	% of Variance	Cumulative %	Total	% of Variance	Cumulative %
1	7.886	52.570	52.570	7.886	52.570	52.570
2	2.667	17.777	70.347	2.667	17.777	70.347
3	2.064	13.758	84.105	2.064	13.758	84.105
4	1.140	7.602	91.707	1.140	7.602	91.707
5	0.689	4.596	96.303			
6	0.309	2.058	98.361			
7	0.170	1.133	99.494			
8	0.055	0.367	99.861			
9	0.021	0.139	100.000			
10	3.184E-16	2.123E-15	100.000			
11	1.314E-16	8.760E-16	100.000			
12	9.451E-17	6.301E-16	100.000			
13	-3.97E-17	-2.645E-16	100.000			
14	-2.71E-16	-1.809E-15	100.000			
15	-4.35E-16	-2.900E-15	100.000			

Extraction Method：Principal Component Analysis.

从表 11-4 中可以看出，原先从 15 个维度对各品牌汽车的评价数据，完全可以通过四个公共因子所包含的对应信息来解释，因为前四个公共因子反映信息能代表原始数据中 90%以上的信息。

市场定位的核心是绘制科学的定位图，而定位图绘制的关键在于绘制出的二维空间图能够最大可能地反映市场数据所包含的信息。在此，第一个和第二个公共因子能解释70%以上的信息，因此，以第一个和第二个公共因子为维度绘制的定位图是可以接受的。对应的因子得分如表 11–5 所示。

表 11–5　因子得分

	A	B	C	D	E	F	G	H	I	J
F_1	–1.1151	1.0176	–0.6141	–0.2477	1.0368	–0.3832	–0.9789	1.3558	–1.0990	1.0278
F_2	–0.2214	–0.6028	–1.8612	2.0922	–0.2645	0.7548	–0.2444	0.1384	0.1581	0.0507

因此，可以公共因子 1 和公共因子 2 为坐标轴，根据表 11–5 的因子得分，绘制二维的市场定位空间图，如图 11–6 所示。

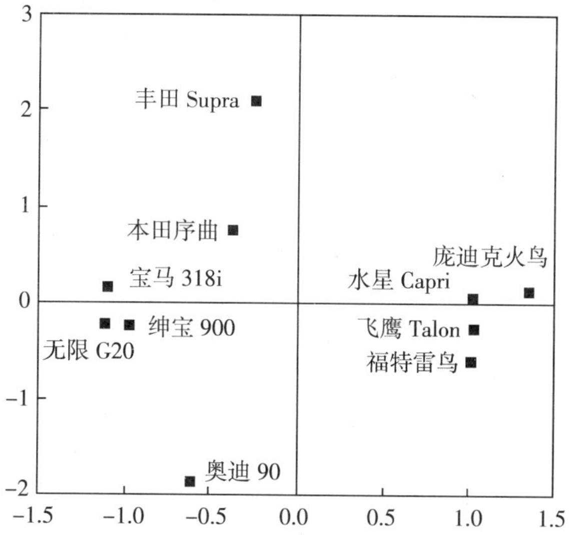

图 11–6　市场空间分布

2. 定位分析

图 11–6 反映了各品牌汽车在目标受众心目中的相对位置，接下来就是要对二维坐标图的两个坐标轴代表的含义进行恰当的解释，为后续的定位分析提供依据。在此可以借助因子分析过程中得出的因子载荷矩阵中的对应数据进行分析，因为载荷矩阵数据体现了对应的因子与对应变量（在此为评价的依据或标准）的相关程度。

结合因子载荷矩阵数据发现，公共因子 1 与 V4（落后）、V7（不舒适）、V5（兴趣）、V11（大众）等有较大的相关性，公共因子 2 与 V6（动感）、V9（服务方便）、V14（前卫）等有较大的相关性。由此，可对坐标轴的含义做出相应的解释，第一个公共因子（在图 11–6 中表现为横轴）更多地反映的是对应品牌比较落后、不舒适、大众化等，而第二个公共因子（在图 11–6 中表现为纵轴）更多地反映了对应品牌是动感的、前卫的、服务方便等。

从图 11-6 中可以看出，无限 G20 与绅宝 900、宝马 318i 在目标顾客心目中的地位相近，从市场竞争的角度来讲，不利于 G20 区别于其他品牌而在顾客心目中形成独特的市场定位，因此需要对其进行重新定位。将 G20 定位在何处？目前，可以考虑的可能定位有五种路径，如图 11-7 所示。

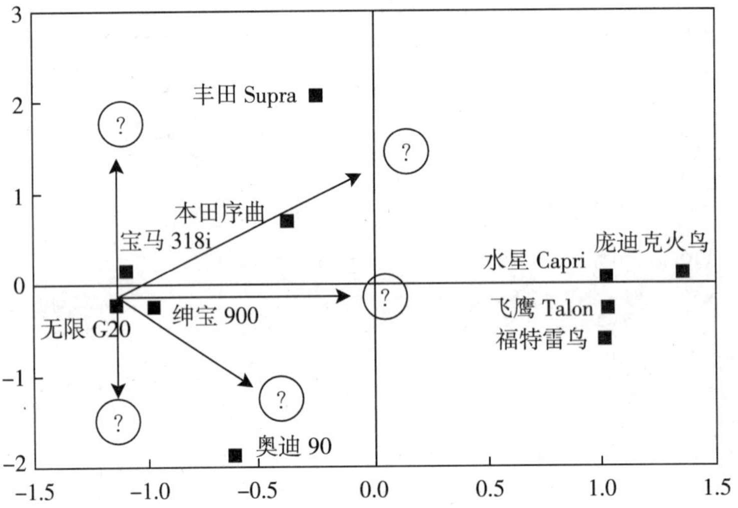

图 11-7　G20 市场定位可供选择的方案

从图 11-7 中可以看出，对于无限 G20 的市场定位，有五种可供选择的方案，但实际将其定位在何处，还要综合考虑其目标市场的特定状况、企业的实际资源能力等多方面的因素，在此主要介绍如何借助定量分析辅助市场定位决策，对于上述例子的最终定位情况还需要综合多方面情况，因此就不过多深入分析。由此可见，借助基于因子分析的定量分析方法，可更加科学地分析市场信息数据，最大限度地辅助企业进行科学的市场定位决策，降低人为主观因素给定位决策带来的不确定性影响。

● 本章回顾：

定位就是对企业的产品或形象进行设计，从而使其能在目标顾客心目中占据一个独特位置的一种行动。现代营销的定位包含三个相互关联的层次：产品定位、品牌定位和企业定位，其中，产品定位是所有定位的基础。市场定位通常包括三个要素主体：目标顾客、竞争对手和本企业，其本质就是企业通过市场定位在目标顾客心目中形成其认可的、鲜明区别于竞争对手的认知或形象，以求影响目标顾客在购买产品时的决策行为。市场定位包含上述三个要素主体，因此影响定位的因素主要来自目标顾客的心智模式、竞争对手的定位以及企业自身的资源和技能。避强定位、对抗定位和重新定位是营销者常采用的三种定位方式。最后，本章介绍了基于因子分析的定位方法，为市场定位提供定量分析支持，确保定位的科学性。

● 讨论与概念应用题：

1. 香烟生产商对产品和包装略加改变，便可使基本相同的产品满足各种不同的消费者细分市场。怎样细分吸烟的顾客？香烟生产商如何通过产品和包装设计及广告信息在市场上进行产品定位？

2. 通过看广告和亲身体会，我们可以了解到某企业的产品定位及它们希望占领什么样的目标市场。试描述可口可乐、百事可乐、非常可乐、旭日升冰茶、露露等你熟悉的饮料产品的目标市场及其市场定位。

●【案例 11-1】“采乐”的市场定位与营销策略

众所周知，去屑洗发水市场是一个高度竞争的市场，并且经过多年的市场洗礼，现存的品牌无不在各自的市场占有一席之地。采乐在众多强势品牌中如何脱颖而出，已经成为业界普遍关注的一个问题。现在回头探寻采乐成功的奥妙，很多都值得我们深思。

采乐能在洗发水领域突围，实际上是一个非常典型的差异化案例，集中体现在产品的功效定位、渠道、终端和广告上，而这一切的基础都是建立在对消费者深刻的理解和对市场精准的分析之上的。

（一）市场背景分析

在采乐诞生之初，市场形势不容乐观。首先，市场竞争激烈，洗发水市场不断被细分，各种功能性洗发护发液接连推出。其次，品牌繁多，几乎所有的洗发护发品牌里都包含去屑成分，如海飞丝、飘柔、风影、百年润发、好迪、舒蕾、亮荘等，大家都看到了去屑洗发水市场的巨大空间。最后，宝洁旗下品牌占有绝对优势，国内其他公司抢夺剩余市场。这些品牌的前几名囊括大部分的市场份额。

毫无疑问，经历 10 多年的市场培育，海飞丝的“头屑去无踪，秀发更出众”早已深入人心。人们只要一想到去屑，第一个想到的就是海飞丝。另外，随着风影的“去屑不伤发”的承诺，它在这个细分市场也拥有一席之地。据市场调查资料显示，去屑的大部分市场份额被少数品牌占据，两极分化十分严重。

但是，经过 10 年的历程，中国普通老百姓已经习惯使用大众化的洗发水洗头。以中国 13 亿的人口为基数，这是一个异常庞大的市场。但是，随着消费者辨知能力的提高，对产品功能性诉求的要求也越来越高。产品也不仅仅是拥有认知度就可以获得长久的消费者忠诚。

在这样的认知基础上，采乐公司得出结论：经过 10 多年的市场培育，消费者已经养成消费洗发水进行日常洗头的习惯，这是各大品牌共同努力的结果。从长远看，普通的洗发水将逐渐过渡到特定功能性的洗发水，这也是厂商逐渐发现消费者潜在需要、细分市场的过程。

另外，现在洗发水市场已经形成宝洁一枝独秀，诸多品牌激烈竞争的局面，这是市场竞争的正常现象。但是对于一家新进入的企业，要想在这样的成熟市场获取成功，难度可想而知。

（二）市场定位

正是在这种情况下，为了有效地切入洗发水市场，采乐公司进行了深入的市场分析。

（1）目标消费者分析：市场分析的第一步就是洞察目标消费者的心态。如果产品能首先打动消费者的心，那么一切都好办。打动目标消费者，首先做好产品差异化，一般说来在“4P”上都可以进行差异化。很多时候价格是个不错的突破口，但是谁会相信低价的功能性产品会有多少内涵？因此，采乐寻找的突破口首先是寻找满足某些未得到很好满足的消费者的真正需求。

采乐推出之际，国内去屑洗发水市场已经相当成熟，从产品的诉求来看，似乎已经无缝可钻，找不到更好的细分市场。但是，采乐经过研究消费者的心理，发现了很多问题，这就是很多头屑患者尽管经常洗头，但仍然找不到解决的办法，似乎没有一种药物能够治他的头屑“病”。

因此，采乐的主要目标消费群是重度的头屑患者，只有他们才会真正需要采乐来彻底去屑；次要目标消费群是中度头屑患者，市场策略是以重度带动中度。国内重度头屑患者是个很大的群体，而市场上没有专门针对这个消费群体的产品。强调特效药物去屑，以区别普通去屑洗发水。

（2）市场定位：采乐的成功主要来自于产品创意——“去头屑特效药”，使它在药品行业里几乎找不到强大的竞争对手，而在洗发水的领域里也如入无人之境。因为在药品行业中，没有一家厂商生产过去屑特效药；在洗发水行业里，也没有一种洗发水可以达到药物去屑的效果。采乐找到了一个极好的市场空白地带：药物去屑。其市场推广中宣称“专业去屑，8 次彻底去除头屑”。站在医学研究的角度去治疗头屑，注重医学权威，这就是采乐鲜明的市场定位。所以，采乐一露面就赢得了大部分重度头屑患者的欢迎。同时，采乐的营销渠道主要是医院和药房，所以在国内消费者的心目中，采乐是专门针对头屑的去屑特效药，强化了消费者的认知，同时有效地规避了激烈的竞争。

（三）SWOT 分析

优势：借助西安杨森医药方面的品牌优势，顺利地建立了采乐专业去屑特效药的市场定位。

劣势：市场上的洗发水强势品牌仍然占据绝大部分的市场份额，特别是海飞丝去屑洗发水的威胁。

机会：采乐的市场定位得到重度头屑患者的欢迎。

威胁：强势品牌可能会在这一细分市场跟进。

（四）营销策略

价格策略：为了强调采乐的专业性和效果，其价格是昂贵的，31 元/50 毫升，比一般的洗发水贵四倍。但是，由于采乐的分销渠道主要是医院和药房，另外也没有相同的产品与之竞争，因此，这个价位消费者是认可的。

分销策略：由于产品的定位是治疗头皮屑的特效药物，采乐的分销渠道主要是药房和医院。这既增强了采乐的专业形象，也避免了与其他洗发产品的恶性竞争。

广告策略：头屑是由头皮上的真菌过度繁殖引起的，清除头屑应杀灭真菌。普通洗发用品只能洗掉头发上的头屑，采乐则治标先治本，从杀灭真菌入手，针对根本。这种独特的产品功能性诉求，有力地抓住了目标消费者的心理需求，也使消费者想要解决头屑问题时，先想到采乐。

资料来源：郑方华：《营销策划技能案例训练手册》，机械工业出版社，2007年4月。

● 思考题：

1. 在竞争激烈的去屑洗发用品市场，“采乐”是如何找到目标市场并进行有效市场定位的？

2. 围绕其市场定位，“采乐”采用了哪些相应的营销策略？

●【案例11-2】格瓦斯之南北顾客的认知

随着湖南卫视“我是歌手”节目的落幕，以及娃哈哈在各大卫视黄金时段铺天盖地的广告攻势，一个比较陌生却又令人好奇的名字逐渐进入中国消费者的视野，这就是“格瓦斯”。毋庸置疑，在娃哈哈大力度的推广下，格瓦斯已经成为2013年中国饮料市场最受关注的一款产品。

这款来自俄罗斯的饮料对大多数中国消费者来说比较陌生，特别是南方城市的消费者。但是，其实格瓦斯进入中国已经有100个年头，19世纪末，格瓦斯传入中国东北最大的城市哈尔滨。所以，哈尔滨、吉林等东北地区的人对这一产品比较熟悉；同时在新疆的伊犁、乌鲁木齐也比较流行。

格瓦斯是一种盛行于俄罗斯、乌克兰等东欧国家，含低度酒精的饮料，用面包渣发酵酿制而成，风格近似啤酒而颜色略呈琥珀红色，有一定的面包糊焦味，酸甜适度，口感清香。由于其酒精含量只有1%左右，可谓老少皆宜，是很受大众欢迎的软饮料。

关于格瓦斯的来历，据说在几个世纪前，在俄罗斯，有的小饭店店主将食客掉在桌子上的面包渣收集起来，装在瓶子里进行发酵。几天后，瓶子里的面包渣变成了一种具有浓郁酵香的汁液，独特的味道受到俄罗斯人的喜爱。人们还发现，这种饮品具有助消化、调节肠胃的功能，逐渐成为俄罗斯一种常见的饮品流传起来。

有哈尔滨的消费者表示，自己很爱喝秋林格瓦斯，因为觉得更正宗，而且有小时候的味道，这正符合了当下致青春般的怀旧风。秋林格瓦斯的口感就是面包的味道；而娃哈哈“格瓦斯”广告做得火，自己的儿子买了几瓶，但不是很喜欢喝。但是对于这位消费者自己来说，这个面包的味道不是现在吃的那种奶油面包或者夹心面包的味道，而是小时候吃的那种面包的味道，让人喝着有一种特别怀旧的感觉，想起小时候的那种感觉，所以特别喜欢喝这款饮料。

最早给国人呈现这种饮料的是哈尔滨秋林格瓦斯，有正统之名，给东北人建立了早期的格瓦斯印象。2012年，娃哈哈正式宣布自己进军格瓦斯市场。2013年3月，华威格瓦斯也正式亮相成都糖酒会。格瓦斯这块蛋糕似乎被更多饮料大亨看好。

不过一些南方的消费者也表示，虽然在广告的攻势下，自己会尝试去购买格瓦斯饮料，但实际上还是喝不习惯，很多女孩子都不太喜欢喝啤酒那个味道，不太会接受这种味道。

随着江苏卫视等各大卫视热播栏目的广告投放，三个金发碧眼、风情万种的俄罗斯美女伴随着“液体面包”的广告诉求先声夺势，娃哈哈格瓦斯可谓到处跑马圈地。娃哈哈的意图很明显：要先入为主，要让娃哈哈成为格瓦斯的代名词。

目前，在格瓦斯这个细分市场，不仅有娃哈哈、华威、秋林这些品牌的巅峰对决，以后还会有其他行业的资本突然来袭。格瓦斯的确是一个处女地，但要真正开发成功也并非易事。

同时，现在的格瓦斯还处于产品市场教育阶段。娃哈哈在这个阶段大肆铺设广告，也存在为后来者打江山的风险。南方市场的一些经销商开始对格瓦斯还是有抵触情绪，毕竟怕这一款来自俄罗斯的饮料不被国人接受，但在娃哈哈近来的广告轰炸下，慢慢地都有所心动。江西省、湖南省等城市都陆续加量销售，成都市的户外广告也开始猛推。

资料来源：《格瓦斯陷入南北之争　娃哈哈暂不回应山寨说》，第一营销网（原载于新华网），2013-06-30，http://www.cmmo.cn/article-154266-1.html，有所修改。

● 思考题：

1. 对于格瓦斯这种饮料，娃哈哈应该如何选择目标市场，怎样才能进行有效的市场定位？

2. 围绕其市场定位，娃哈哈应该如何制定相应的营销策略？请提出你的建议。

第十二章 产品与品牌策略

学习目标：

理解和掌握产品的整体概念，学会运用产品整体概念区分核心产品、形式产品、外延产品；明确与品牌相关的几个基本概念，了解品牌决策；掌握产品组合概念及其策略，能够根据环境的变化制定和调整企业的产品组合。

产品是买卖双方从事市场交易活动的物质基础。企业和市场的关系是通过产品来连接的，企业通过一定的产品来满足顾客需要。企业在做市场营销组合决策时，首先要做产品决策，即为满足目标顾客的利益与需求，企业决定生产什么产品，提供哪些服务，以及企业的经营范围和产品结构。

第一节 产品的整体概念

产品是一个很简单但却是市场营销中最基本的问题。按照制造商的理解，产品就是他们制造并出售的物体，如计算机、女士衬衣、图书等。制造商是按照产品物理的或化学的特征给产品下定义的，但是，从市场营销的角度看，对产品的这种理解就过于狭窄。因为当顾客购买产品时，他想得到的不仅仅是一个物体，而是通过这个物体，得到某一方面的满足或利益。顾客购买计算机并不是为了买一台机器放在办公桌上了事，而是希望把计算机运用于企业的生产或管理中去，给他带来生产或管理的高效率。所以，在购买计算机的同时，他还希望得到各种保证计算机正常运转的服务。女顾客购买衬衣，并不是仅仅买了一件衣服穿在身上即可，而是追求服装给她带来的风度和美。所以，她们除了关心衬衣的质地外，还关心款式、颜色以及品牌。鉴于这些，按照广义的产品概念，产品不仅仅包括其实体，还包括包装、标签、品牌、商标、保证条款、维修和服务等这些外部特征。

当企业出售计算机时，可以说，出售的产品是计算机或者是信息系统，因为计算机是信息系统的一个组成部分；也可以说，出售的是生产或管理上的高效率。同样，当企业出售女士服装时，可以说它出售的产品是女士衬衣，或者是服装；也可以说是舒适、风度和美。正如有的报刊宣传整容手术时，并未把它说成是一种医疗手术，而是说“美容整形，给你带来幸福和快乐”。

可见，产品并非只是物体本身，而是能够提供给市场以引起人们注意、获取、使用或消费，从而满足某种欲望或需要的一切东西。

市场营销学所研究的产品是一个产品的整体概念，包括三层含义：核心产品、形式产品、外延产品，如图 12-1 所示。

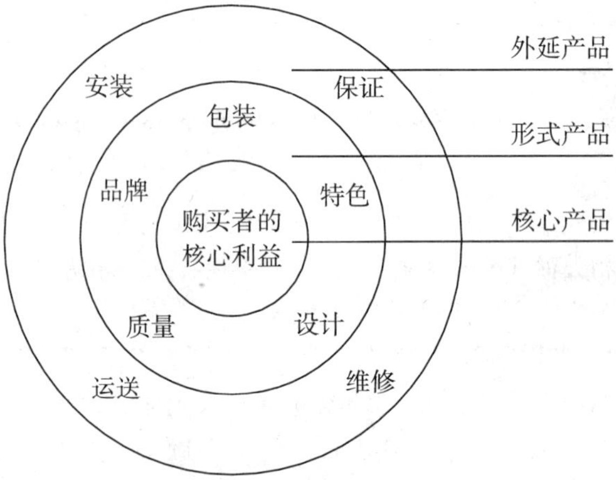

图 12-1 产品的整体概念

一、核心产品

核心产品是向购买者提供的基本效用或利益，是购买者真正要买的东西，即消费者在购买一样产品或一项服务时所寻找的核心利益。例如，女士购买口红时，她买的远不止口红的颜色，而是美貌。正如美国企业家 Charles Revsen 所说：“在工厂，我们生产化妆品；在商店，我们出售愿望。”

产品若不能体现或满足人们所寻找的核心利益，人们就不会去购买，这一产品也就没有市场，不能给企业带来收益。“尿不湿”开始的广告宣传对象是怀抱小宝宝的妈妈，广告词是“可使年轻的妈妈节省时间，解决洗尿布的烦恼”。可每家只有一个宝宝，爸爸、妈妈、爷爷、奶奶都想为小宝宝多奉献点，洗尿布不算什么，也没有带来烦恼，因此，“尿不湿”没能打开销路。后来，广告词改为“用尿不湿可使小宝宝屁股干爽、睡得香甜”，迎合了购买者所追求的利益和心理，销路迅速打开。由此可见，某一产品能否被市场接受，不仅取决于企业能否提供这一产品，更重要的是取决于它能否给购买者带来某种实际利益，使其需求得到满足。为此，企业的任务是善于发现购买者购买产品时所追求的利益，销售购买者所追求的利益，而不只是产品本身。

二、形式产品

形式产品或称有形产品，是核心产品借以实现的形式，是向市场提供的产品实体或劳务的形象。形式产品通常表现为质量水平、特色、品牌名称、包装、独特的设计等。

1. 设计

每个企业都可能面对不同的顾客群。不同的顾客群对产品的设计要求可能又大不一样。自行车生产企业要面对儿童、娱乐、交通、比赛等不同的市场面，由此也要对自行车做不同的设计。

良好的设计不仅能改善产品的外观，而且能提高产品的实用性能、吸引顾客的注意力、降低生产成本，并为该产品在目标市场上创造强有力的竞争优势。美国布莱克与德柯尔公司设计的灵便蛇形灯，形如其名，几乎能吸附于任何东西上，从而能让工人在检修下水道时腾出手来，它还能像眼镜蛇似的竖立起来，照亮工作区间。这项设计为公司赢得了美国工业设计杰出奖竞赛金牌。更难得的是，在一个平均价格只有 6 美元的市场里，消费者愿意为这种灯支付 30 美元。

2. 产品质量

产品质量是主要的产品定位工具之一，也是顾客价值、顾客满意的重要因素。产品质量有两个尺度，即级别和一致性。

质量级别指产品的性能质量，即产品发挥作用的能力，包括产品的耐用性、可靠性、精密度、使用及修理的简便程度，以及其他有价值的属性。例如，劳斯莱斯比雪佛兰的性能质量高，表现在“行驶更平滑、操纵更简便、更经久耐用”。因此，劳斯莱斯比较昂贵，适合于有较高收入并有较严格要求的市场。但是，企业很少去追求最高性能质量标准，因为没有几个顾客想要或支付得起很高质量级别的产品。一般来说，企业选择的质量级别往往和目标市场的需要、企业的能力相一致。

高质量还指高水平的质量一致性。这里，产品质量是指符合标准质量，即没有产品缺陷以及质量标准的前后一致性。尽管雪佛兰性能不如劳斯莱斯，但在一致性方面，雪佛兰可以和劳斯莱斯媲美，其质量同样能够与顾客的希望相吻合，实现物尽其值。

3. 产品特色

产品特色是使企业产品区别于竞争者产品的重要工具。对此，企业应该定期调查产品使用者，并向他们提出如下问题：您对产品的喜爱程度如何？该产品的哪一点是您最喜欢的？我们可以增加哪些特色来改进产品？您愿意为每种特色支付多少钱？等等。这些调查将为企业带来丰富的有关特色的思路。当然，企业在决定开发某个特色并把它加到产品上去之前，还要估计这一特色的顾客价值、成本比，如果顾客得利小而成本高，则这种特色不足取；反之，则应该把这种特色添加到产品上去。

4. 品牌与包装

有些顾客追求名牌，名牌一般意味着货真价实、优质优价。包装的意义更为深远，保护商品、便于携带与运输。更为重要的是，良好的包装可以提升产品的价值，满足顾客的某种心理。

总之，产品的基本效用必须通过某种形式才能实现，市场营销人员应首先着眼于顾客的核心利益，从顾客所追求的核心利益出发，寻求这一利益得以实现的形式，从而设计、制造并提供实际的产品。一个精明的营销者，绝不会忽视对产品形式的塑造，因为产品形式是实现顾客满意的基本条件。

三、外延产品

外延产品，亦称附加产品、扩增产品，指人们购买有形产品时所获得的全部附加服务和利益，包括维修、运送、安装、保证等。当消费者购买一架索尼摄像机时，索尼公司和它的经销商还要提供零部件、质量担保、如何使用摄像机的免费教学、必要时的快速修理服务以及解答疑难问题的免费电话。有些机械设备供应商在售后提供改装服务，以便顾客不用购置新的机器就能生产新产品，这种服务的提供是从顾客的角度出发的，也能赢得更多的顾客。

外延产品的概念来源于对顾客消费需要的深入理解。因为购买者的目的是为了满足某种需要，而这种需要通常是综合性的，因此，企业必须提供综合性的产品服务才能满足其需要。

美国的一位市场营销学家曾断言，未来竞争的关键不在于工厂能生产什么产品，而在于其产品所提供的附加价值，如维修、咨询、信用等。因为顾客需求能否得到满足，不仅取决于生产领域的产品开发过程和流通领域的购买过程，还取决于消费领域的产品使用过程。在当前信息手段高度发达、企业产品更新能力逐步接近的情况下，利用实体产品本身的因素赢得竞争主动权的机会将越来越小，营销者争夺顾客的主战场将逐步转移到售后服务上来。因此，能向顾客提供完善的产品附加利益的企业，才有可能成为市场竞争的优胜者。

总之，产品策略重点要强调的是企业的产品是否符合买者的需要和要求，而且这里的产品是就广义的产品或产品的整体概念而言的。广义的产品概念是以顾客为中心的，也就是说，一个产品的价值是由顾客决定的。一个企业如果善于围绕核心产品和实际产品，开发适当的附加产品，就必定能在新的竞争中立于不败之地。

第二节　产品组合决策

一、产品组合的概念

一般情况下，很少有企业只生产经营单一的产品，大型企业的产品品种甚至上万种，其中许多产品都是相互联系的，这种生产结构有利于企业发挥技术专长，充分利用现有设备。为了描述企业所生产的各类产品和产品品种结构、规模，需要明确以下有关概念。

产品项目是指企业在其产品目录上列出的每一个产品。产品线又称产品系列，指密切相关的满足同类需求的一组产品。同一产品线上的产品有以下几种联系：一是这些产品满足相似的需求；二是这些产品互为补充或可一起使用；三是这些产品的销售对象是同一类型的顾客；四是这些产品一般是通过同样的分销渠道销售的。

产品组合（Product Mix）：一个企业提供给市场的全部产品线、产品项目及其有机构成。通常由若干条产品线组成，而每条产品线又是由若干产品项目组成的。如雅芳公司的产品组合包括四条主要产品系列、1300多种产品。产品系列主要包括化妆品、珠宝首饰、家用器皿和时装，每条产品系列又包括若干亚系列，如化妆品包括口红、眼线笔、粉饼、发胶等。产品组合包含四大要素：广度（或宽度）、长度、深度、相关性（或关联度）。我们以宝洁公司的主要产品系列（见表12-1）为例来说明这些概念。

表12-1 宝洁公司的主要产品系列

	产品系列：宽度					
	洗涤剂	牙膏	香皂	除臭剂	果汁	润肤液
产品项目：深度	象牙雪	格利	象牙	秘密	橘山	奇异
	结拂	佳洁士	佳美	确信	阳光乐	诺克西玛
	汰渍	彻底	拉瓦		雪山	奥莉油
	欢乐	登奎尔	柯克斯		德克森	佳美
	快乐		风趣		林肯	雨树
	奥克雪多		舒肤佳		思碧农场	热带
	得洗		海岸			贝蒂丝丽
	小瀑布		奥莉油			
	象牙水					
	圭尾					
	黎明					
	碧浪					
	艾拉					
	勇敢者3号					
	液体汰渍					

1. 产品组合的长度

产品组合的长度是指公司所拥有的产品项目总数。如表12-1所示，宝洁公司的产品组合长度为42（实际上宝洁公司产品组合长度很长），每个产品系列的平均长度为42/6=7，即宝洁公司每个产品系列平均有7个品牌或产品项目。

2. 产品组合的深度

产品组合的深度有两层含义：一是指每一条产品线所包括的产品项目数，如宝洁公司的牙膏产品线有四个品牌的牙膏，其深度为4；二是指产品系列中每个品牌或产品项目的规格、式样等数目，如佳洁士牙膏有四种规格、两种配方，则其深度为6。

3. 产品组合的关联性

产品组合的关联性是指产品系列之间在材料采购和使用、生产技术条件、销售渠道、最终用途等方面相互关联的程度。宝洁公司的产品系列都是通过同一销售渠道销售的消费品，具有一定的相关性。

对产品系列的数量、同系列产品的深度及产品系列间的关联性的不同选择，就构成了不同的产品组合。显然，公司的产品组合越广、越长、关联性越差，经营越复杂。现代企业的产品组合有扩大的趋势，优化企业的产品组合是产品决策的重要任务之一。

二、产品组合决策

产品组合决策，就是企业为达到既定的营销目标，如市场占有率、销售量、利润等，对产品组合的广度、深度及关联性进行决策。

（一）扩大产品组合

扩大产品组合，是指扩大产品组合的广度，即增加产品线或产品大类的数目，扩展经营范围。扩大产品组合可以从以下三个方面考虑：

（1）增加的新产品线可以与现有产品有密切关系。例如，某电影机厂生产的电影洗片机，为了适应市场环境，它们开发了与原有产品在制造工艺上完全相通的产品——送药恒温箱，它使用电影洗片机的制冷设备、加温设备和控制系统，再加一个箱子组成，这样该厂扩大产品组合发挥了原有的技术优势。

（2）可以发展与现有产品在最终用户上有紧密联系的新产品线。例如，美国 FMC 公司，原来生产食品机械与农用收割机，他们在把收割机卖给农民的过程中，掌握了农民对农用化学产品的需求情况。后来，他们利用原有的农用市场发展农用化工产品，使企业得到长足发展。

（3）新增加的产品线可以与原有产品线毫无关系。例如，日本的索尼公司在原来生产电视机、录音带的同时，又扩大经营旅行社、药房、通心粉和连锁餐厅。近几年，我国有很多公司都采用了这种方式扩大产品组合，产品线之间没有太多的关联，如生产家用电器的公司生产销售手机等移动通信设备，并涉足房地产、金融等领域。

扩大产品组合，有两条主要优点：①可以发挥企业现有的技术、工艺、装备的长处，充分利用企业现有的人、财、物等各种资源。如果增加一条新产品线，可以利用现存的厂房、设备，固定费用就可为更多的产品分摊，进而降低单位产品成本。②可使企业长期收入稳定下来，减少风险。在自由竞争情况下，产品需求变化很快，产品线多，同时服务于几个市场时，一条产品线需求降低，至少有另一条产品线的市场需求可能会增加。

（二）缩减产品组合

20 世纪 70 年代以前，国外许多企业的产品组合强调经营多种产品类型，即增加产品组合的广度，以便充分利用各种资源，增加企业的总销售量和利润。但自 70 年代末以来，随着能源危机、原料的不足，许多企业为了更好地分配和有效地利用资源，倾向于取消一些产品线或产品项目，力求通过缩减产品组合、取消低利产品，以从经营较少的产品中获得较多的利润。例如，美国通用电气公司、静电复印公司等企业都从产品组合中取消了计算机产品线。这种缩减产品组合的决策，往往同某些产品市场饱和、价格竞争激烈有关，在这种情况下，缩减产品组合，有利于企业用有限的资源抓住重点产品，取得好的效益。

（三）增加产品组合的深度

增加产品组合的深度，又称为高档化、低档化策略，即在一条产品线上多生产几种产品，例如：生产小汽车的公司以基本型为基准，增加或减少若干个附件（如空调、安全气囊、音响等），就可以生产出豪华型或普通型等不同档次的小汽车品种。同样一种书，可以有精装版、简装版。

高档化策略是在一种产品线内增加高质高价的产品项目，以提高企业的声誉，获得高额利润。美国福特汽车公司一度生产低价汽车，后来推出高价汽车，从中得到许多好处。上海大众汽车公司也在逐步提高其产品档次，从普通桑塔纳、桑塔纳 2000、速腾、领驭，档次不断提高。

低档化策略是在现有高档化产品线中增加廉价产品项目，目的是吸引整个市场的某个不同的细分市场，适应不同市场面的不同用户。收入低的顾客受销售者信誉较高的品牌形象的影响，会购买这些低档新产品，例如，爱华收录机、音响有许多档次与价格。

无论用高档化策略还是低档化策略增加产品组合的深度，只要运用得当，都能使原有的产品线得到充分利用，生产出不同档次的产品，满足不同市场面的需要，从而提高销售量，增加利润。但这两种做法都存在着风险，低档化有可能损坏当前很成功的品牌形象，而高档化则很难改变企业原有低档产品在顾客心目中的形象。所以，采用这两种策略时要十分慎重。

三、疲软产品的淘汰决策

疲软产品是指没有利润的产品或利润很少的产品，如波士顿矩阵中的“狗”类产品。疲软产品应该予以淘汰，但在具体情况下应具体考虑。合理、适时地淘汰老产品，对改善经营管理、建立合理的产品结构、增加企业盈利有着重要的意义。

（一）疲软产品出现的原因

疲软产品出现的原因主要有：消费者的爱好发生变化；大量竞争产品出现；有更好的替代产品出现；企业市场营销策略运用不当。根据以上这些原因，企业要加强对老产品的管理，密切注视动向，提前制定措施，以避免产品被淘汰时的经济损失。

（二）产品的淘汰管理

1. 定期检查全部产品

通过应用波士顿矩阵法、通用电气公司法等评价产品组合，确定企业产品现状，对相对市场占有率不高、销售增长缓慢、市场吸引力不大而企业又没有实力的产品，应该考虑淘汰。

2. 评价每种产品的效益

可采用以下两种主要方法：

（1）产品生命周期法。运用产品生命周期理论，密切观察产品所处的生命周期阶段，当产品处于衰退阶段时，应考虑淘汰。

（2）盈亏分析法。首先确定盈亏平衡点销售量，以确定某种产品是否处于盈利状态，盈亏平衡如图 12-2 所示。

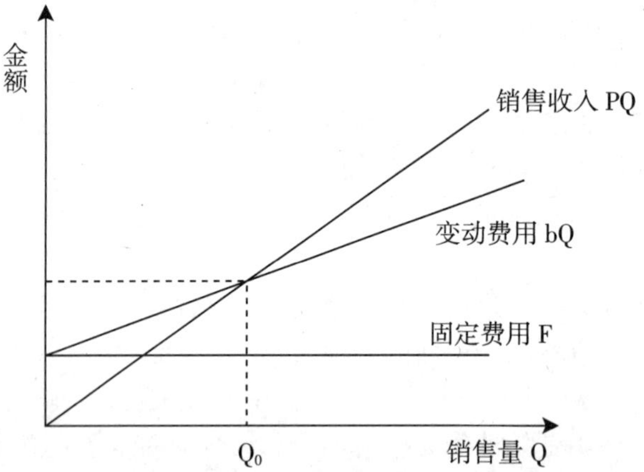

图 12-2 盈亏平衡

$$盈亏平衡点销售量\ X_0 = \frac{固定费用\ F}{单位售价\ p - 单位变动费用\ b}$$

当预测销售量 > 盈亏平衡点销售量时，产品处于盈利区，在可能的情况下应积极发展。

当预测销售量 < 盈亏平衡点销售量时，产品处于亏损区，应积极采取措施，扭亏为盈或淘汰。

3. 决定淘汰还是保留

疲软产品应予以淘汰，但在具体条件下，有时立即停止这种产品的生产反而会造成更大的损失，而继续生产对公司来说还能起减少损失的作用，因此，在决定淘汰某种产品时要十分慎重，也就是说，对疲软产品不能无条件放弃，而应加以具体分析。

例如，设某产品的单位成本是 100 元，其中固定成本 60 元，变动成本是 40 元，此产品进入衰退期，价格竞争较为激烈。假定市场价格只有 90 元，显然每生产一件产品亏损 10 元，这一产品无疑应立即淘汰。但是，如果我们根据具体情况作进一步的分析，可能得到不同的结论。

假定这一产品仍有顾客，出现亏损的原因是本企业在价格上竞争不过其他企业，它们成本低。本企业这时又没有合适产品投入生产，这种条件下产品停产只能省下变动成本 40 元。因为固定成本 60 元，即使产品不生产仍会发生，如管理人员工资、折旧费用等。这样产品每生产一件亏损 10 元，而每减产一件则要亏损固定成本 60 元，故应当认为，每生产一件产品给公司做了 50 元贡献，这种情况下淘汰这一疲软产品，只能增加损失，而暂时不淘汰，尚能减少损失。

另外，在决定淘汰某种产品之前，还必须考虑清楚以下问题：这一产品的弱点是否能够矫正；这种售价低潮阶段是否是暂时的；有没有通过大规模的促销活动来使产品扭亏为盈的可能性。

4. 淘汰策略的选择

可供选择的淘汰策略主要有以下三种：

（1）立即放弃策略。在及时准备了新的替代产品，或确定无利可图时，可以考虑立即放弃。

（2）逐步淘汰策略。采用此种策略主要考虑照顾老顾客。

（3）自然放弃策略。这种策略的中心思想是衰退时并不考虑淘汰，而是销售量少，生产也少，自然地消失，以获取最后的利润。这里有三种具体的策略可供选择：①连续策略。即企业连续采用过去的营销策略，原有的细分市场、销售渠道、定价、促销措施维持不变，使该产品继续自然衰退，直至没有用户，结束市场生命。②集中策略。当产品出现衰退趋势时，合并产品线，把企业的人力、物力集中到最有利的细分市场上去，对维持其销售量作最后的努力。③强制策略。当产品出现衰退趋势时，企业果断大幅削减广告、推销等费用，以降低成本，加速衰退。

企业经营目标的实现取决于企业的产品组合而不是个别产品。为此，需要结合营销环境变化，定期或不定期地对企业的产品组合进行评估和适当调整，使企业的产品组合处于最佳状态。

第三节　产品的品牌与包装

产品的品牌与包装是产品整体概念中不可缺少的组成部分，它们对产品的促销作用与日俱增，已成为现代市场营销中两项专门的学问。

一、品牌的基本概念、作用与价值

（一）品牌的基本概念

品牌、品牌名称、品牌标志、商标等是与品牌有关的几个基本概念，在日常生活中这几个概念经常混用，但实质上还是有区别的。

1. 品牌

品牌，俗称牌子。美国市场营销学会（AMA）定义委员会的定义是：品牌是一个名称、术语、标记、符号、图案，或者是这些因素的组合，用以识别产品的制造商和销售商。

2. 品牌名称

品牌名称是指品牌中可以用言语称呼的部分。如可口可乐、麦当劳、海尔等都是著名的品牌名称。

3. 品牌标志

品牌标志是指品牌中可以被认出但不能用言语称呼的部分，常常为某种记号、图案、独特的颜色或设计。例如，各种汽车的标志，虽然不能用言语称呼，但却很容易被认出。

4. 商标

商标是一种法律名词，指受法律保护的一个品牌或一个品牌的一部分。

一般来说，一个品牌是由品牌名称（词汇或字母）和品牌标志（图案）组成的。但有的品牌只有品牌名称没有品牌标志；有的品牌只有品牌标志没有品牌名称，如纯羊毛标志——线团。

另外，品牌与商标有时是一回事，商标是受法律保护的一个品牌或一个品牌的一部分。如果品牌的所有组成部分（名称、标志等）都进行了商标注册，则整个品牌都将受到法律保护；如果只是品牌的标志进行了商标注册，那么只有这一标志受法律保护。

企业将某个品牌名称、标志在政府有关主管部门注册登记以后，就享有使用这一品牌名称、标志的专用权，这个品牌名称、标志受法律保护，其他任何企业都不能仿效使用。

（二）品牌的作用

随着市场竞争的加剧，品牌的作用日趋明显，主要表现在以下几个方面：

（1）品牌经过注册后，可以为独有的产品特色提供法律保护，以免竞争对手随意仿制。

（2）促进销售。将一种名牌法国香水，倒进一个没有品牌标志的瓶子里，即使价格标得很低，也可能不被认可，甚至无人问津。一旦产品成为名牌产品，则销路比一般的、没有品牌的产品要好得多，价格也可定得高一些。品牌之所以能促进销售，主要原因有：

①品牌为购买者提供产品的质量信息。在功能类似、价格相近的同类产品中，品牌是帮助顾客识别产品质量特性的标志。而经常购买同一种品牌的消费者，知道他们每次都会买到相同质量的产品。

②由于购买习惯或购买兴趣上的原因，顾客常常凭品牌购买、忠诚于某一品牌。这时，品牌就成为产品销售中起决定性作用的因素了，企业可以通过创建品牌，吸引一批忠诚的消费者，为企业带来利润。

③当产品为系列产品时，新推出的产品可利用原产品的品牌效应，较容易被消费者所接受。例如，娃哈哈果奶、娃哈哈儿童营养液、娃哈哈矿泉水等。

（3）良好的品牌有助于树立良好的企业形象、增强竞争优势。一个优秀的品牌会在消费者中享有很高的知名度和忠诚度，企业形象由此确立。另外，由于消费者希望店里有这些优秀的品牌，也就增强了企业与转售商讨价还价的能力。

（三）品牌价值

一个有影响力的品牌往往有很高的品牌价值。

品牌价值的高低取决于消费者对品牌的忠诚度、品牌知名度、品牌所代表的质量、品牌辐射力的强弱和其他无形资产，如专利、商标和商业渠道等。

高价值品牌是企业的一项极为可观的无形资产，甚至比企业的产品本身、企业的设备都要意义深远。

计算品牌的确切价值是很困难的，所以企业通常不在资产负债表中列出品牌价值。但是，作为一项无形资产，一些优秀品牌曾作过评估。表 12-2 是《商业周刊》登载的 2006 年全球最有价值的 100 强品牌的前 10 名。表 12-3 是《福布斯》中文网登载的 2012 年《福布斯》全球品牌 100 强的前 10 名。

表 12-2　2006 年全球最有价值的 100 强品牌（前 10 名）

排名	品牌	中文常用名称	国家	主要业务	品牌价值（百万美元）
1	Coca-Cola	可口可乐	美国	饮料	67525
2	Microsoft	微软	美国	软件	59941
3	IBM	国际商用机器	美国	计算机	53376
4	通用电气公司	通用电气	美国	多样化	46996
5	intel	英特尔	美国	半导体芯片	35588
6	NOKIA Connecting People 诺基亚	诺基亚	芬兰	移动电话	26452
7	Disney	迪斯尼	美国	娱乐	26441
8	i'm lovin' it	麦当劳	美国	快餐连锁	26014
9	TOYOTA	丰田	日本	汽车	24837
10	Marlboro	万宝路	美国	卷烟	21189

表 12-3　2012 年《福布斯》全球品牌 100 强（前 10 名）

排名	品牌	品牌价值（亿美元）	消费者认知度排名	品牌营收（亿美元）	公司广告支出（亿美元）	所属行业
1	苹果/Apple	871	11	1082	9.33	技术
2	微软/Microsoft	547	1	737	16	技术
3	可口可乐/Coca-Cola	502	29	228	33	饮料
4	IBM	485	20	1069	14	技术
5	谷歌/Google	376	7	365	15	技术
6	英特尔/Intel	323	6	540	21	技术
7	麦当劳/McDonald's	374	85	859	7.69	餐饮
8	通用电气/General Electric	337	49	1247	—	多元化经营
9	宝马/BMW	263	5	737	—	汽车
10	思科/Cisco	263	15	461	3.25	技术

资料来源：http://money.163.com/12/1009/08/8DC1VHDF00253G87.html.

任何产品、品牌都要经受顾客的选择，为此，企业要了解顾客做出购买决策的原因。该问题的核心是顾客价值的概念，即顾客认为该产品有多大价值。顾客价值要由所提供的好处（从顾客的观点来看）和所涉及的成本（价格、保养等）决定。然而，价值和成本又是两个完全不同的概念，顾客认定的价值往往不是根据成本来考虑的，一件成本很低的东西可能价值千余，而一件造价高昂的产品却可能不值几文。

一种品牌的顾客价值主要来源于其功能、服务与形象。①功能价值。表现为产品能够向顾客提供功能利益或实用性。换言之，功能价值是由产品的性能（如机床的精密度、计算机的内存容量等）而不是任何基于心理或利益提供的。②服务。顾客可从三种服务中得到好处，售前服务可享受到信息咨询；售中服务应该方便购买、可靠而快捷的送货、安装、便利的金融信贷等；售后服务包括提供常规的、紧急的维护以及监控服务质量。如果一个公司制造的产品功能属性属于低水平，不可靠，而服务又被忽视，那么这家公司的产品顾客价值肯定是不高的。③形象。是指产品的外观、形态、质量、款式等，包括顾客对产品的"感觉"，以及这种感觉与顾客想要的形象是否匹配。价格显然是形象的一部分，有些顾客喜欢高价（因为他们可能把价格当作质量的标志），而另外一些顾客更喜欢价廉。

针对具体产品，其品牌价值是指产品对于顾客除了功能属性、服务属性和形象属性以外的可解释价值，可以表现为顾客愿意为一种产品比另一种产品多付出的价格。一项研究表明，72%的顾客愿意为他们选择的品牌支付高出次优的竞争品牌 20%的额外费用；40%的顾客愿意支付 50%的额外费用。可口可乐的品牌忠诚者会多支付 50%，沃尔沃的用户会多支付 40%。

二、品牌定位

（一）品牌定位层次

企业必须将其品牌清晰地定位在目标顾客心目中，以被顾客感知，促进销售。

企业可以将品牌定位在高、中、低三个层次中的任何一个。在最低层次，可根据产品属性（Product Attributes）定位品牌。因此，资生堂白媞雅（Whitia）的营销者可以强调其产品的活性美白维生素成分。然而，属性是品牌定位的最低层次。竞争者很容易复制属性。更重要的是，顾客对这样的属性并不感兴趣，他们感兴趣的是属性能为他们带来什么。

品牌可以通过与期望的利益（Benefit）相连进行更好的定位。因此，白媞雅的营销者可以不谈美白成分，而强调其可以带来使肌肤看上去更年轻的利益。一些成功定位于利益的品牌有：沃尔沃（安全）、贺曼（关爱）、好立克（营养）、耐克（性能）、雷克萨斯（质量）。

高层品牌定位于强烈的信念和价值（Beliefs And Values）之上，这些品牌能带来很强烈的情感冲击。因此，白媞雅的营销者可以不仅谈论其美白成分以及使皮肤看起来更年轻的利益，而且强调它如何使你看起来更加光彩照人。许多成功的品牌必须在更深层次上鼓舞顾客，如雪碧、富士较少依赖情感，而更多依赖创造温馨、快乐、激情和兴奋。

当对一个品牌定位时，营销者必须为品牌建立一个使命和品牌必须是什么样与做什么的远景。品牌是企业向顾客传递某组特殊的特征、利益、服务和体验的承诺，它可以被认为是一个和顾客签订的关于产品或服务如何传递价值和满意的契约，品牌契约必须诚实、简单。

（二）品牌名称的选择

一个好的品牌能极大地促成一系列产品的成功。但是，找到一个好的品牌名称，并不是件容易的事。企业要事先仔细地研究产品及其利益、目标市场以及拟定的营销战略。

一个良好的产品品牌应尽可能具备如下特点：

（1）能使人联想到产品的质量和利益，如“远足”牌旅游鞋、“康奈”牌皮鞋、“可口可乐”牌饮料等。

（2）鲜明独特，易读、易认、易记。在这点上，简短的品牌名称效果较好，为此，大多数品牌名称较简短，如海尔、联想等。

（3）易被译成外语，且没有不好的含义。Coca-Cola 的中文名可口可乐听起来像它的英文名，而且反映了它的定位（可口而且快乐）。而“山羊”牌，在英国为不正经的男子；“帆船”英文为 Junk，其第二个含义是“废品”、“破烂（物）”等。为此要了解各国的文化。

（4）应有注册资格，并通过注册取得法律保护。有些名词、图案是不能被注册的，如国家的国际标志；县、市级以上的地名；商品本身的名称和图形；等等。另外，已经注册在案的品牌名称不能注册。在进行商标注册时，要进行商标网上查询，以免重复和类似，造成侵权。

三、品牌决策

建立品牌会增加成本费用，加重应承担的责任和销售中的风险。因此，企业应重视品牌决策的制定。在此，有四个方面的选择与决策。

（一）品牌化决策

品牌化决策即是否使用品牌。建立品牌、实行品牌化有许多好处，且越来越重要，以至于现在市场上几乎没有无品牌商品。水被包装在有品牌的容器中（娃哈哈矿泉水），水果和蔬菜的包装上贴有经销商的标签，就连米、面也有各种品牌，如古船面粉、天津小站稻等。

但是，某些产品由于本身性质决定，不可能在制造加工中形成一定的特性，不易和其他同类产品相区别。同时，顾客在采购中也没有这种选择的要求。这种情况下，企业就没有必要非得采用一定的品牌，如小商品、农产品、原料等一般没有真正采用品牌，只是注明厂名和地名。

另外，不使用品牌，还有一些其他的考虑：一是有些产品，企业无法承担使用品牌的基本责任，即保证维持同一品牌的产品应具有相同的质量标准。如矿产品的化学成分等，对于这些产品，企业趋向于不使用品牌。二是不使用品牌，可以节省包装、广告等宣传费用，从而降低成本，降低价格，扩大销售。如散装食品、大部分低档服装等没有品牌。

需要强调的是，公司推出标志、品牌后，自身也就变成了社会监督的目标。如出租车标志色，“的哥”的服务态度。各公司势必要在提高员工素质和服务质量等方面下功夫，否则，个别“的哥”的服务不好，出租车颜色可能毁掉公司的品牌。

（二）品牌归属决策

当企业决定使用品牌之后，接下来要考虑的是品牌归属问题，即用谁的品牌，是制造商品牌、销售商品牌还是特许品牌，对此，销售商与制造商会做出自己的选择。

1. 销售商的选择

越来越多的销售商建立了自己的品牌，例如，美国的西尔斯自创的牌子有“死硬派”牌电池、“工匠”牌工具、“肯莫尔”（Kenmore）电气、“风霜”牌油漆等。

销售商建立自己的品牌，会大量增加库存和促销费用，需要做出不断的努力来维持自己的品牌。但也会为其带来较高的利润，因为经营比较好的销售商往往拥有某个子市场，赢得了这一市场中顾客的信誉，即顾客已经习惯于购买他们认准品牌的商品。作为制造这种产品的制造商只能通过这条渠道出售，而作为销售商，由于它采用自己的品牌控制了这一市场，便可以较低的价格进货，以较低的价格出售，同时，也控制制造厂家生产这一产品的要求和质量。这样，销售商自然可以得到在其控制下促进这一产品销售的全部利益，这是其一。其二，由于某产品是中间商的专营品牌，顾客不能从竞争商家那里购得，从而增加了商店的顾客流量和顾客对产品的忠诚。例如，如果西尔斯促销通用电气，则其他卖通用电气的商店也会受益。而且，如果西尔斯放弃通用电气品牌，那它也就会丧失原先对通用进行的促销而产生的利益。但是，当西尔斯促销自己的牌子，如“肯莫尔”电器，就只有西尔斯一家从促销中获益，而且，消费者对“肯莫尔”品牌的忠诚就会变成对西尔斯的忠诚。其三，零售商有权决定将产品放在货架的什么位置以及在当地促销中特别推荐哪些产品，他们对自己商店品牌的定价低于同类制造商品牌，以吸引更多的顾客。

由于消费者对商店的信任，制造商品牌正面临着商店品牌的严峻挑战。尤其是加拿大、美国及欧洲，其商店品牌或私人品牌占超市销售量的30%~40%。作为制造商，为了抵挡私人品牌的进攻，其营销人员不得不投资搞市场调研，以开发新特色，不断改进质量。而且，为了节省销售费用、扩大销售，他们必须想方设法和主要的销售商合作。

尽管如此，多数批发商和零售商仍使用制造商的品牌，他们的商店太小，因而不必考虑自立品牌的问题。使用制造商品牌有如下优点：①由于厂家事先做出了推销努力，零售商的商品售出就较快，零售商都希望厂家成为自己的后盾；②厂家的品牌可以提高零售商的形象，吸引顾客光顾；③有名的厂家还可以就如何营运问题给零售商一些指导和咨询，这是许多零售商所期望的。

2. 制造商的选择

绝大多数制造商都要耗费大量的时间和金钱来创建他们自己的品牌，以便控制销售商，并直接影响市场。但是，一些小的生产厂家出于竞争的需要，则愿意选用销售商的品牌，借助零售商的声誉打开销路、占领市场。

如果企业需要在一个对本企业产品不熟悉、不了解的新市场上推销产品或在市场上本企业的声誉不及销售商的声誉时，更易采用销售商的品牌，这对本国产品打入国际市场很重要。例如，北京滕氏制衣公司生产的滕氏牌女装，准备打入美国市场，虽然这种牌子在国内有点名气，但对美国消费者来说却很陌生。如果采用美国消费者所熟悉的本地零售商的品牌，如西尔斯、J.C.彭尼这样的大零售公司的品牌，无疑将有利于产品的销售。当然，西尔斯或J.C.彭尼不会随便答应让你使用他们的品牌，除非他们深信产品质量能达到要求。当你的产品被某一市场接受时，你可改用自己的商标或品牌，或既使用自己的品牌，也使用销售商的品牌，即制造商品牌和中间商品牌并用。例如，日本索尼公司，其电视机第一次进入美国市场，在美国最大的零售商店出售时，用S.R公司品牌，以后发现其产品能卖时，就同时使用SONY公司自己的品牌出售。

当两个不同公司的已有品牌用于同一产品时，就产生了共有品牌，如索尼和爱立信联合资源制造了索尼爱立信手机。

近些年，特许品牌开始成为制造商的热衷选择。所谓特许品牌，是指企业申请许可，采用其他制造商已经创立的品牌名称或符号，以及一些流行电影和书中的著名人物或角色的名字，只要支付一笔费用，这些名称就可以立即成为合法的品牌。如服装打上一些时装革新者的名字，儿童商品销售商在他们销售玩具、学习用品、食品包装袋上印上各种卡通人物。对此，他们支付了大笔的特许权使用费，当然也带来了大笔的销售额。

（三）家族品牌决策

家族品牌决策即使用统一品牌还是个别品牌。

如果企业决定采用自己的品牌，仍然面临进一步的抉择，即对企业的产品采用统一的品牌还是各不相同的品牌。

1. 统一品牌

统一品牌即企业对其全部产品使用统一品牌。一个有口皆碑的品牌，往往能帮助企业顺利地在这一品牌下推出新产品，引起消费者对新产品更快的认同。此外，还节约了为使消费者熟悉一种新品牌通常所需要的高额广告费用。例如，柯达公司凭借自己的统一品牌，源源不断地推出照相机、胶卷、摄像机、X胶片等多种产品，都是建立在消费者对“Kodak”这个名称的知晓和信任的基础上。而这个极为成功的品牌名称在一个世纪以前，还是一种全凭想象而创造出来的无任何意义的词组。索尼的绝大多数新电器都采用了索尼品牌，结果都立即取得了对这些新产品的高质量认同。本田把公司的名称用于公司的各类产品上，如汽车、摩托车、吹雪机、割草机等，因此本田在广告中宣称：“一间两个车位的停车房能容纳六辆本田。”我国广州的万宝电器集团公司所生产的各类家用电器，包括电冰箱、电饭锅、热水器等，都使用“万宝”这个统一品牌。

但是，统一品牌也存在着缺陷，每一产品所得到的推销工作相对来说较少；一种新产品的失败，会败坏同一品牌名称下已建立的成功产品的声誉，这是很危险的，如果产品质量、重要特性差异较大，最好不要用同一品牌。

2. 个别品牌

制造厂家使用个别品牌出于许多原因：

（1）为建立不同的产品特色和迎合不同的购买动机提供统一途径。每一个品牌具有不同的质量、价格、功能等特性，形象清晰、具体，便于消费者选购，并增加销售。如宝洁公司上市了九种不同品牌的洗衣粉；五粮液酒厂有五粮液、五粮醇、金六福（1~5星）等不同品牌。

（2）能使企业稳固占据零售商的货架，多设摊位。如滕氏女装有滕氏和萨依两种品牌，在复兴商业城分别设有专卖柜台。

（3）企业在收购某一竞争企业的过程中，继承了不同的产品名称，并且每一种品牌都有一些忠诚的拥护者。如果改变原来的品牌名称，可能会有损于品牌形象，失去忠实顾客。

（4）为不同地区或国家建立独立的品牌，以便适应不同文化或语言的需要。如宝洁公司凭借汰渍品牌控制了美国洗衣粉市场，仅这一种品牌就占了31%的市场份额。但在欧洲，宝洁公司的碧浪洗衣粉品牌处于主导地位，其年销售量达15亿美元，成为欧洲仅次于可口可乐的第二大商品品牌。

（5）实行个别品牌，不会因一种产品的失败而影响到其他产品的声誉。

当然，使用个别品牌也有不利之处，如增加广告、宣传费用，增加推销工作的难度；每种品牌可能只获得一小部分市场份额；等等。对此，企业应建立比较严格的新品牌审查程序，严格考察已有的品牌，提高产品组合的利润水平。

3. 统一品牌与个别品牌并用

一个拥有多个系列或多种类型产品的大型企业多采用这一策略。如美国通用汽车公司生产多种不同档次、不同类型的汽车，所有产品都采用GM的总商标，而对各类产品又分别使用凯迪拉克、别克、切诺基、雪佛兰等不同品名。每个品名都代表一种具有某种特点的产品，如雪佛兰代表普及型的大众化轿车，凯迪拉克代表豪华型的高级轿车。

（四）品牌发展决策

当公司准备发展品牌时，有四种方法可供选择，如图12-3所示。

品牌名称 \ 产品类别	已有	新
已有	产品线延伸	品牌延伸
新	多品牌	全新品牌

图12-3 品牌发展战略

1. 产品线延伸战略

当公司使用相同的品牌名称在既定的产品类别中推出另外的商品，如新口味、形式、颜色、成分或包装大小时，就是在进行产品线延伸。这种延伸可以作为一种低成本、低风险推出新产品的方法，或满足消费者多样化的要求。一个产品线延伸的最好状态是可以夺取竞争品牌的销售份额，而不与公司内的其他项目相互竞争。

2. 品牌延伸战略

品牌延伸是指在新的产品类别中使用成功的已有品牌推出新的或改进过的产品。海尔用其公司名称涵盖不同的产品，如海尔冰箱、洗衣机、空调、热水器等。品牌延伸可使新产品受到快速识别和接受，可节省创立一个新品牌通常必需的高额广告费。但同时也存在一定的风险，如其中一个品牌延伸失败了，可能会损害消费者对其他以相同品牌命名的产品态度，过分延伸可能导致一个品牌名称失去其在消费者脑海中的特殊定位。

3. 多品牌发展战略

公司常常在同样的产品类别中引入多个品牌。像宝洁公司在它的每个产品类别中都销售许多不同的品牌，不同的品牌可以设定不同的属性，并吸引不同的购买动机，还可以使公司获得零售商更多的货架空间。该方法的主要缺点是每个品牌可能获得很小的市场份额，也可能出现有利可图的品牌很少，公司资源分散在众多的品牌上，而不能将一些品牌发展到高利润水平。

4. 全新品牌发展战略

当公司投资一个新的产品类别，而现有品牌名称都不合适时，可以创立一个新的品牌名称。例如，丰田创立了雷克萨斯品牌，将其豪华轿车从现有的丰田产品线中区别出来。然而较多的新品牌同样会导致公司将其资源太过分散，有些大公司已意识到这个问题，开始实施大品牌战略，去除弱小的品牌，将营销资金直接投资于那些可以在其产品类别中获得领先市场份额的品牌。

四、产品包装

产品包装是增加产品价值并实现其使用价值的一种重要手段。产品包装不但影响产品能否顺利进入市场，而且影响产品的销售和价格。社会的进步和竞争日趋激烈对产品的包装提出了更高的要求。

（一）包装的概念与作用

包装即装产品的容器和外部包扎，是动态和静态过程的统一。除了少数属于原料类型的产品（如煤炭、砖瓦等）外，一般产品都需要不同的方式来包装，且一种产品可能有几层包装，如牙膏一般需要三层包装：装牙膏的软管、使用时会被丢弃的装牙膏管的硬纸盒和存储运输时的装运包装（装有若干支牙膏的瓦楞纸板箱）。

在现代市场营销中，包装越来越为市场营销人员所重视，主要基于以下方面的原因：

1. 保护商品、便于运输、携带和储存

这也是最原始、最重要的一个作用。包装是为了防止运输搬运过程中遇到震动、挤压、碰撞以及风吹、日晒、雨淋等损失，防止在储存时受到温度、湿度及虫蛀、鼠咬等损害和污染，有利于实现商品的价值和使用价值。

2. 促进销售、获得竞争优势

好的包装可以美化商品，可以起到广告牌的作用，往往给消费者“第一印象”。在竞争激励的环境中，包装或许是销售者影响购买者的最后机会，相当于一则“五秒钟商业广告”，从而吸引顾客的注意力，增加销售。

另外，好的包装设计便于消费者使用；设计糟糕的包装会令消费者头痛，因此，使企业失去销售机会。如装有洗衣剂、柔顺剂的瓶、手提桶设有回流槽，可以确保包装外的清洁，给使用者带来愉悦。

3. 增加商品价值

特别是消费品，如果包装能符合消费者的心理、购买动机，不但能促使消费者购买，还可以通过提高售价获取高额利润。如苏州的檀香扇，售价 15 元买的人不一定多，改用 5 元的锦盒包装后，售价提到 68 元，买的人可能会大幅度增加。因为人们购买檀香扇，主要是作为礼品送人，有锦盒包装便能拿得出手，符合了购买者的购买心理和动机。即使价格高些，消费者也愿意接受。

总之，营销者不可以小看包装，更要避免“一等商品、二等包装、三等价格”的被动局面。精致的包装，既能给人以美的享受，刺激顾客的购买欲望，又能保护商品，便于运输和储存，方便顾客购买。所以对包装容器结构、包装材料性质和包装技术工艺等的研究，已经成为一门专门的科学。

（二）包装策略

可供选择的包装策略有以下五种：

1. 类似包装策略

该策略就是一个企业所生产的各种不同产品，在包装上采用相同的图案、色彩或其他共同的特征，使顾客极易发现是同一家企业的产品。这样做的优点是可以节省包装费、增加企业声誉、有利于介绍新产品。但是，若产品之间质量相差悬殊，将对优质产品产生不利的影响。所以，此类包装适用于质量水平相近的产品。

2. 成套包装策略

指把使用时互相关联的多种商品纳入一个包装物内，一起出售。如整套修理工具、电动工具、化妆品、照相器材等，既便于使用，也扩大了销售。

3. 再使用包装策略（或双重用途包装策略）

即原包装的产品用完后，空的包装物可做其他用途，如玻璃杯、饼干桶、提兜等。这样可以吸引顾客的购买兴趣，同样发挥广告的作用。

4. 附赠品包装

这是近几年国内外市场较流行的包装策略。如儿童玩具附赠连环画、儿童食品附赠儿童玩具；许多产品包装外标有买一赠一；等等。这些都成为促销的极好手段。

5. 改变包装策略

产品包装的改进正如产品本身的改进一样，对销售有重要意义。当企业的某种产品在同类产品中内在质量接近，却打不开销路时，就应该注意改变包装设计；当一种产品的包装已采用较长时间，也应考虑重新推出新的包装。

● 本章回顾：

本章讲述了产品及产品整体概念，分析了核心产品、形式产品和外延产品。西方学者已把产品整体概念划分为五个层次，即在形式产品后增加期望产品，在外延产品后增加了潜在产品。由于增加附加利益需要成本和付费，所以在消费水平不高的市场出现了减少延伸产品的现象，故本书仍从三个基本层次定义广义的产品概念。

对产品系列的数量、同系列产品的深度及产品系列间的关联性的不同选择，就构成了不同的产品组合。产品组合越广、越长、关联性越差，经营越复杂。产品组合决策包括扩大产品组合、缩减产品组合以及增加产品组合的深度。

品牌、品牌名称、品牌标志以及商标是一组既有区别又相互联系的概念，商标是受法律保护的一个品牌或一个品牌的一部分。企业必须将其品牌清晰地定位在目标顾客心目中，以被顾客感知，促进销售。在品牌定位的基础上，企业需要决定是否使用品牌、使用谁的品牌以及是使用统一品牌还是使用个别品牌。

产品包装是增加商品价值并实现使用价值的一种重要手段，本章介绍了五种包装策略。

● 讨论与概念应用题：

1. 列出并说明大学所提供的高等教育的核心产品、有形产品和外延产品。

2. 北美手表公司和天美时手表公司均已从广告宣传其产品是精确的计时器转向宣传其产品是报时的珠宝饰品，其核心产品、有形产品和附加产品（延伸产品）上发生了哪些变化？各家公司的这种新策略取得成功的机会又如何？

3. 大多数公司喜欢开发多样化的产品线，以避免过分依赖于单一的产品。但是，生产和销售单一产品的公司还是有某些好处可得的。试举例说明。

4. 大多数人愿意付出高于无品牌产品价格的价钱来购买有品牌产品，请解释个中原因。这一事实让你了解到哪些品牌价值方面的知识。

5. 前几年，许多学院、大学都在忙着合并、改名称，这一行动可能面临的风险是什么，又会有哪些回报？试联系品牌战略进行回答。

6. 到附近快餐店多的地方走走，比较一下麦当劳和肯德基的产品组合。两者的不同之处是宽度方面还是深度方面，它们是如何扩展各自的产品线的。

●【案例 12–1】品牌是怎样创造的——双汇 PK 雨润

20 世纪 80 年代，随着市场化程度的提高，当很多肉类加工企业还在为品牌重要还是渠道重要，企业应该做品牌还是做销量等问题争论不休的时候，双汇集团（“双汇”）、中国雨润食品集团有限公司（“雨润食品”、“雨润”）却坚定不移地在既定品牌战略上默默耕耘，创造了中国肉类行业由本土品牌雄霸市场、进口品牌难觅踪影的奇迹！

双汇前身是 1958 年设立的漯河肉联厂，从建厂到 1984 年连续 26 年亏损。经济体制改革断掉了长期的政府补贴，双汇犹如襁褓中的婴儿一下子被“断奶”。漯河一不靠近沿海，二是一个内陆中小城市，三没有独有资源，有的只是一个千疮百孔的烂摊子和580万元外债！企业摆脱亏损、走上盈利是首要任务。尽管1990年双汇靠往苏联出口分割肉成为中国最大的肉类加工厂，1992年因苏联解体上马高温肉制品却又面临着当时巨头“春都”的市场打压，双汇可用于宣传推广的资金仍然有限！再加上中国长期的计划经济影响，让老百姓形成了只认规模和实力强大的企业名牌意识，因此集中资金打造企业品牌（统一品牌）就成为双汇唯一的出路。于是，无论是高温、低温、中式肉制品还是速冻制品、冷鲜肉、冻分割肉全部打上了企业品牌——双汇的Logo，就连内部供应的包装材料PVDC、纸箱、骨素和香精也全部有双汇的标签。

1997年，因自然灾害玉米减产，造成生猪收购价格和成本大幅飙升，来自山东的肉类巨头金锣则祭起价格战大旗，春都、郑荣在这场恶战中兵败如山倒。此时，双汇却成功地推出了副品牌——“双汇王中王”，并以添加大瘦肉块作为产品卖点、以热播的“狮子王”为吉祥物、以双汇这个企业品牌为强大品质作为依托，在价格恶战中异军突起，连续多年热销全国，“双汇王中王”成为中国高档火腿肠的代名词，双汇更成为这场大战中的胜利者，将春都和郑荣衰退的大量市场收归囊中。

1998年，双汇为了加快低温肉制品市场的开发，与意大利著名食品企业——圣福特公司签订了紧密合作协议，向中国市场引进意大利著名品牌——马可·波罗，生产低温火腿。产品投放市场后就以卓越的品质赢得了消费者的极大好感，成为东北区域市场的著名品牌。随后，双汇利用该品牌进行产品延伸，又成功地推出了高温产品。马可·波罗品牌的引进，提升了企业品牌双汇的品质感、档次感和价值感，但双汇这个企业品牌始终占据着传播的主导地位。

雨润的目标市场及品牌战略选择，则是和其设立时期的行业背景紧密相关。当时双汇、春都、金锣三大巨头整个垄断了高温肉类制品80%以上份额，如果雨润也模仿选择高温肉类制品，在该市场上拼个你死我活的话，恐怕无异于以卵击石、死无葬身之地！后来就连1997年以前的龙头老大“春都”也惨遭市场淘汰的命运，极好地说明了高温肉制品市场竞争的惨烈！

1994年，就在双汇、春都和金锣对低温肉制品市场前景不太看好、犹豫不决之际，雨润以敏锐的战略眼光，明智地选择了低温肉制品这个最具增长潜力的崭新品类，并把企业有限的资源集中投入到低温肉制品的打造上，从而成功地在铜墙铁壁般、以高温为主导的肉制品市场中撕开了一个缺口。等双汇、金锣等缓过神来已大大落后一步，雨润已在消费者心目中占领了低温肉制品的领导品牌位置。

尽管1998年以后双汇、得利斯、美国荷美尔等企业在低温肉制品市场上发起了一轮轮猛烈攻势，但雨润这个中国低温肉制品第一品牌的形象已经深深根植在中国老百姓的内心世界。

进入21世纪，“雨润”低温肉制品这一产品类别品牌实现了单点突破，但其整体市场规模有限，而且消费者对其他类别肉类制品的需求依然非常强劲。为了取得市场份额、企业规模的快速增长，雨润在确保低温肉制品稳健发展的基础上，审慎地选择了多品牌战略（使用个别品牌），先后上马了高温肉制品、冷鲜肉、中式制品、速冻制品等。不同品类使用不同的品牌，既使雨润以多个品牌抢占了更多的细分市场份额，又整体增强了企业集团的实力，同时还能够规避某一个品牌的危机对其他品牌的不利影响。

目前，雨润食品集团共拥有四大品牌——“雨润”、“福润”、“旺润”及“大众肉联”。这些品牌的品类分别面对多种不同的市场地区和销售对象，并根据不同的产品进行组合，针对不同的目标市场建立了其风格鲜明的品牌形象（见表1）。

表1 雨润食品集团的品牌战略

品 牌	定 位	主要产品	品牌风格
yurun雨润	经典低温肉制品，雨润西式火腿专家。以中高档市场消费者为主要对象	低温肉制品，如烤肠、台式香肠、烟熏火腿、培根、萨拉米	卫生、新鲜、营养、美味、国际化
旺润®	适宜于大众消费的肉制品，以年轻一族、中档市场消费者为主要对象	高温肉制品，如火腿肠	卫生、美味、营养、便利、潮流化
福润®	新鲜优质肉制品，以注重食品卫生安全的消费者为主要对象	冷鲜肉及冷冻肉	卫生、新鲜、营养、便利、生活化
大众肉联	传统地区风味特色美食，以华北地区消费者为主要对象	低温肉制品，如哈肉联红肠；高温肉制品，如哈肉联午餐肉；冷鲜肉及冷冻肉	卫生、新鲜、营养、便利、时尚化

对肉制品行业的定义，应该重新阐述，这不是一个简单的杀猪卖肉的行业，而是有着很长的产业链条的商品，涵盖了畜禽生产、屠宰加工、精深加工、副产品综合利用、批发零售等多个环节，以及冷藏运输、包装保鲜等物流活动，是肉制品从养殖到餐桌所涉及的方方面面的产业附加，覆盖了第一、二、三产业。

我国的肉制品行业长期处于自产自销的自然经济状态，商品化程度很低。近年来商品化率有了很大的提高，但到2006年也仅有21%，未来的提高空间巨大，肉制品业商品化率上升的过程是传统行业向朝阳行业转换的过程，是行业“蛋糕”做大的过程。

肉制品业商品化的过程带给肉制品企业收入和利润的高速增长，过去6年，规模以上肉制品企业的年均收入复合增长率为23%，利润的复合增长率为26%，显现出收入利润双增长、利润增长快于收入增长的良好态势，且增长速度远高于GDP和人均收入的增长速度。

另外，以下环境要素也将驱动行业持续增长。

1. 城镇化：肉制品行业转折的基石。

城镇化的发展为传统的肉制品行业向新兴行业转型奠定了基础。城镇化的发展使大量的农民走出土地，走向工厂，传统的肉制品生产者和消费者逐渐分离。

首先，从供给的角度看，原来处于自然经济状态的小户禽畜养殖和自养自用必然越来越少，肉制品的供给自然转变到规模化和专业化的养殖屠宰加工企业；从需求的角度看，当农民变为工人，对肉制品的消费也会从自给转向市场购买，并且会小量多次购买，需要更多经过加工和新鲜的肉食产品。

随着收入的提高，中产阶级作为一个社会群体出现，并在高速增长中。随着中产阶级人群的增加，城市中主流肉类消费理念将发生以下变化，从关心吃肉带来什么享受，到优先考虑选择什么肉更健康，先看质量再看价格，对品牌的认知度增强。

2. 食品安全：增长的助推器。

近些年，居民对食品安全日益重视。我国肉类加工和销售中诚信环境日益恶化，各种瘦肉精、毒火腿、病死肉、注水肉事件不断发生，大量见利忘义、以假充真、坑害消费者的事件，加重了消费者的防范心理，使消费者对肉制品安全的重视度日益提高，在消费选择中必将对肉制品的安全性权重增加，对价格的敏感度降低。

3. 法规对食品安全的要求越来越高。

针对越来越多的食品安全问题，我国已经制定了《食品卫生法》、《产品质量法》、《动物防疫法》、《消费者权益保护法》、《生猪屠宰管理条例》等相关配套法律，并建立了一些技术标准。

目前，各地都在推行“食品安全工程”和“放心肉工程”，加强了对肉类市场的整顿工作，这些都将有助于关闭不具备条件的屠宰厂和肉制品加工场点，有利于行业持续健康发展。在对食品安全加强监管的过程中，对生猪定点屠宰的要求就会加速淘汰手工生猪屠宰作坊，促进大型企业的发展。

未来，对食品安全的监管将从生产环节到流通销售环节，尤其是现在低温肉和冷鲜肉需要冷链运输，对流通环节的要求提高，临街卖肉的销售方式质量得不到保证，也将逐步受到监管。

资料来源：①刘登义：《双汇 VS 雨润：企业品牌与产品品牌的对决》，中国营销传播网，http://www.emkt.com.cn/article/223/22322.html，2005-8-12；②http://www.yurun.com.hk/；③http://www.shuanghui.net/。

● 思考题：

1. 结合案例，试说明双汇和雨润在品牌决策方面的区别以及在品牌管理方面的缺陷。
2. 结合案例并查阅资料，试描绘双汇和雨润的产品组合及其相应的产品组合决策。
3. 根据肉类工业未来发展趋势，试分析双汇、雨润所面临的机遇与挑战。

第十三章 产品生命周期与新产品开发

学习目标：

理解并掌握产品生命周期的概念、各阶段的特点。根据企业市场状况，能够划分产品所处的生命周期阶段，并能根据该产品在市场中的地位为其制定相应的策略。了解新产品的类型、企业开发新产品的重要性和新产品的开发程序。

第一节 产品生命周期理论

一、产品生命周期的概念及各阶段的特点

（一）产品生命周期的概念

简单地讲，产品的生命周期是指产品进入市场到退出市场经过的时间。严格地说，是指从产品试制成功投入市场开始，到被市场淘汰企业停止生产为止，在市场上延续的全部时间。

在整个生命周期内，销售额与利润发生着阶段性的变化。由此，产品的生命周期一般被分为四个阶段，即导入期、成长期（或发展期）、成熟期（或饱和期）和衰退期。图 13-1 是一个典型的产品生命周期内的销售额和利润曲线。

从图 13-1 中可以看出，导入期是产品刚进入市场的初级阶段，发展缓慢；成长期销售量迅速增长；成熟期延续时间最长，产品销售收入达到最高峰；从衰退期开始，产品销售收入则急剧下降，产品将退出市场。

（二）产品生命周期各阶段的特点

1. 导入期（销售增长率不稳定或缓慢上升）

（1）生产批量小，制造成本高。这个时期往往只有一个或少数几个厂家生产。产品尚未定型，产品的设计还要作些改进，制造工艺尚未完全确定，批量生产的条件还未完

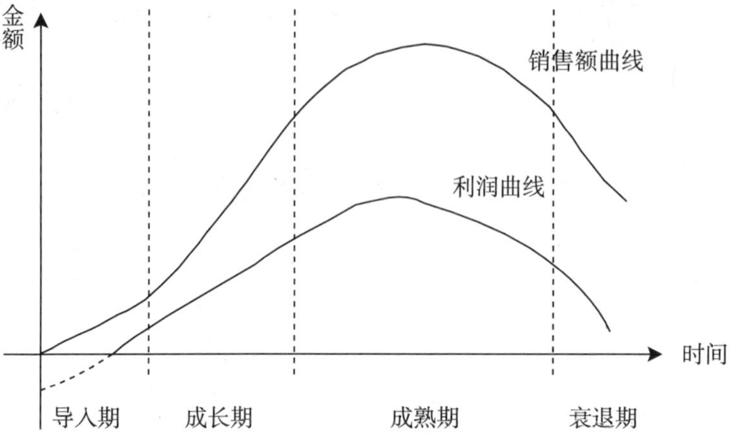

图 13–1　产品生命周期曲线

全具备，工人的操作技术熟练程度低，废品率高，因而生产批量小，制造成本高。

（2）广告费用大。作为新产品，顾客还不十分了解。为了向用户推荐产品，使用户乐于采用，必须做出很大努力。为此，广告和其他推销费用的支出较大。

（3）销售量有限，几乎不能获利。

2. 成长期（销售增长率≥10%）

（1）销售额迅速增长。一方面，产品经过导入期，已被顾客所了解和熟悉，形成了较大的市场需求；另一方面，该产品的设计和制造工艺已稳定，专用机械上马，批量生产的条件已具备，所以这个阶段的销售额迅速增长。

（2）成本迅速下降，利润迅速增加。批量生产降低了制造成本，同时分摊到单位产品上的广告费用也随之降低。

（3）竞争者纷纷加入。产品经过导入期，已有利可图，为此，竞争者纷纷加入生产同类产品，采用不花本钱的紧跟战略。

3. 成熟期（销售增长率 0.1%~10%）

（1）由于产品已被绝大多数潜在购买者接受，该时期的市场需求量已趋于饱和，为此，销售量虽然还会有所增加，但增长速度已相当缓慢。

（2）竞争趋向激烈，利润开始下降。产品销售量增长缓慢，生产能力过剩，导致激烈的市场竞争。此时，竞争者常采取减价出售，压低价格水平；竞争者还可能增加广告等促销费用，从而导致利润开始下降。

4. 衰退期（销售增长率为负值）

销售量和利润迅速下降，新的替代产品在市场上出现。这个阶段，由于经过成熟期的激烈竞争，价格已降低到极低的水平；同时，在市场上可能出现性能或规格品种改进的新产品，代替原来的老产品，转移了市场需求，因而导致销售量和利润会持续下降。成本较高的企业就会因无利可图而陆续停止生产，产品的生命周期有可能结束。表 13–1 总结归纳了产品生命周期各阶段的特点。

但并不是所有产品都遵循这一生命周期规律。有些产品导入速度快，衰退速度也快；有些产品经历了很长的成熟阶段；还有些产品进入衰退阶段后，凭借强有力的促销活动

表 13–1　产品生命周期各阶段的特点

阶段 特点	导入期	成长期	成熟期	衰退期
销售量	低	快速增长	增长缓慢至下降	下降
利润	微小或为负	增长	达到高峰后逐渐下降	低或为负
购买者	喜欢创新、革新者	早期大众	大众	少数保守者
竞争	很少	竞争出现	激烈	减少

和重新定位又回到了成长阶段。

（三）有关产品生命周期要说明的几个问题

1. 产品使用寿命和产品生命周期是两个完全不同的概念

产品使用寿命是指产品自然使用的寿命，即指产品实体经过使用磨损，使物质形态发生了变化；而产品生命周期是指产品的市场生命。我们知道，产品是使用价值和交换价值的统一体，从使用价值消失的过程看，是产品的使用寿命；从交换价值消失的过程看，是产品的生命周期。所以说，产品使用寿命是具体的、有形的，是由消费过程中的时间、使用强度、维修保养等因素决定的；而产品生命周期是无形的、抽象的，是由市场的各种需求、供给因素决定的。

2. 产品的生命周期通常以国家或地区来划分

同一种产品在不同的国家或地区所处的生命周期阶段不同。有些产品在工业发达的国家已处于衰退期，有可能在不发达的国家正处于成熟期、成长期。所以，正是利用产品生命周期理论，工业发达国家去开辟第三世界市场。

3. 产品生命周期曲线是一条经验曲线、典型曲线、理想曲线

首先，产品生命周期曲线是一条经验曲线，是人们在长期的实践经验中总结出来的，不是由数学公式推导出来的。

其次，产品生命周期曲线是一条典型曲线，是总结了各种销售规律以后概括出来的，具有典型性。事实上，并非所有的产品都呈现这种形状。有些产品投入市场后便迅速发展，越过导入期直接进入成长期；有些产品则由于开发研制和市场预测失误，刚一进入市场便很快夭折；有些产品则可能有很长的成熟期，很长时间畅销不衰；还有一些产品在进入衰退期后能通过大量促销活动或对产品重新定位后返回到增长期。图 13–2 给出了几种不同类型产品生命周期曲线。

图 13–2 中，a 是指那些具有连续生命周期的产品。这是当产品进入成熟期后，由于工艺方法的改进，产品质量的提高，使用功能的增加或风格的变化，使产品再次畅销，从而一再延长了产品生命周期，如美国杜邦公司的尼龙技术。b 是指有些产品经历了一个周期循环后，又出现了第二次周期循环。这种现象一方面是在衰退期企业大力促销的效果；另一方面是由于复古、怀旧消费心理所致。c 表示有些产品由于设计、工艺或性能等不适合消费者的需要，使得其一进入市场便在竞争中淘汰。d 表示有些时尚型产品，如时装等，一进入市场，销售量增长就很快，但延续时间很短，当新产品上市后，马上

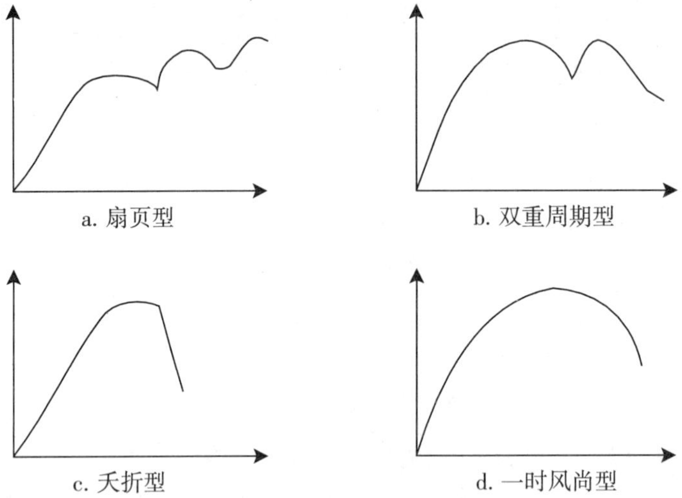

图 13–2　几种不同类型的产品生命周期曲线

就被挤出市场。

最后，产品生命周期曲线是一条理想曲线。在现实生活中，各种产品总销售额的变化表现为锯齿型。因此，不要一见到某一年销售额下降就认为已进入衰退期；也不要一见到曲线上升就认为是成长期，要适当观察一段时间。

4. 各种概念产品的生命周期长短是不一样的

产品分产品大类（如汽车）、产品亚类（如小汽车）、产品项目或品牌（如天津夏利）。这三种形式下，产品生命周期概念的应用各不相同。产品大类有最长的生命周期，许多产品大类的销售量在成熟期停留很长时间；与此相反，由于激烈的竞争和需求的不断变化，某种具体品牌的生命周期会很快发生变化，表现得比较短。

另外，随着科学技术的进步和竞争的激烈，产品的生命周期普遍存在着缩短的趋势。

二、产品生命周期各阶段的营销策略

根据产品生命周期各阶段的特点，可以考虑采取不同的营销策略。

（一）导入期的营销策略

导入期开始于新产品首次进入市场。销售量增长往往比较缓慢，一些著名的产品如雀巢速溶咖啡，在进入快速增长阶段之前都徘徊了好几年。此阶段，市场上竞争者为数较少。但是，这一时期的产品既代表着企业的发展前途和发展方向，又存在着很大的风险性，成功率低。因此，制定这一阶段的市场策略，要突出“准”字和“快”字，要抓好产品定型，完善产品性能，保证产品质量，并制定合理的价格，灵活的销售渠道和广泛的促销，以便在短期内迅速打开局面，为进入成长期打下良好基础。可采取的具体策略如表 13–2 所示。

表 13–2　导入期策略

价格 \ 促销		促销水平：高	促销水平：低
价格水平	高	双高策略	高价低促销策略
	低	低价快速促销策略	双低策略

1. 双高策略

以高价配合高促销活动推出新产品，迅速占领市场，并用高价快速回收投资。高促销活动是为了引起目标市场的注意，加快市场扩散。这种策略适用于潜在需求较大，新产品又独具特色的情况。所谓高价，也是消费者愿意支付的价格。随着市场竞争的加剧，还应适时降低价格。

2. 高价低促销策略

以高价配合低促销活动推出新产品。低促销可降低推销费用，同时采用高价，可以获取最大利润。采用这种策略要有以下前提条件：第一，市场容量较小，竞争的潜在威胁不大；第二，消费者对此产品已有认识，且亟待购买，以解决有关问题；第三，产品的选择性小，消费者愿意出高价购买。

3. 低价快速促销策略

以低价配合高度努力的促销活动，迅速挤入市场，目的在于以最快速度取得尽可能大的市场占有率。采取这种策略，由于价格较低，推销费用较大，在刚进入市场的一段时间内，企业可能发生亏损，或者利润很少，但却可以迅速打开市场销路，减少竞争对手的成功率。这种策略一般适用于市场规模较大、竞争者较多、消费者对价格又相当敏感的产品。

4. 双低策略

以低价格配合低促销进入市场。此种策略的目的不是立即打开市场，只求逐步占领市场。低价格可促使市场易于接受新产品，低促销是为了尽可能降低成本，取得利润。这种策略适用于价格需求弹性大、市场规模大、消费者比较熟悉的产品。

（二）成长期的营销策略

新产品如果能够令市场满意，早期的产品接受者将继续购买该产品，后来的购买者将开始跟着这股潮流走，尤其是当他们听到有关产品的良好评论时更是如此。此时，产品进入成长期，销售量将迅速攀升，利润增加。而竞争者看到了该产品的发展前途，并在利润的诱惑下开始进入市场。

此阶段，培育市场仍然是个目标，但要开始考虑面对竞争。此阶段应突出“快”字和“好”字，以便抓住机会，取得优势并尽可能延长成长期。在具体营销策略方面，企业可以考虑：

（1）进一步完善和改进产品设计，提高产品质量，增加新的产品特色和样式，扩大生产规模，尽快增加产品数量，保证市场供应。同时，在创品牌上下工夫，建立品牌偏好，提高知名度。

(2) 运用市场细分策略，进入新的细分市场；启动新的销售渠道，开拓新的市场，扩大产品销售面，提高市场占有率。

(3) 把广告的内容由产品认知改为产品销售和购买，扩大宣传范围，并配合以完善的包装和售后服务，建立产品信誉，增强消费者对本企业产品的信赖。

(4) 选择适当的时机调整价格，以吸引更多的购买者，扩大销售。

企业采用上述部分或全部市场扩张策略，会加强产品的竞争能力，但也会相应地加大营销成本。因此，在成长期，面临着“高市场占有率”或“高利润率”的选择。一般来说，实施高市场扩张策略会减少眼前利润，但加强了企业的市场地位和竞争能力，有利于维持扩大企业的市场占有率，从长期利润观点看，更有利于企业发展。

（三）成熟期的营销策略

产品销售增长达到某一点后就会慢下来，进入成熟期。成熟期一般比前两个阶段更长，导致绝大多数产品处在产品生命周期的成熟阶段，因此，大部分营销管理机构要处理的是成熟产品的问题。

销售增长速度减缓会导致众多产品生产过剩；反过来，生产过剩又会导致更激烈的竞争。竞争者开始标低价格、增加广告、减价促销、增加产品研发预算，以便找到更好的产品样式。这些步骤都会导致利润下降。一些较弱的竞争者开始被淘汰，行业内最终只剩下善于防守的、有一定实力的竞争者。例如，彩电、VCD 都曾于 20 世纪 90 年代末经历了广告大战、降价大战，一些品牌因此而销声匿迹。

尽管许多产品在成熟期看起来很长时间都没有什么变化，但实际上绝大多数成功的产品总是在不断地演变，以满足不断变化的市场需求。企业可从以下方面考虑此阶段的营销策略：

(1) 市场改良。也称市场多元化策略，即开发新市场、寻找新的使用者，或重新对产品定位，以便吸引更大或增长更快的细分市场。如强生公司把成人市场也作为其婴儿洗发水的目标市场。

(2) 产品改良。也称“产品再推出策略”，指通过改进产品特征、提高产品质量、增加产品功能或服务后再投放市场，以吸引新的消费者。

(3) 营销组合改良。通过综合改变产品价格、渠道、促销等因素，刺激销售量的提高。如在降低价格的同时，改变产品包装、加强促销活动、扩宽销售渠道。或者采用相应的降价方式，如提供“三包”服务、免费供应零配件、负责安装和技术培训等，巩固和扩大市场占有率，延长产品的生命周期。

（四）衰退期的营销策略

大部分产品销售量最终都会下降。有些产品的销售量是慢慢衰退的，如机械手表、黑白电视；有些产品的销售量会急剧下跌，如时装、唱片等。销售量下降的原因有许多，包括技术进步、消费者口味的变化以及日趋激烈的竞争。当销售量和利润下降时，有些企业便从市场上撤退了。那些坚守阵地的企业会调整产品供应量，或放弃较小的细分市场，或削减促销预算，并进一步降低价格。

企业要定期检查产品销售、市场份额、成本和利润走势，找到那些处在衰退期的产品，由管理部门决定是维持、收获还是放弃。

产品衰退期可采取下述三种策略：

(1) 集中策略。即把资源集中使用在最有利的细分市场，最有效的销售渠道和最易销售的品牌、款式上。简言之，缩短战线，从最有利的市场赢得尽可能多的利润。

(2) 维持策略。即保持原有的细分市场和营销组合策略，把销售维持在一个低水平上，等待适当时机停止该产品的经营，退出市场。

(3) 榨取策略。即大大降低销售费用，大幅度减少推销人员，顺其自然。虽然销量有可能迅速下降，但可以增加眼前利润。

三、延长产品生命周期的途径

企业研制、开发一种新产品，形成可以满足某种市场需要的产品，并将其推向市场，需要投入许多资金和精力，为此，应利用各种方法尽可能地延长产品的生命周期，让这一技术和产品为企业带来最大的收益。

(1) 对原有产品进行改进，使之具有新功能和新用途。例如，美国杜邦公司发明的尼龙，原来是在军事上做降落伞。由于市场面小，很快就饱和了。后来，开发尼龙的新用途，制作各种针织品、尼龙丝袜等，开始了第二个成长期。接着他们又发现尼龙用于做轮胎内衬、地毯也有广阔前景，从而使尼龙的成熟期得以一次一次地延长，为企业带来了可观的利润。

(2) 扩大产品的地区销售范围。世界各国的经济发展很不平衡，我国各地区的经济发展也很不平衡，有些产品在沿海地区衰退了，但在内地、农村需求量也许还很大。企业可以利用各地区对产品需求的滞后期，扩大销售范围。

(3) 转移生产场地。就是把处在成熟期或衰退期的产品，直接转移到产品生命周期来得比较晚的国家和地区生产。这是发达国家常用的一种延长产品生命周期的方法。如小汽车，在德国、美国已经处于饱和状态，但我国的市场吸引了众多国外汽车制造公司，德国大众、美国通用等在我国纷纷合资建厂，既满足了我国快速增长的消费需求，又延长了产品的生命周期，为企业赚取了超额利润。

(4) 改进市场营销策略。通过市场调查研究，设法增加产品的新功能，开辟新用途；通过宣传和广告，促进现有顾客多买、多用；在售后服务上增加服务项目；降低价格，实行分期付款、贷款等。总之，想尽办法扩大市场，增加新顾客。

第二节 新产品开发

新产品是企业生命力的源泉，在竞争激烈的今天，企业的生存与稳定发展有赖于新产品的不断推出，做到“生产一代、研制一代、开发一代、构思一代”。有些新产品可能实现重大的基础突破，另一些则只是现有产品线的延伸。换句话说，新产品是公司以前没有生产过或客户没有使用过的，但仅有10%属于真正创造了新的性能的产品。

一、新产品的类型

市场营销学中的新产品是相对老产品而言的，与老产品相比，在产品实体概念中，任何一部分做了改变，便可称为新产品。当然，新产品“新”的程度有很大差别。如果按照“新”的程度分，可以将新产品分为四种类型。

1. 全新产品

全新产品是指用新原理、新结构、新技术和新材料制造的前所未有的产品。这类新产品具有明显的新的特征和新的用途，它的使用会改变消费者的生产方式或生活方式，甚至是划时代的。例如，从马车到汽车、火车、飞机；从算盘到计算机；等等。

2. 换代新产品

换代新产品是指用新元件、新技术或新材料使产品的性能有重大突破的产品，如电视机从黑白电视机到彩色电视机等。

3. 改进新产品

改进新产品是指对原有产品作某些改进，使之结构更加合理，或提高精度，或增加某些功能，或增加花色品种等，如摩托罗拉手机不断推出新的型号与品牌。

4. 新牌子新产品

这类新产品是指对原产品做一些小小的改动，如改变装潢、色泽、形状等，突出某一方面，换个牌子。

换牌子只是一种营销手段，为此，这种新产品，有的书上叫市场新产品，而前三种则叫技术新产品；有的书上则干脆不承认这类是新产品。我们认为新产品除了在结构、性能、材料以及技术特征等方面的鉴定标准外，还应得到用户的承认，用户承认你的产品有特色，能够给他带来新的效益、用途，即能称之为新产品。

另外，新产品有相当强的地区性，如果按地区范围划分，新产品可以分为世界范围的新产品、国家范围的新产品和地区范围的新产品。

二、开发新产品的重要意义与成功要素

新陈代谢是不可抗拒的自然规律，开发新产品如同给企业不断注入新的血液一样，使企业得以不断发展壮大，在竞争中处于优势地位。美国著名的管理学家杜拉克认为，“任何企业只有两个——仅仅是两个基本功能，就是贯彻营销观点和创新，因为它们能创造顾客”。实际上，创新产品是营销观点的核心思想，即满足不断变化的顾客需要的体现。

在一些发达国家，企业销售额的增长主要是由于新产品的投入。在竞争日趋激烈的市场环境中，产品生命周期越来越短，企业要满足顾客不断变化的需求，在竞争中取胜，最重要的途径就是不断提供新的产品和服务。

新产品开发是一项风险很大的投资活动。福特在爱德塞尔（Edsel）汽车上损失了

2.5 亿美元；得克萨斯仪器公司在从家庭电脑行业撤退时已损失了 6.6 亿美元；可口可乐公司的新可口可乐、宝丽来公司的极地梦幻方便电影等，都因开发失误遭受了惨重的损失。

新产品开发成功率低，主要有以下几方面的原因：

（1）对市场需求认识不清、对市场规模可能估计太高。这种情况主要是企业在新产品开发前未进行深入细致的市场调研，对市场的真正需求了解不清楚，加之开发过程中市场需求发生变化，使新产品一上市就表现出不适应市场需要，较长时间内难以打开销路，从而陷于困境而提早夭折。

（2）新产品开发费用比预计的要高。随着科学技术的快速发展，产品生命周期越来越短，而开发费用和促销预算却越来越大。有些企业对此没有足够的认识，在开发过程中或产品上市时，才发现资金不足，无法保证开发工作继续进行，或者促销严重不足，从而导致开发失败。

（3）竞争对手的反击比预计的要猛烈。新产品刚投放市场，就遇到更先进的同类产品上市竞争，或者遇到竞争对手削价竞争，从而造成新产品夭折。

（4）产品缺乏特色。科技上重大突破非常困难，局部改进或模仿新产品又没有突出特点，使新产品与老产品相比缺乏显著优点，上市后不能吸引顾客。与此相反的是，有些企业过分强调产品技术，忽略了市场需求，结果开发出的新产品尽管技术先进、质量高档，却缺乏用户，结果同样遭到失败命运。

导致新产品开发失败的原因还有很多，或许实际产品没有达到设计要求；或许产品市场定位不正确，定价太高或广告不到位；或许是高级管理人员无视不利的市场调查结果而一意孤行；等等。

那么，怎样才能提高新产品成功的可能性呢？一项研究调查了 200 种中等到高等技术的成功新产品，寻找成功产品所共有的因素。结果发现：第一大成功因素是独一无二的优秀产品，即质量好、特色新、使用价值高的新产品；第二大成功要素是界定明确的产品概念优于新产品开发，即根据产品概念，企业可在开发之前认真地定义和估价目标市场、产品需求和利益。

总之，为了创造一种成功的新产品，企业必须了解它的消费者、市场和竞争对手，开发对顾客具有卓越价值的产品。

三、新产品的开发方式

新产品的开发有以下几种方式可供选择：

1. 自行研制

自行研制需要有较强的基础力量和雄厚的经费，时间较长。当然，通过这种策略开发出的新产品，如果再申请专利，则可以使企业在某一领域内较长时间保持技术优势，在竞争中处于领先地位。

2. 引进或移植

我们知道，新产品有较强的地区性，引进或移植就是引进国外或其他地区的先进技术，开发我们国家或所处地区的新产品或直接生产。这是经济比较落后的国家或地区开发新产品和赶超世界先进水平的一种重要策略，也是一条成功的经验，这是因为以下几个方面：

（1）通过这种方式开发新产品，可以直接利用现有的科技成果，在短时间内缩小先进与落后之间的差距。据有关方面调查，在现代科学技术发展中，把一项重大的科学构思变为社会产品，要花费10~15年时间，而把一项技术专利用于生产，一般只需花3~5年时间，有些甚至更短。如日本的合成尼龙生产技术是从美国引进的，美国的杜邦公司用了11年，耗资2500万美元才试制成功；而日本东洋人造丝公司通过贸易协定，花700万美元购买了这项专利，仅用两年时间就投入生产。

（2）通过这种方式开发新产品，可以起到少花钱、多办事的作用。据有关资料记载，日本从1960~1970年的11年时间内，用于进口技术专利及其推行费用约600亿美元，但是，估计发明这些技术专利的科研、试验、设计等直接费用和间接费用要1800亿~2000亿美元，这就说明，日本只用了开发这些专利1/3的费用，就得到了这些专利的全部成果和好处。所以，在科学技术迅速发展的当代社会里，不能设想一切都要由自己从头做起。

技术引进方式可以是多种多样的，如引进资料、引进关键设备、引进整条生产线或搞合作生产、合资经营或搞补偿贸易或通过租赁方式等，每一个企业应根据自己的情况进行适当的选择。

技术引进是一项十分复杂的工作，弄不好会花许多冤枉钱，为此，要注意做好资料收集工作，通过多种渠道获得该技术当前在各国的发展情况。在占有资料的基础上进行分析对比，并考虑国内的配套能力，选择适合我国国情的先进技术。此外，还要搞好人员培训和引进技术的消化、吸收工作。

需要说明的是，引进是为了使我们有一个高的起点，因此，在引进、消化、吸收的基础上要进行创新，而不能始终跟着别人跑。在这方面，日本有些经验是值得我们借鉴的，如日本摩托车制造技术是引进美国和德国的，但是它们并没有生产与美国、德国相同型号的摩托车，而是在消化、吸收的基础上，生产消费者欢迎的以轻便车为主的400多种型号的摩托车，并打入和占领德国摩托车市场近90%。

3. 改进原产品

真正新颖的产品开发难度很大，不仅需要大量的资金、先进的技术，而且市场风险也比较大，为此，市场上这类产品很少。1995年，22000种以上的新产品引入美国的超级市场中，其大部分并不是非常新颖的产品，主要是通过改变成分（如减少食物的脂肪含量）、增加特点或与现有竞争者的产品极为相似的“跟风”等方法对原有产品进行小的改动，称为“略新”产品。但顾客能迅速地了解这些产品的用途及其竞争对手，从而使顾客认可这些产品而使商家获利。

通过改进，使产品具有新的功能或用途，不但经济，而且见效快。

四、新产品的开发程序

新产品的开发是一项艰巨而又复杂的工作，不仅要投入大量资金，而且还要冒很大的风险。为了提高成功的概率，新产品开发应该遵循一定的程序，如图 13–3 所示。

（1）创意产生：寻找独特的产品构思
↓
（2）创意筛选：考虑该产品创意是否与公司目标、战略和资源一致
↓
（3）概念发展和测试：发展不同的、消费者愿意使用的产品概念
↓
（4）营销战略：价格、分销、促销等计划与预算，并确保公司有能力承担
↓
（5）商业分析：进行市场分析和成本分析，确保符合公司的盈利目标
↓
（6）产品开发：进行工程测试、消费者偏好测试、品牌设计和包装设计
↓
（7）市场测试：进行有限的生产、准备广告，确保产品销售额符合预期
↓
（8）商品化：购买设备、全面投产和分销

图 13–3　新产品的开发程序

1. 创意产生

新产品开发过程的第一个阶段是寻找产品创意。任何一种产品开发工作都是从构想开始，高层管理当局应该确定要着重研究的产品与市场范围，并指出新产品开发的目标。

新产品的创意来源于顾客、科学家、竞争者、公司员工、经销商及公司高层管理者。

顾客需求和欲望是寻找新产品创意的起点，尤其是工业产品。企业可以通过对顾客直接调查、访问，征求他们的意见，研究他们的诉说信件，来确定顾客的需求和欲望。

成功的企业建立了企业文化和奖励措施，以鼓励每一个员工寻找关于企业生产、产品和服务的新创意。丰田宣称它的员工每年提出 200 万个创意，平均每个员工提 35 项建议，这些建议有 85%被采纳。

监视竞争者产品和服务也能发现新创意。许多公司买进竞争者的产品，拆开研究，然后制造更好的产品。也可以对谁在购买和为什么购买竞争者的新产品进行评估，或倾听经销商对目前市场上新产品的评述来找出新的创意。

企业的销售人员和经销商每天与顾客打交道，掌握着顾客需求和抱怨的第一手资料，是新产品创意的很好来源。创意产生的技术可采用：

（1）属性列举法：列出一个产品的各种属性，可对每一个属性讨论可否改进等。

（2）强制关联法：将几个不同的物体排列出来，考虑物体之间的关系进行设计。如设计一张连着书橱的书桌。

（3）新情境分析：根据事物发展的现状，如将来的社会一对夫妻将面对四位老人，可开发老人护理服务；对服刑人员的子女开发“儿童村”等等。

（4）想象图法：如老年疼痛病，先写在纸上，然后出现另一个想法（如治疗仪）联系到老年人，再进一步联想用何种技术，开发手掌大的仪器等，也许一个新的创意就会产生。

这些方法在现实生活中有很多，可发挥各类人员的想象力，开发出创意来。

2. 创意筛选

筛选的目的是尽可能早地发现有价值的创意或放弃错误的创意。在筛选过程中要注意避免两种失误：一是误舍，将某一有缺点但能改正的好的产品创意筛选掉；二是误用，即容许一个错误的创意投入开发，并进入商品化阶段，造成人力、财力、物力和时间上的重大损失。图 13–4 详细地显示了产品创意是否与企业的目标、战略和资源相吻合。这些问题中的一个或多个都不能满足的创意，当然应该被淘汰。

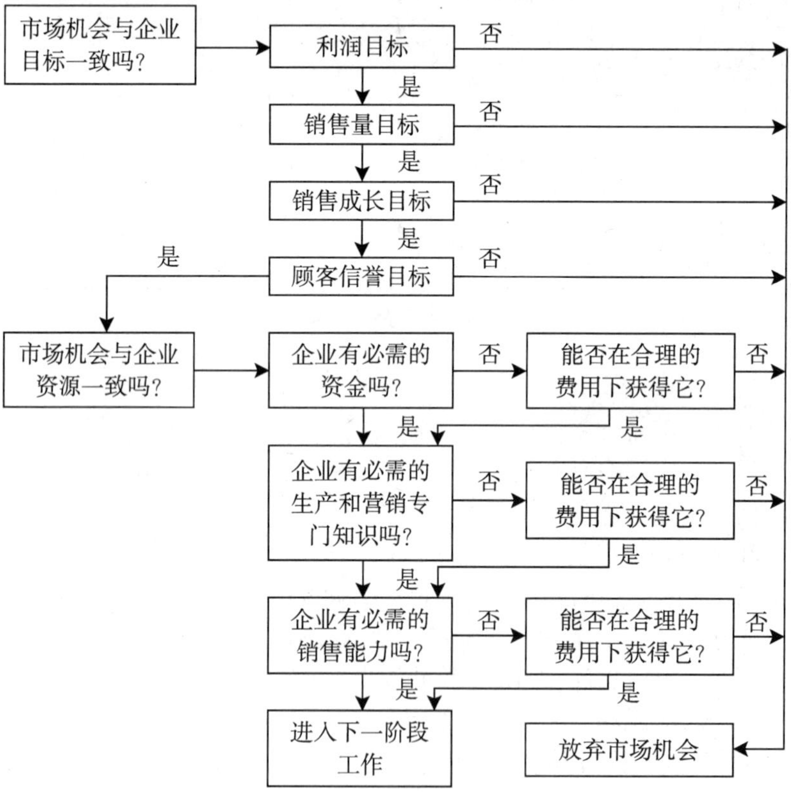

图 13–4　根据企业目标和资源条件评价市场机会

根据企业的目标和资源条件评价创意后，企业还需要对其总成功率进行评价，一般可采用下述公式：

总成功率 = 技术完成率 × 在技术完成率确定后的商业化率 × 在商业化率确定后的经济成功率

例如，公式中的三个指标分别为 0.55、0.60、0.68，则企业计算出总成功率为 0.22，然后，企业判断这一成功率是否下决心进一步把该新产品开发工作继续下去。

3. 概念的发展和测试

产品创意经筛选后需要发展成产品概念，即用有意义的消费者术语表达的精心阐述的构思。例如，某食品加工厂拟利用大豆为主要原料开发一种大豆食品，既有营养，味道又好。这一产品创意转化为几种产品概念：像豆浆、牛奶一类的快速早餐饮料；像黑芝麻糊、八宝粥之类的方便粥；或是一种糕点；等等。对这些概念，企业要从竞争产品、销售对象、生产条件以及价格、收益率等方面加以评价，进行市场定位，初步选定可行的产品概念。对于这些概念，企业还需组织可能的目标消费者进行概念测试，即对待测试的概念提供概念说明书或实体给目标消费者，请他们回答一系列问题（见表 13–3），听取和收集他们的意见，以便判断某种概念对消费者是否具有足够的吸引力，选出最佳产品概念，并加以完善。

表 13–3　概念测试

问　　题	产品衡量范围
①你是否清楚该产品概念并相信其利益？	可传播性和可信度。如果得分低，该概念就必须重新界定或修订
②你是否认为该产品解决了你的某个问题或满足了某一需要？	需求程度。需求越强烈，预期的消费者兴趣就越高
③目前是否有其他产品满足这一需求并使你满意？	新产品和现有产品的差距。差距越大，预期的消费者兴趣就越高
④相对于价值而言，价格是否合理？	认知价值。认知价值越高，预期的消费者兴趣就越高
⑤你是否（肯定、可能、可能不、肯定不）会购买该产品？	购买意图。对确切地回答了括号内前三个问题的消费者来讲是非常重要的
⑥谁可能会使用这一产品？在什么时间购买和使用？频率怎样？	用户目标、购买时间和购买频率

4. 营销战略

概念测试之后，需要提出一个把这种产品引入市场的初步营销战略计划，这个计划将在以后的开发阶段中不断完善。主要内容包括三个部分，见表 13–4。

表 13–4　营销战略计划的主要内容

第一部分	描述目标市场、结构、规模和行为； 计划产品的定位和销售量、市场份额和开头几年的利润目标
第二部分	描述产品的价格、分配策略； 做出第一年的营销预算
第三部分	描述预期的长期销售量和利润目标； 描述不同时间的营销战略组合

5. 商业分析

产品概念和营销战略一经拟定，便可对其商业吸引力做出评价。即重新审核销售量、成本和利润预计，以确定是否符合企业的目标。对能够符合企业目标的产品概念，可以进入产品开发阶段。

6. 产品开发

在本阶段要解决的问题是产品构思能否真正转化为技术上和商业上可行的产品，企业的研究开发部门将开发出关于该产品概念的一种或几种实体原型，并通过一系列严格的功能测试和消费者测试，以确保技术上和商业上可行。这一阶段需要大量的投资，如果开发失败，企业将遭受巨大损失。

7. 市场测试

在管理部门对产品功能测试的结果感到满意之后，就可以考虑确定品牌名称、包装设计，制定一个准备性的营销方案，在更可信的消费者环境中进行测试，以便了解消费者和经销商对该实际产品的反应，发现产品缺陷，及时反馈，改进产品，并为选择有效的市场营销策略提供依据。

主要的试销方法有：

（1）销售波研究。开始免费提供产品给消费者试用，然后以低价再次提供该产品或竞争者的产品，这样重复提供该产品 3~5 次（销售波）。在此期间，企业密切注意有多少消费者在此选择本企业的产品和他们对产品满意程度的评价。

（2）模拟商店技术。找到 30~40 名购货者（在购货中心或其他地点），邀请他们观看简短的商业广告电视片。其中，包括一些著名的商业广告片和若干新片，它们的内容涉及一批不同的产品，企业要推出的新产品广告片也混在其内，为了不引起特别的注意，故意不把它挑选出来。然后，分发给每个人少量的钱，并邀请他们到一个商店去，他们可以买或不买任何物品。企业注意有多少消费者购买了该新产品和与其竞争的品牌。这是衡量本产品商业广告有效性的方法之一，能够对广告效果和试用率得出有把握的结果。

此外，还有控制试销、测试市场等方法，在此不再一一介绍。

8. 商品化

这是对是否推出新产品所要做的最后决策。如果企业决定将该产品商品化，则需更大的一笔投资，建立或租赁生产该产品所需要的全部设施以及广告促销费用。在这一阶段，企业应该做好以下几方面的决策：

（1）上市时机。对于竞争对手也正准备上市的产品，企业将面临三种选择：一是首先进入，在分销商、顾客及声誉等方面占领先地位，但也可能因没有经过市场检验而暴露出产品缺陷。二是平行进入，即与竞争对手同时进入市场。三是滞后进入，其好处在于：竞争对手已为开拓市场付出了代价；竞争对手的产品可能暴露出缺陷，而后期进入者却能避免；企业可了解到市场规模。

时机决策也包括其他一些考虑。假如新产品要替换企业的另一产品，在正常销售情况下，新产品应推迟到老产品存货售完为止。如果需求具有很高的季节性，那么该新产品在没有到合适的季节时，应推迟推出。

（2）上市地点。即决定新产品首先推向哪个城市、哪个地区，是全国市场还是国际市场。这些往往取决于产品的市场定位、企业实力、市场潜力、企业在当地的信誉、渠道开辟成本、对该地区的了解程度等，需要认真评价。

（3）目标顾客。新产品首次进入市场，应把分销和促销目标对准最有希望的购买者群体。他们常以领先采用为荣，是大用户，与他们接触的成本不高。

（4）市场导入计划。把新产品首先引入市场，需要制订一个详细的实施计划，安排好新产品推出的活动次序及时间。

五、新产品扩散

新产品正式投放市场，要经历一个从生产者到采用者或最终用户的新观念的传播过程以及为用户所接受的过程，这一过程称为新产品扩散。

企业将新产品大量投入市场，可采用无差异的全面市场铺开策略，即将新产品分散到每一个地方，向每一个用户做广告。然而，采用这种策略有两个不足：其一，营销费用太高；其二，许多费用与营销努力浪费在非潜在用户上。

实际上，心理学告诉我们，消费者接受新产品有其一般规律：

（1）消费者采用新产品可分为五个阶段，如图 13–5 所示。

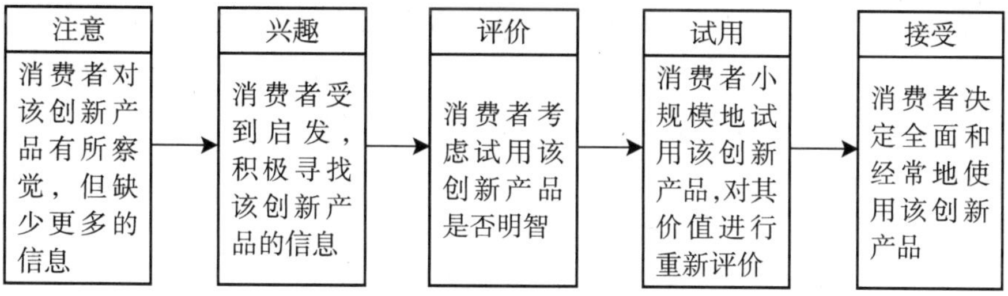

图 13–5　新产品采用者发展阶段

（2）新产品采用者可分为五类，如图 13–6 所示。

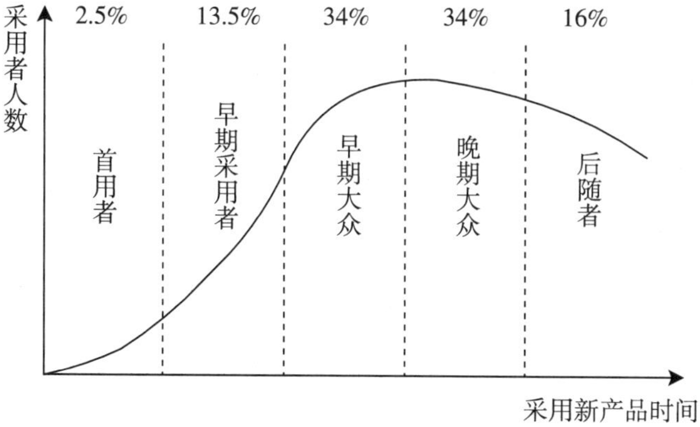

图 13–6　采用者分类

①首用者，对新产品敏感，消息灵通，喜欢创新，属革新型，占 2.5%。

②早期采用者，喜欢评论，好鉴赏，以领先采用为荣，占 13.5%。

③早期大众，为人稳重，经济条件较好，愿意使用新产品，占 34%。

④晚期大众，经济条件较差，一般不主动采用新产品，而是待大多数人证实其效果后才采用，占34%。

⑤后随者，属保守型，对新产品总是抱怀疑与反对态度，习惯势力强，只有待新产品已成为传统式老产品时才肯采用，占16%。

这两条规律对指导企业进行新产品扩散有着重要的意义。

根据消费者采用新产品阶段的分类，企业在进行新产品扩散时，要紧紧抓住每一阶段，层层深入、渗透。首先要使消费者知道这种新产品，也就是采取广告方式引起消费者的“注意”，紧接着采取一些措施引起消费者的“兴趣”，吸引其注意力；为激发消费者的购买欲望，可通过展示、示范等让消费者了解“评价”该产品，从而使消费者进入确信“试用”阶段；随后“接受”新产品。

此外，对这一系列采用过程的分析，可以启发新产品营销人员如何使消费者通过这些阶段的认识，使之成为本企业的用户。一个电动洗碗机制造商可能发现许多消费者停留在感兴趣阶段，他们不进入使用阶段，因为害怕洗碗机靠不住和需要大量的投资费用。但是，如果实行每月支付少量费用就可以使用的办法，这些消费者就愿意使用电动洗碗机。制造商可以考虑提出一个使用计划，让消费者有选择购买的机会。

根据新产品采用者的分类，企业在进行新产品扩散时要适时地、准确地抓住关键顾客，如在新产品导入期，就应抓住首用者，使他们展示企业的新产品；在产品进入成长期，就应抓住早期采用者和早期大众，使其成为新产品的推广者和使用者，从而迅速打开并扩大新产品市场，使产品商品化。在这一过程中，首用者和早期采用者能否接受新的观念并迅速推广，对新产品扩散成功与否有决定性的影响。为此，首用者和早期采用者是新产品扩散工作的关键，企业应该研究首用者和早期采用者的人口统计、心理和媒体特征以及如何直接具体地同他们互通信息。

六、其他考虑

发展新产品，需要对市场进行预测，由于未来包含着许多不确定因素，风险是不可能完全避免的，但可以尽量降低。避免与降低发展新产品的风险可以考虑以下几种方法：

(1) 尽量利用现有设备，以减少设备投资，降低投资风险。这种做法短期内有效，但可能使成本提高，这也是导入期成本很高的一个原因。通常在产品进入成熟期时（有大量订货）才会安排专用设备，把成本降下来。

(2) 把新产品外包，等有把握时再自己干。如把新产品的一切零部件外包，而本厂只管装配出厂，或从国外进口产品，用自己的品牌，等弄清市场后再自己投资生产。

(3) 找一两家大的买主订长期合约。曾有一家美国公司到意大利生产吉普车，一开始就跟意大利陆军签订了五年的合约，每年交几千辆车，单这一项几乎就不会亏损了。

除了以上考虑如何降低风险外，在销售新产品时，还要考虑对原有产品销路的影响。有时顾客购买新产品会转移对原有产品的需要，因此，在预测新产品的销量时，考虑新产品的出现对原有产品的销售量的影响是很重要的。有时也可能出现相互促进的效果，推销新产品的同时，原产品的销路也扩大了。例如，原产品是聚氯乙烯，而新产品是增塑剂，增塑剂推销的同时，也扩大了聚氯乙烯的销路。

此外，还要考虑推销力量的安排，推销新产品以后，还有多少力量推销原有产品？有些中间商不愿意推销新产品，因怕影响推销原有产品。有时将原有产品稍加修改就能适应国际市场的需求，重要的是要了解国际市场。最简单的修改，有时只是改变商标，或是把说明书印成外文。另外，有些修改也是必要的，如电器用品的电压、汽车方向盘的位置等。

第三节　产品安全与营销伦理

一、产品安全与责任

一项产品只有保证消费者使用安全才能完成其满足消费者需求的使命。生产企业必须确保产品设计能够防止消费者受到伤害。在现实生活中，一些食品、药品以及与健康、生活相关的装备，如轮椅、热水器等，都不同程度地出现过伤人、索命、危害健康的情况。如果产品的安全受到怀疑，则必须从市场退出。

近年来，生产企业所遭遇的产品责任诉讼案件开始增加，这种威胁迫使大多数公司采用各种措施以确保产品安全。一些具有潜在危险的产品，如消毒液、清洗剂等，在标签上都带有醒目的安全警告，提醒消费者注意使用安全，避免儿童触及。产品样式的改进降低了诸如冲压机、割草机、玩具等产品的危险性。产品责任保险已成为任何新产品或现有产品策略的一个必不可少的部分。

产品责任是指生产单位或经销商对其因产品引起的损害和伤害所承担的法律义务。如美国联邦各州的立法对产品安全的管理起着重要作用。如《顾客预防包装法案》要求药品制造商将其产品置于儿童无法开启的包装内；《消费品安全法案》建立了一个强有力的管理机构——消费者产品安全委员会（CPSC），该机构行使对各种消费品的管辖权，如有权不经过法庭聆讯而取缔产品、命令召回产品或要求重新设计产品、检查生产设施等。它还可以对过失公司的经理进行刑事犯罪的指控。

随着我国市场经济的不断规范和完善，有关产品安全和责任的法律、法规也会不断出台，以规范生产制造者的行为，保护消费者的权益。

二、道德困境与道德准则

营销者面临着许多道德困境。由于不是所有的经理都有很高尚的道德观，企业需要制定本单位的营销道德规范，即所有员工都必须遵守的主要准则。这些准则应当包括经销商关系、广告标准、客户服务、定价、产品开发以及一般道德规范。当然，最细微的准则也不能解决营销者面临的所有道德困境。表 13-5 列示了营销者在职业生涯中可能会遇到的一些道德困境。

表 13–5 营销中的一些道德困境

1. 你在烟草公司工作，吸烟有害健康。美国禁烟运动轰轰烈烈，而第三世界国家的烟草行业方兴未艾，你的烟草公司要进入第三世界国家吗？如何决策？
2. 你的研发部门对产品有一些小小的改进，它不是真正的"全新改良"，但是你知道在包装和广告中打上"全新改良"会增加销售，你会怎么做呢？
3. 你有一个机会获得一笔对你和你们公司都有重大意义的生意。采购代理暗示一个"礼物"会影响他的决定。你的助理建议送一台上乘的彩色电视机到购买者家中。你会怎么做？
4. 你的代理商描述了三种广告活动，请你决策。（a）说服式推销，完全属实的信息广告；（b）带有性感诉求并夸大了产品的好处；（c）包括一条嘈杂的、令人愤怒的肯定能吸引观众注意的商业广告片。预测表明活动的有效性顺序为（c）、（b）、（a），你会如何决策？
5. 你在考虑雇用一名刚从竞争对手公司离职的产品经理。他会很乐意告诉你关于竞争对手下一年度的所有计划。你会怎么做？
6. 你正面试一位女性销售工作者，她比你刚面试过的那位男性能力更强，更符合要求。然而，你知道你的一些重要客户更喜欢同男性打交道，如果你雇用她的话就会失去一些生意。你会怎么做？

上述这些困境，如果营销者选择立即产生销售增长的行为，可能会被认为是不道德的甚至是有害的。如果他们拒绝这些行为，他们可能会成为没有效率的经理。

许多行业和专业协会提出过道德准则，有些公司正采用他们自己的准则。美国营销协会也制定了相应的道德准则（见表 13–6）。然而，制订标准和道德计划并不能保证道德行为。道德规范和社会责任需要公司全体员工的努力，是整个企业文化的一部分。

表 13–6 美国营销协会的道德准则（节录）

美国营销协会的成员承诺遵守有道德的专业化行为
营销者责任 营销者必须承担他们行为的结果带来的责任，并且尽一切力量保证他们的决定、建议以及行为能够服务并满足所有相关团体（顾客、组织和社会）
营销者的专业行为必须遵从以下指导 1. 专业道德的基本准则：绝不故意伤害顾客； 2. 遵守所有可行的法律和制度； 3. 积极维护、实行和宣传本道德准则
诚实与公正 1. 在为顾客、员工、供应商、分销商和公众服务时一定要诚实； 2. 绝不在没有事先告知所有相关方面的情况下参与利益竞争
营销交易过程中各方的权利与责任 1. 提供的产品和服务是安全并且符合使用意图； 2. 各方均打算坚定地履行相关责任
履行但不局限于以下营销者的责任 在产品开发和管理领域： • 揭示与产品、服务使用有关的所有潜在危险； • 表明任何可能在物质上改变产品或影响购买者购买决定的产品成分替代； • 表明任何增加成本的功能 在促销领域： • 避免虚假的或误导性广告； • 避免采用欺骗或操纵性的促销行为

续表

在分销领域： • 不在营销渠道中采用高压强迫； • 不对分销商处理产品的选择施加不当影响 在定价领域： • 不进行掠夺性定价； • 揭示与任何购买行为相关的全部价格
组织关系 任何美国营销协会成员一经发现违反本道德准则将被取消会员资格

三、营销中的伦理问题

营销伦理是指营销者的行为和道德价值标准。伦理关系到是非问题，即个人和企业做出的行为决定是否符合道德标准。实际上，营销组合的每个要素都有自己的一套必须回答的伦理问题，如图 13–7 所示。营销者在试图完善营销系统之前，必须对这些问题加以思考。

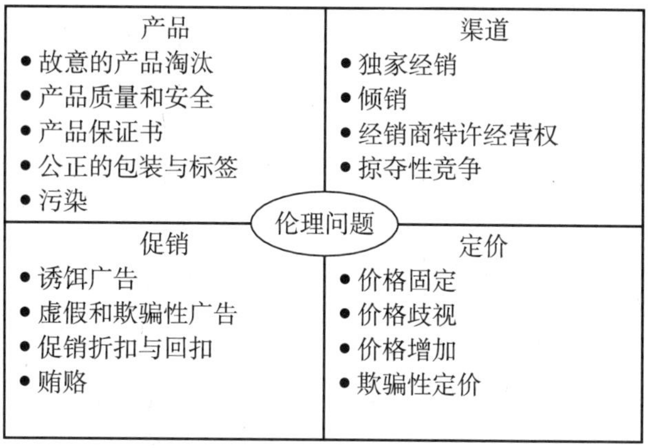

图 13–7　营销中的伦理问题

在营销的各个环节中都涉及伦理问题，如在营销调研中侵犯个人隐私是一个很重要的问题。为了获得一本喜爱的教科书、杂志，消费者通常会告诉营销者自己的个人信息，后者会把这些信息列表出售给其他各类营销者，侵犯个人隐私的问题出现了。

一些企业把产品包装做得比需要的大，以此来占领超市的货架并吸引消费者的注意；同时，非正常尺寸的包装很难审视其产品与价格的关系，底部凹进去的瓶子所容纳的物品给人的感觉比实际上装的多。产品质量、故意的产品淘汰、品牌相似等也都涉及伦理问题。

在分销策略中，渠道控制的适当程度是什么？是否应为那些使用产品数量有限的用户服务？是否应为偏远、广大农村市场服务？制药业针对医生的促销活动中，在度假胜地举行的由公司赞助的研讨会上，到处可见这种试图影响医生处方权的行为，包括夸大产品优点、送礼和贿赂等陋习。

保证伦理行为规范，意味着企业必须向客户、商业合作伙伴承诺不会为了获取利润而牺牲产品和服务的质量与公平原则。营销者不能只考虑经营是否合法，还要将其伦理行为融入企业的全部经营活动中。对有远见卓识的企业而言，今天所承担的社会责任带来的是明天的回报。

● 本章回顾：

产品的生命周期是指产品进入市场到退出市场经过的时间。在整个生命周期内，其销售额与利润发生着阶段性的变化，由此，产品的生命周期一般被分为四个阶段，即导入期、成长期（或发展期）、成熟期（或饱和期）和衰退期。产品生命周期各阶段呈现出不同的市场特点，针对这些特点营销者可根据本公司的目标制定相应的营销策略，如维持或扩大企业的市场占有率、长期获利或尽快收获等。

开发新产品如同给企业不断注入新的血液一样，使企业得以不断发展壮大，在竞争中处于优势地位。本章介绍了新产品的类型、新产品开发成功率低的原因、新产品开发方式及开发程序。每一程序必须有计划和制度来保证，防止新产品创意的误用、误弃以及概念开发不准等问题。消费者对新产品的接受呈正态分布，营销者要针对不同时期的消费者采取相应的策略。

本章最后提出了产品的安全与责任，这是任何产品生产、开发单位为消费者负责的表现。随着我国市场经济的不断规范和完善，有关产品安全和责任的法律、法规会陆续出台，以规范企业的行为，保护消费者权益。

上述问题的提出涉及营销的伦理问题。实际上营销组合的每个要素都有自己的一套必须回答的伦理问题。保证伦理行为意味着企业必须向客户、商业合作伙伴承诺不会为了获取利润而牺牲产品与服务的质量和公平原则，并把这种观念融入整个企业文化。

● 讨论与概念应用题：

1. 举例说明目前正处于不同产品生命周期阶段的产品或品牌及其商家采用的营销策略，并提出你的建议。

2. 西安福特公司开发了一种革命性的新床垫，能监视睡眠者的呼吸、心率和身体动作，然后相应地调整房间的温度和光线。如果你对该产品充满信心，请构思一组营销策略。

3. “在许多工业化的国家里，香烟的销售额有所下降，而在第三世界国家，香烟的销售额却在增长。烟草公司到第三世界国家经营，摆脱了他们在自己国家面临的许多限制。”讨论赞成或反对这个“营销机会”的各种观点。

4. 逛逛日杂店或附近的超市，列出一张你认为可能是新产品的清单，其中要包括15种产品。按以下标准评估每种产品的新奇程度：用10来表示非常新奇、极具创新性的产品；用1来表示只在外包装或口味上进行了极其细微变更的产品。从整体来看，这些产品到底有多新奇？你怎么看这些新产品？

●【案例 13-1】雀巢里面的秘密

1867 年，亨利成立了以姓氏命名的 Nestlé 公司，并在一间小作坊里，开始手工生产这种婴儿奶麦混合乳品。他毫不怀疑，这种关爱生命的产品，肯定会给他带来好机会。谁知产品上市后，人们并不买账。在人们眼里，雀巢公司的这种混合乳品与传统的母乳替代品并无两样。

很久之后，终于有了第一个顾客——一个发育不全的早产婴儿：小家伙既不吸食母乳，又不能消化吸收牛奶、麦糊等任何食品，命悬旦夕，城中医生已完全放弃了希望。但他对雀巢的混合乳品喜欢得“爱不离口”，并且很快恢复了健康。“雀巢乳品救了一个孩子的命”的消息风传开来，人们开始争相购买雀巢乳品。雀巢公司就此打开了瑞士的国内市场。

四五年后，雀巢公司的各类婴幼儿食品及营养品开始畅销欧洲大陆。至 20 世纪第一次世界大战爆发时，雀巢公司已发展成为一家拥有 45 个分厂的欧洲大企业。然而，随着战乱结束，欧洲农业复苏，农产品变得充足。于是，刚能吃饱肚子的欧洲人转眼“变心”，开始钟情于新鲜牛奶等天然食品。结果，原本畅销的雀巢食品顷刻间惨遭抛弃，高速发展的雀巢公司也一下子由高空坠入深谷——无数食品加工停产，雀巢公司开始挣扎在生死线上。

1938 年，雀巢公司把雀巢咖啡——世界上第一种只需要用水冲调又能保持原汁原味的 100%速溶咖啡产品，正式推向市场。但是，雀巢咖啡在市场上大力推出五年之久，仍然没多少人愿意买。

雀巢公司在长期的调查研究之后才发现，他们之所以失败，是因为受到了传统咖啡文化（制作饮用咖啡中的那些细微差异）的抵制。但雀巢公司必须生存下去，他们决定做一个重大转变：既然产品打不赢文化，文化才有可能打赢文化，那么，就把速溶咖啡做成一种文化，一种更厉害的文化。

怎么做？雀巢公司逐渐把眼光盯到对世界文化潮流影响越来越大的美国人身上。几轮谈判之后，雀巢公司说服加入战争的美国政府同意将雀巢公司作为美军的配给物资供应商。于是，作为食品供应的一部分雀巢速溶咖啡迅速出现在每个美国大兵的餐桌上。

战争可以破坏一切，当然也可以割断传统咖啡文化与美国大兵之间的纽带。战场上硝烟弥漫，烽火连天，绝对不是军队可以为士兵们磨咖啡煮咖啡的好地方。所以，美国大兵不得不端起桌上的雀巢咖啡。如此，雀巢咖啡饮用简单便宜且保留原汁原味的优点终于有了用武之地。不久，雀巢咖啡不但获得美国大兵的认同，而且成为他们的至爱。“二战”后期，随着美国的节节胜利和转战南北，雀巢速溶咖啡开始影响世界。

20 世纪 70 年代，美国实用主义文化对世界的影响达到高潮，饮用简便的雀巢速溶咖啡终于成为一种世界流行的时尚。

资料来源：张彬：《雀巢里面的秘密》，《商界》2001 年第 6 期。

● 思考题：

1. 结合案例谈谈新产品开发的意义。

2. 为什么雀巢咖啡在市场上大力推出五年之久仍然没多少人愿意买？

3. 如何缩短产品的投入期？

4. 你所在的地区，速溶咖啡的消费情况如何？目标市场在哪里？如何制定相应的营销组合策略？

第十四章 价格策略

学习目标：

学会识别影响公司定价的主要因素；了解定价目标的主要类型；掌握三种常用的定价方法和新产品定价策略。对竞争者的调价能及时做出反应，并根据市场竞争的需要调整价格。

企业必须为它们的产品或服务制定价格。价格的名目繁多、无所不在。你租公寓要付房租，受教育要付学费，看病要付诊费，坐飞机乘火车要付票价，向银行贷款要付利息等，经理人的“价格”可能是薪水，推销员的“价格”可能是佣金，工人的“价格”可能是工资。价格是顾客反应最敏感的营销变量，它能使消费者购买产品，也能使顾客放弃购买，同时直接影响已售出产品的单位利润。

由此可见，价格是市场经济的核心和基础。在市场经济条件下，价格被经济学家称为一只“看不见的手”，无形地调节着国民经济的运行。价格作为商品交换的客观依据，反映了商品的价值。然而，在激烈的市场竞争中，价格作为营销组合的一个重要因素，又不只是商品价值的货币表现，还要受到货币价值、生产成本、市场供求及政府政策等的影响和制约。实践证明，企业要实现其发展战略和既定的战略目标，必须具备行之有效的营销策略和手段，而价格策略则是至关重要的。

从狭义来看，价格是企业为制造产品或提供服务而收取的一笔费用。从广义来看，价格是顾客为享受产品和服务的利益所付出的价值总和。

企业往往以成本为价格决策的基础，因为传统上决定价格的分析工作是由会计或财务人员完成的。首先，在成本的基础上考虑利润目标即可确定价格。其次，凭直觉，企业收取的价格不能低于生产产品或交付服务所花费的成本。最后，这样的定价机制可以得到迅速实施，因为所需的数据在企业内部可以得到。

当然，成本确实对价格的确定关系重大，作为一种定价方法是可行的，但是在市场经济条件下，考虑问题要多元化，定价也不能只有一种方法。相比而言，顾客要重要得多，尤其是前面讲述的顾客价值。一件产品或一项服务对顾客而言值多少钱？顾客通常不了解或不在乎产品的成本是多少，重要的是产品是否传递了所付价格的价值。基于成本的定价机制会产生低于价值的价格或高于价值的价格，两种情况都会造成收入的损失或销售的损失。

所以，定价的目的不完全在于弥补成本，还在于捕捉顾客心目中的产品可感知价值。也就是说，价格不仅由内部因素决定，也是由顾客决定的。比如，耐克运动鞋由 NBA 明星迈克尔·乔丹在广告中大加赞扬，尽管价格不菲，仍不乏球迷、“乔丹迷”购买。不同的价格会带来不同的需求水平，营销者所要做的是不断观察顾客，找出定价线索。

第一节　定价的影响因素

一、成本因素

成本是价格的底线，对企业定价影响很大。产品成本是由产品的生产过程和流通过程中发生的物质消耗与支付的劳动报酬所构成的。根据成本总额与业务量的关系，可分为固定成本和变动成本。固定成本不因业务量的变动而变动，在一定的业务量范围内，与产销量没有直接关系，如折旧费用、管理费用等。但单位产品所分摊的固定成本却与产销量成反比，产销量越大，分摊的固定成本越少，所以实施规模经营，有利于降低单位产品成本，降低产品价格。变动成本是指在一定时期内，成本总额随业务量的增减而增减的那部分成本，如原材料、人工等费用的支出。但单位产品的变动成本是不变的。

企业的产品定价必须保证总成本得到补偿，这就要求产品价格不能低于成本。因此，企业产品定价的临界点是产品成本，如果售价大于成本，则会盈利；反之，则亏本。

二、供求关系

供求规律是市场经济的基本规律之一，市场供求关系的变化与商品价格互相影响、互相确定，供求决定价格，价格影响供求。

（一）需求

1. 需求、需求价格

需求是指在一定价格水平下，消费者愿意并且能够购买的商品量。构成现实的需求要具备两个条件，即购买意愿和支付能力，二者缺一不可。如果只有购买意愿而无购买能力，只能被看成是欲望或需要，称不上需求。

消费者对一定量商品所愿意支付的价格，称为需求价格。

2. 需求规律与需求曲线

在市场竞争中，商品价格上升，其需求量就会减少；价格下降，其需求量就会增加。这表明，商品价格与其需求量之间呈反方向变动，这种反方向的变动关系即需求规律，用图形表示即需求曲线，如图 14-1 所示。

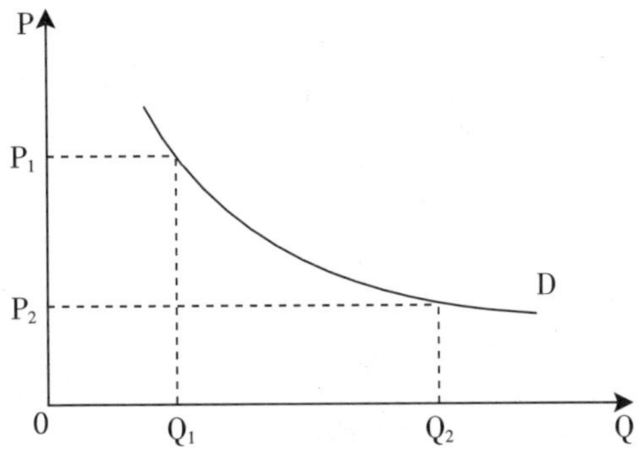

图 14–1　需求曲线

在图 14–1 中，横轴表示某种商品的市场需求量，纵轴表示该种商品的市场价格，D 为该种商品的市场需求量曲线，其斜率为负，表明价格与需求量呈反向变动关系。当价格为 P_1 时，需求量为 Q_1；价格下降到 P_2 时，需求量增加到 Q_2。

由图 14–1 可以看出，市场价格上涨，产品需求量减少；反之，市场价格降低，产品需求量增加。在现实经济生活中，需求规律是普遍存在的。但也有极个别商品却随着价格的下降需求量反而减少，随着价格的上升需求量反而增加，经济学家把这种情况叫作需求曲线的例外。如珠宝等代表一定身份和地位的装饰品，当其价格下降以后，就失去了其象征意义，需求量就会减少。像一些珍稀名贵的古玩字画、邮票等具有收藏价值的稀世珍品，往往价格越高，越显示出它的珍贵性，需求量反而会增加。

3. 需求函数及其影响因素

由需求规律可知，在其他条件不变的前提下，需求量随着价格的变动而变动，所以，价格 P 是自变量，需求量 Q_d 是因变量。因此，可以把需求量 Q_d 与价格 P 之间的关系用下列公式表示：

$$Q_d = f(P) \tag{14–1}$$

式（14–1）就是在其他条件不变的前提下，价格影响某种商品需求量的需求函数。

在现实经济生活中，影响需求的因素很复杂，需求量的大小除了与产品价格有关外，还受消费者收入、相关产品的价格及消费者偏好、对价格和收入预期等的影响。

（二）供给

1. 供给、供给价格

供给是指在一定价格水平下，生产者愿意并且能够提供的产品数量。商品供给必须同时具备两个条件，即出售的意愿和供应能力。如果只有供应能力而无供给愿望，或只有供给愿望而无供应能力，都构不成实际的供给。

生产者为提供一定数量的商品所愿意接受的价格，称为供给价格。

2. 供给规律与供给曲线

在竞争的环境中，当其他条件不变时，产品价格上升，供应量会增加；产品价格下降，供应量会减少。通常把供给与价格之间的这种正向变动关系称为供给规律，描述供给规律的曲线叫作供给曲线，如图 14–2 所示。

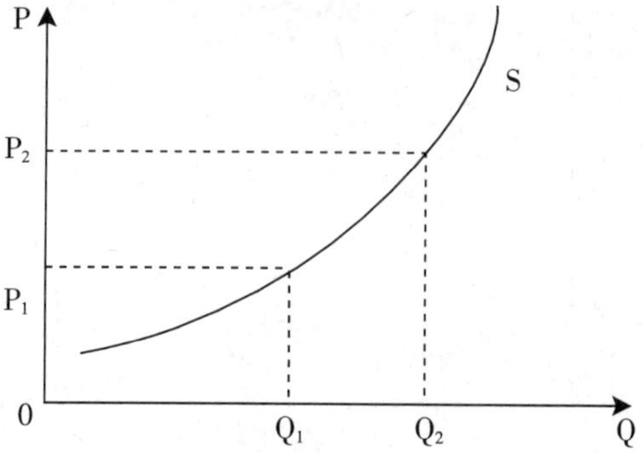

图 14–2　供给曲线

在图 14–2 中，横轴表示某种商品的市场供给量，纵轴表示该商品的价格。S 为该商品的供给曲线，其斜率为正，这表明价格与供给量之间呈正向变动关系。当价格为 P_1 时，供给量为 Q_1；价格上升到 P_2 时，供给量增加到 Q_2。

3. 供给函数及其影响因素

由供给规律可知，在其他条件不变的情况下，商品的供给量 Q_s 随着价格 P 的变化而变化，因此，商品的价格 P 是自变量，商品的供给量 Q_s 是因变量。所以，可以将价格与商品的供给量用下面的关系式表示：

$$Q_s = g(P) \tag{14-2}$$

供给规律只表示在其他条件不变的情况下，价格与供给量之间的函数关系。实际上，除了产品价格外，还有生产技术、生产要素的价格等因素影响供给。

4. 供给量的变动及供给的变动

由价格本身引起的供给变动称为供给量的变动，由非价格因素引起的供给变动称为供给的变动。供给量的变动表现为沿着同一条供给曲线的变动；而供给的变动则表现为供给曲线位置的移动，如图 14–3 所示。

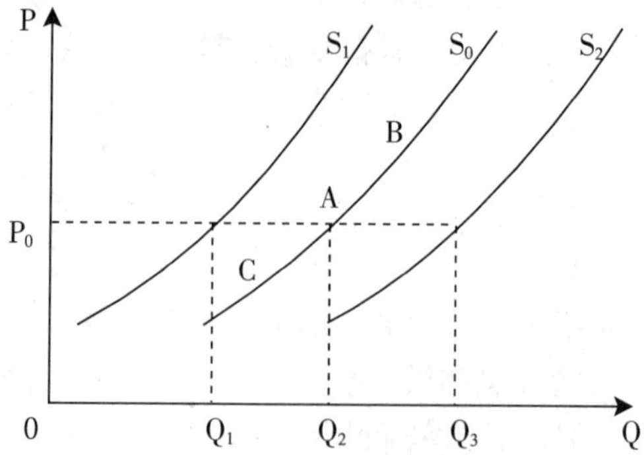

图 14–3　供给量的变动与供给的变动

在图 14–3 中，在供给曲线 S_0 上，从 A 移动到 B 表示供给量的增加，从 A 移到 C 表示供给量的减少。而供给曲线从 S_0 移动到 S_2 表示供给的增加，从 S_0 移到 S_1 表示供给的减少。

（三）供需平衡价格及其变动

1. 供需平衡价格

供需平衡价格又称均衡价格，是指一种商品的市场需求与市场供给相等时的价格。这个价格在图上表示就是市场需求曲线与其供给曲线相交时的交点所对应的价格，如图 14-4 所示。

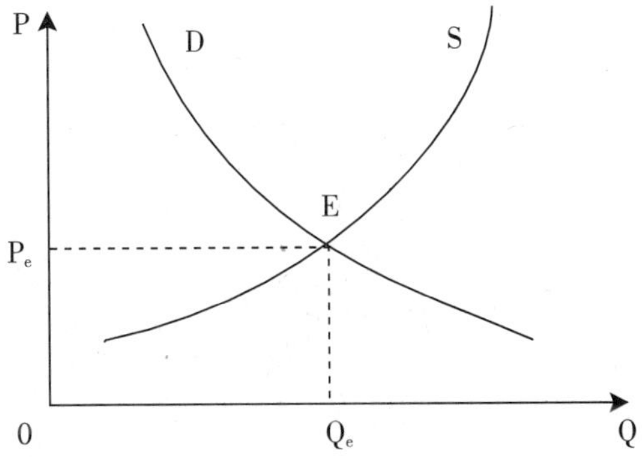

图 14-4　均衡价格

在图 14-4 中，供给曲线 S 与需求曲线 D 相交于 E，E 点所对应的价格 P_e 即为均衡价格（或供需平衡价格），而相对应的数量 Q_e 为均衡数量（或供需平衡交易量）。

2. 均衡价格的变动

（1）市场供给不变，需求增加或减少。如图 14-5 所示，设市场供给曲线 S 保持不变，初始需求曲线为 D_0，均衡点为 E_0，均衡价格为 P_0，交易量为 Q_0。如果由于消费者收入水平提高，导致市场需求增加，则需求曲线将从 D_0 向右上方移动到 D_2，D_2 与 S 相交形成新的均衡点 E_2。这时，均衡价格为 P_2，均衡数量为 Q_2。由图 14-5 可以看出，$P_2 > P_0$，$Q_2 > Q_0$，即均衡价格和均衡数量都提高了。如果由于消费者收入水平下降，导致市场需求减少，则需求曲线将从 D_0 向左下方移动到 D_1，D_1 与 S 相交形成新的均衡点 E_1。这时，均衡价格为 P_1，均衡数量为 Q_1。由图 14-5 可以看出，$P_1 < P_0$，$Q_1 < Q_0$，即均衡价格和均衡数量都下降了。

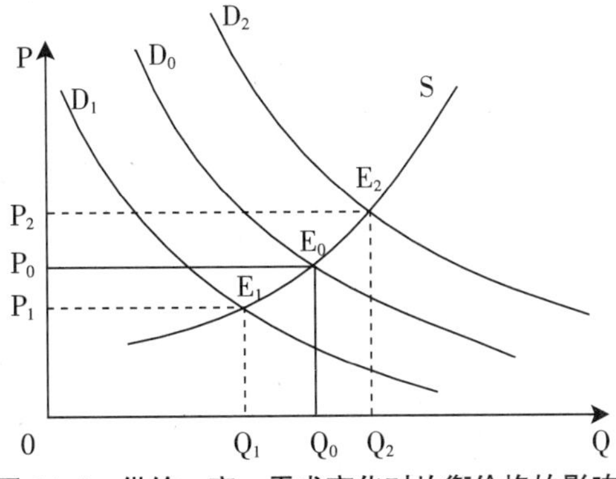

图 14-5　供给一定，需求变化对均衡价格的影响

（2）市场需求不变，供给增加或减少。如图 14–6 所示，设市场需求曲线 D 保持不变，初始供给曲线为 S_0，均衡点为 E_0，均衡价格为 P_0，交易量为 Q_0。如果由于生产技术水平提高，导致市场供给增加，则供给曲线将从 S_0 向右下方移动到 S_2，S_2 与 D 相交形成新的均衡点 E_2。这时，均衡价格为 P_2，均衡数量为 Q_2。从中可以看出，$P_2 < P_0$，$Q_2 > Q_0$，即均衡价格下降，均衡数量增加。如果由于生产成本提高，导致市场供给减少，则供给曲线将从 S_0 向左上方移动到 S_1，S_1 与 D 相交形成新的均衡点 E_1。这时，均衡价格为 P_1，均衡数量为 Q_1。从中可以看出，$P_1 > P_0$，$Q_1 < Q_0$，即均衡价格上升，均衡数量下降。

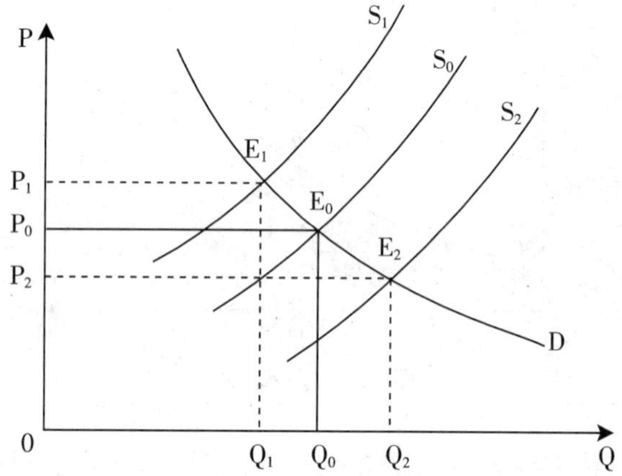

图 14–6　需求一定，供给变化对均衡价格的影响

如果供给和需求同时发生变化，则供给曲线和需求曲线要同时发生位移，均衡状态也随之发生变动，其变动结果取决于供给和需求变动的相对量，均衡价格可能上升也可能下降。

（3）供需平衡价格理论对企业营销的指导意义。供需平衡是市场自由调节的结果，是一种动态平衡。在这种状态下，生产者愿意在均衡价格下提供均衡数量的产品；消费者能够在均衡价格下购买均衡数量的产品。这是较理想的市场交易状况。

由以上分析可知，当供给或需求任何一方发生变动，均衡状态就要发生改变。改变的结果是，均衡价格与均衡数量同向变动，与供给反向变动；均衡数量与供给和需求同向变动。

供需平衡价格理论对企业营销具有现实意义。当企业准备扩大市场份额，提高市场占有率时，就可适当降低价格，增加该产品的市场供给量，达到薄利多销的目的。对企业独有的专利产品，可以通过适当减少供给量，达到提高价格的目的。

三、需求弹性

（一）需求弹性的含义

需求弹性是指需求量对价格变化做出反应的程度或者说是需求量对价格变化的敏感程度。因为这里需求量的变化是由价格变化引起的，所以又称需求的价格弹性。

各种商品的需求弹性是不同的，即使是同一种商品，不同价格水平其需求弹性也是不同的。一般用需求弹性系数来表示弹性的大小。弹性系数是需求量变动比率与价格变动比率之比。如果以 E_d 代表需求弹性系数，以 ΔQ/Q 代表需求量变动比率，以 ΔP/P 代表价格变动比率，则需求弹性系数的一般公式为：

$$E_d = \frac{\Delta Q/Q}{\Delta P/P} = \frac{Q_1-Q_0}{Q_0} \div \frac{P_1-P_0}{P_0} \tag{14-3}$$

例如，某种商品的价格变动 10%时，需求量变动 20%，则这种商品的需求弹性系数为 2。

在理解需求弹性的含义时要注意以下几点：

（1）在需求量与价格这两个经济变量中，价格是自变量，需求是因变量。所以，需求弹性是指价格变动所引起的需求量变动的程度，或者说需求量变动对价格变动的反应程度。

（2）需求弹性系数是需求量变动的比率与价格变动的比率之比，而不是需求量变动的绝对量对价格变动的绝对量之比。

（3）当价格提高时，需求量减少，而价格下降时，则需求量增加，即价格与需求量之间呈反方向变动，所以需求弹性系数为负值。在实际运用时，为了方便起见，一般都取其绝对值。

（4）同一条需求曲线上不同点的弹性系数的大小并不相同。

（二）需求的价格弹性对企业产品定价的指导意义

各种商品的需求弹性不同，根据需求弹性大小，可以把需求弹性分为五类：

（1）需求完全无弹性，即 $|E_d| = 0$。在这种情况下，无论价格如何变动，需求量是固定不变的，即需求曲线是一条平行于价格轴的直线，如图 14–7 所示。

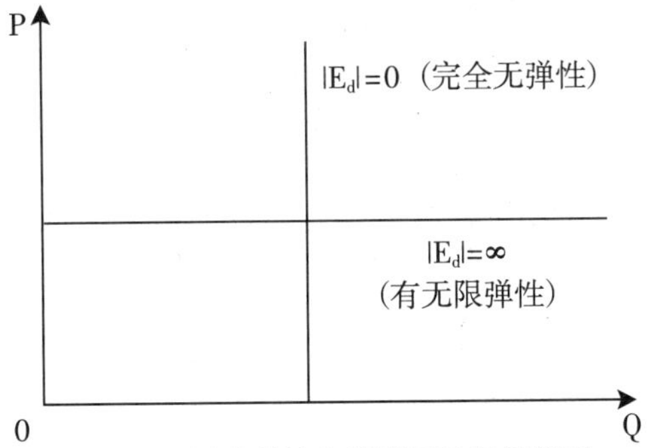

图 14–7 需求弹性曲线的两种极端情况

（2）需求有无限弹性，即 $|E_d| = \infty$。在这种情况下，当价格为既定时，需求量可以无限增加。即价格不变，需求曲线是一条平行于横轴的直线，如图 14–7 所示。

（3）单位需求弹性，即 $|E_d| = 1$。在这种情况下，需求量的变动比率与价格变动的比率相等，即价格每提高（降低）1%，需求量也相应减少（增加）1%，如图 14–8 所示。

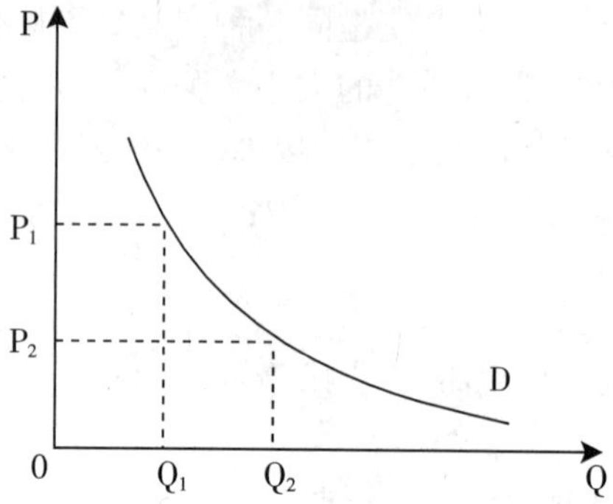

图 14-8 需求单位弹性曲线

以上三种情况都是需求弹性的特例，具有理论分析价值，在现实经济生活中是罕见的。现实中常见的是以下两种。

（4）需求缺乏弹性，即 $|E_d| < 1$。在这种情况下，需求量变动的比率小于价格变动的比率，即价格变动 1%所引起的需求量的变动小于 1%，如图 14-9 所示。生活必需品，如粮食、蔬菜等多属于这种情况。这类情况通过调整价格来改变需求状况效果不大。

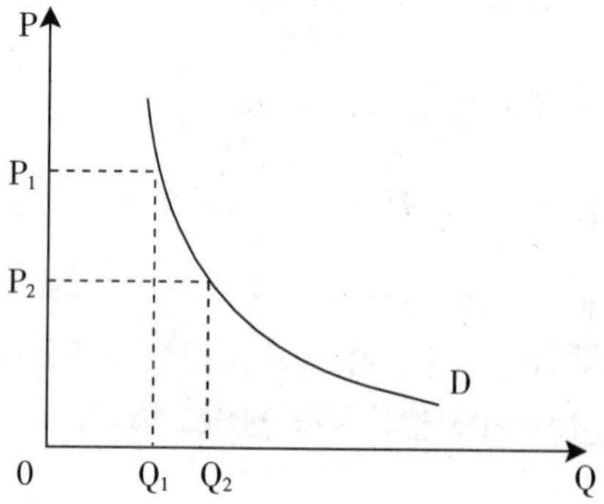

图 14-9 需求缺乏弹性曲线

（5）需求富有弹性，即 $|E_d| > 1$。在这种情况下，需求量的变动比率大于价格变动的比率，即价格每变动 1%，需求量的变动大于 1%。如图 14-10 所示。奢侈品，如珠宝、汽车、国外旅游等多属于这种情况。这类情况通过调整价格可以明显改变需求状况。

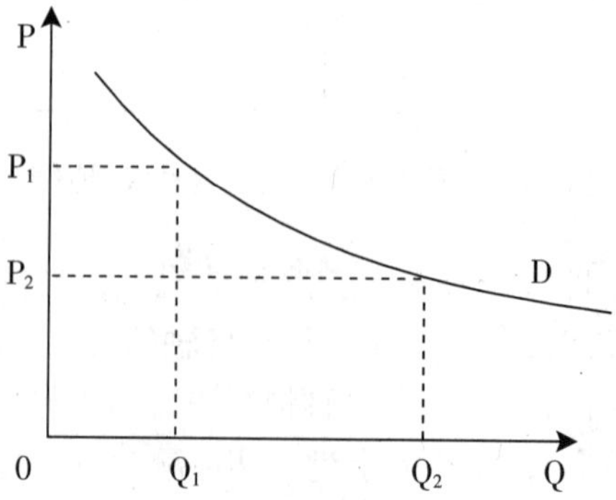

图 14-10 需求富有弹性曲线

四、竞争因素

竞争是影响企业产品定价的重要因素之一。按照竞争的程度，市场竞争可分为完全竞争、不完全竞争和完全垄断三种形态。在不同竞争形态下，企业的定价策略是不同的。

1. 完全竞争

指同类商品有多个营销者，每个营销者的商品供应量只占市场总量的极小份额，任何一个卖主都不能控制市场价格。在这种情况下，企业只能接受市场竞争中形成的价格，采取随行就市的定价策略。企业要获得更多的利润，只能通过提高劳动生产率、节约营销费用，使本企业的成本低于同行业的平均成本。

2. 不完全竞争

这是市场经济条件下普遍存在的一种市场竞争形式。在这种形式下，多数营销者都能积极主动地影响市场价格，而不是价格的被动接受者。经营者之间存在着产品质量、分销渠道、促销等方面的竞争，企业可通过“差异”优势，采取变动价格策略，寻找较高的利润。

3. 完全垄断

指一种商品完全被一家或少数几家企业所控制的市场形态。企业没有竞争对手，可以独家或与极少数几家协商制定、控制市场价格。这种形态通常分为政府垄断和企业垄断两种。完全垄断一般在特定条件下才能够形成，如拥有专卖（烟、酒）、专利权的企业，有可能处在完全垄断地位。由于垄断企业所处的地位，就决定了它完全有能力控制市场价格。

五、国家政策对价格的影响

国家政策对企业产品定价的影响是多方面的，通过制定政策，可直接影响企业产品定价。尽管国家对企业的定价权已经下放，但政策影响依然存在。如国家提高粮、棉收购价格，这样靠棉花为主要原料的纺织企业成本必然增加，企业就应考虑提高价格。同时，国家对有关国计民生的商品常有最高限价，企业应该严格遵守，从而直接影响企业定价。

企业在市场营销实践中，除以上五种影响因素外，市场营销组合的其他因素，如产品、分销渠道、促销、货币、消费心理等因素以及企业本身生产能力、财务状况等，都会对企业的定价产生不同程度的影响。企业必须全面分析影响定价的各种因素，才能制定合理的价格。

第二节 定价目标与程序

一、定价目标

企业的总体目标和具体的营销目标为制定产品的定价目标提供了指导；反过来，产品的定价目标又指导着具体的定价策略的形成和实施。例如，某公司的总体目标是成为国内市场上的主导性生产商。接着，公司可能会制定在每一地区实现最大销量的营销目标。之后，公司会根据销量最大化目标制定相应的定价目标。依据这些目标，公司可能会实施给渠道成员大量价格折扣的低价策略。

价格会影响营销组合中的其他因素，同时也受营销组合中其他因素的影响，产品决策、促销计划和分销渠道的选择都会影响产品或服务的价格。产品的分销渠道如果是由多个中间环节构成的，产品的价格必然定得高一些，以弥补批发商和零售商因提供服务而形成的涨价。

定价目标因企业而异，企业的定价目标大致分为以下四类（见表 14–1）。

表 14–1 定价目标

目　　标	具体目的	举　　例
获利目标	利润最大化目标收益	时尚服装、高档化妆品
销量目标	销量最大化市场份额	戴尔的低定价个人电脑增加了市场份额和服务销售额
竞争目标	价值定价	航空公司之间的价格战
企业声誉目标（企业形象目标）	生活方式形象	相对较高的价格，如劳力士手表吸引了注重身份的消费者

1. 获利目标

一般情况下，企业通常会设定目标利润作为企业的短期目标或长期目标。这就要求所定的价格不仅足以弥补成本，还能获得理想的利润。对此，企业必须很好地调查和了解其产品在市场上的地位，是否处于绝对优势。而利润最大化时的价格往往是价格的上限，如果价格的进一步提高将会导致销量大幅度下降，企业利润下降。

2. 销量目标

定价行为实际上是试图在给定的利润约束下实现销量的最大化。可以先设定一个能接受的最低利润水平，然后再寻求销量的最大化。实际上，在市场经济条件下，不断增加的销售额比短期的高利润更重要。

销量的最大化也源于企业产品的质量、服务之类的非价格因素，如摩托罗拉、诺基亚手机正是基于其产品质量的稳定才赢得了广大手机用户的青睐；而海尔的家电产品凭借其质量上乘、优质服务赢得了国内外市场。

另一个与销量相关的定价目标是市场份额目标。因为市场占有率的高低是企业经营状况和产品竞争能力的综合反映。提高市场占有率，是企业占领市场、实现长期利润目标的重要途径。销售额最大化和市场份额最大化在大多数企业的定价决策中占有重要地位。

美国的营销学者做过一项范围颇广的名为营销策略的利润效应（PIMS）的研究项目。该研究分析了 2000 多家公司，结果发现影响盈利能力的最重要的两个因素是产品质量和市场份额，而获利能力与市场份额之间成正比例关系。与市场份额较低的竞争对手相比，市场份额较高的大公司积累了更多的经营经验，有着更低的总成本。因此，有效地细分市场策略应强调在较小的市场上获得较大的市场份额，而不是在较大的市场上仅占较小的份额。

3. 竞争目标

价格是企业竞争的重要手段，从竞争的需要来制定产品价格是某些企业常采用的一种定价目标。因为降价方式最容易被其他竞争对手效仿，故在许多行业中，企业会设定与本行业价格领先者一致的价格来避免价格战，努力通过迎合竞争对手来保持价格稳定。

一旦折扣成了市场上一种通行的做法，价格之外的其他营销组合因素在购买决策中的重要性就提高了。此时，决定客户选择产品的是产品的整体价值，而不仅仅是价格。这种价值定价更强调产品的性价比，对于低价位的产品和服务最为有效。

4. 企业声誉目标

企业声誉目标与获利能力、销量无关，指制定一个相对较高的价格，以便形成并维持高质量和高贵的品牌形象，从而吸引那些注重身份的消费者。这种目标反映了决策者认识到了价格在塑造企业整体形象以及产品和服务形象中的作用。

企业声誉定价目标影响着像珠宝、跑车、欧米茄手表之类的产品定价。如果营销者把某种香水的价格定为每小瓶 800 元或更贵，那么这种定价反映了营销者更为关注的是形象而不是原料成本。

二、定价程序

价格决策是企业营销中最复杂的决策。为了使企业定价有条不紊地进行，需要制定一套科学严密的定价程序，这一程序一般包括六个步骤，如图 14–11 所示。

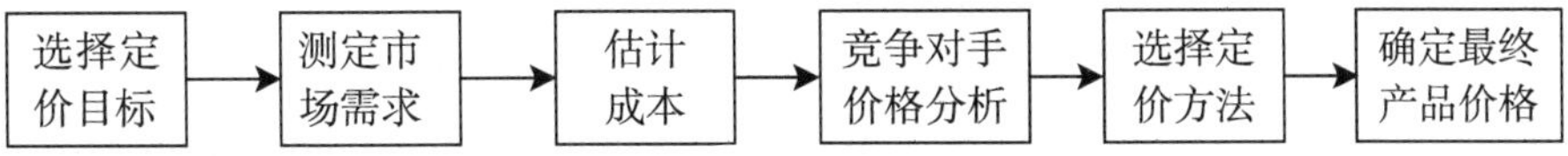

图 14–11 定价程序

1. 选择定价目标

定价目标是企业定价的指导思想，企业在不同的营销环境中经营，应有不同的目标，故企业常以某一定价目标为主同时兼顾其他定价目标。

2. 测定市场需求

需求测定是企业定价的一项重要工作，主要包括：市场需求总量、需求结构测定，了解不同价格水平人们可能购买的数量，分析需求的价格弹性等。

3. 估计成本

产品成本是定价的基础和底线。企业定价时，应依据财务部门提供的成本资料，分析价格、需求量、产量和成本之间的关系，以便制定出切实可行的价格。

4. 竞争对手价格分析

价格不仅取决于市场需求及成本，而且还取决于市场供给情况、竞争对手情况。竞争对手的价格及其对价格的反应，可作为企业的定价参考。企业了解竞争对手价格及产品的途径有：①可指派采购员，对竞争对手报价进行询问比较；②获取竞争对手的价目表，购买其产品并拆卸比较；③征求顾客对竞争对手产品的价格和质量的意见。

5. 选择定价方法

定价方法的选择取决于企业的定价目标和影响价格的主要因素。定价方法的主要内容将在第三节介绍。

6. 确定最终产品价格

采用适当的方法定出基本价格后，还须考虑其他因素，如政府的有关政策法令、消费者心理、企业有关业务人员的意见等，运用一定的策略调整基本价格，制定出最终价格。

第三节 定价方法

成本、需求和竞争者的价格是企业定价要考虑的三个主要因素。三者间的关系如图 14–12 所示。

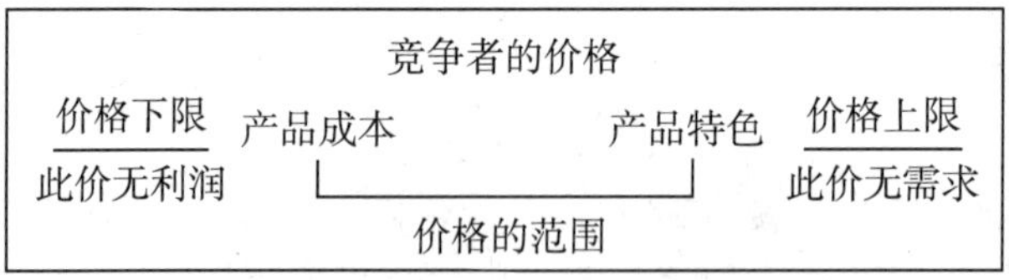

图 14–12 定价的主要影响因素

产品成本是价格的最低限，如定价等于或低于成本则企业将无利可图。产品特色导致消费者更多的付出，直到消费者认为不值得购买为止，此时的价格为价格的上限，价格高于这一限制将无市场需求。价格应该定在上限与下限之间。竞争者的价格是企业定价时应考虑的一个调节因素，以确定价格在上下限范围内的具体位置。

可见，定价时上述三个因素都应予以考虑，但在实际应用时，由于定价目标不同，需要选择其中的一个因素作为考虑的重心，同时适当兼顾其余两个因素作为确定具体价格的方法。因此，定价方法也就分为三种基本类型，分述如下。

一、基于成本的定价方法

这类方法，就是以产品成本作为定价的基础。产品成本包括固定成本和变动成本，单位产品成本应根据预测的销售量加以推算。以成本为中心的定价方法，常见的形式如下：

（一）成本加成定价法

这是在以成本为中心的定价方法中应用最广泛的定价方法。所谓成本加成就是在单位产品成本的基础上考虑企业盈利的定价方法。

1. 价格的计算

第一种是在成本上附加一个对成本而言的百分数，作为出售价格。其计算公式为：

单位售价 = 成本 ×（1 + 加成率）　(14–4)

例如：某生产袖珍型放音机的企业，产品单位成本为 320 元，其售价由成本加成 20%来确定。则其单位售价 = 320 ×（1 + 20%）= 384 元。

第二种是指售价包含了一定的加成率作为企业的收益，其计算公式为：

产品售价 = 单位产品成本 /（1 – 售价中包含的利润率）　(14–5)

如上例中的放音机生产商想要在产品售价中包含 20%的利润加成，则产品售价 = 320/（1 – 20%）= 400 元。

上述两种计算方法的区别在于对加成率的判定方式不同。第一种是以成本为基础的加成率，即加成率 = 加成金额/单位成本。如本例的加成率 =（384 – 320）/320 = 20%。

第二种是以售价为基础的加成率，即加成率 = 加成金额/价格。如所举例子中其加成率 =（400 – 320）/ 400 = 20%，但如果折算为成本加成应为 80/320 = 25%。

可见按第二种计算方法，在加成率相同时，加成金额大于第一种计算方法；或在加成金额相同时，加成率低于第一种计算方法，因而特别符合消费者的购买心理。一般所说的成本加成定价，实际上都是按第二种方法计算的。

2. 加成率的确定

不同商品之间的加成存在很大的差别，低的不到 10%，高的超过 50%，即使同一种商品，在不同的时间与地点，加成也有显著的变化。研究发现加成的高低受下列因素的影响：

（1）加成和单位成本呈反向变化，即单位成本越低，加成常常越高，以求达到较大的利润总额。

（2）加成和资金周转速度呈反向变化，即资金周转越快，加成越低，以取得稳定的利润率。

（3）季节性强的商品需要高的加成，以弥补当季未能售完的风险。

（4）加成和需求弹性呈反方向变化，即需求弹性大，加成应该小，以求达到薄利多销、提高总利润额的目的。

（5）储存和搬运费用高或款式变化快的商品也需要高的加成，以补偿销售周期延长，或流行款式变化所产生的风险。

上述因素并不能解释所有加成之间的差别，因为加成的高低还受各行业的传统习惯以及其他种种随机因素的影响。

3. 成本加成定价法的优缺点

成本加成的缺点是忽视市场需求和竞争。实际上定价的高低将因需求和竞争而直接影响企业产品的销售量。成本加成定价却是首先估算出产销量以确定单位成本，很有可能确定售价后的实际销售量和估算单位成本时的预计销售量并不相符，如果实际销售量低于预计销售量，则单位成本上升，实际加成就会下降。因此，只有在以加成价格销售能达到预期销售量的条件下，成本加成定价才是有效的。

虽然成本加成定价法有不足之处，但是由于存在以下优点而仍然被广泛采用：

（1）成本的不确定性一般比需求的不确定性小得多，定价着眼于单位成本使定价工作大大简化，不需要随时依需求情况的改变加以改变。

（2）只要在同行业中都采取这样的定价方法，则在成本和加成相似的情况下，价格也大致相同。这样就使价格竞争减至最小。价格上的竞争，往往导致行业收入减少。

（3）成本加成定价法对买卖双方都比较公平，销售者不会因消费者需求量增加而乘机抬高价格。而固定的加成也使销售者获得相对稳定的投资利润，排除了短时间内供求变化对价格及企业利润的影响。

（二）目标利润率定价法

这种定价法的要点是使产品的售价能保证企业达到预期的目标利润率。目标利润率定价法和成本加成定价法的区别在于前者着眼于产品的总成本，而后者则着眼于单位成本。现举例说明目标利润率定价法的应用。

设某企业某产品的生产能力为年产 100 万件，在生产能力范围内不论产量多少其固定成本都是 600 万元，单位变动成本为 5 元。预计下一年度的销售量为 80 万件，该企业要求达到 20%的目标利润。

目标利润率定价法的步骤，可用图解方式加以说明（见图 14–13）。

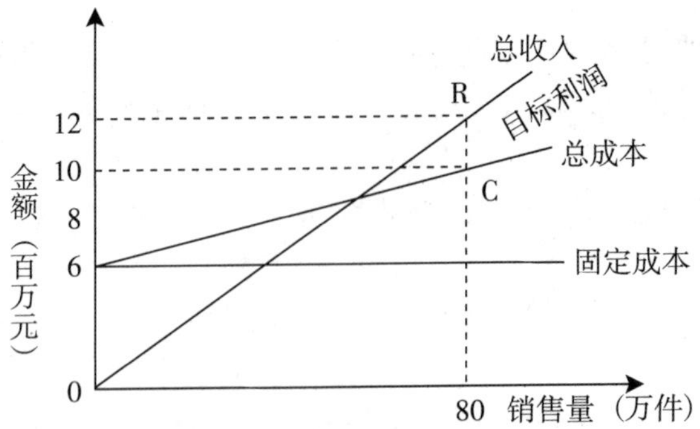

图 14–13 目标利润率定价法

首先画出总成本曲线，固定成本在产量为 0~100 万件时都是 600 万元，所以在图中是一条水平线。变动成本是随着产销量的增大而直线上升的一条直线，加上固定成本即为总成本曲线。

根据预测，销售量 80 万件，在分析图中总成本曲线的对应点为 C，即 1000 万元。

根据目标利润率，画出总收入曲线。当产量为 80 万件时总成本为 1000 万元，按企业既定的目标利润率 20%，即可求出企业的目标利润为 200 万元，从 C 点向上延伸 200 万元得到 R 点，该点与坐标原点的连线就是总收入曲线。

求出总收入曲线的斜率就是所应确定的价格。

$$tga = \frac{TR}{Q} = \frac{P \times Q}{Q} = P \tag{14-6}$$

其中：TR——总收入；

P——价格；

Q——产销量。

本例中，总收入为 1200 万元，销售量为 80 万件，所以价格应为 P = 1200/80 = 15 元。

目标利润率定价法，只能在预测的销售量和估算的总成本都比较准确的情况下，才能保证达到预期的目标利润率。但是，销售量在很大程度上受价格弹性和竞争者的价格的影响。因此，目标利润率定价法存在着和成本加成定价法类似的缺点，即为确定总成本而预测销售量时，并未明确是在什么价格下的销售量，应该说这是不合逻辑的。为弥补这一缺点，采用目标利润率定价法的企业应做出两方面的努力：一方面，企业应考虑几个不同的价格，以测算价格变动对销售量和利润会产生的影响，据此对按目标利润率定价法制定的价格进行适当的调整。如对需求弹性大的产品，适当降低售价。另一方面，生产企业应努力降低其固定成本和变动成本，以降低产品的盈亏平衡销售量，为保证目标利润创造有利条件。

二、基于市场需求的定价方法

常见的以需求为中心的定价方法有两种形式：

（一）市场认可价值定价法

这种定价方法是根据顾客对本企业产品的认可价值（Perceived-value），而不是以该产品的制造成本作为定价的基础。因此，企业首先需要通过市场研究确定该产品由于质量、服务、广告宣传等因素在顾客心目中所形成的价值，据此确定产品的售价。然后，估计这种价格水平下所能达到的销售量。根据销售量，决定生产量、投资额和单位成本。最后，核算在此价格和成本下，能否获得满意的利润，若可以，则继续发展此产品；若不可，则予以放弃。

例如：某工程机械公司，采用认可价值法为其产品定价。该公司所产的拖拉机定价 44000 元，虽然竞争对手的类似产品只定价 40000 元，但该公司却比竞争对手卖得好。为什么顾客愿意多付 4000 元购买该公司的产品？因为根据市场研究，该公司发现所产拖拉机的市场认可价值为：

40000	若拖拉机与竞争产品相同时的价值
3000	该公司产品有较长使用寿命所值的金额
2000	该公司产品良好的可靠性在买主中享有较高的信赖度所值的金额
2000	该公司提供较好的服务所值的金额
1000	该公司有较长的零件保用期所值的金额
48000	买主对该公司产品的认可价值

因此，该产品售价 44000 对买主来说不是比竞争产品贵 4000 元，而是比应有价值便宜 4000 元。这就是销售量反而增大的原因。

可见，认可价值定价法的关键是通过市场调查，对买主心目中的认可价值有正确的估计和判断，否则就会发生定价过高或过低的失误。

（二）需求差别定价法

这种定价的要点是对某种产品根据其需求强度的不同定出不同的价格，价格的差别与成本不成比例。

需求差别定价的形式有多种，主要有以下几个方面：

1. 以顾客为基础的差别价格

企业对同一项产品，根据顾客的需求强度不同定出不同的价格。例如，美国轮胎工业，卖给汽车厂的价格便宜，因为汽车厂需求量大；卖给一般用户的价格贵，因为其需求量小、需求弹性小。

2. 以产品改进为基础的差别价格

这种定价方法是对一项产品的不同形式确定不同的价格，但是价格上的差别并不和成本成比例，如图书精装本与平装本的价格差异。

3. 以地域为基础的差别价格

同一种商品在不同地区，如果存在不同的需求强度，就应该定出不同的价格，且定价的差别并不和运费成比例。例如，我国的传统出口产品茶叶、生丝、桐油、猪鬃等，国际市场十分看好，其定价比国内也高得多。又如，戏院里座位的票价，前排、中排、后排、边座可能相差若干倍。旅游景点和名胜古迹地区的旅馆、饮食的定价通常也高于一般地区。

4. 以时间为基础的差别价格

当商品的需求随着时间的变化而变化时，对同一种产品在不同的时间可定不同的价格。

从总体经济形势来看，经济不景气时，需求会大幅度下降，价格下跌；经济繁荣时，需求量上升，价格上涨。

一般情况下，需求随时间的变化常常是季节性的。夏季对电扇、冷饮、夏季服装、凉鞋的需求量增大，冬季则大减；节日用品的需求强度在节日前后会有相当大的变化，如中秋月饼，其价格在节日前后存在相当大的落差；以一天中的某个时间段来改变需求强度的，通常在公共运输、电话、电视广播等方面最为明显，为此，电视广告在新闻联播前后所谓的黄金时间播出收费高，其余时间收费较低等。

三、以竞争为导向的定价方法

以竞争为导向的定价方法主要着眼于对付竞争者，或者说定价以竞争者的价格为基础，而不是依据成本和需求。当然，以竞争者的价格为基础并不意味着等同于竞争者的价格。在一定条件下，企业可以制定较竞争者的价格为高或低的价格，以达到增加利润或扩大销售量、提高市场占有率的目的。

以竞争为中心的定价方法常见的方式有以下三种：

1. 随行就市定价

这是以竞争为中心的定价方法中最简单的方式。主要适用于匀质产品（如粮油、原料、钢材、纺织品等，不论哪个企业的产品，只要规格相同，产品质量是相似的）。

在完全竞争的情况下，经营匀质产品的企业对产品的定价，除了随行就市外，几乎没有其他选择余地。因为价格完全是由市场自发形成的，单个企业如果把价格定得高于流行价格，就会失去顾客。企业也没有必要把价格定得低于流行价格，因为这样会降低企业应得的利润。因此，对于匀质产品，企业唯一的竞争手段是控制成本，以便在随行就市价格水平上取得更多利润。

在少数几家大厂商把持整个行业的完全垄断的情况下，匀质产品产销企业也倾向于制定相同的价格。因为彼此非常了解，对价格变动非常敏感，个别企业如果提高定价，别的企业绝不会跟进，会造成顾客流失；个别企业如果降低价格，别的企业就会立刻跟着降价，自己的顾客也不会由此增加。总之，在这种情况下，个别企业不会从价格调整中得到任何好处，随行就市是最好的选择。

2. 渗透定价

渗透定价是以打进新市场或扩大市场占有率、巩固市场地位为目标的定价方法。其特点是价格偏低，低到什么程度完全根据竞争形势，而不是成本。采取这种定价方法时，投资回收时间较长。

渗透价格，早期称为“倾销价格”。这是垄断组织争夺市场时的惯用手法：以特别低的价格，向市场大量投放商品，排挤掉所有的竞争对手，占领市场后，再提高价格牟取暴利。这种策略在经济上、政治上不独立的殖民地半殖民地市场上曾经是屡见不鲜的，但由于容易受到政治上、经济上独立的主权国家的反击，目前已经比较少见，并演变为渗透价格方式。

渗透价格比流行价格水准要低，但又不像倾销价格那样相差悬殊。而且，着眼于维持一个较长的时间，并有可能做进一步的下降，以对付竞争形势的变化。

3. 投标定价

投标定价指参加投标的企业，根据规定投标的条件，提出报价。在物资采购、承包工程项目时，往往采用这种方法。

企业确定投标价格以取得承包合同并得到尽可能多的利润为目标。这两方面是相互矛盾的，一方面为了取得承包合同，报价必须低于竞争对手，但又不能太低，如果低于成本，企业不但没有利润反而遭受亏损，即使取得合同也将失去意义。另一方面为了取得利润，报价必须尽可能提高，但也不能太高，定价提高，可能的利润将增加，而取得合同的机会必将减少。

现假定有一投标项目，某企业估算各种投标价格时的期望利润见表 14–2。

表 14–2 最佳报价分析

单位：万元

方案	报价	成本	目标利润	中标概率（%）	期望利润
	①	②	③ = ① – ②	④	⑤ = ③ × ④
1	9700	9500	200	80	160
2	11000	9500	1500	35	525
3	12000	9500	2500	10	250
4	13000	9500	3500	1	35

由表 14–2 可看出，不同方案其期望利润是不同的，方案 2 的中标概率为 35%，期望利润最高，为 525 万元。以期望利润作为报价标准，对一般企业比较适合。如果一个企业情况特殊，迫切希望中标以维持生存，此时报价应以提高中标概率为目标。

第四节 定价策略

定价是一个系统工程。不但要考虑单个产品的定价问题，更要考虑企业产品组合的盈利性；随着产品沿着其生命周期的演进，价格也要不断进行调整；当竞争环境发生变化时，企业应该考虑何时主动调整价格以及何时对价格变动做出反应。本节将介绍处于产品生命周期导入阶段的新产品定价策略、产品组合定价策略、针对顾客差异和环境变化的价格调整策略、主动改变价格和对价格变化做出反应的价格反应策略。

一、新产品定价策略

产品导入期的定价尤其具有挑战性。引入新产品的企业面临着首次定价任务，定价是否得当，关系着新产品的命运和企业的前途。当企业推出新产品时，可根据情况选择以下两种定价策略：

（一）“撇脂”定价策略

当新产品投入市场时，将其价格尽可能定得高一些，利用新产品的特点和无竞争对手的有利条件，尽可能在短期内赚取更多的利润，尽快收回投资。以后，随着产销量的扩大、成本的降低以及竞争对手的加入，再逐步降低价格。这种定价策略是对市场的一种榨取，如同从牛奶中撇取奶油一样，因而取名“撇脂”策略。美国杜邦、拍立得等公司推出新产品时，都成功地运用过这种策略。

"撇脂"策略是一种追求短期最大利润的策略，可以迅速补偿研究与开发费用，获取高额利润，并掌握调价的主动权。但这种策略的应用一般应具备以下条件：①产品的质量与高价相符；②要有足够多的顾客能接受这种高价并愿意购买；③短期内不易出现竞争者。例如，康佳电器集团公司在推出新款"艺术电视"时，就采用了这种定价策略。由于"艺术电视"采用100赫兹无闪烁技术，对保护眼睛十分有利，所以很受消费者欢迎。当时100赫兹无闪烁技术在国内是独一无二的，康佳电器集团采用"撇脂"定价策略取得了成功。

（二）渗透定价策略

渗透策略与"撇脂"策略相反，是将投入市场的新产品价格定得尽量低，使新产品迅速被顾客接受，以迅速打开和扩大市场，在价格上取得竞争优势。

这种策略的优点是，利用企业资金雄厚、大批投产后较低的单位成本、价格需求弹性大等优势，通过"薄利多销"占领市场，同时使竞争对手处于不利的地位。但运用这种策略，价低利微，需较长时间收回投资，并且容易在顾客心目中造成低档产品的印象。因此，采用这种策略应具备以下条件：①产品价格需求弹性大，目标市场对价格敏感；②生产和分销成本有可能随着产销量的增加而降低。

例如，微波炉与煤气灶相比，具有清洁、安全、节能、节省时间等特点，具有广阔的应用前景。面对激烈的市场竞争，格兰仕成功地运用了市场渗透策略，并不断降价，淘汰了若干家竞争对手，一再扩大市场份额，成为我国最大的微波炉制造商，获得了优势地位。

二、产品组合定价策略

如果某个产品是产品组合中的一个组成部分，企业就需要定出一系列的产品价格，从而使整个产品组合取得最大利润。这往往是很困难的，因为各种产品的需求弹性不同，成本各异，竞争也不相同。常见的有以下几种情况：

（一）产品系列定价（Product-Line Pricing）

零售业中卖主常为其产品使用众所周知的价格点，如男子服装店，将男式衬衫定在三种价格水平上：分别是150元、250元和350元。有了这三个价格"点"，就会在顾客心目中形成低、中、高三种质量档次的衬衫，即使这三种价格都有所变化，顾客仍会按照自己对系列产品价格形成的习惯理解去购买某一档次的产品。营销者的任务是使顾客确信本企业是按质论价，即"一分钱，一分货"。

例如，松下提供不同档次的摄像机，按复杂程度（如自动定焦距、明暗控制和双速移动目镜等）进行排列。企业管理层必须决策从一种摄像机到另一种摄像机的价格间距（Price-steps）。价格间距要考虑摄像机的成本差异、顾客对不同摄像机性能的评价和竞争者的价格。如果两个连续产品的价格差距不大，购买者将会购买更多功能的摄像机，而且如果其成本差异小于价格差异，必将提高公司利润。

（二）任选产品定价（Option-Product Pricing）

在现实生活中，许多工商企业在提供主要产品的同时，还附带提供任选品或附件与之搭配。如购买汽车的顾客可能会对天窗、自动挡、真皮座椅等感兴趣；餐厅里除供应饭菜外，还提供酒水、卷烟、娱乐服务等。对这些非必需的任选产品的定价是个棘手问题，如汽车公司需要考虑把哪些任选产品计入汽车的价格之中，哪些需要另行计价。对此，需要根据市场环境、购买者的偏好等因素认真地加以分析。例如，有些饭馆将饭菜的价格定得较低，而酒水的价格定得较高，靠低价的饭菜吸引顾客，以高价的酒水赚取丰厚的利润。

（三）附属产品定价（Captive-Product Pricing）

相对于主体产品：剃须刀、照相机和计算机，剃须刀片、照相胶卷和计算机软件即为附属产品。附属产品必须和主体产品一起使用。一般说来，大企业往往把主要产品的价格定得较低，而把附属产品的价格定得较高，通过大量销售附属产品获取高额利润。如日本任天堂游戏机硬件单价仅 1.48 万日元，而软件单价却高达 4000~6000 日元。

类似的定价策略也可用于服务业。服务业的价格分为固定部分和变动部分。如电话公司每月收取的座机费（固定费用），按次数和时间计算的电话费（可变费用）。游乐场、公园、动物园的收费包括门票费，食物、中途游乐活动的费用，划定范围或额外项目的额外收费等。服务公司需要决定对基本服务收多少钱以及对可变部分收多少钱。固定费用应低至足以吸引来顾客，利润可以从可变部分中赚取。

（四）副产品定价（By-Product Pricing）

在发电、养殖、石油等产品生产中，经常产生副产品。如果这些副产品对某些顾客群具有价值，并获得销售收入，可使企业对其主要产品的价格保持一定弹性，提升竞争力。

随着科学技术的进步，人们会不断发现副产品的价值。在下例中我们可以看到，种植公司发现了比现有产品更有价值的副产品新业务。

马来西亚的金色希望种植园（Golden Hope Plantations）过去常将老橡胶树用作燃料。现在，老树砍下后，供给快速增长的橡木家具、地板市场。仅就地板行业而言，公司就可获得比橡胶树多四倍的税前利润。它在油棕种植园也采用了同样的操作方式。过去，从棕榈油制成品中去除废渣曾是一件令人头疼的事情，现在则可以将废渣转变为制造高密度地板、汽车座位以及具有药效的床具的原材料。

又如，用玉米生产淀粉过程中所排出的废水一度曾是工业污染的三害之一。当人们发现废水经过处理，可以用来生产药用肌醇（价格较贵）的原料——植酸钙时，则原来的废水转而成为公司的利润之一。

三、价格调整策略

企业为产品定出基本价格后，在营销过程中还要根据市场的供求情况、服务对象和交易条件等因素的变化，随时调整价格，以掌握营销的主动权，取得更大的经济效益和社会效益。调整价格的策略主要有以下几种：

（一）价格折扣与折让

为刺激和报答顾客的某种购买行为，鼓励大量购买、淡季购买、预先付款等，许多企业都要对基本价格做适当的调整，实行折扣与折让价格，即实行让利政策。常见的有以下几种方式：

1. 现金折扣

现金折扣（Cash Discount）是对及时付清账款的购买者的一种价格折扣，鼓励尽快付款。最典型的例子是“2/10，N30”，其意思是：应在 30 天内付清账款，但如果在交货后 10 天内付清的话，给予 2%的现金折扣。这样的折扣在许多行业里是惯用的，是为改善卖主的现金周转、减少催款费用及坏账损失等目的服务的。

2. 数量折扣

数量折扣（Quantity Discount）是卖方因买方购买数量大而给予的一种折扣，鼓励多买。如标价每件 10 元，购买 100 件以上，则每件 9 元。

数量折扣可以在非累计基础上提供（按每张订单或每次购买量计算），还可以按在一定时期内的累计购买量计算。这种折扣提供了一种诱发因素，促使顾客向特定的卖主购买，而不是向多个供应商购买。

3. 功能折扣

功能折扣（Functional Discount）也称贸易折扣（Trade Discount），是指制造商向中间商（分销渠道）提供的折扣。根据中间商的不同类型和不同的分销渠道所提供的不同的服务，给予不同的折扣。例如，制造商报价为“100 元，折扣 40%及 10%”，表示给零售商折扣为 40%，即卖给零售商的价格是 60 元；给批发商则再折扣 10%，即 54 元，因为批发商和零售商的功能是不同的。

4. 季节折扣

季节折扣（Seasonal Discount）是卖主向那些购买非时令商品或服务的买者提供的一种折扣。季节折扣使卖主在一年内得以维持均衡生产。如雪橇制造商们在春季和夏季向零售商们提供季节折扣（在原来的价格基础上给予一定的折扣），以鼓励其早期订购。而旅馆和旅游饭店、航空公司等在旅游淡季通常都大打折扣，以吸引旅游者光顾。

5. 折让

折让是根据价目表给顾客以价格折扣的另一种形式。如“以旧换新折让”即将同一类型的旧品折合成一定的价格，从新购买的商品中予以扣除。旧货折价折让在汽车行业和一些其他耐用消费品的交易中最为普遍。而“促销折让”是卖方为了报答经销商参与广告和支持销售活动所支付的款项或给予的价格折让。

（二）差别定价策略

差别定价就是根据交易对象、交易时间、交易地点等的不同，对某一种产品制定出两种或多种不同的价格，以满足各种顾客不同的需要，从而达到扩大销售、增加收益的目的，但这种价格上的差别并非以成本的差别为基础。常见的差别定价形式有顾客细分定价、地点定价、时间定价等，在需求差别定价法中已经做了介绍，不再赘述。

实行差别定价必须具备一定的条件。①市场必须能够细分，而且这些细分市场要显示不同的需求程度。②支付低价的细分市场人员不会将产品转手或转销给付高价的细分市场。③在高价的细分市场中，竞争者无法以低于公司的价格出售同样的商品。④控制细分市场的费用不应超过差别定价所得的额外收入。⑤实行这种定价法不应该引起顾客反感和敌意。⑥差别定价的特殊形式不应该是非法的（即不应该造成非法的"价格歧视"）。

（三）心理定价

心理定价（Psychological Pricing），是指利用消费者不同的心理需要和对不同价格的感受，有意识地采取多种价格形式，以促进销售，增加盈利。心理定价主要是依据现实中许多顾客把价格当做产品质量的一种指标，以价论质。那些以自我感觉为主的产品，像香水、昂贵的小汽车等，用名牌定价法是很成功的。常见的心理定价策略有以下几种方式：

1. 尾数定价

尾数定价就是定价时保留小数，这样可以使购买者对定价工作增强信任感，同时还给人以价廉的感觉。一件商品标价 97.9 元比标价 100 元要好销，这是因为：一是顾客会产生这种商品不到 100 元的心理感觉；二是如果标价 100 元，有的顾客就要怀疑为什么刚好是一个整数，而有尾数，顾客可能以为这是经过严格核算定出的价格，产生货真价实的感觉。

2. 声望定价

声望定价与尾数定价相反，不是给人以廉价的感觉，而是故意把价格定成整数或定位在较高的价格，以显示其商品或企业的名贵高超。例如，美国著名的 P&G 公司将其"海飞丝"洗发剂打入中国市场时，在同类产品中定价最高，结果反而畅销。又如，1985 年参加巴黎世界博览会的中国成套瓷器，就因为标价只有 300 法郎，使一些本想作为礼品送人的顾客欲购又止，因为这样的价格不足以满足炫耀心理的需要。

3. 参照定价

许多时候顾客在选购商品时，脑海中常常已有一个参照价格，参照价格可能是顾客已了解到的目前市场上这种产品的一般价格；也可能是把以前的价格当做参照价格。例如，在柜台陈列时有意识地将某种价格较高的产品放在附近，以表示这些产品都属于高档之列。时装店常把妇女服装按价格的不同放在不同的柜台出售，明确显示其档次的不同，以满足不同层次的需要。

（四）促销定价

在现实经济生活中，贪图便宜是许多消费者一种潜在的心理状态。营销者抓住这种心理，常常将要出售的商品以低价招徕顾客；或利用节假日和换季时节进行“大甩卖”和“酬宾大减价”以及附以赠品的方式等举行销售活动，把部分商品按原价打折售出，以促进全部商品的销售。促销定价常采用以下方法：

1. 牺牲品定价

超级市场和百货商店以少数几种商品作为牺牲品将其价格定得较低，以吸引顾客光顾本店，并期望他们购买正常标价的其他商品。

2. 特别事件定价

零售商经常利用特别事件如“十周年店庆”、“母亲节”等举办各种活动，返券、打折销售某些商品，吸引更多的顾客购买。

（五）地区定价

地区定价是指企业为其产品向分布在不同地区的消费者制定不同的价格。一般来说，产品都存在异地销售问题，为了体现运输、装卸、仓储、保险等费用的不同，需要制定几种不同的地区价格。常见的有以下几种：

1. FOB 产地定价（Free On Board Origin Pricing）

FOB 即“Free On Board”的简称，多在外贸中专用，为在某一运输工具上交货的贸易条件。FOB 产地定价，即指卖方负责将产品装运到产地的某种运输工具上交货，并承担此前的一切风险和费用。交货后的一切风险和费用包括运费则由买方承担。

2. 统一交货定价（Uniform Delivered Pricing）

与 FOB 产地定价相反，这种定价法是没有地区差价的。企业对不同地区的顾客实行统一价格，运费按平均运费计算。这种定价方法简便易行，并可争取到远方的顾客，但对近处的顾客不利。

3. 区域定价（Zone Pricing）

介于 FOB 原产地定价和统一交货定价之间的一种方法，即把产品的销售市场划分为两个或两个以上的区域，在每个区域内定一个价格。一般对较远的区域定价高一些。

4. 基点定价（Basing-point Pricing）

企业指定一些城市作为定价基点，按基点到顾客所在地的距离收取运费，而不管货物实际上是从哪里起运的。

5. 免收运费定价（Freight Absorption Pricing）

有时急于同某个顾客或某个地区做成生意，企业自己负担部分或全部实际运费，而不向买方收取运费。这样可增加销售额，若企业使平均成本降低而足以补偿这部分运费开支，从而达到市场渗透、在竞争中取胜的目的。

四、价格反应策略

企业建立了自己的价格机制和价格策略后，还可能面对环境的变化，或是主动改变价格，或是对竞争者的价格变动做出反应。

（一）企业主动调整价格

1. 降低价格

降低价格可能会挑起同行之间的价格竞争，但在下述情况下企业必须考虑降价：①企业的生产能力过剩，造成产品积压。②企业面临激烈的竞争，市场占有率逐渐下降。为了扭转被动局面、保住市场份额而降低价格。③企业的成本低于同行业的平均水平，有条件降低价格以控制市场。另外，当经济不景气、产品销售困难时，企业也可以考虑降价。但降价策略也有一定的风险：低价能买到市场占有率，但买不来顾客对产品的偏爱，当市场上出现了价格更低的竞争产品，顾客的兴趣会发生转移；降价会影响企业的收入和利润。所以，企业在决策降价时应权衡利弊，认真考虑企业目前的市场占有率、销售增长率、生产能力、顾客对价格的敏感程度、价格水平与销售量的关系、市场占有率与利润的关系等。降价后，还应对其他营销策略进行相应的调整，使营销组合的配置更加完善。

2. 提高价格

提高价格会引起顾客和中间商的不满，但在某些情况下企业不得不提价。通货膨胀是引起价格上升的一个重要原因。货币贬值造成物价普遍上涨，企业成本增加，为维持简单再生产，企业不得不提高价格。企业提价的另一个原因是需求过旺，企业无法满足市场对该产品的全部需求，提高价格既可有效地抑制需求，又可增加企业的利润。

企业提高价格的方法有多种，各种方法对顾客的影响也有所不同。①延缓报价。一些生产周期较长的行业，如建筑业和重型设备制造业通常采取这种方法，到产品制成或交付使用时再根据实际成本确定最终价格。②在合同中载明随时调价的条款。③实行指数价格，使企业产品价格与某一特定物价指数保持同步，随物价的普遍上涨而提高，这样容易被消费者接受。

企业提高价格时，应通过各种传播媒介做好宣传解释，争取消费者的理解，并帮助顾客解决因产品提价而产生的困难。

（二）顾客对价格调整的反应

企业调整价格后，应密切注意消费者对变价的反应。这种反应可通过需求的价格弹性表现出来。企业可通过调价产品的需求弹性系数来验证调价的正确性。例如，某种富有弹性的产品降价 3%，但销售量的增长小于 3%，则说明降价的幅度还不够。

另外，由于顾客对企业价格调整的理解不同，有时会出现企业预料不到的反应，这也是企业应注意的问题。企业降价的目的是吸引更多的顾客，增加销售，有时却适得其反，引起顾客持币观望。因为他们对降价的理解是：产品质量有问题，降价处理；或新产品即将上市，老产品降价是清理积压存货；或企业资金紧张，可能倒闭或转产，今后零配件将无处购买。特别是企业在短期内连续几次降价，更容易使顾客产生价格还会再降的想法，推迟购买。所以不适当的降价，反而影响产品的销售量。反之，企业提价本应抑制需求，但有时却会引起顾客抢购。因为他们对提价也有不同的理解，认为该产品是热门货，不抓紧买，将会买不到；或认为涨价是因为该产品有特殊的价值。在通货膨胀调价下，顾客认为价格还会再涨，由于购物保值心理的作用，“买涨不买落”，购买量随价格上涨反而增加。

（三）竞争对手对企业变价的反应

企业调整价格时，还要认真对待竞争对手的反应。企业面临的竞争形势有两种：一种是面临一个强大的竞争对手；另一种是面对几个竞争对手。

当企业面对一个竞争对手时，可从两方面预测竞争对手对企业变价的反应：一是假定竞争者以常规方式对价格变动做出反应，在此情况下，其反应是可以预测的。二是假设竞争者将每一次价格调整都看作是新的挑战，并根据自己的利益做出相应的反应。那么，企业必须弄清当时竞争对手的利益是什么，调查了解竞争对手的财务状况、生产能力和销售情况，还应分析其经营目标。如果竞争对手的目标是扩大市场占有率，那么很可能跟随价格调整；如果竞争对手的目标是追求利润最大化，则可能在其他方面做出反应，如加强促销、改进产品质量、调整渠道系统等。总之，企业应尽可能利用各种信息，分析判断竞争对手的意图，以便采取相应的对策。

当企业面临若干个竞争对手时，必须对每个竞争对手的反应做出预测。如果这些竞争对手的反应相似，只需分析一个典型的竞争对手即可；如每个竞争对手在经营规模、市场占有率和营销目标等方面差异较大，那么他们对企业变价将做出不同的反应，需要逐一进行分析。当一部分竞争对手相继调整价格后，其他的竞争对手会闻风而动，随之变价。

（四）应付竞争者变价的对策

在市场竞争中，企业经常遇到竞争者变价的挑战，因此，如何对竞争者调价做出适当的反应，是一个十分重要的问题。

在同质产品市场上，如果某一企业率先提价，一般情况下，其他企业不会随之提价，提价者必然会失去顾客；如果某一企业带头降价，其他企业除了降价别无选择，否则就会失去市场。

在异质产品市场上，企业对竞争者变价的反应有更多的选择。因为在这种市场上，顾客在选购时不仅仅考虑价格，还要考虑产品的质量、功能、外观和服务等多方面的因素。在很多情况下，顾客对较小的价格差异并不在意。

当竞争者调价时，企业必须调查了解竞争者变价的原因，是暂时变价还是永久变价？将对企业的市场占有率和利润产生什么影响？其他企业会做出什么反应？如果企业采取相应的对策，会产生怎样的连锁反应，如图 14-14 所示。

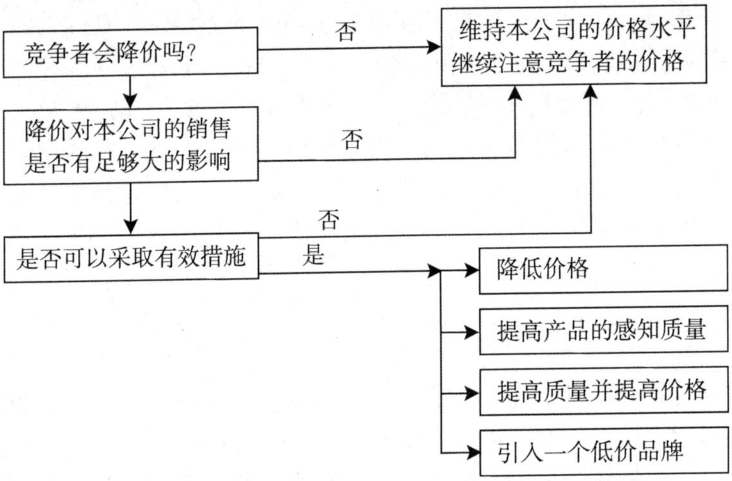

图 14-14 评价并对竞争对手的价格变动做出反应

在市场上处于领导地位的企业面对竞争对手的攻击性降价，可以采取以下对策：

(1) 维持价格不变。因为降价会损失利润，保持原价，对市场占有率有一定的影响，但如果影响不大的话，日后还能恢复。当然维持原价的同时要改进产品质量、提高服务水平、加强促销宣传、运用非价格竞争手段来反击对手。一些企业认为，这样做比降价更为有利。

(2) 降价。与竞争对手保持相同的价格水平。这样做是因为产品的需求价格弹性较大，不降价会丧失大量的市场份额，而日后很难恢复；降价可增加销售量，降低成本，提高经济效益。

(3) 提价。这是一种针锋相对的策略，提价的同时要提高产品质量，并通过各种传播媒介树立优质品牌的产品形象，与竞争者争夺市场。

(4) 推出廉价产品进行反击。即在企业原有的产品线中增加低档产品，或另外推出一个廉价品牌，这种对策在对价格敏感的细分市场中是十分有效的。

当竞争者降价时，企业不可能花大量时间去调查、分析及研究对策。竞争者削价是准备已久、经过反复权衡才决定的，而企业必须在最短时间内做出最佳反应。唯一可行的办法是，预先准备好几种应对方案，一旦遇到竞争者降价，马上按照一定的程序进行反击。

● 本章回顾：

影响企业定价的主要因素有成本、供求关系、价格需求弹性以及竞争状况。另外，价格的制定还需要符合企业总体目标和具体营销目标，包括获利、销售量、竞争对手的价格和企业声誉四个方面。

基本的定价方法包括成本导向定价法、需求导向定价法和竞争导向定价法。对此，企业需要根据实际情况进行选择，同时辅之以灵活多样的定价策略，以达到企业的定价目标。

新产品在进入市场时可以考虑“撇脂”定价策略和渗透定价策略。随着产品生命周期的进程和竞争环境的变化，企业需要对价格进行必要的调整，并对竞争对手的价格变化做出最佳的反应。另外，为达到企业的整体目标，企业需要从产品组合角度考虑产品系列定价、任选产品定价、附属产品定价以及副产品定价。

● 讨论与概念应用题：

1. 请列出本章讲述的典型定价目标。你认为哪一个是：①经常被使用的；②最难实现的；③最有潜力使组织长远发展下去的？为什么？

2. 沃尔玛是天天低价的典范。天天低价让沃尔玛和其他价值导向的零售商稳健成长。

(1) 回顾本章内容，请解释天天低价策略。其优势和劣势是什么？

(2) 天天低价是否能归于“基于价值的定价策略”？天天低价对每个零售商都适用吗？请举出不宜采用天天低价的零售商的例子。

3. 假设你已经被委派为一个地区的百货公司童装部经理，你必须制定规则以规范下列行为（可以假设）：

(1) 怎样发动降价？

(2) 怎样发动提价？

(3) 当顾客对你公司的价格变动产生消极反应时，应采取什么样的行动？

(4) 竞争对手对你公司的价格变动有所回应时，应采取什么行动？

(5) 你公司怎样对竞争者的价格变动做出回应？

4. 某企业全年的成本总额为 100 万元，产品估计销量为 5 万件，投资总额为 400 万元，预期目标投资收益率为 20%，为达到投资收益目标，该产品的销售价格应定为多少？

5. 假如有一家企业参与某项工程投标，其报价、利润、中标概率如下表。如果按期望利润最大的报价投标，其报价应选哪一个。如果企业以中标概率为目标，则报价要选哪一个？

报价	可获利润（万元）	中标概率	期望利润（万元）
20	3	0.80	2.4
25	8	0.40	3.2
30	13	0.20	2.6
35	18	0.10	1.8
40	23	0.02	0.46

6. 某企业在市场上销售 A 产品，7 月销售额为 37000 元，企业为扩大销售，8 月初对产品实行了降价 10%的策略，结果 8 月销售额为 39000 元。试问，这种产品是否具有价格弹性？企业采用降价策略是否合适？

7. 甲洗衣粉的定价为：10.9 元/320 克；乙洗衣粉的定价为：9.9 元/260 克。哪个品牌更有吸引力？假设两种产品质量相同，哪种品牌具有更高的价值？这种定价方法有什么心理方面的依据？

8. 一家服装店以三种价格水平销售男士服装：180 元、260 元和 340 元，如果顾客在比较不同的套装时以价格点作为参考，请评估一下添加一条售价为 280 元的新套装产品线的效果。并估计 260 元价位的套装的销售量会增加、减少还是保持不变？

9. 轮胎产业成本上涨了 4%，而轮胎价格反而下降了 7%；近几年，工资不断增加，而现在的一台个人电脑只有 5000 元左右，几年前则上万元。是什么共同的因素促使这两种产品降价的？这两个产业中的公司怎样才能提高盈利？在什么情况下，生产商要主动降价？

●【案例 14–1】上海大众"帕萨特"的定价策略

在汽车产品越来越同质化的今天，能生产汽车已不再是一个厂家的核心竞争力，而会不会卖车则会充分体现出一个厂家的核心竞争力。

上海大众是德国大众与上海汽车工业集团总公司成立的合资企业，在品牌营销方面基本上继承发扬了德国大众的策略。而德国大众是世界知名的跨国公司，其制定出的定价策略，是保证公司目标实现的重要条件。通常，这类公司产品价格会受到三个制约因素——生产成本、竞争性产品的价格和消费者的购买能力影响，其中产品的生产成本决定了产品的最低定价，而可比产品的竞争性定价和消费者的购买能力则制约着产品的最高定价。

以上海大众 2003 年 1 月 21 日上市销售的帕萨特最高档车帕萨特 2.8V6 为例，其打出的品牌定义为"一个真正有内涵的人，并非矫揉造作"。营销目标是"成为中高档轿车的领导品牌"、"成为高档轿车的选择之一"。无疑上海大众希望传播这样一个目标：帕萨特是中高档轿车的首选品牌；在品牌形象方面是典范；要凌驾于竞争对手别克、雅阁和风神蓝鸟之上；缩小与高档品牌（如奥迪、宝马、奔驰）之间的差距。

上海大众为了达到以上目标，在分析了自己的优劣势后进行了定价决策，并围绕着营销目标和所制定的价格进行了一系列行之有效的广告宣传。

（一）定价

为了制定出有竞争优势的市场价格，上海大众首先从以下几个方面分析了自己的优劣势。

1. 就生产成本而言，由于该车系上海大众已在 2000 年就开始生产了，而且产销量每年递增，所以生产成本自然会随着规模的增加而降低。

2. 竞争品牌技术差异。

(1) 在与市场同档次产品（如奥迪 A6、本田雅阁、通用别克等）相比，虽然帕萨特的长度排名最后一位，但是帕萨特轿车身材最高，达 1.47 米；整车轴距为 2.803 米，远远高于雅阁、别克。

帕萨特的乘坐空间和乘坐舒适性在同类轿车中处于最好水平，尤其对后排乘员来说，腿部和头部空间尤显宽敞。

(2) 帕萨特和奥迪 A6 所用的 2.8V6 发动机技术水平均处于领先地位。

(3) 空气阻力影响汽车的最高车速和燃油油耗。帕萨特的风阻系数仅为 0.28，在同类轿车中处于最高水平。

(4) 与帕萨特及奥迪 A6 的周密防盗系统相比，雅阁没有发动机电子防盗系统和防盗报警系统，别克轿车没有防盗报警系统。

(5) 帕萨特轿车的长度在四种车型中名列最末，但由于其卓越的设计，帕萨特的行李箱容积却超过了广州本田雅阁和上海通用别克的水准。

3. 售后服务是汽车厂商们重点宣传的部分，而维修站的数量则是个硬指标。上海大众建厂最早，售后服务维修站的数量自然也会居于首位。在市场营销方案中，上海大众依然用图表的方式充分展示了自己在这方面的优势。

在对经销商的培训及消费者的宣传中，上海大众用了这样的语言：上海大众便捷的售后服务、价平质优的纯正配件，使帕萨特的维护费用在国产中高级轿车中最低，用户耽搁时间最短，真正实现“高兴而来，满意而归”。很明显，上海大众抓住了消费者的需求心理：高质量、低价位、短时间。

在对全员培训中，上海大众非常明确地描绘出了帕萨特的品牌定位：感性表述——帕萨特宣告了你人生的成就；理性描述——帕萨特是轿车工业的典范；最后一句“帕萨特2.8V6是上述品牌定位的最好例证”，推出了新产品的卖点与竞争力。

整个营销方案的最后，打出了帕萨特2.8V6的定价：35.9万元人民币。

(二) 广告宣传

为了给消费者一个清晰、独特的品牌性格，上海大众策划了以下一系列广告宣传活动。

2000年6月，上海大众引进了在国际车坛屡获殊荣、与世界同步的帕萨特。这一年，帕萨特的广告宣传“惊世之美，天地共造化”一度脍炙人口，也将帕萨特的优雅外观、完美工艺形象烙进了人们心中。

然而，随着市场的发展，奥迪、别克、雅阁等国际品牌竞争对手的成长，使得中高档轿车的品牌宣传越来越需要一个清晰的市场定位与独特的品牌性格。在分析研究了竞争对手的情况后，上海大众对帕萨特进行了重新描述——“一部有内涵的车”，博大精深，从容不迫，优秀却不张扬。

2001年7月，帕萨特的主题电视广告“里程篇”投播，以对人生成功道路的回顾和思索，把品牌与“成功”连接在了一起，同时为该品牌积淀了丰富的人文内涵。

2001年12月，上海大众推出了帕萨特2.8V6，配备了2.8V6发动机和诸多全新装备，是大众中高档产品在我国市场的最高配置。该车将帕萨特的尊贵与卓尔不凡乃至整个上海大众的形象推向了一个新的层面，在电视广告宣传中，上海大众利用了“里程篇”所奠定的“成功”基础，将“成功”提升到了更高境界。在这部广告片中，我们可以看到山、水、湖泊、森林、平原、沙漠变换中蕴藏着的无限生命力，无疑创意者在表现帕萨特2.8V6的动力。在平面媒体中，上海大众加强了对帕萨特2.8V6“内在力量”的宣传，与电视宣传形成内外呼应、整体配合的效果。

但是，所有的广告宣传背景都贯穿了一条线索——“修身、齐家、治业、行天下”，这个深入人心的“儒家”思想，概括了中国人的人生态度和抱负，使得“成功”的境界登峰造极。经过了“修、齐、治、行”四个递进阶段后，帕萨特智慧、尊贵、大气、进取的品牌个性也就毫不张扬地得到了印证。

除电视广告、平面广告等大众媒体外，消费者的宣传手册也很重要。上海大众的做法是详细介绍了帕萨特2.8V6的新技术、新功能。如2.8升V型6缸5气门发动机、侧面安全气囊、电动可调带记忆、电动加热前座椅、带雨量传感器的车内后视镜、桃木方向盘、前大灯清洗装置等。

资料来源：http://www.bozhong.cc.

● 思考题：

1. 试分析帕萨特 2.8V6 定价所考虑的因素。
2. 试阐述帕萨特 2.8V6 的定价和广告宣传的关系。
3. 帕萨特 2.8V6 的定价及广告宣传是否与其市场定位相一致？

第十五章　营销渠道与物流管理

学习目标：

理解并掌握分销渠道的概念；了解一般的渠道模式，能够根据不同的企业类型设计分销渠道、评估渠道、激励渠道成员、解决渠道冲突，并能用供应链管理思想与方法处理仓储、存货、运输之间的关系。

在向顾客提供价值的过程中，很少有企业独自行动；相反，多数的企业仅仅是一个大的分销渠道或供应链上的一环。同样，一个企业的成功与否不仅取决于其自身的运作情况和表现，还取决于它所在的整个营销渠道系统与竞争对手的渠道系统在市场竞争中的表现。例如，日产公司能够生产出世界上最好的汽车，但如果该公司的零售商在与丰田、通用、戴姆勒—克莱斯勒和本田的分销商的竞争中服务不佳，销售平平，则整个日产也无法占得先机。所以，日产必须仔细选择渠道合作伙伴并实施一定的渠道管理。

半个多世纪以来，在建筑与采矿重型机械市场上，卡特彼勒公司一直处于世界主导地位，它生产的拖拉机、起重机、装卸车、推土机和卡车在任何一处工地上都可见。卡特彼勒公司向近 200 家企业销售 300 余种产品，占世界建筑设备市场 27%的份额，2003 年创造了超过 220 亿美元的销售收入。支撑着卡特彼勒持久成功的因素——高品质的产品、持续的产品创新、能够迅速响应客户需要的精益型组织。尽管卡特彼勒对其产品定价较高，但其卓越的品质和无障碍操作却能够提供更高的长期价值。当然，这些都不是卡特彼勒能够主宰世界市场的主要原因。公司前董事长兼首席执行官唐纳德·菲茨认为：公司在行业中的支配地位，来自于独一无二的销售和客户支持系统——来自公司与经销商们所建立起来的强有力的相互关爱的合作伙伴关系。

这说明绝大多数企业都不能仅仅依靠自己而将价值传递给客户；相反，它们必须依靠一个大的价值传递网络中的其他成员。

第一节　营销渠道的特性及结构模式

大多数的生产者都通过中间商将产品推向市场，而很少自己直接向客户销售。所以，企业都在打造一个相互依存共同协作的营销渠道或叫作分销渠道。

有两种原因使得渠道决策对企业来说至关重要。

（1）企业的渠道决策直接影响着其他所有的营销决策。比如，一旦企业选定了渠道成员，不论是便利店、专卖店，还是企业直销，其定价决策、人员推销以及传播沟通都会随之发生变化。如果企业对自己的营销渠道关注不够，有时会带来灾难性的后果。相反，有些企业却以很有创造性的渠道系统赢得了持久的竞争优势。如联邦快递以富于创新的分销渠道系统造就了在物流领域的领先地位。

（2）渠道决策由于涉及同其他企业之间长期的 B2B 的合作关系，所以很难像其他营销组合决策那样灵活易变。例如，一个企业的广告、定价、促销等都可以根据市场状况而变化。但是，企业一旦通过合同与独立经销商、大的零售商或特许经销商建立了渠道关系，当环境发生变化时，就不容易改变现有渠道而代之以其他渠道。因此，管理者必须精心设计渠道，在关注现在的同时也应该密切注意未来可能发生的销售环境变化。

一、中间商的作用

生产者把一些销售工作授权给中间机构，意味着拿出一部分利润给中间商，并在某种程度上放弃对如何销售产品和销售给谁的控制。但是，中间渠道凭借其业务往来关系、经验、专长和经营规模，通常能够以更高的效率将商品提供给目标市场，扩大销售，为企业带来更多的利益，而企业如果仅凭自己的力量是远远达不到的。图 15–1 显示了利用中间商在提高销售效率方面的好处。在有中间商的情况下，可以大大减少交易次数，销售效率也将明显提高。有些小商品进行直销往往是不切实际的，他们没有能力铺设专门销售自己产品的庞大的销售网，那样既不经济也没有效率。他们必须与其他生产者的产品形成互补，由广泛的配销机构网销售给众多的消费者。

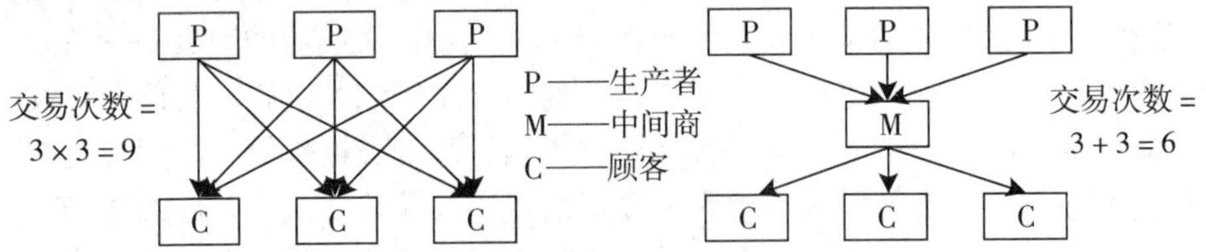

图 15–1 有无中间商的效益比较

中间商把商品从生产者转移给消费者，克服了时间、地点和所有权等主要分歧，创造了商品的时间效用、地点效用和占有效用。

（1）时间效用：生产时间与消费时间在很多情况下是不一致的。有了中间商的参与，便可以保证季节供应和随时供应，如水果、粮食等。

（2）地点效用：生产地点与消费使用地点往往相差很远，遍布世界各地、各大中小城市、各个居民区的销售网点，可以方便顾客购买。

（3）占有效用：生产者大批量地生产种类较窄的产品，而消费者小批量地需要种类较宽的产品。对此，中间商从许多生产者那里购买大量产品，把由生产者对产品的分类，转变为顾客要求的较小批量和较宽的分类，即通过集中、占有与分散，调节花色品种，更好地满足消费者的需要。

中间商在创造这些效用的同时要承担一定的风险，如消费者爱好发生变化，降价、缺损等。但由于创造了商品的效用，也便增加了商品的价值。

二、营销渠道模式

企业可以设计自己的分销渠道以便通过不同的方式将产品和服务提供给顾客。每一个将产品的所有权向最终使用者推进一步的中间商都是一个渠道层次，由于生产者和顾客都在其中起一定的作用，它们也是渠道的一部分。

渠道中间商层次的数量表明了一个渠道的长度。经过的环节越多，渠道越长；反之则越短。同一层次分销商的多少是渠道的宽窄问题。同一层次的分销商越多，则渠道越宽。如图 15-2 所示。

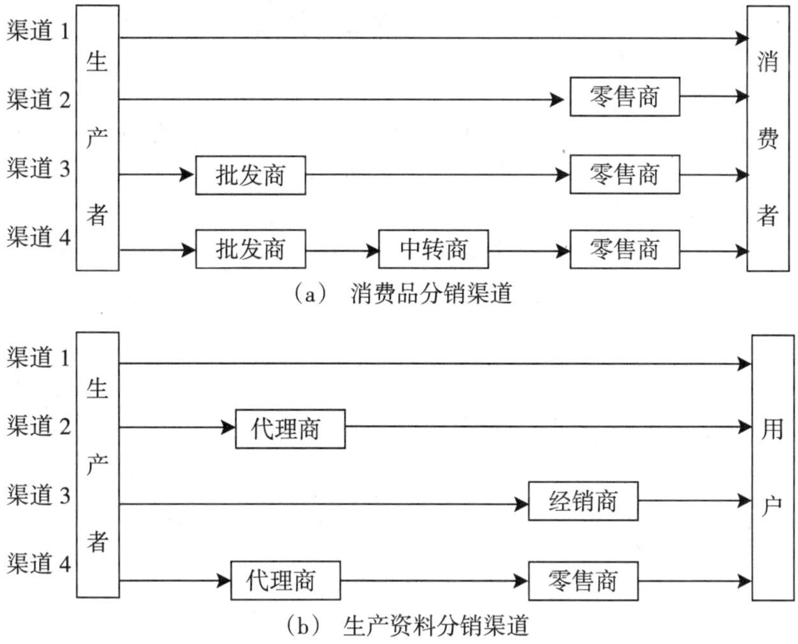

图 15-2　消费品和生产资料分销渠道

图 15-2（a）显示了几条不同长度的消费品营销渠道。渠道 1，没有通过中间商，称为直接营销渠道，由企业直接向顾客进行销售，如雅芳、安利等。渠道 2~4，包含了一个以上的中间商，被称为间接营销渠道。

图 15-2（b）显示了通常的生产资料营销渠道。生产企业可以通过自己的销售人员直接向客户企业销售产品，或者将产品交由各种类型的中间商转售给用户。一般来说，生产资料分销渠道偏短，因其用户规模较大、数量有限，多采用直接销售。

渠道中的所有组织机构都由若干流程来连接，这些流程包括：实体流程、所有权流程、付款流程、信息流程和促销流程，这些流程会使简单的分销渠道变得非常复杂。如

图 15-3 所示。

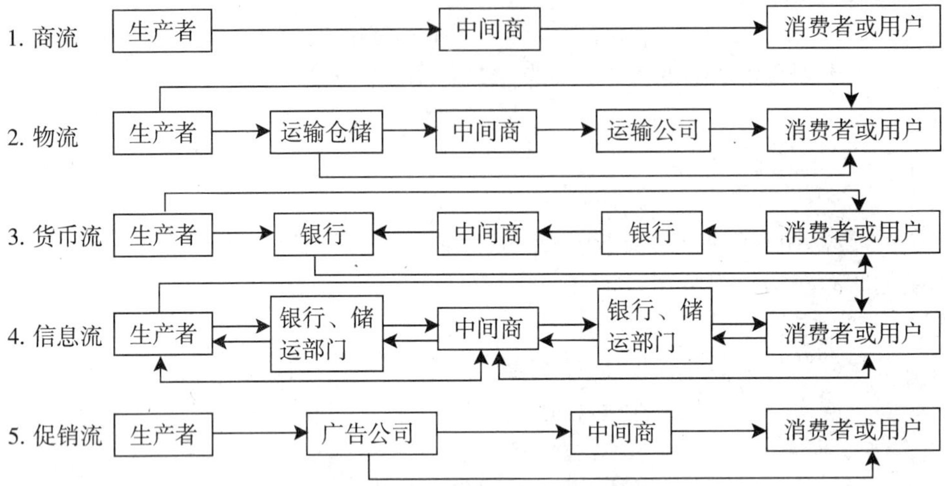

图 15-3 分销渠道的主要流程

第二节 渠道行为与渠道组织

营销渠道不仅仅是各种“流”连接起来的企业的简单集合，而且还是由个人和企业组成的复杂的行为系统。成员们在其中互相影响以实现个人的、企业的和渠道的目标。某些渠道系统可能是松散地组织起来的，而另一些则可能是非常正式、有着严密的组织结构。此外，渠道系统不是固定不变的，随着科学技术的进步和管理水平的提高，整个渠道系统也在不断丰富与改进。

一、渠道行为

一条营销渠道包含着若干因共同利益结合起来的企业。每个渠道成员都与其他成员相互依赖。例如，汽车的分销商要依赖制造商设计和生产不同的款式满足客户的需要，而制造商也要依靠它的分销商来吸引客户、劝说客户购买并提供售后服务。所以，单个渠道成员的成功往往取决于所有渠道成员的共同努力。

每一个渠道成员在渠道中都扮演着一个具体的角色。只有当每一个渠道成员被安排做他们最擅长的工作时，渠道才最富有效率。

在理想状态下，所有的渠道成员应该通力合作。他们应该理解并明确自己的角色，相互协作以实现渠道的整体目标。然而，在现实中，个体的渠道成员很少采取这样的广泛合作的观点，因为合作以达到整体的渠道目标有时意味着要放弃自己的利益。尽管渠道成员彼此依赖，但他们经常根据自身的短期利益单独行事。在谁应该干什么、该得多少报酬等问题上经常发生争执，由此产生渠道冲突。

水平渠道冲突发生在渠道内同一层次的企业之间，各地区的分销商对同一产品可能有不同的销售成本结构（各省、地区之间的税费差异造成），低成本的分销商会倾向于调低产品的价格并将其销售到自己的区域之外而发生串货现象。水平渠道冲突同样会出现在特许经营加盟店之间，以至于损害了特许经营的整体形象。

垂直渠道冲突则更为常见，它是渠道中不同层次之间的冲突。如批发商兼做零售业务，给予消费者较零售商更多的折扣，从而侵害了零售商的利益。

渠道内的有些冲突可能是有益的竞争。这种竞争对渠道是有好处的，因为没有竞争，渠道会变得过于消极和缺乏创造力。但是，过分的或长久的冲突会破坏渠道的有效性，并对渠道关系产生持久的损害。企业应该管理渠道冲突使之不致失去控制。

二、垂直营销系统

要使渠道成为一个整体运作良好的系统，就必须仔细界定每个渠道成员的角色并管理渠道冲突。如果一个渠道中有一个公司、一个代理机构或一种机制起领导作用，并且拥有分配角色和管理冲突的权力，整个渠道就会运行得更好。从历史上看，传统的分销渠道缺少这种领导和权力，经常会导致破坏性的冲突和很差的绩效。近年来，渠道最大的进步之一就是以拥有渠道领导者为特征的垂直营销系统的出现。图 15-4 对比了两种形式的渠道安排。

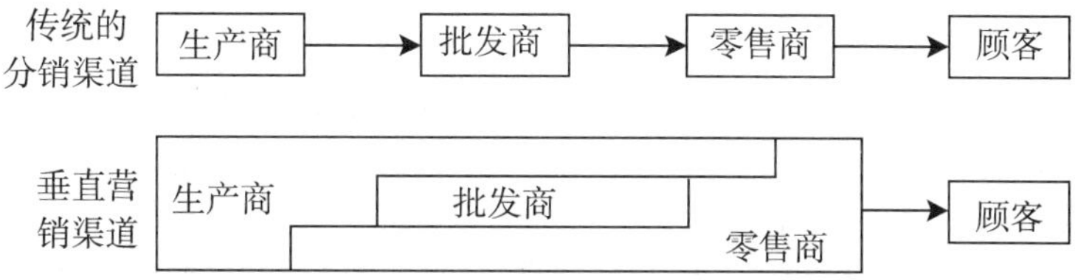

图 15-4 传统的分销渠道系统和垂直营销渠道系统

传统的分销渠道包括一个以上独立的生产商、批发商和零售商。每个成员都分别寻求自身利益最大化，甚至不惜以整个渠道系统的利益为代价。渠道成员之间没有相互控制权，也不存在一个正式的手段来分配角色以解决渠道冲突。而垂直营销系统中的生产商、批发商和零售商的行动更像一个统一的系统。某个渠道成员拥有其他成员，或者同其他成员签订合同，或者拥有某种权力而使其他成员参与协作。垂直营销系统可以由生产商主导，也可以由批发商或零售商控制。一般有三种主要形式：公司式、契约式和管理式，如图 15-5 所示。每种方式通过不同的手段在渠道中树立领导和权力。

（一）公司式垂直营销系统

公司式垂直营销系统也称为所有权式营销系统，是指同一投资主体把相关的生产单位和销售单位联合起来，成为一个有效的分销渠道结构。其特点是所有权统一，渠道统一管理和控制。喜欢对渠道有高度控制权的公司往往采取这一形式，分前向一体化和后向一体化两种。例如，丰田公司是一个后向一体化的典型，它对其主要供应商都有一部

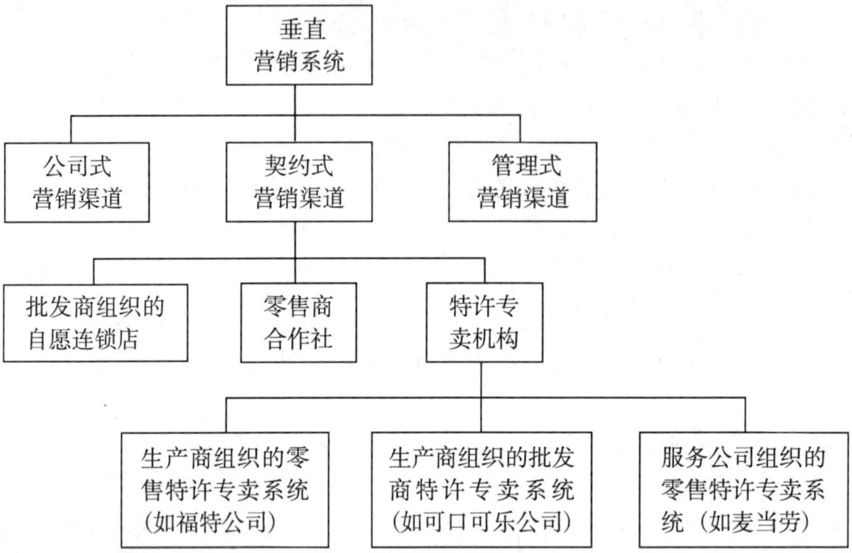

图 15-5 垂直营销渠道结构

分股权。美国希尔温·威廉油漆公司是前向一体化，生产油漆产品，并拥有 2000 家油漆零售店，实行对销售的统一集中管理。

（二）管理式垂直营销系统

管理式垂直营销系统也称为支配式垂直营销系统，是通过某一规模大、实力强的成员，把不在同一所有权下的生产部门和分销部门联合起来的市场营销系统。这种结构形式不是以所有权为基础，而主要依赖于某个处于支配地位的企业自身的实力和影响。这种情况下的渠道成员一般遵从领导企业的意见，形成以领导企业为中心的网络。如一些名牌生产企业往往有能力获得经销商的合作和支持，像柯达、吉利、保洁等公司，无论在商品陈列、柜台位置，还是在定价和促销等方面都能得到经销商的有力支持。

（三）契约式垂直营销系统

契约式垂直营销系统由不同的但相关的生产企业和商业企业，用契约联合起来，以期取得比单独行动更有效、更经济的营销效果。近年来，这种结构得到了长足的发展，是经济生活领域最引人注目的变化之一。契约式垂直营销系统主要有以下几种形式：

1. 自愿连锁的批发商联合组织

批发商组织独立零售商成立自愿连锁，以利于与大型连锁店开展竞争。批发商制订一项计划，独立零售商按这一计划使其销售活动标准化，并获得采购批量的价格好处。

2. 零售商合作组织

零售商牵头成立的一个新的经济实体开展批发业务，或许有些生产活动。成员通过零售商合作组织集中购买，开展联合广告，所获得的利润按成员的进货量返还。非成员也可以从零售商合作组织进货，但不能分享利润。例如，若干家零售店可以联合起来统一从农民那里低价购入农产品，进行销售。

3. 特许经营组织

特许经营组织是指从生产到销售的过程中，各经营机构在共同的契约下连成一体，其中各成员企业为拥有特许专营权的单位。特许经营是近年来发展最快的零售组织形式，主要有以下三种方式：

（1）生产企业倡办的零售特许经营系统。在汽车行业比较常见，许多汽车制造商通过特许经营由汽车经销商销售汽车和提供服务。

（2）生产企业倡办的批发特许经营系统。在软饮料行业比较常见，如可口可乐、百事可乐支持的特许企业，向该公司购买原料进行碳酸处理，装瓶出售给地区经销商或零售商。

（3）服务公司倡办的零售特许经营系统。由一家服务公司组织整个系统，向消费者提供更有效的服务。在汽车出租、快餐服务等行业比较常见，如麦当劳和肯德基。

有些中间商没有加入垂直市场营销系统，而是发展为专业店，瞄准大型综合商店不感兴趣的那部分细分市场。因此，零售业出现了两极分化的现象：一是大型垂直营销系统；一是独立的专业店。生产企业也因此遇到了麻烦：一方面，它们既要调整旧的渠道形式，与迅速发展的垂直营销系统相适应；另一方面，它们与那些独立的中间商有着长久的关系，不愿轻易放弃。垂直营销系统对现有的生产企业是一种威胁，因为垂直营销系统会绕过它们，建立自己的制造部门。

三、横向市场营销系统

横向市场营销系统也称水平市场营销系统，在同一层次上的两家或多家企业联合起来开拓新出现的营销机会。当企业处于下列情况时可能会寻求横向联合：一是单独行事时，每个公司都会缺少资金、技术、生产或市场营销资源；二是不想冒风险；三是看到与其他公司合作会带来巨大的协同效应，如手机销售商与咖啡店合作，在咖啡店里销售手机，彼此都会增加销售机会。

一般来说，一些不同行业的小公司通常经过下列三个步骤寻求合作：

（1）互相了解。来自不同行业的公司互相交换信息，加深彼此了解，建立互相信赖关系，并从对方的问题中获得借鉴或启迪。

（2）互相帮助。这些公司之间可以建立许多研究小组，共同开发新产品、新服务和新生意，成立新的机构或部门。在这一阶段，各公司明确自己的角色定位，并为其他公司做出贡献。

（3）共同创造。新的机构继续研究或与其他公司联手，合作研究开发新的构思。在未来的市场上，企业采取这种形式开拓新出现的市场营销机会，将会成为一种趋势。

四、多重渠道市场营销系统

多重渠道市场营销系统，指生产企业通过多条营销渠道将相同的产品送到不同的市场或相同的市场。有时，由于企业生产的同一种产品既卖给消费者用于生活消费，同时又卖给工业用户用于生产性消费，生产企业就需要通过若干不同的销售渠道将同一产品送到不同的市场（消费者市场和生产者市场），有些生产企业还通过多条渠道将其产品送到同一种市场。如图 15-6 所示，圆钉的多重营销渠道结构。

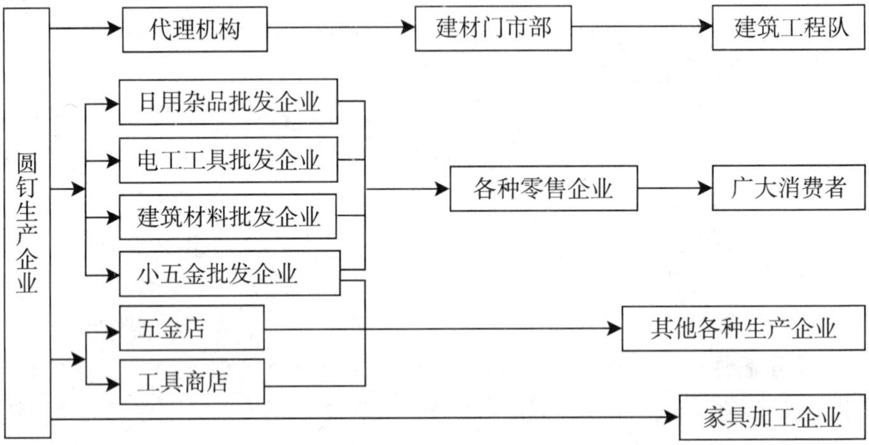

图 15-6 圆钉的多重营销渠道结构

企业利用多重渠道市场营销系统有许多优点。首先，通过增加新的渠道，进入新的市场，从而提高市场覆盖率。其次，降低了渠道成本。企业针对不同的客户可以采用不同的销售方式，如对大客户可以利用人员推销，而对小客户则可使用电话或网络销售，从而节约推销费用。最后，可以更好地满足客户的需求。企业在销售简单的产品时可以利用间接的渠道，而在销售较为复杂的设备或需要售后服务的产品时，可以采用直接销售的渠道，这样专业的推销员会直接提供服务给客户。

多重渠道市场营销系统也有不利之处，最大的问题是渠道之间的冲突。例如，20 世纪 70 年代末，IBM 在其产品线中增加了微机产品线，直到 1981 年，该公司还只用自己的销售力量销售电脑。但是，当小型、低成本电脑市场急剧膨胀时，这种单一渠道已不再适合了。在快速分化的电脑市场中，为了满足众多细分市场形形色色的需要，IBM 在不到 10 年的时间里添设了 18 条新渠道。现在 IBM 销售全线电脑产品和配件，除了通过自己的销售力量之外，还通过 IBM 直销店、产品目录和电话营销经营部。消费者购买个人电脑还可以到 IBM 独立的经销商那儿去，或者到任何一家大零售店及办公用品仓库。

增加了间接渠道，必然会导致多条渠道争夺顾客和销售量，渠道冲突在所难免。当 IBM 直接以目录和电话销售方式低价向顾客销售时，公司的许多零售商叫喊“不公平竞争”，并威胁在他们的柜台上取消 IBM 产品或者不再给予任何重视，由此造成渠道控制难度加大。

五、改变渠道组织

技术的变化、直接营销和网络营销的巨大发展，对于营销渠道的性质和渠道设计都有非常深远的影响。一个主要的趋势是脱媒（Disintermediation）——指产品和服务的生产者日渐绕过中间商而直接面对最终消费者，或者是强势的新型渠道中间商的出现取代了原有的中间商。

因而，在许多产业中，传统的中间商有日渐衰弱的趋势。例如，新加坡航空公司开始在分销渠道中逐步取消零售商而直接向最终客户销售。电子商务的迅速发展正蚕食着传统的实体零售商。消费者可以在亚马逊的网站上购买书籍、音像制品、玩具和电子产品而不需要去光顾一家实体商店。

脱媒向生产者和中间商同时提出了问题和机遇。为了避免被搁置一旁，传统的中间商必须重新发掘在供应链中增加价值的新方法。为了保持竞争力，产品和服务的生产商必须开发像互联网或是直销这样的新的渠道机会。但是，开发这些新的渠道往往意味着它们将和旧有渠道产生直接竞争，从而造成冲突。

为了减轻这一问题，企业经常会寻求使自己和现有渠道伙伴都受益的发展方向。例如，为了降低成本和扩大销售，惠普公司开设了三个直销网站：面向消费者的购物山庄、面向企业客户的惠普商务中心、面向现有签约客户的 Ehopping Solutions Now。然而，为了避免和已有的零售渠道冲突，惠普将其所有的网络订单转给了零售商，由他们完成处理订单、装运产品和回款等工作。这样，惠普既发挥了网络优势，同时也增加了零售商的生意。

第三节 渠道设计

当美国天美时（Timex）首次进入亚洲时，选择了直接向零售商送货的渠道，自信自己的品牌优势足以进入这个市场。然而，本地的零售企业和珠宝店并不喜欢这种手表，天美时受到了沉重的挫伤。由此可见，正确进行分销渠道的设计是渠道决策的核心。

一、影响分销渠道的因素

进行分销渠道设计、选择分销渠道需要考虑市场、产品、企业自身和环境等多方面因素。

（一）市场因素

选择分销渠道，首先要考虑目标市场的需求特点，了解市场规模大小、目标顾客是生产资料用户还是生活资料的消费者以及市场的竞争状况等。如日用消费品，市场规模大且分散，顾客购买量小，购买次数多，就应采取长渠道，以减少订货和运输的频率，从而降低流通费用。工业品市场一般采用短渠道。另外，企业可以根据自己的竞争目标采取不同的方式，一方面，可以参考竞争对手的渠道结构进行设计；另一方面，可以有意避开竞争对手常用的渠道，一反常规，开辟新的渠道。

（二）产品因素

一般情况下，产品单位价值的大小与分销渠道的长短、宽窄成反比关系。例如，日用消费品单位价值越低，分销渠道就越长、越宽；而高档耐用消费品、工业品中的专用设备或成套机组，单位价值越高，分销渠道就越短、越窄。但也有例外，有的产品价值虽低，但一次销量很大，或这种产品习惯上与其他产品一起出售，订货量很高，金额较大时，也会采用短、窄的分销渠道。

对于时尚性强的产品，一般也应采用短渠道，以避免由于时尚的变化引起产品的过时，造成积压，如家具、时装、玩具等。

鲜活易腐产品应尽量减少中间环节，采取尽可能短的渠道，缩短流通时间，防止腐烂，如蔬菜、水果、鲜鱼、鲜肉等。对于不宜长途运输的易毁、易损性产品也应采取短渠道销售，以减少损耗，如包装不过关的易毁物品、冰箱等耐用消费品。

单位体积或重量大的产品，应采用少环节的短渠道，以减少流通的不便，如大型机械设备、工程泡沫塑料等。

技术复杂而又需提供售前、售中、售后服务的产品，应采用直销渠道，以便于销售人员当面介绍产品，专门技术人员提供各种必要的技术服务，如服务器、操作系统等。

处于不同生命周期的产品，分销渠道也应不同。对于投入期的产品，企业应采取尽可能短的渠道（最好是直销），以便打开销路。而对于成熟期的产品，企业以间接渠道销售的居多，以便更多地占领市场。

对于季节性生产、全年性消费，或全年性生产、季节性消费的产品，在渠道的设计上应注意，季节性强的应采用稍长的渠道，以充分发挥中间商的作用，保持生产的连续性和供应的不断档。

产品组合的广度、深度和相关性对企业分销渠道的长短和宽窄均有影响，企业在设计渠道时也应加以考虑。

（三）企业自身因素

规模大、实力雄厚的大企业通常拥有经验丰富的销售队伍，因此多采用短渠道的销售模式；相反，一些实力不足的小企业往往需要通过中间商进行销售。声誉高的企业产品质量可靠，一般需要长渠道；而知名度低的企业则需要中间商的帮助，才能打开市场。当企业出于各方面的考虑，需要对分销渠道进行有效的控制时，不宜采取长、宽的渠道。

（四）环境因素

企业所处的环境因素不同时，分销渠道也应不同。例如，经济形势好时，企业选择渠道有较大的自由；经济萧条时，为了刺激需求，企业应力求以最经济的方式将产品传送到最终市场，采取较短的渠道，以减少流通环节带来的费用。

另外，企业在选择分销渠道时，也要考虑国家的有关政策和法规对商品流通的规定和限制。

在综合分析上述各方面因素的基础上，企业要比较采用各种渠道的费用和获利情况，找出最经济的分销渠道，以实现自己的营销目标。

二、分销渠道的设计

分销渠道的设计必须立足长远，因为一经形成，再想改变或替代原有的渠道是比较困难的，通常需要付出较大的代价，所以在设计渠道方案时，应谨慎从事，精心设计。渠道方案设计主要包括确定渠道模式、确定中间商数目和规定渠道成员间的权利和责任。

（一）确定渠道模式

生产企业在进行分销渠道的设计时，首先要决定采取什么类型的渠道，是直销还是通过中间商销售。如果决定直销，就要选择是派人上门推销、采用自设店面销售，还是采用互联网销售，或是采用其他形式；如果企业是通过中间商销售，就要进行中间商层次的选择，首先考虑选择使用几层中间商，再考虑中间商的类型、规模及经营状况等。

一般企业在设计时，要把目前企业可以利用的渠道全部列出，然后综合各个方面的因素进行比较，找出最有利的渠道模式。

例如，一家生产车用空调机的企业，可供选择的渠道方案一般有：企业将空调机直接销售给汽车制造商，汽车制造商将其安装在汽车上，连车一同出售；企业将产品销售给不同的汽车经销商，汽车经销商在维修汽车时可用其更换；通过销售队伍或分销商将产品销售给汽车配件零售商；利用免费电话订购或邮寄渠道销售；利用互联网进行跨国界的网上销售；等等。

必须指出的是，当渠道费用、目标市场不同时，企业需要选择不同的渠道模式。例如，联合利华是最后进入印度尼西亚冰淇淋市场的，它的品牌是和路雪。由于考虑了上述因素，联合利华没有利用现有的冰淇淋分销渠道，而是建立了一个新的销售代理网，其中大多数是家庭主妇，每个代理商配备了一台冰箱，送货员骑自行车不断补货，每个送货员只负责一小块地区以确保存货。这样，和路雪很快就成了印度尼西亚冰淇淋市场上一个强有力的竞争者。

（二）确定中间商的数目

企业在决定分销渠道的宽窄时，应考虑影响分销渠道的各个因素，合理地确定中间商的数目。一般有三种形式可以选择：

1. 独家分销

生产企业在特定的市场区域内，仅选择一家中间商为其销售产品，实行独家经营。独家分销是最窄的分销渠道，这种方式一般适用于新产品、名牌产品以及有某些特殊性能和用途的产品。

对生产企业而言，选用这种方式，可以较好地控制产品的价格和数量，并能获得中间商的协作和支持，有利于带动新产品上市，同时也有利于树立企业形象，增加利润等。但应注意的是，企业过分依赖中间商，风险较大，如果中间商的经营发生意外，可能会遭受损失。

采用独家分销，一般要与中间商签订书面契约以保证双方的权利与义务，如规定中间商不得同时经营其他竞争性的产品，生产企业不得在同一区域另找其他中间商等。签订此种契约时，应注意当地的法律法规，因为独家经营有垄断的性质。

2. 密集分销

生产企业利用尽可能多的中间商分销，销售网点越多越好，力求使产品能广泛地和消费者接触，方便消费者购买。例如，价格低廉、无差异性的日用消费品、食品，或生产资料中普遍使用的小工具等多采用此种方式。

这种分销方式市场覆盖面广，方便顾客购买。但是，由于中间商数目繁多，企业管理比较困难，同时由于中间商不愿意做专门的广告，企业的广告宣传费用负担较重。

3. 选择分销

生产企业在同一市场区域内，有条件地选择几家最合适的中间商为其销售产品。这是介于上述两种方式之间的一种形式，适合于所有产品的销售，特别是对于选购品或特殊品效果会更好。

这种分销方式比独家分销面宽，比密集分销面窄，有利于扩大销路，开拓市场；有助于加强双方的了解和联系，从而获得中间商的合作，提高中间商的经营积极性；可减少中间商之间的盲目竞争，提高产品的声誉。

企业在对上述三种方式进行选择时，还应充分考虑企业的营销目标，目标不同，选择的方式应有所不同。例如，生产企业在新产品刚上市时，为打开销路，往往采用密集性分销，但新产品占领市场后，为提高销售效率，往往又改用选择性分销，淘汰一些效率低的中间商，选择一些经营水平较高的中间商。

（三）规定渠道成员的权利和责任

为保证分销渠道的畅通，企业必须就价格政策、销售条件、市场区域划分、相互服务和责任等方面明确中间商的权利和责任。

（1）价格政策是指生产企业要制定中间商认为公平合理的价格折扣和价格目录。例如：生产企业针对中间商不同的销售量，给予不同的出厂价格。

（2）销售条件是指付款条件和生产企业的承诺。例如：企业对提早付款或按时付款的中间商给予现金折扣；对大量采购的中间商给予质量和价格下跌时的担保。

（3）市场区域划分是指生产企业给予经销商在一定地区范围内的特许经销权。如华北地区总代理、某市级独家经销、在半径三公里的范围内不开设第二家分店等。

（4）相互服务和责任。主要指企业要求中间商提供市场情报、配合促销、保证服务水平，同时，企业向中间商提供技术支持、促销支持、人员培训等。

三、渠道评估

企业在设计出不同的分销渠道方案后，要对可供选择的渠道方案进行评估，根据评估结果，选择最有利于实现企业长远营销目标的渠道方案。分析评估主要从三方面进行：即经济性、可控性和适应性。

1. 经济性

主要考虑的是每一条渠道的销售额和成本的关系。既要考虑自销和利用中间商的销量大小，又要比较二者的成本高低。一般而言，利用销售代理商的成本较企业自销的成本低，但是销售代理商的成本增加较快，当销售额增长超过一定水平时，利用代理商的成本会越来越高，如图 15–7 所示。

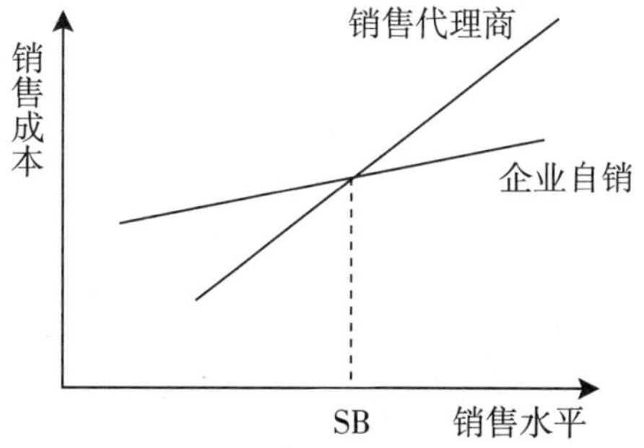

图 15–7　销售成本和销售水平的关系

在销售额低于 SB 点时，应利用销售代理商，当销售额高于 SB 点时，企业自销有利。因此，规模较小的企业或大企业在销售量较小的地区，利用销售代理商合适，当销售额达到一定水平后，则应建立自己的分销机构。

2. 可控性

可控性是指生产企业对分销渠道的控制程度。自销的控制程度最强。生产者和中间商的产销关系密切时，相互间有较强的约束条件，则可控性也较强，此时使用中间商会有利，因为他们比企业更熟悉市场。

3. 适应性

适应性是指渠道对生产企业和市场变化的适应程度。当生产企业和中间商签订权责后，企业在经营上的灵活性就会降低。因此，在灵活多变的市场上，生产企业就要寻求能获得最大控制的渠道结构和政策，以力求提高渠道的适应性。例如，天津史克（TSK）通过中国传统的药品分销系统（三级批发）销售低价的药品，使产品分别渗透进了大、中、小城市和农村市场。同时，又配以西方式的销售网络推销其处方药品，参加研讨会和订货会，通过二级批发商销售。另外，它还向医院、药房、诊所推销与销售高价药品。

第四节　渠道管理

在渠道方案确定之后，企业必须对渠道中的中间商进行选择、激励和评估，并随着营销环境的变化进行有效的调整和管理。

一、选择渠道成员

生产企业为确定的渠道招募中间商时，由于企业自身的声誉和产品的销路不同，对中间商的吸引力会有所不同。声誉好、产品销路好的企业很容易找到中间商，如丰田汽车公司就很容易吸引新的中间商经销其凌志车，相反有些企业会困难一些。不管难易，对于生产企业而言，必须确定一个合格的中间商应具备的条件，然后加以选择。对此，主要从以下几方面进行分析：

1. 与目标市场的接近程度

这是确定中间商的最基本的条件。主要包括：地理位置的接近，即中间商的店铺位置应接近生产企业目标顾客所在地；店客关系的接近，即生产企业的目标顾客经常光顾中间商的商店；经营优势的接近，中间商本身具有对生产企业的特定目标市场的吸引力和经营特色。例如，生产高档化妆品的企业，就要选择面向大中城市高层消费群体的中间商。

2. 财务状况

财务状况是最重要的考察条件之一。中间商的财务状况应良好，有偿付能力，甚至能预付货款或分担部分促销费用。

3. 经营目标和经营范围

中间商在经营中要有恰当的产品组合，并且在其经营业务中，应不包括竞争者的产品或其竞争产品对本企业不具有明显的竞争优势。

4. 市场占有率

中间商在市场上的覆盖率是否与生产企业的营销目标相一致。覆盖率小，达不到生产企业的预期目标；覆盖率太大，会影响其他中间商的利益，易出现销售网络的矛盾。

5. 推销能力

中间商应有一支高效的推销队伍，他们的工作效率直接影响到生产企业的销售结果。如果中间商是销售代理商，更应注重评估其销售人员的规模和素质。因为代理商主要靠销售人员与客户直接建立联系。

6. 储运能力

一般包括对中间商仓储能力、运输条件和储运管理水平的考察。当生产企业的产品需要冷藏，或生产企业希望中间商能更多地承担产品实体的储藏、运输任务时，对中间商的储运能力的考察就十分重要。

除此之外，还应考虑中间商的经营历史和经销绩效；中间商的声望与信誉；对生产企业的合作态度及经营积极性；中间商的未来发展预测；等等。

二、激励渠道成员

生产企业必须不断地激励渠道成员，了解中间商的需要和利益需求，向中间商提供必要的支持，使其最大限度地发挥销售积极性，出色地完成销售任务。一般可采取以下措施：

（1）向中间商提供物美价廉、适销对路的产品，从根本上为中间商创造良好的销售条件。

（2）利用定价技巧和策略，根据中间商的进货量、声誉和销售绩效等，分别给予不同的价格折扣和折让，与中间商合理地分配利润。

（3）提供促销支持，如负担广告费用、产品陈列、销售人员训练等。

（4）提供资金支持，中间商资金不足时可采用售后付款方式。

（5）信息沟通，及时向中间商提供市场情报和通报生产企业的生产情况，为中间商合理安排进货和销售提供依据。

（6）与中间商结成长期伙伴关系。

三、检查和评估渠道成员

生产企业应定期按一定的标准对中间商进行考察和评估。这些标准主要包括：销售本企业产品的情况、平均库存水平、销售服务情况、推销本企业产品的力度、促销的合作程度等。其中，销售本企业产品的情况最为重要。

经过对渠道成员的评估，对经营好的中间商给予奖励；对表现不好的中间商则要进行分析，帮其改进销售工作，必要时予以更换，以保证营销活动的正常进行。

四、调整渠道结构

企业为适应营销环境的变化，有时要根据经营目标的变化和渠道成员的情况，适时地对分销渠道进行调整。调整渠道主要有以下三种情况：

1. 增减渠道成员

增减渠道成员即决定增减渠道中的个别中间商。在调整时，既要考虑由于增加或减少某个中间商对企业盈利方面的直接影响，也要考虑到可能引起的间接反应，即渠道中其他成员的反应。例如，某卡车生产厂，发现有5%的经销商每年出售的卡车很少，而企业为这些经销商提供的服务费用超过了它们销售产品所获得的利润，为此，会考虑停止使用这5%的经销商。

2. 增减一条渠道

当企业发现营销环境变化较大，现有的渠道销售业绩不理想时，可以考虑在同一市场增加或减少一条渠道；或在不减少现有渠道的基础上，为把新产品打入市场，开辟新的分销渠道；或为把产品打入新的市场增加一条渠道。如前面提到的天津史克（TSK）。

3. 调整整个渠道结构

这是企业调整渠道中工作量最大、涉及面最广、最困难的一种。例如：企业将间接渠道改为直接渠道，单一渠道改为多重渠道等，都是对渠道的整体调整。进行这种调整，企业应慎重并同时考虑营销组合中的其他因素。

无论是局部还是整体调整，都要分析和评价调整可能给分销渠道带来何种影响、给营销组合带来何种影响，以及给企业和中间商的利润带来何种影响，并据此进行合理的决策。

五、管理渠道冲突

不管渠道设计得如何精良，由于渠道中存在利益不同的主体，渠道冲突仍会存在，因此妥善地处理渠道冲突，对渠道进行有效的管理，是提高渠道效率的重要保证。

某些渠道冲突可能会对渠道建设产生某种促进作用，而大量的渠道冲突往往会令渠道失去和谐。企业应采取措施，确立渠道成员的共同目标，加强渠道成员之间的沟通与合作，提高分销商的售前、售中、售后服务能力。

第五节　零售与批发

中间商是企业分销渠道中的重要组成部分，对它们进行分析和研究，有利于帮助生产企业更好地运用分销渠道。在产品流通领域，中间商是零售商和批发商的统称。

一、零售业态与零售组织

零售是指将货物和服务直接出售给最终消费者用于生活消费的所有活动。零售商是指主要从事零售业务的组织和个人。零售商处于流通过程的终点，商品售出后，就离开了流通领域进入了消费领域。

（一）零售业态

零售企业为满足目标顾客的不同消费需求，形成了不同的经营理念和经营方式，其表现形式主要有以下几种：

1. 百货商店

规模大，经营范围广，以经营高档、优质、时尚产品为主，并提供一系列的顾客服务。一般设于城市中心，装饰华丽，并且内部分部门管理，是高度组织化的企业。目前，这仍是一种主要的零售商业形式。

2. 专业商店

一般经营一类或几类商品，是专业化程度较高的零售店。其中一种形式是专门经营某一大类商品，如体育服装店、鞋店、保健用品店、婚纱店、床上用品店等。这种商店的商品花色品种比较齐全，拥有系列化产品，便于消费者选购，能提供较全面的销售服务。

3. 专卖店

专门经营或授权经营某个制造商品牌，以著名品牌、大众品牌为主，质优、高毛利，如真维斯、班尼路等服装专卖店。

4. 超级市场

是一种大型、低成本、薄利多销和自动售货方式的大型零售组织。早期的超市以出售食品为主，兼售少量杂货。近年来超级市场正向多元化、大型化发展，提高了企业的竞争能力。目前的超级市场营业面积大多在 1 万平方米以上，产品品种超过 1 万种。其经营的商品多属于中低档，价格较便宜。同时，许多超级市场也在改善设施，选择昂贵的地段，扩大停车场，精心设计建筑物外观和内部装修，延长营业时间等。

5. 便利商店

是设在居民区附近的小型商店，主要经营便利品，经营品种不多，以小型日用品为主，价格较高，营业时间长（有的昼夜营业），节假日不休息，为顾客提供种种便利。例如，日本的“爸爸、妈妈店”，我国的“物美便利店”、24 小时服务的“夫妻便民店”等。实践证明，这种方式满足了人们既省时又方便的需要。便利店以其独有的方式发展着，并已扩展到“食品—汽油商店”，即在汽车加油站经营上百种产品，包括面包、牛奶、香烟、咖啡、糖果和饮料等，为方便顾客，可以使用加油的信用卡。

6. 折扣商店

毛利低、销量大，实行薄利多销，用低价销售标准商品。一般商店的偶尔打折和特卖并不能算是折扣商店。折扣商店必须具有的特征是：①一贯保持低价；②经营全国性的品牌而不是次品；③强调自我服务；④商店地处偏远但交通便利；⑤设施简单以降低成本。

7. 仓库商店

是一种无装饰、低价格、服务有限的销售方式。由折价商店演变而来，一般设在偏僻、租金低的地段，仓库内既存货也销货。通常不提供送货上门，也不接受信用卡，主要经营食品、玩具、家具、电器等。由于存货占用资金较多，利润较低。

（二）无店铺零售

虽然大多数货物和服务是由商店销售的，但是无店铺零售却比商店零售发展得快，占全部消费者购买量的 12%。并且据一些观察家预言，21 世纪会有 1/3 的商品通过无店铺渠道销售。无店铺零售的主要形式有以下几个方面：

1. 直复营销（Direct Marketing）

使用多种广告媒体，使之相互作用于消费者，并通常需要消费者做出直接反应。如直接邮购、邮购目录、电话营销、电视购物等。

（1）邮购零售。分邮寄目录和直接邮购两种。邮寄目录是销售商按照选好的顾客单邮寄订单、商品目录等；直接邮购是将信件、传单等广告分别寄给有关产品类别购买潜力大的顾客。这种方式适合于书刊订户、保险业、新产品介绍等。

（2）电话、电视营销。即使用电话、电视将产品直接推销给消费者，消费者通过免费电话订货。这种现代销售购物方式日益受到欢迎。随着现代通信技术的发展，美国、日本在 20 世纪 90 年代提出了修建“信息高速公路”的战略设想，未来的销售将更多通过“信息高速公路”直销。顾客可以通过显示屏对商品进行挑选、更换，甚至对商品的款式、色调、尺寸进行修改。因此，这是一种有广阔发展前景的直销方式。

（3）网上营销。是利用互联网（Internet）推销商品或服务的一种营销方式。随着 Internet 的迅速发展和普及推广，网上营销（Online Marketing）将会成为一种具有极大潜力的销售手段。

国际互联网（Internet）是由约 45000 个电子计算机网络组成的全球信息网，实现了全球信息沟通的瞬时化和分散化，已成为一种广为采用的网上营销工具。互联网的主要服务有：①网上购物；②网上股票交易；③网上银行；④网上纳税；⑤网上报关；⑥远程网上教学等。而将互联网应用于商务活动，则代表了一种先进的营销方式的未来趋势。

2. 直销

即推销人员采取挨户访问的方式推销产品。直销成本高，需支付雇用、训练、管理和激励推销人员的费用，一般以直销为主的“直销公司”从事这一活动。我国 1993 年以来，广州、上海、北京、沈阳、西安等地纷纷成立了一些直销公司，但需要进一步规范化，严格管理。

3. 自动售货机

即一种采用机器销货的方式，如自动售票机、自动取款机（ATM）等近几年在我国发展很快。适合于自动销货的大多数是周转快的名牌商品，而且限于单位价格低、体积小、重量轻、包装或容量标准化的商品。

4. 购物服务公司

这是一种专门接受某些顾客委托而进行的零售业务，为学校、医院、工会和政府机关等大型组织的员工服务。这一组织与若干个零售商签订合约，凡是组织成员向这些零售商购物，该商店都给予一定的折扣。

（三）零售组织形式

尽管许多零售组织拥有独立的所有权，但是越来越多的商店正在采取某种团体零售形式，以取代独立的各自为政的商店。这种零售组织主要有以下几种：

1. 连锁经营

是一种商业组织形式和经营制度，是由在同一经营字号的总部统一领导下的若干个店铺或分支企业构成的联合体所进行的商业经营活动。一般来说，总部负责采购、配送，店铺负责销售，并通过企业形象的标准化、经营活动的专业化、管理方式的规范化及管理手段的现代化，使复杂的商业活动在职能分工的基础上，实现相对的简单化，从而实现规模效益。

2. 消费合作社

是指广大消费者入股创办的自主组织，其目的并不以营利为主，而是减少中间商环节，保护消费者利益。

3. 特许专卖组织

是指在特许人与接受特许专卖权者之间的契约式联合。特许专卖组织的基础是独特的产品、服务、经营方式、商标名称、专利或是特殊人已树立的良好声誉。

二、零售环境与零售变革

我国改革开放以来，零售业发生了巨大变化，多种形式的现代零售网络初步形成。分析零售业所面临的营销环境，认识零售业营销变革的特点，对我国零售业的发展有重大意义。

（一）零售营销环境

我国零售业营销环境的变化主要表现在以下三个方面：

（1）零售市场竞争趋向国际化。近年来，国外零售商纷纷进入我国零售市场，如"燕莎"、"家乐福"、"沃尔玛"等。

（2）购物环境趋向舒适幽雅。我国消费者收入近年来增长较快，消费者不仅要求商品高档化、服务优质化，而且还要求购买环境幽雅，很多超市、商场环境装饰别致，安装空调、扶手电梯等，为顾客创造良好的购物环境体验。

（3）零售市场空间不断拓宽。农村市场是我国零售市场拓展的主要潜在市场。

（二）我国零售业的营销变革

近些年，我国零售业发生了如下主要变革：

（1）零售营销体制改革取得巨大进展。以市场为取向，我国零售业多种所有制并存、多种经营方式共同发展的格局逐步形成。

（2）零售组织向集团化、层次化、多元化发展。零售规模出现大、中、小三个层次；零售业态出现许多新形式，如超级市场、连锁店、精品店、直销店等。

（3）导入营销观念。"以顾客为中心的营销观念"被零售业所接受，如百货商店以优美购物环境吸引顾客，超级市场以自助服务、方便选购拓展市场，专卖店以专而全的产品形象来争取顾客等。

（4）零售营销方法不断革新。如开架销售、购买点广告、招贴、赠券、抽奖、免费样品等在零售商店都得到广泛应用。

三、跨国零售商在中国的策略

2002 年以来，跨国零售商纷纷进入中国零售市场，给中国本土的零售带来了直接而全面的刺激和体验，同时也对我国零售企业形成竞争威胁。

跨国零售商在中国的营销策略主要有：①从东部向西部逐渐转移；②多业态布局策略，如沃尔玛的购物广场、山姆会员商店、社区店、折扣店等；③本土化策略；④收购扩张策略；⑤以市场换市场策略；⑥零售倾销策略。

跨国零售商在中国运用了不同的经营模式，我国零售企业应加以学习、消化吸收，以形成有特色的零售业竞争模式。跨国零售巨头经营模式见表 15-1。

表 15-1 零售巨头中国模式比较

	合作伙伴	空间布局	利润模式
家乐福	联手上市公司	遍地开花	从供货商处寻找利润
沃尔玛	合资非零售企业，意在回购	三边战略	物流优先
麦德龙	合资非零售企业	以华东地区为主，2002 年确定四大区域	有限顾客的有限利润
欧尚	交叉持股，“捆绑”扩张	分片区（北京市、上海市、成都市）三点式布局	以配送中心辐射经营网络
普尔斯马特	“专有权”模式进入	抢占二、三线市场	会员制与折扣店

四、批发

批发是指将商品销售给为了转卖或者商业用途而进行购买的人或组织的活动。批发商是指从事批发业务的组织和个人。批发商处于流通过程的中间环节，批发交易结束后，商品流通并没有结束。

（一）批发商的主要职能

（1）销售与促销职能。批发商通过自身销售人员的活动，可以使生产企业有效地接触众多的小客户，从而促进销售。

（2）仓储服务职能。批发商可以将货物储存到出售为止，从而可以降低供应商和顾客的存货成本与风险。

（3）融资功能。一方面，批发商利用商业信用工具，可向客户提供融资服务；另一方面，如果批发商能够提前订货或及时付款，也等于是为供应商提供融资服务。

（4）风险承担职能。批发商在分销过程中，由于拥有货物的所有权，因此，可以承担产品损坏和过失的风险。

（5）信息传递职能。批发商可以向供应商提供有关买主的市场信息，有助于供应商及时捕捉市场信息，生产和供应适销对路的产品。

（6）运输职能。批发商一般离零售商较近，可以快速地将产品送到顾客手中。

（7）管理咨询职能。批发商可以帮助零售商培训人员、建立会计系统和存货控制系统，从而提高零售商的经营效益。

（二）批发商的类型

按所有权关系和基本经营方式的不同，可以将批发商分为以下四种类型：

1. 商业批发商

（1）完全职能或完全服务批发商。完全职能批发商提供诸如存货、推销队伍、顾客信贷、送货以及协助管理等服务。其中包括两类：批发中间商和工业分销商。批发中间商主要是向零售商销售，并提供广泛的服务。工业分销商主要向生产企业进行销售，提供的服务一般有：保持存货、提供信贷、交货以及协助产品维修、保养和日常的销售管理等。

（2）有限服务批发商。这类批发商向生产商和顾客提供的服务较少。有限批发商有以下几种类型：

①现购自运批发商。只经营有限的、周转快的产品，销售给小型零售商，收取现款，一般不负责送货。如农副产品批发市场大多是这种方式。

②卡车批发商。经营的产品多是鲜活易腐的，如面包、牛奶、快餐食品等，他们用卡车将产品运到超级市场、小杂货店、医院、餐馆、工厂自助食堂和旅馆进行巡回销售，并收取现金。

③承销批发商。这类批发商主要经营一些笨重的工业产品，如煤、木材和重型设备等。他们不负责产品的存货和运输，不经手产品，收到订单后，便和生产厂联系，由生产厂按照双方协议的条件和送货时间，直接将产品送给客户。承销批发商在收到订单后到产品送到客户手中这段时间内，拥有产品的所有权。

2. 经纪人和代理商

经纪人和代理商主要是为买卖双方提供方便，收取销售价的一定比例作为佣金。他们对商品没有所有权，只执行少数几项功能。经纪人和代理商一般都是专业化的，专门经营某一方面的业务。通过经纪人和代理商促进交易开拓市场，是现代营销的一种通用手段，会随着市场经济的发展越来越普遍。

3. 工业企业批发商

工业企业批发商是一种工业企业自营批发业务的批发组织形式，不通过独立批发商进行。生产者通过设立自己的销售分店和销售办事处，以改进其存货控制、销售和促销业务。

4. 其他批发商

在某些特定的经济领域，还存在着一些其他特殊类型的批发商。如农产品采购商、散装石油厂和油站、拍卖公司和拍卖行等。

第六节 物流与整合物流管理

有时，把产品交付给客户往往要比仅仅销售出去难得多。对此，企业必须决定仓储、管理和运送产品的最佳方式，以便让消费者在恰当的时间和恰当的地点选购到需要的产品。实体分配与物流的有效性对于顾客满意和企业的成本都有很大的影响。

一、物流的性质及其重要性

有些人认为，物流仅仅意味着卡车和仓库，但是现代的物流远远不止于此。物流也称实体分配，是对商品实体从起点到消费点的流动进行计划、实施和控制，在满足客户需要的同时赚取利润。

过去，实体分配通常始于工厂待销售的产品，然后企业力图找到最低成本的解决方案将之交付给客户。然而，今天的营销者更倾向于以顾客为中心的物流思维，这种思维始于市场和顾客然后倒推回工厂，甚至倒推到资源的供应者。物流不仅仅强调运出分销（Outbound Distribution，指产品从工厂到中间商再到最终客户），还包括运入分销（Inbound Distribution，指产品和原材料从供应商到公司）和反向分销（Reverse Distribution，指将损毁的、不想要的或者多余的产品退回来），也就是说要包括整个供应链管理（Supply Chain Management）——在上游和下游的企业之间管理原材料、最终产品和相关信息的流动。这些企业包括企业本身和其供应商、中间商以及最终客户，如图 15-8 所示。

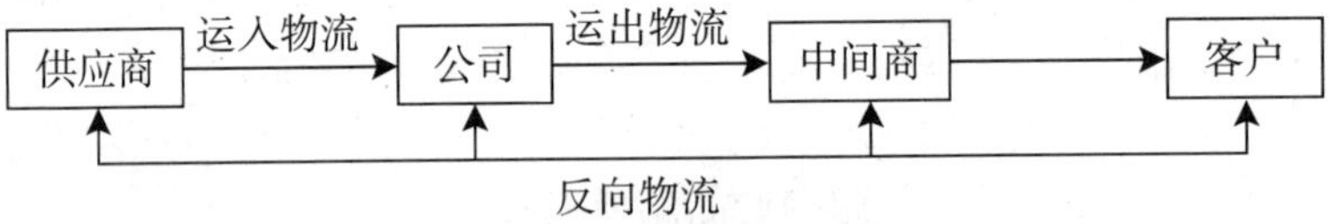

图 15-8　供应链管理

因此，物流经理的任务是协调供应商、采购代理、营销者、渠道成员和客户之间的活动。这些活动包括预测、信息系统、采购、生产计划、订单程序、存货、仓储和运输计划等。

今天的企业更加重视物流：第一，通过改善物流，公司可以提供给顾客更好的服务和更低的价格，从而获得强有力的竞争优势。第二，先进的物流可以为公司和客户节省巨额成本。据麦肯锡公司调查，中国铁路运输的产品其损毁率通常是公路运输的三倍。大多数的损毁都发生在运输的装卸两端——从卡车到列车车厢或者从车厢到企业的装卸过程中。第三，产品品种的激增对物流管理提出了更高的需求。沃尔玛的购物中心经营超过 10 万种产品。订购、装运、存储和控制这么多的产品种类对物流管理是极大的挑战。第四，信息技术的发展为提高分销效率创造了条件。通过使用完善的供应链管理软件、基于网络的物流系统、POS（Point-of-Sale）扫描器、统一的产品编码、卫星追踪设备和电子数据交货，公司可以迅速有效地对供应链中的产品、信息和资金的流动进行管理。

二、物流系统的目标

有些企业将物流目标陈述为“以最低成本，提供最大限度的顾客服务”。实际上，没有任何物流系统可以同时做到服务的最大化和成本的最小化。最大化消费者服务包括快速交付、大量存货、品种多样、宽容的退货政策以及其他服务——所有这些都增加了分销成本。相反，最小分销成本则意味着交付缓慢、较低的存货和更大的运输规模——这些都会降低整体的顾客服务水平。

所以，物流的目标应该是以最少的成本为顾客提供目标水准的服务。对此，公司必须识别出不同的渠道服务水平对消费者的重要性，然后为每个细分市场设定需要的服务水平。目标应该是使利润而不是销售额最大化，因此公司必须在提供更高水平的服务和增加成本之间进行权衡。有些公司与竞争者相比提供较少的服务，但其价格也要低得多。另外一些公司则提供较高水平的服务，同时索要较高价格以弥补成本的增加。

三、物流的主要功能

物流的主要功能包括仓储、存货管理、运输。

（一）仓储

生产和消费的周期是很少吻合的。所以，大多数公司都必须将有形产品存储起来等待销售。存储的功能弥合了购销双方在数量和时间上的差距，保证了无论消费者何时需要都可以购买到产品。

企业必须决定存储产品的数量和种类，并决定存放的地点。企业使用的仓库越多，意味着货物能更迅速地送交顾客。但是，较多的仓库也意味着较高的仓储成本。企业储存地点和数目必须考虑顾客服务水平和分配成本之间的平衡。

企业既可使用储存仓库，也可使用配销中心（或物流中心）。成品储存仓库用以储存商品以满足长期的需求；配销中心则是用以配送产品而不仅仅是储存，这些高度自动化的仓库被用来从不同的工厂和供应商处接收产品、接受订单并有效地处理订单，然后将产品尽可能快地交付给消费者。

例如，沃尔玛拥有的物流网络包括全美的 78 家以及全球的另外 37 家巨型配送中心。沃尔玛销售的所有商品中，将近 84%是通过它自己的配送中心装运配送的，这使沃尔玛对其存货拥有巨大的控制力。这些配送中心每一家一般占地都超过 100 万平方英尺，可以满足 165 家沃尔玛店的日常供货。激光扫描器每天要扫描超过 190000 件产品，排在传送带上有 11 英里长。每个中心的 1000 多名工人每天要装卸大约 500 辆卡车。

近年来，随着技术的进步，仓储发生了巨大的变化。那些老旧的、很多层的仓库和过时的物料处理手段正在逐渐被新型的、单层的自动化仓库和先进的、由计算机控制的物料处理系统所取代，提高了效率，更节省了人力。

（二）存货管理

存货管理同样影响着顾客的满意度。存货太少会导致脱销，昂贵的紧急运输成本或生产成本以及顾客的不满意。存货过多，则有可能导致较高的存货成本，存货也有可能会过时。为此，在做存货决策时，管理部门必须在增加的成本与由此产生的销售和利润之间做出权衡。

很多公司通过 JIT（Just-In-Time）物流系统大大降低了存货和相关的成本。在这样的体系下，制造商和零售商只保持很小规模的产品和零部件的存货，通常只够几天的生产和销售。例如，戴尔公司，通常只保留 5 天的存货，而竞争者的一般水平是 40~60 天。新的存货会在需要时恰好送达，而不是被储存在那里等待使用。JIT 系统要求准确的预测及快速、频繁和灵活的交付，可大大节省存货保持成本。

（三）运输

运输方式的选择直接影响到产品的定价、交货的效率和货物到达时的状态——所有这些都影响着消费者的满意度。在把产品运往仓库、经销商和消费者的途中，企业有五种主要的运输方式可以选择：

铁路是最为方便、可靠的运输方式。铁路运输速度快，运载量大，受季节、气候的影响小，并有较高的连续性和准确性，适合大宗产品远程运输。

随着道路的修建，国内公路运输份额正在稳步增长。有时跨国的运输也采用公路运输方式。公路运输比较灵活、迅速，便于在仓库、码头、车站等直接装卸货物，能够深入山区、农村，在缺乏河流、铁路的地区显得更为重要。但汽车的运载量小，运费相对较高。

航空运输在亚洲的运量不足1%，但仍然是一种重要的运输方式。其运费比公路和铁路要贵得多，但在需要快速运达较远的市场时，是一个理想的选择。通常适用于一些易腐产品（如海鲜）、价值高、体积小的产品（珠宝及精尖设备等）。

水上运输成本最低、速度也最慢，而且有时会受天气的影响。一般适用于运输体积大、价值低、不易腐烂的货物。

管道运输用于输送液体、气体产品，如石油、天然气、煤气等。西气东输工程全部为管道运输。

选择运输方式，要综合考虑速度、可靠性、运载能力、可用性和成本等因素，以便用较低的成本费用达到顾客满意。

四、整合物流管理

目前，越来越多的公司接受了整合物流管理（Integrated Logistics Management）的概念。该观念认为，要提供更好的客户服务并降低分销成本，需要团队合作，包括内部各职能部门的合作和与所有的渠道成员之间的合作。

（一）公司内部的跨职能团队

在大多数的公司，各部门如营销、销售、财务、制造、采购等承担着物流活动的不同责任。有时，每个职能部门虽然尽力使自己的物流绩效最优但却不考虑其他部门的活动。然而，运输、存货、仓储和订单处理程序等活动，通常是以逆向的顺序相互影响的。较低的存货水平会降低存货管理成本，但也可能会导致服务的下降和其他成本的增加，如退订单、特别定制产品以及高成本的快速运输方式等。由于分销活动之间可能此消彼长，所以不同职能部门的决策必须相互协调才能提高总的物流绩效。

为建立各职能之间的紧密合作关系，一些公司将负责不同物流活动的经理们组织起来，成立了长期的物流委员会；也有公司设立了专门的管理职位，以将不同的物流职能领域联系起来。例如，宝洁公司设置了供应经理职位，负责管理公司各种产品的所有供应活动。为加大协调力度，很多公司还设置了拥有跨职能权力的副总裁。另外，公司可以引进提供完善的、用于整个系统的供应链管理软件。总之，各公司都在努力用较为合理的成本协调其物流和营销活动，以达到较高的顾客满意度。

（二）建立物流伙伴关系

分销渠道成员在向顾客传送满意和价值时，彼此间紧密联系。一个公司的分销系统可能是另一个公司的供应系统，每个个体渠道成员的成功都有赖于整个供应链的绩效的提高。在高度全球化和激烈的价格竞争下，公司必须竭尽所能改善其物流活动，同时，必须同所有渠道成员密切合作，共同完成从供应商到最终使用者的增值流程。例如，宝洁公司的员工同渠道伙伴公司一起工作，寻找可以在渠道中压缩成本的方法。合作的受益者不仅仅是宝洁和它的分销商，还有最终的客户。同样，惠普、耐克和许多其他的全球品牌，将大部分生产能力放在中国国内，它们也正在投入巨大的精力、金钱和时间改进物流系统，以在业务增长的同时保持和增加自己的竞争优势。

● 本章回顾：

分销渠道是与提供产品或服务以供消费者或商业用户使用或消费这一过程有关的一整套相互依存的机构。中间渠道凭借其业务往来关系、经验、专长和经营规模，通常能够以更高的效率将商品提供给目标市场，扩大销售，为企业带来更多的利益。

分销渠道是不同企业为了共同利益而连在一起的结合体，渠道成员之间是相互依赖的关系，但常常在目标和职责上存在争执导致渠道冲突，垂直营销系统较好地解决了这一问题。另外，横向营销系统和多重营销系统可以给企业带来更多的营销机会和市场份额。

任何一个生产企业都必须认真设计自己的营销渠道，在确定渠道模式和中间商数目的基础上，要用经济性、可控性、适应性等原则评估渠道方案。渠道管理涉及选择合适的中间商，并对他们进行激励，同时定期对各条渠道及渠道成员进行评估。

实体分配即物流是一个在降低成本和提高顾客满意度上大有潜力的领域，其主要职能包括仓储、存货管理、运输和物流信息管理。物流的目标是以最少的成本为顾客提供目标水准的服务。

● 讨论与概念应用题：

1. 试描绘汽车制造、食品加工、服装生产厂商所采用的主要渠道，并给出你的评价和建议。

2. 为本章介绍的三种形式的垂直营销系统各举一例，并阐述与传统营销渠道相比所具有的优势?

3. 对以下产品，用哪些分销策略（独家经销、密集经销、选择经销）更为合适：罗西尼手表、奇瑞汽车、箭牌口香糖。

4. 试描述下列情况的渠道服务需要：

A. 购买家用电脑的消费者

B. 购买电脑转售给消费者个人的零售商

C. 为实验室选购电脑的采购部门

请问电脑生产商会设计哪些渠道来满足这些不同的服务需求?

5. 去不同形式的零售店看一看，目前我国都有哪些形式的零售店存在？其未来的发展趋势如何？

●【案例 15–1】国美与格力的对决

2004 年 3 月，国美总部向各地分公司下发了一份“关于清理格力空调库存的紧急通知”：格力代理商模式、价格等不能满足国美的市场经营需求，要求各地分公司将格力空调的库存及业务清理完毕。

3 月已进入空调市场启动时期，各厂家都在积极以直接供货方式进入国美，降低价格。但格力仍选择通过代理商供货的方式，在价格上不肯让步，这与国美一向秉承的“薄利多销”原则相违背，而且也损害了消费者利益。格力总部表示，如果国美不按照格力的游戏规则处事，格力将把国美清除出自己的销售体系。在国内空调市场，格力向来以老大自居。而国美更是名副其实的家电连锁老大。

科龙空调北京分公司经理谭刚认为，像国美、苏宁这样的家电连锁企业，在以北京、上海为代表的、零售度非常高的城市里，至少垄断了 50%以上的家电销售市场份额。科龙不会放弃国美这样的连锁店。TCL 空调销售总经理张铸表示，格力放弃国美有丢掉市场的风险。北京苏宁电器内部人士表示，格力在北京一直不与家电连锁直接联系，苏宁也不把格力当作主推品牌。长久下去，其在北京的市场份额会被其他品牌分食。

新的空调价格战将主要集中在一线大品牌，海尔主动与国美等新连锁店接洽，实际上在为自己销量的扩容做好了价格、渠道、品牌、制造上的充分准备。

格力渠道模式的主要特点就是把工厂与省级空调经销商组建成一个股份制销售公司，把区域内大经销商捆在自己船上。这种销售渠道方式在大城市会给自己带来三个致命损伤：①对品牌的致命损伤。格力放弃国美会让人感觉格力在一级市场上已从第一梯队消失，这会使格力越来越像一个二、三级农村品牌。②格力通过代理商与国美合作，其价格优势会被中间代理商吃掉，最终其产品与海尔、LG、三星等对手相比会丢失价格优势。③格力目前这种渠道形态客观上对现实消费的把握不准确，限制了自己的制造革新。

资料来源：《销售终端向生产巨头挑战　国美全国卖场清理格力》，《京华时报》2004 年 3 月 11 日。

● 思考题：

1. 格力是否应该坚持自己的渠道模式？

2. 有专家评论说：“由于渠道陈旧，格力空调有可能会输掉未来。”对此，请谈谈你的看法。

●【案例 15–2】山东校园书店打造销售终端“潜力股”

新华书店现在已由“一枝独秀”的大好形势逐渐演变成面临“百花齐放、百家争鸣”的竞争。千方百计拓展多种经营渠道，寻求新的经济增长点，无疑是摆在新华人面前势在必行的课题。2008 年，山东新华书店集团有限公司东平分公司创新经营思路，陆续投入资金 40 万元，先后在高级中学和明湖中学建设了两家颇富特色的校园书店，开辟了一个新的经济增长点，初步取得了良好的经济效益和社会效益。实践证明，这是继“租赁经营”、“店外营销”、“农村书屋”、“企业书屋”等有效经营渠道之后，尝试把销售终端前移而开辟的最佳“潜力股”。

（一）结合实际，以借促销

东平县是山东省经济欠发达地区，因资金投入不足，大多数中小学校图书室建设规模、藏书数量、质量以及管理设施均不能满足师生的阅读需求。东平县有两所重点高中实行封闭式管理，高中部学生数量多、生源优而广，有较强的阅读需求和自主消费能力，但该县人均收入水平低，学生绝大多数来自农村家庭，购买力相对薄弱。改善学校图书室落后的局面，成为学校建设中一个亟待解决的问题。

在了解了当地实际情况后，东平新华书店的员工们一致认为，开展校园书店建设责无旁贷，但单纯依靠店内图书销售，结果可能是杯水车薪。经过反复考察论证后，大家最终敲定走一条校店共建、以借促销、教材教辅兼容的多元化发展之路。2008 年 12 月和 2009 年 6 月，东平新华书店在两家县级重点中学开办了校园书店。

校园书店以其全新的模式进入校园，一方面，让学校节约了紧缺的教学经费，节省出精力、人力、物力等；另一方面，新华书店先进的装备和管理方式是学校图书室作为硬件设施所急需的，书店的藏书结构、门类、品种更是当前师生渴求的。

以明湖中学校园书店为例，东平新华书店为高中部学生和在校教师 4000 多人办理了图书借阅卡，共收费 26 万多元，这是校园书店的主要收入之一。此外，校园书店以借促销，以校园书店为纽带拉近与学校的关系，除一般图书外，教材、教辅的征订与发行也大幅度上升。明湖中学校园书店自建成以来，教材、教辅征订发行逐年增长，尤其是教辅，从科目到品种皆有新的突破。另外，学校每年还从新华书店馆配会上选购部分图书补充校图书室。2011 年，学校通过东平新华书店购买了教学挂图、《现代汉语词典》、《论语译注》、地球仪等图书及文化用品，达 3 万多元；2012 年，学校又从书店购买了名师卡、电子书、新时期教育理论、电子音像制品等，共计 2.8 万多元。

（二）店校合作，优势互补

两家校园书店采取了学校同书店合作共建的方式，事实证明，这是一种建立在互相信任、互惠互利基础上的良好合作方式。

硬件设施由学校无偿提供场地，面积不低于 180 平方米，并免费提供正常经营所需的水、电、暖、网络服务等。东平新华书店负责提供书架、电脑、网络设备及店内配套设施，每个店投资不低于 7 万元。

书店方有图书选配的职责。店内所选配图书，主要解决在校学生的实际阅读需求，由校方和东平新华书店共同制定图书目录，涉及校园文学、科普知识、古今中外文学作品、名人传记、教育理论、中学教辅、中高考读物等 20 多个门类的图书，品种不少于 5000 种，全部由东平新华书店提供，而且每季度根据学生对图书的借阅需求情况，适当增加品种及数量，以满足学生需求。

东平新华书店还与学校共同制定了各项制度和措施，实行了一套灵活机动、优势互补的管理方式。学校把校园书店纳入常规工作内容，由分管校长亲自负责督导检查，相关科室人员配合书店人员的日常事务管理工作。县店选派四名员工，三人主要负责店内图书的分类上架、缺书登记、微机录入、销售及日常借还图书等管理工作，而在学校寒暑假期间，书店除做好假期的借阅工作外，临时调整到教材仓库工作，解决了教材发行特殊时期人员不足的困难；另外一人主要负责教材教辅的征订、发行工作，在学校新生刚入校高峰期，随时到校园书店协助其他人员做好新生借阅工作。

（三）抢抓机遇，潜力无穷

开展校园图书建设，新华书店责无旁贷。县级新华书店建设校园书店，无疑是抢抓机遇、快速而低成本地开拓图书市场的最佳途径。校园图书市场是一个特殊的市场，没有衰退期，可以保证一定的购买力和购买规模，大有可为，潜力无穷。

经过几年实践，东平新华书店从经验中得出：抓住机遇，瞄准市场，以校园图书馆为阵地，能充分发挥“近水楼台”效应，扩大图书的发行。以校园书店为纽带能拉近与学校的关系，使教材、教辅的征订、发行方便快捷，还能扩大各类图书的销售，实现最大的经济效益。

校园书店已成为县级新华书店新开辟的“潜力股”，但也必须始终保持清醒的认识：追求利益但切忌急功近利，因小失大。在日常工作中一定要更加注重管理，以高素质、高标准、高质量的工作作风严格自律；多征求广大师生的合理化建议，精心选购其喜闻乐见的图书；平时不断加强学习，尽快提升工作人员的文化修养，以担负起管理图书、推荐图书的责任和义务，真正融入学校这个文化大家庭中。

资料来源：张庆环：《山东校园书店打造销售终端“潜力股”》，中国经济网（原载于《中国新闻出版报》），2013-07-29，http://www.ce.cn/culture/gd/201307/29/t20130729_24613840.shtml。

● **思考题：**

1. 图书营销渠道模式有哪些？

2. 结合案例内容，请谈谈你对“校园书店作为新华书店销售终端前移的形式”的看法。

第十六章 促销策略与整合营销传播

学习目标：

理解并掌握促销、促销组合、广告、人员推销、销售促进及公共关系等概念；了解促销组合的主要工具及制定促销组合应考虑的主要因素，了解促销预算的常用方法；能够对企业的整合营销传播进行设计。

第一节 概 述

交换活动是买方和卖方共同实现的，要想使这种商品交换活动顺利进行，买卖双方就要及时有效地沟通信息。而这种信息的沟通多是通过企业的促销活动来实现的，企业促销的实质就是建立有效的信息沟通机制，进行有效的营销传播。

一、促销与促销组合

（一）促销的概念与实质

企业向目标顾客宣传介绍其产品的优点，说服和吸引顾客来购买其产品，以实现潜在交换，企业所从事的这种市场营销活动就是促销。

促销的实质是产品的生产者与需求者之间的信息沟通活动。一方面，产品需求者将对产品的需求意向或意图传递给产品生产者，促使产品生产者贯彻这一意图，生产出的产品适合需求者的口味或意图。另一方面，产品的生产者将产品的信息传递给产品的需求者，试图影响产品需求者的态度和购买行为，促使产品需求者贯彻产品生产者的意图——实现交换。

（二）促销组合

企业为了有效地将信息传递给它所希望的顾客，有目的、有计划地把人员推销、广告、营业推广、公共关系有机组合综合运用，这一组合过程被称为促销组合。

促销组合包括五种主要工具：

（1）广告：广告主支付一定的费用，采取非人员推销形式，通过种种媒介把市场商品信息传递到广大目标顾客，广而告知，促进商品销售。

（2）人员推销：企业组织的销售力量，引导顾客偏爱、建立购买信心为销售产品而进行的人员展示活动。

（3）销售促进：又称营业推广，各种鼓励购买的短期刺激行为的活动。

（4）公共关系：为树立和保持良好的公众形象，与企业内部公众维持良好关系，慎重处理不利于企业的各种流言、谣传与事件的活动，又称企业的软推销。

（5）直复营销：为获得立即的反馈并培养长期顾客关系，与所选定的目标顾客进行的直接联系。可使用电话、邮件、传真、电子邮件、互联网以及其他工具与顾客直接沟通与互动。

进入 21 世纪，营销理论和营销工作都面临着新的营销环境。首先，随着大众市场的分裂，营销者正在改变大众营销策略，开发出越来越多的集中营销项目，同顾客在更狭窄的细分市场中建立更紧密的关系。其次，信息技术的快速发展加快了细分市场的进程。利用信息技术，营销者可以更好地记录消费者的需求——关于个人及家庭层面的信息比从前更容易得到。新技术还提供了新的沟通渠道将更精确的信息传播到更小的顾客群体，尤其是通过互联网。

大众营销向细分营销的转变对营销传播有着深远的影响。大众营销导致了新一代大众媒体传播的产生，一对一营销则催生了新一代更专门化及高度目标化的传播形式。

在这种新的传播环境下，营销者必须重新考虑不同的媒体以及促销组合工具的角色。大众媒体广告长期以来在消费品促销组合中占据着主导地位。在美国，尽管电视、杂志以及其他大众媒体仍然十分重要，但它们的主导地位已日渐下降。

尽管国内市场媒体分化现象不像美国或欧洲那么明显，更加集中、更适合如今目标化战略的媒体形式正在蓬勃发展。如二十几年前，我们只能接收到几个电视频道，后来由于有了有线电视，一般都能收到数十个频道。除了传统的大众媒体渠道，广告人越来越多地利用新的、高度目标化的媒体，从高度集中的专业化杂志、有线电视频道、网上优惠促销，到机场售货亭和超市过道的张贴画，公司在同时进行“广泛宣传”和“细致宣传”。

二、制定促销组合应考虑的因素

（一）产品和市场类型

各种促销方式的效果因产品和市场的不同而有差异，如图 16-1 所示。

消费品更多的是采用广告的方式进行促销，其次是销售促进、人员推销和公共关系。其原因主要是消费者市场上的顾客多而分散，而且产品结构比较简单、标准化程度较高、价格低廉，采用上述方式，在同样的促销效果下，会使促销总成本最低。

产业市场的经营者更多地采用人员推销，其次是销售促进、广告和公共关系。因产

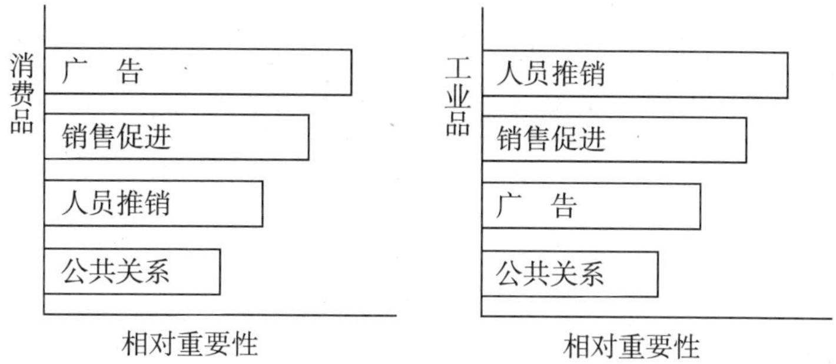

图 16-1　各种促销方式对不同市场的相对重要性

业市场顾客少而集中，购买批量大、频率低，而且产品大多结构复杂、价格昂贵，购买风险较大，需要有专门的推销人员提供技术服务。

促销组合的运用要考虑产品的属性和特殊性，例如，对一个以销售工业品为主的厂商而言，也许全部会依赖人员推销来推动业务；相反，消费品生产厂商可能以依靠广告为主。对一家厂商有效的方法，对另一家可能不够灵验。类似的产品销往同一市场的生产厂家，有时虽运用不同的促销组合，但它们也可能都会成功。例如：雅芳公司运用大量的推销员，挨家挨户推销其化妆品，而露华浓的化妆品则是经由零售商销售。虽然两家的促销组合大相径庭，但是，它们都是相当成功的。

（二）推动或拉引策略选择

促销组合在很大程度上受公司选择推动或拉引促销策略影响，企业应在充分考虑促销策略的基础上，选择促销组合方式。

1. 推动策略

推动策略主要是使用销售队伍和贸易促进，通过销售渠道从生产商到批发商、零售商、消费者逐级推销产品，如图 16–2 所示。假如生产工业品厂商，或其产品分销渠道能直接达到最终消费者手中，或其产品的价值较高，销售金额庞大，或产品高度标准化而品牌差异很小，或产品被商店偏爱，这时应偏重推进策略。

图 16–2　推动策略

2. 拉引策略

也称诱导策略，主要强调在营销通路上使用广告和各式销售促进活动，以刺激、影响消费者的需求，如图 16–3 所示。如果这一策略成功，消费者会向零售商购买这一产品，零售商和批发商会根据需求进货。拉引策略比较适用于人力不足，而目标市场广大的企业，或一种没有获得中间商充分支持与合作的新产品的推广活动。另外，消费品比工业品较适合运用；知名品牌的产品和产品处于生命周期的成熟期时，营销策略也应以拉引为主。

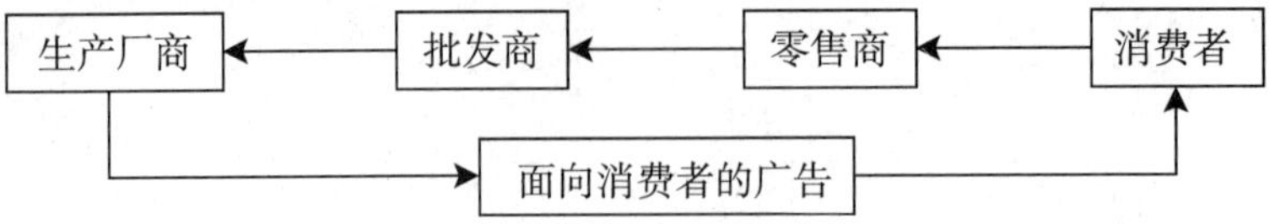

图 16-3 诱导策略

企业促销策略直接影响促销方式的选择，如果采取“推”的策略，则以人员推销为主，以中间商或产业用户为促销对象；如果采取“拉”的策略，则应以广告为主，以最终消费者为主要促销对象，如图 16-4 所示。

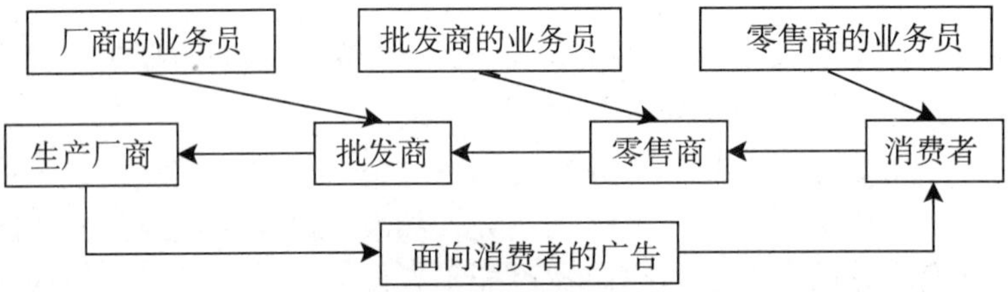

图 16-4 推进和诱导策略

各个公司在使用上述策略时有自身不同的偏好，例如，联合利华偏重于推动策略，而宝洁公司则偏重于拉引策略，有些公司则推拉并用。

（三）购买阶段

对处于产品购买不同阶段的顾客，各种促销方式的影响也不同（见表 16-1）。当处于对产品的认知阶段时，广告和公共关系的作用最大；当处于兴趣阶段时，广告和推销人员的影响最大；当处于对产品的评价阶段时，主要受推销人员的影响，推销人员可以使顾客产生信任；当再次购买时，主要受人员推销和销售促进的影响，或多或少地受到提示性广告的影响。

表 16-1 促销方式与购买阶段

	认知	兴趣	评价	试用	采用
公共宣传	A	A	B	B	D
广告	A	A	C	D	D
人员推销	E	E	A	A	A
销售促进	B	B	C	A	A

注：A：成效极佳；B：令人满意；C：成效普通；D：成效不佳；E：单独使用时成本太高。

（四）促销目标

不同的促销方式具有不同的功能（见表 16-2）。企业为达到不同的促销目标，应采取不同的促销方式，如广告和公共关系对企业提高知名度和建立企业形象作用较大；人员推销对顾客重复购买和提高顾客对品牌的忠诚度作用较大；销售促进对顾客产品试用、重复购买、增加购买量和品牌转换的作用较大。

表 16–2　促销方式与促销目标

	知名度	试用	重复购买	忠诚度	品牌转换	增加购买	树立形象
广告	▲					△	▲
公共关系	▲				△		▲
人员推销	△		▲	▲			
销售促进		▲	▲	△	▲	▲	△

注：“▲”表示影响力强；“△”表示影响力弱。

（五）产品的生命周期

产品在不同的生命周期阶段，促销目标不同，需要不同的促销组合，但一种产品从一个阶段进入到另一个阶段时，促销组合也必须随着改变，以符合改变后的促销目标。

在介绍期，需要进行广泛的宣传，以提高知名度，因此，广告和公共宣传的作用最大；在成长期，广告和公共关系仍需要加强；在成熟期，应加强销售促进，辅以少量的提示性的广告，此时销售促进比广告的成本效应大，而广告比人员推销的成本效应大，对工业品来说在此阶段应加大人员推销力度，以便与竞争对手争夺顾客；在衰退期，销售促进可以继续进行，人员推销应减少至最小规模，广告仅仅是提示而已，宣传报道可以完全停止。

总之，企业要在充分了解各种促销方式的特点和影响促销方式的因素后，针对不同的促销目标，将促销方式合理地进行搭配，形成有力的促销组合，以取得最佳的促销效果。

三、促销的实施步骤

企业在确定了合适的促销组合后，就要开展有效的促销活动。要进行促销，必须先确立促销目标，进行促销策略的规划，才能在竞争中获胜。促销的步骤如下：

1. 确认促销活动的目标

促销目标是企业营销目标的细分目标，每一项促销都必须有具体的目标。例如：“三周内销售额增长 3 万”；“市场占有率提高 5%”；“产品知名度提高 13%”；等等。

2. 确认促销活动的对象

企业为取得良好的促销效果，必须对促销的对象加以分析。一般而言，促销的对象为消费者或中介机构，为扩大促销效果有时可以同时设定消费者和中介结构为促销对象。在确认促销活动的对象时要考虑市场的特征。比如，市场的幅度、购买者所处的地域性特点、购买者所在的地理位置、购买者的社会心理特征、产品被购买的理由、影响购买的人物、购买时间等。

例如，婴儿食品、婴儿服装的使用者是婴儿，产品要针对婴儿的特殊需要进行设计，但是婴儿的母亲才是产品购买的决策者，因此，企业在开展促销时，婴儿的母亲是主要的促销对象。

3. 确认促销的时间和时机

促销的时间和时机直接影响促销效果，企业在进行促销时必须加以考虑。通常要考虑以下因素：节假日、季节性、目前流行的、有新闻性的话题、公司的节庆等。要计划好年度促销活动计划进度表，检查其方法、经费、目的等。

4. 确认促销活动的方式和手段

企业进行促销活动，可以采用的方式有很多，手段也可以多样化。既可用传统方法，如折扣与折让等；也可利用计算机网络技术进行促销，做网络广告或在网站的主页上放置自己的产品目录等。

5. 促销活动的效果评估

促销计划贯彻执行后，企业必须评估其对目标受众的影响，比如，他们看到几次，记住哪几点，对信息的感觉如何，他们对公司的过去和现在的态度怎样，等等。同时还要收集受众的行为数据，如有多少人购买了这一产品，多少人喜欢它并对其他人谈论过等。通过收集信息来调整自己的促销方案。例如，某企业对自己品牌的情况进行了调查分析，结果为：市场知晓率为 80%，在这 80%中，已经试用的占 60%，而这些试用者中只有 20%的人满意。这表明，促销方案对创造产品品牌的知名度有效，建立满意度不足。企业应查明原因，根据营销目标调整促销方案。

四、促销预算

制定促销预算就是要确定企业在促销方面支出多少经费，处于不同行业的企业，促销费用差别很大。机械行业，促销费用占销售额的 10%~20%，而化妆品行业的促销费用则可能高达销售额的 30%~50%；同一行业的企业由于自身实力不同促销费用也有较大区别。促销预算的常用方法有以下几种：

1. 量力而行法

量力而行也即量入为出，企业根据自身的实力和可供支配的税后利润，决定促销预算。这种方法是能拿出多少就花多少，没有考虑促销对销售量的影响和对整个企业的影响比较保守。另外，由于企业每年的财力不同，促销经费就会随之不同，这样就很难制定长期的促销规划。

2. 销售百分比法

这种方法以销售额的一定百分比作为促销的费用。销售百分比法分两种：过去销售百分比法和未来销售百分比法。

（1）过去销售百分比法。利用量本利关系以过去的经验或业界用于促销活动的平均水平求出一个百分率。这个百分率配合上一年的销售数字，即为本年度促销预算，或某项特定活动的预算。

此方法容易应用，但是沿袭而来的历史数字可能会有误差，并且没有考虑未来经济的变化所带来的影响。

（2）未来销售百分比法。用下一年度的销售预测数据乘以某一百分比作为促销预算，此方法虽然考虑了未来的经济变化，但是百分比的高低不好确定。

总之，采用销售百分比法，考虑了成本、单位价格与单位利润之间的关系，并且由于各个竞争者促销支出的百分比相似，从而也有稳定竞争格局的作用。但是，此种方法因果颠倒，是根据过去或预期的销售额制定预算，没有考虑促销对销售的影响，且百分比的确定也缺乏科学性。

3. 竞争对等法

竞争对等法是企业根据主要竞争者的促销支出来确定自己的促销预算。竞争对手与企业同属一个行业，其促销费用具有一定的参考价值。另外，使用这种方法可以保持竞争的均势，避免促销战的发生。

4. 目标任务法

目标任务法是以促销目标为导向，先决定促销目标，再规划达成目标的行动方案，使用这种方法要注意：第一，要有明确的目标；第二，决定要实现这些目标必须执行的任务；第三，估计执行这些任务的成本。这些成本的总和即为促销预算。例如，某公司的营销总目标是“增加市场占有率 4%”，该公司认为要实现这一目标，广告实现的目标应是“提高超市货架上的品牌包装认知度 20%”，为实现这个目标，决定进行全国性的电视广告 90 次，花费 70 万元；做全国性的杂志广告 60 页，花费 41 万元；完成这两项任务的同时还要支出管理费用 25 万元、制作成本 80 万元、杂项开支 38 万元，合计广告预算 254 万元。

第二节　人员推销

人员推销是最古老的一种促销方式，是企业的推销人员通过直接与顾客进行接触和洽谈，并向顾客宣传介绍产品，以达到促进销售的目的。在人员推销过程中，通过企业推销人员直接与顾客接触，可以向顾客传递企业和产品的有关信息，并能通过与顾客的交谈，了解顾客对产品的要求，以便于企业更好地满足顾客的需求；通过与顾客的接触，还可以使企业与顾客建立良好的关系，使顾客在感情动机的驱使下购买本企业的产品；另外，人员推销还具有推销与促销的双重职能。因此，人员推销作为企业的一种最主要的推销方式，在建立顾客的偏好与购买信心，推动顾客采取购买行动方面广泛应用。

一、人员推销的特点和功能

（一）人员推销的特点

和广告相比，人员推销有以下三个特点：

1. 面对面洽谈

人员推销一般是两个人或几个人之间建立的一种生动的、活跃的相互关系，每一方能观察到对方的态度，并随时调整自己的态度。一个成功的推销员，所做的第一件事就是先把自己推销出去，不仅是他的学识、仪表谈吐，更重要的是让对方增加对他的好感和信任，这样才能获得购买和重复购买的机会。

2. 培养关系

人员推销可以促进买卖双方从纯粹的买卖关系发展到建立深厚的友谊关系。主要体现在推销员的“服务化”特点上。在销售过程中，一个商品是否能卖出去，服务态度起相当关键的作用。另一个关键作用，在于使商品个性化的能力。在推销商品时，不是推销商品本身，而是推销商品的功能，也可以说在推销商品的使用价值观念。因为商品是死的，必须经过推销人员把它人性化后加以说明、介绍，别人才能了解。这里面的灵活性很大，通常买卖一个商品，只是一种手段，真正满足顾客的需要才是他的目的。所以，如何借商品本身唤起并满足顾客的需求，是一个推销人员的能力表现。一个一般的专业推销人员和一个很成功的专业推销人员的最大差异，就在于他对商品使用价值观念的掌握和说明。在推销行为当中最重要的是人，当推销人员以优良的服务，耐心细致地将商品介绍给顾客时，二者之间的关系融洽了，为可能的销售铺平了道路。

3. 人员推销的“顾问化”

推销人员应了解购买者的心理特点。比如，当你想购买一台彩电或冰箱时，你非常需要别人给你做顾问性质的服务，诸如哪种牌子质量好？清晰度如何？耗电量大小等。顾客有了了解，才能做出选择。在知识不断更新、社会不断进步的环境里，一个人对其他行业不可能了解得非常清楚，任何行业都需要专业人员顾问性质的服务。

人员推销往往是一种费用较高的促销工作。

（二）人员推销的功能

人员推销具备六大功能：

（1）收集市场情报。推销人员推销时，担负一些市场研究工作和情报收集工作，并将访问顾客的情况做出报告。

（2）传播信息。把企业有关产品和服务的信息巧妙地传递给潜在顾客。

（3）对商品的推销。推销人员要精于推销技巧，其中包括接近顾客，推销商品和服务，答复反对意见，洽谈交易。

（4）开发新的市场。推销人员要根据本企业产品的性能、特点等善于发现和培养新的顾客——新的市场，以便扩大企业产品的市场份额。

（5）收取或催收货款。产品销售在付款方式上可有多种形式。推销人员有义务催收货款。日本企业界流行着这样一句话“贩卖东西成功的只是徒弟，只有收到货款的人才是师傅”。

（6）对顾客提供服务。推销人员向顾客提供各种服务，包括向顾客提供咨询，给予技术帮助，办理交货等一系列问题。

二、人员推销的基本步骤

在实际推销过程中，每个推销员都有自己独特的推销技巧，也有一个顺利完成推销工作的一般程序，如图 16–5 所示。

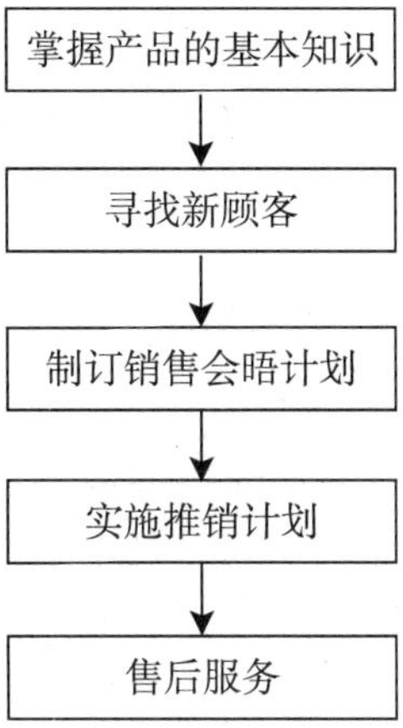

图 16–5 人员推销的基本步骤

1. 掌握产品的基本知识

推销员必须对产品有深刻的了解，以便对购买者的各种需要提供适宜的产品。推销员还应了解竞争对手，知道其产品性能和组织工作方面的优缺点。

2. 寻找新顾客

为了保证推销工作最有效最顺利进行，推销员不仅要做好保持现有顾客的工作，还应不断寻找和发现新的目标和潜在用户。

3. 制订销售会晤计划

推销员确定了新的顾客之后，就要考虑如何进行洽谈业务的会晤，做到心中有数。

4. 实施推销计划

开始业务洽谈；在必要情况下展示产品；消除购买疑虑；成交。

5. 售后服务

跟踪产品的使用或消费，观察消费者的反应，这对重复购买越来越重要。

三、推销人员的选择和训练

（一）推销人员的选择

推销人员的素质高低，对于打开市场局面，做好产品销售工作，有着十分重要的作用。一般推销人员应具备如下基本素质：

（1）关心他人，乐于帮助他人解决困难。这样才能赢得他人的信任和好感，为自己的推销工作铺平道路。

（2）健全的心智，整齐的仪表，良好的习惯，亲切的微笑，弹性的工作能力，热情和正直的品格。健全的心智是指推销人员不仅要用很高的智慧去工作，而且还要有一颗温暖的心。亲切地微笑是说推销人员不应该板着脸去工作，要让顾客看到笑脸。弹性的工作能力是指推销人员不能太固执，处理不同意见时，要留有回旋的余地。

（3）经常自我激励，使自己的情绪永远保持在一个比较高的境界，这种自我激励包括两个方面：一是知识上的自我激励。教育和知识是从贫穷走向富裕的一条捷径，不怕口袋空空，只怕脑袋空空。要经常不断地学习。知识在不断地变化，人要进步也必须不断地摄取新的知识。二是情绪上的自我激励。要做情绪的主人，失败的时候能够重整旗鼓，不怕失败和挫折。

推销人员的选择，除了考察上述基本素质，还要符合不同行业对专业知识、文化程度的不同要求。

（二）推销人员的训练

对选拔好的推销人员进行培训，时间长短各行业有所不同。美国炼钢工业和数控企业的推销员培训期长达两年，对于正在工作的推销人员每年也需要一定的时间，重新学习，补充新的知识。

企业推销人员可考虑五个方面：

（1）企业历史、现状及目标，包括企业发展史，企业的经营方针和经营策略，企业的经营现状和利润目标，长远规划等。

（2）企业产品的生产情况和各种用途。做好产品的推销工作，必须对产品本身有一个全面了解，包括产品设计、制造过程、产品质量、技术性能、产品用途以及使用方法等，同时还应了解竞争者产品的技术性能和优缺点，从而知己知彼。

（3）市场情况。包括企业面对的各种类型的客户和关于这些客户的购买动机、购买行为、顾客的地区分布以及竞争者的政策和策略。

（4）推销技术和推销方法。这是推销人员的基本功，包括学习各种推销术和推销方法，提高处理人事关系的能力、解决问题的能力。

（5）工作程序和责任。推销人员要清楚企业的各种规定和工作中应履行的工作程序，诸如订货、退货制度，销售条件，零配件的置换等。

推销的核心是要由坐等订单变为争取订单，要注意采用帮助顾客解决问题的推销方法。

四、销售力量的确定

（一）人员推销的结构

企业的推销人员应组成怎样的结构，以便使它产生最高效率？这是人员推销策略的一部分。现将不同的人员推销结构分述如下：

1. 按地区组成的推销结构

在比较简单的推销组织里，分派一个推销人员负责一定的区域，由他独自负责推销企业的全部产品。这种方式有许多好处：①推销人员责任明确，工作努力。②可以鼓励推销人员与当地商界和个人联系，这种联系有利于提高推销人员的效率、建立有益的长期客户关系。③差旅费开支相对减少。

2. 按产品组成的推销结构

对于技术复杂的产品，推销员专业化尤为重要。当多种产品，销售对象是同一顾客时，这种方法就不适用。例如，一家医疗器械厂生产几种产品，若每种产品都设专门的推销员，可能既不经济，又容易给对方造成混乱。

3. 按顾客组成的推销机构

很多企业针对不同的工业组织使用不同的推销员，有的把主要用户和一般用户分开，也有的把现有用户和潜在用户分开。这种结构的最大好处是，推销人员对顾客的需求十分熟悉。但是，如果同类用户在全国平均分布，采用这种方法就很不利，因为地区交叉，会增加费用。

4. 复式推销结构

一个企业在广泛地区向很多不同类型的顾客出售多种产品，则需要采用复式推销结构，即推销人员可以按地区、按产品或按用户类型分工，一个推销员对一个或几个产品经理负责，或是对一个或几个部门经理负责。

（二）人员推销规模

对一个企业来说，人员推销的规模大小，既对营业好坏影响很大，又对销售费用的多少有直接影响。因此，大多数企业根据对用户访问次数确定其人员推销规模，步骤是：

（1）根据用户每年的购货额，把他们分为若干组。

（2）对每一组用户，规定一个访问频率（每年的访问次数）。

（3）用户编组数乘以访问频率，得出全年共需访问次数，也就是每年推销员的工作总量。

（4）确定每一推销员每年平均应访问的次数。

（5）用每年推销员的工作总量，除以每个推销员每年应该走访的次数，即得出应当聘用推销人员的数目。

五、销售人员的报酬与激励

由于推销工作具有较大的独立性、流动性和自主性，难以对其进行日常控制；而且销售人员的工作环境很不稳定，风险较大。因此，销售人员的报酬制度应当具有较大的灵活性，一般有以下几种形式：

1. 薪金制

薪金制即固定工资制，适用于非推销工作占很大比例的情况。它便于管理，能给销售人员以安全感，容易根据企业需要调整推销人员的工作。但由于推销员的业绩与其脱节，故会导致效率低下，人才流失。不过，由于企业越来越依靠广告树立企业形象和产品形象，推销员的个人努力在促成销售中的作用趋于减小，固定工资制有扩大的趋势。

2. 佣金制

佣金制也叫分成制，就是按一定的比例从销售额中或利润中提取销售人员的报酬。

这种方法能够最大限度地调动销售人员的积极性，形成竞争机制，比较适合推销工作的特点。例如，雅芳公司在我国大约有15000名推销小姐，且大多数是兼职人员。她们向顾客高价推销雅芳的产品，而雅芳公司给予她们约30%的销售提成。这种方法可能会造成推销员只顾追求高的销售额，忽略各种销售服务，或采取不恰当的推销手段推销产品，以致损害企业的长期利益和声誉；而且采用这种方法时，推销员的安全感较低，企业对推销员的工作进行监督也面临较大困难。

一些小企业和新建企业常采用佣金制，随着企业规模扩大和管理正规化，也将逐渐从完全佣金制转为薪金和佣金混合制。

3. 薪金和佣金混合制

薪金和佣金混合制就是将销售人员的报酬分成两部分：一部分是相对固定的薪金，包括基本工资、补贴等；另一部分是佣金，与推销员的业绩挂钩。这种方式保留了薪金制和佣金制各自的优点，又避免了两者的缺点。采用这种方式的关键是如何确定薪金和佣金的合理比例，以及怎样准确考核推销的各项工作。据有关资料显示，美国约有50%的企业采取这种混合制。

企业除了选择合理的报酬制度外，为激励销售人员，必须制定科学合理的销售定额，营造一种重视销售工作和人员的组织氛围。例如，定期举行销售工作会议，让销售人员从日常工作中得到休息和交流。同时，企业的高层领导要对销售人员的生活和工作给予较多的关心，主动与销售人员经常保持沟通和联系，重视销售人员的意见和建议等。此外，还应对销售人员采取公开的、正面的精神鼓励。例如，定期表扬销售业绩突出的人员，评选每年的销售状元、开展销售竞赛、提供更多的晋升机会等。

六、销售队伍的评估

企业对销售人员不只是分配一个推销地区，给予一定的报酬，进行训练就完成任务，还要对他们进行监督和评估，以便更好地管理。

（一）建立评估标准

要评估销售业绩，一定要有良好而合理的绩效标准。绩效标准要与企业的销售额、利润额和企业目标相一致。建立绩效标准的方法主要有两种：一种是为每种工作因素制定特别的标准；另一种是将每一位销售人员的业绩与销售人员的平均业绩相比较。

常见的工作标准如下：

1. 规定对客户访问次数和每次访问时间的标准

一般而言，销售量的增长与访问客户的次数成正比，企业可以根据客户的购买潜力，将客户进行分类，然后规定对不同的客户在一定的时间内的访问次数和每一次访问所花费的时间。例如，销售人员应把主要的精力放在较大的客户和较大盈利性的客户身上。

2. 规定访问和发展新客户的定额

销售人员不仅要访问老客户，还要不断地开拓市场，发展新客户，因此，企业要给销售人员规定发展新客户的任务和措施。例如，一家公司要求销售人员把25%的时间用于访问潜在客户，如果访问潜在客户三次而没有成效，就应该放弃那家客户。

3. 制定一定时期内访问客户和组织专门活动的时间表

例如，一年内组织三次研讨会等，以督促销售人员提高时间效率。

常用的销售人员绩效指标主要有：

（1）销售量。用来衡量销售增长状况，是最常用的标准。

（2）毛利。用来衡量利润的潜量。

（3）访问率（每天访问的次数）。衡量销售人员的努力程度。

（4）访问成功率。衡量销售人员的工作绩效。

（5）平均订单数目。用来衡量、说明订单的规模和推销的绩效。

（6）销售费用。衡量销售人员每次的访问成本。

（7）销售费用率。衡量销售费用占销售额的比率。

（8）新客户的数目。衡量销售人员开辟新客户的标准，这可能是销售人员的特别贡献。

在制定绩效标准时应注意的是：销售区域的潜量以及区域差异、地理分布、交通条件等对推销结果均有影响。另外一些因素，如责任感、工作热情、合作程度等无法数量化，很难求得平均值，但也应加以考虑。

（二）衡量销售人员业绩

企业一般采用横向比较法、纵向比较法和尺度考评法来衡量销售人员的业绩。

1. 横向比较法

将不同的销售人员在同一时期完成的销售额进行比较和排队的方法。这种方法使用时要注意的是，只有在销售人员各自负责区域的市场潜量、工作量、竞争情况、企业促销程度差别不大的情况下才有意义。

2. 纵向比较法

将同一个销售人员现在与过去完成的销售额进行比较。利用这种方法进行比较，能反映出该销售人员的工作改进和提高程度。例如，某一销售人员，当他的总销售额在逐年上升时，我们还要考虑他的销售毛利是否也在上升。否则，可能是他在销售工作中，牺牲了利润较高的产品，而去推销销量较多、利润较少的产品。

3. 尺度考评法

是对销售人员的工作态度、品行、素质等进行评价。如对企业、产品、顾客、竞争对手、所负责的区域与工作职责的了解程度，言谈举止是否符合要求等。

第三节　广告策略

广告是指广告主支付一定的费用，采取非人员推销形式，通过各种媒介把商品信息传递给广大目标顾客，广而告知，促进商品销售。

一、广告的概念

“广告”一词源于拉丁语 Adverture，是“吸引人心”或“注意与诱导”的意思，后来演变为英语 Advertise，含义为“引起别人注意，通知别人某件事”。汉语的广告就是广而告之。从其含义来说，广告可以分为广义和狭义两种。

广义的广告定义范围很大，凡是能唤起人们的注意、告知某项事物、传播某种信息、宣传某种观点或见解的活动都可以称为广告。例如，政府公告、公共利益宣传、教育通告、各种启事、标语、口号、声明等。既包括商业广告，也包括非商业广告。

狭义的广告专指商业广告，又称经济广告，是特定的广告主通过各种付费的传播媒体向目标市场和社会公众传递产品、服务或构思的一种信息活动。

一个完整的商业广告活动一般包含以下内容：第一，要有明确的发布主体，可以是商业公司、其他经济组织或个人，对广告的发布拥有委托权和决策权，并对广告信息的真伪负有法律责任。第二，要有明确的广告信息的接受者，他们通常是市场营销的目标顾客。第三，要有准确的产品或服务信息。第四，应该慎重选择广告媒体进行传播。第五，考虑广告的费用，如果广告的费用太高，会直接影响企业的效益。

二、广告目标的确定

企业在运用广告策略时，首要的是确立广告的目标。广告目标就是企业通过广告要达到的目的，如将产品知名度由 10%提高到 30%，广告目标的实质就是要在特定的时间内对特定的受众完成特定内容的沟通。确定广告目标必须依据企业有关目标市场、市场定位以及市场营销组合决策的相关资料。

企业可以为了不同的具体目标进行广告活动。对于某一企业来说，在不同时间、不同情况下可以确定不同的广告目标。美国市场学专家科利在他的《为衡量广告效果而确定广告目标》一书中列举了 52 种可能的广告目标。以“西安开米涤王”为例，该公司试图在一年内使得 300 万拥有全自动洗衣机的家庭主妇中，知道该品牌是高效低泡洗涤液的人数从 10%提高到 40%。实施这一广告促销方案包括四个因素：

①广告对象——300 万拥有全自动洗衣机的家庭主妇。

②沟通目标——知道该品牌是高效低泡洗涤液。

③期望变化——知道这一品牌高效低泡洗涤液的家庭主妇人数从 10%提高到 40%。

④时间限度—— 一年。

根据广告目标特点的不同，广告目标可分为告知、劝说、提示三大类。

1. 告知性广告

主要向市场告知有关新产品的信息，目的是要为产品创造最初的需求。主要应用在产品生命周期的介绍期。例如，生产酸奶的企业在产品刚投放市场时，通过广告告诉消费者酸奶有哪些营养价值。另外，通过广告，企业还可以向市场介绍一项老产品的新用途，介绍产品价格的变化，说明产品的性能和功效，介绍可以提供的服务，纠正消费者在某些方面产生的错误印象，减少消费者对使用产品的担心或树立一个公司的新形象等。

2. 劝说性广告

主要是引导选择性的需求，以便在竞争中获得更多的成效。主要应用在产品生命周期的成长期。目前，大多数的广告属于这种类型。例如，一个企业可以通过广告使消费者相信，它的产品与市场上的其他任何品牌的产品都不同，从而突出自己产品的优势。许多劝说性广告已变成对比性广告。在经济发达地区，对比性广告广泛应用于那些竞争比较激烈的产品，如清洁剂、快餐食品、牙膏、轮胎、汽车等。劝说性广告可以用来促进和激发消费者建立产品品牌的偏好，吸引正在使用竞争对手产品的消费者，转向使用本企业的产品，改变消费者对产品特性的知觉，促使消费者立即购买以及说服消费者接受人员推销等。

3. 提示性广告

主要是保持顾客对产品的记忆。主要应用在产品生命周期的成熟期。例如，可口可乐公司经常在电视、路牌、杂志等媒体做广告，这些广告的目的既不是宣传新产品，也不是劝说消费者，而是提醒人们可口可乐的存在。与提示性广告相关的是强化性广告，其目的是使购买本企业产品的顾客充分相信他们做出的选择是正确的。例如，汽车广告常常通过画面显示心理满足的顾客对自己购买新车的某些特点感到何等的称心如意等。提示性广告的作用在于，提醒消费者可能很快就会需要某种产品，提醒消费者购买本企业产品的地点，这种提示可以促使消费者在淡季也能记住这些产品，使产品保持较高的知名度。

三、广告设计的基本原则

在进行广告设计时，除要主题明确，目标鲜明，突出产品特色和竞争定位等内容外，重要的是要遵守以下原则：

1. 真实性

广告既不是小说也不是随笔，作为企业的宣传手段，应以客观存在的事实为依据，所介绍的信息应真实、科学、准确、具体，不能欺骗、浮夸，否则，就会影响企业及其产品在消费者心目中的形象。例如，减肥面包不能仅仅因为分量本来就小，而说成是卡路里含量少。此外，还应注意信誉，兑现承诺。例如，销售人员做广告时承诺出售 20 元的电饭煲，当消费者来购买广告中的电饭煲时，销售人员由于无法供货，就拒绝出售、贬低其性能、展示次品和承诺难以接受的供货期，以使消费者转向购买其他产品。

2. 合法性

由于存在着广告的滥用，各个国家目前都制定了相应的法律法规。企业在设计广告时，要注意不仅宣传的内容必须合法，而且在项目、形式上也要符合国家有关法律法规要求。特殊商品和荣誉的宣传要附有权威机关的证明。例如，花旗银行在台湾为持卡者推出了到澳门旅游的折扣包，结果有 57000 以上的人申请，花旗银行提出只同意 2000 个名额，并用抽奖的方式限制人数，这种做法马上被台湾公正交易委员会制止，最后，花旗银行停止了这项计划，并捐出 350000 美元作为“消费者权利先锋”的基金。

3. 科学性

广告的科学性表现在，首先，要符合广告活动的规律性；其次，广告活动要将多学科的知识加以综合运用，如市场学、心理学、社会学、商品学、行为学、传播学、新闻学、经济学、管理学、计算机科学等学科；最后，广告活动要运用现代科学技术进行表现，如广告应采用先进的制造技术、快捷的传媒手段以及科学的测试手段。

4. 思想性

企业通过广告传递信息，以简洁、鲜明、生动、具体的商品形象，直接或间接地对消费者的思想、情感、兴趣和行为起着潜移默化的作用。因此，广告不仅要讲经济效益，同时也要讲社会效益和环境效益。例如，可口可乐印度公司，以前的广告是一个年轻人跳下高楼从飞驰的卡车中偷出饮料瓶。但是，自从一位 10 岁的小男孩模仿索姆斯·阿伯（Thums Up）的广告从高楼上跳下后，可口可乐印度公司便修改了自己的广告。

5. 艺术性

广告作品要有艺术魅力与审美情趣，在立意、文字、图画、色彩、字体、修辞等方面都要讲求艺术效果，使广告宣传的内容以真实的、生动的、艺术的形象感染消费者，引发消费者的联想，刺激消费者的需求欲望，实现消费者的购买，达到消费者对商品和服务在理智上的认可和在感情上的接受。例如，一家药厂推出治疗头疼的药品，产品命名为“百服宁”，该厂在进行广告策划时，充分考虑了“百服宁”与“保护您”谐音，突出表现了“以药品来保护您”，可见构思的巧妙。

6. 简明性

为了节约费用，广告的内容必须简明扼要，在有限的版面、时间内输出更多的信息，并且要适合受众的视、听、读和记忆。例如，一家美容美发店在杂志上的广告语为：“美”从“头”做起，体现了店家的服务内容。

四、广告媒体及其选择

为取得广告活动的成功，我们在选择广告媒体时，不仅要确保该媒体的传播能真正到达目标受众，还要注意考虑各种媒体的适用性和成本。因此，在进行广告媒体选择时，一定要先了解各种媒体的性质。

（一）广告媒介的种类及特征

通常把报纸、杂志、广播、电视称为传统的四大媒体。

1. 报纸

按照发行范围的不同，有中央报纸、地区报纸和地方报纸。

报纸的传播范围广，可以传达到不同的阶层，并且具有明确的传播地区目标，企业根据广告目标就可进行选择。专业报纸的读者对象非常清楚，企业选择起来也非常方便，例如：面向老年人的产品广告可在老年报刊上刊登，目标指向性非常强。另外，一些信誉度高的报纸，可提高广告的可信性，从而加强广告的说服力。报纸是文字及图画的结合，比电波媒体更能详细地解说，便于读者理解。由于报纸的说服力及劝导能力强，因而比较适合企业广告。

由于报纸上各种广告并存，报纸广告也因此受到其他广告的影响，特别会受到大篇幅广告的影响。

2. 杂志

杂志的专业性较强，一般都有固定的读者群。

杂志传播范围较广，便于企业根据产品的特性，有的放矢地做广告，例如，面向女士的产品，应刊登在《服装》、《女友》、《中国妇女》等女性喜欢的杂志上，且一本杂志可被多人传阅，进一步扩大了传播范围。杂志的阅读一般不受时间限制，这就使杂志广告的时效性大为提高。另外，杂志的印刷效果比较精美，增强了读者对广告的印象。杂志的排版比较灵活，即使文字内容很多也不会使读者感到厌烦，因而传播企业广告或形象广告比较适宜。

杂志的印刷周期较长，限制了某些信息内容传播的选用，同时，由于其专业性较强，限制了订阅数量和范围。

3. 电视

在现代社会中电视是最主要的传播媒介，已经深深地融入到每个人的家庭生活中。随着电视普及率的提高，电视的传播范围也越来越广，可以达到全国各地，甚至跨越国界。电视将视觉和听觉一起运用，刺激性较强，能给人深刻的印象。另外，由于电视在传播上直观、动态，甚至有时还可以创造戏剧性的效果，受众对电视广告的注意率在各种媒体中最高，广告的说服效果也较大。

由于电视广告瞬间即逝，播放一次很难取得效果，另外，电视广告干扰较多，成本也高。

4. 广播

与电视相比广播仅以声音进行传播。由于收音机的普及率比电视高，所以广播的传播范围要比电视广。受众可以在收听广播的同时干其他的事情，这也增加了广播传播的范围。即使文化水平较低的阶层也很容易理解广告的内容，同时由于广播是语言传播，因而适应性很广。另外，广播广告从制作到播出需要的时间比电视要短，从而使广播的广告内容变换更容易。广播传播的目标对象可以按照广播的节目内容进行选择。广播广告是一种良好的辅助性广告媒介，可以随时随地地配合其他广告媒介进行传播，因而能够加强广告的声势。现在，许多电台的广播还开展了互动性节目，进一步缩短了与受众的距离。

广播广告的成本很低，但其缺点也很明显，需要展示商品形象等视觉信息的广告，在此均受到限制。

5. DM（Direct Mail）广告

DM 广告，即企业可以通过邮局，直接邮寄宣传品等与消费者进行沟通。DM 的目标明确，企业能根据邮寄对象，制定特定的宣传内容，增强 DM 广告的诉求力。由于广告是企业自己直接送到对象手中，接受者的注意力不会被分散，所以可避免来自其他企业的竞争压力。DM 广告的形式包括：商品目录、通知函、说明书、价格表、企业介绍等信息。

6. POP(Point of Purchase) 广告

POP 广告，即购买点、销售点。销售点广告有广义和狭义之分。广义包括购买场所内外的所有促销形式，如商店招牌、霓虹灯、商品陈列、店内宣传品等；狭义仅包括购买场所内的促销形式。其主要的形式有三种：一是开放式陈列，让消费者直接接触商品；二是集中提供信息，以设立专柜的形式向购买者介绍产品信息和知识；三是创造强刺激氛围，运用各种音像、图片、广播、装饰等增强消费者的购买欲望。

7. 户外广告

我们经常见到建筑物外表或街道、广场等室外公共场所设立的霓虹灯、广告牌、海报等。这些户外广告是面向所有的公众，较难选择具体目标对象，但由于户外广告可以在固定的场所长时间地展示企业的形象和品牌，它对提高企业的知名度很有效。

8. 交通广告

企业还可以充分利用公共交通工具来做广告，常见的有交通工具内的广告牌、宣传画、车站内的广告牌和车身广告等。在大城市，大部分人上下班都要利用固定的公共交通工具，这种广告因而非常有效。

9. 互联网广告

近年来，随着互联网的发展，上网的人数不断增加，网络广告也得到了飞速的发展。

与传统的媒介相比，网络广告具有巨大的优势：一是网络广告具有很强的互动性，它能够实现多种交流功能，具有很强的趣味性，实现个体化沟通，并且提高了目标顾客的选择性。二是内容更加详尽、充实，与传统的媒介相比，网络信息内容更加全面、具体，可以涵盖企业概况、各类产品信息、新产品信息以及企业的各项促销和公共关系活动的详细信息，浏览者可以随时在相应网页上查到所需信息的具体细节。三是消除了时间和空间的限制。传统的媒介往往有一定的地域限制，特别是跨国界传播广告时，要进行一系列复杂的工作。只要目标群体的计算机连接到互联网上，公司的广告信息就可以达到。四是成本低，效率高，传统的媒体资金投入巨大，而网络广告的平均费用仅为传统媒体的 3%，并且可以在全球传播。随着计算机多媒体技术和网络编程技术的提高，网络广告的形式越来越丰富，企业可以很方便地随着营销活动进行调整。

但是，网络广告也有种种局限性。例如，网络广告的范围较窄，网络的目标顾客比较特殊，等等。

（二）选择广告媒体应考虑的因素

为有效地发挥广告的作用，企业在选择广告媒体时，应考虑以下因素：

1. 广告目标

广告目标简单地可归为三类：增加销售额、扩大市场占有率、提高知名度，我们可根据媒体的特征进行合理的选择。

2. 目标市场

企业要把信息有效地传播到目标市场，在选择媒体时应考虑目标市场的特征。

如果以地理范围划分目标市场，我们可将市场分为全国范围市场和重点市场。在全国范围目标市场上可选择一个成本尽量低，信息总展示量尽可能大的媒体组合，一般选择报纸、杂志、广播等媒体组合。在重点目标市场上，选择的媒体只要有效地覆盖这一特定市场即可，一般选择地方性报纸、广播、电视以及户外广告和交通广告。

如果是针对消费者的收入、年龄、职业等社会文化因素，针对目标受众接触媒体的习惯，可以首先把广告集中投放在最具有目标指向性的媒体上，如果该媒体效果不明显，就选择另一个有目标指向性的媒体。

3. 市场环境

影响媒体选择的市场环境有很多，如社会文化差异，经济发展水平，不同的国家和地区等。经济形势好时，投资踊跃，人们大量购买家用电器和电脑，使用电视、广播和互联网做广告会有较大收效。对于人口密度低的地区，由于对媒体传播速度和范围要求高，利用广播和电视两种媒体效果会好些。而在文盲率高的地区，印刷品的传播会受到限制，因此电视和广播比较适宜。

在选择媒体时，除考虑上述因素外，还要考虑产品的性质和特征、广告的内容、媒体的成本、广告的时机等。

五、广告效果评价

企业都是先设计一个广告活动，在一个和几个城市或地区展开，然后评价其效果，根据广告的效果再决定是否在全国范围铺开。广告效果的评价一般包括两方面：一方面是沟通效果评价，另一方面是销售效果评价。

（一）沟通效果评价

沟通效果评价是指广告对消费者的认知和偏好所产生影响的评价，其目的是确定广告是否正在产生有效的沟通。例如，为了了解广告的整体影响和不足之处，广告推出前，企业邀请专家和具有代表性的目标顾客对已制作的广告进行评价。广告推出后，为了了解顾客对广告的具体反应，企业可以对顾客进行抽样调查。

企业进行沟通效果评价时，一般采用以下方法：

1. 广告预先评价

广告预先评价有三种方法：

（1）直接评分法。即请专家和具有代表性的目标顾客对已经制作的广告进行打分，一般分别从广告吸引受众的能力、促使受众继续阅读的能力、核心信息鲜明度、诉求效能、促使购买的能力五方面进行考察，如果分数较高说明该广告可能有效。

（2）组合测试法。是向被测试的目标顾客展示一组广告，展示的时间长短由被测试对象自定，然后请他们尽可能地回忆广告的内容。测试的结果可以说明一个广告的优劣程度，检查出广告内容是否好懂易记。

（3）实验测试法。即用仪器来测试目标顾客对广告的生理和心理反应，以此来评价广告效果。例如，可测试消费者接受广告时的心跳、脉搏、血压、瞳孔变化、汗液分泌等。通过测试，可了解广告的吸引力。必须指出这种测试无法衡量消费者的信念、态度和意图等方面的效果。

2. 广告事后评价

广告事后评价一般是根据广告的事前测定效果，用随机抽样的方式来进行，例如：企业如果对产品的品牌知名度、品牌理解力和明确的品牌偏好等方面事前进行了测试，那么企业可在广告活动后进行随机抽样来评价上述指标，假如企业对品牌知名度事前测试为20%，而事后进行抽样调查为30%，而企业的广告目标是提高到50%，这就说明广告的沟通存在一定的问题，企业可查找原因。

（二）销售效果评价

广告的沟通效果不等于广告的销售效果，通过广告提高了品牌的知名度，不一定提高产品的销售量，因此，越来越多的企业不再满足于广告沟通效果的衡量，而开始注重对企业广告推出后产品销售效果的评价。广告销售效果评价比沟通效果评价更难，因为影响企业产品销售额的因素很多，除广告外，还有价格、竞争、产品质量等，影响因素越多，效果越难控制，广告对销售的影响越难评价。式（16–1）、式（16–2）可作为衡量广告效果的参考。

$$广告效果=\frac{销售量增加额}{广告费用增加额} \tag{16–1}$$

$$广告效果比率=\frac{销售量增长率}{广告费用增长率}\times 100\% \tag{16–2}$$

第四节　销售促进与公共关系

销售促进最初作为一种短期激励措施，旨在促使消费者立即购买。传统上，这些技术被看作企业营销组合中其他要素的补充。如今，企业已把它看作很多营销计划中不可或缺的一部分，而且促销的重点已从短期目标转变为建立品牌价值、保证持续购买等长期目标。

国内把销售促进又叫营业推广，是企业为尽快引起目标顾客对本企业产品的注意，刺激其迅速反应，促进短期购买行为的促销方式，是一种强刺激、短时间的促销手段。

广告提供了购买的理由，而销售促进则刺激了购买。随着市场竞争的日益激烈，销售促进越来越受到企业的重视，其费用的增长率已超过了广告。

一、制定促销目标

销售促进的方式各种各样，具体选择时应根据销售促进的目标来确定。企业通过促销来刺激消费者，从而吸引新的试用者，奖励忠诚的顾客，提高偶然性顾客的重复购买率。当促销对象是消费者时，企业促销活动应该从以下方面展开。

1. 刺激顾客的购买欲望，促使立即购买，大量购买

消费者在购物过程中存在着冲动购买和情绪购买的现象，企业可以利用销售促进引发消费者的冲动购买和情绪购买，以不断提高市场占有率。

2. 引发新顾客参与，促进试用产品销售

企业通过销售促进的各种手段，引发消费者的参与意识，为消费者创造一个能积极参与的氛围，从而促进产品的销售。

由于针对消费者的促销是从消费者的特征入手，所以零售商应该是这种促销活动的主要承担者，批发商和生产商应作为销售促进的分担者，甚至在有些情况下，批发商和生产商也要作为主要承担者去实施促销活动。

企业使用中间商的目的是为了使自己的产品能够进入中间商的销售网络，顺利把产品销售出去。中间商购买产品是为了转卖获取利润，因此，他们的购买行为是建立在理性基础上的。企业在进行促销时，必须考虑这些特征。

3. 促使中间商尽快购买新产品

中间商为了减少经营风险，往往对新产品持谨慎态度，不肯轻易进货，企业应通过销售促进来打消中间商的顾虑，提高他们经营新产品的积极性。

4. 维持中间商较高的存货水平

大量的进货会增加中间商的储存成本，因此，中间商从自身利益出发，不喜欢大量进货，往往把存货标准压低到最低水平。这样的后果可能造成产品的脱销，影响生产企业的产品销售，所以企业应努力通过促销手段促使中间商提高存货水平，以保证供货，满足市场需求。

5. 鼓励中间商淡季购买

对于在销售上具有时间性和季节性的产品，应发挥中间商的“蓄水池”作用。企业为了均衡生产，希望中间商能够定时、定量地购买，不因是产品的淡季而降低购买量。

6. 抵御竞争，争取合作

企业要利用销售促进，促使中间商稳定地从本企业进货，避免从其他竞争对手进货。企业还要利用促销手段，巩固现有的分销网点。

企业为了提高产品的销售额，应针对本企业的推销员展开促销，调动销售积极性，鼓励推销新产品，不断开拓新客户，在淡季销售产品，稳定推销人员队伍等。

二、选择促销手段

企业在考虑促销目标的情况下，应结合市场的类型、企业促销的预期效果、竞争者的策略以及促销手段的成本等因素，根据不同的促销对象和不同的促销目的，运用不同的促销手段。

1. 针对消费者的主要促销手段

（1）免费样品。向消费者提供免费试用的产品，促使消费者了解产品的性能和特点，以建立顾客的信心。在消费者不了解产品的情况下，此为最有效但也最昂贵的促销方法，只是运用时要注意选准目标顾客。

（2）折价赠券。折价赠券是可以抵充购买款项的赠券。为吸引顾客上门购买，企业可以分发“产品优惠券”、“产品折价券”。当顾客购买某一产品时给予优惠。“优惠券”依照主办机构不同，可以分为“厂商型优惠券”与“零售商型优惠券”。后者只能在某特定的商场、卖场使用，其目的是吸引消费者到某个特定商店去；“厂商型优惠券”主要是生产厂商规划和执行，通常可以在指定的多个零售店使用，其目的是吸引消费者到商店去购买某一特定品牌的产品。

（3）减价优待。在一定的时间内，为了促进销售可以进行打折，常用的方法是：单包减价；多包减价（数量减价）；搭配减价（几种相关产品一起搭配销售）；等等。

（4）赠品。赠品是指赠送便宜或免费品来鼓励购买另一产品的方法，其操作可以借鉴免费样品的赠送。具体方式有：随产品赠送小工艺品或小玩具；累计购买达到一定数额后，当场赠送一定的礼品；等等。

（5）竞赛。提供机会给顾客参加比赛，以争取奖品、旅行或服务等。其方法有：按顾客购买的数量、频率将顾客分类，定期抽奖；商品知识竞赛抽奖；购物抽奖；等等。例如：百事可乐公司举行的“幸运数字”促销，消费者购买商品后，保留在产品瓶盖中的数字，如果和百事可乐公司抽出的数字一样，就可获奖。

（6）会员制。企业可以通过发展会员吸引老顾客，巩固顾客群，这种方法是消费者购买到一定数量后，可以成为某一企业的会员，享受各种优惠。在很多大中型超市，都运用了会员制的方法以吸引回头客。

2. 针对中间商的促销手段

（1）让利优惠。让利优惠是针对中间商的最重要的手段。企业通过各种方式让利给中间商，以降低其销售成本，调动其销售积极性。

（2）销售竞赛。销售竞赛是企业为激励中间商在一定时间内尽可能多地销售本企业产品而展开的各种竞赛活动，企业通过物质奖励和精神奖励，有效地调动中间商的积极性。主要包括：销量竞赛，对于不同销量的中间商制定不同的奖励方法；陈列竞赛，鼓励中间商在产品陈列方面开展竞赛；销售技术竞赛，如销售员的接待艺术、说服艺术、演示产品的技术等。

（3）展览展示。企业在推出新产品时，针对中间商进行展览和展示。例如：展览会、博览会、演示会等，可以促进中间商了解新产品，促进购买。

（4）服务促销。企业可为中间商提供各种服务支持来调动中间商的积极性，包括：业务会议、发行企业刊物、培训销售人员、采购支持、退货保证等措施。

3. 针对推销员的促销手段

（1）企业培训。企业利用培训为推销员提供各种培训、提高的机会。

（2）推销手册。为指导推销员有效地进行推销，企业可请有关专家精心编制推销手册，其内容包括：销售激励项目、企业资料、产品资料、价目表、订单等，既丰富又实用，为推销员提供有力的促销工具。

（3）销售竞赛。在一定的时间内，企业在推销员中开展形式多样的销售竞赛活动，对成绩优良者给予奖励，这是企业常用的销售促进方法。

三、设计促销方案

企业在组织实施销售促进的过程中，除了要确定销售促进的目标，确定对象和一定时间内要达到的效果以及根据促销目标选择销售促进的手段外，重要的是设计一套完整的促销方案。促销方案的设计主要包括以下内容：

1. 确定对顾客的刺激力度

即确定通过销售促进对顾客刺激力度的大小。在销售促进中，要想获得一定的收效，必须提供一定的诱因来刺激顾客的需求。为顾客提供的利益太少时，刺激力度太小，难以引起顾客的反应，达不到促销目的；为顾客提供的利益太多时，顾客反应强烈，但是企业的财力难以承受。同时，当诱因大到一定程度后，其刺激效率会递减。因此，企业必须研究销售促进费用与销售反应之间的关系，确定最佳的刺激力度。

2. 确定刺激对象的范围

销售促进可以针对任何群体，也可以针对某一群体，企业需要对参加者做出明确的规定，即刺激哪些人。例如：只把奖品颁发给有一定购买证明的人。

3. 确定销售促进的实施途径

就是要确定通过何种具体途径传递促销信息或分发刺激物。例如：折价优惠券，可采用在产品包装内分发、邮寄分发、现场分发等多种形式实现。途径不同，促销的效果、范围、成本也不一样。

4. 确定销售促进的时间

首先，要确定促销的时机。销售促进时机选择的好，能收到事半功倍的效果。例如：食品等节假日需求量大的产品，应选择节假日到来前的时机进行销售促进活动。其次，要确定销售促进的持续时间。如果持续的时间太短，一部分顾客因不知道信息没有参与，因而影响企业的促销效果；如果持续的时间太长，不仅企业支付的费用太大，而且还会给消费者造成变相降价的印象，失去促销的吸引力和刺激强度。因此，企业必须认真权衡。

5. 制定销售促进的预算

制定销售促进的预算有三种方法：

（1）上行法。就是参照上期费用来制定本期费用。这种方法简便易行，但必须考虑销售促进的对象、目标、方式等因素的变化情况。

（2）比例法。即按销售促进费用在总促销费用中所占的百分比来确定销售促进的总费用。这一比例一般根据经验来定。运用这种方法要考虑市场因素、产品生命周期因素以及竞争者的因素等。

（3）总和法。这种方法是先确定各种销售促进项目的费用，然后进行汇总来估算总费用。

四、公共关系

公共关系目前在国内外的大学中已是一门独立的学科。把公共关系用到营销管理上，是大众促销工具之一，是一种高效的间接沟通渠道。通过引起消费者的正面注意，树立良好的公司形象，处理或消除不利的传言、事件等，与公司利益相关者建立良好的关系。

公共关系涉及组织内各个部门的影响力和形象，它在促销组合中所起的作用比任何时候都大，除了进行像公众态度调查、创建良好的公司形象等这样的传统活动外，公共关系还支持旨在促销产品和服务的各类公关广告活动。

（一）公共关系的职能

公共关系部门履行的职能如下：

（1）与新闻界联系：用最有价值的信息去吸引公众对企业、产品或服务的注意。

（2）产品的公共宣传：为特定的产品做公共宣传。

（3）公共事件：建立和保持与本地社区、政府、公众的关系。

（4）游说：通过与立法者、政府官员建立和保持关系，从而影响立法和规定。

（5）投资者关系：与财务方面的利益相关者和其他人保持良好的关系。

（6）拓展：与捐赠者或非营利组织成员保持关系，从而获得财务或志愿者方面的支持。

公共关系可用于促销品牌、产品、人员、地点、创意、活动、组织甚至国家。法国白兰地酒利用公共关系顺利打开美国市场随之进入世界市场；强生公司对公共关系的巧妙运用，在挽救濒临危机的“泰诺”时起到了重要作用；纽约城市利用公共关系向全世界展示了它的形象；国家利用公共关系来吸引更多的游客、外商投资和国际援助。

尽管公共关系潜力很大，但在国内企业中仍然不能被重视。公共关系部门是在公司的直接领导下，经常忙于处理与各种公众的关系，包括股东、员工、立法者、政府官员等，以至于支持产品营销目的的公共关系方案往往被忽略了。相比之下，营销经理和公共关系的执行者想法不总是一样，很多公共关系的执行者把自己的工作仅仅当作是沟通。实际上，好的公共关系是一个强大的品牌塑造工具。像沃尔玛超市变成全世界著名的零售商，用的是公共关系，它的广告支出非常小。在玩具领域，芭比娃娃、豆袋宝宝也依靠公共关系经销得非常成功。网络方面，雅虎、亚马逊、Exeite 变成强大的品牌，它们实际上都没有做广告。有咨询顾问宣称：广告的年代已经结束了，而公共关系正变成强大的沟通工具，尽管大多数营销者还未做到这一点，但广告与公共关系应并肩合作，共同塑造并保持品牌。

（二）主要的公共关系工具

公共关系的专业人士使用的公共关系工具较多，其中一种主要工具就是新闻。公关专业人士挖掘或创造关于企业产品、形象等方面的正面新闻，有时新闻是自然发生的，有时是公关人员创造新闻或活动以供记者采访报道。

演讲也是一种公关工具，通过企业领导人在新闻发布会上发表演说、圆满地答复新闻媒体提出的问题等，树立企业形象。

另一常见的公关工具是特殊事件，如公司新闻报道、新产品发布会、企业产品质量的事件、媒体专访行程、多媒体演讲、希望工程等，这些“特殊事件”的设计用于触及和吸引公众，向消费者推荐企业形象，介绍企业的产品品牌等，已成为与目标顾客建立一对一关系的有效方式。

公共关系人员还应该准备书面资料来达到和影响目标市场，这些资料包括年度报告、宣传手册、企业的报纸和杂志、视听资料（如幻灯片、录像带、电影等）也可被企业用作传播工具。企业的形象识别资料可以创造出公众能够立即辨认的企业形象，如标识、文件、小册子、招牌、企业模型、业务名片、制服、建筑物等，当这些成为有吸引力、差异化和可记忆的标识时，它们就是营销工具。

企业的网站也是很好的公关工具，消费者和其他公共关系成员可以访问网站，获得信息或娱乐，网站应该设计得让公众喜闻乐见以增强企业的影响力。

中国国际公共关系协会（CIPRA）的调查表明，在 2003 年尽管有 SARS 的影响，中国的公共关系业务收益仍然增长了 32%，对公共关系服务有较大需求的行业包括 IT、电信、耐用消费品（如汽车）以及快速消费品。在金融、房地产、医药、运动和文化行业中也有很大需求。在城市中，北京、上海、广州和成都是最大的公共关系市场。

与其他促销工具一样，管理层在考虑何时和如何利用公共关系时，需要考虑公共关系的目的，选择公共关系的信息和工具、执行公共关系计划、评估结果。企业的公共关系应与企业的整合营销传播协调发展，所以在营销管理中把公共关系又称为“软推销”。

第五节　整合营销传播

一、整合营销传播的提出

源自不同渠道的互相矛盾的信息，会导致混乱的公司形象以及品牌定位。大众传媒广告可能强调的质量，意在树立产品的高档形象，促销活动却在大打价格折扣；产品说明书传播的信息与公司销售人员说的不一致，与公司网站宣传的也许差别更远。

问题是这些传播通常来自企业的不同部门。广告信息是由广告部或广告代理执行的；人员销售传播是由销售管理部门开展的；其他像公共关系、促销、直接营销、在线网站以及各种形式的营销传播也都有相关部门负责，大企业尤其如此。

成功的营销者善于利用营销理念和关系营销来制定客户导向型营销计划。消费者是整合营销传播的核心，即从客户的需求出发，逆向讨论对产品、品牌和企业的作用，而不是以企业的产品或服务为出发点。

整合营销传播不应将促销组合的各个要素分开考虑，而应从消费者的角度来综合考察这些要素。尤其是关于品牌、企业或组织形象等的信息，以免使消费者产生混淆。

如今的营销环境呈现出多元化市场和多种媒介渠道的特征，机会和挑战并存。整合营销传播计划成败的关键在于识别受众的类型和理解他们的需求。如果缺乏相关的潜在和现有客户的恰当信息，如客户的购买历史和需求，营销者就有可能传播错误的信息。整合营销传播不仅必须把信息传递给目标受众，而且也要从他们那里收集反馈信息。

整合营销传播计划能带来基于促销组合要素间协同和依赖关系的竞争优势。采用整合营销传播，营销者就能通过选择促销组合中合适的方式传递信息，从而为产品和品牌创造一种统一的个性形象，同时还能制定精确的计划来影响细分市场，选择最好的沟通方式向目标受众传递特定的信息，从而收到更好的效果。

二、整合营销传播模式

今天，越来越多的公司在采用整合营销传播的概念。在这一概念的指导下，公司会很慎重地整合和协调其传播渠道，传递关于公司及其产品的清晰、一致、引人注目的信息。如图 16-6 所示。

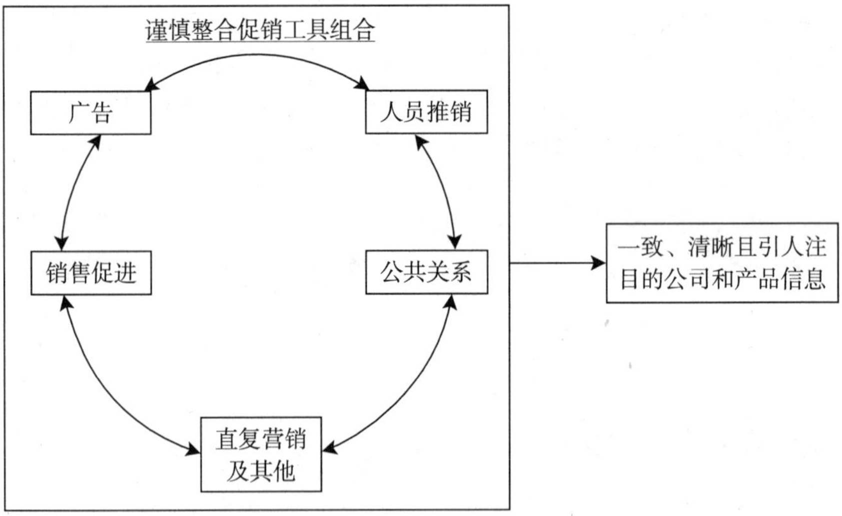

图 16-6　整合营销传播模式

正如一位资深营销经理所说："整合营销传播过程将所有的信息绑在一起并相互加强，在市场中建立了强烈的品牌归属感。整合营销传播将公司的所有信息、定位和形象以及身份都通过所有的营销传播渠道得到协调。这意味着公司的公共关系销售促进等传递的信息同直接邮寄活动说的是一回事，而公司的广告和网站也有着相同的外观和感觉。"

整合营销传播要求对促销计划有一个宏观的把握，它应是一个包括所有市场活动的总的战略，而不仅仅是促销。整合营销传播的成功实施要求每个人都全身心地投入到营销的每一个方面——人员推销、广告、公共关系、销售促进、直接营销等，要像一个团队一样工作。他们必须在组织与客户接触的每一方面都表现出一种一致的协作的状态。这样就可节约时间、精力和资金，避免重复劳动，提高营销业绩、降低成本。

这种团队的合作不仅涉及内部各部门，而且也涉及外部经销商、零售商、客户服务机构等。如果公司内部接听免费内向电话的员工显得不帮忙或态度粗暴，那么即使做了最精彩的电视广告，也会一无所得。所以，整合营销要求找出顾客可能接触到公司、公司产品、公司品牌的所有方面。公司必须尽一切努力在所有的接触点去传递一个一致且正面的信息。

为了有助于整合营销传播的执行，有的公司会任命一位营销传播经理，全面负责企业的传播活动，以便加强传播信息的一致性，给目标顾客统一的形象定位，并带来更深远的影响。从某种角度讲，整合营销传播是一种目的在于展示公司及其产品是如何帮助顾客解决问题的全面营销传播战略。

三、传播过程及要素

整合营销传播包括确定目标群体以及制定一个协调一致的促销项目来引发目标客户群的反应。人们倾向于将传播看作是管理长期顾客关系，因为消费者千差万别，需要为特定的细分市场甚至个人设计不同的传播项目。而且，利用新的交互传播技术，公司不仅需要问："我们怎样接触到我们的目标客户？"而且要问："我们怎样找到让我们的顾客接触到我们的方法？"

为了有效地进行传播，营销者需要清楚传播是怎样运行的。传播包含如图 16–7 所示的九个因素，其中，发送者和接受者两个因素是一次传播中的两个主体，信息和媒介是两个主要传播工具，编码、解码、反应和反馈是主要传播功能。系统中还有一个因素是噪声。以一个关于联想产品的广告为例，这些因素的定义如下：

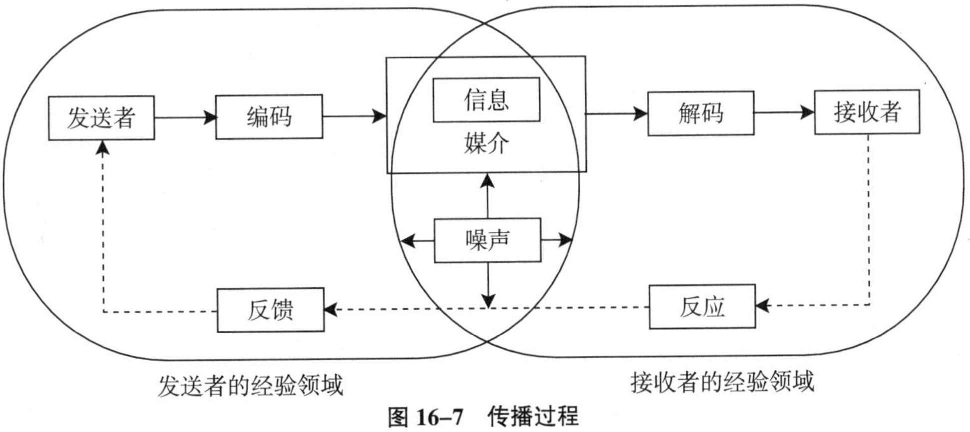

图 16–7　传播过程

（1）发送者：发送信息的一方——如在此是联想。

（2）编码：将思想转化为符号形式的过程——联想的广告代理商将文字和图像整合为能传递目标信息的广告。

（3）信息：发送者所传送的信息——真实的联想计算机广告。

（4）媒介：信息从发送者到接受者的传播渠道——在这个例子中，是联想选择的具体的杂志。

（5）解码：接收者对发送者所编码的符号赋予含义的过程——顾客看到联想计算机产品广告并对它所包含的文字和图像进行理解。

（6）接收者：接收信息的一方——看到联想广告的个人家庭、商业客户。

（7）反应：接收者在接收到信息后的行为——数百种可能的反应中的一种，如顾客会对联想产品的特性更加了解，实施购买，或者什么也不做。

（8）反馈：接收者的反应中传回给发送者的那部分信息——联想的研究表明消费者看到且能够记住广告，或者是消费者给联想打电话或写信表扬/批评联想的广告或产品。

（9）噪声：传播过程中未曾预料到的不良干扰或曲解，这会导致接收者获得一个与发送者不同的信息——消费者在看杂志时注意力分散而没有看到联想广告或是它的关键点。

一条信息要有效的话，发送者的编码过程必须同接收者的解码过程相吻合。因此，最好的信息是由接收者所熟悉的文字和其他符号所组成。发送者的经历同接收者重合的越多，传递的信息可能会越有效。故有效的信息须完成三项任务：

（1）赢得接收者的注意；

（2）接收者和发布者都理解；

（3）刺激接收者的需要并提出满足这些需要的建议。

● 本章回顾：

促销是指企业向目标顾客宣传介绍其产品的优点，说服和吸引顾客来购买其产品，以实现潜在交换所从事的市场营销活动。促销的实质是产品的生产者与需求者之间的信息沟通活动。促销组合包括人员推销、广告、销售促进和公共关系等主要工具。人员推销是公司的销售人员为了完成销售和建立顾客联系所作的人员演示与介绍。建立一支高效的销售队伍是取得销售业绩的关键。

广告是通过付费的媒体对产品或组织进行告知性、劝说性和提示性的宣传，是一个非常有效的促销工具。广告设计要遵循真实性、合法性、科学性、思想性、艺术性和简明性等基本原则。报纸、杂志、广播、电视被称为传统的四大媒体，在选择广告媒体时，不仅要确保该媒体的传播能真正到达目标受众，还要注意考虑各种媒体的适用性和成本。

销售促进覆盖了各种各样的短期激励工具，包括优惠券、赠品、竞赛、现金折扣等。 公共关系是为了赢得有利的名声和创造有利的企业形象，公共关系在促销工具中被称为“软推销”，没有或很少推销意味，却能收到比推销更好的效果，尤其在建立消费者的知晓度和偏好方面潜力巨大。

越来越多的公司在采用整合营销传播的概念。在这一概念的指导下，公司会很慎重地整合和协调其传播渠道，传递关于公司及其产品的清晰、一致、引人注目的信息。

● 讨论与概念应用题：

1. 选择近期某个现行的广告活动，回答下列问题：

（1）该广告活动要达到什么目标？

（2）所要传达的信息是什么？

（3）就此广告谈谈你的设想。

2.一位地区销售经理在销售会议上发出以下怨言："我们公司平均每一位推销员的报酬和费用是4万元，而在《时代》周刊上登一整页广告也是4万元，我们可以少登几次广告，用省下来的钱多雇几个推销员。一个推销员一年肯定比一期《时代》周刊的一整页广告所推销的产品多。"试评价这一论点。

3. 为什么有些工业营销商在全国性的电视台做广告，而他们的目标顾客只占实际收看者的一小部分？试列举出一些你在电视上看到的不以顾客为导向的商业广告，并说出这些营销商想通过这些广告来达到什么目标？

4. 某制酒公司已有多年不登广告了，但其销售量却逐年增加，这是否暗示拥有优良产品的公司很少需要或根本不需要做广告呢？"好酒不怕巷子深"？

5. 称职的销售人员对其竞争对手的产品就像对自己的产品那样了解。要是你所在的公司要你推销一种你认为是落后于竞争对手的产品，你怎么办？为什么？

6. 除了个人推销技巧之外，还有什么因素可有助于提高或妨碍推销员的绩效？

7. 一些公司斥资数亿元用于广告，以期树立良好的产品质量形象。与此同时，他们还花费数亿元用于以折扣为导向的促销活动，以低价作为消费者购买的诱因。请讨论，促销活动到底是加强了广告的效用呢，还是抵消、降低了广告的效用。试找出一个两者相互促进的例子。

8. 一家大公司的广告经理要求总经理批准增加10万元的广告预算。他认为，这笔额外开支可能比没有这笔开支使公司多增加50万元的销售额。为了评价此项预算要求，你还需要其他什么信息？

9. 某生产商在一年内分发了大约1200万张优惠券，但仅收回54万张，是什么因素影响着优惠券的回收率？

10. 公司一年用于商品展览会的费用超过60万元，当营销经理在决定把多少营销预算用作商品展览会时，他们应当向自己提出哪些问题？

11. 通过本章的学习，请为下列机构制订整合营销传播计划：①你所在的学校或学院；②联想手机。

12. 想出一个你所熟悉的产品品牌，说明这一品牌是如何运用广告、人员推销、促销和公共关系的。该品牌应选用哪些促销工具来建立其消费者偏好。

13. 请找出正在播出的两则你认为十分有效的电视广告和两则你认为无效的电视广告。

（1）请准确地说出这些广告为什么会奏效，而那些无效的广告又为什么无法实现目标？

（2）对于那些没有效果的广告，你将如何进行改进？如果你认为它们实在是无药可救，请你写出能够替代它们的广告的大体构思。

14. 如果你想要感受推销攻势，你可以到那些推销员受托进行推销的零售店，如电器店、服装店中走走。

(1) 评价一下接待你的推销员，你认为他或她的推销方法、介绍和演示是否会奏效。

(2) 回想一下你对推销攻势在感情上的反应，你是喜欢这种感受还是觉得难以忍受？试分析你为什么会有这种反应。

15. 到一家专门经销电脑软件、立体声音响和录像设备等精密产品的零售店里走走。请一位推销人员为你介绍产品，并向他提出几个具体问题。

(1) 这位推销员有丰富的业务知识吗？对于你的问题，他能否给出实用而且可靠的答案？

(2) 你认为这位推销人员的专业知识能增加该产品的价值吗？

(3) 你是愿意从接待你的推销人员手中购买产品呢，还是更愿意以较低的价格通过邮购来购买产品？

●【案例 16-1】"蒙牛酸酸乳"与"超级女声"

2005 年 2 月 24 日，湖南卫视与国内乳业巨头——蒙牛乳业集团在长沙联合宣布共同打造"2005 快乐中国蒙牛酸酸乳超级女声"年度赛事活动。从 3 月开始的"超级女声"全国五大赛区选拔赛，到 8 月 5 日全国总决赛的六强的产生，湖南卫视推出的这个王牌节目不仅赢得了 15 万报名选手，更有超过 2000 万观众每周忠实地等待在电视机前。

"超级女声"是一档以音乐选秀为外壳的娱乐性节目，节目紧贴大众性和亲民性两大主题，倡导"想唱就唱"和"以唱为本"的理念。只要喜爱唱歌的女性，不分唱法、不计年龄、不论外形、不问地域，均可免费报名参加，并通过层层淘汰选拔，征选出真正具备培养前途与明星潜质的歌手。

"超级女声"无门槛的大众参与方式和大众投票决定选手去留的淘汰方式，将一切权利交给了大众，张扬一种"全民快乐"的娱乐方式。这种独特的表现形式融合预选赛阶段的超强互动参与性、复赛和决赛阶段的残酷淘汰性，构成了"超级女声"品牌成功的重要因素。

据湖南卫视广告部的业务员透露，赞助商购买 2005 年"超级女声"节目冠名权的费用是 2800 万元，此外还投入 8000 万元，制作"超级女声"相关的灯箱、公交车体、媒体广告，加上产品包装对"超级女声"的宣传，总算下来，赞助商为这个节目提供了超过 1 亿元的资金支持。

这个赞助商就是赫赫有名的"蒙牛乳业"。蒙牛乳业集团为了突破在纯牛奶市场的价格竞争，推出"蒙牛酸酸乳"系列新品时，不遗余力地打造"蒙牛酸酸乳"品牌。"酸酸乳"相比蒙牛其他乳品来说，口感清新爽滑，酸甜中又不失牛奶特有的浓香，产品附加值较高，属中高档奶产品系列。所以，该产品的主力消费群体定位为 15~25 岁的女孩子，塑造的是年轻而又充满活力的品牌形象。2005 年初，蒙牛提出当年的销售目标是 100 亿元。针对这个目标，蒙牛在市场销售推广上，除日常广告之外，制定了一种销售战略，那就是借助一个大事件来推广其产品，而他们选中的大事件就是"超级女声"。蒙牛期望通过"超级女声"的超级影响力把消费者吸引过来，让"蒙牛酸酸乳"通过这个节目深入人心。

蒙牛选择长沙、郑州、杭州、成都和广州五个赛区，而这五大城市正是分别辐射蒙牛的西南、华中、华东、华南四大销售区域。

蒙牛在广告宣传方面进行了周密的安排。

(1) 网络媒体的运用。蒙牛专门建立了“蒙牛超级女声”网站，进行互动宣传。新建一个网站，在没有强大的平台支撑的情况下，仅仅宣传网站就需要一笔不菲的费用，若是不宣传则几乎是形同虚设，因为面对互联网的海量信息，一般的用户不会为了一个节目费尽心机、百转千回地去寻找某个特定的网站。

在这种情况下，蒙牛决定在新浪网大规模投放广告并进行内容合作，以更好地进行网络互动行销。根据艾瑞市场咨询公司的调查，图片广告是网络广告中最受欢迎的形式，支持率达到64%。而在图片广告中，最吸引人的是视频广告，支持率超过30%；通栏广告页也非常受欢迎，而且由于被浏览量大，传播效果明显。因此，蒙牛超级女声几乎全部采用图片广告形式。

蒙牛在新浪的“新闻中心”和“娱乐频道”采用的是视频广告形式，在“娱乐频道”甚至投放了三种不同的视频广告。在首页、聊天、短信、视频等频道都采用了不同的通栏广告形式。此外，娱乐频道的画中画、首页的全屏广告和对联广告以及适当的浮动广告，起到了抢夺眼球和吸引人气的作用。

(2) 代言人的选取。蒙牛选取了“乖乖女”张含韵为代言人。张含韵，四川德阳人，16岁，2004年“超级女声”大赛季军，其形象浪漫、甜美天真又不乏自信与前卫。而正是这种自信及激情使她在2004年的比赛中取得了不菲的成绩。蒙牛还特意为张含韵量身定做了《酸酸甜甜就是我》的广告曲，将其MTV广告片和形象广告投放在电视广告、广播以及一线、二线城市的灯箱和路牌上。

(3) 电视媒体的运用。蒙牛身为央视标王，在央视各套全面开花，同时辅以各地卫星电视进行宣传，将宣传的效应进行积累以求效应最大化。本次宣传蒙牛主打15秒的电视广告片，在夜晚黄金时段进行滚动播出，同时辅以强势栏目进行插播，使广告能尽可能地与受众贴近。

对各地卫星电视，蒙牛也没有忽视，他们选择湖南卫视、安徽卫视等强档媒体作为宣传的主战场，其宣传攻势较央视丝毫不弱。

(4) 平面媒体的宣传及应用。在西南、华中、华东、华南四大销售区域，蒙牛在《南方都市报》、《潇湘晨报》、《东方今报》、《成都商报》、《都市快报》等平面媒体对活动及产品进行了大范围的双料宣传。从赛事的举办及内涵，报名及比赛资格介绍、比赛全程报道，到蒙牛酸酸乳的“酸甜”新口味、代言人张含韵的介绍及产品核心定位都做了系列报道，有效地吸引了青少年的目光，普及了“蒙牛酸酸乳”在消费群体心中的认识。

对于五大赛区之外的市场，蒙牛并没有让它们游离自己的视野。在34个城市，蒙牛酸酸乳开展了迷你路演活动，把当地的优秀选手输送到五大赛区参加比赛。

同时，蒙牛乳业集团与湖南卫视还在《国际广告》等各大广告、财经类杂志上进行了一定力度的宣传，使广告界的传媒都兴奋起来，使他们主动关注本次赛事活动，扩大了宣传的效应。

在产品包装、销售终端的促销和公关造势活动方面，蒙牛也保持了同步。

(1) 产品和销售终端促销。蒙牛在酸酸乳产品上也下了一番功夫：除了增加四种新口味，为配合冠名“超级女声”采用了新产品包装，在以前单纯的利乐纸包的基础上增添了瓶装和袋装。蒙牛集团利用自身的渠道优势，将20亿包蒙牛酸酸乳的外包装都印上了“超级女声”的比赛信息。同时，蒙牛加大了产品铺市率。就石家庄而言，蒙牛在石家庄保龙仓的3个店、世纪联华的5个店、家世界的2个店、华普超市的3个店、北国超市的6个店及一些单店大型卖场都进行了大范围的铺货。与此同时，在这些店中蒙牛的堆头数量明显激增，打破了以往三鹿牛奶堆头霸权的局面。

在具体促销方面，蒙牛一是统一了堆头的外观，所有头全部采用四方及环形的包装，张含韵的形象鲜明而立。同时，大量的POP贴于超市入口及生鲜卖场奶品角落，使消费者能很容易看到，加大了随机购买概率。二是推出了买六送一的促销活动。据调查，在举办“超级女声”期间蒙牛酸酸乳的销量明显优于伊利优酸乳和三鹿君乐宝系列，并且蒙牛其他产品的销量也有一定上浮，很好地起到了以点带面的效果。

(2) 公关活动。据媒体报道，在“超级女声”的主赛区长沙等地，蒙牛适时地推出了许多大型义演活动。尤其在大型广场及卖场的门口附近，蒙牛推出了“青春女生大比拼”、“品蒙牛酸酸乳，看超级女声”等活动，热辣的歌舞加上新品的品尝，使现场的气氛热闹非凡，为配合冠名“超级女声”，蒙牛酸酸乳采用了新产品包装，有效地锻造了品牌的高端形象，使蒙牛酸酸乳在人们的心中烙下了印记。

蒙牛的上述活动所取得的效果十分明显。AC尼尔森的调查结果表明，当年6月蒙牛酸酸乳在广州、上海、北京、成都四城市的销量超过100万公升，是2004年同期的五倍。而广州地区的变化最为引人注目，在“超级女声”开始后销量翻了一番。2005年初，蒙牛提出今年的销售目标是100亿元，而酸酸乳就将贡献20亿~30亿元的销售额。2005年8月23日，蒙牛乳业在香港发布了其2005年上半年的财务报告，公司上半年营业额由2004年同期的34.73亿元上升至47.54亿元。

另据央视索福瑞对主要品牌乳酸饮料的调查报告表明，今年5月蒙牛酸酸乳的品牌第一提及率跃升为18.3%，反超竞争对手伊利优酸乳3.8个百分点，无论是从品牌力还是从市场占有率看，蒙牛酸酸乳都已经成为乳饮料方面的第一品牌。

资料来源：彭于寿：《市场营销案例分析教程》，北京大学出版社，2007年9月。

● 思考题：

1. 通过分析蒙牛的这次整合营销活动，比较整合营销与传统营销的营销策略有什么不同？

2. 蒙牛充分利用“超级女声”这个平台，除了大幅度提升了销售量以外，还达到了哪些目的？

3. 结合蒙牛借助“神五”飞船的整合营销，分析其开展整合营销活动的特点。

第十七章 营销管理职能

学习目标：

了解营销计划的主要内容及其编制程序；了解营销部门的组织形式，能够根据企业的规模、市场状况选择不同类型的营销组织机构；了解营销计划在执行中出现的问题，掌握营销控制的主要方法。

第一节 营销计划

计划是管理的一项重要职能。营销计划就是根据企业的经营方针及策略，确定相应时间内的销售目标和与其相关的主要营销活动指标以及为实现这些目标和指标所要进行的各项销售活动安排。营销计划是统一相关部门和员工营销行为的纲领，是营销控制的依据。

一、营销计划的主要内容

不同行业、不同企业都会有自己需要的详略不同的营销计划，一般包括八个方面：

1. 计划概要

营销计划通常以营销计划书的形式对本计划的主要目标及执行方法、措施做简要概述，其目的是便于管理机构和高层主管很快掌握计划的核心内容，并据此审核、评价该计划的优劣。例如，在计划概要中应包括计划年度的销售额、利润、市场占有率的具体目标值；各指标与上年度比较增长的幅度；达到该目标的措施；等等。

2. 市场状况

这部分内容是对当前市场营销状况的分析，即提供与市场、竞争、产品、分销和宏观环境因素有关的背景材料，详细分析和描述目标市场的特点及企业在这一目标市场中所处的地位。为了进行这些分析，应通过调查研究，收集和掌握诸如全行业和主要竞争对手过去、现在及计划期的相关信息。这是一项较为复杂的工作，资料齐备可使营销计划的其他阶段，如营销目标、策略等的制定更科学、更准确。同时，除上述各项指标信息外，还应包括市场容量大小、主要的细分市场、消费者的需求、特有的环境因素等，以便进一步估计目前和将来本企业产品可获得的市场占有率。

3. 机会与威胁

机会是指营销环境中对企业有利的因素，也就是对企业的市场营销活动具有吸引力的领域，在这些领域企业可与其竞争对手并驾齐驱或独占鳌头，能获得优厚的利益。威胁也是凶兆，即营销环境中对企业营销不利的因素或者说是不利的市场趋势，若不采取相应措施，可能出现产品滞销，也可能市场占有率降低或丢失，甚至威胁到企业的生存。市场营销管理人员应对机会和威胁做出预测，估计机会的吸引力大小、威胁的严重性及发生的可能性。对将影响企业兴衰的重大威胁，准备若干应对方案。

在营销计划书中还有必要对企业的优势、劣势做出分析。与机会和威胁相反，优势和劣势是内在因素，反映企业在竞争中与对手相比的长处和短处。优势指企业可利用的因素，如产品品牌优势、高端的质量、不可模仿的核心竞争力、高素质的员工等。劣势指企业应加以改进的内容，如营销渠道不畅、促销方法欠妥等。确定企业的优势、劣势可通过表 17–1 所列的项目举例进行分析，每个企业都应认真分析，列出自己的优势、劣势项目，以便在营销策略中应用或回避。

表 17–1　企业优势和劣势分析

市场营销方面因素	表　现					重要性		
	绝对优势	相对优势	中性	相对劣势	绝对劣势	高	中	低
1. 相对市场份额								
2. 声誉								
3. 竞争地位								
4. 消费者忠诚度								
5. 产品组合宽度								
6. 产品组合深度								
7. 产品质量								
8. 新产品开发								
9. 分销成本								
10. 分销网络								
11. 销售队伍								
12. 售后服务								
13. 制造成本								
14. 价格								
15. 利润率								
……								

4. 营销目标

拟订营销目标是计划的核心部分，并对影响这些目标的问题加以分析和论证，最后以具体指标的形式表现出来。

企业要确定的营销目标通常分为两大类：①市场营销目标，主要有销售量、销售额、销售增长率、市场占有率、分销网覆盖面、价格水平等；②财务目标，主要有近期利润指标和长期投资收益率目标等。这些目标的确定是在前期目标完成的基础上，对未来市场预测确定的。

5. 营销策略

每一个目标都可以通过多种途径去实现。营销策略就是企业为达到营销目标所灵活运用的逻辑方式和推理方法。营销策略包括目标市场与市场定位、营销组合策略与营销费用支出水平等。

（1）目标市场。企业对目标市场的选择非常重要，不同的细分市场其消费者爱好、盈利机会、对市场营销工作的反应是不相同的。因此，企业要敏锐地觉察到这些区别，从竞争的角度出发，将企业的物力和精力投入到最有利的细分市场，为每个目标市场制定相应的营销策略。

（2）市场营销组合。在营销计划书中，应概括提出有关市场营销组合的各种具体策略，如新产品策略、价格策略、分销策略及促进销售策略等，并根据机会威胁分析中的问题，说明采取上述各种不同策略的理由。

（3）营销费用开支水平。计划书中还必须详细说明为执行各种市场营销策略所必需的营销费用预算，而且应以科学的方法来确定恰当的费用水平。一般来说，营销费用支出越高，销售额也会越高。但不同的产品要达到一定的市场占有率，其费用支出水平是不同的。例如，化妆品的营销预算比较高，而农产品的营销预算则较低。

总之，由于企业的目标是多方面的，要达到各种特定市场营销目标所采用的市场营销策略和重点也可能不完全相同。如果要提高某产品的市场份额，则可从价格策略、新产品策略、服务策略、市场优势策略、广告与促销策略等方面入手制订相应的方案。

6. 行动方案

各种营销策略制定后，必须制订相应的行动方案才能使策略得以实施。这些行动方案需要围绕下列问题进行：①要完成什么任务？②怎样完成？③何时完成？④由谁负责执行？⑤需要多少费用？这些都要按时间顺序列出详细而可供实施的具体方案。

7. 预算

根据行动方案编制预算方案。这种预算实际上就是一份预计损益表。收入为预计销售量与平均价格的乘积，支出则包括产品销售成本、储运费用、销售薪金与佣金、各种促销活动费用及其他市场营销费用。收入与支出之顺差便是预期利润。企业高层主管将负责预算的审查、修改和批准。预算一经批准，便成为采购、生产和营销等活动各项支出的依据。

8. 控制

控制是用来监督检查整个计划进度与执行情况的，是顺利完成计划的保证。一般是将计划规定的目标和预算按季度、月度或更小的时间单位进行分解，高层主管可审查每一时期企业各类目标的完成情况与成果，完不成目标的部门要做出解释，制定整改措施，从而使企业的市场营销计划得以贯彻执行。

二、营销计划的编制步骤

图 17–1 反映了营销计划的主要内容及其编制步骤。

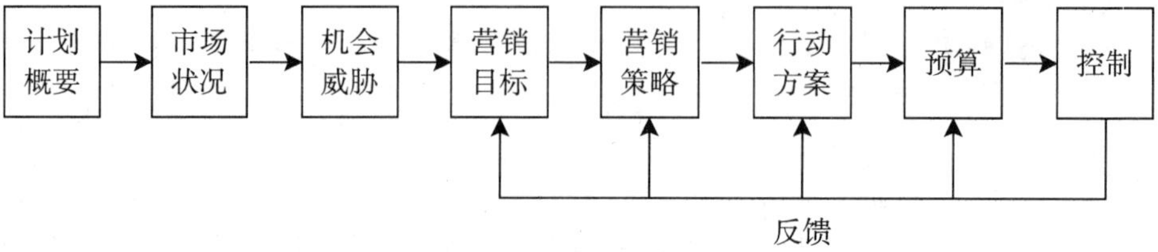

图 17–1　市场营销计划的主要内容及其编制步骤

国外一些大型的小包装消费品公司，如食品、保健品、化妆品公司等，在制订年度市场营销计划时，大致采用了如表 17–2 所示的具体步骤。

表 17–2　小包装消费品公司制订年度营销计划的步骤

年度市场营销计划编制的步骤	计划批准前的周数					
	50	40	30	20	10	0
1. 通过对产品使用者的市场调查获得最新的市场营销信息	▲					
2. 借助自己的市场营销调查和外部广告公司的人员，思索出考虑次年计划的备选方案	▲					
3. 与内部媒体专责人员商议制定购买媒体广告的长期指导方针		▲				
4. 在财政年度结束前 16 周，取得上个财政年度的销售额和利润额			▲			
5. 与市场调研人员、广告公司和其他人员交换意见，指明在次年计划中存在的关键问题（问题和机会）				▲		
6. 如果考虑对产品包装、规格要做重大改变时，应与市场营销经理、产品线经理委托的特别任务小组成员举行重要问题讨论会讨论决定				▲		
7. 撰写和传阅重要问题备忘录，着手做减少不确定性的必要市场调研				▲		
8. 与主要部门的经理审查市场营销组合各因素及竞争者行为，使市场营销经理对它们了如指掌					▲	
9. 草拟市场营销计划，由市场营销经理审查，必要时进行修改					▲	
10. 向市场营销经理、广告公司、事业部主管、有关直线部门（生产、包装、销售等）的领导散发计划，并进行必要的修改					▲	
11. 在财政年度开始 10 周前向部门总经理呈交市场营销计划要求批准						▲

注：▲ = 编制计划完成日期。

从表 17–2 可看出，这一年度计划以市场调研为开端，通过发动专家顾问献计献策及与企业内外专业人士交流，激励新思路并不断加以修正完善。

第二节　营销组织

营销计划要靠营销组织去实施。市场营销组织是由企业内部涉及市场营销活动的各个职位、职能部门或机构所构成。营销活动在组织中的作用正在发生变化。传统意义上，营销人员充当中间人的角色，通过理解顾客的需要并把顾客的心声传达给组织机构中相关的职能部门。但是，在一个网络化的公司中，营销部门不再是唯一的与顾客发生关系的部门，每一职能部门都可能直接与顾客联系。而营销部门的职责是整合所有针对顾客的工作，用同一声音去解决顾客的问题。

一、营销组织的演进

市场营销组织的结构及其职能、地位，是随着企业经营观念的变化而变化的，可划分为六个阶段，如图 17-2 所示。

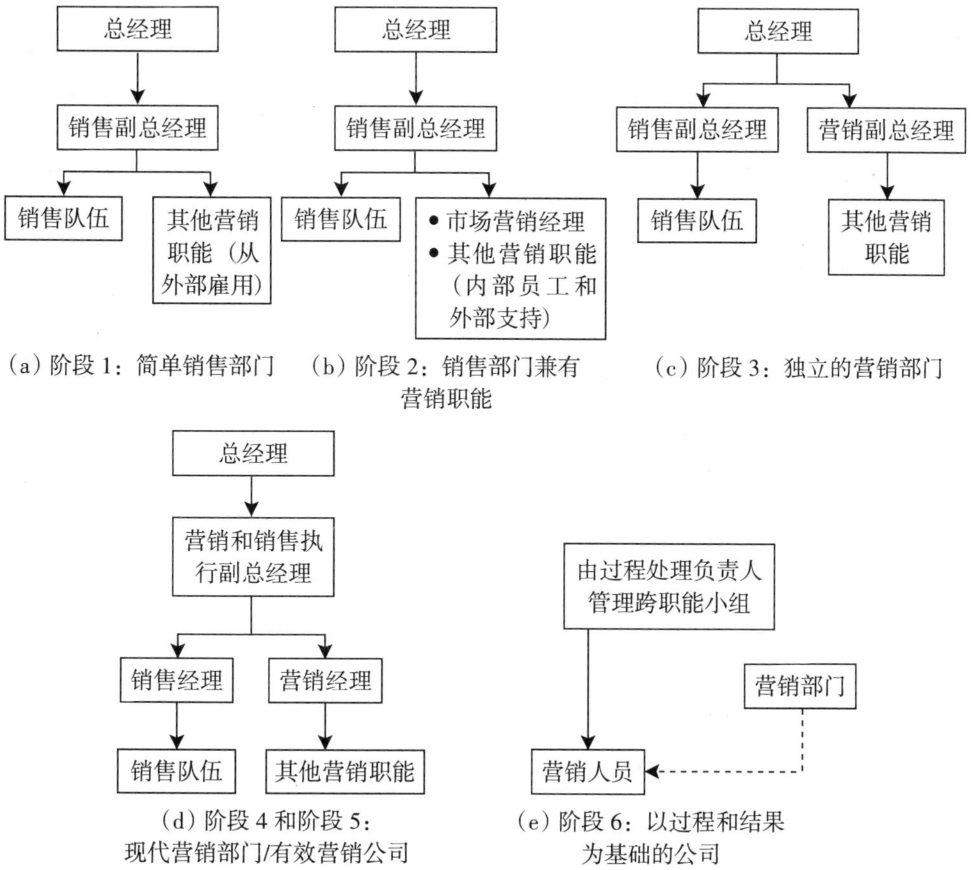

图 17-2　营销组织演进的各个阶段

1. 简单销售部门

一般小公司多以该类组织形式出现，销售副总经理负责管理销售队伍，同时也从事其他营销活动，但大量诸如市场研究、信息收集、渠道分析、广告宣传等聘用外部力量协助进行。如图 17–2（a）所示。

2. 销售部门兼有营销职能

随着小公司的逐步扩大，市场的开拓，公司销售部门的职能随之增加，如要增加营销调研以了解顾客的需要与市场潜力、对产品广告的策划，销售人员的管理等。这些工作从内部可聘用一名营销主任负责，同时难度较大的工作借用外部力量完成。如图 17–2（b）所示。

3. 独立的营销部门

当企业不断发展壮大，市场不断开拓，营销在增加其他职能的基础上，形成了独立的营销部门。这时的营销工作大致承担了两部分职能：一项是由销售副总经理负责企业中销售队伍的管理、培训、推销激励等工作；另一项则是由营销副总经理承担营销的各种职能，诸如营销调研、新产品开发、广告、销售促进、顾客服务等工作，如图 17–2(c)所示。在这一阶段，销售和营销是公司组织机构里应当密切配合的两个职能部门，营销副总经理和销售副总经理一道向总经理负责。

4. 现代营销部门/有效营销公司

虽然销售副总经理与营销副总经理的工作理应步调一致，但实际上，他们之间的关系常常带有互相竞争和互不信任的色彩。销售副总经理不甘愿让销售队伍在促销组合中的重要性有所降低，而营销副总经理则寻求在扩大非销售队伍的预算上有更多的发言权。营销经理的任务是确定机会、制订营销战略和计划。依赖于营销调研，努力了解细分市场，时间花费在计划上，从长计议，其目标是获得利润和市场份额。销售人员不同，他们依赖于实际经验，努力了解每位顾客，时间花费在面对面的推销上，从短期利益考虑问题，并努力完成销售定额。

如果销售活动和营销活动之间冲突较大，公司总经理可以将营销活动置于销售副总经理的管理之下，也可以交由执行副总经理处理那些可能出现的矛盾，或者也可以由营销副总经理全权处理这类事务，包括负责对销售队伍的管理。这一解决办法形成了现代营销部门的基础，即由执行副总经理领导销售和营销部门，管理企业的全部营销职能，如图 17–2（d）所示。

尽管公司可能有一个出色的营销部门，但在实际营销工作中可能不会成功，这取决于公司其他部门对顾客的态度和营销责任。如果他们把营销都推向营销部门而没有营销观念，该公司就不可能有效地执行营销职能。只有公司的全部员工都认识到他们的工作是顾客所给予的，从而树立全员服务思想，该公司的营销才可能是有效的。

5. 以过程和结果为基础的公司

许多公司把它们的组织结构重新集中于关键过程而非某个部门，部门组织被许多人看成是顺利执行业务的障碍。公司可任命过程负责人，由他管理跨职能的小组工作。营销人员和销售人员作为过程小组成员参与活动，与该小组是一种实线关系，而营销部门与他们是虚线关系。营销部门有责任作计划以训练其员工，安排他们加入新的小组并评价他们的业绩，如图 17–2（e）所示。

二、营销部门的组织形式

现代营销部门有多种组织形式，主要有：职能型、地区型、产品或品牌管理型、产品管理与市场管理型。

1. 职能型组织

最常见的营销组织形式是按营销职能设置营销部门，营销部门分别对营销副总经理负责，营销副总经理协调他们的活动。从图 17–3 中可以看出，这种机构里有五种专业职能部门。除此之外，还可以根据需要增加其他专业职能部门，如顾客服务经理、营销计划经理、物流经理、直销经理和互联网营销经理等。

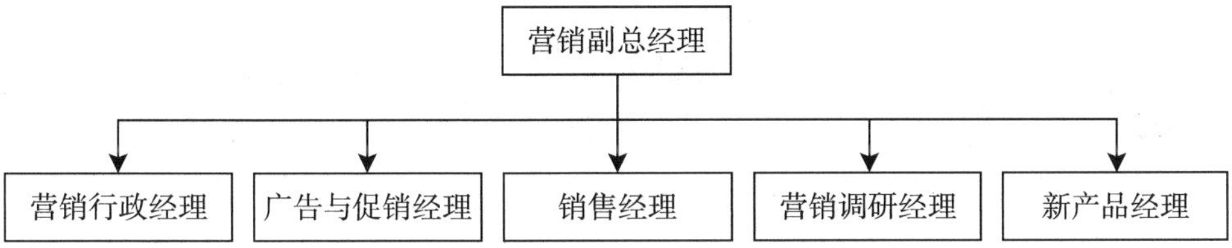

图 17–3　按职能设置的营销机构

按职能设置营销机构的优点是易于管理，但随着公司产品品种的增多和市场的扩大，这种组织形式越来越暴露出其效率低下的弱点。首先，按照职能设置，某些产品或市场可能被忽视。其次，各职能部门都争取使自己的部门获得比其他部门更多的预算和更重要的地位，营销副总经理不得不经常仔细审核各职能部门所提出的各种要求，并面临如何进行协调的难题。

2. 地区型组织

在全国范围销售产品的企业，通常按地理区域建立销售机构。一位全国销售经理领导四位区域销售经理，一位区域（如华北地区）销售经理领导六位地区（如唐山地区、廊坊地区、张家口地区等）销售经理，一位地区销售经理领导八位直接销售经理，一位直接销售经理则领导十位销售人员。

有些公司为了支持销量较高、有特色的区域，会加大该地区的营销机构设置。地区经理将掌握一切关于该地区市场环境的情报，为在该地区打开产品销路而制订长、短期计划，并负责贯彻执行。随着销售地区的扩大，每一位地区经理下还可以分出新层次，其组织形式如图 17–4 所示。

3. 产品或品牌管理型组织

生产多种产品和品牌的公司，通常可按产品或品牌建立市场营销组织。这种产品管理型组织并没有取代职能型管理组织，只不过是增加了一个管理层次而已。产品经理负责管理几个产品大类经理，产品大类经理之下再设具体产品经理和品牌经理。如果公司所生产的各种产品差异很大，或产品品种数量太多，职能型营销组织无法处理，在这种情况下，建立产品管理组织是适宜的。图 17–5 体现了按产品管理的组织形式。

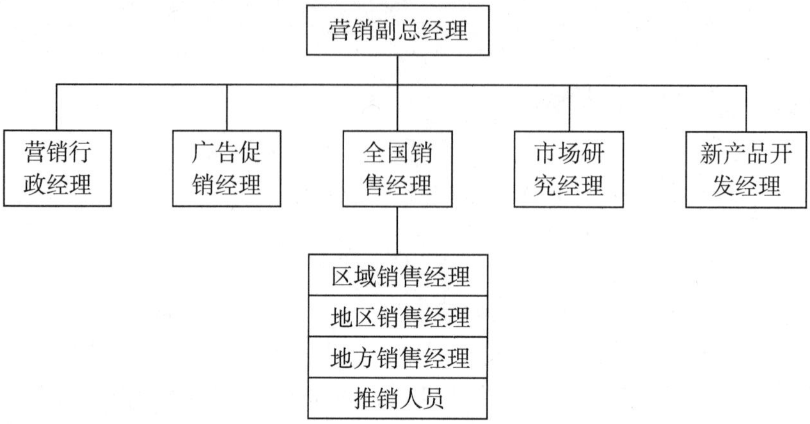

图 17-4　地区型组织

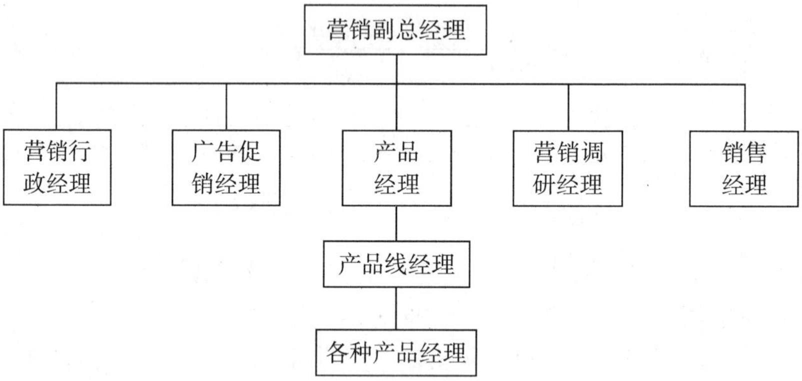

图 17-5　产品管理型组织

产品管理型组织最早于 1927 年为美国宝洁公司所采用，以后许多厂商尤其是食品、洗涤用品、化妆品厂商纷纷效法。如通用食品公司在其“邮寄部”就采用产品管理型组织，设立了若干独立的产品线经理，分别负责粮油、动物食品和饮料等；在粮油产品线中，又分设若干品种经理负责营养食品、儿童加糖食品、家庭用粮食和其他杂粮；营养食品产品经理之下又辖若干品牌经理。

产品经理的作用是制订产品计划，监督产品计划的执行，检查执行结果，并采取必要的调整措施。此外，还要制定竞争策略。

产品管理型组织的优点是：①产品经理可协调他所负责产品的营销组合策略；②能对市场上出现的问题迅速做出反应；③较小的品种或品牌也因有专人负责不致遭忽视；④由于必须与各方人员打交道，产品经理的位置成为锻炼年轻经理的最佳岗位，如图 17-6 所示。

产品管理型组织的缺点是：①产品经理虽被称为“最小的总裁”，但并无履行其职责的充分权力，他不得不依赖诸如广告、推销、产品开发等其他职能部门的合作；而同级的各部门未必与之合作。②产品经理通常只能成为本产品的专家，而很难成为职能专家，如广告、促销等业务。③产品管理系统的成本往往比预期的组织管理费用高，因为产品

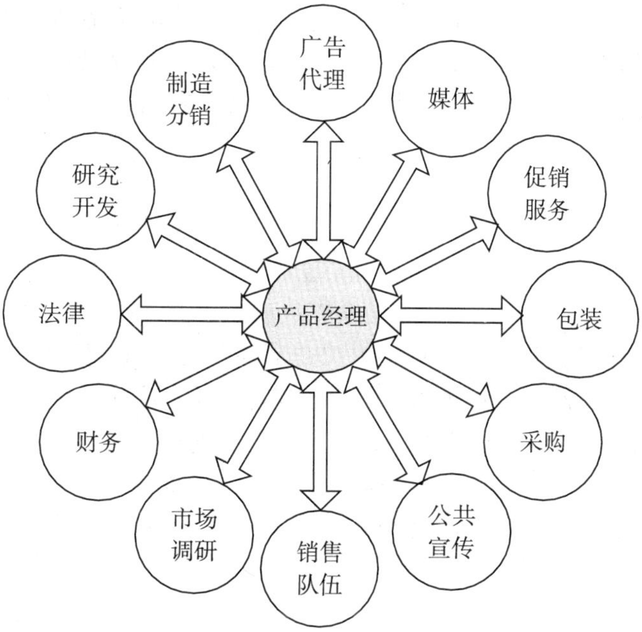

图 17–6　产品经理相互关系

管理人员的增加导致了人工成本的增加，同时企业还要继续增加促销、调研、信息沟通和其他方面的专家，结果使企业承担了巨额的间接管理费用。为克服这一缺点，可将产品经理及其他职能专家之间的分工合作关系做出适当的安排。

4. 产品管理与市场管理型组织

生产多种产品并向多个市场销售的公司趋向于采用矩阵型组织。以杜邦公司为例，如图 17–7 所示。

		市场经理			
		男装	女装	家具	工业市场
产品经理	人造纤维				
	醋酸纤维				
	尼龙				
	奥纶				
	涤纶				

图 17–7　产品管理与市场管理型组织

杜邦公司的纺织纤维部分别设有人造纤维、醋酸纤维、尼龙、奥纶和涤纶五种产品经理，同时也设有主管男装、女装、家具和工业市场等的市场经理。这种组织的工作程序是：产品经理负责制订各自主管纤维品种的销售计划和盈利计划，然后与市场经理接洽，请他们估计该种纤维在他们所负责的市场范围内的预期价格和销量。另外，市场经理更多地考虑是满足市场需要而不仅仅是推销某种纤维产品。在制订市场计划时，他们需要和各产品经理磋商，了解各种产品的计划价格和各种原材料的供应状况。

基于杜邦公司的营销组织机构，还可以进一步把市场经理作为采购者，把产品经理作为供应商。例如，男装的市场经理可以被授权从杜邦的产品经理处采购纺织品纤维，但如果杜邦的价格太高，也可以从外部购买。这种制度迫使杜邦的产品经理从质量、价格等方面作全面的考虑，如果质量、价格不能满足男装部经理的要求，就要考虑杜邦是否有生产这种纤维的必要。

矩阵型管理强调工作集中于削减水平职能交叉，以业务过程为中心。这种矩阵型管理组织制度对那些多品种、多市场的公司来说是符合需要的，但也有其不足之处，如费用大而且容易产生矛盾与冲突。此外，还会存在权力与责任划分的问题。

在企业营销实务中，除以上常见的组织类型外，还有市场管理与顾客管理型组织，即企业把产品向多种多样的市场销售，客户可按不同购买行为或产品偏好分类时，可以建立这样的组织。公司—事业部组织，这种类型组织是指多产品—多市场公司经营规模不断扩大，常把各产品大类或市场部门升格为独立的事业部。事业部下再设自己的职能部门和服务部门。此时，公司总部可据实际情况考虑是否保留营销部门和提供哪些营销服务。

三、营销与其他部门的关系

原则上讲，企业的各种职能应协调一致，以实现企业的总体目标。但实际工作中企业各部门之间常存在矛盾和误解。部门间的矛盾有些是在“什么是企业最大利益”的问题上持有不同意见而引起的，有的是由部门利益与公司利益间权衡抉择所引起的，还有一些矛盾是由部门间的旧框框和偏见所造成的。

按照市场营销观念，所有部门都需要“考虑顾客”和为满足顾客的需要和期望而工作。营销部门是乐于承担这一责任并发挥作用的。主管营销的副总经理有两大任务：①协调整个公司的内部营销活动；②协调营销与财务、运作和其他公司职能之间的关系，以服务于顾客。

然而，营销部门是否应比其他部门拥有更大的影响和权威，才能保证营销活动协调一致，对此很少有一致意见。一般说来，营销副总经理必须依靠说服，而不是靠权力进行工作。其他部门也一直强调自己部门任务的重要性，从而抵制满足顾客利益的行动。这就必然导致各部门都从自身的角度去确定公司的目标和解决各自的问题。结果，部门之间在利益方面的冲突也就无法避免。

对于公司的营销部门来说，最佳的方案是定期在公司各职能部门间开展直接的对话会议，让各部门更好地了解对方，从而加强合作。即使职能部门之间出现相互包容或埋怨，这类会议也能够澄清观点和增加部门间的理解，为建设性的合作打下基础。

每一部门都应该了解其他部门的运作规律，以便更好地解决矛盾。

1. 研究与开发部门

公司对开发新产品的期望，常常因研究开发部门同营销部门间的不同观点而受到挫折。这两个部门代表着公司里两种不同的文化观念。研究开发部门由技术人员组成，他们以对科学的好奇心和超然的地位而自豪，他们喜欢攻克技术难题而对销售能否获利却不甚关心，他们喜欢在较少受人监督或较少谈及研究成本的情况下工作。然而，营销部门是由以业务为导向的人所组成的，他们了解市场，希望具有更多特色的新产品提供给顾客。与此同时，他们不得不关注产品的成本。

在技术驱动和营销驱动并重的公司里，研究开发部门同营销部门建立了有效的组织协调关系，为取得成功的以市场为导向的创新而共同承担责任。研究开发人员的责任不仅是发明创造，而且要关注产品的市场价值。营销人员的责任不仅是追求新的产品特色，而且应正确辨认顾客的需求和偏好。

2. 工程技术和采购部门

工程技术部门负责设计新产品生产过程中所需要的工艺方法。他们对产品质量、较低的成本和简便的制造工艺感兴趣。营销人员为满足顾客需求、开拓市场，可能要求生产多种型号，要求用定制元件而不是用标准化元件去生产特色产品，此时会与工程技术人员发生矛盾。如果营销经理是由懂得生产技术的人员担任的，矛盾就会小一些，因为他们可以很好地沟通以解决问题。

采购主管负责以尽可能低的价格批量地满足相应的原料及元件的供应，他们认为，营销经理强调特色与品种，会导致小批量多品种进货，加大了进货成本，如果营销人员预测不准确则会使采购部门要么在不利的条件下仓促订货，要么加大库存，造成积压。

3. 制造和营运部门

制造部门负责按时保质保量地完成生产任务。他们要经常处理生产过程中出现的机械故障、库存断档、劳资纠纷等各种问题。他们认为，营销人员对生产过程了解甚少。他们经常提出不正确的销售预测，建议投产的产品难以生产且型号过多，向顾客许诺的服务项目内容超出了合理的范围，答应过短的交货期。营销人员则埋怨生产能力不足、交货延迟、质量控制不力、售后服务欠佳。

营销人员想不到生产可能遇到的困难，他们注意的只是顾客方面的要求，问题不仅是部门间信息沟通不良，也可能在利益方面有着实际冲突。

公司有许多方法解决这种冲突。在制造驱动的公司里，公司的全部活动和工作都是为了保证生产顺利进行和降低成本。公司倾向于生产工艺简单的产品，希望产品线窄一些，而生产的批量大一些。延期交货的情况很少。在营销驱动的公司里，公司的目标是满足顾客需要，当营销人员提出改进某一产品或要求尽快交货时，制造部门会全力以赴，由此可能会打乱生产计划，导致成本上升。

公司需要发展一种平衡的制造和营销导向，在这种导向下，双方共同确定如何使公司的利益最大化，解决矛盾的途径可以是举行研讨会，互派联络员、实行相互交换人员的计划等。

公司的盈利能力很大程度取决于制造—营销部门的良好工作关系。营销人员需要较好地利用柔性制造、质量管理等的营销潜力。在满足顾客多样化需求的同时降低成本。另外，可邀请顾客参观制造过程，增加顾客信任。

制造这一术语用于企业生产有形产品，而营运主要用于创造和提供服务的行业。如在旅馆，营运部门人员包括前台接待员、门卫、服务员等。如果营运人员没有顾客导向意识，会使营销努力付诸东流。营销人员必须了解这些提供服务人员的能力和心态，并帮助他们不断改进。

4. 财务部门

营销执行经理要求大笔的预算用于广告、促销活动和人员开支，却不能保证花了这些钱究竟能增加多少销售额。对此，财务经理会怀疑营销人员所作的预测不准，认为他们没有认真考虑营销支出与销售额间的关系，没有认真考虑把预算用于更能盈利的产品上去，他们指责营销人员没有经济头脑。

然而，营销执行经理常常认为财务人员“只知道成本”，指责财务人员把钱袋收得太紧，把营销支出视为费用而不是投资，过分保守、躲避风险，以致错过了许多宝贵的机会。解决这些问题的办法是对营销人员给予更多的财务知识培训，让财务人员更多地了解市场及营销。财务主管人员要运用财务理论和手段，支持企业的营销工作。

5. 会计和信用部门

会计人员认为，营销部门提交销售报告拖拖拉拉，很不及时。他们对销售人员与客户达成的特别条款十分反感，因为这类交易需要特别的会计手续。营销人员则对会计部门在产品上分摊固定成本的做法很反感。他们觉得自己主管的产品的实际盈利要高于账面上所反映的盈利状况，原因在于会计部门摊派了较多的管理费用。他们还希望会计部门提供有关细分市场、重要客户、个别产品、销售渠道、销售地区、各种订购数量的销售额与利润率等相关数据。

信用部门的人员负责信用政策的制定，检查潜在客户的信用状况，决定是否向某些客户提供更为宽松的信用政策，或拒绝给予信用。他们认为，营销人员只顾拿回订单，不关心对方的支付能力；而营销人员则常常觉得信用标准定得太高，认为“零坏账”的观点实际上是行不通的，会给公司在销售和盈利方面带来许多损失，他们好不容易找来的顾客，却因信誉问题被拒之门外。

四、建立全公司营销导向

许多公司开始认识到，它们并非是真正的市场和顾客驱动——而是产品和销售驱动。有些公司如通用汽车、壳牌和 J.P.摩根，都在努力重组，使之成为真正的市场驱动公司。其做法和要求是：在公司内部广泛地培养起为顾客服务理念；公司经营以细分顾客群为导向而不是产品；通过量化和质化研究，加深对顾客的了解。研究表明，采纳这种经营理念的公司的盈利能力都有显著提高。

达到上述要求不是公司总经理发表演说，鼓励每个员工“考虑顾客”那么简单。真正体现以市场驱动的公司，其每个部门都必须以市场和顾客为中心。如制造部门，必须做到以下几点：邀请客户参观他们的工厂；去拜访客户的工厂以观察客户是怎样使用公司产品的；为实现一个重要的交货计划而加班加点；不断地寻找用更快、更低成本的途径来生产产品；不断改进产品质量，目标是零缺陷；只要能提高盈利能力，他们满足顾客要求为其“定制”产品。

实际上，一个以营销导向的公司，并不仅仅是关注和满足消费者的需求和欲望，而应该是发现和超越消费者所表达的需求，这样才能称为满足现实与潜在的需求。

第三节　营销执行

营销执行（Marketing Implementation）是将营销计划转化为行动和任务的过程，并保证这些任务的圆满完成，以实现营销计划所制定的目标。战略和计划指明企业营销活动应该“做什么”和“为什么要这样做”，而营销执行则是要落实“由谁来做”、“何时做”、“何地做”、“用什么方法做”。

决策、计划与执行是紧密相连的。例如，企业根据市场销售及需求状况，决定对某一产品进行“收割”，营销执行机构必须将这一决策转化为具体的行动方案，包括所采取的一系列具体措施，如削减对该产品的资金投入、削减和调整广告预算、转移销售促进的重点等。

一、营销计划执行中的问题及原因

企业在实施营销计划过程中，有可能面临的主要问题及原因如下：

1. 计划与实际相脱离

营销计划与实际相脱离，往往有这样两种情况：一是计划在编制过程中，没有对市场及环境做深入细致的调查研究，或做了翔实的调查，计划也符合当时的实际状况，但市场变化太快，企业没有很好的反馈机制，没有应变计划；二是计划的编制和执行是两套人马。如果他们之间缺乏必要的沟通和协调，就会出现问题：计划的制订者只考虑总体战略目标而忽视了计划执行过程中的细节问题，计划过于笼统和流于形式，从而难以实施；而计划的实施者往往没有完全理解计划的目标和要求，盲目执行计划。因此，企业在制订营销计划时，计划的执行人员应参与和协助营销计划的制订，提前考虑执行过程中存在的细节问题，使计划更加符合实际情况、利于执行。

2. 计划缺乏可行性

营销计划的制订不仅要解决“做什么”和“为什么要这样做”的问题，同时还要考虑“怎么做”、“是否可行”等问题。也就是说，计划的制订不仅要有合理性，还要有可行性，要让具体执行部门清楚什么时候做、用什么方法做以及要达到的具体目标，以保证总体目标得以实现。

3. 计划执行中的阻力

执行一项新的计划，可能会受到旧观念、既得利益集团和旧的习惯势力的反对。如企业为竞争战略的需要，提出产品要满足个性化需求，由此企业在元器件的设计、制造上与过去会有很大的差异并增加工作量。为保证计划的顺利执行，企业就必须从经营理念、营销观念上培植新的企业文化氛围，把满足顾客需求作为第一要义，再辅之以新的组织形式和必要的人员调配。

二、营销计划的执行保证

1. 制订行动方案

为使营销计划得以有效执行，企业应制订详细的行动方案，包括具体的时间安排、人员安排、资源配置及执行进度表，确保计划落到实处。

2. 建立或责成相应的机构完成

一般来说，计划应由相应的职能部门去完成。但是，由于企业面临的环境变化很快，加之个性化需求不断增加，按企业原有的组织机构去完成相应的任务，有时力不从心，故很多企业选择了更加灵活的组织机构，如对原有组织机构实行“工程小组”管理，为某项任务的完成设立虚拟化的组织等。一些灵捷企业和虚拟企业的出现也证明了这一点。

3. 调动员工的积极性

企业制订的营销计划要靠员工来执行，最大限度地调动员工的积极性，是保证营销计划执行的关键。为此，应加强员工的职业生涯设计，对各类人员的考核、晋升、安置、培训、激励等问题都必须有章可循，做到职工满意。另外，从长远考虑，企业应注意培育和建设企业文化。企业文化是指企业内部全体人员共同持有和遵循的价值标准、基本信念和行为准则。企业高层领导是构建企业文化的核心，对职工的工作态度和作风起着决定性的作用。

三、营销诊断与执行技能

营销计划在执行过程中可能会出现这样或那样的问题，这是正常的，营销管理人员要具备诊断技能，确定问题所在，是计划制订欠佳，还是执行不当。如果是执行问题，问题是什么？并提出切实可行的应对措施或修改方案。

在营销计划的实施过程中，问题会发生在不同的营销管理层面上：

（1）执行层面：如广告策划、分销渠道的选择、营业推广的方式、时机等都可能出现把握不准而造成失误，也可能在同一目标市场上，竞争对手过于强大，企业考虑不足，无力从正面参与竞争而造成市场丢失。

（2）整体营销方案层面：在这一层面上表现为所有营销职能整合协调，在产品进入一个新的市场或营销战略做出重大调整时尤其如此。

（3）营销管理的政策层面：营销管理决策部门要制定相应的政策以考核、激励员工。只有内部员工积极性的不断提高，把营销理念、顾客满意等每一项政策贯彻到行动中，才会给顾客带去满意。

为了使营销计划方案能有效地贯彻实施，营销经理必须具备配置、调控、组织和推动等技能。

（1）配置技能：各项营销活动、各个营销职能部门都需要不同的资源配置。时间、经费、人力以什么样的标准配置才能发挥最大效用。例如，如何确立一个区域的销售组织机构？销售人员如何分配？以何种标准确定销售费用？等等。

配置技能涉及运筹学、优化理论、理财学、人力资源等多学科知识及计算机应用技术。企业资源管理系统 ERP、客户关系管理系统 CRM 等为企业资源的优化配置提供了有力的技术支撑。

（2）调控技能：调控的关键在于对营销计划实施过程中市场变化的及时跟踪把握，对各种效率指标的计算和评价，以便调整计划适应新的市场形势。

（3）组织技能：为实现公司目标，营销各职能组织之间、人员之间所应具有和保持的关系结构为正式组织。除这种正式组织外，非正式组织对开展有效的市场营销活动也是非常重要的。一般说来，分权有助于调动积极性，但容易产生离心倾向，促使营销人员过分夸大个人功绩；而集权有助于克服这种弊端但却可能使营销人员丧失主动性和灵活性。同时，组织的运行要求相应的规章制度和管理规范，实际上，将行之有效的经验上升为规范的制度，有助于集权和分权的平衡。

（4）推动技能：营销管理人员不仅要有能力推动本企业员工有效执行既定的方针、策略，还必须推动企业外的人和单位（市场调研公司、广告公司、经销商、代理商等）协同自己来实现本企业的理想目标。这种能力主要来自个人魅力而非组织赋予的权力，其影响力是实现组织目标的一个重要因素。

第四节　营销控制

一、营销控制及其必要性

控制是管理的重要职能之一。如果把制订计划、实施计划和控制看作一个周而复始的过程，那么，控制既是前一次循环的结束，又孕育着新循环的开始，在市场营销管理中也是如此。

概括地说，控制是一个管理过程，是确保企业按照管理者意图或预期目标运作的过程。市场营销控制就是市场营销管理者用以跟踪企业营销活动过程的每一环节，确保其按期望目标运行而实施的一套工作程序或工作制度，以及为使实际结果与期望目标一致而采取的必要措施。

实行控制的最根本原因在于，计划与实施过程中遇到的现实并不总能保持一致。未来环境多数是未知的。计划通常是根据许多不确定因素制定的，在实施中难免会遇到各种意外，这就需要通过控制，对计划本身或计划的实施过程进行必要的调整。控制还有助于及早发现问题，避免可能造成的更大损失，以及寻找更好的管理方法，充分挖掘企业潜力。例如，控制产品或地区市场的获利性，可使企业保持较高的利润水平；严格筛选新产品，可避免新产品开发失误导致巨额损失；实行质量控制，可确保产品性能可靠，使用安全，避免顾客购后产生不满情绪，如此等等。

最后，控制还有监督和激励作用。控制能使计划得以顺利执行，偏差得到及时纠正，执行结果能够得到正确的评价。

尽管控制非常必要，但调查表明，大多数企业没有对计划的执行进行严格的控制，他们只是偶尔做一次检查或作形式上的期中、期末检查。有些企业很少有明确的市场营销目标，当然也就谈不上对营销活动进行控制；另外一些企业对其经营的每种产品获利情况不了解，不能对广告的效果进行评价，也不能评价其推销人员的工作；还有些企业不能分析自己的储存成本、分销成本，不清楚也不去分析商品被退回的原因等。没有控制，计划的完成就没有保证。

二、营销控制的基本步骤

营销控制的步骤如图 17-8 所示。

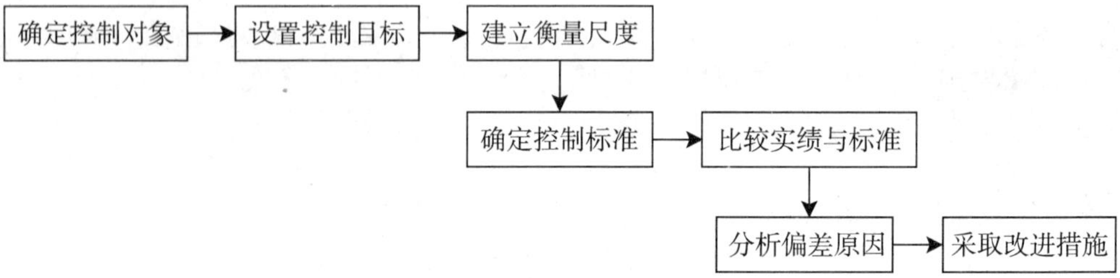

图 17-8　营销控制步骤

（1）确定控制对象。即确定应对哪些市场营销活动进行控制。控制的内容多、范围广，可获得较多的信息，但任何控制活动本身都是有代价的，因此，在确定控制范围、力度时，管理者应注意使控制成本小于控制活动所能带来的收益。最常见的控制内容是销售收入、销售成本和销售利润，但对市场调查、推销人员工作、顾客服务、新产品开发、广告等营销活动，也应通过控制加强评价。

（2）设置控制目标。这是将控制与计划联结起来的主要环节。如果在计划中已经设立了目标，那么这里只要借用过来就可以了。

（3）建立衡量尺度。在很多情况下，企业的营销目标决定了控制的衡量指标，如目标销售收入、利润率、市场占有率、销售增长率等。但还有一些问题比较复杂，如销售人员的绩效，可用一年内新增加的客户数目及平均访问频率来衡量。广告效果可用记住广告内容的读者（观众）占全部读者（观众）的百分比来衡量，等等。由于大多数企业都有若干管理目标，所以在大多数情况下，营销控制的衡量指标也会有多种。

（4）确定控制标准。标准是一种作为模式或规范而建立起来的测量单位或具体尺度，是衡量业绩、纠正偏差的依据。例如，规定每个推销人员全年应增加 30 个新客户；某项新产品投入市场 6 个月后应使市场占有率达到 3%；等等。

设立标准可参考外部其他企业的标准，并尽可能吸收企业内多方面的管理者和被管理者参与，以使其更切合实际。控制标准一般应允许有一个浮动范围。另外，为使标准具有激励作用，可采用两种标准：一种是通过合理组织和付出一定的努力可以达到的；另一种是通过开拓性的工作和付出相当努力才可达到的。

设立标准还须考虑到产品、地区、竞争情况等不同造成的差异。如考察推销员的工作效率时需考虑以下因素的影响：①所辖区域内的市场潜力；②所辖区域内产品的竞争力；③所推销产品的具体情况；④广告强度。因此，不可能要求每个人都能创造同样的销售额或利润。

（5）比较实绩与标准。即将控制标准与实际结果进行比较。在此要决定比较的频率，即多长时间进行一次比较，这取决于控制对象是否经常变动以及产品或市场需求的季节性。比较结果若未能达到预期标准，就需要进行下一步工作。

（6）分析偏差原因。产生偏差可能有两种情况：一是实施过程中的问题，这种偏差比较容易分析；二是计划本身的问题，确认这种偏差通常容易混淆。因这两种情况往往交织在一起，致使分析偏差的工作很可能成为控制过程中的一大难点。要避免因缺乏对背景情况的了解，或未加适当分析，而把"孩子连同洗澡水一起泼出去"的错误。如销售利润未达标准，可能因某种产品的亏损影响了整个部门的获利水平；推销人员完不成访问任务，可能是由于在旅途中花费时间过多，这就需要改进访问路线；也有可能是定额过高，可降低定额以保证每次访问的质量。

（7）采取改进措施。如果在制订计划时，制订了应急计划，偏差就能很快得以纠正。只是在很多情况下，通常并没有应急措施，必须根据实际情况，迅速制定补救措施加以改进，或适当调整某些营销计划目标。

三、营销控制的主要类型与方法

营销控制的主要类型与方法见表 17–3。

表 17–3　营销控制的主要类型与方法

控制类型	主要负责人	控制目的	方　法
1. 年度计划控制	高层管理人员 中层管理人员	检查计划目标是否实现	销售分析，市场份额分析，费用/销售额比率分析，财务分析
2. 盈利能力控制	营销审计人员	检查公司在哪些地方赚钱，哪些地方亏损	产品，地区，顾客群，细分市场，销售渠道等的盈利情况
3. 效率控制	直线和职能管理层 营销审计人员	评价和提高经费使用效率及效果	销售队伍，广告，促销和分销的效率
4. 战略控制	高层管理者 营销审计人员	检查公司是否在市场、产品和渠道等方面，正在寻求最佳机会	营销效益等级考评，营销审计，营销杰出表现，公司道德与社会责任评价

（一）年度计划控制

年度计划控制的目的在于保证公司实现其在年度计划中所制定的销售、利润以及其他目标。年度计划控制的中心是目标管理，包括四个步骤，如图 17–9 所示。

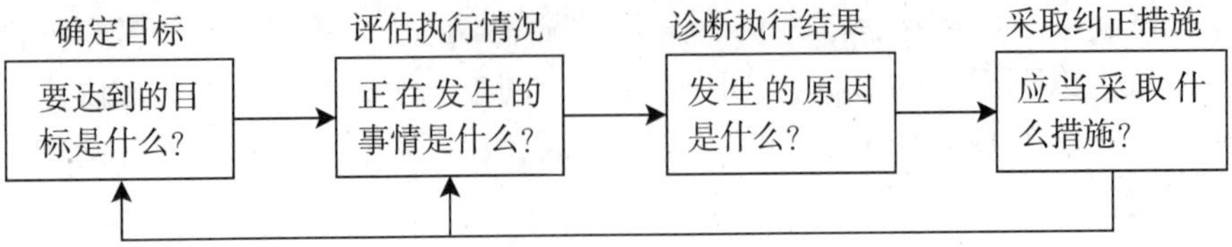

图 17–9 年度计划控制过程

管理者必须将年度计划分解为每月或季度目标；随时跟踪掌握营销情况；当营销实绩与计划发生偏差时，找出产生偏差的原因；采取措施，弥合目标与实际执行结果之间的差额，改进实践方式或修正目标。

这一控制模式适用于企业内各层次，区别仅在于最高主管控制的是整个企业年度计划的执行结果，而各部门和地区经理只控制各个局部的计划执行结果。

检查年度计划执行情况的工具主要有以下几种：

1. 销售额分析

（1）销售额变化原因分析。假定年度计划要求第一季度按 1 元/件的价格销售某种商品 4000 个，目标销售额为 4000 元；但到季末仅按 0.8 元/件的价格出售了 3000 件，总销售额为 2400 元，比目标销售额减少了 1600 元，那么这 1600 元的减少有多少是由于销售量下降造成的？有多少是由于价格降低造成的？对此可用产量指数和价格指数的简便公式进行计算。

由于销售量下降造成的影响：

计划价格 ×（计划销量 – 实际销量）= 1.00 ×（4000 – 3000）= 1000 元

占 1600 元的62.5%

由于价格下降造成的影响：

（计划价格 – 实际价格）× 实际销量 =（1.00 – 0.80）× 3000 = 600 元

占 1600 元的 37.5%

结论：销售额下降的 2/3 是由于销量未达到目标而致，故该企业应密切注意未达到预期销售量目标的原因。

（2）个别销售分析。着眼于个别产品或地区销售额未能达到预期份额的分析。假定某企业分别在三个地区出售某种产品，期望的销售目标分别是 1000 单位、1500 单位和 2000 单位，而实际销量分别达到 1200 单位、1450 单位和 1500 单位。地区 1 较期望销量高出 20%，地区 2 较期望销量低 3.3%，地区 3 较期望值低 25%。显然，地区 3 是造成偏差的主要原因。市场营销经理应检查该地区情况，找出原因，是销售人员玩忽职守还是因有强大的竞争对手打入这个市场？或者是原来的预期目标定得不妥？

2. 市场占有率分析

销售额的绝对值并不能说明企业与竞争对手相比的市场地位怎样。例如，某一企业销售额上升不能肯定它的经营是成功的，因为这有可能是一个正在迅速成长的市场，该企业的销售额虽在上升，其市场占有份额却很可能在绝对下降。只有当企业的市场占有率上升时，才说明它的竞争地位在上升。

市场占有率分析也可分为总的市场占有率和个别产品、细分市场的占有率两个层次。

总的市场占有率表明企业的销售量在本行业全部销售量中所占的比重。进行这种分析首先需要对两个测量尺度做出决策：一是限定行业范围；二是决策使用的销量是用实物量还是价值量。使用实物量反映的问题相对比较简单，用价值量除了反映数量，还有价格方面的变化。

市场占有率本身还可分为：

$$绝对市场占有率 = \frac{本企业产品销量}{本行业全部产品销量} \times 100\%$$

$$相对市场占有率 = \frac{本企业产品市场占有率}{行业中最大竞争对手的市场占有率} \times 100\%$$

相对市场占有率为 100%时，意味着该企业与最大的竞争对手在行业中的地位平分秋色；相对市场占有率高于 100%，表明该企业在行业中居领先地位；相对市场占有率上升，意味着该企业目前比最大竞争对手干得更好。

3. 费用/销售额比率分析

年度计划控制要确保企业不会为达到销售额指标而支付过多的费用，对此可对市场营销费用/销售额的比率进行分析。假定某公司的费用/销售额比为 30%，即每销售 100 元货物支出费用 30 元，又假定费用由五部分组成：推销费用占 12 元，广告费用占 8 元，其他促销费用占 6 元，市场调查费用占 1 元，营销管理费用占 3 元，它们与销售额的比率分别为 12%、8%、6%、1%、3%。

这些比率因各种随机因素影响，经常会有波动，也允许存在一个正常的偏差值。但当波动超过正常的范围时，就应引起关注。用于跟踪波动情况的控制图如图 17-10 所示。

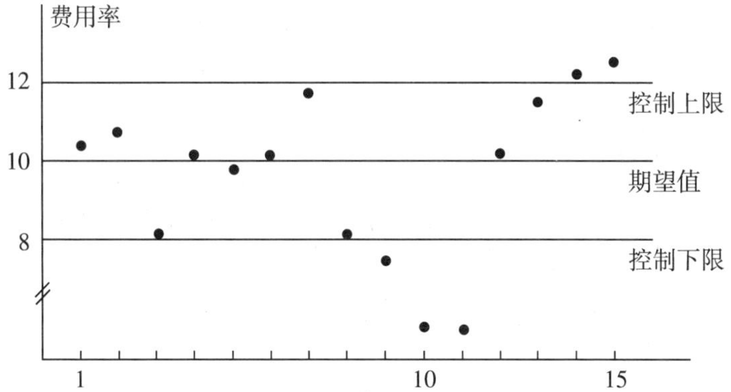

图 17-10　费用率控制曲线

图中显示的推销费用/销售额比与广告费用/销售额比的正常波动范围均在 8%~12%。图中数据有两点应引起重视：①从第 12 点起费用率逐步上升，这种持续上升应引起足够的重视；②连续上升的费用终于在第 15 点超出控制上限，必须立即采取措施。

4. 顾客态度跟踪

为了尽早觉察市场销售可能发生的变化，具有远见和高度警惕的公司建立了跟踪顾客、中间商及与市场营销有关人员的态度系统。这个系统包括：

（1）顾客意见和建议系统。通过这个系统，企业记录、分析和答复来自客户的信函和口头抱怨。零售商、旅馆、餐馆这些通过服务直接与广大消费者打交道的企业，可以通过设立意见簿、建议书等，鼓励顾客提意见。总之，通过各种增加顾客反馈意见的途径，可使企业对自己的产品、服务和在客户心目中的地位有更全面的了解。

（2）典型用户小组。由那些同意定期通过电话或信函反映他们意见的顾客组成。这些小组反映的意见比较系统、全面，具有典型性。

（3）定期的用户意见调查。这是一种通过随机抽样了解顾客对企业服务质量满意程度的调查。调查结果通常要按一定程序递交有关部门及上级主管人员，从而促使整个企业改进工作。

（二）盈利能力控制

除了年度营销计划控制外，企业还需要测算其各类产品在不同地区、不同市场、通过不同分销渠道出售的实际获利能力。这一分析结果能帮助主管人员决策哪些产品或哪些市场应予以扩大，哪些则应缩减，以至于放弃。我们用一实例加以说明。

某自行车厂的市场营销经理要测算一下在不同地区销售其自行车的获利性，该厂主要的自行车销售地区为东北、华北和西北。其总销售收入、成本、净利润见表17–4。

表17–4 获利性分析（一）

单位：万元

销售收入	6000
销售成本	4000
销售毛利	2000
费用	1500
人员酬金	800
杂项	700
净利润	500

注：费用可包括管理费用、包装材料费用、运费、促销样品等。

第一步：将费用开支分摊到各项职能上，假定费用主要发生在人员推销、广告和包装运输部门，将工资费用和杂项开支分摊在三项营销活动中（见表17–5）。

表17–5 获利性分析（二）

单位：万元

科目	总额	推销费用	广告费用	包装运输费用
工资	800	500	100	200
杂项	700	400	100	200
合计	1500	900	200	400

第二步：再将各项功能性费用分为不同地区的费用支出（见表17–6）。

第三步：根据各地区销售和费用支付额，编制各地区销售/支出损益表（见表17–7）。

直观地看统计结果，应放弃西北地区，甚至还有华北地区，而集中全力于东北地区市场。但这个结论也可能过于匆忙草率，我们还可以提出这样一些问题：①上述三个地区的市场潜力怎样？本企业的市场占有率及竞争对手的情况怎样？②三个地区的市场在

表 17-6 获利性分析（三）

单位：万元

地区	总额	推销费用	广告费用	包装运输费用
东北	480	200	80	200
华北	480	300	80	100
西北	540	400	40	100
总计	1500	900	200	400

表 17-7 获利性分析（四）

单位：万元

	东北地区	华北地区	西北地区
销售额	4000	1500	500
销售成本	2667	1000	333
销售毛利	1333	500	167
费用			
推销费	200	300	400
广告费	80	80	40
包装运输费	200	100	100
总费用	480	480	540
净利润（或净损失）	853	20	-373

全国自行车市场中的影响如何？③企业对上述三地区的市场营销策略是否适宜？

根据对上述问题的回答，企业可对一些可供选择的对策做出抉择：①对西北、华北地区减少人员推销次数，相对增加广告次数；②减少对西北、华北地区访问客户的数量，首先有选择地向人口密集的城市和订货批量较大的百货、批发商店推销，以提高推销的成功率，降低推销费用；③鼓励较大额度的订单，尤其对西北、华北地区，给予优惠的数量折扣；④按兵不动，此对策假定当前的市场营销策略十分适宜，西北、华北地区的销售额正在逐步上升，预期前景良好；而东北市场纯利虽高，但本企业市场占有率已很高，发展潜力不大，因此企业进一步发展的关键在新地区市场的开发；⑤不放弃任何一个地区，但减少各地区中效益差的局部地域；⑥暂时放弃或缩减在西北地区的营销努力，集中力量在华北地区取得较大进展。

由上例可见，市场营销获利性分析能提供不同产品、地区、分销渠道、客户群在相对获利能力方面的资料；但它并不能说明最好的办法就是放弃那些不赚钱的产品、地区或分销渠道，也不能证明放弃它们，企业利润就能有多大改善。

（三）效率控制

销售分析、获利能力分析和市场占有率分析都只能显示企业在某一产品、地区或市场上的绩效状况。若要进一步分析其原因，则要进行营销过程的效率分析。

（1）新产品效率。企业推出新产品的数目，新产品上市成功的比率，新产品销售额占全部销售额的百分比，等等。

（2）分销渠道效率。包括新渠道的增加与调整，渠道的成长性，分销的及时性，渠道的覆盖面，物流成本与销售额的比例，准时送货的百分比，订单错发率，等等。

（3）销售团队效率。包括每位销售人员平均每天进行销售访问的次数，每100次销售访问所接下的订单数量，每次销售接洽的时间，每一报告期的新顾客开发数目，每次销售访问的平均收益，每一报告期丢失的顾客数目，每次销售访问的平均成本占销售额的百分比，等等。

（4）促销效率。包括因促销活动而增加的销售额百分比，每单位销售额所花的促销费用，因促销而产生的顾客询问次数，优惠券的回收率，等等。

（5）广告效率。包括每一种媒体的每千人目标顾客所花费的广告成本，目标顾客注意到每种媒体的人数比例，消费者对广告内容的接受度，顾客在广告前后的态度变化，广告所引发的顾客对产品的询问次数，等等。

（四）战略控制

战略控制是更高层次的控制。战略控制的目的是确保企业目标、政策、战略和措施与市场营销环境相适应。因为在复杂多变的市场环境中，原来制定的目标和战略往往很快就过时，企业必须时时注意定期对其整个市场营销活动进行检查、评价，我们有时也把这种全面的检查评价叫作“市场营销审计”。

1. 营销审计的特征与步骤

市场营销审计是对企业市场营销环境、目标、战略、组织和活动的一种综合、系统、独立和定期进行的检查评价。通过市场营销审计可以发现企业市场营销中存在的机会和问题，并提出改进企业市场营销活动的方案。

市场营销审计具有以下四个特征：

（1）综合性。市场营销审计涉及企业市场营销的各主要方面，而不仅是少数发生问题的部分。后者称为职能性审计，职能性审计也很有用，但有时可能导致片面的推断。如果某项产品销售额急剧下降，可能并不是因为推销员推销不力，而是因为广告宣传不力。综合性的营销审计通常能更有效地确定市场营销过程中的问题所在。

（2）系统性。营销审计是一套完整有序的步骤，涉及企业的营销环境、内部市场营销系统和具体的营销活动，并分别提出短期和长期的改进措施，以提高企业的整体营销效益。

（3）独立性。营销审计要请企业之外有经验的咨询部门和专家、顾客参与，或主要由他们进行，这不仅有利于借助他们对大量同类型企业咨询指导的经验，而且能够保证营销审计的客观性和独立性。

（4）市场营销审计应当定期进行。早期的营销审计只是在企业遇到困难或危机时才进行，目的仅限于解决一些临时性问题，且往往为时已晚。由于不会有十全十美的市场营销工作，因此，无论企业是处在顺境还是逆境，定期进行审计都是十分必要的。

营销审计通常从拟定一项关于审计目标、范围、资料来源、报告形成及所需时间的协议开始，是收集资料、评价比较的过程。需要慎重地拟定调查访问的“问题”，建立评价标准以及适当的检查方法。访问对象不能仅限于企业内部人员，顾客、经销商以及有关的外部团体也应该访问，因为许多企业并不真正了解顾客和经销商怎样看待他们，也不完全了解顾客需要什么。最后，最高主管应经历审计工作的全过程，参与其中和听取汇报。

2. 营销审计的内容

营销审计的内容由检查评价企业营销工作的六个主要方面组成：

（1）营销环境审计：主要是分析宏观环境中影响公司目标的关键部分，如顾客、竞争对手、经销商等。

（2）营销战略计划审计：考察企业营销目标、战略与当前及预期的营销环境的相近程度。

（3）营销组织审计：检查营销组织在预期环境中实施公司战略的能力。

（4）营销系统审计：涉及对企业的分析、计划、控制系统的审查。

（5）营销效率审计：检查各营销单位的获利能力和各项营销活动的成本。

（6）营销职能审计：对市场营销组合因素进行评价，如产品、定价、渠道、促销等策略的检查评价。

总之，营销审计不仅能为那些陷入困境的企业带来效益，而且还能为那些经营卓有成效的企业增加效益。

● 本章回顾：

营销计划就是根据企业的经营方针及策略，确定相应时间内的销售目标和与其相关的主要营销活动指标，以及为实现这些目标和指标所要进行的各项销售活动安排。营销计划是统一相关部门和员工营销行为的纲领，是营销控制的依据。计划的制订包括八方面的内容：计划概要、市场状况、机会与威胁分析、确定营销目标、制定营销策略、列出具体营销方案、编制预算和进行控制。

营销组织机构的变化是随着市场经济的发展而循序渐进的。在现代企业中，营销部门的组织形式有：职能型、地区型、产品型、产品管理与市场管理型等。不同的组织类型适应不同的企业需要。

营销执行是将营销计划转化为行动和任务的过程。在营销计划的实施过程中，由于市场变化、资源不足等各种原因，会出现计划与实际脱离、执行阻力等问题，所以要求营销工作者具备营销诊断、资源配置、调控、组织和推动技能。

营销控制是一个管理过程，控制的基本方法有四类：年度计划控制、盈利能力控制、效率控制和战略控制。

● 讨论与概念应用题：

1. 假设一个公司的市场占有率已下降好几个报告期，但营销副总经理把这称为“偶发现象”，拒绝采取任何行动，他的意思是指什么？你认为他的判断是否正确？

2. 一个大型工业企业将销售人员分派到各大城市，并由地区经理负责监管几个城市的销售代表，总营销主管想评估不同城市的利润贡献，那么下列各项费用应该怎样分配给各城市：①地区销售经理的费用；②全国性杂志广告费用；③营销调研费用。

●【案例 17-1】营销组织变革

（一）耐克公司的营销组织变革

耐克公司成立于 1964 年，现已成为领导性的世界级品牌。当年奈特先生仅仅花了 35 美元请一位学生设计了耐克的标志，如今那个著名的弯钩标志价值已超过 100 亿美元。40 多年的发展，耐克已成为一个商业传奇，他的成功之道人所共知，就是虚拟生产的商业模式，耐克以优良的产品设计和卓越的营销手法控制市场，而将生产环节外包。

在过去的几年里，耐克大力扩张产品线，并增加了新的品牌。耐克的主力商品原来以篮球鞋为主，最近几年则推出高尔夫运动用品系列，并以老虎伍兹为代言人，同时加强足球鞋的推广，以迎合足球运动人口的增加。目前，足球运动用品系列的营业额已高达 10 亿美元，占有全球 25%的市场，在欧洲市场更高达 35%的市占率。耐克先后并购了高级休闲鞋名牌 COLEHAAN、曲棍球名牌 BAUER、第一运动鞋名牌 CONVERSE 和滑溜板名牌 HURLY，并放手让各名牌独自经营，取得了不俗的成绩。但是，耐克在新兴市场上，营销本土化不够，营销效果不理想。

为此，耐克品牌总裁 Charlie Denson 宣布耐克将进行营销组织和管理变革，以强化耐克品牌与新兴市场、核心产品以及消费者细分市场的联系。实施这一变革使耐克从以品牌创新为支撑的产品驱动型商业模式，逐步转变为以消费者为中心的组织形式，通过对关键细分市场的全球品类管理，实现有效益的快速增长。

耐克为此强化了四个地区运营中心（美国、欧洲、亚太、中东及非洲），新设立了五个核心产品运营中心（跑步运动、足球、篮球、男士训练、女士健康）。这是一个矩阵式的管理，目标是把企业的资源向关键区域、核心产品集中，去抓住企业最大的市场机会。与传统的矩阵管理不同，关键是要实现跨地区、跨部门的协同。实际上，耐克公司已经有成功的经验，正是采用这种协同矩阵的管理方式，耐克公司组建了一支专门的队伍，将公司足球用品市场的经营额从 1994 年的 4000 万美元扩大到今天的 15 亿美元。Charlie Denson 说：通过这种方式，我们可以更好地服务于运动员，更好地加深与消费者的联系，更好地扩大我们的市场份额，实现有效益的增长，增强我们的全球竞争力。比如，中国的篮球运动市场，就由亚太区运营中心和全球篮球运营中心协同开拓。

资料来源：倪海清：《耐克的营销组织变革》，中国营销传播网，http://www.emkt.com.cn/article/333/33326-2.html，2007-09-18。

（二）四川长虹电子集团公司的营销组织变革

在市场需求结构和竞争形势急剧变化的形势下，长虹的营销结构从 1996 年开始频繁调整：1996 年设有八大管理处，处长拥有很大权力可以直接向总经理汇报，每个管理处管理若干省；1997 年，八大管理处解散，成立八大管委会，开始成立分公司，成立“三驾马车”体系：财务、业务、库房相对分开，加强监控和管理；1998 年，成立大户组，大户由总部直接管理，形成大户组、管委会、库房三套体系；1999 年，成立 31 个管委会，每个管委会负责一个省，解散八大管委会；2000 年初，成立 18 个管理处，2000 年 6 月，成立 33 个管理处，并建立八大中心。

从五年组织结构的调整中，看不到系统的前瞻性规划，看不到清晰变革的主线和思路，看到的只是“头痛医头、脚痛医脚”的事后调整。几年的高频率但方向不明确的变革，使得管理的延续性、稳定性大大削弱，集权管理体系在多元化产品结构下日益力不从心，具体表现如下：

第一，各个管理层次缺乏清晰的核心职能定位。管理的各个层次不清楚自己的职能和权力到底是什么，总部同时面对层面不同的大量问题，包括策略性问题、战术性问题，甚至某一个客户的具体问题。

典型情境一：某商业单位总经理：“我懒得跟他们分公司经理谈，不如直接找总部。”

总部远离实际市场，很难做出准确的判断和决策，并不适合处理这些具体问题。虽然当时已经将部分权力下放到大区总监手中，并提出层层分解，但对于权力如何分解到管理处、分公司没有明确的规范，各个层级权责不明。多重领导造成一定的混乱，令客户强烈不满。

典型情境二：某商场副总经理：“长虹管理结构变来变去的，前任的许诺一旦离职，什么都不算数，找谁谁都不搭理。”

第二，长虹的销售一线授权过小，削弱了对市场的快速反应能力。分公司经理权力有限，大小决策都要层层上报批准，信息反馈慢，无法快速反应，错失市场良机。某商场家电部经理对比几家厂商的反应速度，得出如此结论：“TCL 的反应在一两天之内，康佳在三四天之内，长虹至少十天以上。”

分公司经理权力的实施无法得到销售支持部门（总部、财务、库房、售后）的支持和协助，使“放下去”的权力无法得到充分运用，总部的管理职能停留在消防员角色，很难对区域市场产生问题的深层次原因做出分析，政策制定与市场存在脱节的现象，影响销售工作。

第三，长虹在产销衔接和新产品开发方面亟待提升。2000 年产销衔接的流程是：事业部（实质为产品生产部）提出（生产）计划、营销策划中心调整、公司评审，实质仍然是以生产为导向的管理模式。没有明确的部门对库存资金占用、生产计划合理性、利润负责。在支持机制上，产销衔接缺乏科学的市场预测信息的支持，销售计划和生产计划的调整尚未形成规范的管理机制，存在一定的随意性。其结果就是销售系统得不到想卖的产品，而产品计划的不准确又造成生产库存积压。

营销系统内部缺乏专门的产品研究功能，很难提出有前瞻性的新品计划和老产品改进计划，新品开发管理主要集中在事业部，导致无法形成完全以市场为导向的新品开发机制，新品上市策划职能分散造成了上市节奏把握不准确、卖点不突出的问题。

第四，由于专业化分工过细，缺乏对策划等职能的重视，缺乏科学的、目标统一的考核体系，组织内存在部分职能重叠、冲突、空白的现象。

市场推进处、营销策划中心、宣传广告中心存在部分职能重叠。物流部门以费用控制作为最主要的考核指标，而销售一线更关心速度、及时性、灵活度，考核指标的冲突造成部门的不协调。信用控制的滞后导致信用管理空白。品牌策划功能也没有承担主体。

饱受上述问题的困扰，长虹在家电行业发展乏力。长虹在选择变革方案时，把如何提高营销系统的综合竞争能力作为主要的诉求。在对比研究了直线型和矩阵型的多产品营销模式后，长虹决定选择矩阵型的多产品营销模式作为其营销组织变革方向。

资料来源：佚名：《营销组织研究：长虹市场营销分析、营销组织弊端分析》，http://www.em-cn.com/Article/200703/144205.html，2007-03-06。

● 思考题：

1. 耐克公司的营销组织变革给了我们什么启示？

2. 结合耐克公司的“协同矩阵”管理方式，为长虹设计/描绘其决定选择的“矩阵型的多产品营销模式”，并说明此模式能否克服或解决案例中所述长虹营销系统存在的问题。

第十八章　特殊领域市场营销

学习目标：

通过本章学习，了解国际营销、服务营销、非营利组织营销、金融营销的基本内容，并明确这些特殊领域市场营销活动与传统市场营销活动的差别。

第一节　国际市场营销

在世纪之交经济一体化、市场全球化的态势下，企业要想成功地开拓海外市场，必须用国际营销观念指导企业的国际业务，把满足目标国家市场的需求作为企业的最高宗旨，努力建立全球性的生产和销售网络，完成全球性的跨行业的多元化经营。因此，任何一个企业都必须认真地研究国外顾客，并围绕顾客这一中心，开展各种有关的国外市场营销活动。

一、国际营销的特殊性

（一）国际营销与国内营销、国际贸易的区别

国际营销是企业跨越国界的市场营销活动，是相对于国内营销而言的一个概念。国际营销与国内营销既有联系又有区别。国际营销活动的起点在国内，是国内营销的扩张与延伸，营销原理同时适用于两者，但它们在营销管理与操作上有较大的区别。

1. 营销环境不同

国内营销的范围局限于本国市场，受国内环境的制约；国际营销则需面对复杂得多的市场环境，不仅受国内环境的影响，而且还要顾及目标国家市场环境。如企业进入多个国家，适应市场环境的难度就更大，如图 18-1 所示。

营销环境的不同是国际营销与国内营销的最基本的差异，由此产生了其他策略的不同。

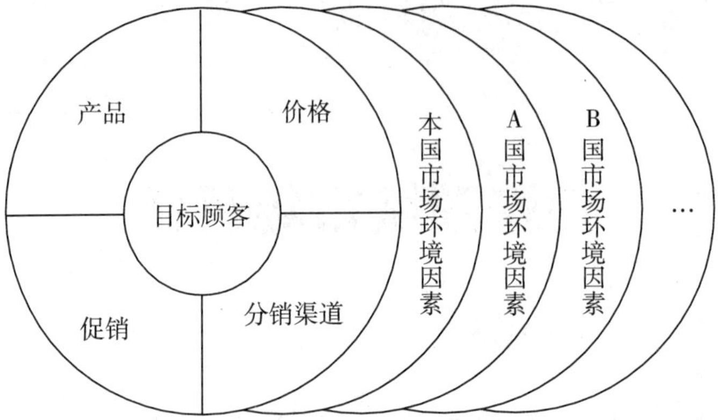

图 18-1 国际营销环境因素示意图

2. 营销对象不同

市场营销人员本身也是消费者，企业进行国内营销，面对的是与自己的文化、观念相同的顾客和用户，营销活动较能驾轻就熟。国际营销的对象是营销人员不熟悉的、差异性很大的消费者和用户，因此要特别注意对国外目标顾客特性进行深入细致的调查研究。

3. 营销方式不同

国内营销是利用本国资源在国内生产和销售。国际营销的产品在国际间流动，其基本方式是：

（1）把国外市场作为销售地点。企业在国内生产产品，在国外销售。

（2）把国外市场作为供应地点。企业在国外生产产品、半成品或原材料，然后在生产国销售或销往第三国，或把半成品、原材料运回本国，经生产加工后再把成品销往国外。

（3）把国外市场作为资源合理配置的地点。企业利用多个国家的资源、生产要素的优势进行分工合作，完成产品的各个生产环节，通过资源的合理配置，将各国的优势集中于最终产品上。

由此可见，现代国际营销的内容已发生了深刻的变化：企业不仅输出有形产品，还可能输出资本、技术和服务；不仅要研究本国的输出活动，还要研究在他国生产后向其他国家的输出活动。

4. 营销策略不同

营销策略的一般原理适用于国际、国内营销，所不同的是国际营销必须考虑国际市场的复杂性和多变性。例如，产品的当地化与标准化，定价的法律限制，国际市场价格竞争因素和汇率波动，渠道管理与控制和国外中间商的介入，促销方面的法律差异和各国文化背景的影响等。因此，国际营销策略的制定必须注意极其微小的差异和变化。

5. 营销管理不同

国际营销管理要比国内营销管理困难得多。这是因为在国际交换关系中，政府干预的程度不同且营销风险大，在产销地区距离较远时不易及时掌握重大的信息。特别是对跨国公司来说，由于公司总部与子公司或子公司与子公司之间的利益不完全一致，必然影响总体战略的实施，从而使计划、执行、控制的难度增大。

国际贸易与国际营销是互相联系又互相区别的概念。它们都需要进行跨越国界的经济活动，都以国际市场作为经济活动的舞台。所不同的是：国际贸易的行为主体是国家，是国与国之间产品和劳务的交换，包括商品的进口与出口两个方面；这种交换必须超越国界，而且是商品流通领域的经济活动；其购销活动一般并不强调实现战略目标，仅为进出口商品和劳务，以比较利益为原动力。而国际营销的行为主体则是企业，其买主是国外的企业、个人、政府或本企业的海外子公司，归根结底是把国外消费者视为营销对象；其商品流通范围可以超越国界；其经济活动贯穿于生产、流通与消费领域，并把国外市场视为目标市场，强调为占有和巩固国外目标市场而制定实施战略计划，以获取利润为原动力。

（二）国际营销的发展阶段

企业企图进入国际市场，由于营销经验、实力大小、经营目标的差异，国际营销的程度也有所不同。为此，可把国际营销分为以下五个阶段或五种类型：

1. 被动的国外营销

这类生产企业的目标市场在国内，并不主动面向国外市场，只是在外商上门订货求购，或本国外贸公司求购时，产品才销往国外市场。这类企业并没有具体开展国际营销活动，企业内不设立出口机构。

2. 偶然的国外营销

这类企业的目标市场仍在国内。由于某一时期国内市场供过于求、竞争激烈，便主动求助于国外市场，推销过剩的产品，或由于其他原因一次性外销产品，视国外市场为短期或一次性销售地。这些企业设计生产的是本国消费者所需的产品，企业内不设立出口机构。

3. 固定的国外营销

这类企业以国内为主要的目标市场，但同时视国外为目标市场，专门开发国外消费者所需要的产品，努力控制国外的销售渠道，采取具有国际竞争力的价格和促销手段，甚至开始在国外产销产品，企图在国际市场建立持久的市场地位，把外销利润列入企业的利润计划。因此，这类企业有专业的出口机构，甚至在国外建立分销公司。

4. 国际营销

这类企业把世界不同的国家视为不同的市场（包括本国市场），按各国消费者的需求设计生产产品，在各国生产销售，由公司总部统筹各国（包括本国）的营销活动，并依赖国际市场的利润来求得发展。

5. 全球营销

全球营销企业视整个世界（包括本国）为一个市场，不强调各国文化背景的差异性，而强调不同国家市场需求的一致性，据此实施全球标准化策略，并企图实现利润最大化的目标。

以上五个阶段反映了国际营销的历史进程，也可视为某一企业进行国际营销的发展过程。采用第 3~5 种类型营销的企业可称为国际营销企业。由于各个企业在国际营销中所处的阶段不同，因此必须据此来确定自己的营销策略。

二、国际化经营决策

（一）国际营销环境评估

1. 国际贸易体系

公司走向国际市场，必须先从研究国际贸易体系着手。公司要把产品销往另一国市场，就会碰到各种贸易限制。最常见的是关税，即外国政府对某些规定的进口商品征收的一种税收。征收关税的目的有两种：增加财政收入（财政关税）和保护国内企业（保护关税）。出口商也可能碰到配额，配额是进口国对某些进口商品所规定的数量限制。规定配额是为了防止外汇过度外流，保护国内市场和维持国内的就业水平。国际贸易还受到外汇管制的影响，外汇管制调节着外汇的数量和本国货币对其他货币的汇率。公司还可能遇到许多非关税壁垒，像对本公司报价的歧视性对待，针对本公司产品性能的歧视性规格标准。例如，荷兰政府禁止时速超过 10 英里的拖拉机的进口，实际上大多数美国生产的拖拉机都在被禁止进口之列。

此外，还有一些其他力量在寻求国际贸易的自由化和促进国家间贸易。世界贸易组织已通过若干轮谈判降低了世界的关税水平。一些国家组成经济共同体，其中最有影响的是欧洲联盟（原欧洲经济共同体，EEC 又称共同市场）。欧盟各成员国都力图在欧盟内降低关税、降低商品价格、扩大就业、扩大投资。欧盟已组成关税同盟，关税同盟是一个自由贸易区，成员国相互间免征关税，而对非成员国的贸易按统一的税率征收关税。欧盟的下一个目标是实现经济同盟，到那时候各成员国将根据统一的贸易政策进行对外贸易。自从欧洲经济共同体建立以来，又陆续出现了一些其他经济共同体，其中有拉丁美洲自由贸易协会（LAFTA）、中美洲共同市场（CACM）和北美自由贸易区（NAFTA）等。

2. 经济环境

国际营销的经济环境分为两个层次：第一，国际经济环境，它影响与制约着各国彼此之间的贸易与投资活动，也必然影响着国际企业的跨国经营；第二，有关国家国内的经济环境。

（1）经济制度与经济体制。从经济制度考察，各国经济可分为公有制占主导的经济和私有制占主导的经济。当前各国经济制度的一个新特点是：私有制主导的经济中也会有公有制经济的存在，公有制经济也不排斥私有经济成分，两者相互补充、相互促进。不同的经济体制主要是以经济调节手段为标准来划分的，世界上主要存在计划经济与市场经济两大体制。当前世界范围内的一个新趋势是计划经济国家开始接纳市场调节手段，并承认市场在调节资源配置方面的合理性。我国经济体制的目标模式是社会主义市场经济体制。

（2）经济发展水平。一个国家的经济发展水平、国民收入不同，对产品的需求就会有很大差异，从而对国际营销的各个方面都会带来影响。就消费品市场而言，一般来说，经济发达的国家偏重于强调产品款式、性能及特色，对广告和营业推广的手段运用较多，市场竞争表现为品质竞争多于价格竞争；而经济发展水平较低的国家，则侧重于产品的功能与实用性，产品推广以积极传播居多，消费者对价格较为敏感。

(3) 市场规模。国际企业是否进入某国市场，首先要考虑其市场规模。产品不同，决定市场规模的因素也不同，一般而言，主要由人口与收入所决定。从人口方面看，总人口是最主要的指标，在其他条件相同的情况下，总人口数越大，表明市场规模越大。其他指标，如人口增长率、人口年龄、人口性别等对不同的细分市场规模起着决定作用。从收入方面看，国民生产总值是衡量国家和地区总体经济实力与购买力的指标，对评价工业品市场规模尤其重要；人均收入以及个人可支配收入、个人可自由支配收入与消费品购买力成正比。

(4) 经济特征。经济特征主要包括自然条件、消费模式、基础设施、城市化程度等方面情况，这些从各个方面影响着企业的营销。自然条件是指实际的自然状况和潜在的各种资源以及土地面积、地形和气候、地理位置等。基础设施主要包括能源供应、交通运输条件、通信设施以及各种商业基础设施。

3. 政治法律环境

政治法律环境主要指各国的国家政局变化和各种对外投资、对外贸易政策及其他相关政策法令对市场营销的影响。

(1) 政治环境。要考虑一个国家或地区的社会性质和政治体制，因为这会影响国家政治主张和经济政策。要研究行政体制，了解其行政结构与效率，政府对经济的参与程度和政府对自身行为目标的界定。考虑政治稳定性，包括其政权更替的频率和政治冲突状况。考虑政治干预的可能，政治干预的强弱会对企业营销产生重大影响。

(2) 法律环境。现代企业在市场经济中的行为主要是由法律来规范和约束的，国际企业在从事国际营销活动时必须了解国际法律环境各方面的因素。企业在开展国际营销活动时所面临的法律环境主要由东道国法律、国际法、母国法律三部分组成，最重要的是东道国的法律。因为不同的法律制度对同一事物可能有不同的解释，所以国际企业在开展跨国营销活动时，必须了解东道国法律、法规性质与具体内容。

4. 社会文化环境

社会文化环境是指一个社会的民族特征、风俗习惯、语言、意识、道德观、价值观、教育水平、社会结构、家庭制度的总和。不同国家营销环境的差别主要体现为不同的国家文化背景的差异性，正是因为这些社会文化因素对顾客的购买行为产生重大影响，因此，社会文化环境是国际营销实践中最富有挑战意义的环境要素。

（二）目标市场选择

尽管国际市场竞争日益激烈，但不充分的竞争仍是引导商品和资本在不同国家与地区之间流动的主要因素。国际企业在国际经营中，如何面对海外纷繁复杂的市场环境，寻求市场机会，以尽可能低的风险、尽可能高的投资回报，成功开拓海外市场，其首要问题就是选择正确的目标市场。目标市场的选择需要借助于必要的市场调研，并在大量信息的整体分析基础上进行市场的宏观细分和微观细分，然后才能做出目标市场选择决策。

1. 国际营销调研

通过国际营销调研来系统地收集、记录和分析国际市场信息，以使国际企业能正确认识市场环境、评价企业自身行为，为其国际营销决策提供充分依据。

2. 国际市场细分

国际市场细分具有两个层次的含义，即宏观细分与微观细分。宏观细分就是要决定在世界上应选择哪个国家或地区作为拟进入的市场。微观细分类似于国内市场细分，即当企业决定进入某一海外市场后，它会发现当地市场顾客需求仍有差异，需进一步细分成若干子市场，希望选择其中之一或几个子市场为目标市场。

3. 国际市场选择

国际营销中选择目标市场有两层含义：一是基于宏观细分基础上，在众多国家选择某个或某几个作为目标市场；二是通过微观细分，在一国众多的子市场中选择某个或某几个作为目标市场，其选择策略即为无差异营销策略、差异性营销策略和集中性营销策略。

（三）进入方式选择

在国际营销中，当目标市场确定后，选择何种方式进入市场也是一个涉及广泛的决策，需对各方面有关因素作综合分析、全面评估后，才能做出进入市场的正确决定。

1. 间接出口

间接出口是指企业将其产品卖给国内的中间商，由中间商负责出口。以间接出口的方式进入国际市场的优点主要有：首先是进入国际市场快；其次是费用低，既无须承担出口贸易资金上的负担，又不需要亲自去海外市场作调研、建立销售网点等；再次是风险小，不必承担外汇风险以及各种信贷风险；最后是灵活性大，长短期业务均可管理。然而，间接出口使企业不能获得国际经营的直接经验，对海外市场缺乏控制，所获市场信息反馈有限，利润亦有限。

2. 直接出口

直接出口是指企业把产品直接卖给国外的中间商或最终用户。选择直接出口方式进入国际市场，可使企业摆脱中间商渠道与业务范围的限制，对拟进入的海外市场进行选择；企业可获得较快的市场信息反馈，据此制定更加切实可行的营销策略；企业拥有较大的海外营销控制权，可以建立自己的渠道网络；有助于提高企业的国际营销业务水平。但是，成本比间接出口高，需要大量的最初投资与持续的间接费用；需要增加专门人才；在海外建立自己的销售网络需要付出艰苦努力。

3. 国外生产

选择出口方式进入海外市场可能由于运输成本过高、受关税与贸易配额限制等而使效益低下，同时外国政府可能限制某些产品的成品进口，而对外国企业在当地制造却持鼓励态度，所以如果当地市场潜力大，资源的优势比较大，可以选择国外生产方式，这样产品设计、制造、销售与售后服务更能符合当地消费者要求。国外生产的主要形式有国外组装、合同制造、许可证贸易、合营企业、海外投资生产。

三、全球营销企划

（一）国际营销的产品策略

1. 国际营销产品的标准化与当地化

国际营销的产品决策比国内营销难度要大得多，必须面临产品标准化还是当地化的矛盾。标准化可以大批量生产，又可大量向不同国家推销相同的产品，其低成本优势不言而喻，但难以适应各国差异的环境和要求；当地化可以使产品在各个目标国家适销对路，但可能带来成本上升的压力。为此，应根据实际情况采用不同的策略。实际上，许多产品在国外市场都要进行程度不等的调整，以适应当地的需求。对于标准化和当地化，进行国际营销的企业可有如下选择：

（1）相对标准化产品策略。首先设计出能为各国顾客接受的标准化产品，然后再适当考虑各国的差异需求进行调整。

（2）国际细分市场产品策略。企业针对某一国际细分市场推出标准化产品。

（3）适应性改进产品策略。为适应某些国家的特殊环境与需求，企业对国内产销的产品加以适当改进。

2. 国际营销产品的设计要求

在设计国际营销产品时，必须牢牢掌握“适应需求”这一原则。国际营销的产品所提供的效用、利益必须符合国外目标顾客的价值观念；要根据目标国家的经济发展水平、消费能力和消费习惯来调整产品的功能、档次；要符合目标顾客对产品功能用途的特殊需求等。此外，产品的规格、型号、造型、包装、品牌、商标、售前售后服务和计划等，都需做到适应性设计。

（二）国际营销价格策略

影响国际市场定价的因素有很多，除了基本的成本费用、国际市场供求、竞争状况影响外，还受到目标国家政府法令限制、通货膨胀与汇率波动的影响。在国际营销中，跨国公司在定价方面比一般出口企业更具特色，其策略主要有：

1. 统一定价策略

跨国公司的同一产品在国际市场上采用统一价格。该策略简单易行，保本求利，不需要调查各国市场的竞争、供求等复杂情况。但它忽视了国际市场的差异、需求的变化和竞争的存在，故此策略竞争力不强，难以在各国市场上取得最大的利润。

2. 多元定价策略

跨国公司的母公司及其国外子公司对同一产品采用不同价格。各子公司可以根据当地、当时市场情况做出价格决策。这种定价策略会出现两地同一产品差价很大的情况，从而引起价格战，影响公司效益。

3. 控制定价策略

跨国公司对同一产品既不采用同一价格，也不完全放手各子公司独立定价。其目的是发挥统一、多元定价的优势，对价格实行一定程度的控制。

4. 转移价格策略

跨国公司上层决策者人为确定母公司与子公司、子公司与子公司之间销售产品和劳务的内部价格，以实现其全球战略目标和谋求最大利润。其最大的特点是随意性与机密性，它在一定程度上不受市场供求规律、价格规律的影响，由跨国公司上层决策者密谋而定，外人难以对价格的合理性做出判断。

（三）国际营销渠道策略

国际营销渠道的特点是，其渠道成员一部分在出口国，而另一部分则在进口国。由于各国的商业习惯、渠道安排错综复杂，因此，存在众多的国际营销渠道。为便于分析，可把国际营销渠道简化为一定的模式，如图 18–2 所示。

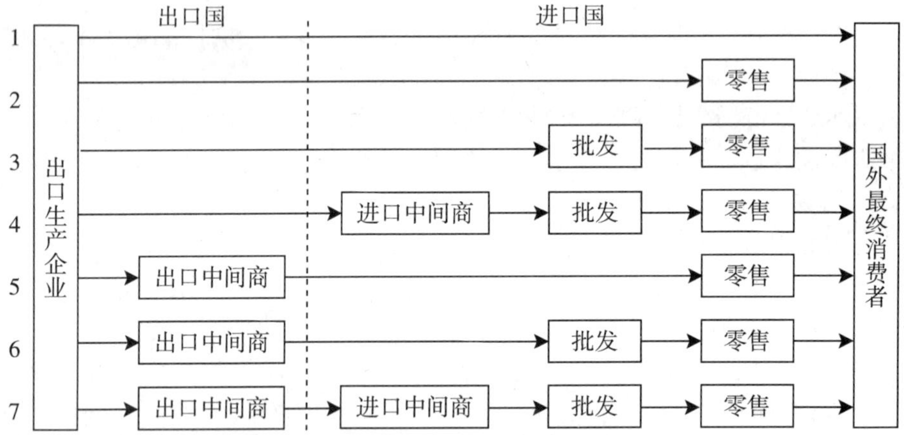

图 18–2 消费品的国际销售渠道

由图 18–2 可知，国际营销渠道的起点和终点，商品所有权、使用权的转移都发生在不同的国家。第 1 种渠道形式是最短的国际销售渠道，第 7 种渠道形式是最长的国际销售渠道。不通过出口中间商直接进入国外目标市场的渠道形式是直接国际销售渠道（图中第 1~4），通过出口中间商而进入国外目标市场的渠道形式是间接销售渠道（图中第 5~7）。

1. 出口中间商

以自己的名义在本国购买商品，转卖给国外买主的中间商。出口生产企业与出口中间商是买卖关系。出口中间商拥有商品所有权，自主经营，自负盈亏，自担风险；他们拥有国际营销的专门人才，具有国际营销的专门知识和经验，还有自己的销售和信息网络，对国际市场有较深的了解。

2. 出口代理商

通过签订代理合同，并根据合同条件代理委托人（出口生产企业）向国外销售产品的中间商。其不拥有产品所有权，只向委托人收取一定的佣金作为报酬。代理合同一般须明确规定代理的业务范围及合同双方各自的责、权、利。

3. 进口国经销商

通过签约，在规定的时间、市场内经营由出口企业指定的某产品及定额销量的进口中间商。进口国经销商是经销者的统称，既可指进口国的进出口公司，也可指进口国的批发商、零售商等。其经营方式包括定销、包销等。

激烈的国际市场竞争迫使许多发达国家的企业加强对渠道的控制。其中，渠道成员实行不同程度的联合，是加强渠道控制的主要方式。渠道成员可实行纵向与横向联合，如不同层次的渠道成员采用独资、合资、合作等方式而形成纵向联合；同一层次的渠道采用独资、合资、合作等方式，进行长期或短期的联合经营，实行横向联合。

（四）国际市场促销

1. 人员推销

在国外市场远离出口国的情况下，推销员的来源及培养与国内有所不同。国际推销人员的来源有本国派遣、目标市场所在国的国民、第三国国民等。

2. 国际广告

在国际广告中，有标准化广告与差异化广告之争，虽然有人采用了标准化广告，但一般都倾向于对其进行适应性调整，特别注意的影响因素有法律限制、语言文字障碍、审美观念差异、宗教信仰禁忌等。

3. 营业推广与国际公关

在国际营销中，具体的营业推广活动一般由目标国家的代理商、经销商负责。国际营销企业可以联合或独立举办国际商品展览会（展销会）这一具有特色的营业推广活动。展览会既可包括各类商品的综合性商展，又可是单一种类的专业性商业展览。商业展览既展又销，可取得宣传商品、推销商品的效果，同时在商展中广交朋友，为合理选择渠道成员提供了依据。商展还可以广泛收集目标顾客国家对产品需求等方面的信息，这又为出口产品的正确决策提供了依据。

国际公关比国内公关的范围要大得多。在国际营销中，除利用公关来树立企业良好形象和巩固企业在目标国家的市场地位外，随着贸易保护主义的日益严重，许多西方企业还利用公关作为敲开目标国家大门的手段。即在进入目标国家市场之前，采用一系列软性的让步措施，做好目标国家政府及具有影响力的同行业的高级职员的工作，为目标国家提供一些与本国企业业务无关的附加利益等，来取得进入目标国家市场的入场券，然后逐步巩固在目标国家的市场地位。

第二节 服务营销

服务业是近年来发展较快的行业，在国民经济中所占的比重越来越大。服务业的快速发展必然导致服务行业市场竞争的日趋激烈。服务业的竞争是服务的竞争，从理论上讲，市场营销的理论与原则同样适用于服务企业的市场营销，但从企业经营的角度看，服务市场营销的内容及其侧重点又不同于产品市场营销，于是市场营销学把服务作为一种特殊产品来进行研究，形成了市场营销学的一个分支——服务市场营销学。本节概括地介绍服务市场营销的一些基本问题。

一、服务的概念与特征

（一）服务的定义

市场营销学界对服务概念的研究大致是从 20 世纪 50~60 年代开始的。区别于经济学的研究，市场营销学把服务作为一种产品来进行研究。但究竟什么是服务，尽管定义很多，却至今仍无法形成统一的认识。在王方华等著的《服务营销》一书中，介绍了市场营销学界试图从不同的角度为服务所下的定义，可为我们理解服务的本质提供帮助。

1960 年，美国市场营销协会（AMA）最先给服务下的定义为："用于出售或者是同产品连在一起进行出售的活动、利益或满足感。"

美国市场营销协会在 1960 年定义的基础上重新修改之后的服务定义是："可被区分界定，主要为不可感知却可使欲望得到满足的活动，而这种活动并不需要与其他产品或服务的出售联系在一起。生产服务时可能会或不会需要利用实物，而且即使需要借助某些实物协助生产服务，这些实物所有权将不涉及转移的问题。"

北欧最有影响的服务市场营销学者格鲁诺斯教授是服务营销的开拓者之一。他为服务下的定义是："服务是以无形的方式，在顾客与服务职员、有形资源产品或服务系统之间发生的，可以解决顾客问题的一种或一系列行为。"

综合上述定义，我们认为服务是服务企业出售或同物质产品销售一起提供的、能够满足社会生产或生活需要的一切利益和活动。也就是说：①服务只包括活动，不包括服务过程中所出售的物质产品；②有些活动，如信用、提供信息等，只有在同其他物质产品或服务的销售结合在一起时，才会成为服务；③如果服务的提供是借助于物质产品完成的，那么消费者对这些物质产品拥有使用权，而不是拥有所有权，如房屋的出租等。

以上关于服务的定义都从某个侧面反映了服务的性质，都有某方面的局限性。随着近年来服务经济的兴起和市场环境的剧变，服务的内涵及外延也在不断扩大，这就给从整体上把握服务的本质带来了困难。同时，越来越多的学者也逐渐认识到：继续争论服务的定义是毫无意义的，对服务的深入研究可以从对服务特征的把握入手。

（二）服务产品的特征

通过大量的研究发现，服务产品具有以下四个最基本的特征：

（1）无形性。即服务在较大程度上是抽象的和无形的，也就是说没有具体的形状可触摸。

（2）差异性。服务没有固定的标准，很难标准化生产，而且变化较大。如"微笑服务"，不同的服务员很难做到完全一致，是因每个人的心情不同会出现不同的服务水平，同一服务在不同时间也会存在差异。

（3）不可分割性。典型服务的生产与消费往往是同时完成的，顾客参与这一过程的始终。

（4）不可存储性。服务是不能储存的。

从企业营销的实际来看，这四个特征并不适用所有的服务，有形产品也存在一定的服务。例如，家教、咨询服务是完全无形的，而餐厅的服务却同高质量的菜肴相联系。因而，服务存在着一个从高度无形到高度有形的连续闭集，如图 18–3 所示。

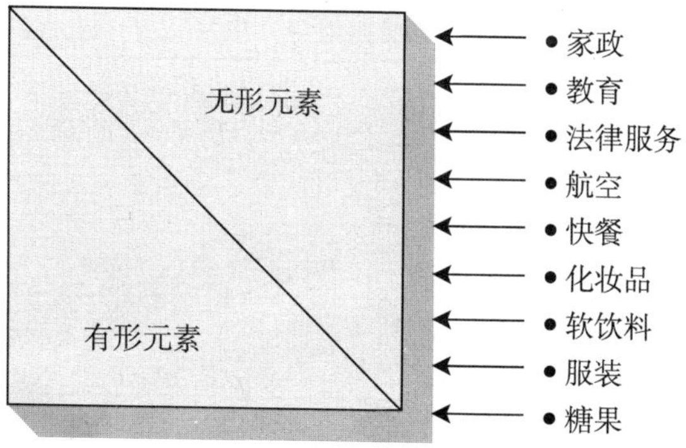

图 18–3　无形到有形的连续闭集

服务已经成为消费者购买决策的重要影响因素。在服务的四个特征中，对有些商品也是适用的，因此不能仅局限在服务业中，制造业也存在服务。然而，对于每一具体服务来说，服务四个特征的组合是不同的，这将成为企业实施差别化营销战略及获取竞争优势的动力源泉，企业可以通过调整服务特征组合获取竞争优势。服务特征组合如图 18–4 所示。

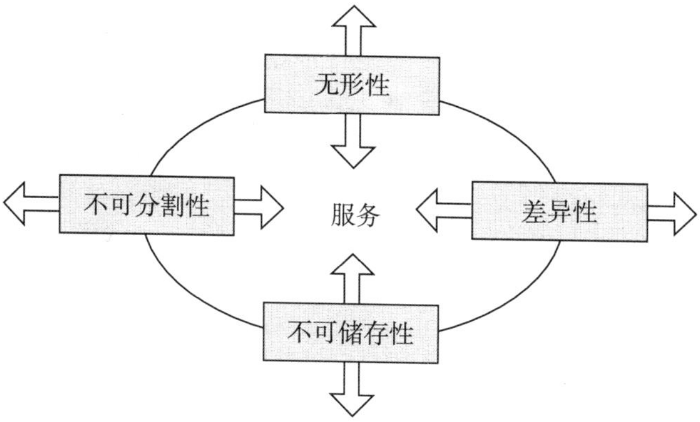

图 18–4　服务特征组合

二、服务营销组合的“7P’s+3R’s”

（一）“7P’s”

从服务的意义上重新思考传统的营销组合理论，对于实施有效的服务产品营销策略是非常重要的。传统的营销组合“4P's”，即产品、价格、分销、促销，尽管也受到了一些挑战，但至今仍是产品市场营销组合理论的主流。“4P's”营销组合理论对服务市场营销具有一定的借鉴意义，但以无形产品营销为主的服务业有其特殊性，必须重新调整市场营销组合以适应服务市场营销。于是，有学者将服务市场营销组合修改和扩充为“7P's”，即产品（Product）、价格（Price）、地点或渠道（Place）、促销（Promotion）、人（People）、有形展示（Physical Evidence）、过程（Process）（见表18-1）。

表 18-1 服务营销组合“7P's”

要 素	内 容
1. 产品	①服务范围；②质量；③水准；④品牌；⑤服务项目；⑥保证；⑦售后服务
2. 价格	①水准；②折扣（包括折让及佣金）；③付款条件；④顾客认知价值；⑤质量/定价；⑥差异化
3. 地点或渠道	①所在地；②可及性；③分销渠道；④分销范围
4. 促销	①广告；②人员推销；③营业推广；④宣传；⑤形象促销；⑥公关
5. 人	①企业人力资源配置与激励；②态度与行为；③顾客参与
6. 有形展示	①环境（装潢、颜色、陈设、声音）；②设备设施；③实体性线索
7. 过程	①政策；②手续；③机械化程度；④员工决断权；⑤顾客参与度；⑥顾客取向；⑦活动流程

1. 产品

服务产品是一种特殊的商品。服务产品营销必须考虑的是提供服务的范围、服务质量、服务水平、品牌以及售后服务等。同类的服务产品对不同企业来说，其要素组合的差异相当大，如一家供应数样菜肴的小餐馆和一家供应各色大餐的五星级大饭店的要素组合就存在着明显差异。

2. 价格

价格是影响服务产品销售的最重要因素之一。服务企业要特别重视价格在开拓服务市场中的作用，在价格方面要考虑包括价格水平、折让和佣金、付款方式和信用等因素。在区别一项服务和另一项服务时，价格是一种识别方式，顾客可从一项服务的价格感受到其价值的高低。而价格与质量间的相互关系，也是服务定价的重要考虑因素。

3. 地点或渠道

由于服务产品的生产过程和消费过程的不可分离，提供服务者的所在地以及其他地缘的可达性就成为服务市场营销及市场营销效益的重要因素。地缘的可达性不仅是指实物上的，还包括传导和接触的其他方式。所以，分销渠道的类型及其涵盖的地区范围都与服务可达性密切相关。

4. 促销

促销包括广告、人员推销、营业推广、宣传、形象促销、公关等各种市场营销沟通方式。

5. 人

在服务企业担任生产或操作性角色的人，在顾客看来其实就是服务产品的一部分，其贡献也和其他销售人员相同。大多数服务企业的特点是操作人员可能担任服务表现和服务销售的双重任务，因此，市场营销管理者必须和作业管理者协调合作。企业工作人员的任务极为重要，尤其是那些经营“高度接触”的服务业务的企业。正因为如此，市场营销管理者必须重视雇用人员的甄选、训练、激励和控制。此外，对于某些服务而言，顾客与顾客间的关系也应引起重视。因为某顾客对一项服务产品质量的认知，以及对服务产品生产过程的参与程度，很可能要受到其他顾客的影响。

6. 有形展示

有形展示会影响消费者和顾客对一家服务企业的评价和服务产品的销售。有形展示包含的要素有：实体环境（装潢、颜色、陈设、声音）、服务提供时所需用的装备实物（如汽车租赁公司所需要的汽车）以及其他实体性线索，如航空公司所适用的标识、干洗店为洗好的衣物加上包装等。

7. 过程

人的行为在服务企业很重要，而服务的传送过程同样重要。表情愉悦、专注和关切的工作人员，可减轻必须排队等待服务顾客的不耐烦感，还可以平息技术上出现问题时的怨言或不满。整个系统的运作政策和程序方法的采用、服务供应中的机械化程度、员工决断权的适用范围、顾客参与服务操作过程的程度、咨询与服务的流程等，都是市场营销管理者需特别关注的事项。

（二）“3R’s”

服务市场营销学者提出以“7P’s”为核心的服务市场营销战略的根本目标是市场占有率的提高，其最根本的前提是市场占有率的提高必然带来利润的增长。在20世纪70年代中期所做的一项名为市场份额对利润影响（PIMS）的研究证实了这一点。这项研究通过大企业的样本采集、数据分析和处理，提出了市场份额与利润有着直接的和重要的联系，即市场份额的扩张必然带来利润的增长，而市场份额的缩小必然带来利润的萎缩。

然而，到了20世纪70年代之后，尤其是90年代以来，随着科技的进步和消费文化与消费心理的变迁，市场环境发生了巨大的变化，市场竞争日趋激烈，竞争手段丰富多彩。在新的市场环境下，市场份额与利润的正比例关系发生了动摇。美国哈佛大学的瑞查德与塞斯重新对此进行了再次研究，发现在新的市场环境下，二者的关系已大大降低。相反，在对其他变量进行测定时，得出了顾客的满意和忠诚已成为决定服务企业营销利润高低的主要因素，以顾客忠诚度为标志的市场份额的质量比市场份额的规模对利润有更大影响的结论，并提出服务企业应将营销重点放在如何保留顾客、如何使他们购买相关产品、如何让他们向亲友推荐企业的产品，所有这一切最终落实到如何提高顾客的满意度和忠诚度。这就产生了“3R’s”，即留住顾客、相关销售和顾客推荐。

1. 留住顾客

留住顾客是指通过持续地和积极地与顾客建立长期的关系，以维持与保留现有顾客，并取得稳定的收入。随着老顾客对公司与产品的熟悉，对这些顾客所需的营销费用将降低，因而这部分收入的利润将越来越高。特别是对于顾客参与的服务来说，费用的下降更为明显。根据瑞查德与塞斯的研究发现，顾客的保留率每上升5个百分点，公司的利润将上升 75%。企业界的实践也证明了这一发现。例如，美国最大的信用卡发行公司 MBNA 在 1982 年采取了一项提高顾客忠诚度的计划。在这一计划中，最有效、最简单的方法是给每一个已停止使用这个公司信用卡的用户打了一个电话，结果有 1/3 的人立即重新使用该信用卡，并增加了他们的使用金额。此外，该公司还从不满的顾客那里收集抱怨信息，并以此改进公司的管理与产品。结果 1982~1990 年的 8 年时间，公司利润增长了 16 倍，行业地位由第 38 位一跃成为第 4 位。

一次研究表明，吸引一位新的顾客所花的费用是保留一位老顾客的 5 倍以上。然而，今天仍有许多公司采用传统的营销方法，将重点放在新的消费者上面，而忽视老顾客的利益。这必然导致公司利润的下降与市场份额质量的降低。

2. 相关销售

所谓相关销售是指销售与产品相关的产品和服务，尤其是与产品相关的配套服务。在制造业中，许多公司的大部分利润来自顾客服务，而不是其产品的销售。例如，在电梯业，往往在主产品电梯的销售上只能获取有限的利润，而大部分利润来自电梯的安装与维修等服务上。有些成功的企业提供免费顾客服务的一个重要原因，就是期望在未来向这些顾客销售相关产品，并获取可观的利润。

3. 顾客推荐

随着市场竞争的加剧，人们对大众媒体越来越缺乏信任，而在进行购买决策时越来越看重朋友及亲人的推荐，尤其是已有产品使用经验者的推荐。

服务市场营销组合的“7P’s+3R’s”因素不是孤立存在的，而是彼此联系、相互影响的，没有适合消费者的产品和服务，就无法留住顾客。同样，要留住顾客，使顾客能向亲朋好友推荐企业的产品或服务，就需要其他营销组合因素的密切配合。

三、服务利润链

1994 年，在瑞查德与塞斯对服务营销研究的基础上美国哈佛大学的赫斯凯特等教授提出了服务利润链理论。该理论表明，利润、顾客、员工、企业四者关系的链条的内在逻辑是：企业获利能力的强弱主要由顾客忠诚度决定，顾客忠诚度是由顾客满意度决定的，顾客满意度是由顾客认为所获得的价值大小决定的，高价值源于企业员工高工作效率，高效率依靠员工忠诚度的提高，员工真正的忠诚度取决于员工对企业的满意，员工的满意度取决于企业的内在服务质量。服务利润链的逻辑内涵如图 18–5 所示。

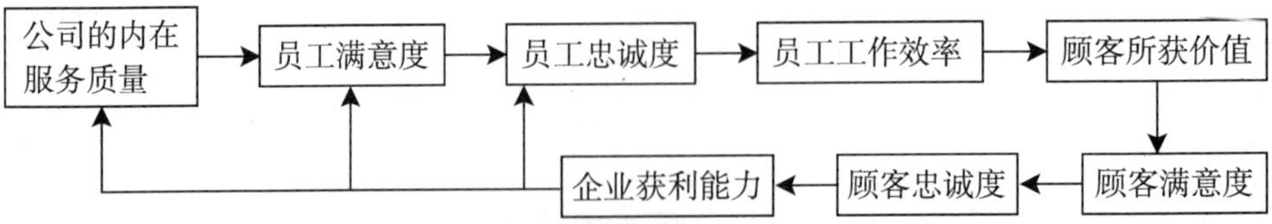

图 18–5 服务利润链的逻辑内涵

1. 顾客忠诚度的提高对企业获利能力的促进

顾客忠诚度的提高能大大促进企业的获利能力。美国一些学者调查发现，忠诚顾客每增加 50%，所产生的利润可达 25%~85%。忠诚顾客的增加不仅给企业带来更多的利润，而且能弥补企业在与非忠诚顾客交易时所发生的损失。这在服务行业中尤为突出。近 20 年来，软件行业、银行业等服务行业的发展都证明了这一点。那么，究竟哪些人能被视为忠诚的顾客呢？一般来说，具备以下三个特征的顾客可被视为忠诚的顾客：不购买或极少购买其他企业的同类产品和服务；重复购买本企业的产品和服务；推荐他人购买本企业的产品和服务。企业应根据忠诚顾客的特征，加强对忠诚顾客的管理，并将提高顾客忠诚度作为营销管理的首要任务。

2. 顾客忠诚度是由顾客满意度决定的

顾客之所以对某企业的产品或服务表现出忠诚，视其为最佳和唯一的选择，首先是因为他对企业提供的产品和服务满意。在经历了几次满意的购买和使用之后，顾客的忠诚度就会随之提高。

3. 顾客满意度由其所获得的价值大小决定

什么是价值？如前所述，这里的价值是指顾客获得的总价值与顾客为之付出的总成本之间的差距。由于顾客在购买商品和服务时，总希望把有关货币、时间等成本降至最低限度，而同时又从中获得更多的实际利益，以使自己获得的价值最大。因此，顾客所获价值越大，其满意度就会越高。

当然，不同顾客对产品价值的评价是不同的，也就是说，价值的大小是相对的、因人而异的，它基于顾客对产品和服务的理解。同样一种产品或服务对不同的顾客而言，其价值水平很可能相差很远。例如，一台“傻瓜”相机对于专业摄影人员而言，其功能自然远不能满足他们的要求，但对普通顾客而言，无疑为他们提供了方便，其使用价值自然要高于前者。

4. 高价值源于企业员工的高工作效率

价值最终是由人来创造的。企业员工的工作是价值产生的必然途径，而员工的工作效率无疑直接决定了他们所创造的价值的高低。

5. 员工忠诚度的提高能促进其工作效率的提高

忠诚意味着对公司未来发展有信心，为能成为公司的一员而感到骄傲，十分关心企业的经营发展情况，并愿意为之长期效力。可见，正是由于对企业未来发展的信心和对经营状况的关心所形成的一种内在动因，促使忠诚度高的员工自觉担当起一定的工作责任，为企业努力地工作，其工作效率自然相应提高。它比其他任何外在动因更能使高效率工作得以长期保持下去。

6. 员工的忠诚取决于员工对企业的满意

正如顾客忠诚度取决于他们对企业产品或服务的满意度一样，员工的忠诚同样取决于员工对公司的满意度。凡是对企业满意的员工不会轻易离职，对企业的忠诚自然从其对企业的回报中得以体现，而不满意企业现状的员工则不会对企业表现出太多的忠诚，希望获得更为满意工作的愿望会促使其跳槽，更谈不上高效率的工作了。

7. 企业内在服务质量是决定员工满意与否的主要因素

促使员工对企业满意的主要因素一般包括两个方面：一是企业提供的外在服务质量，如薪金、红包、福利、舒适的工作环境等，这一切是人们实际能看到的。二是企业提供的内在服务质量。所谓内在服务质量是指员工对工作及对同事所持有的态度和感情。若员工对工作本身满意，同事之间关系融洽，那么这种内在服务质量是较高的。而员工对工作本身满意与否取决于其完成预定目标的能力以及在这一过程中所拥有的权利。因为自我价值的实现既以能力为基础，又以权利作为保障。因此，当员工具备了上述两项条件时，自然会因达到预期目标而对工作满意，对企业满意，并最终对企业忠诚。员工之间的关系也在很大程度上决定了企业内在服务质量的高低。这主要表现在两方面：一方面是员工之间的人际关系，如果同事之间能维系一种和谐、平等、互相尊敬的关系，那么身心就会愉快，在这样的人际关系环境中工作本身也是一种幸福；另一方面是员工之间的相互服务，企业应明确"内在顾客"的重要性，即各位员工所做的工作实质上都是为企业内其他员工服务，而在相互服务过程中，尤其应提倡团队精神与合作态度。只有上述两方面紧密结合，才能创造出良好的员工关系。

综上所述，服务利润链理论揭示了顾客忠诚度与企业获利能力的相互关系，提出了"企业内在服务质量"的概念，根据这一理论，服务市场营销的要求多于传统的观点，除了要进行产品市场营销的"4P's"的外部市场营销，还需要内部市场营销和相互作用市场营销，如图 18-6 所示。

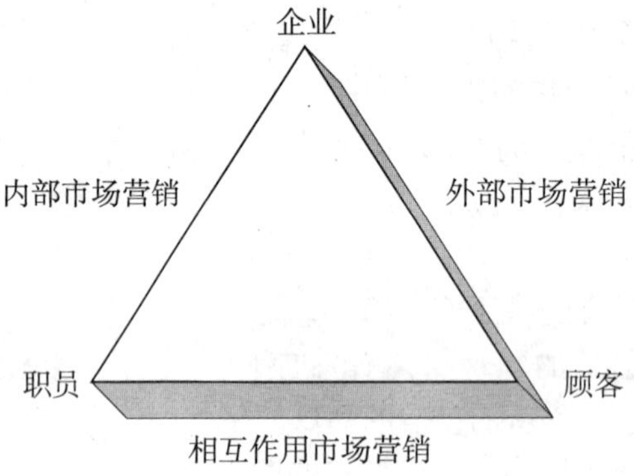

图 18-6 服务市场营销的三种类型

第三节 非营利组织市场营销

一、非营利组织的基本概念

非营利组织是指不以营利为目的而从事社会公益事业的机构、组织和团体，它们可以是政府机关和教育单位、福利机构或团体等。根据不同的角度，非营利组织可以有不同的分类方法。

1. 根据非营利组织的性质分类

（1）学会，主要是科技方面的学会和专业委员会。

（2）协会，主要以兴趣和爱好为媒介，以分享信息为主要目的的协会。

（3）研究、教育和培训机构。

（4）项目实施机构，主要是通过申请项目或者接受委托执行项目。

（5）筹资机构，通过社会筹资，支持其他机构开展公益事业的工作，如中国青少年发展基金会、中华慈善总会等。

2. 根据非营利组织的工作目的分类

（1）教育机构，以培训和教育为工作目的。

（2）医疗卫生机构，以提高公众健康为工作目的。

（3）环境保护机构，以生物多样性保护、环境治理为工作目的。

（4）扶贫机构，以帮助贫困人口改善生活条件为工作目的。

（5）综合机构，越来越多的机构走向综合发展的方向。

3. 根据非营利组织的经济活动领域分类

美国霍普金斯大学非营利组织比较研究中心协调 13 个国家的专家学者组成的非营利组织国际分类体系（ICNPO），提出了比较全面的分类。ICNPO 体系的分类基准是经济活动领域，该研究中心设计的非营利组织国际分类体系，把非营利组织分成 12 个大类，24 个小类，各小类再被分为近 150 个小项。这些分类有：

（1）文化与休闲：文化与艺术，休闲，服务性俱乐部。

（2）教育与科学研究：中小学教育，高等教育，其他教育，研究。

（3）卫生：医院与康复，诊断，精神卫生与危机防范，其他保健服务。

（4）社会服务：社会服务，经济情况救助，社会救济。

（5）环境：环境保护，动物保护。

（6）发展与住房：经济、社会、社区发展，住房，就业与职业培训。

（7）法律、推进与政治，民权与推进组织，治安与法律服务，政治组织。

（8）慈善中介与志愿行为鼓励。

（9）国际性活动。

（10）宗教活动和组织。

（11）商会、专业协会、工会。

（12）其他。

上述分类比较完整，但判断一个组织是否属于非营利组织并不完全依名称而定。在许多行业集团中，既有营利组织也有非营利组织，例如，有营利性和非营利性医院、营利性和非营利性学校，甚至还有营利的宗教组织。非营利组织所强调的是这些组织的宗旨不是为了营利，但它们存在的目的不是为了营利并不等于说它们不能营利。事实上，非营利组织的收入大于支出，换句话说，它们是盈利的，但它们所赚取的利润必须服务于组织的基本使命，用于扩大向社会所提供的服务数量和质量，而不能进入经营者和管理者的腰包，这是非营利组织和营利组织的最大区别。

二、非营利组织的营销特征

在市场经济条件下，非营利组织同样面临着生存的压力，具体表现为：顾客背弃、会员减少、机构成本上升、捐赠与资助减少、出现财政困难，而且商业企业也进入了社会服务领域，使非营利领域竞争加剧，因此非营利组织需要考虑市场问题，需要根据外部环境的变化与自身的特点，按照营销观念采取某些策略性行动对环境变化和顾客需求及时做出反应，确保组织目标与战略的实现。

20 世纪 70 年代后期，一些发达国家的非营利组织认为实现其宗旨和目标需要应用营销理论，并开展了一些尝试性的“营销”活动。如通过直接的邮寄和“销售”来筹措资金，通过宣布公共服务的公告和采用传统的广告等形式刺激更多群体“消费”非营利组织的服务。在其宗旨的指导下，非营利组织采取营销手段以唤醒人们的认同意识，争取政府与社会对非营利组织发展的支持。

起初，非营利组织极少将此类活动视为营销。有些组织不认为营销能为非营利组织带来收益；有些组织虽然认识到营销的重要性，却非常不愿意将其活动冠以营销之名，因为那时“营销”还有太多的负面内涵。1970 年前后的非营利组织营销启动缓慢，20 世纪 80 年代发展迅速，特别是在教育、艺术、社会服务、图书馆和公共服务等方面越来越显示其重要性。现在，营销理念已经成为非营利组织成功的主要因素和基本因素。

营销是研究市场及严密策划的过程。一位学者把营销定义为“生活标准的创造和传递”。这是对市场营销活动的一种富有鼓动性和远见卓识的观点。事实证明，市场营销并非营利企业的专利，营销思想同样适用于非营利组织，已经引起了各种非营利组织（如大学、医院、慈善机构、社会团体等）的浓厚兴趣。

非营利组织的市场营销具有其独特性：其一，非营利组织不是靠“利润动机”的驱使，而是依靠“使命”的凝聚和引导，经由能反映社会需要的使命获得外部支持并实现其组织内部的协调运作；其二，由于非营利组织的特性使其管理呈现不同的特征。

（一）非营利组织的管理特征

非营利组织营销不仅是为了谋求组织本身的利益，而且更多的是为了目标群体的利益，其主要目标和任务在于造福整个社会。阿索尼在《非营利组织的管理与控制》一书中讨论了非营利组织管理与控制的主要影响因素与特征，概括如下：

（1）不存在利润指标。企业利用利润的高低衡量组织的效益，而非营利组织通常缺少这样的一个整体指标，这就严重地妨碍了管理的系统性。

（2）税收优惠。大多数非营利组织都可以享受一定的税收优惠政策，它们可以免缴收入所得税、财产税或销售税。向非营利组织捐赠或购买这类组织的债券的企业和个人，可以享受一定的纳税减免。

（3）非营利组织通常是服务性组织。

（4）目标与战略方面的制约。一般情况下，企业可以采取各种竞争战略来增强自己的竞争力，从而获得更多的利润。但是，对于非营利组织而言，这种选择的余地非常有限。许多非营利组织所提供的服务项目不是由董事会或高层管理人员所决定的，而要受到外界的领导。

(5) 顾客不是主要的资金来源。非营利性组织不是完全依靠市场来维持生存和发展的。有些非营利组织资金的主要来源是销售收入，如地方医院、私立学校等，通常被称为“顾客支持型组织”，它们能否生存并得以发展仍然取决于市场；其他非营利组织收入的主要来源则不是服务收费，如政府部门，通常被称为“公众支持型组织”，顾客所接受的服务与其向组织提供资源的多少之间没有直接的联系。

(6) 员工大多数都是专业人员。许多非营利组织的业务骨干都是专业人员，如医生、科学家、军队指挥官、教师、飞行员、艺术家、牧师等。

(7) 高级管理层的特殊性。通常非营利组织的高层管理层由两类人员组成：一类人员负责制定组织的政策，处理与外界的各种关系；另一类人员负责组织的运作。这种责任的划分要求两类领导人能够相互信任、相互合作，否则会降低组织的效率。

（二）非营利组织的营销特征

非营利组织在开展市场营销的过程中，呈现出如下与企业营销明显不同的特征：

(1) 多公众。非营利组织至少有两大公众需引起重视：一是顾客，二是捐助者。前者涉及资源吸引和资源配置问题；后者仅涉及资源吸引问题。除此之外，非营利组织尚需借助市场营销原理来妥善处理与其他各种公众的关系。

(2) 多目标。非营利组织倾向于追求多种目标，而不是仅仅追求一种目标。非营利组织除了要谋求自己组织的利益，尽可能地增加收入，使本组织发展壮大，还要为目标群体的利益服务，其最终目标与任务在于造福整个社会。对于营销者来说，要想实现所有目标是困难的，因此，必须善于从中选择较为重要的目标，以便有效地配置资源。营利组织虽然也存在多目标的问题，但追求利润无疑是压倒一切的主要目标。

(3) 专供服务。大多数非营利组织从事的是服务（而非有形产品）的生产供应，而服务具有无形性、相连性、易变性、时间性和无权性等特征。例如，大学提供的服务是教育，教育本身就是无形的，它与其提供者即教师紧密相连，不同教师的授课质量又各不相同。

(4) 公众监督。非营利组织要受到公众的严格监督，因为其提供的公共服务是享受公众资助和政府免税的，所以其经营活动必须服从或服务于公众利益。从这个意义上讲，非营利组织所要承受的政治压力远大于市场压力。

总之，非营利组织在开展市场营销的过程中，与企业营销有着明显的不同。主要表现为：产品提供通常是服务和行为交换而非实际产品；非财务导向；需吸引资源来缩短成本与收入的差距；多向因素影响资源的吸收与分配；使命可能与长期顾客满意冲突；受公众审查度高；非市场压力驱动组织；组织能吸引免费或费用支持；双重或三重管理。

（三）非营利组织营销的问题与困境

由于非营利组织的收益不明显，而且提供的服务或产品都是与人们切身利益紧密相关的，所以有些非营利组织认为自己的存在不需要理由，营销毫无必要，如医疗部门认为健康不需要营销。类似这样的部门没有注意到营销的显著效果，它们不愿意接受甚至拒绝营销观念，这就为非营利组织的市场营销观念的推广增加了难度。因此，非营利组织较之营利组织开展市场营销存在许多困难，表现在以下几个方面：

（1）市场调研资料不翔实。一些有关公众群体（消费者）的特点、行为、偏好等缺乏翔实的数据资料，公众对某些敏感性问题避实就虚或拒而不答，给市场调研带来了一定的困难，这种不可靠的资料无法为机构提供营销决策。

（2）非营利性组织的某些公益性活动在促使公众改变其态度及行为方面显得力不从心，没有发挥营销的基本职能，如劝告消费者吸烟有害健康等。

（3）在提供符合消费者利益的产品服务方面效果欠佳。组织推广产品的阻力相当大，以至于国家有时不得不通过法律形式予以强制执行，如计划生育的实施等。

（4）公众对非营利组织的活动漠不关心。由于公众对非营利组织的活动毫无兴趣，造成了机构的营销计划无法制订或即便制订了计划也无法实施。

（5）消费者获益不明显。这一点不像营利性商品，消费者在购买商品后便可体会到其价值。非营利组织提供的产品为消费者可带来的价值与满足相对来说是一个漫长的过程，如教育和健康的益处达不到立竿见影的效果。

（6）非营利组织有时不允许选择市场细分，甚至要求消费者必须使用某种产品。如邮票和电信的使用一律相同，不考虑成本的高低以及使用者的经济状况和购买意愿等因素。

（7）单靠非营利组织的努力有时很难达到预期效果，如某些绿色组织反对使用含磷酸盐的洗涤剂，因为这种洗涤剂变成废品流入河海中会导致水质污染，这样就不得不花费大量的资金来净化水质。但是在新品种的洗涤剂出现之前，要广大消费者停止使用难度很大。

（8）非营利组织通常预算不足，缺少竞争和进取精神，而且往往不支持创新。

上述困境对于制定营销战略具有重大影响。作为非营利组织应在营销观念指导下采取相应的营销策略，发挥非营利组织可信度高、权威性强的特点，积极提供服务，设法改变公众的态度，使自己的产品和服务符合消费者及社会长远利益。充分利用宣传和公益广告树立组织或机构的形象，让公众感觉到他们所关心的也正是组织或机构正致力于解决的问题。

三、营利组织与非营利组织的融合

利用营销理论，加强对非营利组织及其营销问题的研究，不仅有利于为我国当前及未来的社会组织演进和管理提供更为有效的指导，还可以为我国企业（营利组织）营销的发展提供新的思想和方法，使其摆脱某些低效高耗的短期攫利观，逐步成熟起来，向持续高效运作的层面跃升。

事实上，非营利组织与营利组织之间的营销渗透绝不是单向的。一方面，随着社会经济的日趋复杂化演进，营利组织也已超越单纯的利润最大化目标，并且开始考虑和重视某些社会与环保利益等非盈利目标，这使得当今企业的经营目标体系多少呈现出一种

"非营利化"倾向。另一方面，虽然盈利仍将是企业最重要的和最基本的目标，但其实现方式正在发生变化——无论是强化内部的企业文化，还是塑造外部的公益形象，当今企业营销的种种新的着力点，无不反映出企业正设法以某些非盈利营销的智慧来构筑和强化自身的长期盈利能力。在某种意义上，上述企业经营的种种变化，也是现代企业管理日益系统化、战略化的一个反映。非营利组织能在营销观念的指导下，发挥非营利组织的权威性、可信度高的特点，积极提供服务，设法考虑公众的态度与需求，使自己的产品和服务符合消费者及社会的长远利益，充分利用宣传和公益广告树立组织和机构的形象，有利于更好地发挥我国非营利组织的作用。

第四节　金融营销

金融营销的出现是金融机构借鉴了工商企业市场营销的方法和手段，因此金融营销理论始终是作为市场营销理论的一个分支存在。对金融营销理论的研究大多是在营销原理和理论的基础上，结合金融机构的具体情况进行的。尤其在 20 世纪 80 年代以来，市场营销理论的发展日新月异，出现了许多新的营销导向，如服务营销、关系营销、快速营销、超值营销等，这些新的市场营销理论和手段被迅速地应用到金融机构的营销工作中，并取得了很大的成功，金融营销理论也得以丰富和发展。

进入 20 世纪 80 年代以来，金融学的高速发展，以及电子技术在金融业中的广泛应用，使金融学成为了现代经济运行的轴心，尤其是在 80 年代末期李南德和鲁宾斯坦提出了金融工程新学科以后，金融工程在金融工具、金融产品的创新能力方面发挥了巨大的作用，极大地提高了金融效率，而金融产品日趋复杂，为金融营销理论研究提供了广阔的发展空间。

一、金融产品

金融产品是随着金融业、金融市场的发展而产生和发展的，属于商品的一种，但又不是一般意义上的商品或服务，它具有其独特的含义和特性。

1. 金融产品的概念

金融产品是指由银行向客户提供的金融工具以及与之相关的服务，即能满足人们的某种欲望和需要的、与货币连接在一起的一切服务。既包括有形产品，如各种通货；也包括无形产品，如金融服务等。金融产品是一个发展的概念和商品，在不同时期会有其各自不同的内容。它是一个组合概念，极少有银行机构提供一种单一产品，绝大多数情况是银行将各种产品或多或少地以一种组合形式出现，形成一种产品组合。

2. 金融产品的特性

金融产品与制造业的产品相比具有其自身的独特性。概括而言，金融产品具有以下特征：

（1）易模仿性。金融产品不论在模仿的难易程度，还是在模仿的速度上都体现出易模仿的特点。

（2）无差异与差异并存。由于金融业服务无专利可言，新业务和新的金融工具开发出来以后，很容易被其他金融机构模仿，因此，金融业在业务上不存在大的实质区别。同时，金融业的服务是在与消费者高度接触中进行的，服务的方式和程序、服务的环境、服务的人员、服务的质量对消费者的体验有很大影响。在这些方面，各个金融机构之间存在着众多差异，也可以形成自己的特色。

（3）服务类别的多样性和应用范围的广泛性。金融服务类别的多样性是指金融业提供的产品由一系列配套组成，能为客户提供综合服务，满足客户的不同需求，如银行提供存款、贷款、汇款、支取、结汇、售汇、理财以及其他国际国内业务等。金融产品应用的广泛性是指金融产品渗透到社会生产、生活的各个领域，出现在各个环节，这是其他产品无法比拟的。

（4）动态发展性。金融产品起因于商品交易，但近年来，人们更多的是把金融产品作为投资、投机或规避风险的一种工具，充分利用其投资价值及套期保值的功能。随着世界经济的发展，金融衍生产品不断出现，呈现出动态发展性。

（5）风险、收益并存。风险性和收益性是金融产品的最典型特征。收益性越大的产品风险也越大。包括：资产质量风险、控制风险、利率风险、管理费用风险、策略风险、资本结构风险等。

（6）价格弹性大。在发达的金融市场中，各种金融产品相互竞争，加之其可替代性强，往往价格的微小变动都可能引起金融产品需求的较大幅度变动。

二、金融营销的特征

金融营销出现在工商企业市场营销之后，是市场营销在金融领域的应用和拓展。金融机构以市场需求为核心，通过创造和销售满足人们需求的金融产品和服务，建立、维护和发展与各方面的关系，以实现自身利益的一种经营管理活动。金融机构的营销目的是，借助精心设计的金融工具以及相关金融服务，促销某种金融运作理念并取得一定收益。

银行、保险公司、证券公司等金融机构是专门为客户提供金融性服务以满足客户对金融产品消费需要的服务性机构，其营销既有生产消费品、工业品等企业的共性，同时又表现出自身的特征和规律性。

1. 强调整体营销和品牌营销

由于金融产品及服务的特殊性，客户对金融产品及其知名度的认识是从对金融机构的了解开始的。只有在顾客对某金融机构产生认同和信任的基础上，才能接受其提供的金融服务。因此，金融机构市场营销比一般企业的市场营销更注重机构自身的整体营销。

另外，随着金融产品的不断开发与品种的逐渐繁多，品牌营销在金融营销中就显得比金融产品的功能营销更为重要。由于同一类金融机构提供的服务，其功能都是大致相同的，顾客在接受金融服务时往往首先不是被金融产品功能带来的服务收益或便利所吸引，而是被熟知的品牌所吸引。

2. 直面营销

由于顾客对某家金融机构的认同和信任，是在接受原有服务过程中早已形成的，因此，金融机构通过其各营销网点的工作人员，在为顾客服务过程中因地、因时、因人自然而然地向顾客介绍新的金融产品，往往会在不经意间使顾客改变态度，认同或接受新的金融服务产品。这样面对面的直面营销更具针对性和渗透性。

由于金融机构的大部分员工在提供金融服务时能直接面对消费者，直接了解顾客的需求，直接给予顾客某些方面的满足，因此，金融营销要求金融机构的所有员工在与顾客接触、服务的过程中，要借助一定的营销方式和技巧让顾客了解金融市场产品所具有的品质和潜在的收益，设计和销售新的金融产品。

3. 渠道短而直接，对从业人员素质要求高

企业营销渠道环节一般比较多，尤其是消费品，多通过中间商销售，很少直接面向最终消费者；而金融业产品的营销渠道短而直接，一般都直接面向客户。因此，设立直接的经营机构和营业网点是金融业扩大服务、占领市场通常采用的分销渠道策略。这一特点也使得金融业从业人员的素质直接影响到银行形象。

4. 营销对象地位的双重性

一般企业的营销对象（客户）是单纯的买方；而金融业的营销对象有可能是双重的，某一客户既可以作为资金和信用服务的买方，同时又可以成为资金的卖方。这种营销对象的双重性必然形成营销策略的双重性。

5. 营销创新的独占性非常有限，竞争周期加快

一般企业的产品和技术创新由于存在法律保护而比较强；相反，金融业的金融产品和信用服务的创新因没有法律保护（金融产品专利法尚未出台）其独占性非常有限，金融机构之间可以相互模仿采用，从而缩短了产品的生命周期，加剧了竞争。所以，一家金融机构若要长期维持其产品和服务的特色优势，就需要不断创新。

● 本章回顾：

本章主要介绍了国际营销、服务营销、非营利组织营销和金融营销的相关内容。

国际营销是企业跨越国界的市场营销活动，是相对于国内营销而言的一个概念。国际营销活动的起点在国内，国际营销是国内营销的扩张与延伸，营销原理同时适用于两者，但它们在营销管理与操作上有较大的区别。

服务业的快速发展必然导致服务行业市场竞争的日趋激烈。“4P’s”营销组合理论对服务市场营销具有一定的借鉴意义，但以无形产品营销为主的服务业有其特殊性，必须重新调整市场营销组合以适应服务市场营销。于是，服务市场营销组合扩充为“7P’s”，即产品、定价、地点或渠道、促销、人、有形展示、过程。

非营利组织是指不以营利为目的而从事社会公益事业的机构、组织和团体。非营利组织面临着在市场经济条件下，如何根据外部环境的变化以寻求自身发展的问题，也就是非营利组织能否按照营销观念采取某些策略性行动以争取更多公众的理解、支持与合作的问题。市场营销在于为非营利组织与其环境之间的联系架起桥梁，使组织摆脱官僚惯性，对环境变化和顾客需求及时做出反应。非营利组织的市场营销具有其独特性：其一，非营利组织的特殊性，因为它们不是靠“利润动机”的驱使，而是依靠“使命”的凝聚和引导，经由能反映社会需要的使命获得外部支持并实现其组织内部的协调运作；其二，由于非营利组织的特性使其管理呈现不同的特征。

金融营销是指金融机构以市场需求为核心，通过交换、创造和销售满足人们需求的金融产品和服务价值，建立、维护和发展与各方面的关系，以实现各方利益的一种经营管理活动。

● 讨论与概念应用题：

1.“海尔”国际化给了我们哪些启示？收集“海尔”的相关资料，说明该公司是如何处理下列问题的：

(1) 国际市场进入战略；

(2) 标准化与当地化问题；

(3) 降低产品成本；

(4) 销售渠道的建立。

2. 作为消费者，你是否体会到了金融服务机构的营销攻势？试举例说明，并由此推断该机构所持有的营销理念和营销中存在的主要问题。

●【案例 18-1】花旗银行在中国台湾的市场营销策略

台湾花旗银行的业务分为零售银行业务与批发银行业务两大事业部。1985 年 7 月，台湾通过开放外商银行办理零售银行业务的法令，台湾花旗银行即成为台湾第一家从事零售银行业务的银行。

1985 年前后，中国台湾经济起飞、汇率升值、出国旅游渐渐盛行，因此，具备推动零售银行业务的要素。

台湾花旗银行以价格细分市场，提供多元化及差异化的产品服务。花旗银行创新的营销策略是将个人银行账户设定为综合理财账户，以“One Stop Shop”的方式，提供顾客一个一次购足的账户；并以有别于一般银行的服务方式，将分行“装潢”成所谓“Fist Class 头等舱”服务的方式，以创新、高品质的开放性西式座位，强调个人化、专人处理、一对一的服务，以提高对顾客的服务及尊重。“花旗”在个人零售银行业务储户方面，以四种定价策略（见表 1），规划出领先市场的综合理财账户。

花旗银行进入中国台湾初期，由于受到法令限制，每年只能开设一家分行，因此“花旗”在台分行数量有限，造成客户往来意愿低。为了克服分行不足的缺陷，花旗银行以信用卡销售为重点，因为信用卡是一个可快速进入到消费金融市场的媒介工具，且不受到分行家数的限制；同时将客户关系管理的观念率先导入台湾的金融服务业。

建立客户关系平台及客服系统，以全方位电话服务中心支援多项金融产品与提供虚拟通路，整合及分析客户资料。台湾花旗银行电话中心所提供的服务项目几乎涵盖所有原来的实体分行业务，目标将“维系客户关系的管理中心”提高至可为客户创造终生价值，满足客户人生各阶段的不同服务、获利与需求。

表1　台湾 CITIBANK 消费金融储户的定价策略 LEVEL

Level	名　称	划分服务对象与其服务内容
1	私人银行账户 Private Banking	拥有百万美元资产的富豪阶层：提供百万美元的贷款额度，配备专家提供咨询服务
2	花旗贵宾户 Citi Gold	各类存款及投资合计平均余额 50 万元以上至顾客阶层：指派专门账户人员提供服务，其在银行的交易以最优先、迅速的方式处理
3	花旗万户通 Citi One	各类存款及投资合计余额维持 6 万元以上至顾客阶层：指派相应的个人金融服务人员提供服务，可获得随到随办之服务
4	一般顾客 Citi People	只提供 24 小时电子银行服务

为提高电话理财服务效率，“花旗”建立标准化的客户互动方式，制定传递客户信息至相关部门的标准作业程序、部门内及部门间的作业流程，以避免客户在互动的过程中，产生没有受到重视的感觉。台湾花旗银行 1993 年发卡量 40 万张，1996 年达到100 万张卡，成为在全球仅次于美国的第二大海外分支机构。到 1998 年时，发卡量达到140 万张，此时台湾花旗银行仅信用卡部门的获利盈余，就相当于台湾一家公营银行的获利盈余。

台湾花旗银行将 CRM 当做与客户沟通的界面，并整合各部门的客服中心，成立全方位电话理财中心，建立起彼此补位的观念。“花旗”电话理财中心建立下列管理标准：

(1) 掌握电话量、接话服务率、挂断率等数字。在电话理财中心的墙上设立电子布告栏招牌、广告牌，随时显现最新的运行状态，让所有的人可以随时掌握电话量、接话服务率、挂断率等数字，根据这些统计资料，“花旗”可以在人力与资源上做最适当的调整，以提供更好的服务。

(2) 建立高标准的电话服务指标：①服务水平，规定 85%以上的电话需在 15 秒内（大约三响半）接通。接通电话后，30 秒内要知道来电重点。②挂断率，每 100 通客户电话，不能有超过两个以上挂断，平均等待时间 9~10 秒。

(3) 客户资料立即呈现。只要客户在电话联机，最近 20 笔交易资料全部会显现在理财专员的电脑屏幕上，让服务人员充分了解顾客的需求重点。如果客户就在花旗银行的提款机旁边，刚刚发生过的状况也同样会出现在电脑屏幕上，如此一来，服务人员可以马上了解如何协助客户。

(4) 运用电脑系统连接并提供所有服务。客户可通过服务专线输入资料，利用电话理财中心，完成所有需要的查询或交易。若在服务过程中有任何需要专员服务的情形，可利用电话语音选项接通专员；若客户与专员完成通话后，还需要利用语音服务，服务人员会直接将您的电话转至客户所需的语音服务上。

(5) 利用机会建立信任与互动。通过客服人员与客户的互动，做好初步的顾客资料分析，进而达到风险控管及增加销售机会。例如，客户打电话进来要更换联络电话及地址，客服专员就会以问候的方式多问一句：“请问您要换工作或是搬家吗？”以方便获取客户信息。例如，搬家可能意味着买房子，也就可能出现房贷等其他销售机会。如果客户真的有这个需求，马上就可将信息传递给后续的服务人员，分别可以处理信用卡、银行或贷款的问题。

（6）统计、分析。当理财中心的电脑招牌、广告牌上显示电话量突然增加，或是客户某一类型的问题突然增加时，“花旗”理财中心会立刻增派服务人员。每一位电话理财专员在接完电话后，都必须在电脑上按下代表各类问题的按键，经由统计，电话理财中心每月会针对客户前五项申诉类别进行分析，提出解决之道。除此之外，也会通过传真、电子邮件或网络等多重渠道收集信息，建立资料库对顾客的特性加以分析，及时且主动提供客户最适合的服务与产品，以持续进行流程改进，达到全方位的服务方式。

为了克服分行据点太少、便利性不足的先天缺陷，花旗银行选择再进一步整合企业内外部资源，投注大笔成本建立电话客户服务中心，以扩大对客户的服务。建立一个电话客户服务中心的成本约需1.3亿元，此笔资金“花旗”大约可以再开2~3家分行。但是，如果不投注这笔成本，“花旗”必须还要再开25家分行才能服务现有的客户。因此，“花旗”在多方评估之后，选择其最注重的顾客满意度策略，以CRM的概念建立电话客户服务中心来弥补实体分行的不足。“花旗”开始提供客户端电脑的账务连线服务，率先在同业设立电脑电话整合系统（CTI）的客服中心，自动转接客户来电，并同步显示客户基本资料于电脑屏幕，使客服专员可立即知道客户身份与刚才所进行的交易，迅速了解客户的需求，提高服务及作业效率。

通过电话理财中心、ATM、网络银行所构成的虚拟服务通路，可以达到让客户不受时间、地理等限制，就可以享受所有的服务，对银行及客户都是“双赢”的局面。

根据台湾“花旗”的统计，在实体通路方面，顾客一走进花旗贵宾理财中心，“花旗”就必须付出50元的成本，若属一般分行的临柜服务，成本降为35元，但如果通过虚拟通路，例如，电话理财中心的专人服务，每通电话服务成本只剩下25元，若客户通过事前详尽规划的电脑语音系统完成理财服务，成本更可降到最低2元。目前，“花旗”的客户约有七成交易均在电话语音系统或经由电话理财专员的服务来完成执行，每天约处理5万通电话，相当于一个空中虚拟银行，可节省大量交易成本费用，大幅提升“花旗”的竞争力。

花旗银行于1998年与旅行家集团合并成立花旗集团（Citi group）。花旗银行为美国最大的商业银行；旅行者集团则是包括投资银行（占收入的57%）、人寿保险（占收入的12%）、产物保险（占收入的26%）及零售银行业务（占收入的5%）等的多元金融集团，此项合并为“花旗”大大拓宽了服务领域。

对“花旗”而言，经济规模的不断扩大，业务与市场范围的逐渐增加，使得花旗集团对风险的承受度较其他金融机构更强，如当全球股市不振，投资银行业务明显萎缩之际，台湾花旗银行便可通过批发银行业务、消费金融的收入来创造获利。“花旗”的例证说明合并不只是将两个公司结合在一起而已，而是通过合作来创造另一个新的契机，以更完整的产品线，通过集团内各个事业部的交叉销售，降低成本，为规模经济带来最大绩效。

资料来源：吴保运、刘凤军：《花旗银行在台湾之市场营销策略简析》，《市场营销导刊》2006年5月。

● **思考题：**

1. 在开设分行数量限制下，花旗银行是如何开拓台湾地区业务的？
2. 台湾花旗银行以何标准细分市场？提供哪些差异化服务？
3. 花旗银行在台湾地区的营销策略给我们什么启示？

第十九章 营销前沿

学习目标：

通过本章的学习，了解网络营销、绿色营销、关系营销、精准营销、社会化媒体营销的基本概念和相关知识，能够在企业实际运作中适当加以运用。

第一节 网络营销

一、网络营销概述

（一）互联网对营销理论的冲击

就学科而言，21 世纪的市场营销学将围绕着消费者价值观念的变化和技术的创新而不断发展变化。尤其是现代信息通信技术、计算机网络技术的快速发展与有机结合，使互联网日益成熟。互联网以其跨时空、多媒体、交互式、个性化和成本低廉等特点，为社会各界和个人普遍采用，也为企业市场营销开辟了新的途径，为营销理论带来新的变化。

1. 市场细分标准细化

消费者的个性化需求导致细分更“细”，市场细分难度增大，传统市场细分标准已经不能完全奏效。随着网络的普及与运用，除了传统的细分标准外，还应增加是否上网、上网能力、上网时间、使用的语种等新的细分标准对目标消费者进行分群，并将深化个性营销观念和规则，更加注重环境和消费者行为分析。

2. 消费者启动并控制营销

利用互联网进行营销活动，交换过程变成由消费者发动和消费者控制，由消费者定义游戏规则，如需要什么信息、对什么东西感兴趣、支付什么样的价格等，并借助代理和中介使自己免受伤害。互联网颠覆了与顾客沟通和建立关系的传统手法，打破了企业营销常规，需要全新的再造物流、供应链流程。顾客不再仅是对象或目标，而是参与者和控制者，相应的营销理论和策略也将随之调整。

3. 市场研究方法的创新

互联网使收集信息的广度加大，方法也更加多样化，如统计网页点击率、访问次数、浏览时间、偏好，分析数据库和客户信息等。对市场的研究会更加注重消费者的参与和互动，同时需要结合互联网等技术与新的营销变量。

4. 营销传播手段创新

网络使营销传播呈现了完全不同的新特征：传播成本费用低甚至免费、消费者网上投诉威力大大增强、互动、即时、多元化、个性化等。网络营销整合了产品和服务、公共关系、口碑、流行文化、广告、个人体验、标志、氛围，甚至电子垃圾等，提供了一种与众多的利益相关者群体沟通的方法，同时带来了国际营销概念的淡化。

（二）网络营销的概念与作用

1. 网络营销的概念

网络营销是借助网络、通信和数字交换技术来实现营销目标的一种市场营销方式。网络营销有如下主要特点：①不受时空限制的虚拟市场，淡化了市场作为商品交换场所的原始概念和功能；②沟通的互动性与实时性；③降低了企业和消费者获取信息的成本；④有利于企业实现低成本扩张；⑤减少中间环节，促进商品流通；⑥以消费者为主导，更好地为消费者提供个性化服务。

2. 网络营销的作用

网络营销为广大消费者提供了四种利益：

（1）方便：消费者无论在哪里都可以 24 小时订购产品，这种方便与快捷是商场购物无法比拟的，随着网络的普及和收入的增加，网上购物将被越来越多的人采纳。

（2）信息：消费者不用离开他们的办公室、家就可以找到有关公司、产品、价格等方面的可比信息，由此可大大降低顾客购物的体力、精力方面的付出。

（3）自主：消费者不必面对推销人员承受劝说、不受情境因素的影响，使消费变得更加轻松自在。

（4）互动：消费者不再被动地接受信息，而可以通过互联网查询企业提供的产品信息资料，并可以和多家企业互动沟通，使消费者和企业之间达到很好的互动，这是传统营销所不能达到的。

3. 网络营销的优势

利用互联网，开展网络营销，将给企业带来更多的利益和优势：

（1）有利于取得成本优势。依靠互联网可使交易成本、存储成本、传播成本等明显下降。据统计，找到一个新顾客，传统方法平均需要 30~200 美元，而在网上只花费 2~3 美元。网上营销可不必租商店，甚至可用虚拟空间消灭库存，从而降低了与之相应的成本费用支出。

（2）有利于吸引和留住顾客。网上社会的竞争优势不是来自垄断技术，而是来自吸引和保持顾客的能力。吸引顾客注意力和留住顾客成为营销中压倒一切的首要追求目标，关系到企业的生存。利用网络可以及时发布和更新信息，供浏览者随时访问，与顾客更好地交流，从而提供更好的、个性化的服务，这是网络时代吸引和留住顾客的关键。

（3）有利于信息的获取。营销者可以了解有多少人访问他们的网站，多少人停在网站上的哪个部分，对他们提供的哪些产品感兴趣等。这些信息可以用来改善供给和广告。

（4）有利于产品的销售。企业开展网络营销，通过互联网可以使企业的产品营销、产品交易、售后服务等整个产品销售过程一气呵成，形成一个完整的营销销售渠道。

二、网络体系构建

网络建设可分为两种：一是自己建立网站；二是外购整体网络服务。完整电子商务的运作过程，是指通过网络来实现从原材料的查询、采购、产品的展示、订货到储运以及电子支付等一系列贸易活动。在组建网络体系的过程中，主要考虑以下方面的问题：

1. 服务器的选择

服务器是在网络环境下提供网上客户共享资源的设备，具有可靠性高、内存容量大、联网功能强、人机界面友好等特点，是当代网络计算机系统的主设备。市场上服务器产品种类繁多，档次高低不同，性能各有千秋，应用领域和应用范围亦有差异，在选择时应考虑安全性、开放性、性能价格比、可扩展性等因素。

2. 操作系统的选择

能够胜任电子商务服务器操作系统的主要有 Unix、Linux、Windows NT 和 Netware，企业在开展网络营销时，要根据实际情况对服务器操作系统做出选择。

3. 数据库管理系统的选择

兼顾易用性、分布性、并发性、数据完整性、移植性、安全性、容错性等方面因素，对网络营销的数据库管理系统进行选择，确保数据库的安全运行。

4. ISP 的选择

我国提供互联网的服务机构即 ISP 分为两类：第一类是官方性质的和国家教育与科研机构；第二类则是新兴商业机构，能为用户提供全方位的服务。在对提供商进行选择时主要考虑：出口带宽接入用户数量、提供服务种类和技术支持能力、收费水平，是否拥有备用线路和升级扩容能力等。

5. 外购整体网络服务方式

ISP 供应商所提供的整体网络服务方式主要有两种：虚拟主机方式和服务器托管方式。两种方式各有其特点和优劣之处，企业可根据实际情况权衡使用。

6. 电子商务站点的建立

不同的 Web 服务器支持不同的功能，在选择 Web 服务器时，首先是注意其提供的安全程序，其次要考虑是否易于管理，最后还要注意价格。只有这样，才能建立安全的、符合企业使用需求、便于管理的企业电子商务站点。

电子商务的基本结构如图 19-1 所示。

从图中可以看出，互联网网络是电子商务的核心，网络提供了交换过程中所涉及的全部信息，并实现了部分交换。另外，电子商务涉及很多方面，包括经销商、消费者、金融机构、工商企业、认证机构、配送中心等。由于参与电子商务的各方并没有实质性

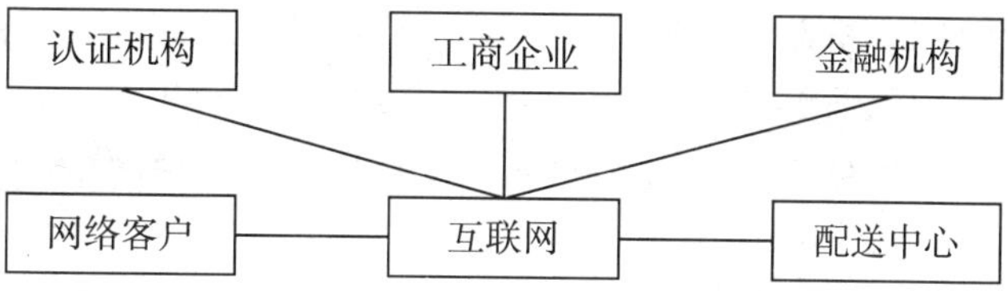

图 19-1　电子商务基本结构

的接触，因此，整个过程并不是物理世界商务的完全照搬，数据加密、电子签名等技术在其中发挥着重要作用。

电子商务应用系统分为两部分：一部分是完成企业内部的业务处理和向企业外部用户提供服务，如用户可以通过互联网查看产品目录、产品资料等；另一部分是安全的电子支付系统，电子支付系统使用户可通过互联网在网上购物、支付等，真正实现电子商务。

三、网络营销的目标市场选择与市场定位

要想通过网络营销带来丰厚的利润，营销者必须了解上网用户的各种情况，同时，又必须了解自己的产品是否适应网络销售。

（一）网络营销的对象定位

我们可以将网络营销吸引的对象归纳为以下几类：

（1）男性消费者市场。无论是在国内，还是在国外，男性公民都是网络漫游的主要人员。企业的产品要想在网络上打开市场，必须能够吸引男性公民，或者能够吸引男性公民为女性购买。耐用消费品和不动产，如汽车、摩托车、房屋等，都是男性公民注意的对象。此外，经营鲜花业务的公司，如美国的鲜花公司也在男性消费者市场中找到自己的一席之地，因为男性公民向女性表达感情时，常常需要用鲜花作为载体。

（2）中青年消费者市场。中青年消费者，特别是青年消费者在使用网络人员中占有绝对的比重。根据美国乔治亚大学 1998 年 6 月对 1.3 万个网络使用者的调查，平均年龄为 35 岁；台湾地区 30 岁以下的使用者更是高达 57.4%。所以，网络营销必须瞄准中青年消费者。青年人喜欢的摇滚歌星唱片、游戏软件、体育用品等都是网络上的畅销产品。这类市场目前是网络市场最拥挤的地方，也是商家最为看好的一个市场。

（3）具有较高文化水准的职业层市场。网上冲浪者在互联网漫游需要较高的文化水准。一方面，为减少上网费用，需要冲浪者具有快速阅读的能力，并熟悉计算机操作；另一方面，在国外网络漫游又需要一定的英文水平。所以，教师、学生、科技人员和政府官员上网的比例较高。正因如此，计算机从事 Web 页面制作软件的销售，其目标市场明确定为编辑和出版商。

（4）中等收入阶层市场。上网用户大都属于中等收入水平，否则，难以维系上网费用。近两年来，上网费用有所降低，但对低收入阶层来说，网上消费仍然有一段距离。要想瞄准这一市场，就需要推出中高档次的产品或服务，旅游产品和服务在这类市场中大有作为。人们喜欢在舒适的家中能够方便地看到有关旅行目的地的信息，了解预订客

房的情况以及有关时间、机票的情况。很多旅行社正是根据这些需求建立网络主页，提供免费旅游资料和异国风情的图片；连锁店则在线提供房间和服务设施的详细资料和图片；旅游杂志也在这类市场中扩大自己的销售量。从中国旅游网可以看到，我国也有众多旅行社加入到这一市场的竞争中去。

(5) 不愿意面对售货员的顾客市场。一些顾客不喜欢面对面地从售货员那里买东西，他们厌恶售货员过分热情而造成的压力。互联网对于这些喜欢浏览、参观的顾客是一个绝好的去处，他们可以在网上反复比较，选择合适的商品，在毫无干扰的情况下，最后做出购买决定。

也有一些人出于隐私的考虑，不愿意逛商店，尤其是到商店购买某类让他们感到难为情的商品。网上商店如果能够较好地满足这些顾客隐私权的需求，便可获得丰厚的回报。

（二）网络营销的商品定位

由于电子商务营销网络是一个虚拟的营销网络，具有不同于传统营销网络的若干特点，因而对所营销的商品有一些特殊要求。什么样的商品适合于网络营销呢？这实际上是一个虚拟营销市场的商品定位问题。

适合于网络营销的商品，按其商品形态的不同，可以分为三大类：实体商品（Hard Goods）、软体商品（Soft Goods）、在线服务（On-Line Service）。表 19-1 列举了这三类商品在营销方式和销售品种方面的基本特征。

表 19-1　网络营销商品分类

商品形态	营销方式	销售品种
实体商品	在线浏览、购物选择、送货上门	民用品、工业品、农产品
软体商品	资讯提供	资料库检索、电子新闻、电子图书、电子报刊、研究报告、论文
	软件销售	电子游戏、套装软件
在线服务	情报服务	法律查询、医药咨询、股市行情分析、银行、金融咨询服务
	互动式服务	网络交友、电脑游戏、远程医疗、法律救助
	网络预约服务	航空、火车订票，电影、音乐会、球赛入场预订，预约饭店、餐馆，旅游预约服务，医院挂号预约

1. 实体商品的选择

在网络上销售实体商品的过程与传统的购买方式有所不同。在这里，已没有面对面的买卖方式，网络上的互相对话已成为买卖双方交流的主要形式。消费者或客户通过卖方的主页考察其商品，通过填写表格表达自己对品种、质量、价格、数量的选择；而卖方则将面对面的交货改为邮寄商品或送货上门，这一点与邮购商品颇为相似。虽然从理论上说任何商品都可以用这种方式进行交易，但在实际生活中，仍有许多商品并不适合网络销售：如衣服的手感是难以通过文字描述体会的；首饰的销售也有问题，许多人对如此贵重的商品总是心存疑虑，不愿意简单草率地做出购买决定。

图书是一种非常适合于网络营销的商品。书籍之所以能够成为网上热销商品，一方面与上网用户的文化水平有关；另一方面与图书本身的性质有关。

2. 软体商品的选择

软体商品指的是资讯的提供和软件的销售。虽然这部分商品是无形的，但它们在网上占有极为重要的地位。

数字化的资讯与媒体商品，如电子报纸、电子杂志，是非常适合通过互联网行销的，因为互联网本身即具有传输多媒体资讯的能力。在未来纸张价格上涨和环保要求日益严格的条件下，网络信息传播无疑具有极大的优势。从国内外许多报纸和杂志纷纷提供网络版的趋势看，数字化资讯将会成为未来出版的主流。

当用户购买实体软件时，往往对软件的性能搞不清楚，因而影响了他们的购买欲望。在线网络软件销售常常提供一段时间的试用期，允许用户尝试使用并提出意见。好的软件能够很快吸引顾客，使他们爱不释手，并为之慷慨解囊。在线软件销售商利用这种方法实现他们的网络营销目标，从中赚取更多的利润。

在线软件销售也存在风险：软件出版商害怕他们的产品被盗版，这种可能性是存在的。计算机专家一直在寻求解决办法，如在一个特定的时间内将文件加密，或者控制软件在未注册时不能工作等。软件出版商可以选择适合于自己的技术防范措施，法律也在不断地推出保护性措施。

3. 在线服务的选择

可以通过互联网提供的在线服务种类很多，大致可以分为三类：第一类是情报服务，如股市行情分析，银行、金融信息、医药咨询，法律、法规查询等；第二类是互动式服务，如网络交友、电脑游戏、远程医疗、法律救助等；第三类是网络预约服务，如预订机票、车票，代购球赛票、音乐会入场券，提供旅游预约服务，医院预约挂号，房屋中介服务等。

随着科学技术的飞速发展，工农业生产的现代化步伐加快，人们对社会服务提出了越来越高的要求，第三产业的发展成为一种必然的客观趋势。这种发展不仅满足了人们日常生活和精神生活的需求，而且缩短了物质生产过程，提高了商品流通速度，缓和了物质生产部门剩余劳动力的压力，有力地推动了物质生产部门的进一步现代化。所以，国民经济三大产业结构的变化突出表现为第一、第二产业的地位和比重下降，第三产业的地位和比重显著上升。

电子商务跻身于第三产业有其特殊的优势。以旅游服务业为例，实现这种服务需要具备三个条件：人们对旅游景点的了解，对饮食居住条件的了解，以及对价格的认可。传统的旅游促销措施大部分是通过报刊广告形式进行的，这种形式很难满足上述三个要求。电视台的广告具有声像兼顾的特点，但由于价格昂贵，很少有旅游商问津。利用互联网进行旅游促销，则可完全克服其他广告形式的缺陷。一方面，网络多媒体可以提供生动的图文和音响；另一方面，网上报价又可为顾客提供多种选择。在线的信息服务大大方便顾客的同时，也为旅行社提供了准确的旅游人数，因此，旅游服务业成为互联网上发展最快的行业。

四、顾客网络的建立与巩固

（一）顾客网络的建立

企业要建立自己的顾客网络，一般有以下几种方法可供借鉴：

1. 提供免费服务或免费产品

要把网络顾客吸引过来，提供免费服务似乎是最直接并且是最有效的。在美国有一家名为 Interactive Hyper Net USA 的日商公司，自 1996 年底开始，在旧金山市提供免费的互联网络连线服务。用户需要负担开户费 29.95 美元，填写一份有关个人性别、学历、收入、嗜好与上网目的等 100 多页的个人资料，并同意不定期接受广告信息之后，即可开始拥有免费的网络连线账号。

提供免费的电子邮箱是网络服务公司吸引客户的做法，对于网络服务公司而言，在积累了一定用户的具体资料之后，便可将这些资料有偿提供给需要这些资料的厂商，用厂商所支付的费用获取利润；对于厂商而言，由于获取了确实的客户信息，便可以有针对性地发出电子广告推销产品，因而也愿意向网络服务公司支付费用；对于客户而言，尽管会不定期地收到一些推销产品的电子广告，但由于可以免费收发电子邮件，省去了一些日常开支，故也乐于提供自己的个人资料。

于是，网络服务公司便通过这种免费服务的方式形成自己的顾客网络，并以此顾客网络为依托，维持企业的发展。

2. 信息提供

要吸引用户，企业网络内容必须吸引人，有些网站设立时还能吸引好奇者的浏览，渐渐地就无人问津了，主要的原因就是内容不够吸引人，或是太丰富的内容影响了传输速度。

在美国华盛顿召开的信息工业协会监督大会中，与会者通过讨论得出以下网络内容最吸引用户：提供人们能够赚钱的信息；提供经过判断的信息；让人有掌握现在与未来感觉的信息。

中国香港有关部门的调查表明：在亚太地区，尤其是中国香港、台湾地区，以信息产业、服务行业为主，讲求快捷、准确的信息，如财经、体育新闻、商业性的资料较受欢迎。

3. 组建俱乐部

网络俱乐部是以专业嗜好为主题的网络用户中心。针对某一问题感兴趣的网络用户可以“聚集在一起”交流信息。目前，网络上的用户俱乐部主要有：车迷俱乐部、水族俱乐部、爱狗俱乐部、高尔夫俱乐部、保龄球俱乐部、旅游俱乐部、美食大师等。

网络用户俱乐部的每一个分类项目都设有讨论区，可以吸引大批的网友来交流信息。此时，不同讨论区之间的区隔十分明显，但同一个讨论区网友的志趣则十分相同，正适合企业进行一对一的沟通。此外，各分类项目的信息快报，也可免费为企业提供促销信息。

为此，一些企业便在网上开设或者赞助与其产品有关的网络俱乐部，如品酒与调酒俱乐部就是由法国一家酿酒公司赞助的，通过建立或赞助这些网络俱乐部，企业可以把其产品或企业形象精确地渗透到每一个对产品真正有兴趣的用户。同时，企业也可通过对网络俱乐部交谈内容的了解，把握市场动态、消费时尚的转移等信息，有利于企业调整产品，制定更有效的营销措施。

4. 有效的媒体组合

由于网络营销的特点是消费者具有较大的主动性，所以必须在有消费者选购或是搜寻信息之前建立品牌形象，这样才有机会让消费者主动地到企业的网址中去搜寻信息，企业也就能够将产品信息更好地传递给消费者。在目前多种媒体并行、各有其特色和优势领地的情况下，借助电视及其他媒体预先建立品牌形象，不失为一个好办法。品牌形象一旦树立起来，消费者愿意主动了解这个产品的特色时，网络营销便可利用其低廉的价格，提供详尽的资料，充分发挥其功能了。

（二）顾客网络的巩固

企业在采取了一定的有效措施来吸引顾客之后，接下来所要做的事便是如何留住顾客，留住顾客的有力手段是进行一对一“定制化”服务。就电子商务而言，通过这些资料库，企业可以全面了解顾客的生日、购物习惯、对产品的偏好、以前购买的产品等情况，于是便可在适当的时间，以较强吸引力的促销方案，通过电子邮件等方式向顾客推荐他所偏好或是过去购买频率较高的产品。这样做不但效果较为明显，而且成本也低，每份电子邮件的费用大约是印刷和邮寄同样一份广告信函的 1/3。由于这种一对一“定制化”服务的营销方式成本低、效果好，所以是巩固顾客网络的一个有效方式。

“定制化”营销并非一定要适合高度技术化、高度信息化的企业，同企业的规模也并无直接的联系。美国加州耐丽服装公司是一个仅有一种产品系列的高度本地化企业，其产品只能吸引当地一些小型细分市场的顾客，这些人一般会亲自前往店里，经反复试穿后才做出购买决定。对这样一个根植于地区和业务模式的企业来讲，环球信息传播和电子互动似乎没有多大价值。然而，耐丽公司为自己设计了一个符合目标顾客和业务目标的网络服务器，介绍公司的商店和其地理位置，向潜在顾客定期提供现货服装的最新信息，并且提供一个“定制化”的“个性化购物”界面，利用电子手段按顾客的喜好送货。公司创始人 Mary Jane Netball 觉得，尽管公司的规模较小，产品缺乏高科技含量，但是它通过这种“定制化”的营销方式，提高了产品的附加值，使得高薪阶层对这种产品情有独钟。

五、网络广告

（一）网络营销广告的沟通机制

1. 传统广告的沟通运作机制

该机制包括以下几个因素：信息沟通的参加者、发送者和接受者；帮助沟通的工具、媒体和信息；沟通过程中的四个主要职能：编码、解码、反应和反馈。此外，还有沟通过程中无所不在的噪声。

传统广告的沟通运作机制是一种单向（而非双向、互动式的）、强势的信息灌输，并且传递的信息着重通过诱导来说服消费者，通常较为感性，缺乏理性；同时，它对目标顾客的选择性较差，属于大规模的发送，最终效果也不易评估。

2. 网络营销广告的沟通运作机制

该机制包含三个主体：信息沟通的参与者——广告主、广告受众和沟通运作的介质——网络。广告主在网络上发布信息，广告受众在网络上寻找信息。当受众有其他信息需求时，双方通过网络进行及时的互动沟通。

在网络营销广告的信息沟通运作中，广告主首先通过各种手段把要发布的信息放置在相应的网络媒体上，上网冲浪者将会根据他们的需求在网上自主地找寻信息，当广告主所发布的信息不能完全满足他们的需求或者他们需要订货时，冲浪者可以通过网络向广告主发出信息或订货要求，从而在网络上完成一整套信息沟通直到购买的全过程。

网络营销广告与传统广告的最大不同就在于：网络营销广告是双向的信息沟通，广告的目标受众并不是被动地接受，广告主也不是强制地灌输，从某种意义上讲，在网络营销广告的过程中，广告受众的活跃性与主动性要大于广告主。由于广告受众出于自愿阅读广告主发出的信息，网络营销广告的定向性很强，效果也更好，同时网络营销的受众阅读广告后，可以直接购买本企业的产品。此外，由于网络营销广告的空间基本不受限制，所发布的广告内容更加详细和理性，从而使上网进行查询的顾客可以了解产品的详细信息，并进行理性的分析与评价。

与传统广告的沟通运作机制相比，网络营销广告信息沟通中的关键问题解决得较好。第一，在信息的发送上，无歧义。网络营销广告的传播内容较为详细和容易让人理解，不像传统广告的形象传播那样容易出现意义曲解；同时，网络营销广告的定向功能较强，也从一定程度上保证了信息的顺利传播。第二，由于计算机技术与网络技术的发展，网络媒体的各种参数指标的获取较为容易，准确性也高，方便了广告主对媒体的选择。第三，由于网络营销广告的受众在浏览广告时是出于自愿的，所以噪声对他们的影响较小。第四，网络营销广告的测试较为容易和准确。

总之，网络营销广告的沟通运作机制是一种双向、互动式的信息传输，其传输的信息详细而理性；同时，对于目标顾客的选择性较强，从而也更具有针对性，最终效果评估相对容易。

（二）网络营销广告的特点

在了解了网络广告的信息沟通运作机制后，我们对网络营销广告的特点作以下总结归纳：

1. 互动性强

网络营销广告的信息沟通机制与传统方式不同，它是一种真正的双向信息交流，并且消费者在这个信息交流过程中占主导地位。

网络营销广告的互动性吸引了大量的消费者，因为这样的广告更具有个性、更加友好、更有针对性，也更省时间。

2. 传播范围广阔且不受广告时空限制

传统媒体，如电视、广播、报纸、杂志、路牌等往往要受到地域的限制，只能在某一或某几个地区内传播信息。同时，这些传统媒体的广告时间有限，且价格不菲，少得可怜的时间（电视、广播）与空间（报纸、杂志与路牌等），使得广告主无法充分展示他们的产品。

网络营销广告的传播范围广泛，可以通过互联网把广告信息传播到世界 150 多个国家和地区。世界各地的网民均是网络营销广告的受众，他们可在任何地方的互联网上随时浏览广告信息。如一名身在美国的互联网用户可以轻松地在互联网上看到一家中国企业为自己的产品所做的网络营销广告。这一效果传统媒体是无法达到的。

同时，网络营销广告基本上没有广告空间（包括时间和空间）的限制：消费者可以在一天 24 小时之内的任何时间登录网络来查询相关的广告，并且价格低廉，这也是传统广告所不能匹敌的。

3. 内容更加翔实和灵活多样

网络营销广告的载体基本上是多媒体、超文本格式文件，链接使得网络营销广告的空间得到极大的扩展。网络营销广告这种不受广告空间限制的特性使得它的内容极为丰富与翔实，一则网络营销广告可以包括有关企业的各项信息：企业概况、各类产品情况、新产品信息以及企业各项促销活动与公关活动的信息（当然，在这些信息中消费者可以随意选择自己感兴趣的部分来进行浏览）。同时，随着网络编程技术和多媒体技术的不断发展，网络营销广告的形式也更加丰富多彩和灵活多样，目前的计算机技术已经可以实现文字、动画、声音、图像、三维空间与虚拟现实的一体化。比如，一名消费者可以在网上从各个不同的角度来观察一部汽车，并且可以观察这部汽车的内部结构，同时还可以收听相应的解说词。

另外，在传统媒体上做广告，发布后就很难更改，即使可改动，也需要付出很大的经济代价，而网络编程技术的不断发展，使得在互联网上做广告能按照需要及时变更广告内容，当然包括改正错误。这样，企业可以根据自己的营销策略及时地发布网络营销广告，经营决策的变化也能得到及时实施和推广。

4. 受众数量可统计

一般而言，利用传统媒体作为载体的广告，很难确切地知道究竟有多少人接收到了该广告。而在互联网上可以用通过国际权威认证的统计系统，精确地统计出每个广告主的广告被多少人浏览过，以及这些浏览者查阅的时间分布和所在地区分布，从而有助于广告主和广告代理公司正确评估广告效果。

5. 成本低、效率高

网络广告的费用平均仅为传统广告的 3%。更为重要的是，网络营销广告属于互动式媒体广告，主动查找本公司广告的消费者一般带有较强的目的性，因此网络营销广告在到达目标顾客方面的能力要优于传统广告。通过网络营销广告，不仅能提高广告主对目标顾客的选择能力，而且可以促进企业由大众沟通模式向个体沟通模式的转变。

第二节　绿色营销

一、绿色营销的产生与发展

20 世纪 70 年代以来，环境的日益恶化导致绿色革命的兴起。1992 年，联合国环境与发展会议制定的《21 世纪议程》指出：地球所面临的最严重的问题之一，就是不适当的消费和生产模式导致环境恶化、贫困加剧和各国发展失衡。若想达到合理发展，需要改变消费习惯与结构，以最大限度地利用资源和最低限度地生产废弃物。随着环境保护意识的增强，人们的思维方式、价值观念及其消费行为均发生了变化，开始关心消费中的环境代价，倾向于无污染又有益于健康的绿色产品。在发达国家，消费者对绿色产品的认同率相当高。2003 年初公布的一份市场调查报告表明，约 50%的法国人、80%的德国人在超市购物时，愿意挑选环保商品，可见，绿色产品有着巨大的市场潜力。随着消费者的绿色消费意识不断增强，企业也随之不断提高自身的绿色营销意识，以适应消费环境的变化，如沃尔玛要求其供应商提供更多的再生产品；宝洁公司使用可循环使用的容器来盛放日化用品等。

我国的绿色工程始于绿色食品的开发。1984 年，广州出现了全国第一家无公害蔬菜生产基地。1989 年，农业部组织专家研究提出绿色食品概念。1992 年，国务院批准成立了中国绿色食品发展中心，制定了《绿色食品标志管理办法》，开始实施绿色食品标志制度。2001 年，中国社会调查事务所的消费者绿色消费观念及消费行为专题调查显示，有 53.8%的消费者愿意购买绿色产品，绿色消费理念初现端倪。近几年，食品加工、家装等与消费者身体健康、生命安全息息相关的行业，已经意识到绿色营销的重要性，开始关注消费需求的绿色倾向，纷纷打出绿色招牌，塑造绿色品牌形象。

绿色营销观念是环境保护意识与市场营销相结合而形成的营销观念，已逐步成为 21 世纪市场营销的指导思想。

二、绿色营销的含义与特征

绿色营销是指企业在营销中要重视保护生态环境，防治污染，充分利用并回收再生资源以造福后代。绿色营销要求企业为了实现自身利益、消费者需求和环境保护的统一，从产品观念、定价、促销和分销策略入手，使企业的营销活动不仅要满足消费者需求并获得利润，而且要符合环境保护的长期要求，正确处理消费者需求、企业利润和环境保护之间的矛盾，做到统筹兼顾、相互协调。

绿色营销与传统营销相比，具有以下特征：

（1）绿色消费是开展绿色营销的前提。绿色消费是指消费者意识到环境恶化已经影响其生活质量及生活方式，要求企业生产、销售对环境影响最小的绿色产品，以减少危害环境的消费。消费需求由低层次向高层次发展，是不可逆转的客观规律，绿色消费是较高层次的消费观念。人们的温饱等生理需求满足后，便会产生提高生活综合质量的要求，产生对清洁环境与绿色产品的需要。

（2）绿色观念是绿色营销的指导思想。绿色营销以环境保护为其经营哲学，以满足绿色消费需求为中心，为消费者提供有效防止资源浪费、环境污染及损害健康的产品。绿色营销所追求的是人类的长远利益与可持续发展，重视协调企业经营与自然环境的关系，力求实现人类行为与自然环境的融合发展。

（3）绿色体制是绿色营销的法制保障。绿色营销是着眼于社会层面的新观念，所要实现的是人类社会的协调持续发展。在竞争性的市场上，必须有完善的政治与经济管理体制，制订并实施环境保护与绿色营销的方针、政策，制约各方面的短期行为，维护全社会的长远利益。

（4）绿色科技是绿色营销的物质保证。技术进步是产业变革和进化的决定因素，新兴产业的形成必然要求技术进步，但技术进步如背离绿色观念，其结果有可能加快环境污染的进程。只有以绿色科技促进绿色产品的发展，促进能源节约和资源可再生、无公害的绿色产品的开发，才是绿色营销的物质保证。

三、绿色营销的设计与实施

绿色产品开发是绿色营销的起点。绿色产品是指在产品的生产过程中，使用前后以及选用的材料都对环境不造成威胁。未来的市场，绿色产品将成为消费的主流。

绿色产品开发的内容包括绿色食品、绿色农业和绿色工业品的开发；对环境、人体无害的包装物；以及保护环境、控制污染的产品，如“三废”处理设备、噪声防治设备、节水节能设备等，这是一个巨大的、有发展前途的潜在市场。

当然，绿色营销体现在市场营销的方方面面，涉及产品研制、包装设计、广告宣传、促销推广等每一个环节。

以生态旅游营销策划为例，绿色营销可以体现在以下几个方面：

（1）绿色人—地感知形象设计。为目的地设计一个悦目的、符合环保与生态消费观念的旅游形象，增强人与自然的亲切感。包括：①在一些特殊地段禁止现代交通工具通行，提供电力、人力交通工具，如电动船、三轮车、自行车、骑马等；②种植、养殖符合绿色要求；③景区名称、标识、垃圾箱等的外观设计体现绿色环保，广告语、宣传手册等体现环保并起到环保教育的目的；④吃住设施、用具的绿色性，用可降解材料及环保材料；⑤根据可回收性设置不同的垃圾桶；⑥定期调整旅游线路，确保旅游区内生态资源得以“休养生息”等。

（2）绿色人—人感知形象设计。强调行为绿色化，即行为要承担可持续发展的责任。包括：①旅游区从业人员的服务行为绿色化。导游负有追踪、引导减少破坏环境行为的责任；承担对游客进行环境教育和传授有关生态知识的职责，确保游客的理解与认同；从生态保护角度，了解生态承载力等。②旅游者行为绿色化。通过各种标识、宣传，引导旅游者不乱扔垃圾、不损坏花草树木，自觉抵御白色污染；组织各种活动，加大宣传力度，建立生态旅游概念与意识，如组织绿色营销活动等。

（3）绿色监控。包括：①制定规章制度、奖惩制度，对管理及服务人员进行继续教育和严格考核，树立从我做起的环保观念。②制定进入旅游区的产品的准入标准。③加强可能造成环境污染的污染源的控制。④在景区的必要位置设置游客须知牌，使用提示性语言等。

四、绿色营销是现代市场营销发展的必然趋势

在环境日益恶化、生态平衡被破坏，人类生存面临严峻挑战的背景下，以绿色营销作为主导的营销观念，将成为21世纪企业营销的一种必然趋势。

1. 社会可持续发展的必然要求

科学发展观要求以人为本、全面协调可持续发展，合理开发资源，保持人类与环境的协调，将成为我国经济发展的长期战略目标，也是今后我国政府宏观政策及立法的调控方向。企业的营销活动应顺应环境变化，从可持续发展的战略高度重视绿色营销。

2. 绿色消费将成为消费主流

随着经济发展和消费者收入的增加，消费者迫切要求提高生活质量，对环境、产品将会提出更高的要求，如服装要"纯棉"的，食品要求无添加剂的，水果、蔬菜要求无化学农药污染的等。企业生产对环境无污染、对身体健康无害的绿色产品，就会受到消费者欢迎；反之，则遭抵制。绿色消费时代的到来，也要求企业实施绿色营销战略。

3. 企业发展的客观需要

是否推行绿色营销，将会成为决定企业在21世纪能否获得竞争优势的重要决定因素。因为企业将面临三大挑战：一是宏观环境的挑战，如政府立法、环境保护等；二是消费者要求绿色消费的挑战；三是市场竞争的挑战。绿色营销将成为企业实施差异性营销战略、提高竞争能力的重要手段。

第三节　关系营销

一、关系营销概述

传统的营销理论是以内部可控因素的调整来实现产品的销售。然而，随着营销环境的变化，特别是竞争的日益激烈，如何维系顾客关系便成为企业营销的焦点问题。20世纪80年代以来，营销学者开始寻找和建立适应当代企业竞争要求的新的营销理论和方法，关系营销在西方作为全新的营销理论应运而生，在营销理论界产生重大影响，也将成为21世纪主导营销理论发展的前沿。

（一）关系营销的内涵

关系营销（Relationship Marketing）理论由美国营销学者巴巴拉·本德·杰克逊于 1985 年首先提出。1992 年，英国学者马丁·克里斯托弗（Martin Christopher）等出版了《关系营销——如何将质量、服务和营销融为一体》一书。关系营销定义众多，1999 年，Parvatiyar & Sheth 在总结了各家定义的基础上指出，关系营销有以下三个含义：①关系营销是一个关系建立、发展与维持的过程；②关系营销主要关注企业与其顾客之间的合作与协作关系；③关系营销必须为关系双方都创造更大的市场价值。随着关系营销的普遍应用，其概念与理论也得到了补充与完善。“关系”不再仅仅是顾客，已发展到供应商、经销商、竞争对手、内部员工、政府、社会团体等利益相关者，而且更加强调长期的满意关系。

关系营销指与有价值的顾客、供应商、经销商等建立长期满意的关系。在这一观念指导下，企业的市场营销不再像以前那样，总是试图使每一笔交易都获得最大利润，而是开始逐渐转变为与顾客及其他各方建立互惠互利的关系，强调长期和持续的满意。

传统营销以“交易”为中心，关系营销强调建立相互的“关系”。两者的区别见表 19–2。

表 19–2 传统交易营销与关系营销的比较

营销方式 项目	传统交易营销	关系营销
适合的顾客	适合于眼光短浅和低转换成本的顾客	适合于具有长远眼光和高转换成本的顾客
核心概念	交换	建立与顾客之间的长期关系
企业的着眼点	近期利益	长远利益
企业与顾客的关系	不牢靠，如果竞争者用较低的价格、较高的技术解决顾客的问题，关系可能会终止	比较牢靠，竞争者很难破坏企业与顾客的关系
对价格的看法	是主要的竞争手段	不是主要的竞争手段
企业强调	市场占有率，“一锤子买卖”也干，不一定要顾客满意	回头客比率，顾客忠诚度，建立长久的关系，顾客满意
营销管理的追求	单项利润最大	追求与对方互利关系的最佳化
市场风险	大	小
了解对方的文化背景	没有必要	非常必要

传统的交易市场营销理论把顾客与公司的关系看成是单纯的商业交换关系，把满足顾客需要简单地看作是公司实现商品价值的工具，交易双方基本上是对立的关系而不是互利合作的伙伴关系。许多公司一方面花大力气不断地吸引新顾客，但另一方面却又不断地失去老顾客。而失去老顾客所造成的损失是巨大的，因为劝说一个新顾客远比说服一个老顾客困难得多，费用也大得多，而且老顾客主动为企业所作的口碑传播远远高于本企业自身所做的广告、宣传效果。

关系营销把市场营销看作一种与关系各方连续不断的、长期而稳定的、互利互惠的合作伙伴关系，而不再是非连续的、短暂的、刚刚开始又草草结束的一个个单纯的商业交换活动。追求同交易有关各方利益的最大化，而不是追求每一笔交易利润的最大化，这是与交易营销的根本区别。获得关系营销成功的基础和关键在于承诺和信任。

（二）关系营销原则

关系营销的实质是在营销中与各关系方建立长期稳定的、相互依赖的营销关系，以求持续协调发展，因而实施关系营销应坚持如下原则：

（1）主动沟通原则。交易双方都应积极主动沟通信息，加强交流，并形成制度或以合同形式定期或不定期交流，培育感情，增强了解，建立合作伙伴关系。

（2）承诺信任原则。在关系营销中，交易双方都要履行诺言，才能取得对方的信任。承诺的实质是守信，履行承诺是将诺言变为行动，是维护尊重关系方利益的表现，也是获得关系方信任的关键，是建立企业与关系方融洽伙伴关系的基础。

（3）互惠原则。关系营销是一种双赢战略，即交易的双方作为独立的经济主体，在交易中的地位是平等的，依据市场原则，在公开、公平、公正的条件下等价交换，使关系双方都获得应该获取的利益，这样关系才能持久。

（三）关系营销的特征

关系营销具有以下主要特征：

（1）信息沟通的双向性。倡导信息双向沟通及信息资源共享，可以使企业赢得客户的理解、合作与支持。

（2）战略过程的协同性。在竞争性市场，各具优势的关系双方应实行联合，发挥各自优势，协同作战、相互配合，以实现对双方都有利的目标，这是协调关系的最高形态。

（3）营销活动的互利性。利益互补是关系营销的基础，也构成了关系长久维持的重要条件。

（4）信息反馈的及时性。关系营销要求建立专门部门，用来追踪利益相关者的态度。这种信息反馈使关系营销具有动态的应变性，有利于发现新的市场机会。

二、关系营销组合策略

关系营销扩大了营销组合，在传统营销组合“4P”的基础上，新增加了三大要素：人员（People）、程序制度（Processes）、客户服务（Provision of Customer Service），如图19-2所示。

1. 人员

把公司员工作为新营销组合的重要因素，主要因为员工一方面影响企业营销工作，另一方面又影响公司与客户的交往。依据公司人员与客户的接触程度及参与工作内容，公司员工通常分为以下四种：

（1）直接接触者。这是指经常或定期与顾客接触，企业营销活动的高度参与者，如推销员、公关人员、服务人员等，公司应加强这些人员的培训，采取激励措施，增强服

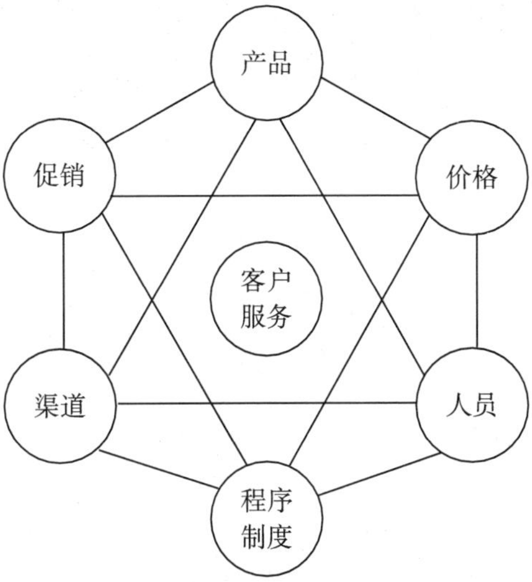

图 19–2　扩大的营销组合

务意识和责任心。

（2）间接参与者。这是指不直接参与公司营销活动，但与顾客经常发生交流，如接待人员、电话员等，这些人员也应明确公司的营销战略，认识自己在顾客服务方面的地位和作用，掌握顾客服务的基本技能。

（3）影响者。这是指在公司营销中与顾客直接接触不多或根本不接触的有关人员，但他们在公司关系营销战略实施中却发挥着重要作用，如研究与开发人员、市场调研人员、装运人员等。对这些人员的要求为：有良好的素质潜能；应以顾客服务为导向；有主动接触了解顾客的愿望。

（4）无关者。这是指在公司营销中，基本不和顾客接触的辅助部门的员工，如采购部门、人事部门的人员。他们在很大程度上影响着公司营销战略的实施，这些人员也应该了解公司的整体营销战略，明确自己的工作在为顾客提供价值活动中的作用。

2. 程序制度

这是指把产品和服务送达顾客手中的活动过程。程序管理是实现质量改进的前提条件。程序管理对服务业更重要，因为服务产品是不能储存的。如银行自动取款机（ATM）的使用，改变了银行的服务方式，通过程序向取款的客户提供专门服务，以便使人员能向其他客户提供更好的服务，处理复杂的客户需求。

3. 客户服务

把客户服务作为营销组合的一个重要因素，是因为它和传统意义上产品策略构成要素中的服务产品是有区别的。客户服务主要执行分销和后勤功能，可信度和配送速度是其重要指标。把客户服务作为营销重要指标的一项，主要基于如下几点：

（1）顾客期望的日益提高。顾客对服务要求越来越高，满足“即时制造”对送货服务提出了新的要求。

（2）竞争的需要。产品的同质化驱使众多企业把顾客服务作为重要的竞争手段，以突出其差异化。

(3) 关系营销战略的需要。为了保证制定一个给顾客带来附加价值的顾客服务战略，并得到实施和控制，应确立顾客服务的中心地位，有必要将顾客服务作为营销组合的重要因素。

三、关系营销策略

关系营销是一项复杂的系统工程，其本质是企业通过对顾客和环境利益的承诺及其对顾客的长期惠顾，培育忠诚顾客，推动企业持续发展。从国外的应用实践来看，主要有如下两种策略：

1. 顾客俱乐部

指借助俱乐部这种组织形式，把顾客纳入企业外围组织系统之中，实现企业与顾客关系的融洽。俱乐部顾客主要包括现有顾客和潜在顾客。俱乐部向会员提供各种特殊服务，如新产品情报、优惠价格、优先销售等。其作用表现为：①增强了与顾客的相互了解，有利于培育顾客对企业的忠诚；②通过沟通反馈，便于了解顾客的真实需求，并预测其发展趋势；③加强口碑传播效果，通过会员对企业的产品和服务进行宣传，可信度高，能够获得良好的促销效果。

2. 数据库营销

指企业通过收集和积累有关消费者需求及各方面的信息，通过计算机处理形成企业的顾客数据库，为企业的营销决策提供详细、准确的数据资料。通过建立顾客数据库，将在以下方面对企业发挥作用：①帮助企业准确寻找目标顾客群，降低营销成本，提高营销效率；②为企业的新产品开发提供信息；③能够使企业和顾客保持沟通和联系，强化企业和顾客的关系，有利于培养忠诚顾客。

第四节　精准营销

面对铺天盖地的广告，人们已经感到某种程度的厌倦。就拿电视来讲，随着有线电视、影碟机和遥控器的发展，今天的电视观众有了更多的选择机会和躲避广告的方式。如今要想争取或保持观众的注意力，广告信息必须要有更好的设计、更妙的想象力、更强的娱乐性并且对顾客更有益。近些年，随着个性化需求的增加，传统广告效率越来越低，尤其是大众化广告。

为了提高沟通与销售效率，与顾客建立持久的满意关系，数据库营销、一对一营销、直复营销等方式方法被更多的企业关注和采用。这些方式方法都从某种程度上体现着“精准”，互联网和通信技术的快速发展，催生出了许多新的传播和沟通方法，为精准营销提供了可能。

一、精准营销的内涵与特征

对于什么是精准营销，至今并没有一个确切的定义。“精准”只是一个描述性词汇，精确、准确之意。为此，我们可以从以下两个角度理解精准营销：一是市场营销一直都在强调在恰当的时间提供恰当的产品，用恰当的方式和渠道送到恰当的顾客手中。恰当到一定程度便成为精准营销。二是菲利普·科特勒认为，企业需要更精准、可衡量和高投资回报的营销沟通，需要制定更注重结果和行动的营销传播计划。这些也正是精准营销要研究的内容。

精准营销应包括以下主要特征：

（1）目标对象的精确性，尽可能准确地选择目标消费者，以便进行针对性强的沟通。

（2）营销传播的有效性，促销策略对准恰当的受众，能提高其传播的有效性。

（3）沟通行为的经济性，即与目标受众沟通的高投资回报，减少浪费。

（4）沟通结果的可衡量性，即沟通的结果和成本尽可能可衡量。

（5）精准程度的动态性，“精准”是相对的、动态的，且会越来越精准。

二、精准营销的基础

精准营销主要基于市场细分理论，同时又是“4C”理论、顾客让渡价值理论的具体应用。

市场细分理论要求把市场分割为若干具有不同需要与特征的购买者群体，并有针对性地制定市场营销组合。精准营销正是要找到具有相似欲望和需要的购买者群体，非常精准地对他们进行营销沟通，以实现绩效更佳的营销效果。

“4C”理论以满足顾客需要为中心，强调要从顾客的角度来考虑企业营销的所有问题。精准的前提是知道顾客的需求和欲望，知道顾客愿付出的花费，知道怎样才能使顾客更方便以及与顾客进行很好的沟通。

顾客让渡价值是顾客总价值与顾客总成本之间的差额。精准营销努力实现与顾客的一对一营销，充分考虑消费者需求的个性特征，为顾客创造更大的价值。同时，通过直接媒体与手段及时向消费者传递产品信息，降低了消费者搜寻信息的时间成本与精力成本；通过提供交货渠道的个性化和便捷性，进一步降低了消费者的精力、体力支出。

实施精准营销，需要建立相应的营销运营体系：

（1）明确的目标市场。企业要实施精准营销，首先要在市场细分的基础上，准确地选择细分市场，并且清晰地描述目标顾客对本企业产品的需求特征。

（2）清晰、独特的市场定位。随着竞争的日趋激烈，清晰、独特的市场定位是差异化、个性化营销的关键，也是吸引顾客的关键所在。

（3）精准的客户寻找工具。精准关键在于经济而准确地找到目标顾客，这是与顾客建立沟通的通道。

（4）高效率的顾客沟通系统。精准地找到顾客以后，精准营销并没有结束。企业需要与目标顾客进行有效率的双向、互动沟通，以便准确地把握顾客的需求，为其提供更为适合的产品和服务。

（5）适应小众化分销的渠道系统。精准营销的优势之一是提供个性化的服务，使购物更为便利。但这一切要靠及时、可靠的物流配送及结算系统来支持。

（6）顾客增值服务体系。精准营销并非只是为了提高一次销售的精准性，更重要的是使企业长期的营销活动日益精准，降低成本、提高效益。因此，顾客增值服务系统是精准营销必不可少的。该系统一方面通过相关服务来进一步提高顾客购买以后的认知价值；另一方面通过提高顾客忠诚度来增加顾客终生价值，实现顾客与企业的双赢，这是精准营销的长远目标。

三、精准营销的主要方法

如前所述，精准营销的关键在于经济而准确地找到目标顾客，并与之建立有效的沟通。寻找顾客的途径和相应的营销方法主要分为以下三类：

（一）基于数据库营销的方法

企业可以通过顾客以往的购买记录、服务记录、会员注册、促销活动获奖记录以及企业上门走访等途径建立数据库。建立一个有一定规模、相关信息比较完备的潜在消费者数据库，是进行精准营销的重要基础，也是一项长期、艰巨的工作，需要企业不断积累。当然，也可以借助其他组织的消费者数据库（如邮政的数据库、社会保障数据库、其他中介机构的数据库等），从中筛选符合企业自身需要的潜在消费者信息，用以开展自己的精准营销活动。目前，基于潜在消费者数据库的精准营销方法主要有：

（1）邮件营销。从潜在消费者数据库中搜寻对某一产品很可能有需求的潜在顾客，给这些潜在顾客发送产品目录等邮件，与他们沟通有关产品及其服务的详细情况。

（2）呼叫中心。通过电话与潜在顾客沟通。由于电话是双向的直接沟通，沟通效率非常高，如招商银行自开业以来已经建立了一个庞大的客户数据库。当银行开发出新的理财产品时，就可以从客户数据库中挑选与该产品相匹配的客户，并通过该行的 24 小时服务的全球呼叫中心，直接进行电话沟通。美国花旗也通过电话与潜在客户联系，开拓业务。

（3）手机短信。手机在我国的普及率越来越高。用户使用手机的全过程在电信运营商那里都会留下完整的记录。企业可以与电信运营商合作，从手机用户数据库中寻找与企业产品特性相符的潜在消费者群体，并直接利用手机与其进行沟通，经济且效率高。

（二）基于互联网的方法

基于数据库的精准营销有一定的局限性：数据库通常需要一段比较长的时间积累；数据库需要经常更新，以便追随客户相关信息的变更。

基于互联网的精准营销是通过互联网来识别网民的消费心理和行为特征的，针对性、互动性较强，且消费者占主导地位。目前，基于互联网的精准营销方法主要有：

（1）门户网站广告。现在的绝大多数互联网门户网站都开设了许多不同的频道，比如新浪网就开设有体育、汽车、房产、旅游、健康等频道。企业可以选择与自己产品特性相符的频道投放广告。进入某个频道的互联网用户一般都对相关内容感兴趣，这时企业的广告投放就显现出精准性了。当然，这种精准性是相对于在大众媒体上投放广告而言的。如 P&G 的“帮宝适”尿裤的促销，就是通过网络平台内的妈妈频道，以很低的成本精准地找到目标消费群。

（2）关键词搜索广告。百度、Google、Yahoo 等主要搜索网站目前都提供关键词搜索广告服务。想购买某类产品或服务时，很多消费者会通过搜索网站查询相关信息。潜在的消费者主动接触广告，广告的针对性、精准性都非常强。

（3）博客。博客网民不但可以浏览互联网信息，而且可以把自己想要传播出去的信息（如旅游、购车等信息）非常方便地发送到互联网上，让其他网民浏览，并相互讨论。这样对某一话题感兴趣的人们往往会在互联网的博客区聚集到一起，相关产品的产销企业就能在这里比较精准地找到大量的潜在客户。比如，Blog CN 博客网站，分音乐博客、体育博客、旅游博客等。这样，音乐爱好者聚集在一起，体育爱好者聚集在一起，养宠物的人聚集在一起……形成了利于营销的共性非常强的消费者群。企业可以与博客网站合作，吸引相应的消费者群体主动参与企业的宣传推广活动。

（4）E-mail 广告。用户在 E-mail 网站上申请 E-mail 信箱时都会被要求留下用户的许多信息。企业开展营销活动时可以与 E-mail 网站合作，根据用户信息选择符合企业产品特征的用户，向这些用户通过 E-mail 发送企业的相关广告，并留下企业的各种联系方式，以便与这些 E-mail 用户进一步沟通。

（5）来电广告。互联网来电广告服务的运作模式是：有需求的消费者通过网络广告页面提交自己的电话号码（完全免费），或者直接用电话拨打一个广告转接号码（免长途费和信息费，类似 400 服务），就能连通广告主的电话，进行直接的沟通洽谈。信息发布企业接到需方来电时，广告开始计费，并按通话时间长短向广告服务提供商支付广告费用。在这一模式下，网络广告的展示和点击查看都是免费的，只有接通双方电话才开始收费，在精准地传播信息的同时，有利于评估广告效果、降低广告费用。2005 年，美国在线 AOL、Findwhat.com、Google 等互联网巨头纷纷推出来电付费广告业务，受到中小企业的青睐。

（三）基于第三方渠道的方法

当两个企业针对相同的目标顾客群体提供不同的产品或服务时，可以通过对方的渠道非常好地指向自己的潜在客户进行精准营销。如海尔与汽车销售公司合作，准确定位自己的目标客户，销售其汽车导航产品——GPS 笔记本电脑。

精准营销并不是一个全新的营销思想和方法，如邮件营销就已有 150 多年的历史。但真正认识到精准营销的好处，并被广泛应用于企业营销实践只是近几年的事。精准营销确实能够更为经济、有效地服务企业的目标顾客，给企业带来更好的效益。随着技术的进步，精准营销的途径与方法会越来越丰富，也会逐步被更多的消费者所接受、为更多的企业所采用。

第五节　社会化媒体营销

社会化媒体营销就是利用社会化网络、在线社区、博客、百科或者其他互联网协作平台和媒体来传播和发布资讯，从而形成的营销推广、销售、公共关系处理和客户维护及开拓的一种方式。一般社会化媒体营销工具包括论坛、微博、博客、SNS社区，图片和视频通过自媒体平台或者组织媒体平台进行发布和传播。

一、微博营销

（一）微博及微博营销的基本概念

1. 微博的定义

微博，即微博客（Micro-Blog）的简称，是一个基于用户关系的信息分享、传播以及获取平台，用户可以通过Web、Wap等各种客户端组建个人社区，以140个字左右的文字更新信息，并实现即时分享。发布的内容在新浪和腾讯微博被限制在140个汉字以内，网易微博被限制在163个汉字以内，搜狐微博不限制字数。用户可以通过微博发布或者转发文字、图片、音频、视频等多种形式的信息。与传统意义的博客相比，微博内容虽然有字数的限制，但具备及时、高互动、传播快等特点，因此受到了人们的广泛认可并得到快速流行。

2. 微博的特征

微博主要有以下几个方面的特征：

（1）信息交流方便快捷。微博由于内容编写方便、字数缩减，相对博客来讲比较简单，更新也快速方便，很多用户都从发博客转向了发微博，并且电脑、手机均可发送微博，用户可以随时随地撰写和更新自己的微博内容。

（2）信息内容简洁明了。微博的字符数规定只有140个，这就避免了大量信息的长篇阔论，很多重要信息在微博发布均可做到短小精悍，内容简洁明了，使得信息接收者一目了然。

（3）信息传播者与接收者广泛。微博互动的过程中，传播的主体与客体无法区分，每位微博用户都是信息的生产者、传播者和接收者。微博用户通过发布信息使得其粉丝接收，并且粉丝再次成为发布者进行转发，以此类推形成一个庞大的信息传播循环体系。

（4）信息资源丰富。由于微博信息的传播和发布者众多，因此微博的信息来源也十分广泛，可以接收到各种渠道和途径的信息，涉及生活和工作领域各个方面。

（5）信息传播速度快。粉丝是微博中重要的组成部分，而大量的粉丝对于微博内容的传播起到了决定性的作用。通过粉丝之间的交流与转发，微博的信息可以在非常短的时间内传播到世界各地。

3. 微博营销的概念

微博营销属于社会化媒体营销的一种，是指企业或非营利性组织利用微博这种新兴社会化媒体影响其受众，通过微博进行信息的快速传播、分享、反馈、互动，从而实现市场调研、产品推介、客户关系管理、品牌传播、危机公关等功能的营销行为。相比传统媒体，微博的受众都是企业的直接用户，企业和用户之间是直接交流的，而之前的传统媒体，企业和用户之间往往还要隔着经销商、媒体等重重“阻碍”，微博所提供的营销新通道是对传统营销模式的一次革新。

有数据表明，有65%的人曾在微博上追过品牌，当他们看到这个品牌有新的微博时，会转发和关注，他们会把品牌纳入自己的日常关注内容，会积极地参与到品牌组织的活动。这其中74%的人是因为喜欢这个品牌，46.5%的人是因为这个品牌发起了有趣的互动活动。这些数据都说明了微博有先天的营销优势，企业进行微博营销还是有群众基础的。

据DCCI 2012年最新研究发现，19岁及以上的微博用户中，八成以上的用户对企业官方微博进行了关注，平均关注7.96个，相比较2011年的平均6.59个增加了1.4个。微博用户对官微的关注数量集中在1~5个（43.28%），其次有20.83%的用户关注5~10个。在对官微用户的进一步分析中，DCCI发现，关注产品类别官微的微博用户对于在微博平台上的电子商务信息更为主动和积极，有60.74%的用户会进入到电子商务网站进行进一步的了解和行动，而直接点击微博上的产品信息的用户也接近六成，并且56.16%的用户会进入到相关产品/品牌的官方网站。

从微博用户对企业官微关注的内容分布情况来看，进入前五位的依次是折扣信息（54.01%）、品牌最新资讯（53.31%）、商品/产品信息（47.77%）、行业信息/活动（46.79%）和企业/品牌活动（42.83%），关注的重点集中在优惠、产品/品牌信息和行业信息上。

4. 微博营销的特点

微博营销的特点与微博这个平台密切相关，微博是集博客、SNS社交网站、手机短信等产品优点于一体的综合服务平台。在信息发布、内容展示、传播速度、影响深度等诸多方面都体现了微博营销相比传统营销的优势。

（1）成本低。企业只需要在微博平台上开通一个官方的微博，而不需要任何的费用，在微博上任何内容的发表、活动的举办都是免费的，微博是极其低成本的营销手段。

（2）传播广。微博发布之后，微博里的粉丝可以看到，粉丝转发之后，粉丝的粉丝又可以看到，这样的传递性让传播的范围更广，影响的深度更深，可以使微博的信息得到几何级的扩散传播。

（3）互动强。企业微博在微博中很常见，就是通过新浪微博企业认证的蓝色“V”标识，在微博上与所有的账号都是平等的。用户对企业微博的评论和回复都基于一个开放的平台，所以给了企业一个可以与用户透明互动的平台。微博是一种具备“4A”元素（Anytime，Anywhere，Anyone，Anything）的流动性互联网应用，只要有网络，用户就可以随时随地浏览信息，即时寻求所需要的服务。这种特点方便企业与用户进行实时的一对一沟通，因为沟通的及时性和信息的准确性，容易让用户对企业产生信赖，在信赖的基础上，加上用户的口口相传，企业很容易赢得新用户。另外，通过对粉丝的数据收集和分析，可以明确知道粉丝群体的消费偏好、购买能力等情况，定位潜在用户；通过social CRM 系统的逐步建立和完善，可以有针对性地寻求客户的兴趣点，在此基础上与其对话，维系老用户，并与客户建立长久关系。

(4) 立体化。微博营销可以运用文字、图片、视频等多种先进的多媒体技术，通过多种组合形式对内容进行描述来实现与企业的关联，从而向用户和潜在用户更加形象直接地展示自己，比起传统营销更有说服力和影响力，让用户更愿意接受企业的产品。

(5) 开放性。相比传统的博客和 SNS 平台，微博不需要完成“加好友”的过程，只需要关注一方，就可以看到所关注的人发布的信息，与不关注的人也可以使用评论、转发、私信等功能。企业的每一次回复和用户的每一次质疑，都会被这个微博平台上的所有用户看到。全开放式也是微博营销的一大特点。

(6) 便捷性。与传统营销方式相比，微博发布信息和操作非常便捷，而且一般情况下，只要通过认真的思考，发布能够引起粉丝及微博用户共鸣的微博内容，就可以达到一个很好的宣传效果。

（二）微博的发展历史及现状

微博的鼻祖是美国的 Twitter.com，而国内的微博就是从模仿开始的。2006 年，埃文·威廉姆斯（Evan Williams）创建的新兴公司 Obvious 推出了 Twitter 服务，随即引爆了人类传播行为和传播模式的革命。

Twitter 的流行也带火了国内的微博市场，追随 Twitter 的脚步，国内也掀起了一股微博热。国内的微博网站，有做啥、嘀咕（已关闭）、叽歪（已关闭）、饭否、滔滔、贫嘴、新浪微博等。2007 年，饭否网借鉴 Twitter 的模式推出了中国最早的社会化媒体平台。而中国最大的门户网站之一新浪网于 2009 年 8 月推出“新浪微博”，意味着微博这种新兴媒体正式进入中国网民视野。之后，搜狐以及腾讯等先后进入微博市场。虽然竞争很激烈，但是在微博平台开发和应用上，新浪微博占尽先机，一开始以吸引名人和传统媒体用户为目标，依靠名人效应和传统媒体的权威性，迅速聚集了一群喜欢互动并且有质量的用户，因此新浪微博的知名度和影响力是其他微博平台所不能比拟的。所以一提到微博，我们就会想到新浪微博。

2009 年 8 月，中国门户网站新浪网推出“新浪微博”内测版，微博正式进入中文上网主流人群视野。截至 2012 年 12 月底，新浪微博注册用户已超 5 亿，同比大幅增长 74%，日活跃用户数达到 4620 万，微博用户数与活跃用户数保持稳定增长（2013 年 2 月 20 日官方公布的数据）。

（三）微博的营销价值

微博自身具有的便捷性、及时性和强大的传播力，再加上较易受到粉丝信任的网络口碑化营销功能，使得企业在营销活动中有了新的选择。总体上看，微博营销包括以下几个重要的价值。

1. 提升企业的品牌知名度

整合营销传播这一概念的提出者舒尔茨曾经说过：“在同质化的市场竞争中，唯有传播能够创造出差异化的品牌竞争优势。”

对于企业来说，微博是一个用来树立、推广自身品牌形象的绝佳平台。第一，当企业在微博上以官方身份出现，这本身就是一次在大众面前的自我曝光和宣传。第二，企业在微博上介绍新产品、推出新服务，或者利用品牌代言人的微博来发布产品介绍，也是企业进行自身营销和推广的方式。

由于独一无二的交互方式和多渠道的传播方式，微博能够实现企业与用户之间面对面的对话。微博上的粉丝往往是主动跟随，所以企业能够在心理上获得用户的认同。这样，不仅能够增加信任，还能够保证对话的质量，同时提高产品和品牌的美誉度与知名度。

2. 达到品牌宣传推广效果

微博营销能够掌握沟通主动性。目前在微博营销上比较常见的方式有：开展各种互动营销活动，例如上传图片，帮助实现愿望，或者是针对当前的新闻热点进行有奖问答等。此外，关注公益的微博营销活动也更容易引起用户的反馈。一方面，举办活动能够迅速拉拢人气、吸引粉丝；另一方面，这也是企业传递品牌和文化的重要方式之一。微博上的粉丝大部分都是生活中的朋友，粉丝之间会乐于分享并且通过口碑传播、层层传递，实现品牌宣传和推广的作用。

3. 维护和管理客户关系

微博的直接性使得企业可以很好地接触到直接的客户反馈，增加获取客户需求动态的机会，与客户之间建立优良的联系。

事实上，通过微博可以让企业的客服人员进行售前和售后的服务，以此来优化用户体验，同时节省服务成本。而且微博不光是消费者和企业之间沟通的一个桥梁，同时也能够成为粉丝之间互相交流、沟通分享的有力平台。

随着消费者获取信息的多元化，用户的反馈意愿逐渐增强，会让企业由以往的引导沟通向倾听沟通转变。再加上微博所具有的互动性，用户在微博上“知无不言、言无不尽”，使得企业可以利用微博收集到大量真实的用户反馈。企业可以通过关键词搜索来查看与自身相关的内容和评论，并且对消费者的建议进行回复，通过微博进行舆情监控，这样可以不断改进产品和服务，增强用户体验。

4. 实时监测传播效果

微博是一条极其方便企业轻松获取消费者兴趣和偏好的渠道。除此之外，企业还可以深入了解市场潜在机会以及竞争对手的弱点，并以此为指向，更精准地对如何正确地为用户创造价值进行判断。

企业在微博上进行的线上或者线下活动，都能够进行全程“微直播”，还可以在特定的时间进行“微访谈”，跟踪和统计用户对企业开展的市场活动的反应，了解用户的看法和想法，并且能够及时对用户的反馈做出回应，以便对活动的传播效果进行直观和公正的评估监测。

通过微博的平台，企业可以对粉丝的言论进行收集分析，获取粉丝的消费动态和潜在意识。企业还可以在微博上发起投票和调查，甚至可以针对调查中涉及的问题与用户进行一对一的沟通，实现调查的实时性和互动性，从而增强调查的正确性。

（四）微博营销策略

1. 内容策略

首先要研究目标受众所关注的内容，投其所好，这是在微博上做好营销的基础。

内容要遵从“3I”原则，如图 19-3 所示，即有趣（Interesting）、利益（Interest）、个性（Individuality）。有趣就是要有新意、有创意、有吸引人的地方，创造微博亮点。利益是发布的信息对于用户来说要有实用性，给用户提供准确的信息服务、生活常识，或向用户提供本企业产品的折扣优惠、发放奖品等。个性就是企业为其官方微博确立的特性和风格，并保持下去，与其他微博区别开来，有助于用户的识别。

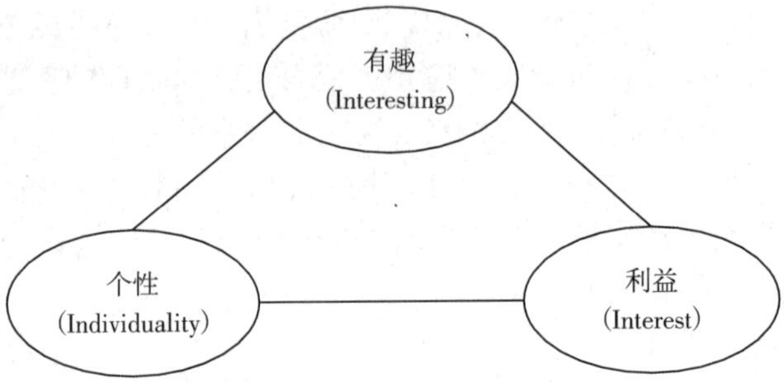

图 19-3 “3I”原则

（1）内容写作。在内容的取舍上，最佳比例是八成对粉丝有益的内容加上两成的自我推广。内容要有及时性、互动性、娱乐性、可读性和教育性五种特性，不是说每条微博都需要同时具备这些特性，而是每天的微博内容都不能偏离这些特性。另外，企业微博要传递正能量，不要有消极内容。

（2）微博编写。首先，为固定性栏目设置话题组“##”，例如 # 暴风资讯 #，这样可以对内容合理规划，让粉丝快速地寻找到相关的信息。也可以利用微博的话题主持人功能，一个认证的用户，可以申请做话题的主持人，对该话题进行管理，只要带有相关字符内容的微博，都会集中体现，而主持人可以选择置顶哪条微博和进行与粉丝互动的“PK”。

其次，因为内容简短，可以设置【 】作为标题（类似新闻、报纸的标题），尽量具有特别属性以吸引粉丝。表达内容时，语言风格要幽默，以疑问句结束可以增加互动性，多使用一些表情或者“颜文字”拉近与粉丝的距离。作为 140 个有限文字无法完全表达的内容的补充，还需要图片的配合，图片的选择既要与微博的内容相符，也要与企业的形象相符。

（3）微博发布。微博是一个时间碎片化的媒体平台，一些时间段微博的使用者会比较多，这段时间就是黄金时间。如果微博在黄金时间发布，被看到及转发的可能性就相对增大了许多。因此，需要根据内容特点和用户使用习惯，选择合适的发布时间。

要保持企业微博在微博平台的活跃度，不要出现一天发多条、一天一条也不发的情况。内容更新的频率应控制在每天 10~20 条，少于 10 条会很容易被其他微博埋没，让粉丝无法看到，也会被粉丝认为企业的微博缺乏活力；多于 20 条，又有可能对粉丝刷屏，且信息过多会冲淡重要信息。

另外，两条微博发布之间的间隔通常控制在 5 分钟至 5 小时（不包括 24：00~8：00）。如果时间间隔超过 5 个小时，则会让人觉得企业微博信息更新的速度太慢。如果时间间隔少于 5 分钟，则有可能会让关注你的粉丝过于频繁地看到你的微博，使粉丝们感到视觉疲劳。

2. 互动策略

在微博这种社交平台上，企业的微博营销不能只局限于推销自己的产品，而是要在平台上与粉丝、用户、潜在用户及潜在粉丝打成一片，成为朋友，促进与用户粉丝的互动。例如，通过有奖活动的发布吸引新粉丝，通过平时的互动沉淀积累忠实粉丝。

（1）粉丝经营。粉丝数量不是越多越好，粉丝的质量比粉丝的数量更为重要。刚开始做微博时，不要随机关注大量用户以求增加微博粉丝，而应通过与粉丝多互动、多交流，建立信任关系，培养忠实粉丝。

作为官方微博，要尽量减少关注一些普通的粉丝，多关注一些认证用户，或草根大号，或其他官方微博，关注更多与自己企业微博不同的微博，接收更加多元化的信息。

（2）互动方式。企业微博的本质是一个企业与外部交流的渠道和平台。微博平台的特点决定了微博营销的沟通手段一定要坦诚友好和及时用心。在微博上的回应最好要遵从有答必应、及时回复、多利用表情符号、平等对话、保持诚恳的原则，尤其不要自以为企业有些名气就可以很轻松地在微博中汇聚人气。

要多运用关键词搜索，对微博平台上关于本企业的内容进行了解、反馈及分析，以了解微博上所有用户对企业的讨论和想法，监听负面信息并进行及时反馈，多研究粉丝关注的内容，找寻他们的关注重点。

为了增加粉丝与官方微博的互动，可以降低粉丝参与门槛，让更多的粉丝尝试参与，并设置悬念激发粉丝好奇心；还要重点关注微博热点和意见领袖，了解微博平台的热门话题；给粉丝们更多权利，如接受粉丝的投稿、通过官微来发表等。

3. 整合营销策略

企业微博整合营销 PRAC 法则，如图 19-4 所示。平台管理（Platform）——“2+N 微博矩阵模式”，以品牌、客户微博为主平台，补充员工、粉丝团、产品及活动微博；关系管理（Relationship）——与媒体微博、意见领袖微博、企业微博粉丝团关系的管理；行为管理（Action）——主要有引起注意、品牌推介、产品销售、活动推广等典型的微博营销行为；风险管理（Crisis）——建立企业后台客服关系管理系统，预测与活动相关的实际影响及其风险。

通常情况下，微博不是一个渠道在孤军奋战，而需要和其他渠道相互配合，并肩作战。微博可以与博客、视频网站、SNS 网站等即时通信应用及其他许多线上渠道配合，也可以与报纸杂志、广播电视及户外媒体相配合，还可以通过微博组织线下活动，并通过多种方式直播。更重要的是，各类渠道要充分发挥各自的优势，相互协调配合，实现

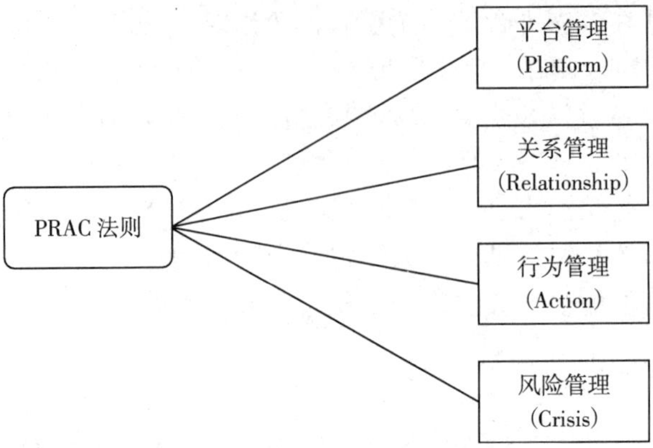

图 19-4　PRAC 法则

更好的整体营销效果。

（1）与其他营销渠道的整合。微博营销是企业整个营销体系中的一个重要组成部分。企业应该通过微博同用户进行积极有效的双向沟通，建立共赢的新型的企业—顾客关系，在双方的沟通中找到互利互惠的新途径。

（2）与其他社会化营销平台的整合。可利用 SNS 平台上客户的关系圈，进行更具目的性的信息传递。利用社交圈开展活动，与微博进行关联，用户可通过微博了解并参与活动，通过这些活动，用户能扩大自己的社交圈，并能积极主动地参与其中。

（3）微博活动。微博初期可以选择单纯的吸引粉丝的活动，不设置任何限制，只需关注就可参与。已经有一定影响力的企业不适合这样做，否则可能会危害公司的形象，而且会吸引来更多的"活动粉"（热衷于参与活动的一部分用户，用这些账号参与企业的活动，但不会对企业的其他内容感兴趣或做回应）。有影响力的企业应该与节日结合做活动，并且线上线下的配合进行是微博活动最终的方向。微博活动应该保证小活动不间断，大活动偶尔做的频率。短期的活动可以快速增加粉丝数，长期的活动可以增加用户活跃度。

成功开展微博活动需要设计能吸引粉丝眼球的海报。好的标题是成功的一半，因为有字数的限制，活动标题表达要简单巧妙。活动简介表达应清晰准确，让粉丝能够一目了然地知道参与方式。要积极回复活动中参与的粉丝，逐步建立信任关系，对于私信提问，也要随时回复。

为扩大微博活动的影响力，还要注意平台的延伸，即可以通过其他方式，从其他平台吸引粉丝。活动的举办肯定不是一天，所以需要微博活动信息的二次传播，让更多的粉丝看到活动。

4. 公关策略

任何企业都有出现危机的可能性，微博是发现危机信息和及时进行危机公关的渠道之一。微博平台的公开化，极有可能会因为一个用户在网上发布一条企业的负面消息，通过裂变式的传播让成千上万的网民看到这个消息，并且参与其中，把事情扩大化。所以企业应该未雨绸缪，合理地利用微博进行危机公关，尽快化解矛盾。

微博危机公关的主要环节包括四个阶段：①监测发现危机阶段：监测日常信息、发现危机信号、上报相关部门、判断严重程度、研究应对策略等；②初期干预危机阶段：关注并诚恳表态、进行初步沟通、判断已发微博的当事人类型、同步跟踪信息等；③中期化解危机阶段：舆论引导、化解危机、保留证据、如有必要进入法律流程等；④后期收尾阶段：回访当事人、了解危机之后的舆论氛围、总结并吸取经验教训、谋求治本之道等。

企业要积极主动关注与企业相关的微博信息，多与那些主动谈论到本企业的用户进行沟通，因为他们有可能是客户、媒体或合作伙伴。危机发生时，企业要尽快检索对本企业的讨论，针对其中的误解和问题进行主动、透明的回应。面对公关问题，最重要的一点就是及早响应，引导舆论往好的方向走，将危机由大化小、由小化无。而任由事态发展，会使企业处于被动状态。除了回应迅速，还要掌握发言权，确立微博新闻发言人的地位，将企业的信息、态度和对策及时地呈现在公众面前，遏止不必要的流言。另外，在处理危机的过程中，应该以社会责任和公众利益为首位，主动承担责任，凸显企业的社会责任意识。比起撇清关系、力证清白，媒体与公众更愿意看到的是企业如何处理事件，给予用户满意的答复。

5. 团队策略

企业微博营销涉及产品的调研、前期设计、生产、分销以及后期的技术支持、售后服务等所有步骤，牵涉到所有这些部门的各类信息，需要得到企业各职能部门的通力合作。因此，微博营销团队中必须有能够起到统领作用的协调型领导，负责不同项目信息的收集、整理、传递和直接操作微博发布信息，与用户直接沟通。

适合中小企业初步开展微博营销的是"网格汇聚型"微博营销团队构架，如图 19–5 所示。

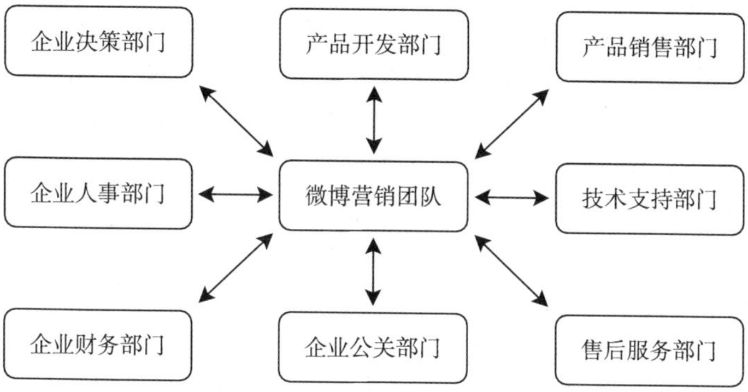

图 19–5 "网格汇聚型"微博营销团队构架

各职能部门向微博营销团队提供相关信息，或由微博营销团队主导组织与单个或数个部门间的合作。

（1）对微博运营人员的要求。微博运营是一个很特殊的工作，有可能是这样的情况：运营人员本身是一名男性，却要在运营官方微博时，根据官方微博的调性，以一个可爱女孩的角色发布消息，所以做好并不容易，因此对于微博运营人员有以下几点要求：①热爱这份工作、这个品牌和所从事的行业，善于沟通与分享，积累丰富的网络社区经验，同时要保持理智，不意气用事。②不断学习，了解最新的互联网趋势，紧跟变化趋势甚至引领趋势。结合自身品牌，建设性地开展工作。③能够充分理解用户的要求，根据不同的需求，用文字及表情将意思表达出来，同时符合当前所需要的调性和语境。重视粉丝的提问与回应，做好服务。④在顺应变化、灵活执行的同时，也要有可供遵循的制度与流程，有良好的工作习惯与沟通方式，让信息及时共享。

（2）对企业人员的要求。鼓励企业员工多参与到微博中来，为微博营销带来更大的活力，与更多的用户构建良好的关系。企业内部员工能够更好地理解、实践企业的品牌核心价值是企业品牌营销取得成功的必要条件。走在中国微博营销前列的戴尔公司，对内鼓励员工开通微博，并且通过成立微群，加强员工之间的非正式交流，这实际上是一种利用微博加强企业品牌、企业文化传播的应用方式。通过这种形式，员工以一种非正式的方式参与到公司各项事务的讨论中，同时也学习理解了公司的品牌定位和品牌文化，有利于形成一个参与—理解—再参与的良性循环过程。

（3）对企业领导的要求。企业高层可以借微博这个平台展现个人魅力，以凝聚员工，增强用户的了解与信任。高层的微博要有人情味，并要注意度的把握，这是由微博的公开性决定的。

“CEO 情感营销”在国外是十分流行的营销方式，很多公司的领导人经常以普通人的身份在 Twitter 上与粉丝交流，让顾客觉得像是身边的朋友或邻居。如一家美国卖鞋的 B2C 网站 Zappos 的 CEO 谢家华在 Twitter 上大谈个人的喜怒哀乐；新东方创始人俞敏洪在微博里不时发表几段人生小哲理。企业家在保持公众曝光度的同时，也树立起了良好的个人形象。

6. 平台策略

就企业微博营销而言，微博营销的第一步应该是选择和确定合适的微博网站平台开展营销活动。选择微博平台的条件包括两个方面：一方面，平台要拥有巨大的用户基础，用户基础是企业进行营销的保证，可以为企业带来巨大的成长空间；另一方面，平台的用户群体必须与企业的消费群体相关，使平台的用户或者可以成为企业的用户。

在国外，Twitter 是占据绝对优势的企业微博平台；而在国内，微博网站较多，新浪微博和腾讯微博拥有较大优势，虽然发展中仍面临着搜狐微博、网易微博等跟进者的挑战，但是从这些跟进者目前的发展和活跃度来看，其对当前格局的影响并不明显。由于新浪本身的资源优势和定位，新浪微博一开始就带有极强的媒体属性，加上早期的明星效应，先入为主、聚集人气，很快就成长为目前国内规模最大、最具影响力的社会化媒体平台。目前已经超过 4.2 亿注册用户，其中企业认证用户超过 20 万，并在微博上进行了影响力较大的成功营销，新浪微博已然成为当今社会主流舆论的集合与发散平台。

相比之下，腾讯微博社交属性更强。腾讯微博依靠腾讯 QQ、朋友网、QQ 空间等应用形成强大的社会化社交平台，且一直居于国内领先地位。

7. 细分策略

企业官方微博根据企业的战略定位和职能分布可以分类开设账号。主要形式有企业品牌微博、企业产品微博、企业部门微博、企业高管微博等。其中，大型企业也会根据地域分布开通区域性官方微博。微博发展到今天，大部分企业的官方微博逐渐形成体系，以保证品牌的一致性和职能分布的易搜索性，官方微博矩阵体系的建立也日趋完善。

分类形式不同，企业官方微博的定位也会有所差异。但同一企业各个不同分支的微博应该在企业品牌、服务的基础上传递相同的企业文化和价值观，保持企业形象和营销传播的一致性。

如戴尔旗下有 @ 戴尔中国——与用户沟通交流，推广品牌；@ 戴尔促销——发布打折、促销信息；@ 戴尔技术中心社区——聚集技术爱好者，解决疑问等；@ 戴尔解决方案专家——为用户提供解决方案；等等。

戴尔的分类设置账号虽然在一定程度上分流了用户数量，但是这种账号设置使得内容更加专注，通过搜索或微博之间的相互转发，用户可以快速定位自己所需要的信息，增强了用户体验。

二、微信营销

（一）微信及微信营销的基本概念

1. 微信

微信是腾讯公司于 2011 年初推出的即时通信工具，用户可以通过手机、平板电脑和网页快速传送文字、图片甚至视频信息，运营商不收取通信费，而只是收取网络流量费，在无线网络覆盖时可视为免费。微信提供公众平台、朋友圈和消息推送等功能，用户可以通过摇一摇、搜索号码、查看附近的人、扫二维码方式添加好友和关注微信公众平台，同时微信平台可将内容分享给好友以及将用户看到的精彩内容分享到微信朋友圈。该软件运营不久便得到了用户认同，使用人数与日俱增。截至 2013 年 10 月 24 日，腾讯微信的用户数量已经超过了 6 亿，是亚洲地区用户群体最大的移动即时通信软件。

在移动社交应用风靡全球的今天，微信无疑已经成为一种媒体热议、商家热捧、专家推荐、公众依赖的信息传播工具，可以毫不夸张地说，微信是继微博之后，又一个深刻改变互联网信息入口，影响网民获取信息渠道的互联网应用。

2. 微信营销

微信面世时间不长，却极大地影响了人们的生活，同时伴随着微信的火热，微信营销应运而生。微信营销属于社会化媒体营销的一种，是指企业或非营利性组织利用微信这种新兴社会化媒体影响其受众，通过提供用户需要的信息，推广自己的产品，从而实现点对点的营销。企业可以在微信上完成从市场调研到客户管理、客户服务、销售支付、老客户维护、新客户挖掘等所有工作。

微信营销作为网络创新时代的新型营销方式，凭借其独特的优势，受到了越来越多的企业的关注，使越来越多的企业利用微信对企业本身和产品服务进行营销。微信营销主要有以下一些特点：

（1）低廉的营销成本。传统的营销方式如电视广告、报纸、宣传海报等通常要耗费大量的人力、物力和财力，而微信营销基于微信这一平台，各项功能都可供用户免费使用，使用过程中仅产生少量的流量费。相较于传统营销方式，微信营销的成本极为低廉，几乎接近免费。

（2）大量的潜在客户。腾讯微信的用户数量虽已超 6 亿，但随着微时代的到来，微信用户的数量还将不断增加，这意味着巨大的市场。越发壮大的微信用户群体将成为企业微信营销的潜在客户，由此也吸引了越来越多的企业加入微信营销的行列。

（3）精准的营销定位。在微信公众平台中，通过一对一的关注和推送，企业不仅可以向其粉丝推送相关产品及活动信息，还可以建立自己的客户数据库，使微信成为有效的客户关系管理（CRM）系统。企业可以通过用户分组和地域控制，针对用户特点，将信息精准推送至目标用户。

（4）信息交流的互动性。微信的载体是智能手机，这意味着只要手边有智能手机，无论何时何地，企业都可以与客户进行互动，进一步了解客户的需求，进而满足客户的需求。微博营销虽然也可以与粉丝进行互动，但其及时性远远比不上微信营销。

（5）信息传播的有效性。企业利用微信公众平台向客户推送信息，能保证客户 100% 接收到企业推送的信息。另外，客户是因为对产品或企业感兴趣而自愿扫描企业二维码或输入账号添加官方微信的，因此，当接收到来自企业官方微信的信息时，他们会有效地关注所接收的信息。

（6）多元化的营销模式。微信营销有漂流瓶、位置签名、二维码、开放平台、朋友圈、微信公众平台等营销模式，这些营销模式各有其特点，企业可以针对不同的营销目的选择不同的模式组合。另外，微信可以支持多种类型的信息，不仅可以支持文字、图片的传达，而且支持发送语音信息，这使得企业可以利用微信完成和客户的全方位交流与互动。

（7）强关系的机遇。微信的点对点产品形态注定了其能够通过互动的形式将普通关系发展成强关系，从而产生更大的价值。互动就是聊天，可以解答疑惑、可以讲故事甚至可以“卖萌”，即用一切形式让企业与消费者形成朋友的关系，从此消费者将不会相信陌生人，但是会信任自己的“朋友”。

（二）微信的发展历史及现状

微信的发展历史如图 19-6 所示。微信是对国外手机类即时通信软件 KIK 的模仿。KIK 可基于本地通讯录直接建立与联系人的连接，并在此基础上实现免费短信聊天、来电大头贴、个人状态同步等功能。

2010 年 10 月，个信互动（北京）网络科技有限公司推出了手机即时聊天应用“个信”，成为国内最早推出此类应用的企业。“个信”是一款专为国人量身打造的信息共享和沟通软件，跨网跨国免费发送短信、彩信、语音短信，附加通讯录备份功能以及微博、淘宝等拓展订阅功能。“个信”引起了小米科技、腾讯公司等企业的关注。

2010 年 12 月末，在中国国内诞生了第一款类 KIK 的应用——米聊。米聊的官方宣传标语是：“爱免费，更爱实时状态，比短信方便，不愁话费账单。新奇的沟通方式，我不是 QQ，也不是飞信，我是米聊。”准确概括了类 KIK 应用的优势和特点。

2011 年初，腾讯公司推出了一款快速发送文字和照片、支持多人语音对讲的手机聊天软件，并命名为微信（WeChat）。随后，微信团队不断更新升级、优化功能，到目前为止的 5.1 版本，一共经历了七次比较大的调整。

微信作为时下最热门的社交信息平台，正在演变成为一大商业交易平台，其对营销行业带来的颠覆性变化开始显现，微信商城的开发随之兴起。微信商城是基于微信而研发的一款社会化电子商务系统，消费者只要通过微信平台，就可以实现商品查询、选购、体验、互动、订购与支付的线上线下一体化服务。

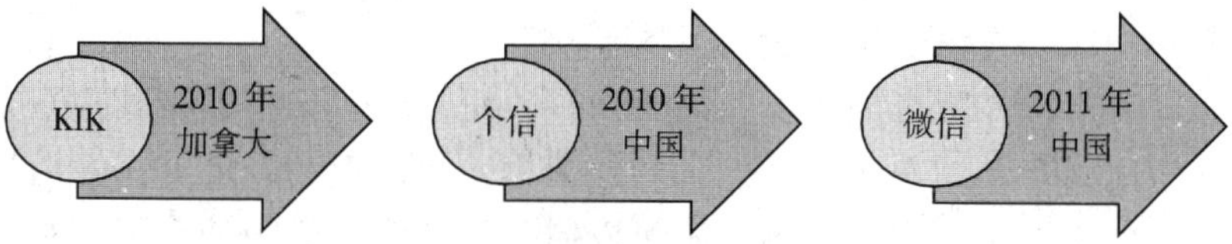

图 19-6　微信的发展历史

（三）微信的营销价值

我们生活在信息技术快速发展的时代，每一个新媒体的出现，都会使企业营销方式发生巨变。作为一种新兴的信息传播工具，微信在网络营销方面的应用价值也被越来越多的企业和个人用户认可。通过这一平台，个人和企业都可以打造一个微信的公众号，并实现和特定群体进行文字、图片、语音的全方位沟通与互动。

微信给营销业带来了巨大的变革与爆炸性的创新，通过微信营销，可以使你比别人做得更好、更便宜、更具个性化，传统营销则很难三者兼得。微信营销的这一价值主要来自于微信支付即移动支付。移动支付可使线上线下统一起来，相当于无成本地开设网点，增加销售。最重要的是，每次移动支付都会留下相关信息，通过信息碎片合成，可使消费者画像越来越清晰，从而使大规模的定制营销变为可能。此外，消费者的任何一次支付，都可变为向其汇报信息、为其服务的过程，使得宣传更具针对性，更能有效提升品牌的知名度，增加销售。由此，借助微信平台开展客户服务营销也成为继微博之后的又一新兴营销渠道。对于微博，其传播广度和速度惊人，但微信利用一对一的互动模式使其传播深度及互动深度达到了一个更高的高度。可以肯定的是，微信在信息的用户推送与粉丝的“CRM 管理”方面要优于微博。尤其是微信立足于移动互联网，其庞大的用户群、随时随地的互动更使得微信成为尤为重要的营销渠道。

（四）微信营销模式

微信营销模式主要有以下四种：

1. 漂流瓶——品牌活动式，提高品牌知名度

漂流瓶是一种和陌生人简单互动的方式。通过“扔一个”，用户可以发布语音或者文字并投入大海中以便其他用户捞取；通过“捡一个”，用户则可以获取其他用户发出的信息并与之展开对话。招商银行的“爱心漂流瓶”可谓这一模式的成功案例。微信用户只需通过“漂流瓶”捡到招商银行漂流瓶并进行简单互动，招商银行就会通过“小积分，微慈善”平台为自闭症儿童提供帮助。这项慈善活动在吸引大量参与者的同时，也提升了招商银行的形象。

2. 位置签名——草根广告式，吸引周边用户

微信用户可以随时改变自己的签名档，而这对企业来说无疑是一个免费、方便、快捷的移动广告位。企业附近的微信用户则可以通过"查看附近的人"这一基于 LBS 的功能插件发现企业的位置、用户名和签名档等内容。成功案例之一是饿的神微信签名档。通过将自己想让客户知道的信息置于签名档，周围的客户只需点击"查看附近的人"，商家的信息便会强行进入客户的眼中，客户也可以与商家进行互动，完成微信订餐等活动。

3. 二维码——O2O 折扣式，打造忠实客户群体

2011 年底，微信 3.5 版本加入了二维码功能，用户通过扫描或在其他平台上发布二维码即可拓展微信好友，这对企业来说无疑是营销宣传的有力载体。企业可以设定自己品牌的二维码并公开发布，而微信用户则可以通过扫描二维码关注企业信息，获得相应的折扣和优惠。大悦城"微生活会员卡"是腾讯微信—微生活会员卡首场针对地标购物中心的大型活动。在这次活动中，微信用户只需用微信扫描朝阳大悦城专属二维码，即可免费获得朝阳大悦城微生活会员卡，享受众多优惠特权。

4. 开放平台、朋友圈、微信公众平台——社交分享式，实现口碑营销

开放平台和朋友圈是有效的社交平台。通过开放平台和朋友圈，微信用户可以在会话中调用第三方应用进行内容选择和分享，实现信息的广泛传播。而微信公众平台是腾讯在微信的基础上新增的功能模块，是对开放平台和朋友圈的细分和延伸，有利于企业将信息精准推送给目标人群，再借助用户的开放平台和朋友圈，实现企业信息的病毒式传播。"美丽说微信"可谓成功的应用案例。通过与开放平台的"对接"，用户无须离开聊天窗口即可获取美丽说的图片、价格、购买链接等信息。用户可将美丽说发布的内容分享到微信中，并通过开放平台、朋友圈、微信公众平台实现社会式分享，促成信息的病毒式传播，达到有效口碑营销的效果。

（五）微信营销策略

1. 注册公众账号，申请认证

商家在利用微信进行营销时，首先要做的就是注册一个公众账号，将签名修改为广告语或者商家的相关介绍，并更换头像，头像最好具有辨识度，建议更换为店铺的招牌或者 LOGO。这样更有利于商家的品牌建设，也方便商家推送信息和解答消费者的疑问。

2. 注重互动

企业应该认真地关注客户的反馈，注重与客户的互动。必要时，还可以针对一些特殊疑问使用人工微信客服，这样能够实现人与人的实时沟通，优化用户体验。除此之外，企业还可以对每天群发的消息做一个安排表，准备好文字素材和图片素材，为客户推送一些他们感兴趣的消息。

3. 实体店同步营销

店面是充分发挥微信营销优势的重要场地。在商场外墙粘贴的海报上、餐厅的菜单上，甚至是公交车站的海报上，我们常常能够看到一个二维码。而只要你取出手机，点开微信，将二维码的图案置于取景框内，微信就能为你找到企业的二维码，提供成员折扣和商家优惠。这种做法一来可以为公众账号增加粉丝，二来可以积累一大批实际消费群体，这对后期微信营销的顺利开展至关重要。

4. 巧用"查看附近的人"和"向附近的人打招呼"功能

根据地理位置，将相应的促销信息推送给附近的微信用户，从而实现精准投放。此外，利用"向附近的人打招呼"功能，向附近的用户打招呼，可以引起用户对企业的注意。

5. 利用漂流瓶推广活动

企业可以在漂流瓶中添加有关活动的文字或者语音游戏，抛掷到"大海"中，对漂流瓶的参数进行更改，可使合作商家推广的活动在某一时间段内抛出的"漂流瓶"数量大增，增加普通用户"捞"到漂流瓶的频率。

● 本章回顾：

本章主要介绍了营销发展中的一些新概念、新方式，包括网络营销、绿色营销、关系营销和精准直销。

互联网的快速发展对传统营销产生了巨大冲击，迫使企业借助新型的网络媒介开展卓有成效的网络营销。网络营销者必须了解上网用户的相关情况，探讨自己的产品是否适合网络销售，确立网络营销对象，进一步建立与巩固顾客网络，充分利用互联网做好广告宣传。

绿色营销是指企业在营销中要重视保护生态环境，防治污染，充分利用并回收再生资源以造福后代。

关系营销指与有价值的顾客、供应商、经销商等建立长期满意关系。关系营销扩大了营销组合，在传统营销组合"4P"的基础上，新增加了三大要素：人员、程序制度、客户服务。

精准营销力求尽可能准确地选择目标消费者，并经济地、有效地进行沟通。可基于数据库、互联网或第三方组织精准营销。

社会化媒体营销要在自主信息时代真正为企业所用，关键是要研究这些媒体的特性，做到让目标客户触手可及并参与其中，传播和发布对目标客户有价值的信息，让消费者从中受益。

● 讨论与概念应用题：

1. 近几年，网络营销应用较为成功的产品类别有哪些？其成功的要素有哪些？
2. 你是否通过"当当"、"网易"等网上书店购买过图书？与在传统的书店购书相比，你认为有什么不同？网上书店和传统书店各自的发展趋势如何？
3. 一般来说，绿色食品、绿色蔬菜的价格要高一些，为获得消费者的认同并取得好的经营业绩，企业在促销和分销方面应该做何考虑？
4. 精准营销的关键在于完善的、及时更新的数据库，针对某一具体产品或服务，谈谈其数据库的建立途径。
5. 结合自身感受，谈谈如何提高社会化媒体营销的有效性。

●【案例 19-1】“微码”的数据库营销

(一)“微码营销”走俏金融业

传统营销手段对市场的驱动越来越有限，追求领先的企业需要新的营销动力。微码营销（Micro Marketing，北京世纪微码营销咨询有限公司的简称）公司通过数据库营销和直复营销，帮助思科、甲骨文、德国宝马、中国网通、美国 EMC 公司、中国惠普等著名公司开发并获取更多的新客户等方面立下了汗马功劳。微码营销已经成为中国本土数据库营销技术和市场推广手段的缩影，并逐步突破 IT、电信、医疗、汽车、零售、教育等领域，在金融行业中也大受欢迎。

银行业是中国对外开放的最后几个行业之一，随着世界贸易组织协议里中国金融业开放时间表的临近，银行业的竞争日趋激烈。相对于传统四大商业银行，在中国的市场渠道、网点和客户数量方面，外资银行和国内的新兴银行常处于被动地位，但是数据库营销的兴起却使这些银行找到了一种以小博大的营销制胜术。

民生银行是一家国内民营股份制商业银行。由于监管机构实行的 8%资本充足率的要求，银行正在积极地通过加大对个人金融理财服务的投入力度来吸纳更多的优质存款，获取更多利润，以增加自有资本金量。但是，民生银行在全国的高收入潜在客户资料有限，网点和渠道缺乏。为了实现个人银行业务的扩张，借助专业的数据库营销公司的力量成为其以小博大的一种手段。最终，民生银行把覆盖大约 10 万个目标客户，并在一年时间内发展出 500 个以上的合格客户的任务落实到了中国本土领先的专业数据库营销公司——微码营销身上。

“微码”项目小组立即成立，并很快为民生银行将目标锁定在目前国内年收入在 10 万元以上、平均年龄在 28 岁以上的高收入人群。最终，微码营销通过对其企业客户数据库的查询和分析以及市场搜寻建立了 10 万目标客户名单。通过直邮广告、DM、EDM 等沟通途径传递民生理财服务的特点，继而通过外呼电话与目标客户进行沟通，该个人理财项目总体反馈率达到了 13%，并产生了数千销售机会。而这在以前是根本不敢想象的，然而民生银行的个人理财业务借“微码”插上了翅膀。

目前，许多外资银行及国内的新兴银行，如招商银行、民生银行、花旗银行、汇丰银行等已经逐渐把数据库营销作为与竞争对手争夺市场和客户的新利器，而“微码”更是成为银行首选的战略合作伙伴。

通过数据库营销和直复营销，“微码”可以帮助金融企业开发并获取更多的新客户，也可以帮助企业提升老客户的忠诚度。综合利用电话营销、E-mail 营销、反馈式直邮、网上营销等直接沟通手段，帮助客户建立客户数据库并管理相关客户信息，实现销售机会挖掘、产品促销推广、客户保留、经销商关系维护等营销目标。

正如微码营销总裁费建平先生所说：“直复营销更多研究的是客户沟通的手段，客户关系管理更多的是一种理念，而数据库营销将这种理念和营销技术落到实处。”

(二) 数据库营销力推《CXO》杂志

期刊业是最需要并且最适合数据库营销的行业，不论是保持读者的续订率还是发展更多新读者，都需要数据库营销来大显身手。微码营销公司在过去的三年中一直为

《CXO》杂志系统地规划和实施数据库营销策略和项目，取得了不错的业绩。

经济学人集团是国际知名的出版集团，其属下的CXO杂志是服务于企业高层财务管理人士的专业杂志。在全球（特别是美国）大中型企业高级财务管理人士中拥有巨大的影响力。2002年中，该杂志计划进入中国，期望在2~3年时间内培养起一批忠实的高质量的读者群。因为中国出版行业对外资还没有完全放开，该杂志先期以免费赠阅的方式发展读者、扩大影响力。在投入期内，杂志的管理层还期望在广告销售、会议活动和读者数据服务等领域获得一些收入。在读者订阅和续订管理上，该杂志选择了微码营销公司作为专业的数据库营销合作伙伴，帮助杂志推动读者订阅并且管理读者关系。

客户的具体目标要求被概括为以下四个方面：第一，读者订阅数量目标，第一年订阅读者达到18000人；第二年订阅读者达到40000人。第二，订阅读者的质量目标，大中型企业财务总监、财务副总等财务专业高层管理者占50%以上；总裁、总经理等企业综合管理人士占30%左右；其他职能管理者数量不能超过20%。第三，维护良好的读者关系，每半年续订率达80%以上。第四，获得附加收入，支持附加服务的发展，获得广告以外的更多来源的收入。

对此，微码营销公司提出了针对性很强的方案。

他们认为，数据库营销的目的主要有三个方面：客户开发、客户保留和客户价值的最大化。在这个案例中，就体现在发展更多的订阅读者、保持高的续订率、提供附加服务来获得更大收益。这一切都需要精确的目标客户分析作为基础。

该杂志的目标读者是大中型企业和事业机构的高层财务管理者及部分综合管理人士，其他读者如普通财务职员、学生等并不被看重。

因此，微码营销公司首先需要分析潜在的读者分布并且确定目标读者群。这个目标读者群既要符合业务的要求，还需要考虑到实际的可操作性。也就是说读者的数据库可以建立，读者数据也有较大可能收集到。微码营销公司通过数据库的查询和分析，初步确定了以北京、上海为主的18万个企业高层管理人士为目标读者。推广主要以直邮宣传和直接赠阅为主，共设计了6轮直邮推广和两轮赠阅推广。值得一提的是，读者介绍项目也取得了很好的效果。同时，应客户要求微码营销公司也做了电子邮件推广的测试性项目。

除了用多种方法推广获得合格的订阅读者以外，良好的读者关系相当重要。一方面对长期的竞争力影响颇大，另一方面也直接影响读者的续订率。微码营销公司设计了个性化的读者生日卡项目，同时优化了读者续订的流程，使得读者能够轻松愉快地完成续订手续。读者可以通过网站注册、电话申请、传真申请等多种方式来完成免费订阅申请和续订。

在附加产品方面，微码营销公司支持客户完成了两届高峰论坛，协助客户出租读者信息等，获得了超过预期的收入。

续订率一直是出版商最头痛的事情，续订率高代表读者将越来越多，而管理不好续订率，则杂志的影响力和实力总在原地徘徊。美国的期刊业面临同样的问题，续订成本居高不下，读者保持率很低，大部分期刊陷入打折的恶性循环。他们的对策是，建立读者的个性化网页、鼓励用信用卡订阅、附带销售相关产品或活动等。

微码营销公司采用了以个性化的读者关怀来保持读者续订率。在客户注册的信息中，收集了客户出生日期信息，设计了特别的生日贺卡，在读者生日到来的前一周寄到读者的手中。微码营销公司还开发了特别的信息系统来支持这项工作。这样对企业来讲，读者生日祝福是很系统化、标准化的做法，并不会带来很大的工作量。但在读者看来，这是很个性化的行为，因为不论从卡片信息和时间上，都是很个性化的。读者很喜欢这样的贺卡，有的读者甚至专门致电或回信表示感谢。另外，为了方便读者续订，微码营销公司还设计了整个流程，务必使读者最方便地完成更新订阅信息、发送订阅信息、成功续订确认等过程。在这方面，网站续订功能起到了非常重要的作用。在第一年，续订率平均在83.7%，超过当初设定的目标。

在第一年第四季度的时候，微码营销公司设计了专门的推广项目，鼓励读者介绍新读者。在前面三个季度的推广中，已经获得了16000人左右的高质量的读者，他们平均读了六期杂志，应该对杂志比较了解了，相当部分的读者已经很认可了。这个介绍新读者的项目分为两部分：一是鼓励所有的读者介绍其他公司的高层管理人员来免费订阅；二是鼓励总经理介绍本公司的高级财务管理人士成为读者。这个项目的推广相当成功，通过传真和网上注册，共获得了3916个有效的订阅读者。总经理级读者介绍本公司的新读者尤其积极，平均介绍1.8人，申请人的质量也非常好。为此，企业向每一位参与活动的介绍者发了热情洋溢的感谢信，这样可以进一步提升读者对杂志社的信任感和忠诚度。

资料来源：武文斌：《微码营销》，http://www.em-cn.com，2006-06-23。

● 思考题：

1. 精准营销的关键在于完善的、及时更新的数据库，你是否同意这一说法？
2. “微码”是如何建立《CXO》杂志的营销数据库的？又是如何提高其续订率的？
3. “微码”的数据库营销给了我们哪些启示？

●【案例 19-2】大数据营销

“大数据”热潮源于数据生产及收集的能力和速度的大幅提升。但在营销领域，大数据实践依然刚刚开始。虽然91%的公司高层营销管理人员认为成功的品牌需要使用客户数据来做营销决策，但只有35%的公司会收集社交媒体数据、19%会收集移动数据。

IBM的超级计算机Watson于2011年在美国著名电视问答节目《Jeopardy》上击败节目历史上最厉害的两位选手后，便一举成名。它能够以极快的速度处理数百万份以人类文字语言书写的文件—— 一般来说，电脑处理传统数据库中的数据文件毫无问题，但Waston的绝招在于同样可以阅读非结构性文件，即那些电子邮件、新闻报告、网站中的信息。

最终，花旗银行花大价钱聘请了Watson，要借用它对这些文件的处理能力来帮助决定应该对一个客户提供哪些新的产品和服务。它的第一份工作很可能是降低欺诈案件概率，以及搜寻哪些客户有信用度降低的迹象。这是大数据时代的一个故事。

（一）大数据改变未来

“大数据”热潮最近的一次推力来自 2011 年 10 月 McKinsey & Company 发布的报告《大数据：创新、竞争和生产力的下一个前沿》（Big Data：Next Frontier of Innovation，Competition，Productive）。

报告指出，“大数据”源于数据生产和收集的能力和速度的大幅提升——由于越来越多的人、设备和传感器通过数字网络连接起来，产生、传送、分享和访问数据的能力也得到彻底变革。2010 年，超过 40 亿人（世界人口的 60%）在使用手机，其中约 12%拥有智能电话——其渗透率以每年 20%以上的速度增长。如今，3000 多万联网传感器节点分布在交通、汽车、工业、公用事业和零售部门，其数量正以每年 30%以上的速度增长。

“大数据”趋势将会在五个方面提供价值：

（1）数据的高透明度及广泛可获取性：一些制造商正试图集成多种系统的数据，甚至从外部供应商和客户处获取数据来共同制造产品。以汽车这类先进制造行业为例，全球供应商生产着成千上万的部件。集成度更高的平台将使公司及其供应链合作伙伴在设计阶段就开始协作。

（2）决策验证对竞争方式的影响：大数据可能使决策制定发生根本性的改变。利用可控实验，公司可验证假设、分析结果以指导投资决策及运作改变。

（3）应用于广泛的、实时的用户定制及其对企业的影响：面向用户的企业已长期利用数据来细分和定位用户。大数据实现了用户定制的质的飞跃，使得实时、个性化成为可能。下一代零售商通过互联网点击流可跟踪个体用户的行为，更新其偏爱，并实时模仿其可能的行为。

（4）大数据对管理的改变及替代作用：大数据能进一步提高算法和机器分析的作用。一些制造商利用算法来分析来自生产线的传感数据，创建自动调节过程以减少损失，避免成本高昂（且有时具有危险性）的人工干预，最终增加产出。

（5）建立基于数据的商业模型：大数据催生了新类型的公司，其能建立由信息驱动的商业模型。许多公司都在价值链中发挥中间作用，通过商业交易创建极具价值的“排出数据”。如一家运输公司收集了大量的全球产品出货信息，并专门建立一个部门负责向经济预测方销售数据。

（二）思维与应用的鸿沟

大数据的价值听起来十分鼓舞人心，而在实际的营销活动中，营销人对大数据的应用情况又如何？

Columbia Business School 今年推出报告《Marketing ROI in the Era of Big Data》中指出，虽然 91%的公司高层营销管理人员认为成功的品牌需要使用客户数据来做营销决策，然而观察他们收集数据的类型，只有 35%的公司会收集社交媒体数据、19%会收集移动数据；其中 51%的人指出在他们组织内部缺乏分享客户数据的机制，阻碍了他们有效衡量营销 ROI，45%的人认为公司没有利用数据有效地将营销沟通个性化。

营销领域真正的进展似乎并不符合大数据热浪的如火如荼之势，正如报告撰写者指出，“我们希望了解到底现在人们在用数据做营销这条路上走了多远，大数据的热潮是否真正地促使营销者实践的改变，但迄今为止，营销领域的大数据实践依然刚刚开始，在许多公司组织中，有效利用数据做营销的实际进展要落后于人们实际的意愿”。

（三）大数据落地“1+1>2”的营销未来

什么样的实时优惠对某个用户更有效？基于此用户的偏好，哪种网络页面能产生更好的服务效果？当一个潜在客户填写了网页表格后，跟他敲定一笔交易的可能性有多大？在一天的特定时间段中，哪种促销方式最有效？当一个用户被营销活动覆盖到后，他在六个月内购买的机会有多大？

在大数据时代，这些问题都会找到答案。对于营销这一原本就属于数据驱动的领域，大数据提供了一个前所未有的机会，可以用先前不能做到的方式来挖掘消费者洞察。

那么在大数据时代之前通常利用哪些营销数据？答案是：CRM 系统中的顾客信息、广告效果、展览等线下活动的效果等。这些数据来源都提供了一些信息，但是并不足够给出一个重要的洞察和发现。

另外还有一批信息数据：官方网站登录数据、社交媒体数据、邮件数据、地理位置数据等。

这些信息源在几年前可能并不存在，而这些就是“大数据”所指的非结构性或者多元结构性数据，它们更多以文字、图片、视频等方式出现，而且这些数据来源还在不断增加。

而如果将这两个数据源进行对接，并且能够保持实时更新，营销的游戏规则将会随之改变：消费者洞察和预测分析这两个营销最重要的领域，会获得前所未有的价值发掘。

比如，微软正在通过对论坛、社交媒体上内容的监测，来发现人们对微软产品和营销活动的反应，微软 Window8 发布后，就采用了传统数据收集和实时数据收集的两种手法，对网络反馈信息的收集是连续的和实时的，同时也依然使用传统的消费者满意度调研，最终会将两者产生的数据结合起来进行分析。但是前者那种以日为单位的市场信息捕捉，能够使微软更快地对市场做出反应。

总体来说，大数据的到来将在以下几方面改变原有的营销流程，或者营销效果：

（1）对原有营销方式价值的再次发掘。IBM 的一个商业合作伙伴正在研究让呼叫中心产生的所有对话转换成文字，从而可以实现对这一营销渠道的数据挖掘。“这能够让市场部门获得之前没有的消费者洞察，知道消费者对品牌的感受以及他们怎么回应新产品”，IBM 新兴技术项目总监 Peter Waggett 称更深入挖掘数据会帮助许多公司找到商业问题解决方案。

（2）更好地对营销策略进行优化。麦当劳的部分门店安装了收集运营数据的装置，用于跟踪客户互动、店内客流和预订模式，研究人员可以对菜单变化、餐厅设计以及培训等对劳动生产力和销售额的影响进行建模；一些领先的零售企业也监控客户的店内走动情况以及与商品的互动。它们将这些数据与交易记录相结合来展开分析，从而在销售哪些商品、如何摆放货品以及何时调整售价上给出意见，此类方法已经帮助某领先零售企业减少了 17%的存货，同时在保持市场份额的前提下，增加了高利润率自有品牌商品的比例。

除了线下活动优化外，还可以根据消费者在网络上的表现来优化网站的体验，比如 eBay 就做过数千次实验来改变自己网站不同部分的架构，来确定最优的页面效果和其他诸如导航、照片等功能的设置。

（3）更完整的消费者描述。通过更丰富的消费者数据，包括网站浏览数据、社交数据和地理追踪数据等，可以绘制出更完整的消费者行为描述。比如英国葛兰素史克 GSK 公司近期就发起了一个项目，以获取更完整的消费者信息，从而获得更加深入的消费者洞察。他们通过定位那些谈论过旗下子品牌的人们，并且追踪他们在公开论坛上所谈到的所有其他东西，来建立消费者描述，而这些外部数据会和营销部门已有的数据进行整合，从而设定更为精准的优惠和促销，吸引人们来到对应的子品牌网站。“这是个不成熟的市场，但是品牌必须要了解怎么利用这些数据”，该公司 CRM 部门顾问 James Parker 说道。

（4）更精细的消费者细分。这一功能基于上面一条“更完整的消费者描述”的实现。消费者细分不是一个新鲜的概念，但是大数据时代中更多的数据以及更好的分析工具，使商家能够以多种不同的维度对消费者进行细分，不仅是简单地划分群体，而是真正做到个性化。比如，在原有的传统市场调研数据和购物历史数据之上，商家可以追踪和利用更多数据，如网络上的点击、浏览记录，来更好地细分消费者。

高端零售商 Neiman Marcus 就建立了行为分类体系和多级会员奖励制度体系，并将两者结合起来，来激励最富裕、最具长期价值的客户购买更多高利润率的产品；零售商 Williams Sonoma 也将他们 6000 万的顾客数据库和其家庭信息链接起来，通过了解这些家庭的收入、房屋价值和孩子数量等对顾客进行精准划分，其电子直邮邮件是根据不同消费者群体的行为方式和选择偏好来设定的，而基于这些信息的直邮邮件所获得的反馈数量是之前没有进行精准化的 18 倍。

最终完成真正精准化的营销：这一精准性包括精准的时间、地点、人物。理想的一个案例是：当一个顾客进入店铺后，一个零售商搜索他们的数据库，发现这位顾客是其希望留住的有价值顾客，之后他们通过将其过去的购物历史和 Facebook 主页获得的这位顾客的信息综合起来，来了解需要花多少钱来留住他，从而确定所售卖物品的合适价格和零售商可以退让的利润空间，针对这一位顾客给出最佳的优惠策略和个性化的沟通方式。因此，营销者最大的机会——在恰当的时间、恰当的渠道给一个潜在用户或者老客户提供最合适的产品和营销——将最终实现。

大数据——根据维基百科的解释，“大数据”指的是“普通软件工具不能在一定时间内抓取、管理以及处理的数据集合”，而另一个常见的描述是“3V”——规模（Volume）、种类（Variety）和速度（Velocity），即在这三个维度上都超出传统工具能够应付的数据集合。

（四）大数据难题：超越技术

当然，从大数据的定义中就可以看出来，大数据营销首先面临的是技术难题。但实际情况是，真正启动大数据营销，你面临的不仅是技术和工具问题，更重要的是要转变组织架构和思维，来真正地挖掘那座数据金矿。

1. 确定你的目标和标准。

把大数据这个概念扔掉，而是非常专注在你的衡量标准上。你必须弄清楚你到底想从大数据中得到什么，否则你就要花费大量的时间来分析数据。你需要的是，能够帮助解决问题的行为洞察，而不是试图研究每一个能够得到的信息。比如，分析你的消费者线上分享趋势对你的业务有帮助吗？你的品牌体积是最重要的参数吗？

再强调一遍，大数据的资源太丰富，如果你没有明确的目标，你就算没有走入迷途也至少会觉得非常迷茫。因此，首先要定义你的价值数据标准，之后再使用那些能够解决特定领域问题的工具。

——Tim Devane，技术公司 Bit.ly 业务发展和销售总监

2. 建设技术人才。

拥抱大数据之前，首先团队要到位。分析技能非常重要。你的营销团队要能够非常自如地玩转数据。很多人认为社交媒体营销是个十分有趣的工作，其实这是个艰苦的工作。它非常注重数据、衡量标准和数据可视化等问题。要成功，首先要确保你的员工已经接受过技能培训，了解如何最大化利用大数据的潜力。当然回报也是非常丰厚的。

——Perry Drake，纽约大学助理教授

第一步是要将原先创意人员和统计人员之间的藩篱打破，让他们以同样的节奏，就同一个问题一起合作，融合为一支队伍，彼此学习。然而，研究公司 Gartner 曾经提到过，使用大数据的必备能力，和那些信息技术行业中所需要的能力是不同的，它更偏重框架的整合能力、提出正确问题和让公司所有部分一起工作的能力。很明显，你既需要统计人员，也需要创意人员，大数据是他们共有的天地。

——Marshall Sponder，Social Media Analytics：Effective Tools for Building，Interpreting，and Using Metrics 一书作者

3. 解决碎片化问题。

企业启动大数据营销一个最重要的挑战是数据的碎片化。许多公司组织中，数据都散落在互不连通的数据库中，而且相应的数据技术也都存在于不同的部门中，如何将这些数据库打通，并且实现技术共享，才是能够最大化大数据价值的关键。

——Graham Oakes，技术咨询师、博客作者

4. 展现你的价值。

你只有通过展示数据带来的价值才能够得到资源。营销者需要利用衡量标准来建立他们的可信度。没有这个，营销将会被看做一个花钱中心——但是当 CMO 们可以利用分析来将营销动作和硬性标准如年利润联系起来，他们就能建立自己的威信和赢得尊重，并在预算中占得一席之地。

——Jon Miller，金融服务公司 Marketo 营销副总裁

大数据在国内的热度，仅从一个月内数场大数据主题会议的举办就可见一斑。正如前文所述，数据分析能力的提升给营销带来的前景十分诱人，但同时反映出的是，数据以及如何利用数据一直都是营销圈中共同的难题，尤其在数字媒体兴起之后。

首先面临的是效果衡量标准，即使对于 2011 年宣布全面转向社交媒体的宝洁，这依然是个问题，宝洁大中华区品牌运营副总裁靖捷认为，社交媒体的效果现在无法确切衡量，投入必然会谨慎。浩腾媒体数据总监贾雯也表示，之前的数字营销效果更多的是数字展示，而不是效果分析。

媒体的整合、受众的精准也都有赖于数据处理能力的提升来得到更好的答案，而在这些之外，可能会发现如何利用数据不只是个技术问题，而是理念以及公司架构等“软

性”层面的问题。从事数据挖掘20多年的支付宝首席商业智能官车品觉认为，国内和国外相差的不是技术，而是人，是对数据的重视程度。

可以从广告主、平台、代理机构等多方角色来了解和呈现不同视角中大数据的重要性和进展。广告主中，银行以及零售商一直是数据挖掘的先驱者，他们的动作对行业有着较大的借鉴价值；作为拥有巨大流量的平台，如何能够更好地提供其对于数据的洞见是其发挥流量优势的主要表现之一；而在业务和人才能力上与数据最为贴近的第三方机构，综观它们产品和服务的水平，几乎可以呈现国内大数据的整体进展。

资料来源：《大数据重塑营销》，东方财富网，2012-08-05，http://finance.eastmoney.com/news/1365，20120805243239712.html。

● 思考题：

1. 在营销领域，大数据营销有什么作用？
2. 随着大数据营销的发展，传统营销部门应如何应对这种发展趋势？

参考文献

[1] 菲利普·科特勒:《营销管理》(第十二版),上海人民出版社,2006 年。

[2] 钱旭潮等:《市场营销管理——需求的创造和传递》,机械工业出版社,2005 年。

[3] 费明胜、郝渊晓:《市场营销学》,华南理工大学出版社,2005 年。

[4] 王海云、柏静、杨毅、杜琪:《战略营销理论与实践》,机械工业出版社,2005 年。

[5] 韩小芸、汪纯孝:《服务性企业顾客满意度与忠诚度关系》,清华大学出版社,2003 年。

[6] 费显政、刘熠:《个体心理因素与顾客感知服务质量》,《经济管理》2003 年第 8 期。

[7] 于颖:《卓越服务》,中国纺织出版社,2004 年。

[8] 唐纳德·莱曼、拉塞尔·温纳:《产品管理》(第二版),北京大学出版社,1998 年。

[9] 菲利普·科特勒等:《市场营销原理》(亚洲版),机械工业出版社,2006 年。

[10] 王海云:《新编市场营销学》,中国人民公安大学出版社,2002 年。

[11] 吴晓云:《市场营销管理》,天津大学出版社,2001 年。

[12] 路易斯·E.布恩、大卫·L.库尔茨:《当代市场营销学》,机械工业出版社,2005 年。

[13] 何永祺、张传忠、蔡新春:《市场营销学》(第二版),东北财经大学出版社,2006 年。

[14] 方光罗:《市场营销学》,东北财经大学出版社,2001 年。

[15] 王妙、朱瑞庭、刘艳玲:《市场营销学教程》,复旦大学出版社,2005 年。

[16] 吴涛、王建军:《市场营销管理》(修订版),中国发展出版社,2005 年。

[17] 施放:《现代市场营销》,浙江大学出版社,2005 年。

[18] 唐纳德·莱曼、拉塞尔·温纳:《营销分析实务》,企业管理出版社,2004 年。

[19] 吴健安等:《市场营销学》,高等教育出版社,2002 年。

[20] 纳雷希·K.马尔霍特拉:《市场营销研究应用导向》(第三版),机械工业出版社,2005 年。

[21] 加里·L.利连、阿温德·朗格瓦米:《营销工程与应用》,中国人民大学出版社,2005 年。

[22] 郭抒：《数据库直销》，首都经济贸易大学出版社，2000 年。

[23] 王方华、周洁如：《非营利组织营销》，上海交通大学出版社，2005 年。

[24] 王方华、彭绢：《金融营销》，上海交通大学出版社，2005 年。

[25] 杜栋、庞庆华：《现代综合评价方法与案例精选》，清华大学出版社，2005 年。

[26] 卢纹岱、吴喜之：《SPSS for Windows 统计分析》（第三版），电子工业出版社，2006 年。

[27] 菲利普·科特勒等：《科特勒市场营销教程》（第四版），华夏出版社，2000 年。

[28] 伍青生等：《营销新发展：精准营销》，《经济管理》2006 年第 21 期。

[29] 张征宇：《营销创新》，经济管理出版社，2006 年。

[30] 杨东龙：《最新市场营销精要词典》，中国经济出版社，2003 年。

[31] 王方华：《中国营销 2006 年回顾与 2007 年展望》，《市场营销导刊》2007 年第 2 期。

[32] 郑方华：《营销策划技能案例训练手册》，机械工业出版社，2007 年。

[33] 吴保运、刘凤军：《花旗银行在台湾之市场营销策略简析》，《市场营销导刊》2006 年第 5 期。

[34] 彭于寿：《市场营销案例分析教程》，北京大学出版社，2007 年。